Die deutsche Bürgschaft
und die kolumbianische *fianza civil*
–
Eine rechtsvergleichende Betrachtung

Schriftenreihe zum Recht
der iberischen und lateinamerikanischen Staaten

01

PETER LANG

Annelie Möller

Die deutsche Bürgschaft und die kolumbianische *fianza civil*

–

Eine rechtsvergleichende Betrachtung

PETER LANG

Bibliografische Information der Deutschen Nationalbibliothek
Die Deutsche Nationalbibliothek verzeichnet diese Publikation in der Deutschen Nationalbibliografie; detaillierte bibliografische Daten sind im Internet über http://dnb.d-nb.de abrufbar.

Zugl.: Kiel, Univ., Diss., 2022

D 8
ISBN 978-3-631-87463-9 (Print)
E-ISBN 978-3-631-87700-5 (E-PDF)
E-ISBN 978-3-631-87701-2 (EPUB)
DOI 10.3726/b19650

Peter Lang – Berlin · Bern · Bruxelles · New York · Oxford · Warszawa · Wien

Diese Publikation wurde begutachtet.

www.peterlang.com

In Gedenken an meine Großeltern Annelotte und Wilhelm Möller

Vorwort

Die vorliegende Arbeit wurde im Sommersemester 2021 von der rechtswissenschaftlichen Fakultät der Christian-Albrechts-Universität zu Kiel als Dissertation angenommen. Sie entstand während meiner Tätigkeit als Wissenschaftliche Mitarbeiterin am Lehrstuhl für Bürgerliches Recht, Handels-, Gesellschafts-, Wirtschafts- und Steuerrecht der Helmut-Schmidt-Universität in Hamburg sowie am Lehrstuhl für Bürgerliches Recht, deutsches und internationales Steuer-, Handels- und Wirtschaftsrecht sowie Zivilverfahrensrecht der Christian-Albrechts-Universität zu Kiel. Rechtsprechung und Literatur konnten bis August 2021, vereinzelt auch darüber hinaus, berücksichtigt werden.

Zuvorderst danke ich meinem Doktorvater Prof. Dr. *Michael Stöber*, der mir jederzeit mit Rat und Tat zur Seite stand und mir die wissenschaftlichen sowie beruflichen Freiheiten gab, fortlaufend an meinem Manuskript zu arbeiten. Daneben bedanke ich mich bei Prof. Dr. *Susanne Gössl*, LL.M. (Tulane) für die Annahme und gewissenhafte Erstellung des Zweitgutachtens.

Dank gebührt ferner der Studienstiftung *ius vivum* unter dem Vorstand von Prof. Dr. *Haimo Schack*, LL.M. (Berkeley) für die großzügige finanzielle Förderung sowohl meines Forschungsaufenthaltes in Kolumbien als auch bei der Drucklegung dieser Arbeit.

Darüber hinaus gilt mein Dank meinen Freunden und geschätzten (ehemaligen) Kollegen. Sie waren für mich während der Fertigstellung der Dissertation stets ein ermunternder Rückhalt. Insbesondere *Cenk Nickel* sowie Dr. *Lisa Fey* haben mit konstruktiven Hinweisen zum Erfolg dieser Arbeit beigetragen. Ihnen und *Michael Ledwig* danke ich im Besonderen dafür, dass sie so viel Zeit und Mühe in die sorgsame Durchsicht des Manuskripts investiert haben.

Mein größter Dank gilt meiner Mutter *Ute Möller*, welche mich, solange ich zurückdenken kann, liebevoll unterstützt und mich in meinem Vorhaben unerschöpflich bestärkt sowie ermutigt hat.

Kiel, im Januar 2022
Annelie Möller

Inhaltsverzeichnis

Abkürzungsverzeichnis

a.A.	andere Ansicht
ABGB	(österreichisches) Allgemeines bürgerliches Gesetzbuch
Abs.	Absatz
AcP	Archiv für die civilistische Praxis
a.E.	am Ende
a.F.	alte Fassung
AGB	Allgemeine Geschäftsbedingungen
AGBG	Gesetz zur Regelung des Rechts der Allgemeinen Geschäftsbedingungen
Alt.	Alternative
Anm.	Anmerkung
Art.	Artikel
AT	Allgemeiner Teil
BAG	Bundesarbeitsgericht
BauR	Baurecht (Zeitschrift)
BB	Der Betriebs-Berater (Zeitschrift)
Bd.	Band
Begr.	Begründer
Begr. RegE BT-Drs.	Begründung Regierungsentwurf Bundestag-Drucksache
BGB	Bürgerliches Gesetzbuch vom 18.8.1896 (RGBl. S. 195)
BGBl.	Bundesgesetzblatt
BGH	Bundesgerichtshof
BGHZ	Entscheidungen des Bundesgerichtshofs in Zivilsachen
BIP	Bruttoinlandsprodukt
BKR	Zeitschrift für Bank- und Kapitalmarktrecht
BMJ	Bundesministerium der Justiz
BRD	Bundesrepublik Deutschland
BT	Besonderer Teil
BT-Drucksache	Bundestag-Drucksache
BuB	Bankrecht und Bankpraxis (Zeitschrift)

BVerfG	Bundesverfassungsgericht
BVerfGE	Entscheidungen des Bundesverfassungsgerichts
BvR	Das Registerzeichen BvR wird beim Bundesverfassungsgericht für Verfahren über Verfassungsbeschwerden nach Art. 93 Abs. 1 Nr. 4a sowie über Kommunalverfassungsbeschwerden nach Art. 93 Abs. 1 Nr. 4b GG verwendet.
bzgl.	bezüglich
bzw.	beziehungsweise
c.	consiguiente
CC	Código Civil colombiano (Gesetz 57 von 1887)
C. de C.	Código de Comercio, in Kraft getreten am 27.3.1971 (Decreto 410 de 1971)
C. de P.	Código de Procedimiento Civil (Decreto 1400 y 2019 de 1970)
c.i.c.	culpa in contrahendo
COP	Kolumbianische Pesos
ders.	derselbe
d.h.	das heißt
diesbzgl.	diesbezüglich
dies.	dieselben
DStR	Deutsches Steuerrecht (Zeitschrift)
DZWiR	Deutsche Zeitschrift für Wirtschafts- und Insolvenzrecht
EGBGB	Einführungsgesetz zum Bürgerlichen Gesetzbuche
EU	Europäische Union
EUR	Euro
EWiR	Entscheidungen zum Wirtschaftsrecht (Zeitschrift)
f./ff.	folgende
FamRZ	Zeitschrift für das gesamte Familienrecht
FARC	Fuerzas Armadas Revolucionarias de Colombia
Fn.	Fußnote
FS	Festschrift
GG	Grundgesetz für die Bundesrepublik Deutschland vom 23.5.1949 (BGBl. I S. 1)
ggf.	gegebenenfalls
G. J.	Gaceta Judicial
grds.	grundsätzlich

HGB	Handelsgesetzbuch vom 10.5.1897 (RGBl. I S. 219), in Kraft getreten am 1.1.1900
HKK	Historisch-kritischer Kommentar
h.M.	herrschende Meinung
Hrsg.	Herausgeber
hrsg. v.	herausgegeben von
HS	Halbsatz
i.d.R.	in der Regel
i.H.d.	in Höhe des
i.H.v.	in Höhe von
InsO	Insolvenzordnung vom 5.10.1994 (BGBl. I S. 2866), in Kraft getreten am 19.10.1994 bzw. 1.1.1999
i.S.d.	im Sinne des/der
i.S.v.	im Sinne von
i.V.m.	in Verbindung mit
JA	Juristische Arbeitsblätter (Zeitschrift)
Jura	Juristische Ausbildung (Zeitschrift)
JuS	Juristische Schulung (Zeitschrift)
JW	Juristische Wochenschrift (Zeitschrift)
JZ	Juristenzeitung
Komm.	Kommentierte
KTS	Zeitschrift für Insolvenzrecht
lit.	littera
LMK	Kommentierte BGH-Rechtsprechung Lindenmaier-Möhring (Zeitschrift)
o.g.	oben genannt
MDR	Monatsschrift für Deutsches Recht (Zeitschrift)
MüKo	Münchener Kommentar
NJ	Neue Justiz (Zeitschrift)
NJW	Neue Juristische Wochenschrift (Zeitschrift)
NJW-RR	NJW-Rechtsprechungsreport
No./nº	Número
Nr.	Nummer
NZBau	Neue Zeitschrift für Baurecht und Vergaberecht
NZI	Neue Zeitschrift für Insolvenzrecht
OGK	Online Großkommentar
OK	Online Kommentar

OLG	Oberlandesgericht
pág.	página
p/pp.	page/pages
Prot.	Protokolle der Kommission für die zweite Lesung des Entwurfes des Bürgerlichen Gesetzbuches
RabelsZ	Rabels Zeitschrift für ausländisches und internationales Privatrecht
Reg.E.	Regierungsentwurf
RG	Reichsgericht
RGBl.	Reichsgerichtsblatt
RGWarnRspr.	Warneyers Rechtsprechung des Reichsgerichts auf dem Gebiete des Zivilrechts (Zeitschrift)
RGZ	Entscheidungen des Reichsgerichts in Zivilsachen
RL	Richtlinie
Rn.	Randnummer
Rspr.	Rechtsprechung
RUGAP	Reglas Uniformes para Garantías a Primer Requerimiento
S.	Seite
SchuldR	Schuldrecht
S. de N. G.	Sala de Negocios Generales
SeuffA	Seufferts Archiv für Entscheidungen der obersten Gerichte in den deutschen Staaten (Zeitschrift)
sog.	sogenannte
u.a.	unter anderem
u.U.	unter Umständen
v.	von/vom/vor
VersR	Versicherungsrecht (Zeitschrift)
vgl.	vergleiche
Vor./Vorbem.	Vorbemerkung
VuR	Verbraucher und Recht (Zeitschrift)
WechselG	Wechselgesetz vom 21.7.1933 (RGBl. I, S. 399), in Kraft getreten am 1.4.1934
WM	Wertpapiermitteilungen (Zeitschrift)
ZBB	Zeitschrift für Bankrecht und Bankwirtschaft
z.Bsp.	zum Beispiel
ZEuP	Zeitschrift für Europäisches Privatrecht
ZGR	Zeitschrift für Unternehmens- und Gesellschaftsrecht

ZInsO	Zeitschrift für das gesamte Insolvenzrecht
ZIP	Zeitschrift für Wirtschaftsrecht
ZPO	Zivilprozessordnung vom 30.1.1877 (RGBl. S. 83), in Kraft getreten am 1.10.1879
ZR	Abkürzung in Aktenzeichen für zivilrechtliche Verfahren
ZRP	Zeitschrift für Rechtspolitik

A. Einleitung

I. Problemstellung

Die Bürgschaft (auf Spanisch *fianza*) blickt auf eine lange Rechtstradition mit herausragender Bedeutung zurück. Sowohl das deutsche als auch das kolumbianische Recht kennen diese Personalsicherheit. Mithin stellt sie nicht einen exotischen Trend, sondern vielmehr gelebte Rechtspraxis dar. Hierbei hat sich der Inhalt der Bürgenverpflichtung im Laufe der Zeit von einer Art „Geiselschaft", bei welcher der Bürge[1] mit seiner Freiheit haftet, hin zu einer finanziellen Absicherung entwickelt. Auch diese finanzielle Verpflichtung kann indes existenzbedrohende Züge annehmen.

Dennoch zählt die Bürgschaft zu den für den deutschen Wirtschaftsverkehr bedeutenden Personalsicherheiten. Dies ist vor allem durch den privilegierten Gläubigerzugriff auf das gesamte Vermögen des Bürgen bedingt. Zudem handelt es sich um die in Deutschland einzig kodifizierte Personalsicherheit. Die Vorschriften der §§ 765 ff. BGB versuchen dabei, den wirtschaftlichen Interessen der beiden beteiligten Parteien zu entsprechen. Die Bestimmungen sind jedoch sehr knapp gefasst und gehen nicht auf das Spannungsverhältnis zwischen dem Schutzinteresse des Bürgen einerseits und dem Sicherungsinteresse des Gläubigers andererseits ein, da sie primär den Fokus auf die Gläubigerrechte legen. So fehlt u.a. eine Abgrenzung der Bürgschaft zu anderen Rechtsinstituten, die den Sicherungsgeber allerdings noch weniger schützen. Auch dies mag ein Grund dafür sein, dass die Gerichte seit Inkrafttreten des BGB häufig mit Bürgschaftsstreitigkeiten beschäftigt sind. Aus mehreren Leitentscheidungen haben sich eine Präzisierung und Konkretisierung der Normen ergeben. Hierbei wurde das Schutzinteresse des Bürgen stärker berücksichtigt.

In Kolumbien kommt der bürgerlich-rechtlichen Bürgschaft dagegen keine so starke wirtschaftliche Bedeutung zu.[2] Zwar kann der Gläubiger auch innerhalb dieses Rechtssystems auf das gesamte Vermögen des Bürgen zugreifen, dem Bürgen stehen aber mehrere Einredemöglichkeiten zu,[3] die die praktische

---

1 Das zur Verbesserung der Lesbarkeit in dieser Arbeit verwendete, generische Maskulinum bezieht sich gleichermaßen auf männliche, weibliche und anderweitige Geschlechteridentitäten.

2 *Ospina Fernández*, Régimen general de las obligaciones, pág. 242.

3 *Ospina Fernández*, Régimen general de las obligaciones, pág. 242.

Inanspruchnahme scheinbar für den Gläubiger zu stark erschweren. Das Bürgschaftsrecht ist in den Art. 2361 ff. *Código Civil colombiano* (CC) umfassend geregelt.

Ziel der Arbeit ist die Darstellung und Bewertung des kolumbianischen sowie des deutschen Bürgschaftsrechts. In diesem Zusammenhang wird insbesondere auch das allgemeine Schuldrecht des *Código Civil colombiano* untersucht, soweit es für die vorliegende Abhandlung von Relevanz ist. Vor diesem Hintergrund wird sodann sowohl das kolumbianische als auch das deutsche Bürgschaftsrecht eingeordnet. Ferner wird untersucht, in welcher Hinsicht sich die Bestimmungen zur kolumbianischen und deutschen Bürgschaft unterscheiden oder entsprechen.

II. Anlass und Gang der Darstellung

Bis zu diesem Zeitpunkt existiert noch keine zivilrechtliche rechtsvergleichende Arbeit zu Deutschland und Kolumbien. Dies mag an der wechselhaften Geschichte Kolumbiens und den nicht vergleichbaren universitären Systemen liegen, die Doktoranden von der Erstellung einer solchen Arbeit abgeschreckt haben könnten. Obwohl es sich um zwei sehr unterschiedliche Länder handelt, bietet sich ein Vergleich des Bürgschaftsrechts an. Kolumbien ist als das zweitgrößte spanischsprachige Land der Welt nicht nur ein für in- und ausländische Investoren attraktives und wettbewerbsfähiges Land.[4] Der *Código Civil colombiano* weist außerdem einige Parallelen zum BGB auf. Das Römische Recht prägt nämlich nicht nur das kontinentaleuropäische Recht, sondern vielmehr auch das Rechtssystem vieler lateinamerikanischer Länder, sodass es zahlreiche Übereinstimmungen gibt. Für einen Rechtsvergleich eignen sich speziell die Bürgschaftsregelungen, da die römisch-rechtlichen Grundlagen hier einen besonderen Einfluss hatten. Daraus ergibt sich ferner die Frage, ob Lateinamerika bei einer rechtlichen Betrachtungsweise u.U. zu (Kontinental-)Europa gehört. Darüber hinaus ist der Rechtsvergleich interessant, weil beide Rechtsordnungen mit jeweils anderen sozialen Herausforderungen in der Rechtspraxis konfrontiert wurden.

Die Problemstellung liegt in der unterschiedlichen Behandlung der Interessenkollision zwischen dem Sicherungsinteresse des Gläubigers und dem Schutz des Bürgen. Diese wird im Rahmen der Analyse der zu vergleichenden

4 *Herrera Tapias/Alfaro Patron*, El nuevo derecho de garantías en el derecho colombiano y en el derecho comparado, en: Justicia Juris, 2011, pág. 93, 94.

Rechtsordnungen näher betrachtet. Fraglich ist, ob die Gesetzgebung in den verschiedenen Rechtsordnungen effektiv auf diese Herausforderungen eingeht.

Die vorliegende Untersuchung befasst sich zu Beginn (B.) mit der Entstehungsgeschichte der beiden Rechtsordnungen. Sodann wird die Bürgschaft – insbesondere vor dem Hintergrund des kolumbianischen allgemeinen Schuldrechts – erläutert (C.). Zunächst wird die Entstehungsgeschichte der Bürgschaft dargelegt und im Rahmen derer aufgezeigt, wie es zu der gemeinsamen Rechtstradition kam. Dargestellt wird, dass die Charakteristika der Bürgschaft in Deutschland und Kolumbien sich im Wesentlichen ähneln. Um die rechtlichen Konflikte, denen die Stellung einer Kreditsicherheit begegnet, besser einordnen zu können, ist es essenziell, die Bürgschaft in das Feld der verschiedenen Kreditsicherheiten einzuordnen und innerhalb dieser, ihre Relevanz darzulegen.

Des Weiteren werden die drei Seiten des Bürgschaftsvertrages – zwischen den verschiedenen Parteien – erörtert. Die Zusammenhänge und Unterschiede der beiden Rechtsordnungen werden anhand einer Auswertung von Literatur und Gerichtsurteilen herausgearbeitet und einander gegenübergestellt. Dabei wird zunächst das deutsche Recht betrachtet. Ferner soll festgestellt werden, ob potenzielle Unterschiede gesellschaftlich oder anderweitig korrigiert oder ausgeglichen werden.

Im Hinblick auf das kolumbianische Recht ist hervorzuheben, dass, anders als in Deutschland, zumindest in Bezug auf das Bürgschaftsrecht, wenig Literatur existiert. Dies liegt u.a. daran, dass nicht alle Universitäten über das Promotionsrecht verfügen, wodurch es insgesamt weniger Dissertationen gibt. Zudem wird in Kolumbien grundsätzlich weniger wissenschaftlich publiziert. Dies bezieht sich nicht nur auf Dissertationen, Habilitationen und Aufsätze, sondern auch auf die Aktualität der vorhandenen Literatur. In Kolumbien ist es durchaus üblich, dass Lehrbücher sehr alt sind und keine Neuauflage veröffentlicht wird. Zudem kommt die Literatur größtenteils ohne Fußnoten aus, was die Recherche zusätzlich erschwerte. Aktuelle Gerichtsurteile zum Bürgschaftsrecht waren kaum auffindbar. Dies lässt sich zumindest auch darauf zurückführen, dass der Bürgschaft in Kolumbien kaum mehr eine praktische Bedeutung zukommt.[5] Der Grund hierfür wird erläutert werden. Die begriffliche Unklarheit zwischen *fianza, garantía* und *caución* hat die Bedingungen zur Erstellung der Arbeit in der Anfangszeit verzögert.

Im letzten Teil der Arbeit folgt ein Fazit (D.), in welchem insbesondere auf die Vor- und Nachteile der kolumbianischen *fianza* im Vergleich zur deutschen

---

5 Siehe Abschnitt D. II.

Bürgschaft eingegangen werden soll. Schließlich findet sich im Anhang die Übersetzung aller Normen des *Código Civil colombiano*, welche in dieser Arbeit erwähnt wurden, und einiger weiterer Normen, die zum Gesamtverständnis beitragen. Die übersetzten Normen des Bürgschaftsrechts wurden mit Querverweisen auf andere Normen versehen. So ist es in kolumbianischen juristischen Suchmaschinen[6] möglich, bei der Lektüre einer Norm gleich die die Norm ändernden Rechtsakte zu sehen. Des Weiteren wird auf die Norm zitierende Rechtsprechung, normative Dispositionen (*disposiciones normativas*) sowie auf sog. *artículos doctrinales* verwiesen. Diese Art der Querverweisung wurde im Anhang teilweise übernommen.

III. Methodik der Rechtsvergleichung

Im Rahmen einer rechtsvergleichenden Arbeit müssen die Besonderheiten der jeweiligen Rechtsordnung berücksichtigt werden. Dem fremden Recht kann nicht der deutsche Maßstab zugrunde gelegt werden.[7] So können die sozialen Strukturen des anderen Landes einer Regelung eine andere Bedeutung geben. Mithin darf sich der Rechtsanwender im Rahmen der Auslegung nicht auf seine eigene (juristische) Weltanschauung beschränken. Vielmehr muss er „*das Recht als Ganzes ermitteln, wie es sich in Rechtsprechung und Rechtslehre entwickelt hat und in der Praxis Auswirkung findet.*“[8] Die Rechtsvergleichung dient der Entdeckung der Essenz des Rechts, also der allgemein übergreifenden Regeln.[9] Das unverfälschte Recht soll so zum Ausdruck gebracht werden, wie ein Richter des ausländischen Rechtskreises es anwenden würde.[10]

Folglich ist das ausländische Recht aus seinem eigenen Verständnis heraus auszulegen.[11] Voraussetzung der Auslegung sowohl in Deutschland als auch in Kolumbien ist die Auslegungsbedürftigkeit. Dieses Bedürfnis kann direkt nach der Übersetzung auftreten. Anschließend sind die fremde Weltanschauung

---

6 U.A. https://vlex.com.co/.

7 *Gruber*, Methoden des internationalen Einheitsrechts, S. 32; *Flessner*, RabelsZ (34) 1970, 545, 545.

8 BGH, Urteil v. 13.5.1997 - IX ZR 292/96 = BGH, NJW-RR 1997, 1154, 1154. Dieser Blick auf das große Ganze ist Ausgangspunkt der Makrovergleichung, vgl. *Rheinstein*, Einführung in die Rechtsvergleichung, S. 31.

9 *Valencia Zea/Ortiz Monsalve*, Derecho Civil, Tomo I: parte general y personas, pág. 185.

10 BGH, Urteil v. 13.5.1997 - IX ZR 292/96 = BGH NJW-RR, 1154, 1154; *Gruber*, Methoden des internationalen Einheitsrechts, S. 33; *Flessner*, RabelsZ (34) 1970, 545, 550.

11 *Gruber*, Methoden des internationalen Einheitsrechts, S. 32.

und die anderen sozialen wie ökonomischen Verhältnisse heranzuziehen.[12] Die Rechtsordnung muss nicht nur im Kontext der einzelnen Normen, sondern auch des Gewohnheitsrechts, der Ausstrahlung des Verfassungsrechts, von Analogien und der obergerichtlichen Rechtsprechung betrachtet werden.[13]

Der Auslegung einer Norm folgt der Vergleich mit einer anderen, ebenfalls ausgelegten Norm. Die dezidierte Darlegung der Gemeinsamkeiten und Unterschiede ist die eigentliche Rechtsvergleichung.[14] Die Lösung des Spannungsverhältnisses zwischen dem Sicherungsinteresse des Gläubigers und dem Schutzbedürfnis des Bürgen ist unter anderem Leitfrage der Arbeit. Die Wahl der Mittel, mit welchen die unterschiedlichen Rechtsordnungen diesem Konflikt begegnen, ist divergierend. Hierbei handelt es sich um funktionelle Rechtsvergleichung. Die soziale Funktion einer Norm ist bei dieser Methode vordergründig. Es wird die Frage aufgeworfen, inwiefern eine Norm aus einem anderen Rechtskreis diese Funktion erfüllt.[15]

Unterschiede und Gemeinsamkeiten können anhand eines Makro- oder Mikrovergleichs herausgearbeitet werden. Der Makrovergleich bezieht sich auf ein Rechtssystem im Ganzen, der Mikrovergleich hingegen auf eine spezielle Rechtsnorm.[16] Zu beachten ist bei letzterer Vergleichsmöglichkeit, dass jede einzelne Norm wiederum als Teil eines ganzen – ausgewogenen – Systems zu verstehen ist.[17]

Gegenstand der Arbeit ist die rechtsvergleichende Betrachtung der deutschen Bürgschaft mit ihrem kolumbianischen Pendant, der *fianza civil*. Nach derzeitigem Stand thematisiert keine wissenschaftliche Arbeit den Vergleich zwischen dem deutschen und dem kolumbianischen Bürgschaftsrecht. Zu

---

12 *Gruber*, Methoden des internationalen Einheitsrechts, S. 32.

13 *Gruber*, Methoden des internationalen Einheitsrechts, S. 33; *Flessner*, RabelsZ (34) 1970, 545, 550; *Neumayer*, RabelsZ (34) 1970, 411, 413; *Valencia Zea/Ortiz Monsalve*, Derecho Civil, Tomo I: parte general y personas, pág. 215.

14 Zu betonen ist, dass das Studium des ausländischen Rechts alleine, noch keine Rechtsvergleichung darstellt, da die vergleichende Komponente fehlt, vgl. *Rheinstein*, Einführung in die Rechtsvergleichung, S. 27; *Zweigert/Kötz*, Einführung in die Rechtsvergleichung, S. 6.

15 *Rheinstein*, Einführung in die Rechtsvergleichung, S. 27; *Zweigert/Kötz*, Einführung in die Rechtsvergleichung, S. 38.

16 *Rheinstein*, Einführung in die Rechtsvergleichung, S. 31; *Zweigert/Kötz*, Einführung in die Rechtsvergleichung, S. 4.

17 *Rheinstein*, Einführung in die Rechtsvergleichung, S. 32; *Zweigert/Kötz*, Einführung in die Rechtsvergleichung, S. 5.

Vergleichszwecken befasst sich die vorliegende Arbeit nicht nur mit den Privatrechtssystemen, denen die Bürgschaft zugeordnet werden kann, sondern auch mit der Rechtsgeschichte der beiden Rechtsordnungen im Allgemeinen und im Speziellen in Bezug auf die Bürgschaft. Zudem wird die Bürgschaft im Hinblick auf ihren Zweck innerhalb des funktionellen Systems der Kreditsicherheiten der jeweiligen Rechtsordnung sowohl abgrenzend als auch vergleichend dargestellt. Darüber hinaus erfolgt die Erläuterung der einzelnen Rechtsverhältnisse der Beteiligten untereinander. Der Fokus liegt hier auf der Erörterung der in den Rechtsordnungen unterschiedlichen und gemeinsamen Probleme, die sich hier stellen. Zusätzlich wird die Rechtsprechung ausgewertet. Der funktionelle Vergleich findet folglich in einem einzelnen Themenbereich statt, innerhalb dessen jedoch unter Beachtung des ganzen Systems der Kreditsicherheiten.

1. Die Auslegung in Kolumbien

Die Auslegung und Interpretation von Gesetzen bedient sich in Kolumbien verschiedener Methoden: der grammatikalischen, der auf den Sinn und die Billigkeit abstellenden, der systematischen und der historischen Auslegungsmethode sowie der logischen Interpretation. Die grammatikalische Auslegung orientiert sich am Wortlaut.[18] Grundsätzlich ist der Wortlaut nach dem üblichen Gebrauch zu verstehen, Art. 28 CC. Ausnahmsweise spielt der Wortlaut hingegen lediglich eine untergeordnete Rolle, sofern der Sinn des Gesetzes offensichtlich ist, Art. 27 Abs. 1 CC. Damit wird dem Telos Vorrang eingeräumt. Die teleologische Auslegung, mithin die Auslegung nach dem Sinn und der Billigkeit, orientiert sich an der Intention oder dem Geist des Gesetzes.[19] Hierbei werden zudem äußere Umstände beachtet, die den Vertrag beeinflusst haben könnten.[20] Die systematische Auslegung berücksichtigt hingegen das interne System des Gesetzes, Art. 30 Abs. 1 CC.[21] Gesetze, die den Sinn eines Gesetzes erläutern sollen,

18 *Escobar Riffo*, Síntesis del Derecho Civil, Tomo I, pág. 40; *Escobar Sanín*, Negocios civiles y comerciales, II, pág. 279; *Valencia Zea/Ortiz Monsalve*, Derecho Civil, Tomo I: parte general y personas, pág. 153.

19 *Escobar Riffo*, Síntesis del Derecho Civil, Tomo I, pág. 40; *Escobar Sanín*, Negocios civiles y comerciales, II, pág. 280; *Valencia Zea/Ortiz Monsalve*, Derecho Civil, Tomo I: parte general y personas, pág. 154.

20 *Escobar Sanín*, Negocios civiles y comerciales, II, pág. 280.

21 *Escobar Riffo*, Síntesis del Derecho Civil, Tomo I, pág. 40; *Escobar Sanín*, Negocios civiles y comerciales, II, pág. 283; *Valencia Zea/Ortiz Monsalve*, Derecho Civil, Tomo I: parte general y personas, pág. 165.

werden als in das Hauptgesetz implementiert angesehen, Art. 14 CC. Weiterhin dient die historische Auslegung dazu, den Willen des historischen Gesetzgebers zu ergründen.[22] Letztlich ähnelt die teleologische Auslegung dem deutschen Modell.[23]

Zu der logischen Interpretation werden folgende Schlüsse gezählt: die Analogie und der Erst-recht-Schluss (*argumentum a fortiori*) in Form des *argumentum a maiore ad minus* und des *argumentum a minori ad maius* sowie das *argumentum a contrario*.[24] Die Analogie ist dort zulässig, wo ein gleicher Sinn besteht.[25] Das *argumentum e contrario* ist ebenfalls anwendbar, wobei dem Schweigen des Gesetzgebers i.d.R. keine Bedeutung beizumessen ist.[26] Die logische Interpretation, wie sie in Kolumbien angewandt wird, gleicht der deutschen Rechtsfortbildung.

Darüber hinaus regeln die Art. 1618 ff. CC die Auslegung von Verträgen in Kolumbien separat. So geht der Wille der Vertragsparteien dem Wortlaut vor, Art. 1618 CC. Der Auslegung, die am ehesten der Intention entspricht, welche im gesamten Vertrag zum Ausdruck gebracht wird, ist der Vorrang einzuräumen, Art. 1622 Abs. 1 CC. Auch hieraus kann geschlossen werden, dass dem Parteiwillen in Kolumbien oberste Priorität beigemessen wird.[27]

Hervorzuheben ist allerdings insbesondere, dass die Übersetzung an sich bereits eine Interpretation des Gesetzes ist.[28]

2. Die Auslegung in Deutschland

Die Auslegungsmethoden für Gesetze in Deutschland entsprechen den kolumbianischen, wobei sie im BGB nicht eigens kodifiziert wurden, sondern lediglich im Vorwort einzelner Gesetze erwähnt werden.[29] Dies wirkt sich auf die

---

22 *Escobar Riffo*, Síntesis del Derecho Civil, Tomo I, pág. 40; *Valencia Zea/Ortiz Monsalve*, Derecho Civil, Tomo I: parte general y personas, pág. 168.

23 Vgl. *Escobar Sanín*, Negocios civiles y comerciales, II, pág. 285.

24 *Escobar Riffo*, Síntesis del Derecho Civil, Tomo I, pág. 45; *Escobar Sanín*, Negocios civiles y comerciales, II, pág. 280.

25 *Escobar Riffo*, Síntesis del Derecho Civil, Tomo I, pág. 44; *Escobar Sanín*, Negocios civiles y comerciales, II, pág. 280.

26 *Escobar Riffo*, Síntesis del Derecho Civil, Tomo I, pág. 44.

27 *Pinto Martinez*, Las garantías abstractas o a primera demanda en el ordenamiento jurídico colombiano, pág. 57.

28 *Meyer-Pritzl*, Die Entwicklung vom Bürgerlichen Recht zum Weltbürgerlichen Recht aus rechtshistorischer Perspektive, in FS Michael Martinek, S. 505, 508.

29 Die §§ 133, 157 BGB dienen der Auslegung von Willenserklärungen und Verträgen.

Bindungswirkung der Interpretationsregeln aus. Sofern sie, wie in Kolumbien der Fall, gesetzlich normiert sind, ist ihre Anwendung obligatorisch. Sind sie hingegen lediglich in der Drucksache zur Erläuterung erwähnt, ist ihre Anwendung nicht zwingend.

Ebenfalls nicht detailliert normiert wurde in Deutschland die Auslegung von Verträgen. Gemäß § 133 BGB ist bei der Auslegung einer Willenserklärung dem wirklichen Willen der Parteien der Interpretationsvorrang einzuräumen. Nach § 157 BGB ist bei der Auslegung von Verträgen das Prinzip von Treu und Glauben mit Rücksicht auf die Verkehrssitte zu beachten. Dem Parteiwillen wird somit auch in Deutschland oberste Priorität eingeräumt. Dies beruht auf dem Prinzip der Privatautonomie. Das Prinzip ist nicht ausdrücklich im BGB geregelt, wird jedoch in § 311 Abs. 1 BGB vorausgesetzt. Eine Erscheinungsform der Privatautonomie ist die Vertragsfreiheit, welche das BVerfG aus Art. 2 Abs. 1 GG herleitet. Den Vorschriften der §§ 116 ff. BGB kann ebenfalls entnommen werden, dass der Wortlaut gegenüber dem wirklichen Willen nachrangig ist.

3. Vergleich

Die Auslegungsregeln für Gesetze sowie für Verträge ähneln sich in beiden Systemen stark.

Im kolumbianischen Recht ist besonders hervorzuheben, dass Gesetze, die eine Norm erläutern sollen, als in das zu erläuternde Gesetz implementiert angesehen werden, Art. 14 CC. Dies wirft die Frage auf, ob das erläuternde Gesetz in seinem Rang dem des zu erläuternden Gesetzes entspricht oder ob die hierarchische Einordnung, wie in Deutschland, von dem das Gesetz erlassenden Organ und dem Gesetzgebungsprozess abhängig ist. Eine dem Art. 14 CC entsprechende Vorschrift existiert in Deutschland nicht. Vergleichbar wären Rechtsverordnungen, die erlassen werden, um ein anderes Gesetz näher zu erläutern. Hierarchisch betrachtet liegen sie auf einer anderen Ebene als förmliche Gesetze.[30] Dieser hierarchische Unterschied wird jedoch nur im Fall eines Widerspruchs zwischen den Normen relevant, da beiden Normen obligatorische Wirkung zuerkannt wird.

---

30 Förmliche Gesetze/Gesetze im formellen Sinn werden vom parlamentarischen Gesetzgeber in dem verfassungsmäßigen Verfahren, gemäß den Art. 76 bis 82 Grundgesetz (GG), beschlossen, wohingegen Rechtsverordnungen nicht vom parlamentarischen Gesetzgeber, sondern von der Exekutive auf Grundlage einer durch ein förmliches Gesetz erteilten Ermächtigung erlassen werden.

B. Die verschiedenen Privatrechtssysteme im Überblick und Vergleich

Zum besseren Verständnis der einzelnen Normen und der Rechtsprechung wird im Folgenden ein kurzer Überblick über die Kodifikationsgeschichte der beiden Privatrechtssysteme geboten. Im Zuge dessen wird auf die Bedeutung der so entstandenen Zivilgesetzbücher innerhalb der internationalen Kodifikation eingegangen.

I. Das deutsche Privatrechtssystem

1. Kodifikation des deutschen Zivilrechts und seine Entstehungsgeschichte

Im Ursprung war das deutsche Zivilrecht „*stammesrechtlich differenziert*" und entwickelte sich durch „*Gerichtsspruch und Rechtsweisung*".[31] Das Römische Recht mit seinen logischen Konzepten bildet die Basis für das moderne Recht.[32] Ab dem 12. Jahrhundert entstand ein inhaltlich verschiedenes Stadt- und Landrecht.[33] Eine Rechtszersplitterung folgte.[34] Im 19. Jahrhundert gab es mehrere größere Rechtsgebiete, nämlich das preußische Allgemeine Landrecht, das französische Recht (*Code civil*, in Kraft getreten 1804) und das gemeine Recht sowie zahlreiche lokale Statuten und schließlich das Gewohnheitsrecht, welches vorrangig vor dem gemeinen Recht galt.[35]

Nach der Gründung des Deutschen Reiches 1870 folgte durch die Reichseinheit die Rechtseinheit, welche zur Entstehung des heutigen BGB führte.[36] 1873 schaffte das sog. *lex Lasker/Miquel* die Zuständigkeit des Reiches für das gesamte Bürgerliche Recht.[37] Ab 1874 erarbeitete eine Kommission aus elf Juristen einen

---

31 *Planitz*, Deutsches Privatrecht, S. 4.

32 *Löwenwarter*, Derecho civil alemán comparado, pág. 11; *Rodríguez Grillo*, Perspectivas de los seguros de crédito y caución en algunos países latinoamericanos, en: Revista Ibero-Latinoamericana de Seguros, No. 18, Sept. 2002, pág. 221, 223.

33 *Kischel*, Rechtsvergleichung, S. 483 Rn. 177; *Planitz*, Deutsches Privatrecht, S. 4, 5.

34 Staudinger/*Honsell*, Einl. zum BGB, Einl. Rn. 24; *Planitz*, Deutsches Privatrecht, S. 5, *Schmoeckel/Stolte*, Examinatorium Rechtsgeschichte, S. 61.

35 Staudinger/*Honsell*, Einl. zum BGB, Einl. Rn. 24.

36 MüKo/*Säcker*, Einleitung Rn. 9; *Kischel*, Rechtsvergleichung, S. 486 Rn. 184.

37 MüKo/*Säcker*, Einleitung Rn. 9; *Kischel*, Rechtsvergleichung, S. 489 Rn. 191; *Schmoeckel/Stolte*, Examinatorium Rechtsgeschichte, S. 61.

Entwurf für das Bürgerliche Gesetzbuch, der samt der Begründung (Motive) 1888 veröffentlicht wurde.[38]

Der Entwurf löste im wissenschaftlichen Kreis starke Kritik aus.[39] Bekannt wurde der Ausspruch wegen *Otto von Gierkes*; es fehle ihm u.a. ein *„Tropfen sozialistischen Öles"*.[40] Daraufhin setzte die Reichsregierung eine zweite Kommission, der auch Ökonomen und Wirtschaftsverbandsangehörige beisaßen, ein.[41] Nach mehreren Änderungen des Entwurfs von 1895 im Bundesrat wurde dieser schließlich 1896 vom Reichstag angenommen.[42] Das Bestreben nach einer möglichst uneingeschränkten Privatautonomie wurde in diesem Entwurf mit den notwendigen gesetzlichen Schutzmechanismen i.S.d. *„sozialistischen Öls"* vereint. Das BGB trat am 1.1.1900 in Kraft.

Es zeichnet sich durch viele unbestimmte Rechtsbegriffe, wie beispielsweise in §§ 242, 826 BGB aus, sodass eine Rechtsfortbildung ohne eine Gesetzesänderung möglich war und ist.[43] Dennoch gab es in den mehr als 100 Jahren des Bestehens mehrere Reformen, von denen das Schuldrechtsmodernisierungsgesetz aus dem Jahr 2002 die in letzter Zeit einschneidendste war. Außerdem erfährt das BGB durch europarechtliche Vorgaben immer wieder Änderungen. Aktuell sind diese, z.Bsp. die Digitale-Inhalte-Richtlinie oder die Warenkauf-Richtlinie, zwei große Änderungen im Hinblick auf die Digitalisierung.

Das zentrale Element der Vertragsfreiheit ist jedoch unangetastet geblieben.[44] Dieses Prinzip unterliegt in den verschiedenen Gesetzesbereichen allerdings einigen Einschränkungen, welche anhand der Bürgschaft innerhalb dieser Arbeit dargelegt werden.[45]

---

38 MüKo/*Säcker*, Einleitung Rn. 9; *Schmoeckel/Stolte*, Examinatorium Rechtsgeschichte, S. 61.

39 MüKo/*Säcker*, Einleitung Rn. 10; Staudinger/*Honsell*, Einl. zum BGB, Einl. Rn. 80; *Schmoeckel/Stolte*, Examinatorium Rechtsgeschichte, S. 62.

40 *Kischel*, Rechtsvergleichung, S. 489 Rn. 191; *Schmoeckel/Stolte*, Examinatorium Rechtsgeschichte, S. 186.

41 MüKo/*Säcker*, Einleitung Rn. 10; *Schmoeckel/Stolte*, Examinatorium Rechtsgeschichte, S. 62.

42 MüKo/*Säcker*, Einleitung Rn. 10; *Schmoeckel/Stolte*, Examinatorium Rechtsgeschichte, S. 62.

43 Dies wurde und wird auch wiederholt positiv hervorgehoben, so z.Bsp. auch von *Löwenwarter*, Derecho civil alemán comparado, pág. 10.

44 Staudinger/*Honsell*, Einl. zum BGB, Einl. Rn.106.

45 Siehe insbesondere Abschnitt C. VI. 2. d) aa) (1) (b).

2. Bedeutung

Das BGB enthält nahezu alle Rechtsnormen, welche die Beziehung privater Personen untereinander regeln – mit Ausnahme der Normen des Sonderprivatrechts (Handelsrecht, Arbeitsrecht, Urheberrecht etc.) – und stellt somit die materiellrechtliche Grundlage der zivilrechtlichen ordentlichen Gerichtsbarkeit dar.

Im internationalen Bereich kann das BGB als „*Exportschlager*" bezeichnet werden.[46] Es hatte Einfluss auf mehrere andere Rechtsordnungen:

In Europa beruhte zunächst das schweizerische Zivilgesetzbuch (ZGB) von 1907 auf den Erfahrungen mit dem BGB.[47] Zwischen 1914 und 1916 wurde das österreichische Allgemeine Bürgerliche Gesetzbuch (ABGB) dem BGB in drei Teilnovellen angeglichen.[48] Griechenland machte sich die Normen des BGB in seinem Zivilgesetzbuch von 1940/1946 ebenfalls zu eigen.[49] Und auch der italienische *Codice Civile* von 1942 orientiert sich trotz französischer Tradition an der Pandektenwissenschaft und dem BGB.[50]

Im südamerikanischen Raum hatte das BGB Einfluss auf den systematischen Aufbau des *Código Civil* von 1916 in Brasilien[51] – und im entfernteren Sinn über die Adaption des schweizerischen ZGB ebenfalls auf den *Código Civil* in Peru aus dem Jahr 1936.[52]

Darüber hinaus wurde der asiatische Rechtskreis vom BGB beeinflusst: Japan hat eine Entwurfsfassung des BGB 1898 übernommen, welche das chinesische Privatrecht 1929 rezipierte.[53]

---

46 *Hilbk*, „Ein bisschen wie Deutschland" https://www.zeit.de/2000/09/Ein_bisschen_wie_Deutschland (letzter Abruf: 20.1.2022).

47 *Wieacker*, Privatrechtsgeschichte der Neuzeit, S. 495.

48 Staudinger/*Honsell*, Einl. zum BGB, Einl. Rn. 104.

49 *Wieacker*, Privatrechtsgeschichte der Neuzeit, S. 484.

50 *Wieacker*, Privatrechtsgeschichte der Neuzeit, S. 347; *Löwenwarter*, Derecho civil alemán comparado, pág. 10.

51 *Wieacker*, Privatrechtsgeschichte der Neuzeit, S. 485; *Rauchhaupt*, RabelsZ 1955, 121, 129; *Arminjon/Nolde/Wolff*, Traité de droit comparée Tome I, S. 170; *Löwenwarter*, Derecho civil alemán comparado, pág. 9.

52 *Wieacker*, Privatrechtsgeschichte der Neuzeit, S. 486; *Rauchhaupt*, RabelsZ 1955, 121, 129; *Arminjon/Nolde/Wolff*, Traité de droit comparée Tome I, S. 173; *Löwenwarter*, Derecho civil alemán comparado, pág. 9.

53 Staudinger/*Honsell*, Einl. zum BGB, Einl. Rn. 104; *Wieacker*, Privatrechtsgeschichte der Neuzeit, S. 486; *Löwenwarter*, Derecho civil alemán comparado, pág. 9, 10.

Schließlich eigneten sich auch in neuerer Zeit mehrere Länder das System des deutschen Privatrechts an. So übernahmen einige ehemalige Sowjetrepubliken das BGB zumindest in Teilen.[54]

3. Aufbau des BGB

Das BGB ist in fünf Bücher aufgeteilt. Ein Allgemeiner Teil bildet das Erste Buch. Hier finden sich generelle Normen, die für mehrere Bereiche Gültigkeit besitzen. Das Zweite Buch beinhaltet das Schuldrecht mitsamt den vertraglichen und gesetzlichen Schuldverhältnissen. Im Dritten Buch wird das Sachenrecht geregelt. Es werden die Beziehungen zwischen einer Person und einer Sache, wie z.Bsp. Eigentum oder Besitz, normiert. Das Vierte Buch umfasst das Familienrecht. Abschließend wird im Fünften Buch das Erbrecht thematisiert.

Dabei gilt der Grundsatz, dass einem spezielleren Gesetz immer Vorrang vor den allgemeinen Gesetzen zukommt.

II. Das kolumbianische Privatrechtssystem

1. Kodifikation des kolumbianischen Zivilrechts und seine Entstehungsgeschichte

Überblicksartig wird im Folgenden auf die Entwicklung der Rechtssysteme in ganz Lateinamerika seit der Kolonialisierung eingegangen. Bis zum Jahre 1810 bzw. der (nicht endgültigen) Unabhängigkeit galt in Kolumbien *qua* Befehlsgewalt (*ratione auctoritatis*[55]) spanisches (Kolonial-)Recht (*legislación de Indias*).[56] Dieses trat durch das *Ordenamiento de Alcalá* aus dem Jahre 1348, durch das Gesetz von Toto aus dem Jahr 1505, die *Nueva Recopilación de Castilla* aus dem Jahr 1567 und die *Novísima Recopilación de Castilla* aus dem Jahr 1805 in

---

54 *Hilbk*, „Ein bisschen wie Deutschland" https://www.zeit.de/2000/09/Ein_bisschen_wie_Deutschland (letzter Abruf: 20.1.2022).

55 *Bucher*, ZEuP 2004, 515, 525.

56 *Kischel*, Rechtsvergleichung, S. 630 Rn. 155; *Valencia Zea/Ortiz Monsalve*, Derecho Civil, Tomo I: parte general y personas, pág. 37; *Zappalá Sastoque*, A propósito del origen del Código Civil colombiano, en: Aproximaciones a la historia del derecho en colombia, pág. 60, 70; http://www.academia.edu/4798370/HISTORIA_DERECHO_CIVIL_COLOMBIANO.

Kraft.[57] Supplementär zum königlichen Recht galten das spanische oder kastilische Recht sowie die *Fueros* und *Cartas Municipales*.[58] Außerhalb der eben genannten Gesetze galten die vom Kongress seit 1825 beschlossenen nationalen Gesetze.[59] In Bezug auf die einheimische Bevölkerung galten Sonderregelungen wie die *Leyes de Indias* von 1680, diese beeinflussten das Privatrecht jedoch nur marginal.[60]

Nach Erringung der endgültigen Unabhängigkeit im Jahr 1819 sollte das Gesetz der ehemaligen Besatzungsmacht in Kolumbien nicht beibehalten werden.[61] Zu diesem Zeitpunkt umfasste „Groß-Kolumbien" nicht nur das Gebiet des heutigen Kolumbiens, sondern auch die heutigen Staaten Ecuador, Venezuela und Panama. Die eigenständige Gesetzgebung ab 1825 verlief in der ersten Zeit durch mangelnde politische und administrative Erfahrung chaotisch.[62] Trotz der politischen Unabhängigkeit bestand weiterhin eine juristische Abhängigkeit zu der ehemaligen Kolonialmacht, da in Art. 188 der Verfassung von Cúcuta aus dem Jahr 1821 der Bestand und die Gültigkeit spanischen Rechts festgeschrieben wurde.[63] Den Beginn einer unabhängigen Gesetzgebung stellte die Einberufung einer Kommission durch *Francisco de Paula Santander* dar, die ein auf dem

57 *Valencia Zea/Ortiz Monsalve*, Derecho Civil, Tomo I: parte general y personas, pág. 39; *Zappalá Sastoque*, A propósito del origen del Código Civil colombiano, en: Aproximaciones a la historia del derecho en colombia, pág. 60, 70.

58 *Valencia Zea/Ortiz Monsalve*, Derecho Civil, Tomo I: parte general y personas, pág. 38; *Zappalá Sastoque*, A propósito del origen del Código Civil colombiano, en: Aproximaciones a la historia del derecho en colombia, pág. 60, 70.

59 *Valencia Zea/Ortiz Monsalve*, Derecho Civil, Tomo I: parte general y personas, pág. 39.

60 *Schnitzer*, Vergleichende Rechtslehre, Bd. 1, S. 210; *Valencia Zea/Ortiz Monsalve*, Derecho Civil, Tomo I: parte general y personas, pág. 37; *Zappalá Sastoque*, A propósito del origen del Código Civil colombiano, en: Aproximaciones a la historia del derecho en Colombia, pág. 60, 70.

61 Die erste Deklaration der Unabhängigkeit von Spanien fand am 20. Juli 1810 statt. Das Gebiet wurde jedoch in der Zeit von 1816 bis 1819 vorübergehend von Spanien zurückerobert.

62 *Valencia Zea/Ortiz Monsalve*, Derecho Civil, Tomo I: parte general y personas, pág. 39; *Zappalá Sastoque*, A propósito del origen del Código Civil colombiano, en: Aproximaciones a la historia del derecho en colombia, pág. 60, 71; http://huitoto.udea.edu.co/derecho/metodologiaI/derecho_colombiano.pdf.

63 *Zappalá Sastoque*, A propósito del origen del Código Civil colombiano, en: Aproximaciones a la historia del derecho en colombia, pág. 60, 71.

spanischen Recht basierendes Zivilgesetzbuch schaffen sollte.[64] 1829 wies *Simón Bolívar* die Kommission an, den französischen *Code Civil* als Basis zu verwenden.[65] Beide Vorhaben führten letztlich durch das Ende Groß-Kolumbiens 1830 zu keinem Ergebnis.[66] Daher galt zunächst weiterhin spanisches Recht. Dies änderte sich erst, als Kolumbien den *Código Civil de Chile* adaptierte.

Chile stand, wie alle südamerikanischen Länder, lange Zeit unter dem Einfluss der Kolonialmächte. Nach Erlangung der Unabhängigkeit versuchte das Land, sich im Laufe der Zeit von den Kolonialmächten durch abweichende Gesetze loszusagen.[67] Nur wenige Länder haben die Gesetze der ehemaligen Kolonialherren dauerhaft weiter verwendet.[68] Die gesetzliche Abkehr geschah entweder, indem ein neues Gesetz nach den eigenen Erfahrungen und Bedürfnissen entwickelt wurde,[69] oder durch die Adaption eines europäischen Gesetzes, das nicht dem der ehemaligen Kolonialherren entsprach. So hatte insbesondere der französische *Code Civil* einen großen Einfluss bei der Kodifikation neuer Gesetze in Südamerika und später auch das deutsche BGB.[70]

---

64 *Valencia Zea/Ortiz Monsalve*, Derecho Civil, Tomo I: parte general y personas, pág. 39; *Zappalá Sastoque*, A propósito del origen del Código Civil colombiano, en: Aproximaciones a la historia del derecho en colombia, pág. 60, 72; http://derechoteorico.blogspot.de/2012/05/historia-derecho-civil-colombiano.html.

65 *Zappalá Sastoque*, A propósito del origen del Código Civil colombiano, en: Aproximaciones a la historia del derecho en colombia, pág. 60, 72; http://derechoteorico.blogspot.de/2012/05/historia-derecho-civil-colombiano.html.

66 *Valencia Zea/Ortiz Monsalve*, Derecho Civil, Tomo I: parte general y personas, pág. 39; *Zappalá Sastoque*, A propósito del origen del Código Civil colombiano, en: Aproximaciones a la historia del derecho en colombia, pág. 60, 72.

67 *Kischel*, Rechtsvergleichung, S. 630 Rn. 156; *Zweigert/Kötz*, Einführung in die Rechtsvergleichung, S. 113; *Rauchhaupt*, RabelsZ 1955, 121, 123, http://www.banrepcultural.org/blaavirtual/revistas/credencial/abril2002/codificacion.htm.

68 Die französische Gruppe: Haiti, Bolivien (mit dem ältesten eigenen Gesetz aus dem Jahr 1830, das jedoch lediglich der adaptierte französische Code Civil war), die Dominikanische Republik und (zeitweise) Peru sowie die spanische Gruppe: Kuba, Honduras und Panama (nach der endgültigen Trennung von Kolumbien 1903), *Zweigert/Kötz*, Einführung in die Rechtsvergleichung, S. 113; *Arminjon/Nolde/Wolff*, Traité de droit comparé Tome I, p. 163.

69 *Bucher*, ZEuP 2004, 515, 539; *Zappalá Sastoque*, A propósito del origen del Código Civil colombiano, en: Aproximaciones a la historia del derecho en colombia, pág. 60, 78.

70 *Löwenwarter*, Derecho civil alemán comparado, pág. 9; *Valencia Zea/Ortiz Monsalve*, Derecho Civil, Tomo I: parte general y personas, pág. 42; *Zappalá Sastoque*, A propósito

Durch zeitgenössische und sozio-ökonomische Einflüsse wurden diese Gesetze verändert.[71]

Als wichtigstes und erstes Beispiel für die Schaffung eines komplett eigenständigen Zivilgesetzbuches kann Chile (*Código Civil de Chile* 1855) genannt werden, dessen Recht später mehreren anderen südamerikanischen Ländern als Vorbild diente.[72] Auch Argentinien,[73] Brasilien[74] und Mexiko[75] gehörten zu den Vorreiterstaaten, die ein eigenes Gesetzbuch angepasst an die speziellen Bedürfnisse Südamerikas erschufen.

Im weiteren Verlauf konnte die juristische Abkehr von den ehemaligen Kolonialmächten auch durch die Adaption der Gesetze eines anderen südamerikanischen Landes geschehen.[76] Zu der Gruppe der Länder gehört auch Kolumbien, welches den *Código Civil de Chile* adaptierte. Daher soll auf den chilenischen Gesetzgebungsprozess eingegangen werden.

---

del origen del Código Civil colombiano, en: Aproximaciones a la historia del derecho en colombia, pág. 60, 75.

71 *Hinestrosa*, Tratado de las Obligaciones, Concepto, estructura, vicisitudes, I, pág. 59; *Valencia Zea/Ortiz Monsalve*, Derecho Civil, Tomo I: parte general y personas, pág. 42.

72 *Zweigert/Kötz*, Einführung in die Rechtsvergleichung, S. 113; *Arminjon/Nolde/Wolff*, Traité de droit comparé Tome I, p. 163 s.; *Zappalá Sastoque*, A propósito del origen del Código Civil colombiano, en: Aproximaciones a la historia del derecho en colombia, pág. 60, 78.

73 Der *Código Civil de Argentina* stammt aus dem Jahr 1869, und wurde von seinen Nachbarländern Uruguay und Paraguay sowie von Costa Rica adaptiert, *Arminjon/Nolde/Wolff*, Traité de droit comparé Tome I, p. 166 s.; *Zappalá Sastoque*, A propósito del origen del Código Civil colombiano, en: Aproximaciones a la historia del derecho en colombia, pág. 60, 78.

74 Der *Código Civil brasileiro* aus 1916, *Arminjon/Nolde/Wolff*, Traité de droit comparé Tome I, S. 169. Der brasilianische *Código Civil* orientiert sich am deutschen BGB, *Löwenwarter*, Derecho civil alemán comparado, pág. 9.

75 Der *Código Civil de México* aus dem Jahr 1928, der vom sowjetischen und Schweizer Recht inspiriert wurde, *Arminjon/Nolde/Wolff*, Traité de droit comparé Tome I, p. 172.

76 Ecuador, El Salvador, Kolumbien und zeitweise Venezuela adaptierten den *Código Civil de Chile* und Paraguay den *Código Civil de Argentina*, *Arminjon/Nolde/Wolff*, Traité de droit comparé Tome I, p. 163; *Galindo Romero*, Evolución del Código Civil Colombiano, pág. 3 abrufbar unter: https://de.scribd.com/doc/47687729/Historia-del-codigo-civil-colombiano; *Zappalá Sastoque*, A propósito del origen del Código Civil colombiano, en: Aproximaciones a la historia del derecho en colombia, pág. 60, 78.

a) Der *Código Civil de Chile*

Andrés Bello, ein venezolanischer Jurist, wurde 1830 von der chilenischen Regierung, in deren Diensten er stand, mit dem Projekt, ein neues Gesetzbuch zu schaffen, betraut.[77] Der chilenische Kongress prüfte dessen Arbeit 1840, kam jedoch zu keinem endgültigen Ergebnis über die Veröffentlichung des Gesetzes.[78] Daraufhin legte *Andrés Bello* im Jahr 1852 seinen überarbeiteten Entwurf erneut der Regierung vor, die eine weitere juristische Kommission einsetzte, welche das Werk begutachtete und dem Kongress vorlegte.[79] Dieser genehmigte den Gesetzesentwurf ohne weitere Änderung am 14.12.1855.[80] Am 1.1.1857 trat der *Código Civil de Chile* in Kraft.

Andrés Bellos' Arbeit ist inspiriert worden durch den *Corpus Iuris Civilis*, das preußische Allgemeine Landrecht, das österreichische ABGB, die Werke von *Friedrich Carl von Savigny*, das alte spanische Recht und das französische Recht.[81] Das erste Buch, Personenrecht, und das dritte Buch, Erbrecht, unterliegen einem preußischen, romanischen (*Corpus Iuris Civilis*) und österreichischen Einfluss.[82] Innerhalb des ersten Buches kann zudem hervorgehoben werden, dass die Art. 76–89 CC, welche den Wohnort, sowie die Art. 90–109 CC, die den Beginn und das Ende der Persönlichkeit regeln, dem germanischen Recht ähneln.[83] Aufgegriffen wird zudem die spanische Tradition des Landes, beispielsweise bei dem Alter der Volljährigkeit, das damals 25 Jahre betrug, oder dem Eherecht.[84] Daneben ist der *Código Civil de Chile* dem

---

77 *Arminjon/Nolde/Wolff*, Traité de droit comparé Tome I, p. 163.

78 *Arminjon/Nolde/Wolff*, Traité de droit comparé Tome I, p. 163; *Valencia Zea/Ortiz Monsalve*, Derecho Civil, Tomo I: parte general y personas, pág. 40.

79 *Arminjon/Nolde/Wolff*, Traité de droit comparé Tome I, p. 163; *Valencia Zea/Ortiz Monsalve*, Derecho Civil, Tomo I: parte general y personas, pág. 40.

80 *Arminjon/Nolde/Wolff*, Traité de droit comparé Tome I, p. 163.

81 *Valencia Zea/Ortiz Monsalve*, Derecho Civil, Tomo I: parte general y personas, pág. 43, 44; *Zappalá Sastoque*, A propósito del origen del Código Civil colombiano, en: Aproximaciones a la historia del derecho en colombia, pág. 60, 75.

82 *Valencia Zea/Ortiz Monsalve*, Derecho Civil, Tomo I: parte general y personas, pág. 44; *Zappalá Sastoque*, A propósito del origen del Código Civil colombiano, en: Aproximaciones a la historia del derecho en colombia, pág. 60, 75; http://www.academia.edu/4798370/HISTORIA_DERECHO_CIVIL_COLOMBIANO.

83 *Valencia Zea/Ortiz Monsalve*, Derecho Civil, Tomo I: parte general y personas, pág. 44.

84 *Arminjon/Nolde/Wolff*, Traité de droit comparé Tome I, p. 164; *Valencia Zea/Ortiz Monsalve*, Derecho Civil, Tomo I: parte general y personas, pág. 45; http://www.academia.edu/4798370/HISTORIA_DERECHO_CIVIL_COLOMBIANO.

französischen *Code Civil*, besonders im vierten Buch, dem Obligationenrecht, ähnlich.[85]

Trotz des kontinentalen Einflusses kann der *Código Civil de Chile* indes als eigenständiges Werk betrachtet werden.[86]

Mit dem deutschen BGB kann schon deswegen keine Ähnlichkeit bestehen, weil der *Código Civil de Chile* mehr als 40 Jahre zuvor entstand und zudem elf Jahre älter als der Dresdner Entwurf ist.

b) Der *Código Civil colombiano*

Parallel zur Entstehung des *Código Civil de Chile* teilte sich Kolumbien durch die Verfassung von 1858 föderalistisch in acht Provinzen[87] auf, an welche die Rechtssetzungskompetenz delegiert wurde und die im weiteren Verlauf je einen eigenen *Código Civil* besaßen.[88] Die verschiedenen Provinzen Kolumbiens übernahmen ab 1858 jeweils den *Código Civil de Chile* mit leichten Anpassungen.[89] Am 26.5.1873 rezipierte schließlich ganz Kolumbien auf Initiative des Präsidenten *Murillo Toro* den chilenischen *Código Civil*.[90] Als die Gesetzgebungsbefugnis 1886 durch eine neue Verfassung auf den Zentralstaat zurückübertragen wurde, wurde die Entscheidung 1886 ratifiziert und ist mit dem Gesetz 57[91] von 1887

---

85 *Bucher*, ZEuP 2004, 515, 531; *Emiliani Román*, Curso razonado de las obligaciones, Tomo II, pág. 587; *Gnecco de Quellar*, Conferencias de derecho civil (la fianza), pág. 2; *Valencia Zea/Ortiz Monsalve*, Derecho Civil, Tomo I: parte general y personas, pág. 46; *Zappalá Sastoque*, A propósito del origen del Código Civil colombiano, en: Aproximaciones a la historia del derecho en colombia, pág. 60, 75.

86 *Löwenwarter*, Derecho civil alemán comparado, pág. 9.

87 Cundinamarca, Antioquia, Bolívar, Boyacá, Cauca, Magdalena, Panamá und Santander.

88 *Valencia Zea/Ortiz Monsalve*, Derecho Civil, Tomo I: parte general y personas, pág. 40.

89 *Castro Ayala/Calonje Londoño*, Derecho de obligaciones, pág. 82; *Galindo Romero*, Evolución del Códije Civil Colombiano, pág. 3, abrufbar unter: https://de.scribd.com/doc/47687729/Historia-del-codigo-civil-colombiano; *Valencia Zea/Ortiz Monsalve*, Derecho Civil, Tomo I: parte general y personas, pág. 40; *Zappalá Sastoque*, A propósito del origen del Código Civil colombiano, en: Aproximaciones a la historia del derecho en colombia, pág. 60, 79; http://derechoteorico.blogspot.de/2012/05/historia-derecho-civil-colombiano.html.

90 *Zweigert/Kötz*, Einführung in die Rechtsvergleichung, S. 113; *Arminjon/Nolde/Wolff*, Traité de droit comparé Tome I, p. 169; http://derechoteorico.blogspot.de/2012/05/historia-derecho-civil-colombiano.html; http://huitoto.udea.edu.co/derecho/metodologiaI/derecho_colombiano.pdf.

91 Die kolumbianische Legislative erarbeitet die Gesetze, die ähnlich der europäischen Verordnungen und Richtlinien nach der Jahreszahl nummeriert werden.

(*Código Civil colombiano*) in Kraft getreten.[92] Das Gesetz 153 desselben Jahres vervollständigte den Regelungsapparat hauptsächlich im Familienrecht.[93] Der *Código Civil* von 1887 gilt mit kleineren Änderungen bis heute fort.[94] Anpassungen erfolgten hauptsächlich im Familienrecht. So wurde durch das Gesetz 28 aus dem Jahr 1932 verheirateten Frauen die eigene Geschäftsfähigkeit zuerkannt, und durch das Gesetz 45 aus dem Jahr 1936 (modifiziert durch das Gesetz 75 aus dem Jahr 1968) unehelichen Kindern mehr Rechte zugesprochen.[95] Ferner gab es 1980 und 1984 Bestrebungen, ein neues, den sich verändernden Bedürfnissen entsprechendes Gesetz zu erschaffen.[96] Diese Bestrebungen verliefen jedoch nicht erfolgreich.[97] Politisch betrachtet begann in Kolumbien nach einer Zeit der politischen Instabilität erst vor Kurzem eine Phase der Stabilisierung, in der auch an Gesetzesnovellen gedacht werden konnte. Seit 1964 beherrscht überdies ein bewaffneter Konflikt zwischen linksgerichteten Guerillatruppen (an deren Spitze die FARC [Revolutionäre Streitkräfte Kolumbiens] steht), rechtsgerichteten Paramilitärs und der regulären kolumbianischen Armee Kolumbien. Allen Beteiligten können schwerste Menschenrechtsverletzungen, zumeist an der Zivilbevölkerung, vorgeworfen werden. Die FARC begann allerdings im Jahr 2017 die Waffen niederzulegen, sodass mit einer weiteren Stabilisierung des Landes gerechnet werden kann. Zu hoffen ist daher, dass in diesem Zuge mehr Ressourcen für Gesetzesänderungen zur Verfügung stehen werden.

2. Bedeutung

Dem *Código Civil colombiano* kommt im Vergleich zum deutschen BGB keine internationale Bedeutung zu. Dies liegt auch daran, dass es sich zumindest ursprünglich nicht um ein eigenständiges Werk handelt, sondern bloß um die

92 *Valencia Zea/Ortiz Monsalve*, Derecho Civil, Tomo I: parte general y personas, pág. 40; *Zappalá Sastoque*, A propósito del origen del Código Civil colombiano, en: Aproximaciones a la historia del derecho en colombia, pág. 60, 80.

93 *Zappalá Sastoque*, A propósito del origen del Código Civil colombiano, en: Aproximaciones a la historia del derecho en colombia, pág. 60, 80; http://derechoteorico.blogspot.de/2012/05/historia-derecho-civil-colombiano.html; http://www.academia.edu/4798370/HISTORIA_DERECHO_CIVIL_COLOMBIANO.

94 *Valencia Zea/Ortiz Monsalve*, Derecho Civil, Tomo I: parte general y personas, pág. 54; http://www.banrepcultural.org/blaavirtual/revistas/credencial/abril2002/codificacion.htm.

95 *Valencia Zea/Ortiz Monsalve*, Derecho Civil, Tomo I: parte general y personas, pág. 58.

96 *Valencia Zea/Ortiz Monsalve*, Derecho Civil, Tomo I: parte general y personas, pág. 88.

97 *Valencia Zea/Ortiz Monsalve*, Derecho Civil, Tomo I: parte general y personas, pág. 88.

Adaption des *Código Civil de Chile*. Mithin kann die chilenische allgemeine Literatur auch für die Auslegung des *Código Civil colombiano* herangezogen werden.

Der *Código Civil chileno* wurde – neben Kolumbien – von Ecuador, El Salvador und zeitweise von Venezuela adaptiert und hat daher im südamerikanischen Raum eine große Bedeutung.

Bemerkenswert ist, dass in einigen kolumbianischen Lehrbüchern das deutsche BGB häufig zum Rechtsvergleich herangezogen wird und die Gemeinsamkeiten und Unterschiede hervorgehoben werden.[98]

3. Aufbau des *Código Civil*

Wie eben bereits gezeigt, ist der kolumbianische *Código Civil* nahezu inhaltsgleich mit dem chilenischen *Código Civil*. Letzterer orientiert sich an dem französischen *Code Civil*. Der *Código Civil* ist in vier Bücher unterteilt, die sich wiederum in Kapitel untergliedern. Das Erste Buch behandelt das Personenrecht. Im Zweiten Buch folgen reale Rechte und Regelungen des Besitzes. Sodann wird im Dritten Buch das Erbrecht behandelt und schließlich im Vierten Buch verschiedenartige Schuldverhältnisse.[99] Die Normen zur *fianza* finden sich deshalb im Vierten Buch zu den Verpflichtungen und den Verträgen. Genau wie im BGB hat die *fianza* eine eigene Überschrift im 35. Titel. Die Art. 2361–2408 CC behandeln in fünf Kapiteln das Bürgschaftsrecht.

Der Oberste Gerichtshof Kolumbiens, die *Corte Suprema de Justicia*,[100] hat in einer Entscheidung vom 23.6.1958 ausgeführt, dass die juristische Ordnung nicht nur aus einer Summe von juristischen Texten besteht. Vielmehr gibt es in jeder juristischen Ordnung bestimmte generelle Prinzipien, von denen viele nicht im *Código Civil* enumeriert sind, die aber trotzdem ohne Zweifel im Einzelfall Anwendung finden.[101] Diese Prinzipien und Quellen des kolumbianischen

---

98 U.a. in *Valencia Zea*, Derecho Civil, Tomo IV – Contratos, entre otros pág. 425; *Valencia Zea/Ortiz Monsalve*, Derecho Civil, Tomo I: parte general y personas.

99 *Löwenwarter*, Derecho civil alemán comparado, pág. 11; *Valencia Zea/Ortiz Monsalve*, Derecho Civil, Tomo I: parte general y personas, pág. 47.

100 Die *Corte Suprema de Justicia* ist der oberste ordentliche Gerichtshof für Zivil- und Strafsachen Kolumbiens. Er ist als oberste Instanz für die Kassation und Schlichtung von Rechtsstreitigkeiten zuständig sowie für die Beurteilung von Rechtsproblemen rund um die Personen des Staatsapparates, Art. 235, 174 *Constitución Política de Colombia*. Der *Corte Constitucional* agiert als Verfassungsgericht.

101 Wortwörtlich: „El ordenamiento jurídico no está constituido por una suma mecánica de textos legales. No es, como pudieran creerlo, una masa amorfa de leyes. Todo orden jurídico está integrado por ciertos principios generales, muchos de ellos no

Privatrechts finden sich nicht nur im *Código Civil*, sondern auch im Verfassungsrecht und im Brauchtum.[102] Letzteres wird in Art. 13 des Gesetzes 153 aus dem Jahr 1887 als „das generelle Empfinden auf der Basis der christlichen Moral" definiert. Dieses soll eingreifen, wenn kein positives Gesetzesrecht existiert. Art. 3 des *Código de Comercio* (C. de C.) hebt den Handelsbrauch auf die Ebene des positiven Rechts. Art. 5 C. de C. bestimmt ferner, dass Handelsbräuchen auch bei der Auslegung von Handelsverträgen eine große Bedeutung zukommt.

Darüber hinaus gilt der Grundsatz, dass das speziellere Gesetz dem generelleren vorgeht (*lex specialis derogat legi generali*), auch in Kolumbien.[103] So stellt etwa der *Código de Comercio* eine sog. *lex specialis* im Verhältnis zum *Código Civil* dar. Soweit sich der *Código Civil* und der *Código de Comercio* jedoch nicht widersprechen, bilden sie eine normative Einheit.[104] Die schuldrechtlichen Prinzipien des *Código Civil* sind außerdem auf das Handelsrecht übertragbar, sofern das Gesetz nichts Anderes bestimmt, Art. 822 C. de C.

Der Grundsatz *lex specialis derogat legi generali* gilt auch innerhalb des *Código de Comercio*.[105] Somit müssen dessen allgemeine Normen vorrangig vor den allgemeinen Normen des *Código Civil* angewandt werden.[106] Der *Código Comercio*

---

enunciados concretamente por el Código Civil, pero de los cuales, sin duda, se han hecho aplicaciones concretas a casos singulares.", http://huitoto.udea.edu.co/derecho/metodologiaI/derecho_colombiano.pdf (letzter Abruf 20.1.2022).

102 *Valencia Zea/Ortiz Monsalve*, Derecho Civil, Tomo I: parte general y personas, pág. 216; http://huitoto.udea.edu.co/derecho/metodologiaI/derecho_colombiano.pdf.

103 *Arrubla Paucar*, El contrato de fianza, en: Estudios de derecho privado, Tomo I, Liber Amicorum en homenaje a César Gómez Estrada, pág. 44, 44; *Escobar Riffo*, Síntesis del Derecho Civil, Tomo I, pág. 43. Die chilenische allgemeine Literatur kann durch die Adaption des chilenischen *Código Civil* auch für die Auslegung des CC herangezogen werden.

104 *Arrubla Paucar*, El contrato de fianza, en: Estudios de derecho privado, Tomo I, Liber Amicorum en homenaje a César Gómez Estrada, pág. 44, 44; *Bonivento Fernández*, Los principales contratos civiles y comerciales, Tomo II, pág. 3; *Oviedo Albán*, Una vez más sobre la aplicación de las normas civiles a las obligaciones y contratos mercantiles, en: Revista de Derecho Privado Julio-Diciembre de 2013, No. 25, pág. 81, 98.

105 *Oviedo Albán*, Una vez más sobre la aplicación de las normas civiles a las obligaciones y contratos mercantiles, en: Revista de Derecho Privado Julio-Diciembre de 2013, No. 25, pág. 81, 98.

106 *Oviedo Albán*, Una vez más sobre la aplicación de las normas civiles a las obligaciones y contratos mercantiles, en: Revista de Derecho Privado Julio-Diciembre de 2013, No. 25, pág. 81, 98.

von 1970 ist anwendbar, wenn ein Handelsgeschäft (*acto de comercio*) vorliegt. Die Kaufmannseigenschaft ist mithin nicht relevant. Gemäß Art. 10, 11 C. de C. sind Kaufleute Personen, denen das Gesetz die Fähigkeit beimisst, einen Handel zu betreiben, und die diesem gewerbsmäßig nachgehen, sowie Handelsgesellschaften, die in Übereinstimmung mit den Regeln des C. de C. gegründet worden sind. Der *Código de Comercio* trat am 27.3.1971 in Kraft.[107]

Art. 4 der kolumbianischen Verfassung (vom 4. Juli 1991) statuiert, dass das Verfassungsrecht das Gesetz ist, anhand dessen andere Gesetze interpretiert werden. Dem Verfassungsrecht widersprechende Normen sind unanwendbar. Es obliegt den Gerichten, das Verfassungsrecht in zweifelhaften Fällen zu erläutern, Art. 4 des Gesetzes 153 aus dem Jahr 1887.

III. Zusammenfassung

Die beiden zu vergleichenden Rechtsordnungen gehen auf das kontinentaleuropäische Recht zurück. Durch dessen Einfluss auf das Recht in ganz Lateinamerika und dadurch auf den *Código Civil de Chile* und somit auch auf den kolumbianischen *Código Civil* kann festgestellt werden, dass das Römische Recht die Basis nicht nur des kontinentaleuropäischen/römisch-germanischen Rechtskreises, sondern auch des heutigen Rechts in Südamerika darstellt.[108] Durch diese gemeinsame Grundlage kann bereits jetzt festgehalten werden, dass einige Parallelen zwischen dem Zivilrecht in Deutschland und Kolumbien bestehen. Dabei ist für die vorliegende Untersuchung besonders interessant, dass das kolumbianische Obligationenrecht viele Ähnlichkeiten mit dem französischen *Code Civil* aufweist. Rechtsvergleichende Arbeiten mit dem *Code Civil* existieren im Gegensatz zu rechtsvergleichenden Arbeiten mit dem *Código Civil colombiano* jedoch bereits mehrfach. Allerdings ist hervorzuheben, dass es sich

107 *Ordóñez Ordóñez*, Efectividad de la garantía única de cumplimiento de contratos estatales, constituida a través de póliza de seguro de cumplimiento, en: Revista de Derecho Privado, No. 19, 2010, pág. 135, 136.

108 *Galindo Romero*, Evolución del Código Civil Colombiano, pág. 4 abrufbar unter: https://de.scribd.com/doc/47687729/Historia-del-codigo-civil-colombiano; *Hinestrosa*, Tratado de las Obligaciones, Concepto, estructura, vicisitudes, I, pág. 59; *Rodríguez Grillo*, Perspectivas de los seguros de crédito y caución en algunos países latinoamericanos, en: Revista Ibero-Latinoamericana de Seguros, No. 18, Sept. 2002, pág. 221, 223; *Zappalá Sastoque*, A propósito del origen del Código Civil colombiano, en: Aproximaciones a la historia del derecho en colombia, pág. 60, 61, 80.

nicht um eine 1:1-Adaption handelt und daher nicht auf Literatur zur französischen Bürgschaft zurückgegriffen werden kann. Vielfach wurde der französische *Code Civil* zu Vergleichszwecken in kolumbianischen Schuldrechtslehrbüchern herangezogen. Indes kann auch hervorgehoben werden, dass viele lebendige Rechtsordnungen sich ähneln, wenn auch die praktischen Bedürfnisse, auf die sie stoßen, sich gleichen.[109]

Im Gegensatz zum deutschen BGB kommt dem kolumbianischen *Código Civil* wenig internationale Bedeutung zu, da es sich ursprünglich – unter Nichtbeachtung von Gesetzesänderungen seit der Übernahme – bei ihm lediglich um eine Kopie des chilenischen *Código Civil* handelt.

109 *Friedmann*, Law & Society Review, Vol. 4, No. 1 (Aug., 1969), pp. 29, 35; *Kötz*, ZEuP, 1998, 493, 494, 495.

C. Die Bürgschaft

I. Zweck und Gegenstand der Bürgschaft

Die Bürgschaft als Kreditsicherheit ist eine akzessorische Verbindlichkeit, durch die eine oder mehrere Personen für die Verbindlichkeit eines Dritten haften und sich gegenüber dem Gläubiger verpflichten, sie ganz oder teilweise zu erfüllen, wenn der Hauptschuldner ihr nicht nachkommt, § 765 Abs. 1 BGB/Art. 2361 Abs. 1 CC.[110] Sowohl § 765 Abs. 1 BGB als auch Art. 2361 Abs. 1 CC definieren jedoch nicht den Bürgschaftsvertrag, sondern die Verpflichtungen, die dem Vertrag entstammen.[111]

Der Zweck der Bürgschaft liegt in der Absicherung des Risikos der potenziellen Zahlungsunfähigkeit des Hauptschuldners. So kann dieser von Anfang an eine zweifelhafte Kreditwürdigkeit besitzen oder diese verschlechtert sich nachträglich. Die Gefahr des Kreditausfalls wird durch die Vervielfältigung der Vermögensmasse, auf die der Gläubiger zugreifen kann, minimiert. Daher handelt es sich bei der Bürgschaft um ein Risikogeschäft.[112] Aufgrund der dadurch erzielten Absicherung wird der Gläubiger eher dazu geneigt sein, dem ggf. vermögenslosen Hauptschuldner einen Kredit zu erteilen. Dies wiederum begünstigt die Gesamtmarktwirtschaft.[113]

Die Sicherung von Forderungen kann allgemein als Kreditsicherung bezeichnet werden. Diese umfasst nicht nur den klassischen Geldkredit im Rahmen des Darlehens gemäß § 488 BGB/Art. 2221, 2224 CC, die gesetzlichen traditionsreichen Kreditsicherheiten wie die Bürgschaft, die Hypothek und das Pfandrecht, sondern auch Vorleistungen jeder Art wie Waren- oder Dienstleistungskredite.[114] Auch ihnen kommt eine große wirtschaftliche Bedeutung

---

110 Laudo Arbitral del Tribunal de arbitraje – Cámara de Comercio de Bogotá – 15 de Febrero de 2001 = http://vlex.com/vid/355230822; Diccionario de la Lengua Española, Real Academia Española; Stichwort „fianza"; *Leal Pérez*, Diccionario jurídico, Stichwort „fianza".

111 *Arteaga/Arteaga*, Curso de Derecho Civil – Contratos, pág. 133; *Valencia Zea*, Derecho Civil, Tomo IV – Contratos, pág. 429, wonach die deutsche Definition treffender ist.

112 *Paek*, Der Bürgenschutz im Spannungsfeld zur Privatautonomie, S. 33.

113 *Paek*, Der Bürgenschutz im Spannungsfeld zur Privatautonomie, S. 40.

114 *Bülow*, Recht der Kreditsicherheiten, Rn. 7. Bei Warenkrediten kann die gewünschte Kreditsicherung jedoch häufig einfacher durch das Einbehalten von Rechten an der Ware erreicht werden, Schimansky/Bunte/Lwowski/*Ganter*, § 90 Rn 3.

zu.[115]

II. Entstehungsgeschichte der Bürgschaft

Das Bedürfnis, eine Sicherheit für einen gewährten Kredit zu erlangen, ist keine neuzeitliche Erscheinung. Vielmehr gab es Kreditsicherheiten schon in der römischen Kultur.[116] So hat sich die Bürgschaft im Römischen Recht zur verbreitetsten Kreditsicherheit entwickelt.[117] Die gesellschaftliche Wahrnehmung der Bürgschaft als Personalsicherheit verstärkte sich mit der erweiterten Mündigkeit der Bürger und dem damit einhergehenden Einzug der Bürgschaft in alle Gesellschaftsschichten. So haben später *Johann Wolfgang von Goethe*[118]und *Friedrich Schiller*[119] in ihren Werken das Thema der Bürgschaft aufgenommen. Letzterer verfasste hierzu folgende Ballade:

‚Ich bin', spricht jener,, zu sterben bereit
und bitte nicht um mein Leben;
doch willst du Gnade mir geben,
ich flehe dich um drei Tage Zeit,
bis ich die Schwester dem Gatten gefreit;
ich lass den Freund dir als Bürgen –
ihn magst du, entrinn' ich, erwürgen.'

Da lächelt der König mit arger List
Und spricht nach kurzem Bedenken:
‚Drei Tage will ich dir schenken.
Doch wisse! Wenn sie verstrichen, die Frist,
Eh' du zurück mir gegeben bist,
So muss er statt deiner erblassen,
Doch dir ist die Strafe erlassen.' […]
Friedrich Schiller: Die Bürgschaft

---

115 *Bülow*, Recht der Kreditsicherheiten, Rn. 1. Hauptgegenstand dieser Arbeit soll aber lediglich die Bürgschaft als Personalsicherheit sein.

116 *Köbler*, Deutsche Rechtsgeschichte, S. 44; *Rodríguez Grillo*, Perspectivas de los seguros de crédito y caución en algunos países latinoamericanos, en: Revista Ibero-Latinoamericana de Seguros, No. 18, Sept. 2002, pág. 221, 223.

117 HKK/*Haferkamp*, §§ 765–778 Rn. 6; Kaser/*Knütel/Lohsse*, Römisches Privatrecht, § 31 Rn. 1, § 57 Rn. 2; *Paek*, Der Bürgenschutz im Spannungsfeld zur Privatautonomie, S. 33.

118 *Goethe*, Zwischen Weimar und Jena, S. 46–47.

119 *Friedrich Schiller*: Die Bürgschaft (Ballade), Musenalmanach 1799, S. 176.

Diese Ballade veranschaulicht deutlich, dass der Inhalt des Bürgschaftsversprechens zu jener Zeit ein anderer war. Dies wird zum Anlass genommen, um auf die Entstehung der Bürgschaft nach heutigem Verständnis einzugehen.

Der deutsche Begriff Bürge leitet sich vom germanischen *borg* für Burg/Geborgenheit respektive auch bergen/schützen ab.[120] Auf Spanisch bedeutet Bürgschaft *fianza* und bürgen als Verb *fiar por alguien* oder *afianzar algo*. Gemein ist den Wörtern, dass sie mit dem Begriff *confiar en algo/alguien* verwandt sind, was so viel bedeutet wie jemandem vertrauen. Auch auf Deutsch bedeutet für jemanden zu bürgen, für jemanden einzustehen, was ebenfalls aussagt, dass der Bürge sich auf diese Person – den Hauptschuldner – verlassen kann und ihr vertraut.[121] Der Gläubiger bringt dem Hauptschuldner dieses Vertrauen aber nicht zwangsläufig entgegen.[122] Dieses Vertrauen des Bürgen in den Hauptschuldner und auch des Gläubigers in den Bürgen vermochte den Schuldner zu schützen.

Bereits im Alten Testament, bei den alten Ägyptern und den Phöniziern gibt es Hinweise auf die Bürgschaft.[123] Die ursprünglichste Form von Kreditsicherheiten sind die Realsicherheiten.[124] Allerdings wurde keine (Im-)Mobilie als Sicherheit gestellt, sondern ein Mensch (Geiselschaft).[125] Hier begab sich ein freier Mann in die Gewalt des Gläubigers, um für die Schuld eines Dritten einzustehen.[126] Aufschiebend bedingt durch die Nicht-Leistung des Schuldners wurde die Geisel zu Eigentum des Gläubigers.[127] Mithin handelte es sich um

---

120 *Beyerle*, Der Ursprung der Bürgschaft, S. 599.

121 *Sueiro*, Comunicar confianza sin fianza, en: Revista de Antiguos Alumnos del IEEM 2011, pág. 16, 16.

122 *Barros Errazuriz*, Curso de Derecho Civil, pág. 430.

123 *Cabanzo*, El seguro de cumplimiento, pág. 17; *Galindo Cubides*, El seguro de Fianza, pág. 1; *Galindo Cubides*, El seguro de Fianza (Póliza de Cumplimiento), en: Seguros, Temas esenciales, pág. 175; *Rodríguez Grillo*, Perspectivas de los seguros de crédito y caución en algunos países latinoamericanos, en: Revista Ibero-Latinoamericana de Seguros, No. 18, Sept. 2002, pág. 221, 223.

124 *Barrera Tapias/Hernández de León*, El Derecho de las Obligaciones, pág. 116.

125 *Barrera Tapias/Hernández de León*, El Derecho de las Obligaciones, pág. 116.

126 *Planitz*, Deutsches Privatrecht, S. 164. In Anbetracht des großen Risikos, die Freiheit zu verlieren, kamen zu Friedenszeiten als freie Bürger, die sich freiwillig in die Geiselschaft begaben, nur Familienmitglieder des Schuldners, die dem Schuldner unterstanden, d.h. die Ehefrau und die Kinder, in Betracht, vgl. *Beyerle*, Der Ursprung der Bürgschaft. S. 572.

127 *Planitz*, Deutsches Privatrecht, S. 164; *Alessandri Rodríguez*, Derecho Civil – Teoría de las obligaciones, pág. 8; *Barrera Tapias/Hernández de León*, El Derecho de las Obligaciones, pág. 116.

ein Personenpfand.[128] Die Haftung des Schuldners war mit Stellung einer Geisel ausgeschlossen.[129] Als weitere Form kam die Treuebürgschaft in Betracht.[130] Jedoch reichte diese Form als Druckmittel oft nicht aus[131]. Die Versklavung für Schulden wurde später durch das Gesetz *Poetelia Papiria* und das *Edictum Rutilianum* verboten.[132] Durch dieses Verbot wurde es notwendig, andere Kreditsicherungssysteme zu schaffen.[133]

Des Weiteren gab es die Gestellungsbürgschaft, welche hauptsächlich im Gebiet des Römischen Reichs verwendet wurde.[134] Hier hatte der Bürge für die Anwesenheit, also Stellung, des Schuldners an einem bestimmten Ort bzw. zu einer bestimmten Zeit Sorge zu tragen.[135] Es handelte sich meist um eine Person aus der Sippe des Bürgen, die treuhänderisch für den Gläubiger agierte.[136] Kam diese ihrer Verpflichtung nicht nach, geriet sie selbst in Leistungsverzug, machte sich strafbar, verlor ihren Besitz, konnte ausgepfändet werden und verfiel der Fehderache[137] oder der Friedlosigkeit[138].[139] Entscheidend waren zu diesem Zeitpunkt bereits die Glaub- und Kreditwürdigkeit des Bürgen.[140] Ein Zugriff auf das

128 *Beyerle*, Der Ursprung der Bürgschaft. S. 572; *Barrera Tapias/Hernández de León*, El Derecho de las Obligaciones, pág. 116.

129 *Beyerle*, Der Ursprung der Bürgschaft, S. 597; *Planitz*, Deutsches Privatrecht, S. 164.

130 Als Form der Bürgschaft im Frankenrecht, *Beyerle*, Der Ursprung der Bürgschaft. S. 574 f.

131 *Beyerle*, Der Ursprung der Bürgschaft. S. 574 f.

132 *Barrera Tapias/Hernández de León*, El Derecho de las Obligaciones, pág. 116.

133 *Barrera Tapias/Hernández de León*, El Derecho de las Obligaciones, pág. 116.

134 *Paek*, Der Bürgenschutz im Spannungsfeld zur Privatautonomie, S. 34.

135 *Beyerle*, Der Ursprung der Bürgschaft, S. 587, 588. Diese Form war bekannt im salfränkischen Rechtsgang.

136 *Beyerle*, Der Ursprung der Bürgschaft, S. 599; *Planitz*, Deutsches Privatrecht, S. 163.

137 Die Fehde war eine Form der Selbstjustiz, bei der der Verletzte selbst Rache nehmen konnte, um die Schuld zu sühnen.

138 Friedlosigkeit bezeichnet einen Zustand, bei dem die verurteilte Person jegliche Rechte verlor und somit keinen Rechtsschutz mehr genoss, Brockhaus Konversationslexikon, Band VII, 14. Aufl. Leipzig 1898, Stichwort: Friedlosigkeit.

139 *Planitz*, Deutsches Privatrecht, S. 163. Zum „Freiwerden" führte in Burgund lediglich die Stellung eines sog. Exekutionsbürgen, *Beyerle*, Der Ursprung der Bürgschaft, S. 582. Daher kann die Exekutionsbürgschaft als Zwischenstufe zwischen der Gestellungsbürgschaft und der heutigen Bürgschaft angesehen werden, *Beyerle*, Der Ursprung der Bürgschaft, S. 616.

140 *Paek*, Der Bürgenschutz im Spannungsfeld zur Privatautonomie, S. 33. Die nötige Glaubwürdigkeit wurde Frauen ursprünglich generell versagt bzw. es wurde geltend gemacht, diese seien zu unerfahren und würden zu leichtfertig bürgen. *Heyers*, JA

Vermögen des Schuldners oder auf seine Sippe führte nicht zur Erfüllung der Hauptverbindlichkeit, sondern stellte lediglich ein Druckmittel dar.[141]

Die gesetzliche Typisierung der Personalsicherheit, die am ehesten der heutigen Bürgschaft gleicht, erfolgte unter Kaiser *Iustinian* I (482 n.Chr.–565 n.Chr.), der die Digesten (=Pandekten), die Institutionen, den *Codex Iustinianus*, auch *Corpus Iuris Civilis* genannt, sowie die Novellensammlung erschuf.[142] Damals gab es viele Bürger, die aufgrund von Vermögenslosigkeit in Bezug auf Grundeigentum keine Realsicherheiten stellen konnten und daher auf eine Form der effektiven Personalsicherheit angewiesen waren.[143] Deshalb standen Personalkredite und nicht Realkredite im Vordergrund.[144] Die Bürgschaft unterlag zudem weniger strengen formellen Voraussetzungen, als andere Sicherheiten, und wurde so zu der beliebtesten Kreditsicherheit.[145] Sie war unter dem Namen *adpromissio* bekannt.[146] Es gab sie in zwei Erscheinungsformen: der *sponsio* und der *fidepromissio*.[147] Letztere wurde im Laufe der Zeit durch die *fideiussio*

2012, 81, 86 hält diesen Ansatz mit Verweis auf die Problematik der Angehörigenbürgschaft für erwiesenermaßen korrekt. Diese Ungleichbehandlung zog sich über das gemeine Recht fort bis zur Begründung des BGB. Erwogen wurde, im Entwurf des BGB eine Norm einzuführen, die es Frauen untersagt hätte, eine Bürgschaft einzugehen, Motive II. S. 657 (*Mugdan*, II, S. 367), *Windscheid*, Lehrbuch des Pandektenrechts, § 476, S. 1082. Diesen Erwägungen wurde allerdings letztendlich nicht stattgegeben.

141 *Planitz*, Deutsches Privatrecht, S. 164.

142 *Bordamalo Echeverry*, Teoría de la fianza comercial, pág. 3; *Castañeda de Manosalva*, El seguro de fianza de cumplimiento, pág. 9, 12; *Galindo Cubides*, El seguro de Fianza, pág. 1; *Andrade*, La fianza solidaria y el beneficio de excusión, en: Revista Jurídica No. 25, Mayo 1911, pág. 2, 4; *Galindo Cubides*, El seguro de Fianza (Póliza de Cumplimiento), en: Seguros, Temas esenciales, pág. 175.

143 *Galindo Cubides*, El seguro de Fianza, pág. 1; *Galindo Cubides*, El seguro de Fianza (Póliza de Cumplimiento), en: Seguros, Temas esenciales, pág. 175.

144 Kaser/*Knütel/Lohsse*, Römisches Privatrecht, § 31 I Rn. 2; *Paek*, Der Bürgenschutz im Spannungsfeld zur Privatautonomie, S. 34; *Andrade*, La fianza solidaria y el beneficio de excusión, en: Revista Jurídica No. 25, Mayo 1911, pág. 2, 3.

145 *Galindo Cubides*, El seguro de Fianza, pág. 1.

146 *Bordamalo Echeverry*, Teoría de la fianza comercial, pág. 3; *Castañeda de Manosalva*, El seguro de fianza de cumplimiento, pág. 9, 12; *Lozada Bustos*, La fianza como garantía civil, pág. 2; *Muñoz Obando*, „La fianza", pág. 17; *Ojeda N.*, Apuntaciones sobre fianza, pág. 13; *Andrade*, La fianza solidaria y el beneficio de excusión, en: Revista Jurídica No. 25, Mayo 1911, pág. 2, 4.

147 *Bordamalo Echeverry*, Teoría de la fianza comercial, pág. 3; *Lozada Bustos*, La fianza como garantía civil, pág. 3; *Ojeda N.*, Apuntaciones sobre fianza, pág. 13; *Andrade*,

ersetzt.[148] Heute findet sich die damals etablierte persönliche Haftung in Deutschland noch in § 918 ZPO.

Im Mittelalter entwickelten sich neue Formen der Schuldbürgschaft, bei denen das Prinzip der körperlichen Vergeiselung aufgehoben wurde und ein bloß rechtliches Einstehenmüssen auftrat.[149] Zum einen war dies die Leibbürgschaft. Bei dieser Form verpflichtete sich der Bürge, an einem bestimmten Ort zu bleiben bzw. zu erscheinen, bis er durch den Schuldner ausgelöst wurde.[150] Hierbei handelte es sich ebenfalls nicht um die Erfüllung der Hauptverbindlichkeit.[151] Der Sinn in der Stellung eines Bürgen lag somit in der Verschaffung von Zeit und der Vermeidung einer Festnahme.[152] Zum anderen kam die Vermögensbürgschaft auf.[153] Bereits zu dieser Zeit haftete der Schuldner bei Stellung eines Bürgen lediglich subsidiär.[154]

Im gemeinen Recht war die Bürgschaft mit der Interzession, dem Eintritt für fremde Schulden, zusammengefasst.[155] Auf diesem Gebiet bildete sich die Akzessorietät der Bürgschaft.[156]

Die wesentlichen Charakteristika der Bürgschaft entstammen somit bereits der römisch-rechtlichen Sicherheit, die heute gemeinhin als Bürgschaft bekannt ist.

1. In Deutschland

In Deutschland ist das Bürgschaftsrecht vor allem in den §§ 765–778 BGB geregelt.[157]

La fianza solidaria y el beneficio de excusión, en: Revista Jurídica No. 25, Mayo 1911, pág. 2, 4.

148 *Bordamalo Echeverry*, Teoría de la fianza comercial, pág. 4; *Ojeda N.*, Apuntaciones sobre fianza, pág. 13.

149 HKK/*Haferkamp*, §§ 765–778 Rn. 10; *Beyerle*, Der Ursprung der Bürgschaft, S. 582.

150 *Planitz*, Deutsches Privatrecht, S. 164; *Beyerle*, Der Ursprung der Bürgschaft, S. 583. Dies entspricht der Bürgschaft, die in Friedrich Schillers Ballade „Die Bürgschaft" Erwähnung findet.

151 *Beyerle*, Der Ursprung der Bürgschaft, S. 597.

152 *Beyerle*, Der Ursprung der Bürgschaft, S. 596, 597, 621.

153 *Beyerle*, Der Ursprung der Bürgschaft, S. 592.

154 *Planitz*, Deutsches Privatrecht, S. 164; *Beyerle*, Der Ursprung der Bürgschaft, S. 619.

155 HKK/*Haferkamp*, §§ 765–778 Rn. 9; Staudinger/*Stürner*, Vorbem. zu §§ 765–778 Rn. 1; *Windscheid*, Lehrbuch des Pandektenrechts, § 476, S. 1079 f.

156 *Windscheid*, Lehrbuch des Pandektenrechts, § 477, S. 1092.

157 Ergänzend können bei einem handelsrechtlichen Bezug Vorschriften wie §§ 349, 350 HGB Anwendung finden.

Im Rahmen der Schaffung eines neuen einheitlichen BGB haben die Normgeber, d.h. die Kommissionsmitglieder, teilweise bewusst von vereinzelten römisch-rechtlichen Bürgschaftsregelungen Abstand genommen, da dieses Konstrukt als veraltet angesehen wurde.[158]

Den Ursprung der heutigen §§ 765 ff. BGB stellen die Art. 927 ff. des Dresdner Entwurfes dar,[159] welcher die Grundlage der Debatte der Ersten Kommission darstellt. Bereits zu diesem Zeitpunkt war unumstritten, dass die Bürgschaft jegliche Verbindlichkeit absichern können soll und keine Mitwirkung des Hauptschuldners für den Bürgschaftsvertrag erforderlich ist.[160] Die Kommissionsmitglieder, u.a. *Bernhard Windscheid*, verhalfen dem Dresdner Entwurf zu seiner endgültigen Fassung – dem Ersten Entwurf –, indem die Subsidiarität der Bürgschaft durch eine Änderung des Wortlauts der Norm besonders deutlich hervorgehoben wurde.[161] Zudem wurden mehrere Bestimmungen, die nicht dem Zeitgeist entsprachen, entfernt.[162] Die Zweite Kommission überarbeitete in Bezug auf die Bürgschaft den Ersten Entwurf marginal. Lediglich im Hinblick auf die Formbedürftigkeit fanden kontroverse Diskussionen statt.[163] Während der Beratung im Reichstag wurde das Formerfordernis für die Bürgenerklärung schließlich zum Schutz des Bürgen in das BGB aufgenommen.[164] Beachtlich ist, dass Kritiker des Formerfordernisses schon damals zu Bedenken gaben, dass die Einrede der Vorausklage in einem schriftlichen Bürgschaftsvertrag häufig formularmäßig ausgeschlossen würde und der Bürge dadurch eher weniger Schutz

---

158 Motive II, S. 658 (*Mugdan*, II, S. 368).

159 *Kübel*, Die Vorentwürfe der Redaktoren zum BGB, S. 397 f.

160 Motive II, S. 658 (*Mugdan*, II, S. 368).

161 Jakobs/Schubert/*Jakobs*, §§ 765–766, S. 460 = Protokolle I S. 2511.

162 Jakobs/Schubert/*Jakobs*, §§ 765–766, S. 460 f. = Protokolle I S. 2512. So z.Bsp. das Interzessionsverbot der Frau.

163 Unter den Fürsprechern der Formbedürftigkeit befand sich zunächst Hr. *Dittmar*, um die Warnfunktion zugunsten des Bürgen einzuführen, Jakobs/Schubert/*Jakobs*, §§ 765–766, S. 462, *Dittmar* Nr. 233; Protokolle II S. 2498 ff. (*Mugdan*, II, S. 1018 f.). Dieser Antrag wurde jedoch mit dem Argument der Unpraktikabilität für schnelle Geschäfte, z.Bsp. für den Viehhandel, sowie dem des handelsrechtlichen Gleichklangs abgelehnt, s. Protokolle II, S. 2502 (*Mugdan*, II, S. 1020). Später wurden weitere Anträge, mit dem Inhalt, den gesamten Bürgschaftsvertrag für formbedürftig zu erklären, abgelehnt, Jakobs/Schubert/*Jakobs*, §§ 765–766, S. 463, Wilke Nr. 24, 8; Protokolle II S. 8485 (*Mugdan*, II, S. 1020). Zur gesamten Debatte: Jakobs/Schubert/*Jakobs*, §§ 765–766, S. 463.

164 Kommissionsbericht S. 99 (*Mugdan*, II, S 1295); Jakobs/Schubert/*Jakobs*, §§ 765–766, S. 464.

erführe.[165] Trotz dieser Kritik wurde die Einrede der Vorausklage zum Schutz des Bürgen eingeführt.[166]

Seit Inkrafttreten des BGB am 1.1.1900 haben die Normen der Bürgschaft nur geringfügige Änderung erfahren.[167]

Wenngleich sich die Erste und Zweite Kommission, der Reichstag sowie der Bundesrat und Bundestag im Gesetzgebungsprozess ausführlich mit der Normierung der Bürgschaft befasst haben, sind die Normen wenig ausführlich. Daher war zunächst das Reichsgericht und seit dem 1.10.1950 der Bundesgerichtshof mit der Präzisierung und Ausformung der Wirksamkeitsvoraussetzungen der Bürgschaft beschäftigt.[168]

2. In Kolumbien

In Kolumbien gleichen elementare Grundsätze des Bürgschaftsrechts in seiner heutigen Form dem Bürgschaftsrecht des *Corpus Iuris Civilis*. Die Form der römischen Bürgschaft wurde mit wenigen Modifikationen ins spanische Recht übernommen.[169] In den *Las Siete Partidas*, einem kastillianischen Gesetzbuch aus der Zeit von *Alfonso X. von Kastilien* (1252–1284) zur Schaffung einer einheitlichen Kodifikation, wurde die Bürgschaft ebenfalls erwähnt.[170] Kodifiziert war die Vereinbarung, durch die ein Dritter die Erfüllung einer fremden Verpflichtung für den Fall, dass der Hauptschuldner den Vertrag nicht erfüllt, auf sich nimmt.[171] Dieses Gesetz hatte in Lateinamerika bis ins 19. Jahrhundert hinein Gültigkeit.[172] Die bereits erwähnten Ähnlichkeiten zeigen sich bei einem Vergleich mit

---

165 Kommissionsbericht S. 99 (*Mugdan*, II, S 1295).

166 Motive II S. 668 (*Mugdan* II. S. 373).

167 Lediglich § 766 S. 2 BGB wurde aufgrund des Gesetzes zur Anpassung der Formvorschriften des Privatrechts und anderer Vorschriften an den modernen Rechtsgeschäftsverkehr (13.7.2001), welches auf europäischen Richtlinien (RL 1999/93/EG und RL/2000/31/EG) basiert, geändert, MüKo/*Habersack*, § 766 Rn. 1.

168 *Jansen*, Die Bürgschaft in der europäischen Rechtstradition, S. 75. Die Rechtsprechung beschäftigte sich u.a. zunächst mit Auslegungs- und Abgrenzungsfragen zu anderen Personalsicherheiten, des Weiteren mit der Beschaffenheit der Verbindlichkeit und letztlich mit dem Formerfordernis.

169 *Andrade*, La fianza solidaria y el beneficio de excusión, en: Revista Jurídica No. 25, Mayo 1911, pág. 2, 6, 7.

170 Vgl. *Valencia Zea/Ortiz Monsalve*, Derecho Civil, Tomo I: parte general y personas, pág. 41.

171 *Galindo Cubides*, El seguro de Fianza, pág. 3.

172 Zur Kodifikationsgeschichte siehe Abschnitt B. II. 1.

der römisch-rechtlichen *adpromissio*. Bereits zu diesem Zeitpunkt wurde festgelegt, dass der Bürgschaft jedwede Verpflichtung zugrunde liegen kann, dass der Leistungsgegenstand, zu dessen Leistung sich der Bürge verpflichtet, identisch mit dem der Hauptschuld sein muss und dass der Bürge dem Gläubiger gegenüber nicht zu mehr als dem, was der Hauptschuldner schuldet, verpflichtet ist. Dies ist heute inhaltsgleich in den Art. 2369 Abs. 1 und Art. 2370 Abs. 1 CC normiert.[173] Die Einrede der Vorausklage (*beneficio de excusión*) und die Teilungseinrede (*beneficio de división*) sind bereits in der IV. Novelle aus dem Jahr 539 angelegt und heute in den Art. 2383, 2392 Abs. 1 CC geregelt.[174]

Die Art. 2361 ff. CC haben sich seit Inkrafttreten des *Código Civil colombiano* nur minimal verändert. Im Gegensatz zur deutschen Gesetzeslage erfuhr das Bürgschaftsrecht keine großen Änderungen durch Rechtsfortbildung. Die kolumbianische Rechtsprechung ist daher im Hinblick auf die Bürgschaft bloß von geringer Bedeutung.

III. Charakteristika des Bürgschaftsvertrages

1. Akzessorietät zur Hauptforderung

In beiden Rechtsordnungen handelt es sich um eine akzessorische Verbindlichkeit. Akzessorische Sicherheiten sind solche, die sowohl bei ihrer Entstehung als auch in ihrem Fortbestand von der Existenz des gesicherten Anspruchs abhängig sind.[175] Die Akzessorietät[176] soll eine unmittelbare und dauernde

173 *Bonivento Fernández*, Los principales contratos civiles y comerciales, Tomo II, pág. 7; *Hinestrosa*, Tratado de las Obligaciones, Concepto, estructura, vicisitudes, I, pág. 85; *Ortega Torres*, Código Civil, pág. 1062; *Pérez Vives*, Garantías civiles (Hipoteca, prenda y fianza), pág. 364; *Salamanca*, Derecho civil: curso IV: contratos, pág. 285; *Tarazona Caceres*, La fianza civil, pág. 31.

174 *Bordamalo Echeverry*, Teoría de la fianza comercial, pág. 30; *Cabanzo*, El seguro de cumplimiento, pág. 19; *Castañeda de Manosalva*, El seguro de fianza de cumplimiento, pág. 17; *Galindo Cubides*, El seguro de Fianza, pág. 2; *Galindo Cubides*, El seguro de Fianza (Póliza de Cumplimiento), en: Seguros, Temas esenciales, pág. 175; *Manotas Sánchez*, Fianza civil solidaria, pág. 21; *Ojeda N.*, Apuntaciones sobre fianza, pág. 43; *Salamanca*, Derecho civil: curso IV: contratos, pág. 290.

175 Langenbucher/*Lehmann*, 2. Teil Finanzierung und Kreditsicherheiten, 24 Kapitel: Grundlagen Rn. 31 f.; *Lettl*, WM 2000, 1316, 1316; *Alessandri Rodríguez*, Derecho Civil - Teoría de las obligaciones, pág. 28.

176 Der Begriff geht auf „*acceessio*" und „*accedere*", was herbei- oder hinzutreten bedeutet, zurück.

Abhängigkeit des Nebenrechts von der Hauptforderung herstellen.[177] Die Entwicklung des Gedankens der Akzessorietät geht auf den oströmischen Kaiser *Iustinian* I (Kaiserzeit: 527-565 n. Chr.) und den von ihm geschaffenen *Corpus Iuris Civilis*, welcher von 528 bis 534 n. Chr. zusammengestellt wurde, zurück.[178] Schon hier wurde die Abhängigkeit der *stipulatio* sowie der *fideiussio* von der Hauptschuld geschildert.[179] Die Akzessorietät des dienenden Vertrages bezieht sich auf die Entstehung, den Umfang, die Übertragung, das Erlöschen und die Durchsetzbarkeit der Hauptschuld.

a) Entstehungsakzessorietät

aa) In Deutschland

Bei der Bürgschaft handelt es sich um einen akzessorischen Vertrag, der dem Schicksal der Hauptschuld folgt. Dies ergibt sich aus folgenden Paragraphen: §§ 765, 767 Abs. 1, 768 Abs. 1 S. 1, 770 Abs. 1 und 774 Abs. 1 BGB. Die akzessorische Sicherheit ist ein Nebenrecht, das komplett vom Bestand der Hauptforderung abhängig ist.[180] Die Bürgschaft stellt insoweit ein „Ersatzrecht" des Gläubigers dar, wenn die Hauptforderung nicht vom Hauptschuldner befriedigt wird.[181]

Die Akzessorietät der Bürgschaft stand nicht infrage, als das BGB kodifiziert wurde.[182] Sie kann im Kern vertraglich nicht ausgeschlossen werden.[183]

---

177 BGH, Urteil v. 25.11.1981 – VIII ZR 299/80 = BGHZ 82, 323–332 (326) = BGH NJW 1982, 875, 876; BGH, Urteil v. 19.9.1985 – III ZR 214/83 = BGHZ 95, 350–361 (356 f.) = BGH NJW 1986, 43, 45; MüKo/*Habersack*, § 765, Rn. 64; Staudinger/*Stürner*, Vorbem. zu §§ 765 ff. Rn. 18.

178 *Manotas Sánchez*, Fianza civil solidaria, pág. 21.

179 Kaser/*Knütel/Lohsse* § 57 Rn. 5, 10; *Bordamalo Echeverry*, Teoría de la fianza comercial, pág. 4; *Castañeda de Manosalva*, El seguro de fianza de cumplimiento, pág. 10, 13; *Andrade*, La fianza solidaria y el beneficio de excusión, en: Revista Jurídica No. 25, Mayo 1911, pág. 2, 5 f.

180 Langenbucher/*Lehmann*, 2. Teil Finanzierung und Kreditsicherheiten, 24. Kapitel: Grundlagen Rn. 31.

181 *Schmidt*, Die sogenannte Akzessorietät der Bürgschaft, S. 48; *Tiedtke*, Verjährungseinrede des Bürgen nach § 768 BGB trotz Wegfalls des Hauptschuldners und der gegen diesen gerichteten Forderung, in: FS Kollhosser, Bd. II, S. 741, 747.

182 Motive II, S. 660 u. 664 (*Mugdan*, II, S. 369, 371); Protokolle II, S. 2507 (*Mugdan*, II, S. 1021).

183 BGH, Urteil v. 19.09.1985 – III ZR 214/83 = BGHZ 95, 350–361 (356) = BGH NJW 1986, 43, 45; BGH, Urteil v. 19.11.1965 – Ib ZR 142/63 = BGH WM 1966, 122, 124; Erman/*Zetzsche*, § 765 Rn. 3; Jauernig/*Stadler*, § 767 Rn. 2; Staudinger/*Stürner*, § 768

Bei einem Wegfall der Akzessorietät käme der Bürgschaft das Wesensmerkmal, welches sie von der Garantie unterscheidet, abhanden.[184] Gegenstand der Norm ist vorwiegend[185] zwingendes Gesetzesrecht.[186] Eine Einschränkung der Akzessorietät ist daher i.d.R. unwirksam.[187] Gesetzliche Akzessorietätslockerungen/-durchbrüche sind jedoch vorgesehen, vgl. §§ 765 Abs. 2, 767 Abs. 1 S. 1, Abs. 2 BGB. Darüber hinaus gilt der Akzessorietätsgrundsatz nicht für Fälle, die sich aus dem Bürgschaftszweck ergeben, wie den Fortbestand der Sicherheit im Falle der Insolvenz des Schuldners.[188] Nach überwiegender Ansicht im Schrifttum dient

---

Rn. 29; *Reinicke/Tiedtke*, Kreditsicherung, Rn. 333; *Tiedtke*, JZ 2006, 940, 947. So auch nach dem Willen des Gesetzgebers: Motive II, S. 660 u. 664 (*Mugdan*, II, S. 369, 371); Protokolle II, S. 2507 (*Mugdan*, II, S. 1021). Auch *Schmidt*, Die sogenannte Akzessorietät der Bürgschaft, kommt auf S. 43 ff. zu dem Schluss, dass die Akzessorietät im Gesetz begründet liegt.

184 MüKo/*Habersack*, § 767 Rn. 2; *Reinicke/Tiedtke*, Rn. 42.

185 § 767 Abs. 1 S. 2 und § 767 Abs. 2 BGB sind dispositiv, BeckOK BGB/*Rohe*, § 767 Rn. 2; MüKo/*Habersack*, § 767 Rn. 2; so auch § 768 BGB für lediglich rechtshemmende Einreden bis zur Grenze des Rechtsmissbrauchs, MüKo/*Habersack*, § 768 Rn. 5; Staudinger/*Stürner*, § 768 Rn. 32; so auch § 770 BGB, MüKo/*Habersack*, § 770 Rn. 3.

186 *Schmidt*, Die sogenannte Akzessorietät der Bürgschaft, S. 43; *Westermann*, Jura 1991, 449, 449.

187 BGH, Urteil v. 9.9.19 1985 - III ZR 214/83 = BGHZ 95, 350–361 (356 f.) = BGH NJW 1986, 43, 44; Erman/*Zetzsche*, § 765 Rn. 3; MüKo/*Habersack*, § 765, Rn. 65; dabei scheint die Akzessorietät in bestimmten Fallkonstellationen *qua* Gesetz aufgehoben zu sein. Gemäß § 768 Abs. 1 S. 2 BGB kann der Bürge die Einrede der beschränkten Erbenhaftung gegenüber dem Gläubiger nicht geltend machen, § 1629a BGB. Hiernach kann die Einrede der beschränkten Haftung des volljährigen Kindes nicht von Sicherungsgebern erhoben werden. Der Verlust der Rechtsfähigkeit einer juristischen Person soll zudem nicht zum Untergang der Bürgschaft führen. Die Bürgschaft soll fortbesthen, vgl. u.a. BGH, Versäumnisurteil v. 6.5.1993 - IX ZR 73/92 = BGH WM 1993, 1080, 1082; MüKo/*Habersack*, § 767, Rn. 7. Bei näherer Betrachtung fällt jedoch auf, dass die Bürgschaft den Gläubiger genau gegen den Fall schützen soll, dass der Hauptschuldner aufgrund zu geringen Vermögens nicht leisten kann. Die Versagung der Einreden entspricht gerade dem Wesen der Bürgschaft. Sie muss daher als wirksam angesehen werden, vgl. *Schmidt*, Die sogenannte Akzessorietät der Bürgschaft, S. 61 ff., 65 ff., 71. Die dogmatische Erklärung sei dahingestellt.

188 BeckOK BGB/*Rohe*, § 767 Rn. 12; MüKo/*Habersack*, § 767 Rn. 7. Etwas Anderes ergibt sich auch nicht bei einer Restschuldbefreiung, §§ 254 Abs. 2 S. 1; 301 Abs. 2 S. 1 InsO. Eine Ausnahme zu diesem Grundsatz gilt nur, wenn der Insolvenzverwalter und der Gläubiger vereinbaren, dass die Bürgschaft unter bestimmten Voraussetzungen erlöschen soll. Diese Vereinbarung kann der Bürge dem Leistungsverlangen des

die Akzessorietät dem Schutz des Bürgen vor ungerechtfertigter Inanspruchnahme durch den Gläubiger.[189] Sie kann allerdings nicht ausschließlich auf dem Schutzbedürfnis des Bürgen beruhen. Grund hierfür ist, dass Bürgschaftsformen, wie die Globalbürgschaft oder die Bürgschaft auf erstes Anfordern, die dem Schutzbedürfnis des Bürgen nicht entsprechen und die Akzessorietät beschränken, durchaus anerkannt sind.[190] Die Akzessorietät ergibt sich vielmehr bereits aus dem Sicherungszweck der Bürgschaft.[191]

Zunächst ist die Bürgschaft hinsichtlich ihrer Entstehung akzessorisch zur Hauptschuld, vgl. § 767 Abs. 1 S. 1 BGB. Hierbei handelt es sich um zwingendes Recht.[192] Ist die Hauptschuld nicht bzw. nicht wirksam oder ist sie aufschiebend bedingt entstanden, gilt dies auch für die Bürgschaft, welche dann entweder nicht entstanden oder schwebend unwirksam ist.[193]

Die zu sichernde Forderung kann sowohl bereits gegenwärtig bestehen als auch zukünftig entstehen, vgl. § 765 Abs. 2 BGB. Die Sicherheit für eine künftige Forderung besteht jedoch nur aufschiebend bedingt.[194] Die Absicherung einer zukünftigen Verbindlichkeit ist vor allem relevant, wenn eine Bank einen Kredit in Aussicht stellt und vor Kreditausschüttung eine Sicherheit verlangt.[195] Kriterium ist lediglich die genaue Bestimmung oder auch die Bestimmbarkeit[196]

Gläubigers entgegenhalten, BGH, Urteil v. 1.10.2002 – IX ZR 443/00 = BGH NJW 2003, 59, 60.

189 U.a. *Hadding*, BMJ-Gutachten, 571, 619 (630); MüKo/*Pecher* (2. Aufl.), § 767 Rn. 1; Staudinger/*Stürner*, Vorbem. zu §§ 765 ff. Rn. 18; a.A. *Schmidt*, Die sogenannte Akzessorietät der Bürgschaft, S. 52.

190 *Schmidt*, Die sogenannte Akzessorietät der Bürgschaft, S. 52. Zur Zulässigkeit der Bürgschaft auf erstes Anfordern: BGH, Urteil v. 2.5.1979 – VIII ZR 157/78 = BGHZ 74, 244–248 = BGH NJW 1979, 1500, 1500 ff.; MüKo/*Habersack* § 765 Rn. 107; Palandt/*Sprau*, Einf. v. § 765 Rn 14; Staudinger/*Horn* (1997) Vorbem. zu §§ 765 ff. Rn. 24; *Bülow*, Recht der Kreditsicherheiten, Rn. 1040a; *Larenz/Canaris*, SchuldR, II/2, § 64 IV 1.

191 MüKo/*Habersack*, § 767 Rn. 7; Staudinger/*Stürner*, Vorbem. zu §§ 765 ff. Rn. 18; *Schmidt*, Die sogenannte Akzessorietät der Bürgschaft, S. 47 ff.

192 HK-BGB/*Staudinger*, § 767 Rn. 1, 3; Jauernig/*Stadler*, § 767 Rn. 2; PWW/*Brödermann*, § 767 Rn. 3; Staudinger/*Stürner*, § 767 Rn. 10.

193 Erman/*Zetzsche*, §765 Rn. 5; Jauernig/*Stadler*, § 765 Rn. 16.

194 MüKo/*Habersack*, § 765 Rn. 71; *Roquette/Giesen*, NZBau 2003, 297, 297 f.

195 Reinicke/Tiedtke, Rn. 14.

196 RG, Urteil v. 17.11.1919 – VI 270/19 = RGZ 97, 162, 163 f.; BGH, Urteil v. 2.2.1989 – IX ZR 99/88 = BGH NJW 1989, 1484, 1484; BGH, Urteil v. 13.10.1994 – IX ZR 25/94 = BGH NJW 1995, 43, 44 = BGH WM 1994, 2233, 2235; BGH, Urteil v. 5.1.1995 – IX ZR 101/94 = BGH NJW 1995, 959, 959. Die Bestimmbarkeit ist vor allem relevant,

in der Bürgschaftserklärung. Die Möglichkeit, zukünftige, bloß bestimmbare Forderungen abzusichern, führt zu der Globalbürgschaft. Ist in dieser der Sicherungszweck nicht hinreichend bestimmt, ist der Bürgschaftsvertrag insgesamt zwar nicht unwirksam, *qua* ergänzender Vertragsauslegung haftet der Bürge allerdings lediglich für die Anlassverbindlichkeit.[197]

Die abzusichernde Verbindlichkeit kann in jeder obligatorischen Verbindlichkeit liegen.[198] Nur dingliche Verbindlichkeiten, wie etwa Ansprüche eines Hypotheken- oder Grundschuldgläubigers, können nicht mithilfe der Bürgschaft abgesichert werden.[199]

Die Hauptverbindlichkeit darf hingegen nicht unheilbar nichtig sein.[200] Etwas Anderes gilt lediglich, wenn die Vertragsauslegung ergibt, dass die Bürgschaft auch zur Absicherung von Sekundäransprüchen geschlossen wurde.[201] Grds.

---

wenn eine zukünftige oder bedingte Forderung abgesichert werden soll oder auch, wenn der Umfang der Hauptschuld noch nicht feststeht, BGH, Urteil v. 7.11.1985 - IX ZR 40/85 = BGH NJW 1986, 928, 929; BGH, Urteil v. 4.6.1987 - IX ZR 31/86 = BGH NJW 1987, 3126, 3127; OLG Frankfurt a.M., Urteil v. 30.11.2005 - 23 U 288/04 = OLG Frankfurt a.M. BKR 2006, 20, 20 f.; *Benedict*, Die Bestimmtheit der „künftigen Forderung" bei der Globalbürgschaft, S. 141 ff.

197 BGH, Urteil v. 28.10.1999 - IX ZR 364/97 = BGH WM 2000, 64, 66. In dem Fall war vertraglich vorgesehen, dass der Bürge für alle gegenwärtigen Forderungen, die aber nicht näher beschrieben wurden, haften soll; siehe *Bülow*, Recht der Kreditsicherheiten, Rn. 913, a.A. *Reinicke/Tiedtke*, Rn. 16. Siehe Abschnitt C. V. 4. a) aa) zu Globalbürgschaften.

198 RG, Urteil v. 5.7.1918 - VII 136/18 = RGZ 93, 234, 236.

199 RG, Urteil v. 5.7.1918 - VII 136/18 = RGZ 93, 234, 236.

200 RG, Urteil v. 23.11.1931 - VIII 252/31= RGZ 134, 243, 245; bei Heilbarkeit vgl: MüKo/*Habersack*, § 765 Rn. 66; *Reinicke/Tiedtke*, Rn. 3.

201 RG, Urteil v. 10.3.1919 - VI 331/18 = RGZ 95, 125, 126; BGH, Urteil v. 12.2.1987 - III ZR 178/85 = BGH NJW 1987, 2076, 2077 = BGH WM 1987, 616, 617; BGH, Urteil v. 21.11.1991 - IX ZR 60/91 = BGH NJW 1992, 1234, 1235 f.; BGH, Urteil v. 4.11.1999 - IX ZR 320/98 = BGH NJW 2000, 511, 512; BGH, Urteil v. 15.3.2001 - IX ZR 273/98 = BGH NJW 2001, 1859, 1860 f.; MüKo/*Habersack*, § 765 Rn. 66; Staudinger/*Stürner*, § 765 Rn. 94; *Larenz/Canaris*, SchuldR, II/2 § 60 III 1c. In der Literatur wenden sich einige gegen diese Ansicht und nehmen eine solche Erstreckung lediglich an, wenn ein objektiver Erklärungsempfänger dies dem Willen des Bürgen entnehmen würde, beispielsweise, wenn eine etwaige Unwirksamkeit angesprochen wurde und der Bürge deutlich gemacht hat, auch in diesem Fall einstehen zu wollen, *Reinicke/Tiedtke*, Rn. 5 f.; *Fielenbach*, WM 2011, 2349, 2350. Außerdem entspräche dies dem Akzessorietätsgrundsatz, da der Bürge gerade eine spezielle Verbindlichkeit absichert und nicht eine beliebige, vgl. *Fielenbach*, WM 2011, 2349, 2352.

sichert die Bürgschaft lediglich den Primäranspruch und keine Sekundäransprüche wie z.Bsp. Schadensersatz- oder Bereicherungsansprüche.[202] Insbesondere bei Wirksamkeitshindernissen aufseiten des Hauptschuldners ist allerdings von einer Erstreckung auf Sekundäransprüche auszugehen.[203] So umfasst die Bürgenschuld auch solche Sekundäransprüche, die sich aus der Existenz der Hauptschuld herleiten, § 767 Abs. 1 S. 2 BGB.[204] Bei unerfahrenen Privatleuten wird i.d.R. kein solcher Erstreckungswille vorhanden sein.[205] Dies liegt daran, dass der Anspruch aus dem Bereicherungsrecht sofort fällig ist, wohingegen der ursprüngliche Anspruch u.U. erst später fällig sein konnte.[206] Bei einer formularmäßigen Vereinbarung der Haftung für die Bereicherungsschuld greift weder § 305c BGB, da diese Haftung der Kreditpraxis entspricht, noch § 307 BGB, weil keine unangemessene Benachteiligung erkennbar ist, sondern vielmehr ein schutzwürdiges Interesse des Sicherungsnehmers besteht.[207] Diese Auslegung entspricht Billigkeitsgesichtspunkten, zumal der Bürge durch die Erstreckung der Schuld *„nicht unbillig benachteiligt wird"*.[208] Im Gegenteil: Er würde durch die Unwirksamkeit der Bürgschaft ungerechtfertigt aus seiner Haftung entlassen.

Ergibt sich die Nichtigkeit aus § 138 BGB oder § 242 BGB, wird die Rechtsfolge uneinheitlich beurteilt. Während die Rechtsprechung für die Garantie nach dem Grund der Nichtigkeit differenziert, stellt sie für die Bürgschaft auf den Grund der Übernahme ab.[209] Die Vertragsparteien hätten, sofern der Bürge sich nicht der Sittenwidrigkeit (§ 138 Abs. 1 BGB) bewusst war oder mit der

---

202 Gesetzliche Schuldverhältnisse dienen der ausgleichenden Gerechtigkeit (*iustititia commutativa* im Gegensatz zur *iustitia distributiva*), die nicht der privatautonomen Entscheidung Einzelner überlassen werden soll, *Larenz/Canaris*, SchuldR, II/2, § 67 I 1 d.

203 MüKo/*Habersack*, § 765 Rn. 66; Palandt/*Sprau*, § 765 Rn. 21.

204 BGH, Urteil v. 17.12.1987 - IX ZR 263/86 = BGH NJW 1988, 907; 1. Komm., Motive II, S. 663 f. (*Mugdan* II, S. 370 f.); Erman/*Zetzsche*, § 767 Rn. 8; Jauernig/*Stadler*, § 767 Rn. 4; *Wittmann*, MDR 2010, 477, 477.

205 BGH, Urteil v. 12.12.2006 - XI ZR 20/06 = BGH VuR 2007, 159, 159 f. = BeckRS 2007, 02309 Rn. 22; *Fielenbach*, WM 2011, 2349, 2350 f.

206 Reinicke/Tiedtke, Rn. 6.

207 BGH, Urteil v. 21.11.1991 - IX ZR 60/91 = BGH WM 1992, 135, 138; BGH, Urteil v. 15.3.2001 - IX ZR 273/98 = BGH NJW 2001, 1859, 1861; *Fielenbach*, WM 2011, 2349, 2350; *Nobbe*, BKR 2002, 747, 753.

208 *Jansen*, Die Bürgschaft in der europäischen Rechtstradition, S. 110.

209 BGH, Urteil v. 12.2.1987 - III ZR 178/85 = BGH WM 1987, 616, 617; *Sprau* in Palandt, § 765 Rn. 21 stellt insoweit darauf ab, ob der Bürge die Bürgschaft auch in eigenem Interesse übernommen hat.

Möglichkeit zumindest gerechnet hat, nach Treu und Glauben in diesem Fall keine Erstreckung vereinbart.[210] Auf eine Wirksamkeit, die sich im Rahmen der Vertragsauslegung auf Treu und Glauben gemäß § 242 BGB stützt, kann sich der sittenwidrig handelnde Gläubiger nicht berufen.[211] Vielmehr müssen die Parten in diesem Fall die Erstreckung auf bereicherungsrechtliche Ansprüche explizit vereinbaren.

bb) In Kolumbien

In Kolumbien ist gesetzlich definiert, wann ein Vertrag als akzessorisch (*accesorio*) einzustufen ist. Art. 1499 CC statuiert: „Der Vertrag gilt als eigenständig, wenn er für sich allein besteht, ohne dass ein anderes Übereinkommen erforderlich ist, und als akzessorisch, wenn er die Erfüllung einer Hauptverbindlichkeit sicherstellen soll, sodass er ohne ihn nicht bestehen kann."

Als Beispiel für eine akzessorische Verbindlichkeit dient die sog. Kaution, Art. 65 CC: „Unter einer Kaution versteht sich generell eine Verpflichtung, die zur Sicherheit einer anderen eigenen oder fremden Verpflichtung eingegangen wird. Typisch sind die Bürgschaft, die Hypothek und das Pfandrecht." Bei der Bürgschaft handelt es sich mithin um eine Art der Kaution und daher um eine akzessorische Sicherheit. Die akzessorische Verbindlichkeit folgt im kolumbianischen Recht ebenfalls dem Schicksal der Hauptverbindlichkeit.[212]

Auch in Kolumbien bedarf es für den Bestand der Bürgschaft einer wirksam bestehenden Hauptverbindlichkeit.[213] Welche Arten von Verbindlichkeiten durch Stellung einer Bürgschaft abgesichert werden können, richtet sich nach den Art. 2364, 2365, 2366 CC. Danach kann es sich bei der zu sichernden

---

210 Reinicke/Tiedtke, Rn. 8 f.

211 *Bülow*, Recht der Kreditsicherheiten, Rn. 966.

212 *Alessandri Rodríguez*, De los contratos, pág. 30; *Barrera Tapias/Hernández de León*, El Derecho de las Obligaciones, pág. 115; *Polanco Moreno*, Contratos, pág. 18; https://dcivilfianza.blogspot.com/2009/06/caracteres_11.html (letzter Abruf 16.1.2022). In Bezug auf andere akzessorische Sicherheiten zeigt sich dies u.a., indem aus der absoluten Nichtigkeit der Hauptverbindlichkeit beispielsweise gemäß Art. 1593 CC die Nichtigkeit der akzessorischen Strafklausel oder aus dem Erlöschen der Hauptverbindlichkeit das Erlöschen der akzessorischen Hypothek (Art. 2457 CC) folgt.

213 Sentencia – S. de N. G. – 16 de Octubre 1930 = „G. J.", nº 1.874, pág. 409; *Anzola*, Lecciones Elementares de Derecho Civil Colombiano, Curso Tercero de los contratos, pág. 357; *Salamanca*, Derecho civil: curso IV: contratos, pág. 285; *Gómez-Blanes*, La Accesoriedad de la Fianza, en: Universitas, Revista de Derecho, pág. 15, 19 (zum spanischen Recht).

Hauptschuld um jede Art von Verbindlichkeit i.S.d. *títulos* IV bis X des Vierten Buchs des CC handeln:[214] sei es die Absicherung einer Verbindlichkeit aus einem Kauf-, Miet-, Gesellschafts-, Depot- oder Leihvertrag,[215] sei es die Absicherung einer natürlichen Verbindlichkeit, Art. 1529,[216] 2364 CC, oder einer außervertraglichen oder quasivertraglichen Verbindlichkeit.[217] Im Falle der Absicherung einer lediglich natürlichen Verbindlichkeit[218] führt dies allerdings nicht dazu, dass die Bürgenverpflichtung einen bloß natürlichen Charakter erhält.[219] Hierbei handelt es sich nicht um einen Verstoß gegen den Grundsatz, dass der Bürge nicht zu schlechteren Bedingungen als der Hauptschuldner haften soll, vielmehr um eine effizientere Haftung.[220] Das Verbot der schlechteren

---

214 *Pérez Vives*, Garantías civiles (Hipoteca, prenda y fianza), pág. 392; *Salamanca*, Derecho civil: curso IV: contratos, pág. 286; *Rodríguez Grillo*, Perspectivas de los seguros de crédito y caución en algunos países latinoamericanos, en: Revista Ibero-Latinoamericana de Seguros, No. 18, Sept. 2002, pág. 221, 238.

215 *Barros Errazuriz*, Curso de Derecho Civil, pág. 431.

216 *Manotas Sánchez*, Fianza civil solidaria, pág. 10. So ist eine Bürgschaft zur Absicherung einer Hauptverbindlichkeit, die an dem relativen Nichtigkeitsgrund der Minderjährigkeit einer Vertragspartei leidet, wirksam, weil sich der Bürge nicht auf diese persönliche Einrede des Hauptschuldners berufen kann, *Ojeda N.*, Apuntaciones sobre fianza, pág. 19; *Salamanca*, Derecho civil: curso IV: contratos, pág. 284; *Tarazona Cacéres*, La fianza civil, 19; *Tobón*, Fianza, pág. 12. Der Bürge profitiert allerdings von der vom Richter erklärten Nichtigkeit aufgrund der relativen Geschäftsunfähigkeit, *García Cuéllar*, De la fianza civil, pág. 34. Eine Bürgschaft für eine absolut nichtige Hauptforderung ist nicht möglich, *Manotas Sánchez*, Fianza civil solidaria, pág. 12.

217 *Salamanca*, Derecho civil: curso IV: contratos, pág. 286.

218 Gemäß Art. 1527 Abs. 1 CC kann zwischen Naturalverbindlichkeiten und zivilen Verbindlichkeiten unterschieden werden. Zivile Verbindlichkeiten sind nicht nur rechtswirksam entstanden, sondern stellen auch einen durchsetzbaren Anspruch dar, wohingegen auf die Erfüllung einer Naturalverbindlichkeit nicht geklagt werden kann, da es sich nicht um eine durchsetzbare Verbindlichkeit handelt. Hierzu: *Valencia Zea/Ortiz Monsalve*, Derecho Civil, Tomo III: De las obligaciones, pág. 39 ff. Ein Beispiel findet sich u.a. in Art. 2283 (für Verbindlichkeiten aus dem Spiel). Die Bürgschaft für eine Wettschuld ist möglich, *García Cuéllar*, De la fianza civil, pág. 39; *Tarazona Cacéres*, La fianza civil, pág. 19; *Tobón*, Fianza, pág. 14.

219 *Anzola*, Lecciones Elementares de Derecho Civil Colombiano, Curso Tercero de los contratos, pág. 358; *Gómez Estrada*, Civil Contratos, pág. 481; *Ortega Torres*, Código Civil, pág. 1058; *Pérez Vives*, Garantías civiles (Hipoteca, prenda y fianza), pág. 367, 393.

220 *Arrubla Paucar*, El contrato de fianza, en: Estudios de derecho privado, Tomo I, Liber Amicorum en homenaje a César Gómez Estrada, pág. 44, 52; *Céspedes Solano*, Manual de Contratos Civiles, pág. 144; *García Cuéllar*, De la fianza civil, pág. 32; *Ojeda N.*,

Bürgenhaftung entstammt dem Akzessorietätsprinzip und bezieht sich nicht nur auf die Höhe der Schuld, sondern auch auf die Leistungszeit, den Leistungsort und die gesamten Bedingungen bzw. die Art und Weise der Leistung.[221] Eine ehemals zivile Verbindlichkeit, die sich nachträglich zu einer natürlichen Verbindlichkeit wandelt, stellt eine akzessorische sog. Naturalverbindlichkeit[222] dar.[223] Es kann jedoch erwogen werden, ob es sich in diesem Fall bei der Bürgschaft um eine Schenkung handelt, weil keine Regressmöglichkeit besteht.[224]

Selbst eine Verbindlichkeit aus unerlaubter Handlung kann durch eine Bürgschaft abgesichert werden.[225]

Die Verpflichtung, eine bestimmte Handlung (nicht) vorzunehmen, kann auch durch eine Bürgschaft abgesichert werden.[226] Die Bürgschaft bezieht sich in diesem Fall auf die Zahlung von Schadensersatz im Falle der Nichtbefolgung, Art. 2369 Abs. 3 CC.[227] Gleiches gilt für die Absicherung von Verbindlichkeiten,

---

Apuntaciones sobre fianza, pág. 20; *Pérez Vives*, Garantías civiles (Hipoteca, prenda y fianza), pág. 367; *Salamanca*, Derecho civil: curso IV: contratos, pág. 285. Hiernach ist eine intensivere Haftung im Gegensatz zu der verbotenen extensiveren Haftung erlaubt.

221 *Arrubla Paucar*, El contrato de fianza, en: Estudios de derecho privado, Tomo I, Liber Amicorum en homenaje a César Gómez Estrada, pág. 44, 52; *Céspedes Solano*, Manual de Contratos Civiles, pág. 144; *Gómez Estrada*, Civil Contratos, pág. 473 f.; *Pérez Vives*, Garantías civiles (Hipoteca, prenda y fianza), pág. 364; *Salamanca*, Derecho civil: curso IV: contratos, pág. 285.

222 Kolumbianische Naturalverbindlichkeiten unterscheiden sich von deutschen Naturalobligationen in der Hinsicht, dass diese abgesichert werden können.

223 *Cadavid Gaviria*, Derecho Civil – Obligaciones, pág. 22; *Gómez Estrada*, Civil Contratos, pág. 481; *Pérez Vives*, Garantías civiles (Hipoteca, prenda y fianza), pág. 393.

224 *Gaitán Martínez*, Fianza y obligación solidaria, en: Estudios sobre Garantías Reales y Personales, En homenaje a Manuel Somarriva Undurraga, pág. 102, 111; *Valencia Zea*, Derecho Civil, Tomo IV – Contratos, pág. 435.

225 *Alessandri Rodriguez*, De la responsabilidad extra-contractual en el derecho civil chileno Tomo II, pág. 481; *Barros Errazuriz*, Curso de Derecho Civil, pág. 431.

226 *Arrubla Paucar*, El contrato de fianza, en: Estudios de derecho privado, Tomo I, Liber Amicorum en homenaje a César Gómez Estrada, pág. 44, 51; *Barros Errazuriz*, Curso de Derecho Civil, pág. 435; *Céspedes Solano*, Manual de Contratos civiles, pág. 144.

227 *Arrubla Paucar*, El contrato de fianza, en: Estudios de derecho privado, Tomo I, Liber Amicorum en homenaje a César Gómez Estrada, pág. 44, 51; *Cardona Hernández*, Contratos civiles, pág. 262; *Céspedes Solano*, Manual de Contratos Civiles, pág. 144; *Gómez Estrada*, Civil Contratos, pág. 479; *Pérez Vives*, Garantías civiles (Hipoteca, prenda y fianza), pág. 390; *Valencia Zea*, Derecho Civil, Tomo IV – Contratos, pág. 436.

die nur vom Hauptschuldner persönlich erbracht werden können.[228] Eine Kautionsvereinbarung, die nicht die Zahlung einer Geldsumme zum Vertragsgegenstand erklärt hat, stellt eine atypische Sicherheit dar.[229] Dies erscheint vor dem Hintergrund, dass die kolumbianische und die chilenische Rechtsordnung die Einzigen sind, welche dieses Erfordernis aufstellen, schwer nachvollziehbar, da durch die Akzessorietät eigentlich auch eine andere Leistungsart möglich sein müsste.[230] Vorzugswürdiger wäre es daher, die Zahlung einer Geldsumme als alternative Leistungsmöglichkeit zu ermöglichen.[231]

Ausnahmsweise kann die Bürgschaft auch ohne eine existierende Hauptverbindlichkeit bestehen.[232] Art. 2365 Abs. 1 CC verdeutlicht, dass nicht nur eine einfache, sondern auch eine bedingte, zeitlich befristete oder zukünftige Verpflichtung abgesichert werden kann.[233] Eine Legaldefinition der aufschiebenden und auflösenden Bedingungen findet sich in Art. 1536 CC. Es gibt drei Arten auflösender Bedingungen: die gewöhnliche, die stillschweigende und die vertraglich vereinbarte.[234]

---

228 *Arrubla Paucar*, El contrato de fianza, en: Estudios de derecho privado, Tomo I, Liber Amicorum en homenaje a César Gómez Estrada, pág. 44, 51; *Barros Errazuriz*, Curso de Derecho Civil, pág. 431.

229 *Pérez Vives*, Garantías civiles (Hipoteca, prenda y fianza), pág. 391; *Valencia Zea*, Derecho Civil, Tomo IV - Contratos, pág. 436.

230 *Valencia Zea*, Derecho Civil, Tomo IV - Contratos, pág. 437.

231 *Valencia Zea*, Derecho Civil, Tomo IV - Contratos, pág. 437.

232 *Arteaga/Arteaga*, Curso de Derecho Civil - Contratos, pág. 133; *Polanco Moreno*, Contratos, pág. 19. Das Gleiche gilt gemäß Art. 2438 CC für die Hypothek.

233 *Anzola*, Lecciones Elementares de Derecho Civil Colombiano, Curso Tercero de los contratos, pág. 359, 360; *Gómez Estrada*, Civil Contratos, pág. 479, *Ochoa González*, Contratos nominados civiles, pág. 252; *Pérez Vives*, Garantías civiles (Hipoteca, prenda y fianza), pág. 368.

234 *Emiliani Román*, Manual de obligaciones civiles, pág. 6; *Polanco Moreno*, Contratos, pág. 62, inciso 133. Die gewöhnliche auflösende Bedingung wird als Teil des Rechtsgeschäfts vereinbart. Die stillschweigende auflösende Bedingung ist Teil eines jeden bilateralen Rechtsgeschäfts. So stehen diese immer unter der auflösenden Bedingung, dass eine der Vertragsparteien ihre vertraglich geschuldete Leistung nicht erbringt, Art. 1546 Abs. 1 CC. Im Gegensatz zur gewöhnlichen auflösenden Bedingung muss das Vorliegen der Voraussetzungen der stillschweigend auflösenden Bedingung - der Verzug, da erst ab diesem Zeitpunkt Schadensersatz geschuldet wird, Art. 1615 CC - gerichtlich festgestellt werden, um den Schadensersatzanspruch aus Art. 1546 Abs. 2 CC nach sich zu ziehen. Die Partei, die sich auf das Erlöschen des Vertrages durch eine Nichtleistung der anderen Partei beruft, muss selbst die geschuldete Leistung erbracht haben, sonst steht ihrem Begehren die Einrede des nicht

Die Bürgschaft selbst kann ebenfalls befristet oder bedingt sein, solange die Bedingungen für den Bürgen jenes für den Hauptschuldner gleichen oder besser sind, Art. 2370 Abs. 1 CC.[235] So steht auch die Bürgschaft für eine zukünftige Hauptschuld unter der aufschiebenden Bedingung, dass die Hauptschuld entsteht.[236] Bis zum Entstehen der Hauptschuld kann der Bürge seine Erklärung widerrufen (Art. 2365 Abs. 2 CC), bleibt aber dem Gläubiger und gutgläubigen Dritten gegenüber verantwortlich. Diese Reglung entspricht der Verantwortlichkeit des Auftraggebers im Fall von Art. 2199 Abs. 2 CC, vgl. Art. 2365 Abs. 2 CC.[237]

Die Bürgschaft für eine zukünftige Verbindlichkeit entspricht dem Bestimmtheitsgrundsatz, sofern die zu erwartende höchste Kreditsumme (im Falle eines Kredites als Hauptverbindlichkeit) angegeben wird oder die Anforderungen an die zu erwerbende Sache möglichst genau dargelegt werden.[238]

---

erfüllten Vertrages entgegen, Art. 1609 CC. Die vereinbarte auflösende Bedingung ist die vertraglich ausdrücklich festgelegte auflösende Bedingung für den Fall der Nichtleistung durch eine Vertragspartei. Bei der einfachen vertraglich festgelegten Bedingung erlischt der Vertrag nur durch die richterliche Anordnung. Bei der qualifizierten Variante erlischt der Vertrag *ipso iure*. Die einfache Variante entspricht damit dem Art. 1546 Abs. 1 CC. Ihr kommt lediglich eine eigenständige Bedeutung für unilaterale Verträge zu, da Art. 1546 Abs. 1 CC nur für bilaterale Verträge gilt. Zu dem Komplex: *Polanco Moreno*, Contratos, pág. 63 f., Abschn. 135–139; *Uribe-Holguín*, Cincuenta breves ensayos sobre obligaciones y Contratos, pág. 86.

235 *Anzola*, Lecciones Elementares de Derecho Civil Colombiano, Curso Tercero de los contratos, pág. 358, 362; *Barros Errazuriz*, Curso de Derecho Civil, pág. 432, 433; *Hinestrosa*, Tratado de las Obligaciones, Concepto, estructura, vicisitudes, I, pág. 85, *Ochoa González*, Contratos nominados civiles, pág. 252; *Tarazona Caceres*, La fianza civil, pág. 31.

236 *Anzola*, Lecciones Elementares de Derecho Civil Colombiano, Curso Tercero de los contratos, pág. 360, 363; *Arrubla Paucar*, El contrato de fianza, en: Estudios de derecho privado, Tomo I, Liber Amicorum en homenaje a César Gómez Estrada, pág. 44, 51; *Barros Errazuriz*, Curso de Derecho Civil, pág. 435; *Cardona Hernández*, Contratos civiles, pág. 263; *García Cuéllar*, De la fianza civil, pág. 43; *Ochoa González*, Contratos nominados civiles, pág. 253; *Tarazona Caceres*, La fianza civil, pág. 22.

237 *Arrubla Paucar*, El contrato de fianza, en: Estudios de derecho privado, Tomo I, Liber Amicorum en homenaje a César Gómez Estrada, pág. 44, 51; *Barros Errazuriz*, Curso de Derecho Civil, pág. 435; *Cardona Hernández*, Contratos civiles, pág. 263; *García Cuéllar*, De la fianza civil, pág. 45; *Salamanca*, Derecho civil: curso IV: contratos, pág. 287.

238 *Tarazona Caceres*, La fianza civil, pág. 23.

Eine Bürgschaft für eine absolut nichtige oder inexistente Hauptverbindlichkeit ist dagegen nicht möglich.[239] Im Regelfall folgt auf die Erklärung der absoluten Nichtigkeit der Hauptverbindlichkeit das Erlöschen der Bürgschaft.[240] Sofern sich ein Bürge für eine Vielzahl von Hauptschuldnern verbürgt hat und einer von ihnen den Vertrag über die Hauptschuld eingegangen ist, obwohl er geschäftsunfähig ist, ist der Bürge in Höhe der Quote dieses Hauptschuldners nicht verpflichtet.[241] Eine Ausnahme besteht dann, wenn die Hauptverbindlichkeit zwar absolut nichtig ist, aber bestätigt werden kann und dadurch zu einer Naturalverbindlichkeit würde.[242]

Sofern die Hauptverbindlichkeit lediglich relativ nichtig ist, existiert die Bürgschaft weiterhin, weil es sich bei einer relativ nichtigen Verbindlichkeit um eine Naturalverbindlichkeit handelt, die gemäß Art. 1529 CC durch eine Bürgschaft abgesichert werden kann.[243] Bei der relativen Nichtigkeit handelt es sich lediglich um eine persönliche Einrede.[244] So ist beispielsweise entscheidend, ob der Schuldner der Hauptverbindlichkeit absolut geschäftsunfähig war/ist oder nur relativ geschäftsunfähig.[245] Den Handlungen relativ geschäftsunfähiger Personen kommt die Qualität einer Naturalverbindlichkeit i.S.d. Art. 1527 Abs. 3 CC zu, für die gemäß Art. 2364 CC gebürgt werden kann.[246] So ist eine Bürgschaft

---

239 *Anzola*, Lecciones Elementares de Derecho Civil Colombiano, Curso Tercero de los contratos, pág. 357; *Cadavid Gaviria*, Derecho Civil – Obligaciones, pág. 22; *García Cuéllar*, De la fianza civil, pág. 29; *Manotas Sánchez*, Fianza civil solidaria, pág. 12.

240 *Cadavid Gaviria*, Derecho Civil – Obligaciones, pág. 27; *García Cuéllar*, De la fianza civil, pág. 34; *Manotas Sánchez*, Fianza civil solidaria, pág. 11. Die absolute Nichtigkeit ist eine reale Einrede i.S.v. Art. 2380 Abs. 2 CC.

241 *Bordamalo Echeverry*, Teoría de la fianza comercial, pág. 15, 16.

242 *Cadavid Gaviria*, Derecho Civil – Obligaciones, pág. 22; *Ospina Fernández/Ospina Acosta*, Teoría general del contrato y del negocio jurídico, pág. 470; *Tarazona Cacéres*, La fianza civil, pág. 21, 22.

243 *Anzola*, Lecciones Elementares de Derecho Civil Colombiano, Curso Tercero de los contratos, pág. 357, 360; *Cadavid Gaviria*, Derecho Civil – Obligaciones, pág. 22; *García Cuéllar*, De la fianza civil, pág. 29; *Manotas Sánchez*, Fianza civil solidaria, pág. 11; *Salamanca*, Derecho civil: curso IV: contratos, pág. 283; *Tarazona Cacéres*, La fianza civil, pág. 20, 76.

244 *García Cuéllar*, De la fianza civil, pág. 29; *Manotas Sánchez*, Fianza civil solidaria, pág. 11.

245 *Cadavid Gaviria*, Derecho Civil – Obligaciones, pág. 22; *Salamanca*, Derecho civil: curso IV: contratos, pág. 284; *Tarazona Cacéres*, La fianza civil, pág. 21.

246 *Cadavid Gaviria*, Derecho Civil – Obligaciones, pág. 27; *Manotas Sánchez*, Fianza civil solidaria, pág. 11.

zur Absicherung einer Hauptverbindlichkeit, die an dem relativen Nichtigkeitsgrund der Minderjährigkeit einer Vertragspartei leidet, wirksam, weil sich der Bürge nicht auf diese persönliche Einrede des Hauptschuldners berufen kann.[247] Strittig ist, wann die relative Nichtigkeit und damit die bloß natürliche Wirkung einsetzt. Einer Ansicht nach ist die Handlung eines Minderjährigen bereits ohne richterliche Bestätigung lediglich natürlich.[248] Nach anderer Ansicht ist die Verbindlichkeit eines Minderjährigen zunächst gewöhnlich und wird erst durch einen Richterspruch zu einer natürlichen Verbindlichkeit.[249] Diese Ansicht kann sich auf Art. 1743 Abs. 1 CC stützen, wonach die Erklärung der Nichtigkeit nur auf Antrag geschieht. Diese unterschiedlichen Sichtweisen haben Auswirkungen auf den rechtlichen Bestand der Bürgschaft. Nach der erstgenannten Ansicht ist die Bürgschaft als zivilrechtliche Verbindlichkeit für eine bereits von Anfang an natürliche Verbindlichkeit wirksam entstanden. Nach der zweiten Ansicht ist die Bürgschaft zunächst als zivilrechtliche Verbindlichkeit entstanden, folgt dann aber dem Schicksal der Hauptverbindlichkeit und wird zu einer bloß natürlichen Verbindlichkeit. Nach dieser Ansicht könnte der Bürge von der vom Richter erklärten Nichtigkeit aufgrund der relativen Geschäftsunfähigkeit profitieren.[250] Nach dem Sinn und Zweck der Normen zum Minderjährigenrecht ist deren Intention ein möglichst effizienter Minderjährigenschutz. Sofern man diesem Telos ernsthafte Bedeutung beimisst, muss der Schutz bereits ohne richterliche Erklärung eingreifen. Dies verlangt auch der Gedanke, die Gerichte von unnötigen Prozessen zu entlasten, in denen es lediglich um die Feststellung der relativen Nichtigkeit einer von einem Minderjährigen eingegangenen Verbindlichkeit geht. Diese Art von Prozessen widersprächen sich der Prozessökonomie. Deshalb wird hier vertreten, dass die Verbindlichkeit, welche ein Minderjähriger eingeht, bereits von Anfang an als relativ nichtig angesehen wird. Die Erklärung der relativen Nichtigkeit hätte folglich lediglich eine deklaratorische und keine konstitutive Wirkung. Folgt man dieser Ansicht, wurde die Bürgschaft für eine bereits anfänglich natürliche Verpflichtung eingegangen und ist damit als zivile Verbindlichkeit zu qualifizieren.

Hat der Bürge sich hingegen in Kenntnis der Anfechtbarkeit oder der relativen Nichtigkeit der Hauptverbindlichkeit verbürgt, ist er auch nach erfolgter

---

247 *Ojeda N.*, Apuntaciones sobre fianza, pág. 19; *Salamanca*, Derecho civil: curso IV: contratos, pág. 284; *Tarazona Caceres*, La fianza civil, pág. 19; *Tobón*, Fianza, pág. 12.

248 *Pérez Vives*, Garantías civiles (Hipoteca, prenda y fianza), pág. 393.

249 *Gómez Estrada*, Civil Contratos, pág. 482.

250 *García Cuéllar*, De la fianza civil, pág. 34.

Anfechtung bzw. Erklärung der relativen Nichtigkeit an die Bürgschaft gebunden und muss demnach seiner vertraglichen Verpflichtung nachkommen.[251]

cc) Vergleich

Die Unterscheidung zwischen eigenständigen und akzessorischen Verträgen ist identisch. So stellt die Bürgschaft in beiden Rechtsordnungen einen akzessorischen Vertrag dar. Die identische Ausformung der Bürgschaft ist zurückzuführen auf ihren gemeinsamen Ursprung.

Das deutsche und kolumbianische Prinzip der Akzessorietät ähneln sich. In beiden Ländern hängt die Wirksamkeit der Bürgschaft von dem Bestand einer wirksam entstandenen Hauptverbindlichkeit ab. Dabei kann es sich bei der Hauptverbindlichkeit grds. um jede (monetäre) Forderung handeln.

Ausnahmen zu dem Grundsatz, dass nur eine wirksam entstandene Hauptforderung abgesichert werden kann, bestehen in Deutschland zum einen, wenn die Hauptforderung erst zukünftig entstehen wird und zum anderen, wenn sich durch Auslegung ergibt, dass die Bürgschaft auch zur Absicherung von Bereicherungs-, Schadensersatz- oder Rückgewähransprüchen gestellt wurde. Auch in Kolumbien ist es möglich, dass die Bürgschaft eine zukünftige oder bedingte Hauptforderung absichert. In diesem Fall unterliegt die Bürgschaft allerdings den gleichen Bedingungen. Daraus folgt, dass eine zukünftige Bürgschaft nur bedingt entsteht.[252] Ebenso ist die Bürgschaft für eine absolut nichtige Hauptverbindlichkeit in beiden Rechtsordnungen absolut nichtig, außer dem Fall, dass der Bürge sich in Kenntnis des Nichtigkeitsgrundes verpflichtet hat. Sodann würde der Bürge gegen das Gebot von Treu und Glauben verstoßen, wenn er sich auf die Nichtigkeit beriefe. Des Weiteren stellt die Bestätigung eine andere Ausnahme in Kolumbien dar.

Ein Unterschied besteht jedoch dahin gehend, dass die kolumbianische Rechtslage – im Gegensatz zur deutschen Gesetzesauslegung – nicht vorsieht, dass die Bürgschaft auch etwaige Sekundäransprüche absichert. Das System der absoluten und relativen Nichtigkeitseinteilung von Verbindlichkeiten ermöglicht allerdings eine weitergehende Flexibilität, da relativ nichtige Verbindlichkeiten

251 Zur Anfechtbarkeit: *Anzola*, Lecciones Elementares de Derecho Civil Colombiano, Curso Tercero de los contratos, pág. 360. Zur relativen Nichtigkeit: *Cadavid Gaviria*, Derecho Civil – Obligaciones, pág. 27. Zu den Gründen der relativen Nichtigkeit siehe *Manotas Sánchez*, Fianza civil solidaria, pág. 12.

252 *Muñoz Obando*, „La fianza", pág. 31.

grds. nicht *per se* nichtig sind. Vielmehr handelt es sich um Naturalverbindlichkeiten, die durch eine Bürgschaft abgesichert werden können.

Dagegen ist die Differenzierung zwischen relativer und absoluter Nichtigkeit in Deutschland nicht bekannt.[253] Indes kommt Naturalobligationen und unvollkommenen Verbindlichkeiten auch hier ein besonderer Status zu.[254] Das Sicherungsrecht ist – wie die Hauptverbindlichkeit – unverbindlich oder unwirksam.[255] Dies liegt in der mangelnden Durchsetzbarkeit der Hauptforderung begründet: Ist die Hauptforderung nicht durchsetzbar, würde der Grundsatz der Subsidiarität der Bürgschaft unterwandert, wenn der Bürge voll haftbar gemacht werden könnte. Ausnahmsweise, nämlich in den Fällen des § 254 Abs. 2 InsO und § 301 Abs. 2 InsO, besteht die Bürgschaft aber für eine Naturalobligation fort, insbesondere, da die Hauptschuld in diesen Fällen weiterhin als Naturalobligation existiert.[256] Kommt es im Insolvenzplan zu einer Verminderung der gesicherten Forderung, wirkt sich dies gemäß § 254 Abs. 2 InsO trotz der Akzessorietät nicht zugunsten der Bürgenschuld aus.[257] Der Bürge haftet zudem in der Insolvenz für Verzugszinsen. Durch die Insolvenz des Hauptschuldners hat sich gerade das abzusichernde Risiko realisiert, weshalb aus teleologischen Gesichtspunkten die Bürgschaft fortbestehen muss. Dem Bürgen ist es in diesem Fall nicht möglich, sich auf die fehlende Durchsetzbarkeit der Hauptforderung zu berufen. Dies stellt eine Lockerung des Akzessorietätsprinzips dar.[258]

Demgegenüber ist in Kolumbien die Bürgschaft für eine Naturalverbindlichkeit vollumfänglich wirksam. Grund hierfür ist das Verständnis, dass die Durchsetzbarkeit der Bürgschaft in diesem Fall nicht eine Durchbrechung des

---

253 Näheres siehe Abschnitt C. VI. 2. a) aa) (2) f. für Deutschland und C. VI. 2. a) bb) (6) für Kolumbien.

254 Spiel- und Wettverbindlichkeiten sind gemäß § 762 BGB genauso wie der Lohn für die Ehevermittlung (§ 656 BGB) Beispiele für unvollkommene Verbindlichkeiten. Das Schuldverhältnis begründet in diesem Fall keinen durchsetzbaren Anspruch auf Erfüllung oder Schadensersatz statt der Leistung. Der Gläubiger darf die Leistung allerdings behalten, wenn der Schuldner sie geleistet hat. Dem Schuldner steht kein Rückforderungsrecht aus § 812 BGB zu, *Looschelders*, SchuldR AT, § 1 Rn. 27.

255 HK-BGB/*Saenger*, § 762 Rn. 4 plädiert für die Unverbindlichkeit; Jauernig/*Stadler*, § 762 Rn. 8 vertritt die Meinung, dass das Sicherungsrecht unwirksam ist.

256 BeckOGK/*Madaus*, § 765 Rn. 145.

257 BGH, Urteil v. 13.12.1978 – VIII ZR 266/77 = BGHZ 73, 94–99 (Rz. 13) = BGH NJW 1979, 415, 416. Anderes gilt im außergerichtlichen Vergleich mit dem Insolvenzverwalter: BGH, Urteil v. 1.10.2002 – IX ZR 443/00 = BGH NJW 2003, 59, 59 ff.

258 BeckOGK/*Madaus*, § 765 Rn. 145.

Akzessorietätsprinzips, sondern lediglich eine gesetzeskonforme (effektivere) Haftung des Bürgen darstellt. Somit wird dem Akzessorietäts- und Subsidiaritätsprinzip durch die akzessorische Unwirksamkeit in Deutschland größere Bedeutung als in Kolumbien beigemessen. Außerdem geht in der deutschen Rechtsordnung der Bürgenschutz vor. In Kolumbien wird hingegen dem Bestand des Vertrages und dem Grundsatz, dass Verträge einzuhalten sind (*pacta sunt servanda*), mehr Relevanz beigemessen. Der Schutz des Bürgen scheint nachrangig zu sein. Bemerkenswert ist allerdings, dass der Bürge sich regelmäßig Kenntnis über die Umstände der Hauptforderung verschaffen kann. Die Problematik der fehlenden Regressmöglichkeit des Bürgen, wenn es sich bei der Hauptschuld um eine nicht klagbare Naturalverbindlichkeit handelt, verschlechtert die Situation des Bürgen erheblich. Die Regressmöglichkeit ist ein Grundprinzip des Bürgschaftsrechts und der Bürgenschuld inhärent. Der Wegfall der Rückgriffnahmemöglichkeit ist mithin eine schwerwiegende Konsequenz. Daher entspräche es den Grundprinzipien der Bürgenschuld, wenn die Bürgschaft für eine Naturalverbindlichkeit ebenfalls lediglich eine natürliche Verbindlichkeit darstellen würde. Diese Lösung erscheint vorzugswürdig. Abgesehen von diesen Aspekten handelt es sich um die Lösung, welche dem kolumbianischen Akzessorietätsprinzip am ehesten entspräche. In Deutschland wird diesem Prinzip ebenfalls nicht voll entsprochen, weil die Bürgschaft je nach Sichtweise unverbindlich oder unwirksam ist.

Sofern der Hauptschuldner Gestaltungsrechte noch nicht ausgeübt hat, kann der Bürge das höchstpersönliche Gestaltungsrecht zwar nicht für den Hauptschuldner erklären; ihm steht aber für die Zeit der schwebenden Lage ein Leistungsverweigerungsrecht zu.[259]

b) Akzessorietät im Hinblick auf den Haftungsumfang

aa) In Deutschland

Ist die Hauptforderung wirksam entstanden, so ist die Bürgenschuld im Hinblick auf den Umfang und den Fortbestand der Hauptforderung zu dieser akzessorisch, vgl. § 765 Abs. 1 S. 1 BGB. Der Gläubiger soll durch den Bürgen nicht bessergestellt werden, als würde der Hauptschuldner leisten. Vielmehr soll er allenfalls *„das bekomm[en], was er vom Hauptschuldner nach dem jeweiligen Bestand der*

259 Jauernig/*Stadler*, § 770 Rn. 1.

Hauptschuld zu bekommen hat“[260]. Schuldner und Gläubiger können – trotz der Umfangsakzessorietät – den Haftungsumfang nach Stellung der Bürgschaft nicht zulasten des Bürgen rechtsgeschäftlich erweitern, § 767 Abs. 1 S. 3 BGB.[261] Dies folgt aus dem Verbot des Vertrags zulasten Dritter.[262] Kosten, welche die Identität der Hauptverbindlichkeit unangetastet lassen, sind hiervon nicht erfasst. Sie berühren den jeweiligen Bestand der Hauptverbindlichkeit grds. nicht.[263] Eine Ausnahme stellt die gesetzliche Erweiterung der Haftung hinsichtlich von Verzugs- und Rechtsverfolgungskosten dar, vgl. § 767 Abs. 1 S. 2, Abs. 2 BGB.[264]

bb) In Kolumbien

Die Umfangsakzessorietät gilt auch in Kolumbien. Erlischt oder verringert sich die Hauptschuld, erlischt oder verringert sich auch die Bürgschaft in dieser Höhe, Art. 2406 Nr. 3 CC.[265] Der Existenzgrund der Bürgschaft entfällt durch das (teilweise) Erlöschen.[266]

Die Bürgschaft kann den Bürgen nicht zu mehr verpflichten als das, was der Hauptschuldner schuldet – weder im Hinblick auf die Höhe noch im Hinblick auf die Konditionen.[267] Dies bedeutet, dass der Bürge nicht direkt einstehen muss, wenn die Hauptschuld unter einer Bedingung oder Befristung eingegangen wurde. Hat der Bürge sich zu mehr oder zu schlechteren Bedingungen als der Hauptschuldner verpflichtet, ist die Bürgschaft nicht unwirksam, sondern beschränkt sich lediglich auf das, zu dem der Hauptschuldner verpflichtet ist, Art. 2370 Abs. 3 CC.[268] Dies ergibt sich aus der Vertragsauslegung. Da der Bürge

---

260 BGH, Urteil v. 16.2.1984 – IX ZR 45/83 = BGHZ 90, 187–193 (Rz. 11) = BGH ZIP 1984, 633, 634; BGH, Urteil v. 9.7.1998 – IX ZR 272/96 = BGHZ 139, 214–225 (Rz. 10) = BGH NJW 1998, 2972, 2973; *Fischer*, WM 2001, 1049, 1051.

261 BGH, Urteil v. 27.1.2004 – XI ZR 111/03 = BGH WM 2004, 724, 725; MüKo/*Habersack*, § 767 Rn. 21; *Reinicke/Tiedtke*, Rn. 23.

262 So auch: BGH, Urteil v. 1.10.2002 – IX ZR 443/00 = BGH NJW 2003, 59, 61.

263 *Bülow*, Recht der Kreditsicherheiten, Rn. 967.

264 *Heyers*, JA 2012, 81, 83.

265 *Ochoa González*, Contratos nominados civiles, pág. 251; *Gómez-Blanes*, La Accesoriedad de la Fianza, en: Universitas, Revista de Derecho, pág. 15, 40.

266 *Gómez-Blanes*, La Accesoriedad de la Fianza, en: Universitas, Revista de Derecho, pág. 15, 40.

267 *Arteaga/Arteaga*, Curso de Derecho Civil – Contratos, pág. 134; *Barrera Tapias/Hernández de León*, El Derecho de las Obligaciones, pág. 115; *Gómez-Blanes*, La Accesoriedad de la Fianza, en: Universitas, Revista de Derecho, pág. 15, 28.

268 *Anzola*, Lecciones Elementares de Derecho Civil Colombiano, Curso Tercero de los contratos, pág. 364; *Barros Errazuriz*, Curso de Derecho Civil, pág. 432; *Céspedes*

bereit war, sich zu mehr zu verpflichten, muss die geringere Verpflichtung aufrechterhalten bleiben.[269] Sofern sich ein Bürge teilweise zu schlechteren und zu anderen Teilen zu besseren Bedingungen als der Hauptschuldner verpflichtet hat, ist dies nicht in einer Gesamtschau zu betrachten, sondern muss für jeden Vertragspart separat bewertet werden und führt somit zu einer Herabsetzung des schlechteren Teils.[270] Das heißt, der Part der Bürgschaft, der die Hauptverbindlichkeit in einem der oben genannten Gesichtspunkte übersteigt, ist auf die Bedingungen der Hauptverpflichtung zu reduzieren.

Aus dem Verbot der schlechteren Bürgenhaftung ergibt sich auch, dass die Bürgenschuld nicht zu einem früheren Zeitpunkt als die Hauptschuld fällig sein kann.[271] Handelt es sich um eine noch nicht fällige Hauptschuld, ist zu unterscheiden, wem die spätere Fälligkeit dienen soll.[272] Nach Art. 1554 Abs. 1 CC wird gesetzlich vermutet, dass es sich um eine den Schuldner schützende Vorschrift handelt und der Schuldner respektive sein Bürge somit auch früher leisten können.[273] Dem Bürgen steht es mithin grds. frei, die Schuld jederzeit zu begleichen, d.h., er kann die Schuld bereits dann begleichen, wenn der Hauptschuldner noch nicht aufgefordert wurde zu zahlen, also zwar noch nicht in Verzug ist, aber bereits zahlen könnte, Art. 2379 CC.[274] Dies wird damit begründet, dass die Bürgenverpflichtung bereits besteht, wenn das Recht entsteht und nicht

Solano, Manual de Contratos Civiles, pág. 144; *Gómez Estrada*, Civil Contratos, pág. 475; *Hinestrosa*, Tratado de las Obligaciones, Concepto, estructura, vicisitudes, I, pág. 85; *Pérez Vives*, Garantías civiles (Hipoteca, prenda y fianza), pág. 366; *Tarazona Cacéres*, La fianza civil, pág. 38.

269 *Anzola*, Lecciones Elementares de Derecho Civil Colombiano, Curso Tercero de los contratos, pág. 364; *Barros Errazuriz*, Curso de Derecho Civil, pág. 432; *Muñoz Obando*, „La fianza", pág. 53.

270 *Pérez Vives*, Garantías civiles (Hipoteca, prenda y fianza), pág. 366.

271 *Barrera Tapias/Hernández de León*, El Derecho de las Obligaciones, pág. 115.

272 *Bordamalo Echeverry*, Teoría de la fianza comercial, pág. 18; *Pérez Vives*, Garantías civiles (Hipoteca, prenda y fianza), pág. 399; *Tarazona Cacéres*, La fianza civil, pág. 40.

273 *Gómez Estrada*, Civil Contratos, pág. 473; *Tarazona Cacéres*, La fianza civil, pág. 40.

274 *Anzola*, Lecciones Elementares de Derecho Civil Colombiano, Curso Tercero de los contratos, pág. 369; *Arteaga/Arteaga*, Curso de Derecho Civil – Contratos, pág. 136; *Barros Errazuriz*, Curso de Derecho Civil, pág. 439; *Bonivento Fernández*, Los principales contratos civiles y comerciales, Tomo II, pág. 14; *Ojeda N.*, Apuntaciones sobre fianza, pág. 37; *Pérez Vives*, Garantías civiles (Hipoteca, prenda y fianza), pág. 399.

erst, wenn Verzug einsetzt.[275] Etwas Anderes gilt, wenn die Frist auch dem Gläubiger dient, beispielsweise, wenn Zinsen geschuldet sind.[276] Sofern der Bürge vor Fälligkeit geleistet hat, muss er das Fälligkeitsdatum abwarten, bis er den Hauptschuldner in Regress nehmen kann, Art. 2398 CC.[277]

Der Haftungsumfang kann trotz der Akzessorietät nach Stellung der Bürgschaft nicht einseitig vom Hauptschuldner erweitert werden. Dies ergibt sich bereits aus dem Verbot von Verträgen zulasten Dritter. Wenn ein Nichtberechtigter eine vertragliche Verpflichtung für einen Dritten eingeht, so ist der Dritte lediglich verpflichtet, wenn er den Vertrag ratifiziert, Art. 1506, 1507 CC. Im Falle der Begünstigung eines Dritten handelt es sich um einen bilateralen Vertrag mit Auswirkungen für drei Parteien.[278]

cc) Vergleich

Auch die Umfangsakzessorietät ist in beiden Ländern identisch. So können der Hauptschuldner und der Gläubiger die Hauptschuld nicht einseitig zulasten des Bürgen verändern.

Unterschiedlich ist jedoch, dass der Bürge in Kolumbien i.d.R. bereits vor Fälligkeit der Hauptschuld leisten kann, weil davon ausgegangen wird, dass es sich bei der Fälligkeit um eine den Schuldner schützende Vorschrift handelt und diese daher dispositiv zugunsten des Schuldners wirkt.[279]

Des Weiteren ist interessant, dass in Kolumbien eine Bürgschaft, die teilweise schlechteren Bedingungen als die Hauptschuld unterliegt, nicht in der Gesamtschau als nichtig beurteilt wird, sondern vielmehr in ihren einzelnen Teilen betrachtet werden muss. Dies gleicht in Deutschland der Regelung des § 306 Abs. 1 BGB. Danach ist ein Vertrag, in dem zum Teil ungültige AGB verwendet wurden, im Übrigen wirksam. Dies entspricht nicht dem allgemeinen Grundsatz der Teilnichtigkeit, nach dem die Nichtigkeit eines Teiles eines

---

275 *Arteaga/Arteaga*, Curso de Derecho Civil – Contratos, pág. 136; *Pérez Vives*, Garantías civiles (Hipoteca, prenda y fianza), pág. 397; *Somarriva Undurraga*, Tratado de las cauciones, pág. 141.

276 *Gómez Estrada*, Civil Contratos, pág. 504.

277 *Barros Errazuriz*, Curso de Derecho Civil, pág. 446; *Bonivento Fernández*, Los principales contratos civiles y comerciales, Tomo II, pág. 23; *Cardona Hernández*, Contratos civiles, pág. 267; *Pérez Vives*, Garantías civiles (Hipoteca, prenda y fianza), pág. 399; *Tarazona Caceres*, La fianza civil, pág. 62.

278 *Emiliani Román*, Curso Razonado de las Obligaciones, Tomo I, Primera Parte, pág. 395.

279 *Somarriva Undurraga*, Tratado de las cauciones, pág. 138.

Rechtsgeschäftes dessen gesamte Nichtigkeit zur Folge hat, § 139 BGB. Fraglich ist somit, ob die Gesamtnichtigkeit vorzugswürdig ist. Die Parteien verlassen sich regelmäßig auf die Gültigkeit der von ihnen geschlossenen Verträge und handeln entsprechend. Sofern die Nichtigkeit nur einen Teilaspekt des Vertrages betrifft, erscheint es ungerechtfertigt, den kompletten Vertrag deswegen für unwirksam zu erklären. Die kolumbianische Regelung der bloß teilweisen Nichtigkeit erscheint aus diesen Gründen gelungen.

c) Übertragungsakzessorietät

aa) In Deutschland

Die Bürgschaft folgt als akzessorisches Recht dem Schicksal der Hauptforderung. Diese Grundregel muss auch im Falle des Austauschs einer der Parteien im Bürgschaftsverhältnis greifen. Es sind drei Konstellationen zu unterscheiden: der Wechsel des Gläubigers, der des Bürgen und der des Hauptschuldners.

Im Wege der Universalsukzession oder Singularsukzession kann die Person des Gläubigers sich ändern, sofern die Parteien diese Möglichkeit nicht vertraglich ausgeschlossen haben.[280] Bei einem Wechsel des Gläubigers geht die Bürgschaft als akzessorisches Nebenrecht bei Übertragung der Hauptforderung gemäß § 401 Abs. 1 BGB *ex lege* auf den Neugläubiger über. Diese Norm ist allerdings nicht zwingend, weshalb die Bürgschaftsforderung beim Altgläubiger verbleiben kann. Strittig ist, wie dies die Bürgschaft beeinflusst. Die Forderung könnte erlöschen[281] oder die Rechte beim Gläubiger der Hauptforderung verbleiben.[282] Durch die Voraussetzung der Gläubigeridentität,[283] d.h. der Identität

---

280 BGH, Urteil v. 28.11.1957 – VII 42/57 = BGHZ 26, 142–152 = BGH NJW 1958, 217, 218; BeckOGK/*Mäsch*, § 328 Rn. 96. Bei einem Vermieterwechsel ist der Bürge jedoch nicht schutzwürdig, weshalb die Haftung in jedem Fall fortbesteht, so: BGH, Urteil v. 20.6.1985 – IX ZR 173/84 = BGHZ 95, 88–98 (Rz. 65) = BGH NJW 1985, 2528, 2531 = BGH WM 1985, 1172, 1175.

281 RG, Urteil v. 22.10.1914 – VI 179/14 = RGZ 85, 363, 364; BGH, Urteil v. 19.9.1991 – IX ZR 296/90 = BGHZ 115, 117–186 (181 ff.) = BGH WM 1991, 1869, 1870 = BGH NJW 1991, 3025, 3026; Erman/*Zetzsche*, § 765 Rn. 4; Palandt/*Grüneberg*, § 401 Rn. 3 (analog § 1250 Abs. 2); Soergel/*Gröschler*, § 765 Rn. 52; Staudinger/*Stürner*, § 765 Rn. 31 (wonach die isolierte Bürgschaftsabtretung unwirksam ist).

282 OLG Düsseldorf, Urteil v. 13.12.2002 – 16 U 62/02 = OLG Düsseldorf WM 2003, 1318; MüKo/*Habersack*, § 765 Rn 54; Soergel/*Gröschler*, § 765 Rn. 52; *Reinicke/Tiedtke*, Kreditsicherung, Rn. 180 f.

283 BGH, Urteil v. 19.9.1991 – IX ZR 296/90 = BGHZ 115, 177–186 (Rz. 16 f.) = BGH NJW 1991, 3025, 3025 ff. = BGH WM 1991, 1869, 1870; BGH, Urteil v. 3.4.2003 – IX

zwischen dem Gläubiger der Hauptforderung und dem Bürgschaftsgläubiger, spricht viel für das Erlöschen der Bürgschaft bei isolierter Abtretung der Hauptforderung. Eine isolierte Abtretung der Bürgschaftsforderung ist ebenfalls nicht möglich.[284]

Ein Vertrag zugunsten Dritter nach § 328 BGB kann die Gläubigeridentität wahren, sofern der Vertrag zugunsten des Gläubigers der Hauptforderung geschlossen wird.[285] Verstirbt der Gläubiger, geht die Hauptforderung gegen den Hauptschuldner und damit auch die Forderung gegen den Bürgen gemäß § 1922 Abs. 1 (ggf. i.V.m. §§ 401, 412) BGB auf seine Erben über.[286] Sofern der Gläubiger vom Hauptschuldner oder Bürgen beerbt wird, erlischt die Forderung jedoch durch Konfusion.[287]

Ein Wechsel in der Person des Bürgen ohne Zustimmung des Gläubigers ist grds. nicht möglich. Dies gilt nicht, wenn der Bürge verstirbt. Mit dem Tod des Bürgen erlischt eine von ihm übernommene Bürgschaft nicht. Der Erbe tritt vielmehr anstelle des Erblassers in den Bürgschaftsvertrag ein und übernimmt dessen Verpflichtung.[288] Ihm steht allerdings im Falle der Globalbürgschaft ein Kündigungsrecht zu, wobei der Gläubiger nicht daran gehindert ist, den Erben noch vor Ablauf der Frist in Anspruch zu nehmen.[289] Beerbt der Schuldner den Bürgen, geht die Schuld nicht unter, da es sich lediglich um eine unechte

---

ZR 287/99 = BGH NJW 2003, 2231, 2232; *Bülow*, Recht der Kreditsicherheiten, Rn. 852.

284 BGH, Urteil v. 24.1.1980 – III ZR 169/78 = BGH NJW 1980, 1572, 1573 = BGH WM 1980, 372, 373; BGH, Urteil v. 7.7.1980 – III ZR 28/79 = BGH WM 1980, 1085, 1086; BGH, Urteil v. 20.6.1985 – IX ZR 173/84 = BGHZ 95, 88–98 (Rz. 65) = BGH NJW 1985, 2528, 2530; BGH, Urteil v. 19.9.1991 – IX ZR 296/90 = BGHZ 115, 177–186 (Rz. 14 f.) = BGH NJW 1991, 3025, 3026; BGH, Urteil v. 21.3.2002 – IX ZR 105/00 = BGH WM 2002, 1002, 1004; MüKo/*Habersack*, § 765 Rn. 54; Palandt/*Grüneberg*, § 399 Rn. 7; Staudinger/*Stürner*, § 765 Rn. 31; *Lettl*, WM 2000, 1316, 1318.

285 BGH, Urteil v. 19.9.1991 – IX ZR 296/90 = BGHZ 115, 177–186 (Rz. 16) = BGH NJW 1991, 3025, 3026; BGH, Urteil v. 3.4.2003 – IX ZR 287/99 = BGH NJW 2003, 2231, 2233; Erman/*Zetzsche*, § 765 Rn. 4.

286 MüKo/*Habersack*, § 765 Rn. 57.

287 BeckOGK/*Madaus*, § 765 Rn. 142; MüKo/*Habersack*, § 765 Rn. 57.

288 BGH Urt. v. 30.6.1976 – VIII ZR 52/75 = BeckRS 1976, 107929; BeckOGK/*Madaus*, § 765 Rn. 131; MüKo/*Habersack*, § 765 Rn. 51; Schimansky/Bunte/Lwowski/*Siol*, § 44 Rn 72.

289 OLG Frankfurt, Urteil v. 8.7.1977 – 2 U 66/77 = VersR 1978, 353, 353; BeckOGK/*Madaus*, § 765 Rn. 131; MüKo/*Habersack*, § 765 Rn. 51.

Konfusion handelt.[290] Eine echte Konfusionslage tritt dagegen ein, wenn der Gläubiger den Bürgen beerbt.[291]

Ein Wechsel in der Person des Hauptschuldners durch beispielsweise eine Schuld- oder Vertragsübernahme führt zum Erlöschen der Bürgschaft, sofern der Bürge nicht in die Übernahme eingewilligt hat, § 418 Abs. 1 BGB.[292] Etwas Anderes kann nach umstrittener Ansicht aufgrund eines Umkehrschlusses aus § 418 Abs. 1 BGB, der nur den vertraglichen Wechsel regelt, nur gelten, wenn der Gläubiger *qua* Gesetz verpflichtet ist, das Vertragsverhältnis mit einem Dritten fortzuführen, wie im Falle des Todes eines Wohnraummieters und des Eintrittrechts seiner nächsten Angehörigen, § 563 BGB.[293] Stirbt der Hauptschuldner, so erlischt die Bürgschaft nicht, außer der Gläubiger beerbt den Hauptschuldner.[294] Dies wäre ein Fall der Konfusion. Beerbt der Bürge den Hauptschuldner, ist der Bürge Schuldner beider Verpflichtungen.[295]

bb) In Kolumbien

Auch hier sind die drei Grundkonstellationen voneinander zu unterscheiden. Schuldrechtlich betrachtet wird zumeist ein Partikularrecht, also ein spezielles Recht, übertragen. Der Übertragende kann hier nicht mehr Rechte übertragen, als er selbst innehat.[296] Der Vertrag wird so übertragen, wie er auch schon vorher bestand. Dies beinhaltet die Rechte und Pflichten gegenüber Dritten.[297]

Der Wechsel des Gläubigers muss nicht zwangsläufig das Erlöschen der Bürgschaft zur Folge haben. Vielmehr kann die Sicherheit mit der Hauptverbindlichkeit zusammen auf einen Dritten übergehen.[298] Die Bürgschaft kann

---

290 MüKo/*Habersack*, § 765 Rn. 51.

291 BeckOGK/*Madaus*, § 765 Rn. 132; MüKo/*Habersack*, § 765 Rn. 51.

292 OLG Hamm, Urteil v. 30.8.1989 - 31 U 39/89 = OLG Hamm WM 1990, 1152, 1154; *Reinicke/Tiedtke*, Rn. 139, 140.

293 *Schmidt*, WM 2011, 2345, 2347; a.A. LG Münster, Urteil v. 23.4.2008 - 14 S 7/07 = LG Münster WuM 2008, 481.

294 BeckOGK/*Madaus*, § 765 Rn. 134, 135, 137; MüKo/*Habersack*, § 765 Rn. 52.

295 MüKo/*Habersack*, § 765 Rn. 52.

296 *Emiliani Román,* Curso Razonado de las Obligaciones, Tomo I, Primera Parte, pág. 382, 383.

297 *Emiliani Román,* Curso Razonado de las Obligaciones, Tomo I, Primera Parte, pág. 385.

298 *Gómez-Blanes*, La Accesoriedad de la Fianza, en: Universitas, Revista de Derecho, pág. 15, 48.

vom Übergang allerdings auch ausgeschlossen sein.[299] Dies ist erstaunlich, da es die Frage aufwirft, wie der Ausschluss des Übergangs sich auf den Bestand der Bürgschaft auswirkt. *De lege lata* ist keine Lösung vorgesehen. Dem Akzessorietätsprinzip wäre nur dann entsprochen, wenn zwischen dem Gläubiger der Hauptforderung und dem Gläubiger der Bürgschaftsforderung Personenidentität bestünde. Ein Bruch in diesem Verhältnis müsste folglich den Untergang der Bürgschaftsforderung bewirken.

Ein Wechsel in der Person des Bürgen ist grds. ohne Zustimmung des Gläubigers nicht vorgesehen. Die Bürgschaft ist allerdings auf die Erben übertragbar, Art. 2378 CC.[300]

Wechselt der Hauptschuldner der Verbindlichkeit, erlischt auch die Bürgschaft, da die Person des Hauptschuldners essenziell für die Entscheidung war, die Bürgschaft zu stellen.[301] Dies gilt sowohl im Hinblick auf das dem Hauptschuldner entgegengebrachte Vertrauen als auch bzgl. dessen finanzieller Situation.[302] Daher bedarf es der Zustimmung des Bürgen zu dem Wechsel, wenn die Sicherheit nicht erlöschen soll.[303] Dies entspricht auch der Wertung des Art. 1704 CC.

Die Akzessorietät bezieht sich dementsprechend auf den passiven Titel.[304]

cc) Vergleich

Die Übertragungsakzessorietät bewirkt in beiden Rechtssystemen, dass die Bürgschaft der Hauptforderung bei einem Wechsel der Gläubigerstellung folgt. Nach Anwendung der allgemeinen Grundsätze zur Bürgschaft auf den Fall der isolierten Forderungsabtretung sowohl der Hauptforderung als auch der Bürgschaftsforderung ergibt sich, dass die Bürgschaft in diesem Fall untergeht.

---

299 *Gómez-Blanes*, La Accesoriedad de la Fianza, en: Universitas, Revista de Derecho, pág. 15, 48.

300 *Bonivento Fernández*, Los principales contratos civiles y comerciales, Tomo II, pág. 7; *Pérez Vives*, Garantías civiles (Hipoteca, prenda y fianza), pág. 366; *Salamanca*, Derecho civil: curso IV: contratos, pág. 289.

301 *Gómez-Blanes*, La Accesoriedad de la Fianza, en: Universitas, Revista de Derecho, pág. 15, 49; *Pérez Vives*, Garantías civiles (Hipoteca, prenda y fianza), pág. 383.

302 *Gómez-Blanes*, La Accesoriedad de la Fianza, en: Universitas, Revista de Derecho, pág. 15, 49.

303 *Gómez-Blanes*, La Accesoriedad de la Fianza, en: Universitas, Revista de Derecho, pág. 15, 49.

304 *Gómez-Blanes*, La Accesoriedad de la Fianza, en: Universitas, Revista de Derecho, pág. 15, 50.

Die Übertragungsakzessorietät im Hinblick auf den Erbfall scheint in den zu vergleichenden Rechtsordnungen weitestgehend identisch zu sein, soweit es eine Regelung bzgl. des Personenwechsels in Kolumbien gibt. Aus den allgemeinen Grundsätzen bzgl. des Erlöschens einer Forderung kann allerdings geschlossen werden, dass die Konfusion auch in Kolumbien eine Forderung zum Erlöschen bringt. Sofern dieser Grundsatz auf das Bürgschaftsrecht übertragen wird, kann von einem Erlöschen der Bürgschaft ausgegangen werden, wenn der Gläubiger verstirbt und von dem Bürgen oder Hauptschuldner beerbt wird. Das Gleiche gilt, wenn der Gläubiger den Bürgen oder den Hauptschuldner beerbt.

Durch die Anwendung dieser allgemeinen Regeln auf die Bürgschaft ist die kolumbianische Lage im Erbfall der deutschen Lage im Erbfall ähnlich.

d) Erlöschensakzessorietät

Die Erlöschensakzessorietät wird im Rahmen des Erlöschens der Bürgschaft näher erörtert.[305]

e) Durchsetzungsakzessorietät

Die Durchsetzungsakzessorietät wird im Rahmen der Einreden des Bürgen näher behandelt.[306]

2. Einseitig verpflichtender Vertrag

a) In Deutschland

Zu unterscheiden ist zwischen ein- und mehrseitig verpflichtenden Verträgen. Für die vorangestellte Unterscheidung zwischen einseitigen und mehrseitigen Rechtsgeschäften wird auf die Anzahl der Willenserklärungen abgestellt. Einseitige Rechtsgeschäfte enthalten die Willenserklärung nur einer Person, mehrseitige Rechtsgeschäfte hingegen die Willenserklärung (mindestens) zweier Personen. Somit sind Verträge mehrseitige Rechtsgeschäfte.[307] Bei der Bürgschaft

---

305 Siehe Abschnitt C. VII.

306 Siehe Abschnitt C. VI. 2. d).

307 Im Rahmen von mehrseitigen Rechtsgeschäften können die Leistungspflichten miteinander verknüpft werden. Dies ist durch die Geltendmachung des Zurückbehaltungsrechtes i.S.v. §§ 273, 274 BGB und durch die Erhebung der Einrede des nicht erfüllten Vertrages §§ 320–322 BGB möglich. Die Ausübung des Zurückbehaltungsrechts darf nicht ausgeschlossen sein, was sich aus der Parteiabrede, dem Gesetz, der Natur der Sache oder § 242 BGB ergeben kann. So ist die Ausübung des Zurückbehaltungsrechts

handelt es sich indes um einen einseitig verpflichtenden Vertrag.[308] Einseitige Rechtsgeschäfte sind von einseitig verpflichtenden Verträgen zu unterscheiden. Einseitig verpflichtende Verträge kommen zwischen zwei Vertragsparteien zustande, von denen jedoch nur eine Leistung erbringen muss, und die andere nur Rechte aus dem Vertrag zieht.

De lege lata treffen den Bürgschaftsgläubiger lediglich technische Mitwirkungspflichten.[309] Dies ergibt auch eine historische Betrachtung, wonach aus der einseitig verpflichtenden Ausgestaltung der Bürgschaft geschlossen werden kann, dass den Gläubiger grds. keine Pflichten treffen.[310] Die Vorschrift des § 776 BGB normiert zwar, dass der Bürge bei Vereitelung der Regressmöglichkeiten auf andere Sicherheiten von seiner Verpflichtung befreit wird.[311] Hierbei handelt es sich jedoch nicht um eine Gläubigerpflicht im eigentlichen Sinn, sondern eher um eine Obliegenheit.

---

ausgeschlossen, wenn die Partei vorleistungspflichtig ist, sich dies aus der Natur des geschuldeten Gegenstandes ergibt, zeitnah geleistet werden muss oder der Gläubiger besonders schutzwürdig ist.

308 BGH, Urteil v. 5.12.1962 - VIII ZR 251/61 = BGH WM 1963, 24, 25; OLG Frankfurt a.M., Urteil v. 5.7.1995 - 23 U 215/94 = BGH WM 1996, 715, 716; MüKo/*Habersack*, § 765 Rn. 2; Staudinger/*Stürner*, § 765 Rn. 134. Möglich ist hingegen auch, dass sich der Hauptgläubiger gegenüber dem Bürgen zu einer Leistung verpflichtet und es sich daher um einen zweiseitigen Vertrag handelt, RG, Urteil v. 29.12.1906 - VI 176/06 = RGZ 65, 46, 47 f.; RG, Urteil v. 28.10.1907 - VI 80/07 = RGZ 66, 425, 426.

309 Staudinger/*Stürner*, § 765 Rn. 133.

310 BGH, Urteil v. 5.12.1962 - VIII ZR 251/61 = BGH WM 1963, 24, 25; KG, Urteil v. 25.3.1987 - 18 U 3906/86 = NJW-RR 1988, 109, 111; OLG Frankfurt a.M., Urteil v. 5.7.1995 - 23 U 215/94 = OLG Frankfurt a.M. WM 1996, 715, 716; *Lwowski*, Das Recht der Kreditsicherung, § 9 Rn. 68. Gegen diese Ansicht spricht, dass auch bei anderen einseitig ausgestalteten Verträgen Schutzpflichten bestehen können und die bloß judikativ eingeräumten Pflichten nicht vollkommen sind, Erman/*Zetzsche*, § 765 Rn. 44 (mit Betonung darauf, dass heute allerdings richterlich Neben- und Schutzpflichten anerkannt sind); MüKo/*Habersack*, § 765 Rn. 82 f.; *Larenz/Canaris*, SchuldR, II/2, § 60 II 4; *Reinicke/Tiedtke*, Rn. 253; *Mayer-Maly*, AcP 194 (1994), 105, 154 *Zöllner*, WM 2000, 1, 9.

311 Ein formularmäßiger Verzicht auf § 776 BGB ist grds. gemäß § 307 Abs. 2 Nr. 1 BGB unwirksam, außer er beschränkt sich auf das AGB-Pfandrecht, BGH, Urteil v. 2.3.2000 - IX ZR 328/98 = BGHZ 144, 52–58 (Rz. 40 f.) = BGH NJW 2000, 1566, 1568 f.; BGH, Urteil v. 6.4.2000 - IX ZR 2/98 = BGH NJW 2000, 2580, 2583; BGH, Urteil v. 26.4.2001 - IX ZR 337/98 = BGH NJW 2001, 2466, 2468; BGH, Urteil v. 25.10.2001 - IX ZR 185/00 = BGH NJW 2002, 295, 295 f.; *Fischer/Ganter/Kirchhof*, Schutz des Bürgen, in: FS fünfzig Jahre BGH (2000), 33, 47.

Weitere Schutzpflichten des Gläubigers sind lediglich durch Richterrecht mit einem Rückgriff auf § 242 BGB entstanden.[312] Für die Anerkennung von Gläubigerpflichten spricht zudem die gesetzgeberische Bestätigung von vorvertraglichen Schutzpflichten des Gläubigers aus §§ 241 Abs. 2, 311 Abs. 2 BGB.[313] Im vorvertraglichen Bereich kommen hauptsächlich Aufklärungspflichten hinsichtlich der Bonität des Hauptschuldners und der Wahrscheinlichkeit der Inanspruchnahme des Bürgen in Betracht.[314]

Sofern die Kreditgewährung den Schuldner stark finanziell fordert und dieser keinen Vorteil aus der Gewährung ziehen kann, könnte an eine Aufklärungspflicht der Bank gedacht werden.[315] Allerdings obliegt es dem Bürgen, sich Klarheit über die finanziellen Möglichkeiten des Hauptschuldners zu verschaffen.[316] Sachgerechter erscheint daher eine Lösung über § 138 Abs. 1 BGB, wenn der Bürge stark finanziell überfordert ist und sich bei Erteilung der Bürgschaft in einer emotionalen Zwangslage befand.[317] Er muss den geschäftsunerfahrenen Schuldner auch nicht über die Risiken des Vertrages aufklären.[318] Dies ergibt sich aus dem Prinzip der Eigenverantwortung der Parteien, auf welchem das Vertragssystem des BGB begründet wurde.[319] Zusammengefasst ist der Gläubiger dem Bürgen gegenüber grds. nicht dazu verpflichtet, Auskünfte zu erteilen.[320]

---

312 RG, Urteil v. 25.9.1933 – VI 206/33 = RG JW 1933, 2826, 2828; *Lwowski* in Das Recht der Kreditsicherung, § 9 Rn. 69 verwendet die Bezeichnung „*obliegen*".

313 MüKo/*Habersack*, § 765 Rn. 92; Erman/*Zetzsche*, § 765 Rn. 44.

314 MüKo/*Habersack*, § 765 Rn. 96, 97; Erman/*Zetzsche*, § 765 Rn. 45.

315 MüKo/*Habersack*, § 765 Rn. 22; *Reinicke/Tiedtke*, Kreditsicherung, Rn. 299; *Wagner*, NJW 2005, 2956, 2957 f.; *Zöllner*, WM 2000, 1, 9.

316 RG, Urteil v. 18.10.1917 – VI 255/17 = RGZ 91, 80, 81; BGH, Urteil v. 17.10.1985 – IX ZR 168/84 = BGH WM 1986, 11, 12; BGH, Urteil v. 19.1.1989 – IX ZR 124/88 = BGHZ 106, 269, 272–273 (Rz. 10) = BGH NJW 1989, 830, 831 ff. (veraltet); BGH, Urteil v. 28.2.1989 – IX ZR 130/88 = BGHZ 107, 92–104 (Rz. 20, 23) = BGH NJW 1989, 1276, 1277 (explizit keine Aufklärungspflicht der Bank); *Dreismann*, Bürgenschutz durch Gläubigerdiligenz?, S. 150.

317 Zur Sittenwidrigkeitsrechtsprechung siehe Abschnitt C. VI. 2. d) aa) (1) (b).

318 BGH, Beschluss v. 28.2.2002 – IX ZR 153/00 = BGH WM 2002, 923, 923; Erman/*Zetzsche*, § 765 Rn. 46; Jauernig/*Stadler*, § 765 Rn. 22, 24; kritisch hierzu: MüKo/*Habersack*, § 765 Rn. 96 ff.; *Reinicke/Tiedtke*, Rn. 252.

319 Palandt/*Ellenberger*, Überblick v. § 104 Rn. 1; *Dreismann*, Bürgenschutz durch Gläubigerdiligenz?, S. 148.

320 BGH, Urteil v. 7.3.1956 – IV ZR 271/55 = BGH WM 1956, 885, 887 (auch für die wahrheitsgemäße Auskunft); BGH, Urteil v. 5.12.1962 – VIII ZR 251/61 = BGH WM 1963, 24, 25; BGH, Urteil v. 10.2.1971 – VIII ZR 144/69 = BGH WM 1971, 614, 615;

Eine Pflicht zur wahrheitsgemäßen Auskunftserteilung besteht ausnahmsweise aber dann, wenn der Bürge nachfragt.[321] Weiterhin ist der Bürge ausnahmsweise zur Aufklärung des Bürgen verpflichtet, sofern der Gläubiger einen konkreten Wissensvorsprung vor dem Bürgen hat.[322] Dies ist etwa der Fall, wenn der Bürge einem Irrtum über den Umfang und den Gegenstand der Hauptschuld unterliegt und der Gläubiger dies weiß oder diesen Irrtum hervorgerufen hat.[323] Dadurch geht er bereits von der Inanspruchnahme des Bürgen aus, weil er mit einem Fehlschlag des finanzierten Vorhabens rechnet.[324]

BGH, Urteil v. 9.10.1974 – VIII ZR 149/73 = BGH WM 1974, 1129, 1130; BGH, Urteil v. 19.1.1989 – IX ZR 124/88 = BGHZ 106, 269–273 (Rz. 10) = BGH NJW 1989, 830, 831 ff. (veraltet); BGH, Urteil v. 17.3.1994 – IX ZR 174/93 = BGH NJW 1994, 2146, 2148; BGH, Urteil v. 10.1.2006 – XI ZR 169/05 = BGHZ 165, 363–371 (Rz. 21) = BGH NJW 2006, 845, 847; a.A. noch RG, Urteil v. 25.9.1933 – VI 206/33 = RG JW 1933, 2826, 2828 f.; *Kulke*, ZIP 2000, 952, 962, *Medicus*, JuS 1999, 833, 838 f. und *Zöllner*, WM 2000, 1, 10. Diese versuchen, vom Ansatz der Sittenwidrigkeit von Angehörigenbürgschaften Abstand zu nehmen und halten den Ansatz der *culpa in contrahendo* für geeigneter, wenn eine weitreichende Aufklärungspflicht der Banken eingeführt würde.

321 RG, Urteil v. 18.10.1917 – VI 255/17 = RGZ 91, 80, 81; RG, Urteil v. 25.9.1933 – VI 206/33 = RG JW 1933, 2826, 2828; RG, Urteil v. 5.11.1934 – VI 296/34 = SeuffA 89 (1935), Nr. 68, S. 140. Zur nicht bestehenden Aufklärungspflicht ohne Nachfrage: BGH, Urteil v. 22.10.1987 – IX ZR 267/86 = BGH NJW 1988, 3205, 3206; BGH, Urteil v. 26.4.2001 – IX ZR 337/98 = BGH NJW 2001, 2466, 2468.

322 BGH, Urteil v. 31.3.1992 – XI ZR 70/91 = BGH WM 1992, 901, 902; BGH, Urteil v. 11.2.1999 – IX ZR 352/97 = BGH WM 1999, 678, 679; BGH, Urteil v. 1.7.1999 – IX ZR 161/98 = BGH NJW 1999, 2814, 2814 f.; *Lwowski*, Das Recht der Kreditsicherung, § 9 Rn. 68.

323 BGH, Urteil v. 29.6.1966 – VIII ZR 84/64 = BGH WM 1966, 944, 944 f.; BGH, Urteil v. 28.2.1968 – VIII ZR 210/65 = BGH NJW 1968, 986, 986 f.; BGH, Urteil v. 22.10.1987 – IX ZR 267/86 = BGH NJW 1988, 3205, 3206; BGH, Urteil v. 7.4.1992 – XI ZR 200/91 = BGH WM 1992, 977, 977; BGH, Urteil v. 24.2.1994 – IX ZR 93/93 = BGHZ 125, 206–218 (Rz. 34) = BGH WM 1994, 676 = BGH NJW 1994, 1278; BGH, Urteil v. 15.4.1997 – IX ZR 112/96 = BGH NJW 1997, 3230, 3230; BGH, Urteil v. 11.2.1999 – IX ZR 352/97 = BGH WM 1999, 678, 679; BGH, Urteil v. 1.7.1999 – IX ZR 161/98 = BGH WM 1999, 1614, 1615 = BGH NJW 1999, 2814, 2814 f.; BGH, Urteil v. 10.1.2006 – XI ZR 169/05 = BGHZ 165, 363–371 (Rz. 21) = BGH NJW 2006, 845, 847; Erman/*Zetzsche*, § 765 Rn. 45; MüKo/*Habersack*, § 765 Rn. 97; Staudinger/*Stürner*, § 765 Rn. 219; *Reinicke/Tiedtke*, Rn. 245; a.A. *Dreismann*, Bürgenschutz durch Gläubigerdiligenz?, S. 180; *Fischer*, WM 2000, 14, 15.

324 BGH, Urteil v. 9.4.1987 – III ZR 126/85 = BGH WM 1987, 1546, 1547; BGH, Urteil v. 21.1.1988 – III ZR 179/86 = BGH WM 1988, 561, 563; a.A *Dreismann*, Bürgenschutz

Auch die Vorspiegelung falscher Tatsachen, wie die Herabspielung des Risikos, kann eine vorvertragliche Schutzpflichtverletzung darstellen.[325] Die Unterdrückung von Informationen in Verbindung mit den tatsächlich gemachten Angaben stellt eine arglistige Täuschung dar. Sie kann neben der Anfechtungsmöglichkeit zum Freiwerden des Bürgen und zu einer Haftung des Gläubigers aus *culpa in contrahendo*[326] (§§ 241 Abs. 2, 311 Abs. 2 i.V.m. § 280 Abs. 1 BGB) führen.[327]

Zu den möglichen nachvertraglichen Pflichten (*culpa post contractum finitum*) zählen Hinweis-, Überwachungs- und Unterlassungspflichten. Der Gläubiger ist jedoch nicht dazu verpflichtet, umsichtig gegen den Hauptschuldner vorzugehen,[328] ihn auf eine bevorstehende Zwangsvollstreckung in das Vermögen des Hauptschuldners[329] oder auf die bevorstehende Inanspruchnahme hinzuweisen[330]. Kurz gesagt ist der Gläubiger nicht dazu angehalten, die Inanspruchnahme des Bürgen zu vermeiden. Auch muss er die

---

durch Gläubigerdiligenz?, S. 139, da der Gläubiger gerade nicht auf die Leistung durch den Schuldner vertraut.

325 BGH, Urteil v. 30.3.1995 – IX ZR 98/94 = BGH WM 1995, 900, 904; *Dreismann*, Bürgenschutz durch Gläubigerdiligenz?, S. 138, 161.

326 Verschulden bei Vertragsschluss.

327 RG, Urteil v. 25.9.1933 – VI 206/33 = RG JW 1933, 2826, 2828; BGH, Urteil v. 5.12.1962 – VIII ZR 251/61 = BGH WM 1963, 24, 27; BGH, Urteil v. 29.6.1966 – VIII ZR 84/64 = BGH WM 1966, 944, 945; BGH, Urteil v. 28.2.1968 = VIII ZR 210/65 = BGH WM 1968, 398, 398; BGH, Urteil v. 17.10.1985 – IX ZR 168/84 = BGH WM 1986, 11, 12; BGH, Urteil v. 11.2.1999 – IX ZR 352/97 = BGH WM 1999, 678, 679; BGH, Urteil v. 1.7.1999 – IX ZR 161/98 = BGH NJW 1999, 2814, 2814; BGH, Urteil v. 10.1.2006 – XI ZR 169/05 = BGHZ 165, 363–371 (Rz. 20) = BGH NJW 2006, 845, 847.

328 RG, Urteil v. 31.1.1907 – VI 246/06 = RGZ 65, 134, 136; RG, Urteil v. 22.11.1915 – VI 152/15 = RGZ 87, 327, 328; RG, Urteil v. 27.9.1934 – VI 156/34 = RGZ 145, 167, 169 f.; BGH, Urteil v. 21.2.1957 – VII ZR 216/56 = BGH WM 1957, 517, 518; BGH, Urteil v. 26.4.1976 – VIII ZR 149/74 = BGH WM 1976, 709, 711. Bei der besonders subsidiär ausgestalteten Ausfallbürgschaft muss der Gläubiger jedoch umsichtig gegen den Hauptschuldner vorgehen und darf sonstige Sicherheiten nicht verfallen lassen, sonst wird der Bürge insoweit frei, RG, Urteil v. 12.10.1905 – VI 591/1904 = SeuffA 61, Nr. 108, S. 190, 191; RG, Urteil v. 22.11.1915 – VI 152/15 = RGZ 87, 327, 328; BGH, Urteil v. 5.12.1957 – VII ZR 20/57 = BGH WM 1958, 218, 220; BGH, Urteil v. 10.12.1998 – IX 156/98 = BGH NJW 1999, 1467, 1470.

329 RG, Urteil v. 31.1.1907 – VI 246/06 = RGZ 65, 134, 135.

330 BGH, Urteil v. 21.2.1957 – VII ZR 216/56 = BGH WM 1957, 517, 518; BGH, Urteil v. 22.5.1986 – IX ZR 108/85 = BGH NJW 1986, 2308, 2309.

Geschäfte des Hauptschuldners nicht überwachen.[331] Selbst im Falle der Neukreditierung ist der Gläubiger nicht gehalten, die Zustimmung des Bürgen einzuholen.[332]

Die Inanspruchnahme des Bürgen ist dem Gläubiger jedoch nicht gestattet, wenn sie rechtsmissbräuchlich wäre und somit gegen § 242 BGB verstoßen würde. Dies ist der Fall, wenn der Gläubiger den Haftungsfall vorsätzlich verursacht: z. Bsp., wenn er die Nichtleistung des Hauptschuldners anweist,[333] die Regressmöglichkeit vereitelt,[334] den Haftungsumfang der Bürgenschuld vergrößert, indem er den Haftungsfall hinauszögert, er dem Bürgen einen Kredit entgegen einer ordnungsgemäßen Wirtschaft nicht kündigt[335] oder die Annahme der Leistung durch den Hauptschuldner verweigert[336]. Dem Gläubiger steht es allerdings frei, die Leistung des Hauptschuldners als Leistung auf eine ungesicherte Forderung anzusehen, wenn keine Tilgungsbestimmung seitens des Schuldners getroffen wurde.[337]

Die soeben dargestellten vor- und nachvertraglichen Gläubigerpflichten ändern indes nichts an der Einordnung als einseitig verpflichtenden Vertrag. Bei ihnen handelt es sich lediglich um Ausnahmepflichten in Ausnahmesituationen, welche die Grundprämisse nicht beeinträchtigen.

b) In Kolumbien

Die Bürgschaft stellt auch in Kolumbien eine personelle Kreditsicherheit dar, die als einseitig verpflichtender Vertrag (*unilateral*) ausgestaltet ist, Art. 1496 i.V.m. Art. 2361 Abs. 1 CC.[338] Die Einseitigkeit ist kein essenzieller Vertragsbestandteil der

331 BGH, Urteil v. 5.12.1962 – VIII ZR 251/61 = BGH WM 1963, 24, 25; BGH, Beschluss v. 6.11.1963 – VIII ZR 160/62 = BGH WM 1963, 1302, 1303; BGH, Urteil v. 31.5.1978 – VIII ZR 108/77 = BGH WM 1978, 924, 925.

332 BGH, Urteil v. 10.2.1971 – VIII ZR 144/69 = BGH WM 1971, 614, 614 f.; kritisch: MüKo/*Habersack*, § 765 Rn. 100; *Reinicke/Tiedtke*, Rn. 244 f.

333 BGH, Urteil v. 7.2.1966 – VIII ZR 40/64 = BGH WM 1966, 317, 318 f.; BGH, Urteil v. 24.11.1980 – VIII ZR 317/79 = BGH WM 1981, 5, 7.

334 BGH, Beschluss v. 23.2.1984 – III ZR 159/83 = BGH WM 1984, 586, 586; BGH, Urteil v. 29.6.2004 – IX ZR 201/98 = BGH WM 2004, 1648, 1652.

335 BGH, Urteil v. 30.3.1995 – IX ZR 98/94 = BGH NJW 1995, 1886, 1888.

336 Erman/*Zetzsche*, § 765 Rn. 45; *Reinicke/Tiedtke*, Rn. 242; a.A. *Dreismann*, Bürgenschutz durch Gläubigerdiligenz?, S. 222.

337 BGH, Urteil v. 12.12.1985 – IX ZR 47/85 = BGH WM 1986, 257, 259.

338 *Anzola*, Lecciones Elementares de Derecho Civil Colombiano, Curso Tercero de los contratos, pág. 357; *Arteaga/Arteaga*, Curso de DerechoCivil – Contratos, pág. 133;

Bürgschaft.[339]

Mehrseitige Verträge bewirken Verbindlichkeiten für beide Vertragsparteien.[340] Die Erfüllung dieser Verbindlichkeiten steht in einem synallagmatischen Konnexitätsverhältnis.[341] Somit ist jede Partei je nach Betrachtungsstandpunkt sowohl Schuldner als auch Gläubiger einer Leistung.[342] Bei einem einseitig verpflichtenden Vertrag ist nur eine Partei verpflichtet. Sollte die andere Partei sich hingegen auch verpflichtet haben, steht diese Verpflichtung nicht in einem Gegenseitigkeitsverhältnis zu der Verpflichtung der anderen Partei.[343] Maßgeblich für die Unterscheidung zwischen einseitigen und mehrseitigen Verpflichtungen ist der Zeitpunkt der Vertragserfüllung.[344]

Bonivento Fernández, Los principales contratos civiles y comerciales, Tomo II, pág. 6; *Muñoz Obando*, „La fianza", pág. 18; *Ochoa González*, Contratos nominados civiles, pág. 250; *Ortega Torres*, Código Civil, pág. 1057; *Herrera Tapias/Alfaro Patron*, El nuevo derecho de garantías en el derecho colombiano y en el derecho comparado, en: Justicia Juris, 2011, pág. 93, 96.

339 *Céspedes Solano*, Manual de Contratos Civiles, pág. 24.

340 *Céspedes Solano*, Manual de Contratos Civiles, pág. 24; *Emiliani Román*, Curso Razonado de las Obligaciones, Tomo I, Primera Parte, pág. 96; *Emiliani Román*, Manual de obligaciones civiles, pág. 6. Nicht zu verwechseln ist diese Definition mit der Unterscheidung zwischen ein- und mehrseitigen Rechtsgeschäften. Abgrenzungsmerkmal ist hier die Anzahl der Willenserklärungen. Mehrseitige Rechtsgeschäfte bestehen aus mindestens zwei Willenserklärungen. Es wird auf den Ursprung und nicht die Wirkung abgestellt, *Valencia Zea/Ortiz Monsalve*, Derecho Civil, Tomo III: De las obligaciones, pág. 57

341 *Emiliani Román*, Curso Razonado de las Obligaciones, Tomo I, Primera Parte, pág. 97, 98.

342 *Castro Ayala/Calonje Londoño*, Derecho de obligaciones, pág. 70; *Emiliani Román*, Curso Razonado de las Obligaciones, Tomo I, Primera Parte, pág. 96.

343 *Céspedes Solano*, Manual de Contratos Civiles, pág. 24; *Emiliani Román*, Curso Razonado de las Obligaciones, Tomo I, Primera Parte, pág. 98, 99; *Pérez Vives*, Garantías civiles (Hipoteca, prenda y fianza), pág. 420. Nach anderer Ansicht soll es sich um eine unvollkommen synallagmatische Verbindlichkeit handeln. Die Verbindlichkeiten stünden zwar in einem Synallagma, aber der Vertrag sei lediglich unvollkommen synallagmatisch, da er unilateral entstünde und sich erst in einen synallagmatischen Vertrag verwandele. Dagegen spricht allerdings, dass synallagmatische Verträge einer *causa* dienen sollen (pág. 99). Bei den sog. unvollkommen synallagmatischen Verträgen entspringt die Causa der weiteren Verbindlichkeiten aber dem Gesetz (pág. 100).

344 *Polanco Moreno*, Contratos, pág. 16.

Der Vertrag kann auch gegen den Willen des Hauptschuldners zustande kommen, Art. 2371 CC.[345] Dies liegt darin begründet, dass die vertragliche Beziehung zwischen dem Bürgen und dem Gläubiger besteht und der Hauptschuldner nicht involviert ist.[346] Wurde eine Gegenleistung durch den Hauptschuldner, der nicht Teil des Bürgschaftsvertrages ist, zugesagt, verändert diese allerdings nicht die Einseitigkeit der Bürgschaft.[347] Es handelt sich in diesem Fall um einen weiteren bilateralen Vertrag zwischen Hauptschuldner und Bürge, der zu dem unilateralen Vertrag zwischen Gläubiger und Bürge hinzutritt.[348]

Verpflichtet sich der Gläubiger jedoch im Gegenzug zur Stellung der Bürgschaft dazu, weniger oder keine Zinsen für den Kredit zu verlangen, oder verlängert er die Frist, handelt es sich um einen bilateralen Vertrag.[349]

Im vorvertraglichen Bereich sind nur wenige Gläubigerpflichten denkbar. Praktisch relevant ist die *culpa in contrahendo*[350] im kolumbianischen Recht durch die Unwiderruflichkeit des Angebots nur selten. Hierzu zählen Irrtümer, u.a. über die Person der anderen Vertragspartei, Art. 1512 Abs. 1 CC. Auch einseitig belastende Adhäsionsverträge, sofern die Partei einem Irrtum unterliegt, der in die Kategorie der Art. 1510, 1511 Abs. 1 CC fällt, zählen zur *culpa in contrahendo*, so wie letztlich auch durch Gewalt oder Drohung hervorgerufene Willenserklärungen, Art. 1513, 1514, Art. 1515 Abs. 1 CC, hierunter fallen.[351]

Nachvertragliche Gläubigerpflichten sind nicht vorgesehen, wenngleich die Vereitelung von Regressmöglichkeiten ebenfalls zum Freiwerden des Bürgen

---

345 *Anzola*, Lecciones Elementares de Derecho Civil Colombiano, Curso Tercero de los contratos, pág. 365; *Ochoa González*, Contratos nominados civiles, pág. 250; *Ortega Torres*, Código Civil, pág. 1058.

346 *Anzola*, Lecciones Elementares de Derecho Civil Colombiano, Curso Tercero de los contratos, pág. 365; *García Cuéllar*, De la fianza civil, pág. 21.

347 *Arrubla Paucar*, El contrato de fianza, en: Estudios de derecho privado, Tomo I, Liber Amicorum en homenaje a César Gómez Estrada, pág. 44, 46; *García Cuéllar*, De la fianza civil, pág. 21; *Gómez Estrada*, Civil Contratos, pág. 469; *Ochoa González*, Contratos nominados civiles, pág. 250; *Tarazona Cacéres*, La fianza civil, pág. 11, 13.

348 *García Cuéllar*, De la fianza civil, pág. 21; *Tarazona Cacéres*, La fianza civil, pág. 14.

349 *Arrubla Paucar*, El contrato de fianza, en: Estudios de derecho privado, Tomo I, Liber Amicorum en homenaje a César Gómez Estrada, pág. 44, 47; *Bonivento Fernández*, Los principales contratos civiles y comerciales, Tomo II, pág. 6; *Céspedes Solano*, Manual de Contratos Civiles, pág. 142; *Pérez Vives*, Garantías civiles (Hipoteca, prenda y fianza), pág. 363.

350 Die *culpa in contrahendo* ist seit dem 08.03.1995 in Kolumbien anerkannt.

351 *Uribe-Holguín*, De las obligaciones y del contrato en general, pág. 261.

führt, Art. 2381 CC.[352] Diese Gläubigerpflicht steht gleichwohl nicht in einem Gegenseitigkeitsverhältnis zur Bürgschaftsverpflichtung, weshalb ihr Bestand nicht zu einer Klassifizierung als bilateraler Vertrag führt.[353]

c) Vergleich

Die Unterscheidung zwischen einseitigen und mehrseitigen Rechtsgeschäften ist in beiden Ländern identisch, wenngleich es in der folgenden Differenzierung zwischen vollkommen und unvollkommen mehrseitigen Verträgen Unterschiede gibt. Anders als das deutsche Recht kennt das kolumbianische Recht diese Unterschiede nicht. So wird die Leihe[354] oder der Konsumentenkredit[355] als einseitiger Vertrag klassifiziert,[356] wohingegen es sich in Deutschland um einen unvollkommen zweiseitigen Vertrag handelt. Durch die Einseitigkeit des Bürgschaftsvertrages besteht kein Gegenseitigkeitsverhältnis. Daher kann weder in Deutschland noch in Kolumbien ein Zurückbehaltungsrecht oder die Einrede des nicht erfüllten Vertrages i.S.d. § 320 Abs. 1 S. 1 BGB/Art. 1609 CC geltend gemacht werden.[357]

---

352 *Pérez Vives*, Garantías civiles (Hipoteca, prenda y fianza), pág. 420.

353 *Muñoz Obando*, „La fianza", pág. 43; *Pérez Vives*, Garantías civiles (Hipoteca, prenda y fianza), pág. 420

354 § 598 BGB/Art. 2200 CC.

355 § 491 BGB/Art. 2221 CC.

356 *Polanco Moreno*, Contratos, pág. 17.

357 Die Unterscheidung zwischen ein- und mehrseitigen Verträgen ist insoweit relevant, als dass die Einrede des nicht erfüllten Vertrages nur im Rahmen von mehrseitigen Verträgen erhoben werden kann. Diese Einrede bewirkt den Fortbestand des Vertrages. Im Rahmen von bilateralen Verträgen kommt keine Vertragspartei in Verzug, wenn die andere Vertragspartei ihre Verpflichtung nicht erfüllt hat oder sich nicht anschickt, die Leistung in der geschuldeten Form und zu der geschuldeten Zeit zu erfüllen, Art. 1609 CC. Dies beruht darauf, dass keine Partei vorleistungspflichtig ist, außer dies wurde vertraglich so vereinbart. Ohne eine solche (Vorleistungs-) Verpflichtung besteht kein Verzug. Nachteilig ist, dass jede Partei der anderen Partei eine Nichtleistung vorwerfen kann und die Leistung somit immer weiter verzögert wird. Sofern die Parteien sich in der Praxis nicht auf Art. 1609 CC berufen und damit eine Vertragserfüllung hinauszögern, besteht kein Problem. Sonst ist anzuraten, in Verträgen, eine vorleistungspflichtige Vertragspartei zu benennen. Teleologisch betrachtet ist es empfehlenswert, die Leistungen Zug-um-Zug zu erbringen, um eine Verzögerung der Leistung zu vermeiden. Sofern der Vertragspartner bei einem bilateralen Vertrag nicht leistet, kann sich der andere Vertragspartner vom Vertrag lösen oder die Erfüllung verlangen, Art. 1546 Abs. 2 CC. Hierzu: *Emiliani Román*, Curso Razonado de las

Wenngleich die Bürgschaft in beiden Rechtsordnungen als unilateraler Vertrag qualifiziert wird, sind, vereinzelt jedoch, (vorvertragliche) Gläubigerpflichten anerkannt. So kann eine Täuschung im vorvertraglichen Bereich eine Haftung auslösen, auch wenn dem Gläubiger keine Aufklärungspflichten obliegen. Nachvertraglich treffen den Gläubiger bis zur Grenze des Rechtsmissbrauchs keine Pflichten. Hier wird in Deutschland auf § 242 BGB zurückgegriffen. In Kolumbien sind die Fälle der vorsätzlichen Herbeiführung des Haftungsfalls, der Vereitelung von Regressmöglichkeiten oder der Vergrößerung der Haftungssumme durch zu späte Kreditkündigung, die in Deutschland einen Rückgriff auf § 242 BGB rechtfertigen würden, dagegen gesetzlich in den Art. 2381, 2382 CC geregelt. Es handelt sich um die Einrede der Rechtsvereitelung, die der Bürge der Zahlungsaufforderung des Gläubigers entgegensetzen kann. Diese gesetzliche Regelung schafft Rechtsklarheit und ist daher dem deutschen Fallrecht vorzuziehen, obgleich festgestellt werden kann, dass diesbzgl. beide Rechtsordnungen zum gleichen Ergebnis kommen.

Die Zusage des Gläubigers, dem Bürgen eine Gegenleistung für den Vertrag zukommen zu lassen, verhindert die Einordnung der Bürgschaft als einseitig verpflichtenden Vertrag. Dies hat jedoch keine weiteren Auswirkungen auf den Bürgschaftsvertrag, da die aus ihm erwachsenden Rechte und Pflichten unabhängig von der Einseitigkeit bestehen. Die Einrede des nicht erfüllten Vertrages oder das Zurückbehaltungsrecht würden voraussetzen, dass keine Vorleistungspflicht bestünde. Eine solche ergibt sich aber i.d.R. aus dem Vertrag. Dem Bürgen soll das Entgelt nur zukommen, wenn er geleistet hat.

3. Unentgeltlichkeit

a) In Deutschland

Es gibt sowohl entgeltliche als auch unentgeltliche Verträge in Deutschland. Die Bürgschaft ist regelmäßig unentgeltlich ausgestaltet, kann aber im Einzelfall auch entgeltlich gestellt werden.[358] Viele unentgeltliche Verträge eint, dass die für sie geltenden Vorschriften eine Haftungsmilderung vorsehen, sodass nur für Vorsatz und grobe Fahrlässigkeit gehaftet wird. Dies ist für die Schenkung (§ 521 BGB), die Leihe (§ 599 BGB) und die Verwahrung (§ 690 BGB) kodifiziert. Die Haftungsprivilegierung gilt jedoch nicht für alle unentgeltlichen

---

Obligaciones, Tomo I, Primera Parte, pág. 107, 374–378; *Polanco Moreno*, Contratos, pág. 17.

358 *Von Tuhr*, Derecho Civil – Teoria general del derecho civil alemán, Vol. III, pág. 204.

Verträge. So sieht u.a. der Auftrag (§ 662 BGB) als ein weiterer unentgeltlicher Vertrag eine derartige Privilegierung nicht vor. Auch eine Haftungsmilderung zugunsten des Bürgen ist nicht vorgesehen, da die Privilegierung dem Gesetzeszweck, welcher in der subsidiären Haftung des Bürgen liegt, widerspräche.

b) In Kolumbien

Auch in Kolumbien können Verträge im Hinblick auf ihre Entgeltlichkeit unterschieden werden, Art. 1497 CC. Verträge, die beiden Vertragsparteien dienen, sind im Regelfall entgeltlich (*oneroso*) und solche, deren einziges Motiv die Begünstigung einer Partei ist, sind i.d.R. unentgeltlich (*gratuito*) ausgestaltet, Art. 1497 CC.[359]

Bei einem Bürgschaftsvertrag handelt es sich grds. um einen unentgeltlichen Vertrag. Dies folgt aus der Ausnahmeregelung des Art. 2367 CC.[360] Dass möglicherweise zwischen dem Hauptschuldner und dem Bürgen ein Entgelt vereinbart wurde, berührt die Klassifizierung der Bürgschaft nicht.[361] Sofern der Bürge einen finanziellen Ausgleich vom Gläubiger erhält, verwandelt die Entgeltlichkeit die Bürgschaft nach einer (Minder-)Ansicht in einen Versicherungsvertrag.[362] Gegen diese Auffassung spricht jedoch, dass der Versicherungsvertrag, anders als der Bürgschaftsvertrag, ein selbstständiger Vertrag ist, der nicht vom Bestand eines anderen Vertrages abhängt.[363] Auch eine Entgeltlichkeit im

---

359 *Emiliani Román,* Curso Razonado de las Obligaciones, Tomo I, Primera Parte, pág. 108, 110, 111; *Ospina Fernández/Ospina Acosta*, Teoría general del contrato y del negocio jurídico, pág. 62.

360 *Anzola*, Lecciones Elementares de Derecho Civil Colombiano, Curso Tercero de los contratos, pág. 357; *Arteaga/Arteaga*, Curso de DerechoCivil – Contratos, pág. 133; *Ortega Torres*, Código Civil, pág. 1057; *Pérez Vives*, Garantías civiles (Hipoteca, prenda y fianza), pág. 363.

361 *Anzola*, Lecciones Elementares de Derecho Civil Colombiano, Curso Tercero de los contratos, pág. 357; *Barros Errazuriz*, Curso de Derecho Civil, pág. 433; *Galindo Cubides*, El seguro de Fianza, pág. 48; *Muñoz Obando*, „La fianza", pág. 44; *Ojeda N.*, Apuntaciones sobre fianza, pág. 18; *Tarazona Caceres*, La fianza civil, pág. 11.

362 *Cardona Hernández*, Contratos civiles, pág. 261; *García Cuéllar,* De la fianza civil, pág. 23; *Ochoa González*, Contratos nominados civiles, pág. 250; *Tarazona Caceres*, La fianza civil, pág. 12 (wonach diese Theorie auf Dr. *Hernando Carrizosa Pardo*, (Conferencias de Derecho Civil Cuarto) zurückgeht); *Valencia Zea*, Derecho Civil, Tomo IV – Contratos, pág. 431.

363 *Botero Morales*, El seguro y la fianza. Naturaleza jurídica de las garantías de cumplimiento, en: Escritos sobre Riesgos y Seguros, pág. 451; *Galindo Cubides*, El seguro de Fianza, pág. 45; *Linares Vesga*, Introducción al estudio de los contratos: contratos

Vollzugsverhältnis ändert nach anderer Ansicht nichts an der Klassifizierung als Bürgschaft.

Die Unentgeltlichkeit ist kein essenzieller Bestandteil der Bürgschaft, sondern entspricht lediglich der Natur des Bürgschaftsvertrages. Über diese können individualvertragliche Dispositionen getroffen werden, was von Art. 2367 CC legal vorgesehen ist.[364] Es kann sich um einen Annex zu der klassischen unentgeltlichen Bürgschaft handeln.[365] Bei dem Annexvertrag soll es sich hiernach um einen weiteren Vertrag zwischen Bürgen und Gläubiger handeln, der akzessorisch zur Bürgschaft ist.[366]

c) Vergleich

In den zu vergleichenden Rechtsordnungen stellt die Bürgschaft einen unentgeltlichen Vertrag dar. Die Folgen der Einklassifizierung in einen bestimmten Vertragstypus sind allerdings unterschiedlich. So gibt es in Deutschland einige unentgeltliche Verträge, für die jeweils Haftungsprivilegierungen gelten. Dagegen ist in Kolumbien eine allgemeinere Haftungsfolge der Unentgeltlichkeit zu beobachten. So haftet der Schuldner im Rahmen von unentgeltlichen Verträgen nur für grobes Verschulden, so z.Bsp. nach Art. 2247 Abs. 2 CC.[367] Für jegliches Verschulden haftet er indes, wenn der Vertrag nur dem Schuldner dient, Art. 1604 Abs. 1 CC.[368] *De lege lata* ist in Kolumbien keine Haftungsmilderung speziell für die Bürgschaft vorgesehen. Teleologisch betrachtet, kann allerdings auch aus der allgemeinen Haftungserleichterung für unentgeltliche Verträge kein Rückschluss auf die Bürgschaft gezogen werden, da eine Haftungsmilderung den Zweck des Vertrages konterkarieren würde. Unentgeltliche Verträge werden häufig im Hinblick auf die Begünstigung einer bestimmten Person geschlossen (*intuitu personae*). Sofern die Begünstigung einer bestimmten

---

civiles y comerciales, parte general y parte especial, pág. 200; *Sulza*, Estructura general de la tarifa en el ramo de fianzas, en: Asociación Panamericana de Fianzas VI Seminario de fianzas, pág., 155, 155.

364 *Bonivento Fernández*, Los principales contratos civiles y comerciales, Tomo II, pág. 7; *Muñoz Obando*, „La fianza", pág. 24; *Tarazona Caceres*, La fianza civil, pág. 12; *Tobón*, Fianza, pág. 19.

365 *Ochoa González*, Contratos nominados civiles, pág. 250.

366 *Gómez Estrada*, Civil Contratos, pág. 471.

367 *Emiliani Román*, Curso Razonado de las Obligaciones, Tomo I, Primera Parte, pág. 110 c.; *Valencia Zea/Ortiz Monsalve*, Derecho Civil, Tomo III: De las obligaciones, pág. 58.

368 *Emiliani Román*, Curso Razonado de las Obligaciones, Tomo I, Primera Parte, pág. 110 c.; *Valencia Zea/Ortiz Monsalve*, Derecho Civil, Tomo III: De las obligaciones, pág. 58.

Person einziges Motiv für den unentgeltlichen Vertrag war/ist, ist der Vertrag nichtig, wenn der Begünstigende einem Irrtum über die Identität des Begünstigten unterlegen ist.[369] Diese allgemeine Regel müsste in Ermangelung spezialgesetzlicher Normen auf die Bürgschaft übertragbar sein. Sofern der Bürge einem Irrtum über den Hauptschuldner als Begünstigten, der nicht selbst Vertragspartei wurde, unterliegt, müsste er den Vertrag anfechten können, obgleich sich aus dem Wesen des Bürgschaftsvertrages ergibt, dass ein Irrtum über die Solvenz des Bürgen nicht relevant sein kann. Eine solche erleichterte Anfechtungsmöglichkeit besteht in Deutschland nicht. Hier muss der Bürge auf die allgemeinen Irrtumsregeln zurückgreifen.

4. Subsidiarität

Die Bürgenverpflichtung ist in Deutschland und Kolumbien subsidiär (*subsidiario*) zur Verpflichtung des Hauptschuldners.[370] Erst wenn dieser seiner Verbindlichkeit nicht nachkommt, kann der Bürge in Anspruch genommen werden.[371] In Deutschland ergibt sich die Subsidiarität der Bürgschaft aus §§ 770 Abs. 2, 771, 772, 776 BGB. In Kolumbien folgt sie aus den Art. 2382 H.S. 1, 2383 CC. Die Subsidiarität ergibt sich bereits aus der Legaldefinition, Art. 2361 Abs. 1 CC. Hieraus wird eine konditionale Verknüpfung deutlich.[372] Aus dieser folgt nicht etwa, dass es sich bei der Bürgschaft um eine bedingte Verbindlichkeit handelt, die erst in der Zukunft entsteht, sondern vielmehr wird die akzessorische

---

369 *Anzola*, Lecciones Elementares de Derecho Civil Colombiano, Curso Tercero de los contratos, pág. 357; *Arteaga/Arteaga*, Curso de DerechoCivil – Contratos, pág. 133; *Ortega Torres*, Código Civil, pág. 1057; *Pérez Vives*, Garantías civiles (Hipoteca, prenda y fianza), pág. 363.

370 *Barros Errazuriz*, Curso de Derecho Civil, pág. 435; *Castro de Cifuentes*, Derecho de las Obligaciones, Tomo II, Vol. 2, pág. 382; *Ochoa González*, Contratos nominados civiles, pág. 251.

371 *Alessandri Rodríguez/Somarriva Undurraga/Vodanivic H.*, Tratado de los derechos reales – Bienes, Tomo I, pág. 17; *Gómez-Blanes*, La Accesoriedad de la Fianza, en: Universitas, Revista de Derecho, pág. 15, 28; *Valencia Zea*, Derecho Civil, Tomo IV – Contratos, pág. 426; *Herrera Tapias/Alfaro Patron*, El nuevo derecho de garantías en el derecho colombiano y en el derecho comparado, en: Justicia Juris, 2011, pág. 93, 95.

372 Die Bürgschaft ist eine akzessorische Verbindlichkeit, durch die eine oder mehrere Personen für die Verpflichtung eines Dritten haften und sich gegenüber dem Gläubiger verpflichten, sie ganz oder teilweise zu erfüllen, *wenn* der Hauptschuldner ihr nicht nachkommt, Art. 2361 Abs. 1 CC.

Verknüpfung zur Hauptschuld betont. [373] Der Bürge kann bei Fälligkeit der Hauptforderung auch ohne konkrete Zahlungsaufforderung des Gläubigers verlangen, dass dieser sich um die Zahlung der Schuld durch den Hauptschuldner bemüht, Art. 2382 CC.[374]

Auf die Einschränkung der Subsidiarität bei der selbstschuldnerischen Bürgschaft wird in Abschnitt C. V. 2. eingegangen.

IV. Kautionsarten

Unter den Begriff Kaution fällt sowohl in Deutschland als auch in Kolumbien jede Sicherheitsleistung, die zur Sicherung einer anderen fremden oder eigenen Verbindlichkeit eingegangen wird.[375] Die Bürgschaft, die Hypothek und das Pfandrecht sind in Kolumbien schon *qua* Definition Arten der Kaution, Art. 65 S. 2 CC. Genannt werden nur akzessorische Sicherheiten i.S.d. Art. 1499 CC.[376] Eine Kaution besteht immer aus einer zusätzlichen persönlichen und/oder realen Sicherheit für den Gläubiger, die zu der Verpflichtung des Schuldners zur Leistung hinzutritt.[377] In jedem Fall verhilft eine Kreditsicherheit dem Gläubiger zu einer Verbesserung der Möglichkeit, einen Kredit zurückzuerlangen. Bei Einräumung einer Realsicherheit erhält er ein Privileg

---

373 *García Cuéllar,* De la fianza civil, pág. 24; *Gnecco de Quellar*, Conferencias de derecho civil (la fianza), pág. 4; *Gómez Estrada*, Civil Contratos, pág. 463; *Manotas Sánchez*, Fianza civil solidaria, pág. 12; *Tapia Rodríguez*, Noción de garantía, en: Estudios sobre Garantías Reales y Personales, En homenaje a Manuel Somarriva Undurraga, pág. 18, 25; *Tarazona Caceres*, La fianza civil, pág. 13. Des Weiteren bezieht sich die konditionale Verknüpfung nicht auf den frühestmöglichen Zeitpunkt der Zahlung, *García Cuéllar,* De la fianza civil, pág. 25.

374 *Anzola*, Lecciones Elementares de Derecho Civil Colombiano, Curso Tercero de los contratos, pág. 370; *Castro de Cifuentes*, Derecho de las Obligaciones, Tomo II, Vol. 2, pág. 382; *Céspedes Solano*, Manual de Contratos Civiles, pág. 148.

375 *Angarita Gómez*, Derecho Civil, Tomo I, Parte General y Personas, pág. 300; *Galindo Cubides*, El seguro de Fianza (Póliza de Cumplimiento), en: Seguros, Temas esenciales, pág. 176.

376 *Barrera Tapias/Hernández de León*, El Derecho de las Obligaciones, pág. 114, *Barros Erruzuriz*, Curso de Derecho Civil, pág. 431; *Galindo Cubides*, El seguro de Fianza, pág. 5; *Ochoa González*, Contratos nominados civiles, pág. 251.

377 *Barrera Tapias/Hernández de León*, El Derecho de las Obligaciones, pág. 114 f.; *Herrera Tapias/Alfaro Patron*, El nuevo derecho de garantías en el derecho colombiano y en el derecho comparado, en: Justicia Juris, 2011, pág. 93, 94; *Tarazona Caceres*, La fianza civil, pág. 11.

oder ein besseres Recht zur Zahlung.[378] Deutlich wird hier schon die Unterscheidung zwischen Personal- und Realsicherheiten. Realsicherheiten sind Rechte an Rechtsobjekten oder anderen Rechten, an denen sich der Gläubiger bevorzugt befriedigen kann, wohingegen Personalsicherheiten die persönliche Haftung einer Person zur Kreditsicherung darstellen.[379] In mehreren Vorschriften des kolumbianischen Rechts ist offengehalten, welche Art der Kaution gestellt werden muss, so z.Bsp. in Art. 464 Abs. 1, 466, 605 CC oder Art. 678 Abs. 1 S. 1 C. d e P.[380] In Deutschland ist die Stellung einer Sicherheitsleistung zumeist fakultativ und in weniger Normen angeordnet.[381]

Bei gemischten Sicherheiten handelt es sich um Sicherheiten, die sowohl Elemente der Personal- als auch Elemente der Realsicherheiten aufweisen, allerdings nicht genügend einer Alternative, um eindeutig klassifizierbar zu sein.[382] So handelt es sich z.Bsp. bei dem Nutzungspfand gemäß Art. 2458 CC um eine solche gemischte Sicherheit.[383]

1. Realsicherheiten

a) In Deutschland

Realsicherheiten in Deutschland sind etwa Grundpfandrechte (wie die Hypothek, §§ 1113 ff. BGB), Fahrnispfandrechte (§§ 1204 ff. BGB), Eigentumsvorbehalte

378 *Alessandri Rodríguez/Somarriva Undurraga/Vodanivic H.*, Tratado de los derechos reales – Bienes, Tomo I, pág. 18; *Herrera Tapias/Alfaro Patron*, El nuevo derecho de garantías en el derecho colombiano y en el derecho comparado, en: Justicia Juris, 2011, pág. 93, 95; *Pinto Martinez*, Las garantías abstractas o a primera demanda en el ordenamiento jurídico colombiano, pág. 2; *Tarazona Cacéres*, La fianza civil, pág. 11; *León-Robayo/González-Umbarila*, La prenda sin apoderamiento en Colombia: regulación comercial y garantías mobiliarias, en: Revista de Derecho, No. 44, Jul. 2015, pág. 82, 86.

379 *Anzola*, Lecciones Elementares de Derecho Civil Colombiano, Curso Tercero de los contratos, pág. 357; *Barros Errazuriz*, Curso de Derecho Civil, pág. 431.

380 *Angarita Gómez*, Derecho Civil, Tomo I, Parte General y Personas, pág. 301.

381 So u.a. in §§ 257 S. 2, 632a Abs. 4, 648a Abs. 2, 738 Abs. 1 S. 3, 775 Abs. 2, 843 Abs. 2, 1039 Abs. 1 S. 2, 1051, 1067 Abs. 2, 2128 BGB, § 31 FilmförderungsG.

382 *Herrera Tapias/Alfaro Patron*, El nuevo derecho de garantías en el derecho colombiano y en el derecho comparado, en: Justicia Juris, 2011, pág. 93, 100.

383 *Herrera Tapias/Alfaro Patron*, El nuevo derecho de garantías en el derecho colombiano y en el derecho comparado, en: Justicia Juris, 2011, pág. 93, 94; *Pérez Vives/Tamayo Lombana*, Teoría general de las obligaciones, Volumen III, Parte segunda, Clasificación, efectos, transmisión y extinción de las obligaciones, pág. 238.

(§ 929 S. 1 i.V.m. § 158 Abs. 1 BGB), Sicherungsübereignungen (§§ 929 S. 1, 930 BGB) und der Sicherheitenpool.

Nicht alle Realsicherheiten sind in Deutschland kodifiziert. Einige Formen, wie die Sicherungsübereignung und die Sicherungsabtretung, haben sich durch ein praktisches Bedürfnis aus allgemeinen Rechtsinstituten entwickelt.[384] Den Realsicherheiten ist gemein, dass sie aufgrund des sachenrechtlichen Publizitätserfordernisses offenkundig, also publik gemacht werden müssen.

b) In Kolumbien

Zu den dinglichen Sicherheiten (*derecho real*) zählen in Kolumbien die Hypothek (Art. 2432 CC) und das Pfandrecht (Art. 2409 Abs. 1 CC). Realsicherheiten sind absolute Rechte. Das bedeutet, sie wirken gegenüber jedermann (*erga omnes*) als ausschließliches Herrschaftsrecht, Art. 665 Abs. 1 CC.[385]

Bei der Hypothek handelt es sich um ein akzessorisches, unteilbares Recht an Immobilien,[386] welche allerdings durch die Begründung dieses Rechts nicht aufhören, im Besitz des Schuldners zu bleiben, Art. 2432 CC.[387] Dem Gläubiger ist es jedoch bei ausbleibender Zahlung durch den Schuldner möglich, in die Immobilie zu vollstrecken, unabhängig von den Besitzverhältnissen.[388] Ihm

---

384 *Bülow*, Recht der Kreditsicherheiten, Rn. 23; *Obermüller*, NZI 2010, 201, 202.

385 *Alessandri Rodríguez/Somarriva Undurraga/Vodanivic H.*, Tratado de los derechos reales – Bienes, Tomo I, pág. 16; *Herrera Tapias/Alfaro Patron*, El nuevo derecho de garantías en el derecho colombiano y en el derecho comparado, en: Justicia Juris, 2011, pág. 93, 95; *Gómez Estrada*, De los principales Contratos civiles, pág. 469.

386 Im Gegensatz zu der zivilrechtlichen Hypothek stellen bei der handelsrechtlichen Hypothek auch Schiffe und Flugzeuge taugliche Sicherungsgegenstände dar, Art. 1570 C. de C.

387 *Bonivento Fernández*, Los principales contratos civiles y comerciales, Tomo II, pág. 57, 59; *Herrera Tapias/Alfaro Patron*, El nuevo derecho de garantías en el derecho colombiano y en el derecho comparado, en: Justicia Juris, 2011, pág. 93, 97; *Pinto Martinez*, Las garantías abstractas o a primera demanda en el ordenamiento jurídico colombiano, pág. 5. Art. 2432 CC definiert das dingliche Recht und nicht den Hypothekenvertrag, *Bonivento Fernández*, Los principales contratos civiles y comerciales, Tomo II, pág. 57; *Gómez Estrada*, De los principales Contratos civiles, pág. 466; *Linares Vesga*, Introducción al estudio de los contratos: contratos civiles y comerciales, parte general y parte especial, pág. 166; *Salamanca*, Derecho civil: curso IV: contratos, pág. 309.

388 *Alessandri Rodríguez/Somarriva Undurraga/Vodanivic H.*, Tratado de los derechos reales – Bienes, Tomo II, pág. 79; *Gómez Estrada*, De los principales Contratos civiles, pág. 466; *Linares Vesga*, Introducción al estudio de los contratos: contratos civiles y

steht im Falle der Nichtleistung des Hauptschuldners das Verwertungsrecht an der Immobilie zu. Es handelt sich um ein sog. „besseres Recht".[389] Dies gilt nicht im Verhältnis zu sog. „Forderungen erster Klasse", wie sie in Art. 2500 Abs. 1 CC erwähnt werden.[390] Der Hypothekenvertrag und das dingliche Recht an der Hypothek stehen in einem konnexen Verhältnis.[391] Die Akzessorietät bewirkt, dass die Hypothek ohne Hauptschuld nicht bestehen kann, mithin mit ihr erlischt, Art. 2457 Abs. 1, 2 S. 1 CC, und ihr auch sonst folgt, Art. 1964 und Art. 2493 Abs. 2 a.E. CC.[392] Die Hypothek unterliegt ferner zwei Formvorschriften: zum einen der öffentlichen Beurkundung und zum anderen der Registereintragung.[393] Sind diese Formalitäten nicht erfüllt, entfaltet die Hypothek keine Wirkung.[394]

Das Pfandrecht und die Hypothek sind aus dem einheitlichen Römischen Recht des *pignus* (Pfand/Unterpfand) entstanden.[395] Bei dieser Form der

---

comerciales, parte general y parte especial, pág. 166; *Pinto Martinez*, Las garantías abstractas o a primera demanda en el ordenamiento jurídico colombiano, pág. 5, 7.

389 *Alessandri Rodríguez/Somarriva Undurraga/Vodanivic H.*, Tratado de los derechos reales – Bienes, Tomo I, pág. 18; *Barrera Tapias/Hernández de León*, El Derecho de las Obligaciones, pág. 114; *Gómez Estrada*, De los principales Contratos civiles, pág. 469; *Herrera Tapias/Alfaro Patron*, El nuevo derecho de garantías en el derecho colombiano y en el derecho comparado, en: Justicia Juris, 2011, pág. 93, 97, *Pinto Martinez*, Las garantías abstractas o a primera demanda en el ordenamiento jurídico colombiano, pág. 5.

390 *Gómez Estrada*, De los principales Contratos civiles, pág. 469, 470; *Ospina Fernández*, Régimen general de las obligaciones, pág. 78. Um eine Konkurrenzsituation zwischen mehreren Gläubigern zu lösen, werden Forderungen in Kolumbien in fünf verschiedene Klassen eingeteilt. Forderungen der ersten Klasse decken zunächst sehr viele (Folge-)Kosten ab. Diese Kostendeckung nimmt mit absteigender Klasse immer weiter ab. Des Weiteren werden die Gläubiger dieser Forderungen bevorzugt behandelt. Näheres in: *Ospina Fernández*, Régimen general de las obligaciones, pág. 67 c.

391 *Gómez Estrada*, De los principales Contratos civiles, pág. 466.

392 *Pinto Martinez*, Las garantías abstractas o a primera demanda en el ordenamiento jurídico colombiano, pág. 6.

393 *Bonivento Fernández*, Los principales contratos civiles y comerciales, Tomo II, pág. 58; *Herrera Tapias/Alfaro Patron*, El nuevo derecho de garantías en el derecho colombiano y en el derecho comparado, en: Justicia Juris, 2011, pág. 93, 97.

394 *Bonivento Fernández*, Los principales contratos civiles y comerciales, Tomo II, pág. 58, *Herrera Tapias/Alfaro Patron*, El nuevo derecho de garantías en el derecho colombiano y en el derecho comparado, en: Justicia Juris, 2011, pág. 93, 97.

395 *Pinto Martinez*, Las garantías abstractas o a primera demanda en el ordenamiento jurídico colombiano, pág. 2; *Salamanca*, Derecho civil: curso IV: contratos, pág. 302, 309;

dinglichen Sicherheit verblieb das Sicherungsgut beim Gläubiger, sodass es dem Schuldner nicht möglich war, Nutzen aus dem Gut zu ziehen.[396] Daher beließ der Gläubiger das Sicherungsgut häufig beim Schuldner, um eine ordnungsgemäße Bewirtschaftung und Gewinnerzielung weiterhin zu ermöglichen.[397] Aus dieser Praxis entwickelte sich das Rechtsinstitut, welches heute als Hypothek bezeichnet wird.[398]

Beim Pfandrecht handelt es sich um eine akzessorische, unteilbare Sicherheit, durch die der Gläubiger das Recht erhält, sich aus einer beweglichen Sache zu befriedigen, sofern der Hauptschuldner nicht leistet, Art. 2409 Abs. 1 CC.[399] Das handelsrechtliche Pfandrecht ist in den Art. 1204 f. C. de C. geregelt. Der wichtigste Unterschied zum zivilrechtlichen Pfandrecht liegt in der Eintragungspflicht im Handelsregister.[400]Weitere Differenzierungskriterien sind, dass die Hypothek sich auf unbewegliche Gegenstände (Art. 2432 CC), das Pfand auf

---

León-Robayo/González-Umbarila, La prenda sin apoderamiento en Colombia: regulación comercial y garantías mobiliarias, en: Revista de Derecho, No. 44, Jul. 2015, pág. 82, 88.

396 *Gómez Estrada*, De los principales Contratos civiles, pág. 467; *Pinto Martinez*, Las garantías abstractas o a primera demanda en el ordenamiento jurídico colombiano, pág. 3; *León-Robayo/González-Umbarila*, La prenda sin apoderamiento en Colombia: regulación comercial y garantías mobiliarias, en: Revista de Derecho, No. 44, Jul. 2015, pág. 82, 89.

397 *Gómez Estrada*, De los principales Contratos civiles, pág. 467; *León-Robayo/González-Umbarila*, La prenda sin apoderamiento en Colombia: regulación comercial y garantías mobiliarias, en: Revista de Derecho, No. 44, Jul. 2015, pág. 82, 89.

398 *Gómez Estrada*, De los principales Contratos civiles, pág. 467; *León-Robayo/González-Umbarila*, La prenda sin apoderamiento en Colombia: regulación comercial y garantías mobiliarias, en: Revista de Derecho, No. 44, Jul. 2015, pág. 82, 89.

399 *Anzola*, Lecciones Elementares de Derecho Civil Colombiano, Curso Tercero de los contratos, pág. 392; *Bonivento Fernández*, Los principales contratos civiles y comerciales, Tomo II, pág. 21; *Herrera Tapias/Alfaro Patron*, El nuevo derecho de garantías en el derecho colombiano y en el derecho comparado, en: Justicia Juris, 2011, pág. 93, 98; *Linares Vesga*, Introducción al estudio de los contratos: contratos civiles y comerciales, parte general y parte especial, pág. 177; *Pinto Martinez*, Las garantías abstractas o a primera demanda en el ordenamiento jurídico colombiano, pág. 11; *León-Robayo/González-Umbarila*, La prenda sin apoderamiento en Colombia: regulación comercial y garantías mobiliarias, en: Revista de Derecho, No. 44, Jul. 2015, pág. 82, 89; *Varón Palomino*, Contrato de prenda, en: Estudios Socio-Jurídicos, Vol. 7, No. 1 (2005), pág. 249, 252.

400 *Herrera Tapias/Alfaro Patron*, El nuevo derecho de garantías en el derecho colombiano y en el derecho comparado, en: Justicia Juris, 2011, pág. 93, 99.

bewegliche Gegenstände bezieht.[401] Darüber hinaus verbleibt der Hypothekenschuldner im Besitz des Sicherungsgutes, der Pfandschuldner verliert jedoch auch den Besitz an der Sache, außer es handelt sich um ein Pfand im handelsrechtlichen Sinne gemäß Art. 1207 C. de C.[402] Die Hypothek besteht immer lediglich für eine bestimmte Schuld.[403] Das Pfandrecht kann trotz Erlöschens der zu sichernden Verbindlichkeit fortbestehen, Art. 2426 Abs. 2 CC, und eine andere Schuld absichern.[404]

Ein weiteres Abgrenzungsmerkmal zwischen dem Pfandrecht und der Bürgschaft wie auch der Hypothek besteht darin, dass die Bürgschaft und die Hypothek auch eine zukünftige Forderung absichern können, Art. 2365 Abs. 2, 2488 CC, wohingegen das Pfand nicht für eine zukünftige Forderung gestellt werden kann.[405]

c) Vergleich

Deutlich wird, dass die Struktur der Realsicherheiten in Deutschland und Kolumbien ähnlich ist. So sind die Voraussetzungen und Rechtsfolgen von Realsicherheiten in beiden Rechtsordnungen ähnlich geregelt. Für diese Arbeit ist relevant, dass die Unterscheidung zur Bürgschaft durch die Beschränkung der Haftungsmasse einfach möglich ist. Daher soll hier nicht weiter auf Realsicherheiten eingegangen werden.

---

401 *Anzola*, Lecciones Elementares de Derecho Civil Colombiano, Curso Tercero de los contratos, pág. 392; *Bonivento Fernández*, Los principales contratos civiles y comerciales, Tomo II, pág. 21; *Gómez Estrada*, De los principales Contratos civiles, pág. 467; *Salamanca*, Derecho civil: curso IV: contratos, pág. 302.

402 *Gómez Estrada*, De los principales Contratos civiles, pág. 467; *Hinestrosa*, Tratado de las Obligaciones, Concepto, estructura, vicisitudes, I, pág. 86; *Linares Vesga*, Introducción al estudio de los contratos: contratos civiles y comerciales, parte general y parte especial, pág. 180; *Salamanca*, Derecho civil: curso IV: contratos, pág. 302; *León-Robayo/González-Umbarila*, La prenda sin apoderamiento en Colombia: regulación comercial y garantías mobiliarias, en: Revista de Derecho, No. 44, Jul. 2015, pág. 82, 99; *Varón Palomino*, Contrato de prenda, en: Estudios Socio-Jurídicos, Vol. 7, No. 1 (2005), pág. 249, 249.

403 *Gómez Estrada*, De los principales Contratos civiles, pág. 467.

404 *Anzola*, Lecciones Elementares de Derecho Civil Colombiano, Curso Tercero de los contratos, pág. 403; *Gómez Estrada*, De los principales Contratos civiles, pág. 468.

405 *Pinto Martinez*, Las garantías abstractas o a primera demanda en el ordenamiento jurídico colombiano, pág. 11; *Varón Palomino*, Contrato de prenda, en: Estudios Socio-Jurídicos, Vol. 7, No. 1 (2005), pág. 249, 252.

2. Personalsicherheiten

a) In Deutschland

Für Personalsicherheiten, die einen zusätzlichen Anspruch gegen Dritte darstellen, sind in Deutschland neben der Bürgschaft beispielhaft zu nennen: Garantien, Schuldbeitritte und Patronatserklärungen. Diese genannten Personalsicherheiten sind mit der Bürgschaft verwandt und müssen zum Schutz des Bürgen strikt von ihr abgegrenzt werden.[406]

Als Personalsicherheit ist im BGB lediglich die Bürgschaft umfänglich kodifiziert, §§ 765 ff. BGB. Andere normierte Personalsicherheiten sind der Wechsel[407] und der Scheck[408]. Die Abgrenzung zu den gesetzlich geregelten Personalsicherheiten, dem Kreditauftrag (§ 778 BGB), dem Delkredere (§ 394 HGB) und der Wechselbürgschaft (Art. 30 WechselG) erfolgt anhand der gesetzlichen Merkmale und dem Verbürgungswillen. Die gesetzlich normierte Schuldübernahme (§§ 414 ff. BGB) führt hingegen zu einem Austausch des Schuldners und nicht zu einer zusätzlichen Sicherheit. Mithin stellt sie keine Kreditsicherheit dar.

Der Gesetzgeber sah durch den schuldrechtlichen Charakter, anders als bei Verfügungsgeschäften, welche dem Typenzwang unterliegen, keinen Anlass zur Kodifikation weiterer Personalsicherheiten.[409]

Wird in einem Vertrag keine Übereinkunft über die Art der Sicherheitsleistung getroffen, stehen die in § 232 Abs. 1 BGB enumerierten Sicherheiten zur Wahl des Schuldners.[410] Die Bürgschaft ist keine dieser Sicherheiten. Sie kann, sofern vertraglich nicht etwas Anderes vereinbart wurde, lediglich subsidiär geleistet werden.[411]

Mit der Bürgschaft vergleichbare Sicherheiten im internationalen Handel sind der *Performance Bond*, der *Standby Letter of Credit*, die *Indemnity*, die *Retention Money*, die Forderungsabtretung und Versicherungen.[412]

---

406 Zur Vornahme dieser Abgrenzung siehe Abschnitt C. IV. 3.

407 Wechselgesetz vom 21. Juni 1933.

408 Scheckgesetz vom 14. August 1933.

409 *Bülow*, Recht der Kreditsicherheiten, Rn. 3.

410 BeckOGK/*Bach*, § 232 Rn. 13; MüKo/*Grothe*, § 232 Rn. 2; *Schmidt*, WM 2011, 2345, 2345.

411 BeckOGK/*Bach*, § 232 Rn. 16; MüKo/*Grothe*, § 232 Rn. 11; *Schmidt*, WM 2011, 2345, 2345.

412 *Horn*, Bürgschaften und Garantien, S. 35 ff.

b) In Kolumbien

Die Bürgschaft und die Gesamtschuldnerschaft sind die in Kolumbien ausführlich gesetzlich geregelten Personalsicherheiten (*derecho personal*). Die Begriffe *fianza, garantía* und *caución* werden teilweise synonym verwendet.[413]

Eine Personalsicherheit gibt dem Gläubiger das Recht, seine Vollstreckung an allen gegenwärtigen oder zukünftigen Grundstücken oder persönlichen Gegenständen des Schuldners fortzusetzen, mit Ausnahme derjenigen, die nicht der Pfändung unterliegen, wie in Art. 1677 Abs. 2 CC vorgesehen, Art. 2488 CC.[414] Die Zugriffsmöglichkeit auf das gesamte Vermögen wird als generelles Pfandrecht (*prenda general*) verstanden.[415] Dies gilt allerdings ohne eine Besserstellung in Bezug auf andere Gläubiger.[416] Ein privilegiertes Recht erhält der Gläubiger lediglich bei der Einräumung eines Pfandrechts oder bei Stellung einer Hypothek.[417] Die Besserstellung des Gläubigers besteht folglich nicht in einem verbesserten, vorrangigen Zugriff auf eine (Im-)Mobilie, sondern in einer weiteren Haftungsmasse. Die Werthaltigkeit dieser Haftungsmasse ist abhängig von der Solvenz des Dritten.

Personalsicherheiten wirken auch in Kolumbien relativ.[418] Das bedeutet, sie wirken sich nicht auf die Rechte Dritter aus (*inter partes*).[419]

---

413 *Bohórquez Botero/Bohórquez Botero*, Diccionario jurídico colombiano Tomo II: F-O, Stichwort: Fianza.

414 *Bonivento Fernández*, Los principales contratos civiles y comerciales, Tomo II, pág. 5.

415 *Céspedes Solano*, Manual de Contratos Civiles, pág. 141; *Pérez Vives/Tamayo Lombana*, Teoría general de las obligaciones, Volumen III, Parte segunda, Clasificación, efectos, transmisión y extinción de las obligaciones, pág. 241; *Ospina Fernández*, Régimen general de las obligaciones, pág. 156; *Salamanca*, Derecho civil: curso IV: contratos, pág. 281; *Valencia Zea*, Derecho Civil, Tomo IV – Contratos, pág. 425. Dies gilt auch in Bezug auf das Vermögen des Hauptschuldners.

416 *Barrera Tapias/Hernández de León*, El Derecho de las Obligaciones, pág. 114; *Céspedes Solano*, Manual de Contratos Civiles, pág. 141; *Herrera Tapias/Alfaro Patron*, El nuevo derecho de garantías en el derecho colombiano y en el derecho comparado, en: Justicia Juris, 2011, pág. 93, 95.

417 *Céspedes Solano*, Manual de Contratos Civiles, pág. 141.

418 *Alessandri Rodríguez/Somarriva Undurraga/Vodanivic H.*, Tratado de los derechos reales – Bienes, Tomo I, pág. 17; *Herrera Tapias/Alfaro Patron*, El nuevo derecho de garantías en el derecho colombiano y en el derecho comparado, en: Justicia Juris, 2011, pág. 93, 95.

419 *Alessandri Rodríguez/Somarriva Undurraga/Vodanivic H.*, Tratado de los derechos reales – Bienes, Tomo I, pág. 17; *Herrera Tapias/Alfaro Patron*, El nuevo derecho de garantías en el derecho colombiano y en el derecho comparado, en: Justicia Juris, 2011, pág. 93, 95.

Darüber hinaus können Personalsicherheiten in typische und atypische Sicherheiten unterteilt werden, wobei es sich bei typischen Sicherheiten um im *Código Civil* normierte Sicherheiten handelt.[420] Die Gesamtschuldnerschaft und die Bürgschaft stellen die wichtigsten Formen der typischen Personalsicherheiten dar.[421]

c) Vergleich

Die Haftungsmasse, auf die sich eine Personalsicherheit bezieht, ist in beiden Rechtsordnungen dieselbe. Unterschiedlich ist, dass es in Deutschland eine Vielzahl kodifizierter Personalsicherheiten gibt, wohingegen in Kolumbien lediglich die Bürgschaft und die Gesamtschuldnerschaft normiert wurden. Durch die begriffliche Ungenauigkeit zwischen *fianza, garantía* und *caución* ist eine Abgrenzung der verschiedenen Personalsicherheiten untereinander in Kolumbien von weitreichender Bedeutung.

3. Abgrenzung der Bürgschaft zu anderen Personalsicherheiten

Den folgenden Verträgen ist gemein, dass sie alle den Zweck verfolgen, die Erfüllung einer fremden Verbindlichkeit abzusichern, auch wenn die Konzepte, wie im Folgenden dargestellt wird, unterschiedlich sind.[422]

Aus praktischen Bedürfnissen haben sich im Laufe der Zeit sowohl in Kolumbien als auch in Deutschland mehrere neue Formen von Sicherheiten entwickelt, die vollständig abstrakt vom Verhältnis zwischen Hauptschuldner und Gläubiger zu bewerten sind. Diesen Sicherheiten kommt gerade auch im internationalen Handel eine seit dem Zweiten Weltkrieg wachsende Bedeutung zu.[423] Zu den

---

420 *Arrubla Paucar*, Contratos mercantiles, pág. 9; *Céspedes Solano*, Manual de Contratos Civiles, pág. 27; *Emiliani Román*, Curso Razonado de las Obligaciones, Tomo I, Primera Parte, pág. 130 c.; *Polanco Moreno*, Contratos, pág. 20, 21; *Aedo Barrera*, Las garantías del acreedor frente al incumplimiento. Especial referencia a la boleta bancaria de garantía, en: Revista Chilena de Derecho Vol. 35 Nr. 2 Mayo-Agosto 2008, pág. 293, 297.

421 *Gnecco de Quellar*, Conferencias de derecho civil (la fianza), pág. 3; *Aedo Barrera*, Las garantías del acreedor frente al incumplimiento. Especial referencia a la boleta bancaria de garantía, en: Revista Chilena de Derecho Vol. 35 Nr. 2 Mayo-Agosto 2008, pág. 293, 297.

422 *Galindo Cubides*, El seguro de Fianza, pág. 5.

423 *Pinto Martinez*, Las garantías abstractas o a primera demanda en el ordenamiento jurídico colombiano, pág. 71.

nicht-akzessorischen Personalsicherheiten gehören in Deutschland vor allem die Garantie, die Sicherungsabtretung, der Schuldbeitritt, die Sicherungsgrundschuld und die Sicherungsübereignung. Diese bedürfen einer vertraglichen Ausgestaltung.[424]

Sie entstehen durch den Vollzug eines vom Grundvertrag unabhängigen, abstrakten[425] – mit Ausnahme der Fälle des § 139 BGB – Sicherungsvertrages.[426] Die Übertragung erfolgt häufig fiduziarisch, d.h. treuhänderisch, durch einen Vertrag, der Sicherheitenstellung und Forderung verbindet.[427] Der treuhänderische Charakter wird u.a. dadurch deutlich, dass die Sicherheiten auch nach Zahlung der Forderung nicht erlöschen, sondern beim Sicherungsnehmer verbleiben.[428] Der Sicherungsgeber hat lediglich einen schuldrechtlichen Anspruch auf Rückübertragung der Sicherheit.[429] Außerdem können sie getrennt von der Hauptforderung übertragen werden. Die Vorschrift des § 401 BGB gilt insoweit für sie nicht.[430]

Der Oberbegriff für diese Sicherheiten lautet in Kolumbien Garantie (*garantía*). Dieser Begriff enthält im kolumbianischen Rechtssprachgebrauch viele Facetten, so u.a. die verfassungsrechtlichen Garantien, welche mit unseren Grundrechten vergleichbar sind.[431] Hierzu zählen z.Bsp. das Recht auf Leben

---

424 *Hadding*, Vorüberlegung zu einem Allgemeinen Teil des Rechts der Kreditsicherheiten, in: FS Frotz, S. 504.

425 *Bülow*, Recht der Kreditsicherheiten, Rn. 31b; wobei die Bezeichnung „abstrakt" für zwei Varianten verwendet werden kann: Zum einen kann das Nichtvorhandensein der Akzessorietät und zum anderen das Nichtvorhandensein der Kausalität gemeint sein, *Hadding*, Vorüberlegung zu einem Allgemeinen Teil des Rechts der Kreditsicherheiten, in: FS Frotz, S. 502, 503; a.A. *Wilhelm*, NJW 1999, 3519, 3524.

426 Schimansky/Bunte/Lwowski/*Ganter*, § 90 Rn 27; *Bülow*, Recht der Kreditsicherheiten, Rn. 26a.

427 Langenbucher/*Lehmann*, 2. Teil Finanzierung und Kreditsicherheiten, 24. Kapitel: Grundlagen Rn. 33; *Hadding*, Vorüberlegung zu einem Allgemeinen Teil des Rechts der Kreditsicherheiten, in: FS Frotz, S. 499, 503. *Ganter* in Schimansky/Bunte/Lwowski, § 90 Rn. 30 stellt, klar, dass die wichtigsten abstrakten Kreditsicherheiten fiduziarisch sind.

428 Langenbucher/*Haertlein*, 2. Teil Finanzierung und Kreditsicherheiten, 27. Kapitel: Sicherungsabtretung und Einführung Rn. 17; *Kehrberger*, JuS 2016, 776, 776.

429 Langenbucher/*Haertlein*, 2. Teil Finanzierung und Kreditsicherheiten, 27. Kapitel: Sicherungsabtretung und Einführung Rn. 17; *Kehrberger*, JuS 2016, 776, 777.

430 MüKo/*Roth/Kieninger*, § 401 Rn. 14.

431 *Galindo Cubides*, El seguro de Fianza, pág. 6; *Galindo Cubides*, El seguro de Fianza (Póliza de Cumplimiento), en: Seguros, Temas esenciales, pág. 177.

oder freie Persönlichkeitsentfaltung. *Garantía* bezeichnet zudem eine Sicherheit, die sich entweder auf das Funktionieren eines Produktes beziehen kann oder auf den Genuss öffentlicher oder privater Rechte.[432] Im Rahmen dieser Abhandlung ist der handelsrechtliche Begriff i.S.d. Art. 1061 Abs. 1 C. de C. von Bedeutung. Hiernach geht es um das Versprechen, eine bestimmte Handlung vorzunehmen oder zu unterlassen. Bei den abstrakten Sicherheiten handelt es sich um einen atypischen Vertrag.[433] In Kolumbien sind diese nicht-akzessorischen Sicherheiten regelmäßig zudem auf das erste Anfordern hin zahlbar.[434] Durch die Zahlung auf erstes Anfordern wird ein langwieriger und kostenintensiver Gerichtsprozess mit aufwendiger Beweiserhebung vermieden, weshalb es zu einer Einsparung von Gerichts- und Notarkosten kommt.[435]

Die Abgrenzung der anderen Personalsicherheiten von der Bürgschaft dient dem Schutz des Bürgen. So beinhaltet das Bürgschaftsrecht mehrere den Bürgen privilegierende Normen, wie das Bedürfnis der Schriftlichkeit (zumindest in Deutschland), die Einredemöglichkeiten, die subsidiäre Haftung und die Akzessorietät. Dagegen verfügen die anderen zumeist nicht-akzessorischen Sicherheiten i.d.R. nicht über diese Schutzvorschriften, sodass eine Abgrenzung zu der Bürgschaft besonders wichtig wird. Es ist durch Auslegung zu ermitteln, welche Sicherungsform von den Parteien gewünscht war.[436]

---

432 *Galindo Cubides*, El seguro de Fianza (Póliza de Cumplimiento), en: Seguros, Temas esenciales, pág. 176.

433 *Céspedes Solano*, Manual de Contratos Civiles, pág. 27; *Evaristo León*, Aplicabilidad de las garantías bancarias a primer requerimiento en el ordenamiento jurídico colombiano, en: Revista de Derecho Privado, No. 10, 2006, pág. 103, 110; *Herrera Tapias/Alfaro Patrón*, El nuevo derecho de garantías, en: Justicia No. 22, pág. 124, 137.

434 *Pinto Martinez*, Las garantías abstractas o a primera demanda en el ordenamiento jurídico colombiano, prefacio pág. 2 y pág. 22; *Evaristo León*, Aplicabilidad de las garantías bancarias a primer requerimiento en el ordenamiento jurídico colombiano, en: Revista de Derecho Privado, No. 10, 2006, pág. 103, 105; *García Vásquez*, Garantías independientes y cartas de patrocinio: Las mejores alternativas para el comercio internacional, en: Revist@e – Mercatoria Volumen 5, No. 1 (2006), pág. 1, 1; *Herrera Tapias/Alfaro Patrón*, El nuevo derecho de garantías, en: Justicia No. 22, pág. 124, 137.

435 *Pinto Martinez*, Las garantías abstractas o a primera demanda en el ordenamiento jurídico colombiano, pág. 50, 72.

436 Sentencia de Corte Suprema de Justicia – Sala de Casación Civil – 21 de Junio de 2005 = http://vlex.com/vid/552590210.

a) Garantie

aa) In Deutschland

Die praxisrelevanteste nicht-akzessorische Sicherheit ist in Deutschland die Garantie[437]. Bei dem Garantievertrag verpflichtet sich der Garant, selbstständig für ein bestimmtes Risiko einzustehen.[438] Im Gegensatz zu der Bürgschaft ist der Garantievertrag abstrakt.[439] Dies bedeutet, der Garantievertrag ist nicht akzessorisch, sondern selbstständig und unabhängig. Der Garant haftet eigenständig, nicht lediglich neben dem Hauptschuldner.[440] Grds. findet die Abgrenzung zur Bürgschaft anhand des Parteiwillens und nicht des Wortlauts statt.[441] In Zweifelsfällen ist das Vorliegen eines eigenen wirtschaftlichen Interesses entscheidend.[442] Ist ein solches Interesse gegeben, handelt es sich tendenziell um eine Garantie. Fehlen hingegen Indizien, die auf ein solches Interesse hindeuten, handelt es sich grds. eher um eine Bürgschaft als gesetzlichen Regeltypus, da für diese den Dritten schützende Vorschriften gelten.[443]

---

437 Der Begriff der Garantie wird gesetzlich nicht definiert. Es ist zwischen selbstständigen und unselbstständigen Garantien zu unterscheiden. Näheres in: BeckOK BGB/*Faust*, § 443 Rn. 16 f.

438 BGH, Urteil v. 23.5.1958 – VIII ZR 126/57 = BGH NJW 1958, 1483, 1483; BGH, Urteil v. 5.5.1960 – III ZR 85/59 = BGH NJW 1960, 1567, 1567; BGH, Urteil v. 19.7.1977 – VIII ZR 319/75 = BGH WM 1977, 365, 366; BGH, Urteil v. 12.3.1986 – VIII ZR 332/84 = BGH NJW 1986, 1927, 1927; BGH, Urteil v. 13.6.1996 – IX ZR 172/95 = BGH NJW 1996, 2569, 2570; BGH, Urteil v. 18.6.2001 – II ZR 248/99 = BGH NJW-RR 2001, 1611, 1612; MüKo/*Habersack*, Vor §§ 765 Rn. 18; PWW/*Brödermann*, Vor §§ 765 ff. Rn. 51; *Reinicke/Tiedtke*, Rn. 42; *Hogrefe*, VersR 2014, 1407, 1407.

439 *Bülow*, Recht der Kreditsicherheiten, Rn. 1552.

440 RG, Urteil v. 29.6.1905 – VI 531/04 = RGZ 61, 157, 160; RG, Urteil v. 28.9.1917 – III 150/17 = RGZ 90, 415, 416; RG, Urteil v. 29.1.1918 – III 408/17 = RGZ 92, 121, 122; BGH, Urteil v. 8.3.1967 – VIII ZR 285/64 = BGH NJW 1967, 1020, 1020; BGH, Urteil v. 11.7.1985 – IX ZR 11/85 = BGH NJW 1985, 2941, 2941; BGH, Urteil v. 10.2.1999 – VIII ZR 70/98 = BGH NJW 1999, 1542, 1543.

441 BGH, Beschluss v. 30.3.1982 – III ZR 144/81 = BGH WM 1982, 632, 632; BGH, Urteil v. 14.12.1995 – IX ZR 57/95 = BGH NJW 1996, 717, 717 (für den Wortlaut); BGH, Urteil v. 13.6.1996 – IX ZR 172/95 = BGH NJW 1996, 2569, 2570; BGH, Urteil v. 9.7.2001 – II ZR 228/99 = BGH WM 2001,1525, 1525.

442 RG, Urteil v. 26.6.1922 – VI 822/21 = RG JW 1923, 368, 368; BGH, Beschluss v. 30.3.1982 – III ZR 144, 81 = BGH WM 1982, 632, 632; Jauernig/*Stadler*, Vor § 765 Rn. 17; *Reinicke/Tiedtke*, Rn. 43.

443 RG, Urteil v. 29.6.1905 – VI 531/04 = RGZ 61, 157, 160; RG, Urteil v. 29.10.1909 – II 661/08 = RGZ 72, 138, 140; RG, Urteil v. 28.9.1917 – III 150/17 = RGZ 90, 415, 417;

bb) In Kolumbien

Die *Garantía de cumplimiento* wurde durch den Art. 25 Nr. 19 des Gesetzes 80 aus dem Jahr 1993 eingeführt.[444] Ursprünglich diente sie der Absicherung von Staatsverträgen.[445] Der Sinn und Zweck dieser – auch als *garantía única* bezeichneten – Sicherheit besteht in der Absicherung jedweder Verbindlichkeit, die mit einem staatlichen Vertrag zusammenhängt.[446] Dieses Gesetz wurde durch verschiedene Dekrete und Gesetze[447] reformiert, sodass heute vom Staat reglementierte Versicherungsgesellschaften und Banken autorisiert sind, die Garantie auszugeben.[448] Eine andere Begrifflichkeit für *garantía única* lautet *seguro de fianza* oder *seguro de manejo y cumplimiento*.[449]

Strittig ist, ob diese abstrakte Sicherheit eine Form der Bürgschaft darstellt, die sich durch den Parteiwillen und dispositives Gesetzesrecht weiterentwickelt hat,[450] oder ob es sich um ein eigenständiges Rechtsinstitut handelt.

BGH, Urteil v. 8.3.1967 – VIII ZR 285/64 = BGH NJW 1967, 1020, 1021; Jauernig/*Stadler*, Vor § 765 Rn. 17; PWW/*Brödermann*, Vor §§ 765 ff. Rn. 52.

444 *Zornosa Prieto*, Comentarios a la garantía única de cumplimiento y al régimen de los intermediarios de seguros en las nuevas normas sobre contratación estatal, en: Escritos sobre Riesgos y Seguros, pág. 495, 503; *Narváez Bonnet*, Régimen vigente de la garantía única en la contratación estatal en Colombia, en: RIS, Bogotá (Colombia), 40(23) Enero-Junio de 2014, pág. 79, 83.

445 *Galindo Cubides*, El seguro de Fianza, pág. 6; *Zornosa Prieto*, Comentarios a la garantía única de cumplimiento y al régimen de los intermediarios de seguros en las nuevas normas sobre contratación estatal, en: Escritos sobre Riesgos y Seguros, pág. 495, 497; *Narváez Bonnet*, Régimen vigente de la garantía única en la contratación estatal en Colombia, en: RIS, Bogotá (Colombia), 40(23) Enero-Junio de 2014, pág. 79, 83.

446 Sentencia de Consejo de Estado – Sala Plena Contenciosa Administrativa, Sección Tercera – 22 de Octubre de 2012, nº 25000-23-26-000-1997-04167-01(20967) = http://vlex.com/vid/582482707; *Galindo Cubides*, El seguro de Fianza, pág. 10.

447 Art. 70 des Dekretes 222 aus dem Jahr 1983, das Gesetz 1150 aus dem Jahr 2007 und weitere Dekrete, so auch: das Dekret 4828 vom 28.12.2008 und das letzte Dekret 1510 aus dem Jahr 2013.

448 *Galindo Cubides*, El seguro de Fianza, pág. 11; *Narváez Bonnet*, Régimen vigente de la garantía única en la contratación estatal en Colombia, en: RIS, Bogotá (Colombia), 40(23) Enero-Junio de 2014, pág. 79, 83, 89.

449 Laudo Arbitral del Tribunal de arbitraje – Cámara de Comercio de Bogotá – 14 de Diciembre de 2000 = http://vlex.com/vid/-355230714; *Galindo Cubides*, El seguro de Fianza, pág. 16.

450 Sentencia de Consejo de Estado – Sala Plena Contenciosa Administrativa, Sección Tercera – 22 de Octubre de 2012, nº 25000-23-26-000-1997-04167-01(20967) = http://vlex.com/vid/582482707; *Evaristo León*, Aplicabilidad de las garantías bancarias a

Streitentscheidend ist u.a., ob die Einrede der Vorausklage als essenzieller Bestandteil der Bürgschaft angesehen wird.[451] Einer Ansicht nach ist die Akzessorietät essenzieller Bestandteil der Bürgschaft.[452] Die abstrakten Sicherheiten auf erstes Anfordern sind daher nicht mit der Bürgschaft verwandt.[453] Die Einrede der Vorausklage als Ausprägung des Subsidiaritätsprinzips soll hiernach ein solcher essenzieller Bestandteil der Bürgschaft sein. Sofern dieser Ansicht gefolgt wird, könnte es sich bei der Garantie nicht um eine Variante der Bürgschaft handeln.[454] Als Argument gegen die Verwandtschaft zur Bürgschaft kann des Weiteren angeführt werden, dass der Garant auf eine eigene Schuld und nicht auf eine fremde Schuld leistet.[455]

Nach anderer Ansicht ist die Subsidiarität selbst nicht essenzieller Bestandteil der Bürgschaft, was auch durch den möglichen Verzicht auf die Einrede der Vorausklage deutlich würde.[456] Diese Ansicht verkennt allerdings, dass die Subsidiarität sehr wohl essenzieller Bestandteil der Bürgschaft ist. Dies muss aber nicht auf die Einrede der Vorausklage übertragen werden. Diese ist dispositiv ausgestaltet und bei ihrer Abbedingung handelt es sich regelmäßig um eine Akzessorietätslockerung.

---

primer requerimiento en el ordenamiento jurídico colombiano, en: Revista de Derecho Privado, No. 10, 2006, pág. 103, 110.

451 Laudo Arbitral del Tribunal de arbitraje, Cámara de Comercio de Bogotá, 14 de Diciembre de 2000 = http://vlex.com/vid/-355230714; *García Vásquez*, Garantías independientes y cartas de patrocinio: Las mejores alternativas para el comercio internacional, en: Revist@e – Mercatoria Volumen 5, No. 1 (2006), pág. 1, 2.

452 *García Vásquez*, Garantías independientes y cartas de patrocinio: Las mejores alternativas para el comercio internacional, en: Revist@e – Mercatoria Volumen 5, No. 1 (2006), pág. 1, 2, 3.

453 *García Vásquez*, Garantías independientes y cartas de patrocinio: Las mejores alternativas para el comercio internacional, en: Revist@e – Mercatoria Volumen 5, No. 1 (2006), pág. 1, 2, 3.

454 *García Vásquez*, Garantías independientes y cartas de patrocinio: Las mejores alternativas para el comercio internacional, en: Revist@e – Mercatoria Volumen 5, No. 1 (2006), pág. 1, 2, 3.

455 *Herrera Tapias/Alfaro Patrón*, El nuevo derecho de garantías, en: Justicia No. 22, pág. 124, 137.

456 *Cuadra Folle*, La solidaridad, la fianza, la fianza solidaria y la codeuda solidaria. Algunas cuestiones y sus límites, en: Estudios sobre Garantías Reales y Personales, En homenaje a Manuel Somarriva Undurraga, pág. 144, 151; *Evaristo León*, Aplicabilidad de las garantías bancarias a primer requerimiento en el ordenamiento jurídico colombiano, en: Revista de Derecho Privado, No. 10, 2006, pág. 103, 106.

Nach der hier vertretenen Ansicht ist entscheidend, dass der Garant im Gegensatz zum Bürgen auf eine eigene Schuld leistet. Hierin liegt der elementare Unterschied zwischen akzessorischen und nicht-akzessorischen Sicherheiten. Bereits diese Abweichung rechtfertigt eine Einordnung der Garantie in eine andere Form der Sicherheiten. Daher sprechen nach hier vertretener Ansicht die besseren Argumente gegen eine Verwandtschaft zur Bürgschaft.

Die Bankgarantie ist eine weitere Form der Garantie. Sie ist in den *Reglas Uniformes* (RUGAP) kodifiziert.[457] Juristisch gesehen stellt sie eine Form der Gesamtschuldnerschaft dar, bei deren Schuldner es sich um ein Kreditinstitut handelt.[458] Diese Form der nicht-akzessorischen Sicherheiten ist für den Gläubiger in Kolumbien insofern werthaltiger als die Bürgschaft, da die die Sicherheiten ausgebenden Unternehmen über ausreichende Rückstellungen verfügen müssen.[459] Dadurch erhält die Bankgarantie zudem einen entgeltlichen Charakter,[460] der ein Unterscheidungsmerkmal zur Bürgschaft darstellt, da dieser zumeist unentgeltlich vergeben wird.[461] Die Bankgarantie wird in der Praxis meist schriftlich erteilt.[462] Auch dies stellt einen Unterschied zur Bürgschaft dar. Zudem kann der Garant dem Gläubiger nur die Einwendungen und Einreden entgegenhalten, die sich aus der Garantie selbst ergeben.[463]

---

457 *Barrera Tapias/Hernández de León*, El Derecho de las Obligaciones, pág. 133; *Caceido*, Standby Letters of Credit´s Applicable Law in the Colombian Legal System, p. 23.

458 *Barrera Tapias/Hernández de León*, El Derecho de las Obligaciones, pág. 133; *Caceido*, Standby Letters of Credit´s Applicable Law in the Colombian Legal System, p. 3.

459 *García Vásquez*, Garantías independientes y cartas de patrocinio: Las mejores alternativas para el comercio internacional, en: Revist@e – Mercatoria Volumen 5, No. 1 (2006), pág. 1, 1.

460 *Evaristo León*, Aplicabilidad de las garantías bancarias a primer requerimiento en el ordenamiento jurídico colombiano, en: Revista de Derecho Privado, No. 10, 2006, pág. 103, 106.

461 *Herrera Tapias/Alfaro Patrón*, El nuevo derecho de garantías, en: Justicia No. 22, pág. 124, 137.

462 *Barrera Tapias/Hernández de León*, El Derecho de las Obligaciones, pág. 133; *Evaristo León*, Aplicabilidad de las garantías bancarias a primer requerimiento en el ordenamiento jurídico colombiano, en: Revista de Derecho Privado, No. 10, 2006, pág. 103, 105.

463 *García Vásquez*, Garantías independientes y cartas de patrocinio: Las mejores alternativas para el comercio internacional, en: Revist@e – Mercatoria Volumen 5, No. 1 (2006), pág. 1, 3.

cc) Vergleich

Nicht-akzessorische Sicherheiten haben sich in beiden Rechtsordnungen aufgrund eines praktischen Bedürfnisses durch Rechtsfortbildung entwickelt. In Kolumbien sind die Ursprünge der Garantie kodifiziert, wobei sich aus der Praxis heraus ein weiterer Anwendungsbereich eröffnet hat.

Die Abgrenzung zur Bürgschaft ist in Deutschland und Kolumbien notwendig und eine Ähnlichkeit mit der Bürgschaft offensichtlich, wobei die Unterschiede, wie oben bereits gezeigt, überwiegen. Hervorzuheben ist, dass es sich bei der Garantie um eine eigenständige Schuld handelt, die juristisch gesehen selbstständig neben der Hauptverbindlichkeit steht.

b) Gesamtschuldner

aa) In Deutschland

Die Gesamtschuldnerschaft i.S.d. § 421 ff. BGB entsteht rechtsgeschäftlich durch den Schuldbeitritt. Bei diesem tritt der Beitretende in ein bestehendes Schuldverhältnis ein. Es entsteht eine eigene, nicht subsidiäre Verpflichtung, welche nicht-akzessorisch neben der ursprünglichen Schuld steht.[464] Kennzeichnend für die Gesamtschuldnerschaft ist eine Mehrheit von Schuldnern, die eine Leistung schulden, welche der Gläubiger aber nur einmal fordern darf, § 421 S. 1 BGB. Das Forderungsrecht steht dem Gläubiger allerdings im Verhältnis zu jedem Schuldner beliebig zu. Die Schuldner haften gleichstufig.[465] Die Abgrenzung zur Bürgschaft erfolgt maßgeblich anhand des Parteiwillens, der u.a. mittels des Wortlauts der Erklärung ermittelt wird, vgl. §§ 133, 157 BGB.[466] Verbleiben nach der Auslegung Zweifel, ist anerkannt, dass der Beitretende als Abgrenzungsindiz ein eigenes (wirtschaftliches) Interesse an der Vertragsdurchführung haben

464 RG, Urteil v. 28.9.1907 – III 150/17 = RGZ 90, 415, 417; BGH, Urteil v. 7.7.1976 – VIII ZR 80/75 = BGH WM 1976, 1109, 1110; BGH, Urteil v. 19.9.1985 – VII ZR 338/84 = BGH NJW 1986, 580, 580; Jauernig/*Stadler*, Vor § 765 Rn. 20 (die lediglich eine Entstehungsakzessorietät aufweist); *Bülow*, Recht der Kreditsicherheiten, Rn. 1579.

465 BGH, Urteil v. 29.6.1989 – IX ZR 175/88 = BGHZ 108, 179–187 (Rz. 18) = BGH NJW 1989, 2530, 2530; BGH, Urteil v. 28.11.2006 – VI ZR 136/05 = BGH NJW 2007, 1208, 1210; BGH, Beschluss v. 27.7.2010 – VI ZB 29/08 = BGH NJW-RR 2010, 1471, 1472; Palandt/*Grüneberg*, § 421 Rn. 7 ff.; *Medicus/Petersen*, Bürgerliches Recht Rn. 917.

466 BGH, Urteil v. 28.3.1962 – VIII ZR 250/61 = BGH WM 1962, 550, 550; BGH, Urteil v. 25.9.1968 – VIII ZR 164/66 = BGH NJW 1968, 2332, 2332; BGH, Urteil v. 7.7.1976 – VIII ZR 80/75 = BGH WM 1976, 1109, 1110; BGH, Urteil v. 19.9.1985 – VII ZR 338/84 = BGH NJW 1986, 580, 580.

muss.[467] Besteht dieses Interesse nicht, wird im Zweifel eine Bürgschaft mit dem Formerfordernis des § 766 S. 1 BGB und den Einredemöglichkeiten, die insgesamt zu einer milderen Haftung führen, als Normalfall der persönlichen Haftung angenommen.[468] Ein unwirksam erklärter Schuldbeitritt kann im Einzelfall allerdings gemäß § 140 BGB in eine Bürgschaft umgedeutet werden.[469]

In diesem Zusammenhang ist eine begriffliche Trennung zwischen Personen, die ein eigenes wirtschaftliches Interesse an der Kreditaufnahme haben und über diese mitentscheiden können, sog. Mitdarlehensnehmer, und Personen, die lediglich mithaften sollen, sog. Mithaftende, vonnöten.[470] Mitdarlehensnehmer ist, wer ein eigenes Interesse an dem Kredit hat und grds. auch über diesen disponieren kann.[471] Einem bloß Mithaftenden stehen diese Rechte nicht zu.[472] Während Erstere sich im Rahmen der Privatautonomie nahezu unbegrenzt

467 RG, Urteil v. 23.11.1906 – II 200/06 = RGZ 64, 318, 320; RG, Urteil v. 3.5.1909 – VI 250/08 = RGZ 71, 113, 118; BGH, Urteil v. 28.3.1962 – VIII ZR 250/61 = BGH WM 1962, 550, 551; BGH, Urteil v. 25.9.1968 – VIII ZR 164/66 = BGH NJW 1968, 2332, 2332; BGH, Urteil v. 25.9.1980 – VII ZR 301/79 = BGH NJW 1981, 47, 47; BGH, Urteil v. 19.9.1985 – VII ZR 338/84 = BGH NJW 1986, 580, 580; *Reinicke/Tiedtke*, Rn. 37.

468 RG, Urteil v. 28.9.1907 – III 150/17 = RGZ 90, 415, 417; BGH, Urteil v. 25.9.1968 – VIII ZR 164/66 = BGH NJW 1968, 2332, 2332; BGH, Urteil v. 7.7.1976 – VIII ZR 80/75 = BGH WM 1976, 1109, 1110; BGH, Urteil v. 19.9.1985 – VII ZR 338/84 = BGH NJW 1986, 580, 580; OLG Hamm, Urteil v. 15.1.1988 – 20 U 195/87 = OLG Hamm WM 1988, 899, 900; PWW/*Brödermann*, Vor §§ 765 Rn. 54; Staudinger/*Stürner*, Vorbem. zu §§ 765 ff. Rn. 407; *Reinicke/Tiedtke*, Rn. 38.

469 BGH, Urteil v. 16.10.2007 – XI ZR 132/06 = BGHZ 174, 39–48 (Rz. 20, 27, 28) = BGH NJW 2008, 1070, 1072 = BGH WM 2007, 2370, 2372; *Grüneberg*, WM Sonderbeil. Nr. 3 zu Heft 43/2015, 2, 2.

470 BGH, Urteil v. 14.11.2000 – XI ZR 248/99 = BGHZ 146, 37–49 (Rz. 17 f.) = BGH WM 2001, 402, 402 ff. = BGH NJW 2001, 815, 815 ff.; BGH, Urteil v. 4.12.2001 – XI ZR 56/01 = BGH WM 2002, 223 = BGH NJW 2002, 744, 744; BGH, Urteil v. 28.5.2002 – XI ZR 205/01 = BGH WM 2002, 1649, 1650 = BGH NJW 2002, 2705, 2705 f.; BGH, Urteil v. 23.3.2004 – XI ZR 114/03 = BGH WM 2004, 1083, 1084 = BGH NJW-RR 2004, 924, 924; BGH, Urteil v. 25.1.2005 – XI ZR 325/03 = BGH WM 2005, 418 = BGH NJW 2005, 973, 975; BGH, Urteil v. 16.12.2008 – XI ZR 454/07 = BGH NJW 2009, 1495 = BGH WM 2009, 645, 647; BGH, Urteil v. 15.11.2016 – XI ZR 32/16 = BGH NJW-RR 2017, 241, 242; *Maier*, WM 2009, 1971, 1972 ff.; *Nobbe/Kirchhof*, BKR 2001, 5, 6.

471 BGH, Urteil v. 14.11.2000 – XI ZR 248/99 = BGHZ 146, 37–49 (Rz. 18 Umkehrschluss) = BGH WM 2001, 402, 402 ff. = BGH NJW 2001, 815, 815 ff.; *Grüneberg*, WM Sonderbeil. Nr. 3 zu Heft 43/2015, 2, 4.

472 *Grüneberg*, WM Sonderbeil. Nr. 3 zu Heft 43/2015, 2, 4.

verschulden können, sind Letztere schutzwürdig, sodass ihnen die Sittenwidrigkeitsrechtsprechung zugutekommt.[473]

Die Rechtsprechung zum Schuldbeitritt läuft generell kohärent mit den Gerichtsurteilen zu Bürgschaften, insbesondere im Hinblick auf § 138 Abs. 1 BGB.[474] Der Versuch von Banken, die Bezeichnung „Bürge" zu umgehen und den Sicherungsgeber als Mitkreditnehmer unterschreiben zu lassen, geht somit fehl.

Die Gesamtschuldnerschaft erlischt – außer aus den allgemeinen Gründen, die zum Erlöschen der Schuld führen – zumeist separat für einzelne Gesamtschuldner, § 425 Abs. 2 BGB.

bb) In Kolumbien

Die Gesamtschuldnerschaft (*solidaridad pasiva*),[475] Art. 1568 ff. CC, stellt im Wirtschaftsleben Kolumbiens die wichtigste Kreditsicherheit zur Absicherung

---

473 BGH, Urteil v. 14.11.2000 – XI ZR 248/99 = BGHZ 146, 37–49 (Rz. 29) = BGH WM 2001, 402, 402 ff. = BGH NJW 2001, 815, 815 ff.; BGH, Urteil v. 4.12.2001 – XI ZR 56/01 = BGH WM 2002, 223 = BGH NJW 2002, 744, 744; BGH, Urteil v. 28.5.2002 – XI ZR 205/01 = BGH WM 2002, 1649, 1650 = BGH NJW 2002, 2705, 2705 f.; BGH, Urteil v. 23.3.2004 – XI ZR 114/03 = BGH WM 2004, 1083, 1084 = BGH NJW-RR 2004, 924, 924; BGH, Urteil v. 25.1.2005 – XI ZR 325/03 = BGH WM 2005, 418 = BGH NJW 2005, 973, 975; BGH, Urteil v. 15.11.2016 – XI ZR 32/16 = BGH NJW-RR 2017, 241, 243; Palandt/*Ellenberger*, § 138 Rn. 38; *Grüneberg*, WM Sonderbeil. Nr. 3 zu Heft 43/2015, 2, 4; *Nobbe/Kirchhof*, BKR 2001, 5, 6 f.; *Schimansky*, WM 2002, 2437, 2438.

474 BGH, Urteil v. 14.11.2000 – XI ZR 248/99 = BGHZ 146, 37–49 (Rz. 9) = BGH WM 2001, 402 = BGH NJW 2001, 815; OLG Karlsruhe, Urteil v. 25.10.2012 – 9 U 199/11 = OLG Karlsruhe WM 2013, 460, 461; *Naumann*, Sittenverstoß und Privatautonomie, S. 3; *Grüneberg*, WM Sonderbeil. Nr. 3 zu Heft 43/2015, 2, 4; *Kollrus*, MDR 2014, 1357, 1358; *Schimansky*, WM 2002, 2437, 2439.

475 Das Gegenteil wäre die Gesamtgläubigerschaft, die *solidaridad activa* genannt wird. Bei ihr kann jeder Schuldner an jeden Gläubiger mit befreiender Wirkung leisten, Art. 1570 Abs. 1 CC, und jeder Gläubiger kann von jedem Schuldner die Zahlung der vollen Schuld verlangen, Art. 1568 Abs. 2, 1571 CC. Die Gesamtgläubigerschaft wird gesetzlich nicht angeordnet und greift daher nur, wenn sie vertraglich vereinbart wurde. Sie ist heutzutage nicht mehr praxisrelevant, da Formen der Stellvertretung oder der Zession sie verdrängt haben. Dazu: *Cardona Hernández*, Curso de Obligaciones, pág. 155; *Emiliani Román*, Efectos, Modalidades y Extinción de las Obligaciones, pág. 179; *Emiliani Román*, Manual de obligaciones civiles, pág. 131; *Hinestrosa*, Tratado de las Obligaciones, Concepto, estructura, vicisitudes, I, pág. 84; *Valencia Zea/Ortiz Monsalve*, Derecho Civil, Tomo III: De las obligaciones, pág. 29.

der Zahlungsunfähigkeit des Hauptschuldners dar.[476] Art. 1568 Abs. 1 und 1572 CC definieren die Gesamtschuldnerschaft und bestimmen ihre Voraussetzungen sowie Rechtsfolge. Für die Gesamtschuldnerschaft sind folgende Elemente essenziell: eine Schuldnermehrheit, die Teilbarkeit der Schuld, die Gleichheit der Schuld (Art. 1569 CC), die Erbringung der Leistung im Ganzen durch eine Person und die befreiende Wirkung der Leistung für alle.[477] Die Teilbarkeit i.S.v. Art. 1568 Abs. 1 CC ist notwendige Voraussetzung, da die Effekte der Gesamtschuldnerschaft sonst durch die Unteilbarkeit hervorgerufen würden und nicht durch das Rechtsinstitut der Gesamtschuldnerschaft.[478]

Die Gesamtschuldnerschaft kann vertraglich vereinbart oder gesetzlich angeordnet werden.[479] Gesetzlich vorgesehen ist die Gesamtschuldnerschaft beispielsweise für Wertpapierschuldner in Art. 632 Abs. 1 C. de C.

Der Gläubiger kann von jedem Gesamtschuldner die Zahlung der Gesamtsumme fordern, Art. 1568 Abs. 2 CC.[480] Im nicht-handelsrechtlichen

---

476 *Emiliani Román*, Efectos, Modalidades y Extinción de las Obligaciones, pág. 183; *Emiliani Román*, Manual de obligaciones civiles, pág. 132; *Gaitán Martínez*, Fianza y obligación solidaria, en: Estudios sobre Garantías Reales y Personales, En homenaje a Manuel Somarriva Undurraga, pág. 102, 103; *Herrera Tapias/Alfaro Patron*, El nuevo derecho de garantías en el derecho colombiano y en el derecho comparado, en: Justicia Juris, 2011, pág. 93, 95; *Ospina Fernández*, Régimen general de las obligaciones, pág. 242; *Pérez Vives/Tamayo Lombana*, Teoría general de las obligaciones, Volumen III, Parte segunda, Clasificación, efectos, transmisión y extinción de las obligaciones, pág. 100.

477 *Emiliani Román*, Efectos, Modalidades y Extinción de las Obligaciones, pág. 184; *Emiliani Román*, Manual de obligaciones civiles, pág. 132; *Ospina Fernández*, Régimen general de las obligaciones, pág. 243.

478 *Alessandri Rodríguez*, Derecho Civil – Teoría de las obligaciones, pág. 30; *Cadavid Gaviria*, Derecho Civil – Obligaciones, pág. 202; *Castro de Cifuentes*, Derecho de las Obligaciones, Tomo II, Vol. 2, pág. 90; *Emiliani Román*, Efectos, Modalidades y Extinción de las Obligaciones, pág. 182.

479 *Valencia Zea/Ortiz Monsalve*, Derecho Civil, Tomo III: De las obligaciones, pág. 20; sie ist u.a. in den Art. 632, 825 des Código de Comercio sowie in Art. 1338 und Art. 1340 CC für Testamentsvollstrecker, in Art. 2214 CC für Empfänger eines geliehenen Gegenstandes und in den Art. 2344, 235, 418, 1583 S. 2 CC für Personen, die gemeinsam etwas schulden, gesetzlich angeordnet.

480 *Barrera Tapias/Hernández de León*, El Derecho de las Obligaciones, pág. 132; *Bohórquez Botero/Bohórquez Botero*, Diccionario jurídico colombiano Tomo II: F-O, Stichwort: Fiador; *Emiliani Román*, Efectos, Modalidades y Extinción de las Obligaciones, pág. 182; *Herrera Tapias/Alfaro Patron*, El nuevo derecho de garantías en el derecho colombiano y en el derecho comparado, en: Justicia Juris, 2011, pág. 93, 95; *Ortega*

Verkehr muss die Gesamtschuldnerschaft ausdrücklich erklärt worden sein, Art. 1568 Abs. 3 CC Dies steht im Gegensatz zu der handelsrechtlichen Regelung, bei welcher die Gesamtschuldnerschaft die Regel darstellt, Art. 825 C. de C.[481] Grds. bedarf es keiner Schriftform, allerdings entspricht es der gängigen Praxis, die Gesamtschuldnerschaft in einem schriftlichen Vertrag zu vereinbaren.[482] Anders als bei der Bürgschaft ist im Verhältnis zwischen Schuldner und Gläubiger hervorzuheben, dass die Gesamtschuldner keine Teilungseinrede (*beneficio de división*) erheben können.[483] Die *obligación solidaria* und die *solidaridad pasiva* sind beide nicht subsidiär ausgestaltet, was einen weiteren Unterschied zur subsidiären Bürgschaft darstellt.[484]

Der Erlass der Schuld durch den Gläubiger zugunsten eines Schuldners bewirkt das Herabsinken der Schuld für die anderen Schuldner in Höhe der Quote des nun ausfallenden Schuldners.[485] Die gesamtschuldnerische Schuld kann sich durch Konfusion eines Schuldners mit dem Gläubiger um den Anteil der Schuld des konfusionierenden Schuldners vermindern, Art. 1727 CC. Auch bei der Bürgschaft kann die Bürgenschuld durch Konfusion[486] erlöschen. Die

---

Torres, Código Civil, pág. 1057; *Ospina Fernández*, Régimen general de las obligaciones, pág. 243.

481 *Barrera Tapias/Hernández de León*, El Derecho de las Obligaciones, pág. 132; *Emiliani Román*, Efectos, Modalidades y Extinción de las Obligaciones, pág. 183; *Valencia Zea/ Ortiz Monsalve*, Derecho Civil, Tomo III: De las obligaciones, pág. 20; *Herrera Tapias/ Alfaro Patron*, El nuevo derecho de garantías en el derecho colombiano y en el derecho comparado, en: Justicia Juris, 2011, pág. 93, 95.

482 *Barrera Tapias/Hernández de León*, El Derecho de las Obligaciones, pág. 132.

483 *Barrera Tapias/Hernández de León*, El Derecho de las Obligaciones, pág. 132; *Cadavid Gaviria*, Derecho Civil – Obligaciones, pág. 202; *Valencia Zea*, Derecho Civil, Tomo IV – Contratos, pág. 438; *Herrera Tapias/Alfaro Patron*, El nuevo derecho de garantías en el derecho colombiano y en el derecho comparado, en: Justicia Juris, 2011, pág. 93, 95.

484 Sentencia de Corte Suprema de Justicia – Sala de Casación Civil – 17 de Octubre de 1945; Diccionario jurídico colombiano Tomo II; *Fernando/Botero*, Stichwort „fiador"; *Lozada Bustos*, La fianza como garantía civil, pág. 15; *Valencia Zea*, Derecho Civil, Tomo IV – Contratos, pág. 438.

485 *Cadavid Gaviria*, Derecho Civil – Obligaciones, pág. 202; *Emiliani Román*, Efectos, Modalidades y Extinción de las Obligaciones, pág. 186; *Ospina Fernández*, Régimen general de las obligaciones, pág. 243.

486 Konfusion tritt ein, wenn eine Person gleichzeitig Gläubiger und Schuldner einer Forderung ist.

Novation[487] führt dazu, dass die alte Verbindlichkeit erlischt, wodurch die Gesamtschuldner befreit werden.[488] Auch hier kann eine Parallele zur Bürgschaft gezogen werden. Des Weiteren erlischt die Gesamtschuld ebenso wie die Bürgschaft, wenn der Gläubiger auf sie verzichtet, Art. 1573 CC.[489] Wenn ein Gesamtschuldner verstirbt, stehen die Erben des verstorbenen Gesamtschuldners für den Teil der Schuld ein, der ihrem Erbteil entspricht (Art. 1580 CC).[490] Dies ähnelt der Bürgschaft. Sekundäre Folgen sind Folgende: Geht der Gegenstand, der sich im Besitz eines Gesamtschuldners befindet, ohne dessen Verschulden unter, erlischt die Schuld nach allgemeinen Regeln, Art. 1729 CC, außer der Schuldner oder ein Mitschuldner befand sich in Verzug oder hatte den Untergang zu verschulden, Art. 1578 i.V.m. Art. 1731 CC.[491] Die komplette Zahlung eines Gesamtschuldners führt zum Erlöschen der Schuld.[492] Hier wird ein Kontrast zur Bürgschaft deutlich. Durch die Subsidiarität der Bürgschaft erlischt diese nicht bei Zahlung durch den Bürgen, sondern geht vielmehr auf den Bürgen über. Die Verjährungsunterbrechung zugunsten eines Gesamtschuldners wirkt zugunsten aller Gesamtschuldner.[493]

Der in Anspruch genommene Gesamtschuldner kann dem Zahlungsverlangen des Gläubigers mehrere Einreden entgegenhalten: die absolute Nichtigkeit der Hauptschuld, deren Erlöschen durch Zahlung oder Novation, Art. 1704 CC

---

487 Unter Novation wird die Aufhebung eines alten Schuldverhältnisses und die Begründung eines neuen Schuldverhältnisses verstanden.

488 *Cadavid Gaviria*, Derecho Civil – Obligaciones, pág. 202; *Emiliani Román*, Efectos, Modalidades y Extinción de las Obligaciones, pág. 186; *Ospina Fernández*, Régimen general de las obligaciones, pág. 243.

489 *Pérez Vives/Tamayo Lombana*, Teoría general de las obligaciones, Volumen III, Parte segunda, Clasificación, efectos, transmisión y extinción de las obligaciones, pág. 115.

490 *Pérez Vives/Tamayo Lombana*, Teoría general de las obligaciones, Volumen III, Parte segunda, Clasificación, efectos, transmisión y extinción de las obligaciones, pág. 116.

491 *Cuadra Folle*, La solidaridad, la fianza, la fianza solidaria y la codeuda solidaria. Algunas cuestiones y sus límites, en: Estudios sobre Garantías Reales y Personales, En homenaje a Manuel Somarriva Undurraga, pág. 144, 150; *Emiliani Román*, Efectos, Modalidades y Extinción de las Obligaciones, pág. 187; *Ospina Fernández*, Régimen general de las obligaciones, pág. 245; *Pérez Vives/Tamayo Lombana*, Teoría general de las obligaciones, Volumen III, Parte segunda, Clasificación, efectos, transmisión y extinción de las obligaciones, pág. 114.

492 *Pérez Vives/Tamayo Lombana*, Teoría general de las obligaciones, Volumen III, Parte segunda, Clasificación, efectos, transmisión y extinción de las obligaciones, pág. 113.

493 *Ospina Fernández*, Régimen general de las obligaciones, pág. 245.

oder auch den Untergang der Sache und die Verjährung.[494] Zusätzlich gibt es Einreden, die nur der diesen Umstand auslösende Gesamtschuldner dem Gläubiger entgegenhalten kann.[495] Die Gesamtschuldnerschaft kann separat von der Schuld aufgelöst werden, sodass die Schuldner weiterhin verpflichtet sind, aber nicht mehr gesamtschuldnerisch, Art. 1573 Abs. 1 CC.[496] Dem Gesamtschuldner stehen dementsprechend weniger Einredemöglichkeiten als dem Bürgen zu.[497]

Im Hinblick auf die Regressmöglichkeiten muss zwischen den verschiedenen Schuldnergruppen differenziert werden. Es ist zu unterscheiden zwischen solchen, die selbst vom Kredit profitieren, und solchen, die nicht vom Kredit profitieren. Die unterschiedlichen Motive der Schuldner für die Stellung der Sicherheit sind im Hinblick auf das Recht des Schuldners, sich bei anderen Gesamtschuldnern schadlos zu halten, relevant.[498] Nur ein Schuldner, der nicht selbst vom Kredit profitiert, kann einen anderen Schuldner in Regress nehmen.[499] Diese Schuldner haften im Innenverhältnis lediglich wie Bürgen, Art. 1579 Abs. 2 CC. Im Zweifel gilt, dass die Gesamtschuldner zu gleichen Teilen haften.[500]

Der Forderungsübergang auf den leistenden Dritten muss gesetzlich angeordnet worden sein.[501] Da das Gesetz die Zahlung anstrebt, vereinfacht es in einigen Fällen auch den Forderungsübergang auf die leistende Person, auch wenn dies nicht im Interesse des Gläubigers liegt.[502] Art. 1668 Nr. 3 CC stellt klar, dass eine

494 *Emiliani Román*, Efectos, Modalidades y Extinción de las Obligaciones, pág. 189; *Pérez Vives/Tamayo Lombana*, Teoría general de las obligaciones, Volumen III, Parte segunda, Clasificación, efectos, transmisión y extinción de las obligaciones, pág. 113.

495 *Emiliani Román*, Efectos, Modalidades y Extinción de las Obligaciones, pág. 189; *Pérez Vives/Tamayo Lombana*, Teoría general de las obligaciones, Volumen III, Parte segunda, Clasificación, efectos, transmisión y extinción de las obligaciones, pág. 113.

496 *Emiliani Román*, Efectos, Modalidades y Extinción de las Obligaciones, pág. 191.

497 Zu den Einredemöglichkeiten des Bürgen siehe Abschnitt C. VI. 2. d) bb).

498 Casación, 30 de Marzo 1936 = „G. J.“, nº 1.911, pág. 747; Sentencia de Corte Suprema de Justicia – Sala de Casación Civil – 11 de Enero de 2000 = http://vlex.com/vid/552483538; *Bordamalo Echeverry*, Teoría de la fianza comercial, pág. 53; *Herrera Tapias/Alfaro Patron*, El nuevo derecho de garantías en el derecho colombiano y en el derecho comparado, en: Justicia Juris, 2011, pág. 93, 95, 96; *Hinestrosa*, Tratado de las Obligaciones, Concepto, estructura, vicisitudes, I, pág. 408.

499 Sentencia de Corte Suprema de Justicia – Sala de Casación Civil – 11 de Enero de 2000 = http://vlex.com/vid/552483538; *Herrera Tapias/Alfaro Patron*, El nuevo derecho de ga-rantías en el derecho colombiano y en el derecho comparado, en: Justicia Juris, 2011, pág. 93, 96.

500 *Emiliani Román*, Efectos, Modalidades y Extinción de las Obligaciones, pág. 193.

501 *Castro de Cifuentes*, Derecho de las Obligaciones, Tomo II, Vol. 2, pág. 89.

502 *Castro de Cifuentes*, Derecho de las Obligaciones, Tomo II, Vol. 2, pág. 89.

Forderung auf den leistenden Gesamtschuldner übergeht, jedoch gemindert um den Anteil, der auf den leistenden Schuldner entfällt, Art. 1579 Abs. 3 CC.[503]

Daneben kann der zahlende Gesamtschuldner auch aus eigenem vertraglichen (im Falle eines zugrunde liegenden Auftrages) oder quasivertraglichen (bei Zahlung ohne einen ausdrücklichen Auftrag) Recht gegen die restlichen Gesamtschuldner vorgehen.[504] Eine sinngemäße Rechtsfolge hat die Zahlung eines Bürgen, der sich zwar nicht mit anderen, aber für andere verpflichtet hat.[505]

Art. 1668 Nr. 5 CC normiert, dass die Zahlung eines Dritten mit Einverständnis des Schuldners auch zu einem Forderungsübergang führt.

Darüber hinaus ist die Gesamtschuldnerschaft in vielerlei Hinsicht anders als die Bürgschaft ausgestaltet. So sichert der Bürge eine fremde Schuld ab, der Gesamtschuldner hingegen eine eigene Schuld.[506] Zudem verpflichtet sich der Bürge für andere und der Gesamtschuldner mit anderen.[507] Während bei der Bürgschaft eine separate Hauptschuld existiert, besteht bei der Gesamtschuldnerschaft lediglich eine Schuld.[508] Darüber hinaus darf der Bürge den Gläubiger zuerst auf die Inanspruchnahme des Gläubigers verweisen (Einrede der Vorausklage), dem Gesamtschuldner steht die Einrede der Vorausklage nicht zu.[509] Ferner muss die Gesamtschuldnerschaft von allen Parteien gewollt sein.[510] Dagegen kann die Bürgschaft auch gegen den Willen des Hauptschuldners

503 *Ortega Torres*, Código Civil, pág. 1058.

504 *Castro de Cifuentes*, Derecho de las Obligaciones, Tomo II, Vol. 2, pág. 90.

505 *Castro de Cifuentes*, Derecho de las Obligaciones, Tomo II, Vol. 2, pág. 90.

506 *Lozada Bustos*, La fianza como garantía civil, pág. 15; *Pérez Vives*, Garantías civiles (Hipoteca, prenda y fianza), pág. 358, *Herrera Tapias/Alfaro Patron*, El nuevo derecho de garantías en el derecho colombiano y en el derecho comparado, en: Justicia Juris, 2011, pág. 93, 96.

507 *Gaitán Martínez*, Fianza y obligación solidaria, en: Estudios sobre Garantías Reales y Personales, En homenaje a Manuel Somarriva Undurraga, pág. 102, 110.

508 *Pérez Vives*, Garantías civiles (Hipoteca, prenda y fianza), pág. 358; *Herrera Tapias/Alfaro Patron*, El nuevo derecho de garantías en el derecho colombiano y en el derecho comparado, en: Justicia Juris, 2011, pág. 93, 96.

509 *Lozada Bustos*, La fianza como garantía civil, pág. 17; genauer zur Subsidiarität. *Emiliani Román*, Efectos, Modalidades y Extinción de las Obligaciones, pág. 183; *Herrera Tapias/Alfaro Patron*, El nuevo derecho de garantías en el derecho colombiano y en el derecho comparado, en: Justicia Juris, 2011, pág. 93, 96.

510 *Lozada Bustos*, La fianza como garantía civil, pág. 16; *Pérez Vives*, Garantías civiles (Hipoteca, prenda y fianza), pág. 358.

gestellt werden.[511] Letztlich kann sich der Bürge auch lediglich für einen Teil der Schuld verpflichten, der Gesamtschuldner muss aber immer die ganze Schuld absichern.[512]

Für den Bürgenregress ist es irrelevant, ob der Schuldner ein eigenes Interesse an der Hauptverbindlichkeit hatte.

cc) Vergleich

Sowohl in Deutschland als auch in Kolumbien ist die Gesamtschuldnerschaft ein praktisch wichtiges Sicherungsmittel, welches von der Bürgschaft abzugrenzen ist. Die wesentlichen Abgrenzungskriterien zur Bürgschaft gleichen sich. Zunächst ist die Gesamtschuldnerschaft nicht subsidiär ausgestaltet. Außerdem sind die Einredemöglichkeiten des Gesamtschuldners – im Vergleich zu denen des Bürgen – vermindert. Ferner handelt es sich bei der Gesamtschuld um eine selbstständige Schuld, die neben der Hauptverbindlichkeit steht.

Die in Deutschland bestehende Abgrenzungsproblematik zwischen der Bürgschaft und der Gesamtschuldnerschaft zeigt Parallelen zur kolumbianischen Rechtsfolgenregelung auf. Diese bezieht sich auf den Personenkreis, der Regress nehmen kann. In Deutschland handelt es sich um eine Bürgschaft, wenn die Person kein eigenes wirtschaftliches Interesse an der zu sichernden Schuld hat, da die bürgenschützenden Vorschriften in diesem Fall angemessen erscheinen. Zudem soll solchen Personen die Sittenwidrigkeitsrechtsprechung zugutekommen. In Kolumbien können hingegen nur die Personen, die nicht selbst vom Kredit profitieren, andere Schuldner in Regress nehmen. Intendiert ist durch beide Regelungen, dass solchen Personen, die aus rein altruistischen Motiven eine Sicherheit stellen, ein höheres Schutzniveau zugutekommt als wirtschaftlich motiviert handelnden Personen. Zudem sollen diese Personen auch eher Regress nehmen können als Personen, welche selbst vom Kredit profitieren und daher nicht schutzbedürftig sind.

Des Weiteren ähneln sich in beiden Rechtsordnungen die Gründe, welche zum Erlöschen der Gesamtschuldnerschaft führen. So normiert die Vorschrift des § 425 Abs. 2 BGB, dass die Tatsachen, welche zum Erlöschen der Schuld führen, nur für und gegen den Gesamtschuldner wirken, in dessen Person sie

---

511 *Lozada Bustos*, La fianza como garantía civil, pág. 16; *Pérez Vives*, Garantías civiles (Hipoteca, prenda y fianza), pág. 358.

512 *Herrera Tapias/Alfaro Patron*, El nuevo derecho de garantías en el derecho colombiano y en el derecho comparado, en: Justicia Juris, 2011, pág. 93, 96.

eintreten. Dagegen fehlt in Kolumbien eine solch klare Regelung. Allerdings ist davon auszugehen, dass auch hier die Tatsache nur zugunsten einer Person wirkt.

c) Keine Patronatserklärung

aa) In Deutschland

Das Sicherungsmittel der Patronatserklärung ist ebenfalls nicht gesetzlich geregelt und entwickelte sich im Gegensatz zu den o.g. Sicherheiten erst in den 1960er-Jahren.[513] Bei der weichen Patronatserklärung erklärt die Muttergesellschaft zugunsten der Gläubiger der Tochtergesellschaft, dass es der Firmenpraxis entspricht, deren Kreditwürdigkeit aufrechtzuerhalten.[514] Eine rechtliche Verpflichtung geht die Muttergesellschaft jedoch nicht ein.[515] Bei der harten Patronatserklärung ist die Verpflichtung der Muttergesellschaft hingegen rechtlich bindend.[516] Die Muttergesellschaft verpflichtet sich, die Tochtergesellschaft mit den notwendigen finanziellen Mitteln auszustatten.[517] Ein Unterschied zur Bürgschaft besteht dahin gehend, dass die Muttergesellschaft im Falle der Nichterfüllung nicht direkt an den Gläubiger leistet, sondern vielmehr die Tochtergesellschaft mit den notwendigen finanziellen Mitteln ausstattet, damit diese ihrer Verpflichtung gegenüber dem Gläubiger selbst nachkommen kann.[518] Bei

---

513 *Koch*, Die Patronatserklärung, S. 3; *Michalski*, WM 1994, 1229, 1229; *Schröder*, ZGR 1982, 552, 553.

514 OLG Frankfurt a.M., Urteil v. 19.9.2007 – 4 U 22/07 = ZIP 2007, 2316, 2316; Erman/*Zetzsche*, § 765 Rn. 22; Staudinger/*Stürner*, Vorbem. zu §§ 765 ff. Rn. 453; *Reinicke/Tiedtke*, Rn. 47.

515 BGH, Urteil v. 19.5.2011 – IX ZR 9/10 = BGH WM 2011, 1085, 1086; MüKo/*Habersack*, Vor § 765 Rn. 57; Staudinger/*Stürner*, Vorbem. zu §§ 765 ff. Rn. 453; *Maier-Reimer/Etzbach*, NJW 2011, 1110, 1111.

516 BGH, Urteil v. 30.1.1992 – IX ZR 112/91 = BGHZ 117, 127–134 (Rz. 18) = BGH NJW 1992, 2093, 2095; BGH, Urteil v. 19.5.2011 – IX ZR 9/10 = BGH WM 2011, 1085, 1086; BGH, Beschluss v. 12.1.2017 – IX ZR 95/16 = BGH WM 2017, 326, 326; MüKo/*Habersack*, Vor § 765 Rn. 52; Staudinger/*Stürner*, Vorbem. zu §§ 765 ff. Rn. 453; *Bülow*, Recht der Kreditsicherheiten, Rn. 1622.

517 Staudinger/*Stürner*, Vorbem. zu §§ 765–778 Rn. 455; *Reinicke/Tiedtke*, Rn. 48.

518 Dies gilt für die „harte" Patronatserklärung; BGH, Urteil v. 30.1.1992 – IX ZR 112/91 = BGHZ 117, 127–134 (Rz.18) = BGH NJW 1992, 2093, 2095 = BGH WM 1992, 501, 502; BGH, Urteil v. 22.9.2009 – XI ZR 286/08 = BGH NJW 2010, 144, 144; *Michalski*, WM 1994, 1229, 1237; a.A. BGH, Urteil v. 8.5.2003 – IX ZR 334/01 = BGH NJW-RR 2003, 1042, 1043: „*Der Patronatsgeber haftet dem Gläubiger neben dem Schuldner für dieselbe Leistung auf das Ganze.*"

Nichterfüllung der Verpflichtung steht dem Gläubiger ein Schadensersatzanspruch gegen die Muttergesellschaft zu.[519]

bb) In Kolumbien

In Kolumbien gibt es kein Äquivalent der Patronatserklärung, welches einer Abgrenzung zu der Bürgschaft bedürfte.

d) Aval

aa) In Deutschland

Der Aval (Wechselbürgschaft) sichert in Deutschland ausschließlich Wechselverpflichtungen ab, Art. 30 Abs. 1 WG. Auf der Vorderseite des Wechsels gilt eine bloße Unterschrift als Wechselbürgschaftserklärung, sofern es sich nicht um die Unterschrift des Bezogenen oder Ausstellers handelt, Art. 31 Abs. 3 WG. Eine Erklärung, bei der nicht erkannt werden kann, für welchen Wechselverpflichteten sie geleistet wurde, gilt als für den Aussteller geleistet, Art. 31 Abs. 4 WG.

Die Wechselbürgschaft ist formell akzessorisch, d.h., der Wechselbürge haftet nicht bei Formfehlern der Hauptschuld. Allerdings ist sie materiell selbstständig, Art. 32 Abs. 2 WG.

Der leistende Wechselbürge erwirbt die Ansprüche aus dem Wechsel gegen den Hauptschuldner und gegen alle, die diesem wechselmäßig haften, Art. 32 Abs. 3 WG.

Aus diesen Merkmalen der Wechselbürgschaft werden schon die Abgrenzungskriterien zur Bürgschaft deutlich. Diese unterliegt weniger strengen Formvoraussetzungen und ist materiell akzessorisch ausgestaltet. Außerdem kann der Wechselbürge nicht die Einrede der Vorausklage erheben.

bb) In Kolumbien

Bei dem Aval, der in Art. 633 de C. de C. Erwähnung findet, handelt es sich um ein Schriftstück, in welchem einem Dritten die Begleichung einer Wertpapierschuld versprochen wird. Charakteristisch sind eine einseitige Verpflichtung sowie die Abstraktheit.[520] Zudem handelt es sich um ein formbedürftiges Rechtsgeschäft,

---

519 BGH, Urteil v. 30.1.1992 – IX ZR 112/91 = BGHZ 117, 127–134 (Rz. 18) = BGH NJW 1992, 2093, 2095 = BGH WM 1992, 501, 502; Staudinger/*Stürner*, Vorbem. zu §§ 765 ff. Rn. 459.

520 *Herrera Tapias/Alfaro Patron*, El nuevo derecho de garantías en el derecho colombiano y en el derecho comparado, en: Justicia Juris, 2011, pág. 93, 96; *Leal Pérez*, Código de Comercio Comentado, pág. 537; *Leal Pérez*, Títulos Valores Partes general,

Art. 625 Abs. 1, 634 C. de C.[521] Auf der Vorderseite des Wechsels gilt eine bloße Unterschrift als Wechselbürgschaftserklärung, Art. 634 Abs. 2 S. 1 C. de C.

Im Gegensatz zu der Bürgschaft ist der Garant beim Aval nicht lediglich akzessorisch verpflichtet, sondern Hauptschuldner.[522] Daraus folgt auch, dass dem Avalbürgen die Einrede der Vorausklage nicht zur Verfügung steht.[523] Ein Mangel der Hauptschuld oder ein Mangel im Verhältnis zwischen dem eigentlichen Schuldner und dem Gläubiger beeinträchtigt die Durchsetzbarkeit des Avals nicht, Art. 636 C. de C. (förmliche Akzessorietät[524]).[525] Materiell ist der Aval abstrakt.[526] Im Regelfall sichert der Aval die gesamte Schuld und jeden Schuldner ab. Allerdings ist es auch möglich, dass – sofern bei Bestellung deutlich im Titel vermerkt – nur ein Teil der Schuld abgesichert wird, Art. 635, 637 C. de C.[527] Eine bedingte oder befristete Absicherung ist, anders als bei der Bürgschaft, für den Avalbürgen nicht möglich.[528] Dies gilt sowohl in Bezug auf die Höhe der abzusichernden Schuld als auch hinsichtlich einer befristeten Absicherung.[529]

---

especial, procedimental y prática, pág. 144; *Gaitán Martínez*, El aval, en: Estudios Socio-Jurídicos, Vol. 7, No. 1 (2005), pág. 225, 229.

521 *Gaitán Martínez*, El aval, en: Estudios Socio-Jurídicos, Vol. 7, No. 1 (2005), pág. 225, 228.

522 *Galindo Cubides*, El seguro de Fianza (Póliza de Cumplimiento), en: Seguros, Temas esenciales, pág. 177; *Herrera Tapias/Alfaro Patron*, El nuevo derecho de garantías en el derecho colombiano y en el derecho comparado, en: Justicia Juris, 2011, pág. 93, 96; *Leal Pérez*, Código de Comercio Anotado, pág. 419; *Leal Pérez*, Código de Comercio Comentado, pág. 536; *Leal Pérez*, Títulos Valores Partes general, especial, procedimental y prática, pág. 145, 152; *Pérez Vives*, Garantías civiles (Hipoteca, prenda y fianza), pág. 381; *Pinto Martinez*, Las garantías abstractas o a primera demanda en el ordenamiento jurídico colombiano, pág. 19.

523 *Leal Pérez*, Títulos Valores Partes general, especial, procedimental y prática, pág. 152.

524 *Leal Pérez*, Código de Comercio Comentado, pág. 537; *Leal Pérez*, Títulos Valores Partes general, especial, procedimental y prática, pág. 145.

525 *Herrera Tapias/Alfaro Patron*, El nuevo derecho de garantías en el derecho colombiano y en el derecho comparado, en: Justicia Juris, 2011, pág. 93, 96; *Leal Pérez*, Código de Comercio Anotado, pág. 419, 420; *Leal Pérez*, Títulos Valores Partes general, especial, procedimental y prática, pág. 153; *Gaitán Martínez*, El aval, en: Estudios Socio-Jurídicos, Vol. 7, No. 1 (2005), pág. 225, 229.

526 *Leal Pérez*, Código de Comercio Comentado, pág. 537.

527 *Leal Pérez*, Código de Comercio Anotado, pág. 419; *Leal Pérez*, Títulos Valores Partes general, especial, procedimental y prática, pág. 151.

528 *Leal Pérez*, Títulos Valores Partes general, especial, procedimental y prática, pág. 151.

529 *Leal Pérez*, Código de Comercio Comentado, pág. 537.

Auch der zahlende Wechselbürge erwirbt durch die Zahlung Rechte gegen den Hauptschuldner und andere, die aus dem Titel verpflichtet sind, Art. 638 C. de C.[530] Er kann nach seiner Wahl eine von den eben genannten Personen in Anspruch nehmen.[531]

Auch in Kolumbien werden aus den Merkmalen des Avals die Unterschiede zur Bürgschaft deutlich. Die Einredemöglichkeiten des Wechselbürgen sind wesentlich geringer als die des Bürgen. Der Aval ist lediglich formell akzessorisch, wohingegen die Bürgschaft auch materiell akzessorisch ist. Zudem ist die Wechselbürgschaft bedingungsfeindlich.

cc) Vergleich

Die Regelungen zum Aval ähneln sich inhaltlich stark. In beiden Rechtsordnungen unterscheidet sich der Aval durch seine Abstraktheit und die speziellen Formvoraussetzungen von der Bürgschaft.

e) Versicherungsvertrag

In Deutschland handelt es sich bei der Versicherungsbürgschaft um ein eigenes Rechtsinstitut, welches eher dem Versicherungsvertrag ähnelt. Der Sicherungsgeber ist zwangsläufig eine Versicherung. Abgrenzungsprobleme bestehen nicht.

In Kolumbien gibt es dagegen eine größere Ähnlichkeit zwischen den beiden Rechtsinstituten, wodurch es eher zu Abgrenzungsproblemen kommen kann.[532] Die Literatur zum Versicherungsvertrag (*seguro de cumplimiento*) ist in Kolumbien zahlreich und die Rechtsprechung recht umfangreich. Daraus kann geschlossen werden, dass diesem Rechtsinstitut eine praktisch größere Relevanz zukommt. Deswegen soll im Folgenden ausschließlich auf den kolumbianischen Versicherungsvertrag eingegangen werden.

Ein Versicherungsvertrag i.S.d. Art. 1036 Abs. 1 C. de C. ist ein Vertrag, bei dem sich eine autorisierte juristische Person verpflichtet, dem Versicherungsnehmer oder einer durch den Vertrag begünstigten Person im Falle des Eintritts

---

530 *Leal Pérez*, Código de Comercio Comentado, pág. 539.

531 *Leal Pérez*, Código de Comercio Comentado, pág. 540.

532 So u.a. in Tribunal Superior del Distrito Judicial de Bogotá, Sala Civil de Decisión, Bogotá D.C., 16 de Diciembre de 2002; Corte Suprema de Justicia – Sala de Casación Civil Bogotá, Distrito Capital, nº 25 de Abril de 2017 – Radicación nº 11001-31-03-023-1996-02422-01.

des Risikos eine Summe zu zahlen.[533] Die *seguro de cumplimiento* geht auf Art. 2 ley 225 de 1938 zurück.[534]

Der Versicherungsvertrag unterliegt neben dem spezialgesetzlichen Versicherungsrecht und den Regeln des *Código de Comercio* auch dem Bürgschaftsrecht des *Código Civil*.[535] Da die Unentgeltlichkeit der gewöhnlichen Bürgschaft dispositiv ausgestaltet ist, kann auch für entgeltliche Versicherungsverträge auf diese Normen zurückgegriffen werden.[536]

---

533 *Galindo Cubides*, El seguro de Fianza (Póliza de Cumplimiento), en: Seguros, Temas esenciales, pág. 178, 180; *Hinestrosa*, Tratado de las Obligaciones, Concepto, estructura, vicisitudes, I, pág. 84; *Linares Vesga*, Introducción al estudio de los contratos: contratos civiles y comerciales, parte general y parte especial, pág. 200; *Sarmiento Garcia*, La teoría del riesgo y la responsibilidad civil, en: Estudios de derecho privado, En Homenaje al Externado en su Centenario, pág. 200 c.

534 Corte Suprema de Justicia - Sala de Casación Civil Bogotá, Distrito Capital, nº 15 de Agosto de 2008 - Ref. 11001 31 03 016 1994 03216 01; *Barrera Tapias/Hernández de León*, El Derecho de las Obligaciones, pág. 134; *Ordóñez Ordóñez*, Efectividad de la garantía única de cumplimiento de contratos estatales, constituida a través de póliza de seguro de cumplimiento, en: Revista de Derecho Privado, No. 19, 2010, S. 135, 136; *Zornosa Prieto*, Comentarios a la garantía única de cumplimiento y al régimen de los intermediarios de seguros en las nuevas normas sobre contratación estatal, en: Escritos sobre Riesgos y Seguros, pág. 495, 497. Sie hieß ursprünglich *seguro de manejo y cumplimiento*, *Cabanzo*, El seguro de cumplimiento, pág. 21; *Galindo Cubides*, El seguro de Fianza (Póliza de Cumplimiento), en: Seguros, Temas esenciales, pág. 179; *Ordóñez Ordóñez*, Efectividad de la garantía única de cumplimiento de contratos estatales, constituida a través de póliza de seguro de cumplimiento, en: Revista de Derecho Privado, No. 19, 2010, S. 135, 136. Modifiziert wurde sie durch die Decretos 1348 de 1939 y 2950 de 1954, Art. 203 Estatuto del sector finanziero und das Decreto. 663 de 1993 und schlussendlich die Art. 1036 ff. C. de C. sowie die Bestimmungen zu der Bürgschaft im Código Civil.

535 Corte Suprema de Justicia - Sala de Casación Civil Bogotá, Distrito Capital, nº 15 de Agosto de 2008 - Ref. 11001 31 03 016 1994 03216 01 (mit Betonung der Ähnlichkeit in den Ursprüngen); *Botero Morales*, El seguro y la fianza. Naturaleza jurídica de las garantías de cumplimiento, en: Escritos sobre Riesgos y Seguros, pág. 448; *Ordóñez Ordóñez*, Efectividad de la garantía única de cumplimiento de contratos estatales, constituida a través de póliza de seguro de cumplimiento, en: Revista de Derecho Privado, No. 19, 2010, pág. 135, 151.

536 *Botero Morales*, El seguro y la fianza. Naturaleza jurídica de las garantías de cumplimiento, en: Escritos sobre Riesgos y Seguros, pág. 456.

Beteiligt sind drei Personen: der Schuldner, die Versicherungsgesellschaft als Sicherheitengeber und der Versicherte als Gläubiger.[537] Bei dem Sicherheitengeber muss es sich immer um eine Versicherungsgesellschaft handeln.[538]

Der Versicherungsvertrag beinhaltet folgende Elemente: ein absicherbares Vermögensinteresse, ein versicherungsfähiges Risiko (Art. 1054 S. 1 C. de C.), eine Versicherungsprämie und damit die Entgeltlichkeit sowie eine konditionale Verbindlichkeit.[539] Art. 1054 S. 1 C. de C. definiert das absicherbare Risiko als ein ungewisses Ereignis, das nicht ausschließlich vom Willen des Versicherungsnehmers, des Versicherten oder des Begünstigten abhängt und dessen Realisierung die Verpflichtung des Versicherers begründet.[540] Insoweit besteht ein Unterschied zur Bürgschaft. Die Versicherung sichert im Gegensatz zu der Bürgschaft verschiedene zufällige Ereignisse ab, die nicht in der Person des Begünstigten begründet liegen müssen.[541]

Zwischen der (handelsrechtlichen) Bürgschaft und einer Versicherung bestehen durch die Entgeltlichkeit Parallelen.[542] Beide Vertragstypen

---

537 *Castañeda de Manosalva*, El seguro de fianza de cumplimiento, pág. 24; *Galindo Cubides*, El seguro de Fianza (Póliza de Cumplimiento), en: Seguros, Temas esenciales, pág. 178; *Linares Vesga*, Introducción al estudio de los contratos: contratos civiles y comerciales, parte general y parte especial, pág. 200; *Zornosa Prieto*, Comentarios a la garantía única de cumplimiento y al régimen de los intermediarios de seguros en las nuevas normas sobre contratación estatal, en: Escritos sobre Riesgos y Seguros, pág. 495, 495; *Pérez Rueda*, El amparo de anticipo en el seguro de cumplimiento entre particulares, en: RIS, Bogotá (Colombia), 37(21), pág. 191, 194.

538 Corte Suprema de Justicia – Sala de Casación Civil Bogotá, Distrito Capital, nº 15 de Agosto de 2008 – Ref. 11001 31 03 016 1994 03216 01; *Galindo Cubides*, El seguro de Fianza (Póliza de Cumplimiento), en: Seguros, Temas esenciales, pág. 180; *Linares Vesga*, Introducción al estudio de los contratos: contratos civiles y comerciales, parte general y parte especial, pág. 200.

539 *Botero Morales*, El seguro y la fianza. Naturaleza jurídica de las garantías de cumplimiento, en: Escritos sobre Riesgos y Seguros, pág. 448; *Palacio Sánchez*, Derecho de Seguros, en: Seguros, Temas esenciales, pág. 39.

540 Sichere Tatsachen, mit Ausnahme des Todes, und physisch unmögliche Tatsachen stellen keine Risiken dar und sind daher dem Versicherungsvertrag fremd. Auch die subjektive Unsicherheit über ein bestimmtes Ereignis, das erfüllt ist oder nicht erfüllt wurde, stellt kein Risiko dar, Art. 1054 S. 2 C. de C.

541 *Botero Morales*, El seguro y la fianza. Naturaleza jurídica de las garantías de cumplimiento, en: Escritos sobre Riesgos y Seguros, pág. 450.

542 *Botero Morales*, El seguro y la fianza. Naturaleza jurídica de las garantías de cumplimiento, en: Escritos sobre Riesgos y Seguros, pág. 448; *Castañeda de Manosalva*, El

sichern eine Vertragspartei gegen ein zukünftiges, ungewisses Ereignis ab.[543]

Eines der wichtigsten Abgrenzungskriterien zum Bürgschaftsvertrag ist, dass es sich bei dem Versicherungsvertrag um einen selbstständigen Vertrag handelt, der nicht vom Bestand eines anderen Vertrages abhängt.[544] Der Versicherer leistet auf eine eigene Verbindlichkeit.[545] Diese Form der Sicherheit kann einseitig vom Sicherheitengeber zurückgenommen werden, Art. 1071 C. de C.[546] Im Gegensatz zu dem entgeltlichen Versicherungsvertrag wird die gewöhnliche Bürgschaft i.d.R. unentgeltlich vergeben.[547] Der Bürge ist zudem im Kontrast

---

seguro de fianza de cumplimiento, pág. 24; *Linares Vesga*, Introducción al estudio de los contratos: contratos civiles y comerciales, parte general y parte especial, pág. 200; *Morral Soldevila*, El seguro de crédito, pág. 109; *Pérez Rueda*, El amparo de anticipo en el seguro de cumplimiento entre particulares, en: RIS, Bogotá (Colombia), 37(21) Julio-Diciembre de 2012, pág. 191, 195.

543 *Botero Morales*, El seguro y la fianza. Naturaleza jurídica de las garantías de cumplimiento, en: Escritos sobre Riesgos y Seguros, pág. 448.

544 Sentencia de Corte Suprema de Justicia - Sala de Casación Civil – 21 de Septiembre de 2000 = http://vlex.com/vid/552583046; *Botero Morales*, El seguro y la fianza. Naturaleza jurídica de las garantías de cumplimiento, en: Escritos sobre Riesgos y Seguros, pág. 451; *Galindo Cubides*, El seguro de Fianza, pág. 45; *Linares Vesga*, Introducción al estudio de los contratos: contratos civiles y comerciales, parte general y parte especial, pág. 200; *Sulza*, Estructura general de la tarifa en el ramo de fianzas, en: Asociación Panamericana de Fianzas VI Seminario de fianzas, pág. 155, 155; a.A. Corte Suprema de Justicia – Sala de Casación Civil Bogotá, Distrito Capital, nº 15 de Agosto de 2008 – Ref. 11001 31 03 016 1994 03216 01. Hier wird darauf abgestellt, dass es sich zwar um eine eigene Verbindlichkeit handelt, diese aber akzessorisch sei.

545 Sentencia de Corte Suprema de Justicia – Sala de Casación Civil – 21 de Septiembre de 2000 = http://vlex.com/vid/552583046; Tribunal Superior del Distrito Judicial de Bogotá – Sala Civil de Decisión, Bogotá D.C. – 16 de Diciembre de 2002; Corte Suprema de Justicia – Sala de Casación Civil Bogotá, Distrito Capital – 15 de Agosto de 2008, Ref. 11001 31 03 016 1994 03216 01; *Pérez Rueda*, El amparo de anticipo en el seguro de cumplimiento entre particulares, en: RIS, Bogotá (Colombia), 37(21) Julio-Diciembre de 2012, pág. 191, 199.

546 *Barrera Tapias/Hernández de León*, El Derecho de las Obligaciones, pág. 135; *Zornosa Prieto*, Comentarios a la garantía única de cumplimiento y al régimen de los interme diarios de seguros en las nuevas normas sobre contratación estatal, en: Escritos sobre Riesgos y Seguros, pág. 495, 498.

547 Corte Suprema de Justicia – Sala de Casación Civil Bogotá, Distrito Capital, nº 15 de Agosto de 2008 – Ref. 11001 31 03 016 1994 03216 01; *Botero Morales*, El seguro y la fianza. Naturaleza jurídica de las garantías de cumplimiento, en: Escritos sobre Riesgos

zur Versicherung dazu verpflichtet, in jedem Fall der Nichtleistung des Hauptschuldners zu leisten, sei die Nichtleistung absichtlich oder nicht.[548] Ferner ist bei einer Kreditversicherung ein solventer Sicherheitengeber vorhanden, da ein Unternehmen, welches Kreditversicherungen stellt, gewisse Rückstellungen aufweisen muss.[549] Diese Sicherheit gibt es bei einer Bürgschaft nicht. Des Weiteren soll die Kreditversicherung lediglich einen Schaden eindämmen und stellt nicht die Erfüllung einer Verbindlichkeit dar, wie es bei einer Bürgschaft der Fall ist.[550] Ein Anzeichen dafür ist, dass die Versicherungssumme, die im Falle eines Schadens ausgezahlt wird, geringer ist als die Summe des eingetretenen Schadens.[551] Ein weiterer Unterschied liegt in der Versicherungsgesellschaft, welche zwingend Partei ist.[552] Außerdem kann der Bürge, anders als der Versicherer, den Hauptschuldner in Regress nehmen.[553]

In den Policen der Versicherungsgesellschaften finden sich zuweilen Elemente der Bürgschaft, die sich mit anderen Reglungen des Versicherungsvertrages vermischen und einen neuen Typus geschaffen haben: die sog. Kautionsversicherung (*seguro de fianza*).[554] Diese Bezeichnung ist insoweit irreführend, als

---

y Seguros, pág. 451; *Linares Vesga*, Introducción al estudio de los contratos: contratos civiles y comerciales, parte general y parte especial, pág. 200.

548 *Botero Morales*, El seguro y la fianza. Naturaleza jurídica de las garantías de cumplimiento, en: Escritos sobre Riesgos y Seguros, pág. 450. Im Gegensatz dazu steht Art. 1055 C. de C., wonach der Versicherer bei absichtlichem oder schuldhaftem Handeln des Versicherten nicht leisten muss.

549 *Morral Soldevila*, El seguro de crédito, pág. 109; *Rodríguez Grillo*, Perspectivas de los seguros de crédito y caución en algunos países latinoamericanos, en: Revista Ibero-Latinoamericana de Seguros, No. 18, Sept. 2002, pág. 221, 233.

550 *Morral Soldevila*, El seguro de crédito, pág. 109; *Pérez Vives*, Garantías civiles (Hipoteca, prenda y fianza), pág. 360.

551 Tribunal Superior del Distrito Judicial de Bogotá, Sala Civil de Decisión, Bogotá D.C., 16 de Diciembre de 2002; Corte Suprema de Justicia – Sala de Casación Civil Bogotá, Distrito Capital, nº 15 de Agosto de 2008 – Ref. 11001 31 03 016 1994 03216 01; *Morral Soldevila*, El seguro de crédito, pág. 109; *Pérez Rueda*, El amparo de anticipo en el seguro de cumplimiento entre particulares, en: RIS, Bogotá (Colombia), 37(21) Julio-Diciembre de 2012, pág. 191, 193.

552 *Galindo Cubides*, El seguro de Fianza, pág. 51; *Galindo Cubides*, El seguro de Fianza (Póliza de Cumplimiento), en: Seguros, Temas esenciales, pág. 180; *Linares Vesga*, Introducción al estudio de los contratos: contratos civiles y comerciales, parte general y parte especial, pág. 200.

553 *Valencia Zea*, Derecho Civil, Tomo IV – Contratos, pág. 438.

554 Sentencia del Tribunal Administrativo de Cundinamarca – Sección Cuarta – 15 de Noviembre de 2001 = http://vlex.com/vid/providencia-no-062-30531564 (La

dass nicht genau zwischen der Versicherung, der Garantie, die mitunter ebenfalls *seguro de fianza* genannt wird,[555] und der Bürgschaft unterschieden wird.[556] Es handelt sich jedoch nicht um eine Variante der Bürgschaft.[557] Die juristische Natur des Versicherungsvertrages stimmt nicht mit der Natur der Garantie überein.[558] Die *seguro de fianza* wird, wenn auch nicht einheitlich, wie folgt definiert: Bei der *seguro de fianza* handelt es sich um einen Vertrag, durch den eine Versicherungsgesellschaft gegen Zahlung einer Prämie als Entgelt für die Leistung den Versicherten gegen die Nichterfüllung einer spezifischen Verbindlichkeit des Hauptschuldners oder Bürgen absichert.[559]

Die *seguro de cumplimiento* stellt grds. eine sehr gebräuchliche Sicherheit dar.[560] Ihre Sicherheit ist abhängig von der Seriosität des Versicherungs-

---

Compañía Aseguradora de Fianzas S.A.); Corte Suprema de Justicia – Sala de Casación Civil Bogotá, Distrito Capital, nº 15 de Agosto de 2008 – Ref. 11001 31 03 016 1994 03216 01; *Galindo Cubides*, El seguro de Fianza (Póliza de Cumplimiento), en: Seguros, Temas esenciales, pág. 178; *Galindo Cubides*, El seguro de Fianza, pág. 4.

555 Siehe Abschnitt C. IV. 3. a) bb).

556 Sentencia de Corte Suprema de Justicia – Sala de Casación Civil – 21 de Septiembre de 2000 = http://vlex.com/vid/552583046; Laudo Arbitral del Tribunal de arbitraje – Cámara de Comercio de Bogotá – 14 de Diciembre de 2000 = http://vlex.com/vid/-355230714; *Galindo Cubides*, El seguro de Fianza, pág. 4; *Pérez Rueda*, El amparo de anticipo en el seguro de cumplimiento entre particulares, en: RIS, Bogotá (Colombia), 37(21) Julio-Diciembre de 2012, pág. 191, 198.

557 Corte Suprema de Justicia – Sala de Casación Civil, Bogotá D. C – 21 de Septiembre de 2000, Referencia: Expediente No. 6140; Laudo Arbitral del Tribunal de arbitraje – Cámara de Comercio de Bogotá – 14 de Diciembre de 2000 = http://vlex.com/vid/-355230714; Corte Suprema de Justicia – Sala de Casación Civil Bogotá, Distrito Capital – 25 de Abril de 2017, Radicación n° 11001-31-03-023-1996-02422-01; *Pérez Rueda*, El amparo de anticipo en el seguro de cumplimiento entre particulares, en: RIS, Bogotá (Colombia), 37(21) Julio-Diciembre de 2012, pág. 191, 199.

558 Die beiden Vertragsarten hätten unterschiedliche Kardinalpflichten, *Bordamalo Echeverry*, Teoría de la fianza comercial, pág. 124; *Botero Morales*, El seguro y la fianza. Naturaleza jurídica de las garantías de cumplimiento, en: Escritos sobre Riesgos y Seguros, pág. 449.

559 „Seguro de fianza es un contrato por el cual una aseguradora, mediante el cobro de una prima, protege al asegurado contra el incumplimiento de una obligación específica a cargo del deudor principal o del fiador.", Galindo Cubides, El seguro de Fianza, pág. 49 und ähnlich: Corte Suprema de Justicia – Sala de Casación Civil Bogotá, Distrito Capital, nº 15 de Agosto de 2008 – Ref. 11001 31 03 016 1994 03216 01.

560 *Barrera Tapias/Hernández de León*, El Derecho de las Obligaciones, pág. 135; *Ordóñez Ordóñez*, Efectividad de la garantía única de cumplimiento de contratos estatales,

unternehmens.[561] Praktisch verlangen die meisten Versicherungsunternehmen, dass der Begünstigte vor ihrer Inanspruchnahme ein Gerichtsurteil gegen den Hauptschuldner erwirkt, in welchem dessen Nichtleistung festgestellt wird.[562]

f) Vertragsstrafe

Eine Abgrenzung der Bürgschaft zur Vertragsstrafe ist in Deutschland nicht üblich. Dies liegt an den offensichtlichen Unterschieden. So ist die Vertragsstrafe keine Kreditsicherheit, die von einem Dritten zur Absicherung der Zahlungsunfähigkeit des Schuldners gestellt wird. Es handelt sich vielmehr um ein punitives Element, welches der Schuldner bei Verletzung einer vertraglichen Verpflichtung zusätzlich zu seiner Schuld leisten muss.

Auch in Kolumbien bestehen nur marginale Gemeinsamkeiten. Im Gegensatz zu der Bürgschaft, bei der die Verpflichtung sich auf die Zahlung einer Geldsumme bezieht (Art. 2369 Abs. 4 CC),[563] kann die Vertragsstrafe (*cláusula penal*) grds. in einem Tun, Geben oder Unterlassen liegen.[564] Die Vertragsstrafe gemäß Art. 1592 CC kann somit nur Ähnlichkeit mit der Bürgschaft aufweisen, wenn sie sich auf die Zahlung einer Geldsumme bezieht.[565] Des Weiteren kann sich der Schuldner der Vertragsstrafe im Gegensatz zum Bürgen bis zu dem doppelten der eigentlichen Verbindlichkeit verpflichten, Art. 1601 Abs. 1 CC.[566] Außerdem gibt es bei der Vertragsstrafe, anders als bei der Bürgschaft, keine Einrede der Vorausklage.[567]

---

constituida a través de póliza de seguro de cumplimiento, en: Revista de Derecho Privado, No. 19, 2010, pág. 135, 137.

561 *Barrera Tapias/Hernández de León*, El Derecho de las Obligaciones, pág. 135.

562 *Barrera Tapias/Hernández de León*, El Derecho de las Obligaciones, pág. 135.

563 *Barros Errazuriz*, Curso de Derecho Civil, pág. 434; *Bonivento Fernández*, Los principales contratos civiles y comerciales, Tomo II, pág. 8; *Céspedes Solano*, Manual de Contratos Civiles, pág. 144; Diccionario de la Lengua Española, Real Academia Española, Stichwort „fianza"; *Pérez Vives*, Garantías civiles (Hipoteca, prenda y fianza), pág. 391; *Salamanca*, Derecho civil: curso IV: contratos, pág. 288.

564 *Cadavid Gaviria*, Derecho Civil – Obligaciones, pág. 301; *Ospina Fernández*, Régimen general de las obligaciones, pág. 136 c. In der kolumbianischen Literatur wird explizit zwischen einem Tun und einem Geben differenziert, wenngleich ein Geben auch eine Form des Tuns ist.

565 *Bonivento Fernández*, Los principales contratos civiles y comerciales, Tomo II, pág. 5; *Cadavid Gaviria*, Derecho Civil – Obligaciones, pág. 300 f.; *Muñoz Obando*, „La fianza", pág. 13.

566 *Cadavid Gaviria*, Derecho Civil – Obligaciones, pág. 301.

567 *Cadavid Gaviria*, Derecho Civil – Obligaciones, pág. 301.

Die Anzahlung, die in Art. 1859 CC und Art. 866 Abs. 1 C. de C. ebenfalls gesetzlich geregelt ist, ähnelt bei einem Rücktrittsverlangen der Vertragsstrafe im Sinne des punitiven Charakters, gilt jedoch für beide Parteien.[568]

V. Arten der Bürgschaft

1. Gewöhnliche Bürgschaft

a) In Deutschland

Bei der gewöhnlichen Bürgschaft kann der Bürge die Zahlung verweigern, bis der Gläubiger erfolglos eine Zwangsvollstreckung in das Vermögen des Hauptschuldners betrieben hat, § 771 S. 1 BGB. Dies ist Ausdruck des Subsidiaritätsgrundsatzes. Der Vollstreckungsversuch endet mit einem Titel i.S.d. §§ 704 I, 794 ZPO.[569]

Realsicherheiten sind ebenfalls vorrangig in Anspruch zu nehmen und aus ihnen Befriedigung zu suchen. Für die abgesicherten Geldforderungen gilt die in § 772 BGB normierte Einrede der Vorausvollstreckung.[570]

Gesetzlich geregelt sind jedoch nicht nur die Grundform, sondern auch weitere Varianten.[571] Andere haben sich nach den Regeln der Privatautonomie aufgrund praktischer Bedürfnisse entwickelt.

b) In Kolumbien

Gemäß Art. 2362 Abs. 1 CC gibt es drei Grundformen der Bürgschaft: die konventionell entstandene, die gesetzlich angeordnete[572] und die gerichtlich beschlossene Bürgschaft. Die Unterscheidung ist insoweit problematisch, als dass das Gesetz lediglich anordnen kann, dass der Schuldner einen Bürgen stellen muss, und nicht direkt die Bürgschaft an sich.[573] Der Richter hingegen ordnet

568 *Cadavid Gaviria*, Derecho Civil – Obligaciones, pág. 300; *Galindo Cubides*, El seguro de Fianza, pág. 5; *Muñoz Obando*, „La fianza", pág. 14.

569 Erman/*Zetzsche*, § 771 Rn. 1; Palandt/*Sprau*, § 771 Rn. 1.

570 MüKo/*Habersack*, § 772 Rn. 1; Staudinger/*Stürner*, § 771 Rn. 7.

571 Siehe Abschnitt C. V. 2. ff.

572 So ist die Stellung einer Kaution u.a. in den Art. 104, 834 Abs. 1, 988 Abs. 2, 1349, 1372 Abs. 1 CC angeordnet, explizit die Stellung einer Bürgschaft in den Art. 464, 465, 1372 CC. In den Fällen der richterlich angeordneten Bürgschaft steht dem Bürgen nicht die Einrede der Vorausklage (*beneficio de excusión*) zu.

573 *Anzola*, Lecciones Elementares de Derecho Civil Colombiano, Curso Tercero de los contratos, pág. 358; *Ochoa González*, Contratos nominados civiles, pág. 250; *Pérez*

die Stellung eines Bürgen auch nur in den gesetzlich normierten Fällen an. Mithin ist auch die richterlich angeordnete Bürgschaft eine gesetzlich vorgesehene Bürgschaft.[574] Diese Betrachtung ergibt, dass es sich letztlich immer um einen zwischen dem Hauptschuldner und dem Bürgen konsensuell geschlossenen Vertrag handelt.[575] Daher stellt sich die Frage, ob diese Unterscheidung Sinn ergibt. Nach hier vertretener Ansicht geht es nicht um verschiedene Entstehungsformen der Bürgschaft, sondern um verschiedene Anlässe für die Stellung einer Bürgschaft. Sie unterscheiden sich darin, dass die gesetzlich vorgeschriebene und die gerichtlich angeordnete Bürgschaft durch die Einräumung einer Hypothek oder eines Pfandrechts ersetzt werden können (Art. 2363 Abs. 2 CC),[576] da diese Sicherheiten vom Gesetz als sicherer bewertet werden.[577] Abgesehen davon stellt jeder kolumbianische Vertrag ein „Gesetz" zwischen den Vertragsparteien dar, sodass die alternative Stellung einer anderen Sicherheit gegen das Vertragsgesetz verstieße, wenn im Vertrag explizit die Stellung einer Bürgschaft gefordert wurde.[578]

Vives, Garantías civiles (Hipoteca, prenda y fianza), pág. 379; *Tarazona Cacéres*, La fianza civil, pág. 15.

574 *Anzola*, Lecciones Elementares de Derecho Civil Colombiano, Curso Tercero de los contratos, pág. 359; *Barros Errazuriz*, Curso de Derecho Civil, pág. 436; *Ojeda N.*, Apuntaciones sobre fianza, pág. 19; *Somarriva Undurraga*, Tratado de las cauciones, pág. 119.

575 *Anzola*, Lecciones Elementares de Derecho Civil Colombiano, Curso Tercero de los contratos, pág. 359; *Bonivento Fernández*, Los principales contratos civiles y comerciales, Tomo II, pág. 6; *Cuadra Folle*, La solidaridad, la fianza, la fianza solidaria y la codeuda solidaria. Algunas cuestiones y sus límites, en: Estudios sobre Garantías Reales y Personales, En homenaje a Manuel Somarriva Undurraga, pág. 144, 148; *García Cuéllar*, De la fianza civil, pág. 48; *Gaitán Martínez*, Fianza y obligación solidaria, en: Estudios sobre Garantías Reales y Personales, En homenaje a Manuel Somarriva Undurraga, pág. 102, 109; *Ochoa González*, Contratos nominados civiles, pág. 250; *Pérez Vives*, Garantías civiles (Hipoteca, prenda y fianza), pág. 379; *Somarriva Undurraga*, Tratado de las cauciones, pág. 118; *Tarazona Cacéres*, La fianza civil, pág. 15.

576 *Anzola*, Lecciones Elementares de Derecho Civil Colombiano, Curso Tercero de los contratos, pág. 359, *Barros Errazuriz*, Curso de Derecho Civil, pág. 436; *Bordamalo Echeverry*, Teoría de la fianza comercial, pág. 14; *Linares Vesga*, Introducción al estudio de los contratos: contratos civiles y comerciales, parte general y parte especial, pág. 191; *Salamanca*, Derecho civil: curso IV: contratos, pág. 288.

577 *Arteaga/Arteaga*, Curso de Derecho Civil – Contratos, pág. 135; *Somarriva Undurraga*, Tratado de las cauciones, pág. 120.

578 *Somarriva Undurraga*, Tratado de las cauciones, pág. 120; *Tobón*, Fianza, pág. 9; *Valencia Zea*, Derecho Civil, Tomo IV – Contratos, pág. 440.

Eine gewöhnliche Bürgschaft (*fianza ordinaria*) zeichnet sich dadurch aus, dass keine besonderen Abreden zwischen Bürgen und Gläubiger respektive zwischen Bürgen und Hauptschuldner getroffen werden. Bei dieser steht dem Bürgen, im Gegensatz zur selbstschuldnerischen Bürgschaft, u.a. die dilatorische Einrede der Vorausklage (*beneficio de excusión/discusión/orden*) zu, Art. 2383 CC.[579] Diese Einrede verdeutlicht die Subsidiarität der Bürgschaft und soll den Bürgen, der selbst keinerlei Interesse an der Erfüllung der Hauptschuld hat, privilegieren.[580] Danach kann er verlangen, dass der Gläubiger sich zur Begleichung der Schuld primär an das Vermögen des Schuldners oder an die für die Schuld gestellten dinglichen Sicherheiten, wie die Hypotheken und das Pfandrecht, hält.[581] Die damit verbundenen Kosten kann der Gläubiger im Vorfeld vom Bürgen einfordern, Art. 2386 Abs. 1 CC.[582] Hierzu zählen beispielsweise die notwendigen Briefmarken und das Papier oder die Telefonkosten.[583]

c) Vergleich

Die beiden gesetzlich geregelten Fälle der Bürgschaft ähneln sich in Kolumbien und Deutschland durch das Vorhandensein aller Einredemöglichkeiten und der strengen Einhaltung der gesetzlich geforderten Subsidiarität. Demnach soll der Bürge lediglich in Anspruch genommen werden, wenn der Gläubiger erfolglos versucht hat, sich bei dem Hauptschuldner oder anderen vorrangigen Schuldnern schadlos zu halten.

In Kolumbien ergeben sich Besonderheiten aus der Differenzierung zwischen den Grundformen der Bürgschaft. Diese Unterscheidung sieht das BGB nicht vor. Wie oben bereits aufgezeigt, ist diese vermeintliche Unterteilung nach Entstehungsgründen obsolet, da jede Bürgschaft letztlich vertraglich entsteht. Der Anlass der Entstehung variiert jedoch. Die Austauschbarkeit der Bürgschaft, die

579 *Herrera Tapias/Alfaro Patron*, El nuevo derecho de garantías en el derecho colombiano y en el derecho comparado, en: Justicia Juris, 2011, pág. 93, 96; *Somarriva Undurraga*, Tratado de las cauciones, pág. 155.

580 *Tarazona Cacéres*, La fianza civil, pág. 42.

581 *Ochoa González*, Contratos nominados civiles, pág. 255.

582 *Anzola*, Lecciones Elementares de Derecho Civil Colombiano, Curso Tercero de los contratos, pág. 372; *Barros Errazuriz*, Curso de Derecho Civil, pág. 441; *Bonivento Fernández*, Los principales contratos civiles y comerciales, Tomo II, pág. 18; *Pérez Vives*, Garantías civiles (Hipoteca, prenda y fianza), pág. 411; *Tarazona Cacéres*, La fianza civil, pág. 50.

583 *Tarazona Cacéres*, La fianza civil, pág. 50.

gesetzlich oder richterlich angeordnet wurde, erinnert indes an die Wahlmöglichkeit, die dem Schuldner in Deutschland zusteht, wenn er eine Sicherheit leisten muss. Hier muss es sich allerdings um eine selbstschuldnerische Bürgschaft handeln, wenn die Stellung einer Sicherheit gefordert ist. Dies liegt, ähnlich wie die kolumbianische Bewertung es vorsieht, an der einfacheren Durchsetzbarkeit, die dann eher vergleichbar ist mit Realsicherheiten, welche in Deutschland vorrangig als Sicherheit zu stellen sind, vgl. § 232 Abs. 2 BGB.

2. Selbstschuldnerische Bürgschaft

a) In Deutschland

In Deutschland wird die Einrede der Vorausklage regelmäßig abbedungen, § 773 Abs. 1 Nr. 1 BGB (sog. selbstschuldnerische Bürgschaft).[584] Sie ist zudem in den Fällen des § 773 BGB, sofern es sich um ein Handelsgeschäft des Bürgen handelt (§§ 343 ff., 349 S. 1 HGB), und wenn das Gesetz eine Sicherung fordert (§§ 232 Abs. 2 i.V.m. §§ 239 Abs. 2, 566 Abs. 2 S. 1, 1251 Abs. 2 S. 2 BG B, § 36 Abs. 2 S. 2 VerlagsG), ausgeschlossen.[585] Die Varianten des Einredeausschlusses gem. § 773 BGB sind selbsterklärend.

Der Gläubiger einer selbstschuldnerischen Bürgschaft muss nicht zunächst die Zwangsvollstreckung in das Vermögen des Hauptschuldners betreiben, § 773 Abs. 1 Nr. 1 BGB. Folglich ist der Subsidiaritätsgrundsatz gelockert. Jedoch wird der selbstschuldnerische Bürge nicht zum Gesamtschuldner zusammen mit dem Hauptschuldner.[586] Allerdings muss die Hauptverbindlichkeit fällig sein, d.h., dem Hauptschuldner dürfen keine rechtshindernden oder -vernichtenden Einreden zustehen.

Die Einrede der Vorausklage ist vergleichbar mit dem *beneficium excusionis* des gemeinen Rechts.[587]

---

584 *Bülow*, Recht der Kreditsicherheiten, Rn. 1005; *Reinicke/Tiedtke*, Rn. 145; *Stöber*, Handelsrecht, S. 107 Rn. 277; *Heyers*, JA 2012, 81, 84.

585 Staudinger/*Stürner*, § 773 Rn. 1; *Bülow*, Recht der Kreditsicherheiten, Rn. 1003; *Reinicke/Tiedtke*, Rn. 145; *Heyers*, JA 2012, 81, 84.

586 BGH, Urteil v. 7.2.1966 – VIII ZR 40/64 = BGH WM 1966, 317, 319; BGH, Urteil v. 25.9.1968 – VIII ZR 164/66 = BGH NJW 1968, 2332; OLG München, Urteil v. 25.2.1983 – 19 U 3659/82 = BGH WM 1984, 128, 130; BGH, Beschluss v. 24.11.1983 – III ZR 160/83 = BGH WM 1984, 131, 132; Staudinger/*Stürner*, § 773 Rn. 5; a.A. *Bülow*, Recht der Kreditsicherheiten, Rn. 1005.

587 Staudinger/*Stürner*, § 771 Rn. 1.

b) In Kolumbien

Der selbstschuldnerischen Bürgschaft entspricht in Kolumbien die *fianza sin beneficio de excusión/a primer requerimiento* (Bürgschaft ohne Einrede der Vorausklage).[588]

Die selbstschuldnerische Bürgschaft soll das Akzessorietätsprinzip durchbrechen, da sie die Bürgschaft abstrakt von der Hauptverbindlichkeit betrachtet.[589] Aus der Möglichkeit der gesamtschuldnerischen Bürgschaft und des Verzichts auf die Einrede der Vorausklage ergibt sich, dass die Subsidiarität der Bürgschaft kein essenzieller Bestandteil dieses Vertrages ist.[590]

Ein Bürge kann sich mit dem Hauptschuldner als Gesamtschuldner verpflichten, Art. 2384 Nr. 2 CC.[591] Im Vertrag hieße es „*fiador, principal pagador*",[592] was soviel bedeutet wie primär zahlender Bürge. Diese Konstruktion bewirkt, dass er im Verhältnis zum Gläubiger wie ein Gesamtschuldner haftet, allerdings im Verhältnis zum Hauptschuldner die Rechte eines Bürgen behält.[593] Daraus folgt, dass der gesamtschuldnerisch haftende Bürge dem Gläubiger die Einrede

---

588 *García Vásquez*, Garantías independientes y cartas de patrocinio: Las mejores alternativas para el comercio internacional, en: Revist@e – Mercatoria Volumen 5, No. 1 (2006), pág. 1, 1.

589 *Gómez-Blanes*, La Accesoriedad de la Fianza, en: Universitas, Revista de Derecho, pág. 15, 22.

590 *Avella*, Fianza solidaria, en: Revista Jurídica, No. 233, Mayo 1934, pág. 329, 334; *Gómez-Blanes*, La Accesoriedad de la Fianza, en: Universitas, Revista de Derecho, pág. 15, 17.

591 *Anzola*, Lecciones Elementares de Derecho Civil Colombiano, Curso Tercero de los contratos, pág. 369; *Arrubla Paucar*, El contrato de fianza, en: Estudios de derecho privado, Tomo I, Liber Amicorum en homenaje a César Gómez Estrada, pág. 44, 49; *Barros Errazuriz*, Curso de Derecho Civil, pág. 442; *Ochoa González*, Contratos nominados civiles, pág. 260; *Ortega Torres*, Código Civil, pág. 1058; *Tafur González*, Código Civil Anotado, pág. 749; *Tarazona Caceres*, La fianza civil, pág. 44.

592 *Avella*, Fianza solidaria, en: Revista Jurídica, No. 233, Mayo 1934, pág. 329, 331.

593 *Anzola*, Lecciones Elementares de Derecho Civil Colombiano, Curso Tercero de los contratos, pág. 369; *Arrubla Paucar*, El contrato de fianza, en: Estudios de derecho privado, Tomo I, Liber Amicorum en homenaje a César Gómez Estrada, pág. 44, 49; *Barros Errazuriz*, Curso de Derecho Civil, pág. 442; *Hinestrosa*, Tratado de las Obligaciones, Concepto, estructura, vicisitudes, I, pág. 83; *Ochoa González*, Contratos nominados civiles, pág. 260; *Ortega Torres*, Código Civil, pág. 1058; *Pérez Vives*, Garantías civiles (Hipoteca, prenda y fianza), pág. 358, 377; *Somarriva Undurraga*, Tratado de las cauciones, pág. 125; *Tarazona Caceres*, La fianza civil, pág. 44; *Valencia Zea*, Derecho Civil, Tomo IV – Contratos, pág. 464.

der Vorausklage nicht entgegenhalten kann.[594] Der größte Unterschied zwischen gesamtschuldnerischen Bürgen und Gesamtschuldnern wird im Falle der Novation deutlich.[595] Im Einklang mit Art. 1576 und 1704 CC erlischt die Schuld für alle, wenn der Gläubiger und ein Gesamtschuldner eine Novation vereinbaren.[596] Im Gegensatz dazu erlischt die Schuld nicht für die Gesamtschuldner, wenn der Gläubiger und ein gesamtschuldnerischer Bürge die Novation vereinbaren, da es sich bei der Bürgschaft um einen akzessorischen Vertrag handelt und dessen Untergang das Schicksal der Hauptschuld nicht beeinflusst.[597]

Haften mehrere Bürgen gesamtschuldnerisch, ist zwischen Bürgen, die lediglich untereinander gesamtschuldnerisch haften, solchen, die untereinander und im Verhältnis zum Hauptschuldner gesamtschuldnerisch haften, und solchen, die zwar nicht untereinander, allerdings im Verhältnis zum Hauptschuldner gesamtschuldnerisch haften, zu unterscheiden.[598] Im ersten Fall ist die Einrede der Vorausklage gemäß Art. 2384 Nr. 2 CC lediglich im Verhältnis zu den anderen Bürgen ausgeschlossen, nicht aber im Verhältnis zum Gläubiger.[599] Im zweiten Fall kann der Bürge die Einrede gegenüber keiner beteiligten Person geltend machen.[600] Auch im dritten Fall kann keiner die Einrede geltend machen;

594 *Arrubla Paucar*, El contrato de fianza, en: Estudios de derecho privado, Tomo I, Liber Amicorum en homenaje a César Gómez Estrada, pág. 44, 49; *Bonivento Fernández*, Los principales contratos civiles y comerciales, Tomo II, pág. 13; *Ochoa González*, Contratos nominados civiles, pág. 260; *Ortega Torres*, Código Civil, pág. 1066; *Pérez Vives*, Garantías civiles (Hipoteca, prenda y fianza), pág. 377; *Tarazona Caceres*, La fianza civil, pág. 45.

595 *Tarazona Caceres*, La fianza civil, pág. 45.

596 *Gómez Estrada*, Civil Contratos, pág. 494; *Salamanca*, Derecho civil: curso IV: contratos, pág. 300; *Tarazona Caceres*, La fianza civil, pág. 45.

597 *Alessandri Rodríguez*, Derecho Civil – Teoría de las obligaciones, pág. 28; *Tarazona Caceres*, La fianza civil, pág. 45.

598 Casación, 2 de Julio 1931, „G. J.", nº 1.880, pág. 175; *Gómez Estrada*, Civil Contratos, pág. 495; *Pérez Vives*, Garantías civiles (Hipoteca, prenda y fianza), pág. 377; *Avella*, Fianza solidaria, en: Revista Jurídica, No. 233, Mayo 1934, pág. 329, 332.

599 *Gómez Estrada*, Civil Contratos, pág. 495; *Pérez Vives*, Garantías civiles (Hipoteca, prenda y fianza), pág. 377; *Avella*, Fianza solidaria, en: Revista Jurídica, No. 233, Mayo 1934, pág. 329, 333.

600 Casación, 24 septiembre 1917, t. XXVI, pág. 178; *Gómez Estrada*, Civil Contratos, pág. 495; *Somarriva Undurraga*, Tratado de las cauciones, pág. 125; *Avella*, Fianza solidaria, en: Revista Jurídica, No. 233, Mayo 1934, pág. 329, 333.

die Bürgen sollen sich jedoch untereinander auf die Teilbarkeitseinrede berufen können, wenn einer von ihnen gezahlt hat.[601]

Wenn es nur einen (gesamtschuldnerischen) Bürgen und einen Hauptschuldner gibt, ist es fraglich, wie es zu einer Gesamtschuldnerschaft kommen kann, da diese die Haftung auf derselben Stufe voraussetzt.[602] Dabei dürfen *fiadores solidarios* (gesamtschuldnerische Bürgen) und *deudores solidarios* (gesamtschuldnerische Schuldner) nicht verwechselt werden.[603] Der gesamtschuldnerische Bürge haftet grds. nicht als einfacher Gesamtschuldner. Entscheidendes Abgrenzungskriterium ist, dass es sich bei einer Bürgschaft immer um eine subsidiäre, akzessorische Schuld handelt und bei der Gesamtschuldnerschaft nicht.[604] Die Vertragsparteien bestimmen, was gewollt ist, Art. 1602, 1603 CC.[605] Der Unterschied liegt zudem in den Regressmöglichkeiten und den Folgen des Erlöschens der Hauptschuld.[606] Bei der Gesamtschuldnerschaft kann der Mitschuldner nicht in die Rechte des Gläubigers eintreten, sondern nur gemäß Art. 1579 Abs. 1 CC die Quote des anderen Mitschuldners einfordern. Im Fall der Bürgschaft kann er gemäß Art. 2395 Abs. 1, 1667 CC den Betrag vom Hauptschuldner zurückfordern und ihm stehen alle Sicherheiten des Gläubigers zu.[607] Die Unterbrechung der Verjährung für einen Gesamtschuldner erstreckt sich auch auf die Frist für die anderen Gesamtschuldner, Art. 2540 CC.[608] Beim gesamtschuldnerischen Bürgen wirkt sich die Unterbrechung in seinem Verhältnis zum Gläubiger nicht auf den Hauptschuldner aus – so wie auch bei der gewöhnlichen Bürgschaft.[609]

---

601 Casación, 2 julio 1931, „G. J.", No. 1.880, pág. 175; *Gómez Estrada*, Civil Contratos, pág. 495; *Avella*, Fianza solidaria, en: Revista Jurídica, No. 233, Mayo 1934, pág. 329, 333.

602 *Avella*, Fianza solidaria, en: Revista Jurídica, No. 233, Mayo 1934, pág. 329, 333.

603 *Manotas Sánchez*, Fianza civil solidaria, pág. 13.

604 *Manotas Sánchez*, Fianza civil solidaria, pág. 13; *Somarriva Undurraga*, Tratado de las cauciones, pág. 128.

605 *Ojeda N.*, Apuntaciones sobre fianza, pág. 41.

606 *Pérez Vives*, Garantías civiles (Hipoteca, prenda y fianza), pág. 378; *Somarriva Undurraga*, Tratado de las cauciones, pág. 125; *Avella*, Fianza solidaria, en: Revista Jurídica, No. 233, Mayo 1934, pág. 329, 337.

607 *Avella*, Fianza solidaria, en: Revista Jurídica, No. 233, Mayo 1934, pág. 329, 337.

608 *Avella*, Fianza solidaria, en: Revista Jurídica, No. 233, Mayo 1934, pág. 329, 337.

609 *Somarriva Undurraga*, Tratado de las cauciones, pág. 167; *Avella*, Fianza solidaria, en: Revista Jurídica, No. 233, Mayo 1934, pág. 329, 337.

Ein einziger Bürge kann nicht gesamtschuldnerisch haften, da dies dem Wesen der Bürgschaft widerspricht.[610]

In Art. 2384 Nr. 1 CC wird normiert, dass die Einrede der Vorausklage nur dann greift, wenn sie nicht ausdrücklich ausgeschlossen wurde. Dies bedeutet, dass ein stillschweigender Ausschluss nicht möglich ist.[611] Der Ausschluss kann gemäß Art. 15 CC vereinbart werden, wenn er im individuellen Interesse des Verzichtenden liegt und der Verzicht nicht verboten wurde. Dem Ausschluss der Einrede der Vorausklage entspricht die Vereinbarung einer selbstschuldnerischen Bürgschaft.

Gemäß Nr. 2 können sich Bürgen, die sich gesamtschuldnerisch verbürgt haben, ebenfalls nicht auf die Einrede der Vorausklage berufen.[612] Der exakte Wortlaut ist hier relevant. So heißt es: „*Que el fiador no se haya obligado como deudor solidario.* " (Auf Deutsch: Dass der Bürge sich nicht als gesamtschuldnerischer Schuldner verpflichtet hat.) Nach einer Ansicht sind Bürgen von dem Wortlaut eindeutig ausgeschlossen, da von *deudor solidario* gesprochen wird und nicht von *fiador solidario.*[613] Schon ein Vergleich mit dem spanischen *Código Civil* würde hier einen offensichtlichen Unterschied aufzeigen, da in diesem ein neutralerer Wortlaut gewählt wurde „*cuando se haya obligado solidariamente con el deudor*" (wenn er sich gesamtschuldnerisch mit dem Schuldner verpflichtet hat) und dies eine deutliche Einbeziehung des Bürgen bedeuten würde – im Gegensatz zu der Formulierung im kolumbianischen *Código Civil.*[614] Auch ein Vergleich mit dem französischen *Code Civil*, der große Ähnlichkeit mit dem *Código Civil chileno* aufweist, legt die strikte Trennung nahe.[615] Der *Tribunal*

---

610 *Manotas Sánchez*, Fianza civil solidaria, pág. 16; *Ojeda N.*, Apuntaciones sobre fianza, pág. 41.

611 *Arrubla Paucar*, El contrato de fianza, en: Estudios de derecho privado, Tomo I, Liber Amicorum en homenaje a César Gómez Estrada, pág. 44, 55; *Arteaga/Arteaga*, Curso de Derecho Civil – Contratos, pág. 137; *Bonivento Fernández*, Los principales contratos civiles y comerciales, Tomo II, pág. 17; *Pérez Vives*, Garantías civiles (Hipoteca, prenda y fianza), pág. 401; *Tarazona Caceres*, La fianza civil, pág. 43.

612 Casación, 24 septiembre 1917, t. XXVI, pág. 178; *Anzola*, Lecciones Elementares de Derecho Civil Colombiano, Curso Tercero de los contratos, pág. 371; *Barros Errazuriz*, Curso de Derecho Civil, pág. 439; *Ochoa González*, Contratos nominados civiles, pág. 255; *Pérez Vives*, Garantías civiles (Hipoteca, prenda y fianza), pág. 402.

613 *Manotas Sánchez*, Fianza civil solidaria, pág. 25; *Andrade*, La fianza solidaria y el beneficio de excusión, en: Revista Jurídica No. 25, Mayo 1911, pág. 2, 20.

614 *Andrade*, La fianza solidaria y el beneficio de excusión, en: Revista Jurídica No. 25, Mayo 1911, pág. 2, 20.

615 *Manotas Sánchez*, Fianza civil solidaria, pág. 26.

del Sororro hat jedoch bereits durch sein Urteil von 21. März 1899 entschieden, dass mit *deudor solidario* auch ein *fiador solidario* gemeint ist, da auch der Bürge ein Schuldner ist.[616] Nach wieder anderer Ansicht ist Art. 2384 Nr. 2 CC auf den Fall des Gesamtschuldners ohne eigenes Interesse an der Hauptschuld anwendbar, Art. 1579 Abs. 2 CC, da dieser wie ein Bürge behandelt würde.[617] Da somit grds. die den Bürgen privilegierenden Vorschriften anwendbar wären, bedurfte es einer klaren Ausnahmeregelung.[618] Aus rechtsvergleichender und historischer Perspektive spricht viel für die Exklusion des Bürgen. Systematisch betrachtet befindet sich die entsprechende Vorschrift demgegenüber im Bürgschaftsrecht, sodass davon ausgegangen werden muss, dass Bürgen inkludiert sind. Des Weiteren ist dem Argument, dass es sich auch bei dem Bürgen um einen Schuldner handelt, zuzustimmen. Daher ist nach der hier vertretenen Ansicht davon auszugehen, dass auch gesamtschuldnerische Bürgen in den Anwendungsbereich der Vorschrift fallen.

Art. 2384 Nr. 3 CC stellt lediglich klar, dass es sich bei der Hauptschuld um eine klagbare Schuld handeln muss, um die Einrede der Vorausklage erheben zu können. Dies liegt daran, dass es dem Gläubiger nicht möglich ist, gegen den Hauptschuldner vorzugehen, wenn ihm die Klagemöglichkeit verwehrt bleibt.[619] Somit steht demjenigen, der für eine nicht klagbare Schuld bürgt, die Einrede der Vorausklage regelmäßig nicht zu.[620]

Aus Nr. 4 geht hervor, dass eine richterlich angeordnete Bürgschaft regelmäßig schneller und effektiver durchsetzbar sein soll als eine gewöhnliche Bürgschaft.[621] Gegen diese unterschiedliche Behandlung von konventioneller und

---

616 *Ojeda N.*, Apuntaciones sobre fianza, pág. 40; *Andrade*, La fianza solidaria y el beneficio de excusión, en: Revista Jurídica No. 25, Mayo 1911, pág. 2, 21.

617 *Avella*, Fianza solidaria, en: Revista Jurídica, No. 233, Mayo 1934, pág. 329, 331.

618 *Avella*, Fianza solidaria, en: Revista Jurídica, No. 233, Mayo 1934, pág. 329, 331.

619 *Arteaga/Arteaga*, Curso de Derecho Civil – Contratos, pág. 137; *Bonivento Fernández*, Los principales contratos civiles y comerciales, Tomo II, pág. 17; *Tarazona Caceres*, La fianza civil, pág. 47.

620 *Arteaga/Arteaga*, Curso de Derecho Civil – Contratos, pág. 137; *Barros Errazuriz*, Curso de Derecho Civil, pág. 440; *Ochoa González*, Contratos nominados civiles, pág. 255; *Tarazona Caceres*, La fianza civil, pág. 47.

621 *Bonivento Fernández*, Los principales contratos civiles y comerciales, Tomo II, pág. 17; *Bordamalo Echeverry*, Teoría de la fianza comercial, pág. 34; *Tarazona Caceres*, La fianza civil, pág. 47.

richterlicher Bürgschaft spricht jedoch, dass auch die richterlich angeordnete Bürgschaft letztlich vertraglich geschlossen werden muss.[622]

Nr. 5 hingegen verdeutlicht, dass die Einrede unverzüglich erhoben werden muss, da der Schuldner sie sonst verliert. Unverzüglich bedeutet in diesem Zusammenhang zum Zeitpunkt der Zahlungsaufforderung durch den Gläubiger.[623] Darüber hinaus ist nach Art. 2384 Nr. 5 i.V.m. Art. 2384 Nr. 6 CC erforderlich, dass der Bürge den Gläubiger auf das Vermögen, aus dem der Gläubiger sich befriedigen kann, verweist und im Zweifel dessen Vorhandensein beweist.[624] Dies ist insoweit problematisch, als dass der Bürge möglicherweise zum Zeitpunkt der Zahlungsaufforderung keine Kenntnis von den Vermögenswerten des Hauptschuldners hat, er aber gemäß Art. 2384 Nr. 6 CC den Gläubiger auf diese hinweisen muss, wenn er die Einrede der Vorausklage rechtswirksam erheben will und diese durch Unkenntnis verliert.[625] Daher kann der Richter dem Bürgen einen längeren Zeitraum zur Erhebung der Einrede einräumen.[626]

Art. 2385 CC listet eine Reihe von Vermögenswerten auf, die bei dem Verweis auf das Vermögen des Hauptschuldners i.S.v. Art. 2384 Nr. 6 CC nicht berücksichtigt werden. Diese Liste gleicht in Nr. 1 (Vermögenswerten außerhalb des Staatsgebietes) und Nr. 2 sowie Nr. 4[627] (belastetes und streitbefangenes Vermögen) der Liste an Vermögenswerten, die für die Tauglichkeitsprüfung des Bürgen nicht berücksichtigt werden dürfen, vgl. Art. 2376 Abs. 3 CC.[628] Die Gründe für die Nichtberücksichtigung gleichen sich: Sie wären schlicht nicht oder nur wenig

622 *Bonivento Fernández*, Los principales contratos civiles y comerciales, Tomo II, pág. 17; *Gnecco de Quellar*, Conferencias de derecho civil (la fianza), pág. 4; *Muñoz Obando*, „La fianza", pág. 46; *Ojeda N.*, Apuntaciones sobre fianza, pág. 19; *Somarriva Undurraga*, Tratado de las cauciones, pág. 120; *Valencia Zea*, Derecho Civil, Tomo IV – Contratos, pág. 429.

623 *Barros Errazuriz*, Curso de Derecho Civil, pág. 440; *Ochoa González*, Contratos nominados civiles, pág. 255; *Pérez Vives*, Garantías civiles (Hipoteca, prenda y fianza), pág. 408; *Tarazona Cacéres*, La fianza civil, pág. 47.

624 *Bordamalo Echeverry*, Teoría de la fianza comercial, pág. 35; *Pérez Vives*, Garantías civiles (Hipoteca, prenda y fianza), pág. 409.

625 *Pérez Vives*, Garantías civiles (Hipoteca, prenda y fianza), pág. 409; *Tarazona Cacéres*, La fianza civil, pág. 47.

626 *Tarazona Cacéres*, La fianza civil, pág. 47.

627 Was bevorzugte Schulden sind, ist in Art. 2495, 2497, 2499, 2502 CC geregelt.

628 *Anzola*, Lecciones Elementares de Derecho Civil Colombiano, Curso Tercero de los contratos, pág. 371; *Barros Errazuriz*, Curso de Derecho Civil, pág. 440; *Ochoa González*, Contratos nominados civiles, pág. 256.

nützlich für den Gläubiger.[629] Das Letztgenannte gilt ebenfalls für Eigentum, das dem Schuldner nur unter einer auflösenden Bedingung zusteht.[630] Die Einrede kann, sofern der Hauptschuldner in der Zwischenzeit nicht zu weiterem Vermögen gekommen ist, nur einmal geltend gemacht werden, Art. 2388 Abs. 1 CC.[631] Dem Unterbürgen steht die Einrede auch bzgl. der gewöhnlichen Bürgen zu, Art. 2391 CC.[632] Der Bürge eines Gesamtschuldners kann den Gläubiger auf das Vermögen aller Gesamtschuldner verweisen.[633] Sofern sich ein Bürge für eine Schuld mit mehreren gewöhnlichen Hauptschuldnern verbürgt hat, wirkt die Einrede des Bürgen auch gegen die restlichen Hauptschuldner.[634]

Sollte das Vermögen des Hauptschuldners nicht die volle Summe der Hauptschuld abdecken, kann sich der Gläubiger nur bzgl. des Restes an den Bürgen wenden, Art. 2389 CC.[635] Diese Regelung stellt eine spezialgesetzliche Ausnahme zu dem Grundsatz dar, dass der Gläubiger keine Teilleistungen annehmen muss (Art. 1649 Abs. 2 CC).[636] Die Einrede ist wirkungslos, wenn das vom

---

629 Sentencia – S. de N. G. – 19 febrero 1942 = „G. J.", nº 1.981, pág. 896; *Ojeda N.*, Apuntaciones sobre fianza, pág. 34, 49; *Pérez Vives*, Garantías civiles (Hipoteca, prenda y fianza), pág. 410; *Somarriva Undurraga*, Tratado de las cauciones, pág. 150; *Tarazona Caceres*, La fianza civil, pág. 48.

630 *Ojeda N.*, Apuntaciones sobre fianza, pág. 34; *Pérez Vives*, Garantías civiles (Hipoteca, prenda y fianza), pág. 371; *Tarazona Caceres*, La fianza civil, pág. 48.

631 *Anzola*, Lecciones Elementares de Derecho Civil Colombiano, Curso Tercero de los contratos, pág. 373; *Barros Errazuriz*, Curso de Derecho Civil, pág. 441; *Bonivento Fernández*, Los principales contratos civiles y comerciales, Tomo II, pág. 18; *Bordamalo Echeverry*, Teoría de la fianza comercial, pág. 40; *Céspedes Solano*, Manual de Contratos Civiles, pág. 149; *Ochoa González*, Contratos nominados civiles, pág. 256; *Ojeda N.*, Apuntaciones sobre fianza, pág. 50; *Salamanca*, Derecho civil: curso IV: contratos, pág. 292; *Tarazona Caceres*, La fianza civil, pág. 50.

632 *Barros Errazuriz*, Curso de Derecho Civil, pág. 441; *Bonivento Fernández*, Los principales contratos civiles y comerciales, Tomo II, pág. 18, *Bordamalo Echeverry*, Teoría de la fianza comercial, pág. 40; *Ochoa González*, Contratos nominados civiles, pág. 256.

633 *Somarriva Undurraga*, Tratado de las cauciones, pág. 152.

634 *Arrubla Paucar*, El contrato de fianza, en: Estudios de derecho privado, Tomo I, Liber Amicorum en homenaje a César Gómez Estrada, pág. 44, 56.

635 *Anzola*, Lecciones Elementares de Derecho Civil Colombiano, Curso Tercero de los contratos, pág. 373; *Arrubla Paucar*, El contrato de fianza, en: Estudios de derecho privado, Tomo I, Liber Amicorum en homenaje a César Gómez Estrada, pág. 44, 56; *Barros Errazuriz*, Curso de Derecho Civil, pág. 441; *Bordamalo Echeverry*, Teoría de la fianza comercial, pág. 40.

636 *Gómez Estrada*, Civil Contratos, pág. 527.

Bürgen bezeichnete Vermögen bereits als „bessere" Sicherheit für andere Verbindlichkeiten dient.[637]

Wenn der Hauptschuldner grds. solvent war, aber sein Vermögen verliert und der Gläubiger sein Zahlungsverlangen zu spät nach der Geltendmachung der Einrede vorbringt, wird der Bürge in der Höhe, in welcher der Hauptschuldner vermögend war, frei.[638] Dies ergibt sich auch aus Art. 2390 Abs. 1 CC.

Die Einrede wird nicht von Gerichts wegen beachtet, sondern muss i.d.R. erhoben werden, außer der Bürge hat sich ausdrücklich nur zu einer subsidiären Zahlung i.S.d. Art. 2390 Abs. 2 CC bereit erklärt.[639]

Die Einrede der Vorausklage steht dem handelsrechtlichen Bürgen nicht zu.[640] Die handelsrechtliche Bürgschaft sichert die Erfüllung von handelsrechtlichen Verträgen ab.[641] Irrelevant ist insoweit die Kaufmannseigenschaft des Bürgen, da nach verbreiteter Ansicht eine handelsrechtliche Bürgschaft vorliegt, wenn die Hauptforderung einen handelsrechtlichen Bezug aufweist.[642] Dies wird mit der Akzessorietät der Bürgschaft begründet.[643]Charakteristisch für die handelsrechtlichen Bürgschaften in Kolumbien ist vielfach die juristische Person, die auf die Vergabe von Sicherheiten spezialisiert ist, welche als Bürge agiert.[644]

---

637 *Bordamalo Echeverry*, Teoría de la fianza comercial, pág. 40.

638 *Anzola*, Lecciones Elementares de Derecho Civil Colombiano, Curso Tercero de los contratos, pág. 373; *Barros Errazuriz*, Curso de Derecho Civil, pág. 440; *Cardona Hernández*, Contratos civiles, pág. 264; *Ochoa González*, Contratos nominados civiles, pág. 256.

639 *Arrubla Paucar*, El contrato de fianza, en: Estudios de derecho privado, Tomo I, Liber Amicorum en homenaje a César Gómez Estrada, pág. 44, 55; *Bonivento Fernández*, Los principales contratos civiles y comerciales, Tomo II, pág. 16.

640 *Ojeda N.*, Apuntaciones sobre fianza, pág. 24; *Pérez Vives*, Garantías civiles (Hipoteca, prenda y fianza), pág. 376.

641 *Arrubla Paucar*, El contrato de fianza, en: Estudios de derecho privado, Tomo I, Liber Amicorum en homenaje a César Gómez Estrada, pág. 44, 44; *Gómez Estrada*, Civil Contratos, pág. 487; *Pérez Vives*, Garantías civiles (Hipoteca, prenda y fianza), pág. 375.

642 *Gómez Estrada*, Civil Contratos, pág. 487; *Lozada Bustos*, La fianza como garantía civil, pág. 34; *Somarriva Undurraga*, Tratado de las cauciones, pág. 116; *Tobón*, Fianza, pág. 9.

643 *Lozada Bustos*, La fianza como garantía civil, pág. 34; *Somarriva Undurraga*, Tratado de las cauciones, pág. 116.

644 *Botero Morales*, El seguro y la fianza. Naturaleza jurídica de las garantías de cumplimiento, en: Escritos sobre Riesgos y Seguros, pág. 445; *Pérez Vives*, Garantías civiles (Hipoteca, prenda y fianza), pág. 375.

Die handelsrechtlichen Bürgschaften mussten vor der Handelsgesetznovelle, im Gegensatz zur nicht-kaufmännischen Bürgschaft, schriftlich geschlossen werden.[645] Heute unterliegen sie ebenfalls keinen Formvorschriften.[646]

c) Vergleich

Der Ursprung der Einrede der Vorausklage ist gleich: Er liegt im gemeinen Recht. Dies wird gerade im Spanischen schon aus der sprachlichen Nähe der beiden Begrifflichkeiten deutlich. So verwundert es auch nicht, wenn der Ausschluss der Einrede in beiden Rechtsordnungen Ähnlichkeiten aufweist.

Zunächst kann die Einredemöglichkeit sowohl in Deutschland als auch in Kolumbien vertraglich ausgeschlossen werden. Daraus folgt die vertragliche Lockerung der Subsidiarität. Da der selbstschuldnerische Bürge in Deutschland nicht gesamtschuldnerisch mit dem Hauptschuldner haftet – generell der Bürge nicht gesamtschuldnerisch haftet – ist diese Variante des kolumbianischen Einredeausschlusses in Deutschland obsolet. Außerdem ist in Deutschland eine Bürgschaft für eine nicht klagbare Schuld unwirksam, weswegen der Einredeausschluss auch in diesem Fall entfällt.

Identisch ist jedoch, dass in den Fällen, in denen das Gesetz Anlass für die Bürgschaftsstellung war, vom Ausschluss der Einredemöglichkeit Gebrauch gemacht wird. In Kolumbien ist dies einmal im Bürgschaftsrecht normiert, in Deutschland jeweils in den Normen, welche die Stellung einer Sicherheit anordnen.

Der Zeitpunkt der Einredeerhebung ist im BGB nicht näher definiert, aber es ist davon auszugehen, dass die Einrede zeitnah nach der Zahlungsaufforderung durch den Gläubiger zu erheben ist. In Kolumbien verliert der Bürge die Einredemöglichkeit, sofern er die Einrede nicht unverzüglich geltend macht. Gleichzeitig muss der Bürge den Gläubiger auf das Vermögen des Hauptschuldners hinweisen. Mithin kann die Einrede nicht wirksam erhoben werden, wenn der Hauptschuldner nicht über ausreichend Vermögen verfügt. Der Mangel an Vermögensmasse führt im Falle der Insolvenz des Hauptschuldners oder, sofern die Zwangsvollstreckung in dessen Vermögen aussichtslos erscheint, ebenso in Deutschland zum Ausschluss der Einredemöglichkeit. Im Ergebnis gleichen sich

645 Laudo Arbitral del Tribunal de arbitraje – Cámara de Comercio de Bogotá – 15 de Febrero de 2001 = http://vlex.com/vid/355230822; *Gómez Estrada*, Civil Contratos, pág. 466; *Ojeda N.*, Apuntaciones sobre fianza, pág. 29.

646 Laudo Arbitral del Tribunal de arbitraje – Cámara de Comercio de Bogotá – 15 de Febrero de 2001 = http://vlex.com/vid/355230822.

die Ausschlussvarianten daher auch insoweit. Ist die Rechtsverfolgung aufgrund eines Wohnortwechsels des Hauptschuldners erschwert, ist die Einredemöglichkeit in Deutschland ebenfalls ausgeschlossen. Der Zweck der Vorschrift ergibt sich hier direkt aus dem Wortlaut. So zielt die Norm auf eine vereinfachte Durchsetzbarkeit des Anspruchs ab. Somit ist sie mit Art. 2385 Nr. 1 CC vergleichbar. Danach kann der Bürge den Gläubiger nicht auf die Verwertung von Eigentum des Hauptschuldners verweisen, wenn sich dieses außerhalb des Staatsgebietes befindet. Während in Kolumbien an den Belegenheitsort der Sache angeknüpft wird, wird in Deutschland an den Wohnort des Hauptschuldners angeknüpft.

Eine weitere Gemeinsamkeit ergibt sich aus dem Ausschluss der Einrede der Vorausklage im handelsrechtlichen Verkehr. Hervorzuheben ist, dass sich in Kolumbien das Vorhandensein einer handelsrechtlichen Bürgschaft auf den Bestand einer handelsrechtlichen Verbindlichkeit stützt und nicht auf die Kaufmannseigenschaft des Bürgen. Dies erscheint vor dem Hintergrund problematisch, dass der möglicherweise rein privat handelnde Bürge durch den Ausschluss der Einrede der Vorausklage stark benachteiligt wird. In Deutschland ist dagegen die Kaufmannseigenschaft des Bürgen entscheidend.[647] Dies dient dem umfassenden Bürgenschutz und spiegelt das allgemeine subjektive Anknüpfungsprinzip des HGB wider. Die Normen zu Handelsgeschäften sind nur anwendbar, wenn es sich bei mindestens einer der Parteien um einen Kaufmann handelt. Diese Lösung führt zu einem umfassenderen Schutz der beteiligten Personen. Das Argument der Akzessorietät zu möglicherweise handelsrechtlichen Hauptverbindlichkeiten kann entkräftet werden, weil die Bürgschaft nicht zwangsläufig denselben Charakter wie die abzusichernde Verbindlichkeit haben muss. So kann es sich bei den abzusichernden Verbindlichkeiten um solche aus verschiedensten Verträgen handeln. Die kolumbianische Bürgschaft zeichnet sich hingegen durch den Charakter der Geldschuld aus. Die deutsche Lösung erscheint daher sachgerechter.

Aus dieser Betrachtung folgt, dass sich die Normen, welche den Ausschluss der Einrede der Vorausklage regeln, in Deutschland und Kolumbien, wenn schon nicht in ihrer direkten Kodifizierung, so doch in ihrem Zweck, stark ähneln.

---

647 BeckOK HGB/*Lehmann-Richter*, § 349 Rn. 6 f.; *Stöber*, Handelsrecht, S. 107 Rn. 279.

3. Bürgschaft auf erstes Anfordern

a) In Deutschland

Im Rahmen der Bürgschaft auf erstes Anfordern stehen dem Bürgen noch weniger Einredemöglichkeiten zur Verfügung als bei der selbstschuldnerischen Bürgschaft. Diese Form der Bürgschaft ist in Deutschland nicht gesetzlich geregelt und hat sich im Laufe der Zeit aus einem praktischen Erfordernis heraus gebildet.[648] Bei der Bürgschaft auf erstes Anfordern ist der Bürge dazu verpflichtet, bereits beim ersten Anfordern des Gläubigers zu zahlen, und kann zunächst keine Einwendungen oder Einreden[649] geltend machen.[650] Der Anforderungsanspruch ist lediglich an die Voraussetzungen geknüpft, welche sich aus der Vertragsurkunde ergeben, nämlich das Bestehen einer Bürgschaft auf erstes Anfordern und die weiteren vertraglich normierten Anforderungen, wie z.Bsp. die Fälligkeit, und nicht an eine Prüfung der Substanziiertheit oder Schlüssigkeit.[651]

Zum Schutz des unerfahrenen Bürgen muss dieser gesondert über die Bürgschaft auf erstes Anfordern aufgeklärt werden.[652] Andernfalls kommt nur

648 *Kopp*, Die Bürgschaft auf erstes Anfordern, S. 15.

649 Der möglichen Rückforderung steht § 214 Abs. 2 BGB nicht entgegen, wenn der Bürge erklärt, unter Vorbehalt zu zahlen, OLG Hamm, Urteil v. 21.4.1994 – 21 U 215/93 = OLG Hamm WM 1995, 745, 747.

650 Jauernig/*Stadler*, Vor § 765 Rn. 12; MüKo/*Habersack*, § 765 Rn. 106. Er kann jedoch darlegen, dass der Bürgschaftsvertrag nicht wirksam zustande gekommen sei. Näheres in: *Kopp*, Die Bürgschaft auf erstes Anfordern; *Oettmeier*, Bürgschaften auf erstes Anfordern.

651 BGH, Urteil v. 28.10.1993 – IX ZR 141/93 = BGH NJW 1994, 380, 381; BGH, Urteil v. 17.10.1996 – IX ZR 325/95 = BGH NJW 1997, 255, 256; BGH, Urteil v. 2.4.1998 – IX ZR 79/97 = BGH NJW 1998, 2280, 2281; BeckOK BGB/*Rohe*, § 765 Rn. 110; Jauernig/*Stadler*, Vor § 765 Rn. 12; *Bülow*, Recht der Kreditsicherheiten, Rn. 977. *Fischer* in WM 2005, 528, 531 stellt klar, dass sich der Bürge somit auch darauf berufen kann, dass die Hauptforderung „*nicht fällig oder bereits erloschen*" enstanden sei. Vereinzelt wird dennoch eine solche Pflicht angenommen. Dagegen spricht jedoch die Liquiditätszuführung. Zudem widerspricht eine solche Pflicht dem Bürgenschutz, da diesem die Prüfungspflicht obläge und er bei einer fehlerhaften Prüfung den Regressanspruch gegen den Hauptschuldner verlöre. Zum Liquiditätserfordernis: BeckOK BGB/*Rohe*, § 765 Rn. 112 (grundsätzlich); und des Bürgenschutzes: Staudinger/*Stürner*, Vorbem. zu §§ 765 ff. Rn. 34.

652 BGH, Urteil v. 2.4.1998 – IX ZR 79/97 = BGH NJW 1998, 2280, 2280; *Reinicke/Tiedtke*, Rn. 329.

eine selbstschuldnerische Bürgschaft zustande.[653] Ist der Gläubiger aufgrund der Sicherungsvereinbarung lediglich dazu berechtigt, eine selbstschuldnerische Bürgschaft einzuholen, muss er die Bürgschaft auf erstes Anfordern zwar nicht herausgeben, aber sich zur bloß selbstschuldnerischen Inanspruchnahme verpflichten.[654]

Diese Ausgestaltungsmöglichkeit ist hinsichtlich der Abbedingung der §§ 765, 767 Abs. 1 S. 1, 768 Abs. 1 S. 1, 770 Abs. 1 BGB insoweit problematisch, als dass diese Normen Ausdruck der Akzessorietät sind.[655] Die Akzessorietät wird als Wesensmerkmal der Bürgschaft angesehen.[656] Sie sei hier nach einer Ansicht *„systemwidrig für das Stadium der Geltendmachung beseitigt“*,[657] nach anderer Ansicht lediglich *„gelockert“*,[658] weil der Bürge in einem Rückforderungsprozess seine Einreden geltend machen könne. Letztlich handelt es sich um einen vorläufigen Verzicht auf die Einreden, um den praktischen Erfordernissen zu entsprechen.[659] Dies ist nach der herrschenden Meinung sowohl in der Rechtsprechung[660] als

---

653 BGH, Urteil v. 12.3.1992 - IX ZR 141/91 = BGH NJW 1992, 1446, 1447; oder eine normale Bürgschaft: BGH, Urteil v. 2.4.1998 - IX ZR 79/97 = BGH NJW 1998, 2280, 2280; BGH, Urteil v. 25.2.1999 - IX ZR 24-98 = BGH NJW 1999, 2361, 2363; BGH, Urteil v. 4.7.2002 - IX ZR 97/99 = BGHZ 151, 236–245 (Rz. 25 f.) = BGH NJW 2002, 3170, 3172 = BGH ZIP 2002, 1633, 1635; BGH, Urteil v. 3.4.2003 - IX ZR 287/99 = BGH NJW 2003, 2231, 2234.

654 BGH, Urteil v. 25.2.1999 - IX ZR 24/98 = BGH NJW 1999, 2361, 2363; BGH, Urteil v. 23.1.2003 - VII ZR 210/01 = BGHZ 153, 311–327 (Rz. 30, 32) = BGH NJW 2003, 1805, 1806; BGH, Urteil v. 10.4.2003 - VII 314/01= BGH NJW 2003, 2605, 2607 = BGH WM 2003, 1561, 1563.

655 Erman/*Zetzsche*, § 765 Rn. 2 ff.; *Kopp*, Die Bürgschaft auf erstes Anfordern, S. 16.

656 BGH, Urteil v. 19.09.1985 - III ZR 214/83 = BGHZ 95, 350–361 (Rz. 34) = BGH NJW 1986, 43, 45; BGH, Urteil v. 10.11.1998 - XI ZR 370/97 = BGHZ 140, 49–53 (Rz. 14) = BGH NJW 1999, 570, 571; Erman/*Zetzsche*, § 765 Rn. 2.

657 BGH, Urteil v. 10.11.1998 - XI ZR 370/97 = BGHZ 140, 49–53 (Rz. 14) = BGH NJW 1999, 570, 571, so auch: *Weth* in AcP 189 (1989), 303, 325 und *Kopp* in WM 2010, 640, 641, die davon ausgehen, dass die Akzessorietät aufgehoben sei.

658 *Michalski*, ZBB 1994, 289, 290; *Pioch*, JuS 2018, 438, 439.

659 Ständige Rspr. seit: BGH, Urteil v. 2.5.1979 - VIII ZR 157/78 = BGHZ 74, 244–248 = BGH NJW 1979, 1500, 1500 ff.; ebenso Erman/*Zetzsche*, § 765 Rn. 13; HK-BGB/*Staudinger*, § 765 Rn. 25; MüKo/*Habersack*, § 765 Rn. 106, § 767 Rn. 2, § 768 Rn. 3; Palandt/*Sprau*, Einf. v. § 765 Rn. 14, § 768 Rn. 8; PWW/*Brödermann*, § 765 Rn. 75; Staudinger/*Stürner*, § 767 Rn. 8, § 768 Rn. 36; *Pioch*, JuS 2018, 438, 438.

660 BGH, Urteil v. 2.5.1979 - VIII ZR 157/78 = BGHZ 74, 244–248 (Rz. 21) = BGH NJW 1979, 1500, 1500 ff.; BGH, Urteil v. 24.11.1983 - IX ZR 2/83 = BGH NJW 1984, 923, 923 ff.; BGH, Urteil v. 19.9.1985 - IX ZR 16/85 = BGHZ 95, 375–392 =

auch der Literatur[661] seit 1979, trotz des zwingenden Charakters der akzessorischen Vorschriften der §§ 765, 767 Abs. 1 S. 1 BGB im Fall der Bürgschaft auf erstes Anfordern, möglich.[662]

Die Einwendungen und Einreden können erst in einem sog. Rückforderungsprozess erhoben werden.[663] Rechtsgrundlage des Rückforderungsanspruches ist

---

BGH NJW 1986, 310, 313; BGH, Urteil v. 26.2.1987 - IX ZR 136/86 = BGH NJW 1987, 2075, 2075; BGH, Urteil v. 21.4.1988 - IX ZR 113/87 = BGH NJW 1988, 2610, 2610; BGH, Urteil v. 17.1.1989 - XI ZR 65/88 = BGH NJW 1989, 1480, 1481; BGH, Urteil v. 10.11.1998 - XI ZR 370/97 = BGHZ 140, 49–53 (Rz. 14) = BGH NJW 1999, 570, 571 f.; BGH, Urteil v. 25.2.1999 - IX ZR 24-98 = BGH NJW 1999, 2361, 2363; BGH, Urteil v. 10.2.2000 - IX ZR 397/98 = BGHZ 143, 381–388 = BGH NJW 2000, 1563, 1564 = BGH WM 2000, 715, 717; BGH, Urteil v. 26.4.2001 - IX ZR 317/98 = BGH NJW 2001, 3616, 3617; BGH, Urteil v. 12.7.2001 - IX ZR 380/98 = BGHZ 148, 283–291 = BGH NJW 2001, 3549, 3551; BGH, Urteil v. 24.1.2002 - IX ZR 204/00 = BGH NJW 2002, 1198, 1198; BGH, Urteil v. 5.3.2002 - XI ZR 113/01 = BGH NJW 2002, 1493, 1493; BGH, Urteil v. 4.7.2002 - VII ZR 502/99 = BGH NJW 2002, 3099; BGH, Urteil v. 4.7.2002 - IX ZR 97/99 = BGHZ 151, 236–245 = BGH NJW 2002, 3170, = BGH ZIP 2002, 1633; BGH, Urteil v. 10.9.2002 = BGH NJW 2002, 3627, 3627; BGH, Urteil v. 24.10.2002 - IX ZR 355/00 = BGH NJW 2003, 352, 353; BGH, Urteil v. 23.1.2003 - VII ZR 210/01 = BGHZ 153, 311–327 = BGH NJW 2003, 1805, 1806; BGH, Urteil v. 3.4.2003 - IX ZR 287/99 = BGH NJW 2003, 2231, 2233; BGH, Urteil v. 10.4.2003 - VII ZR 314/01 = BGH NJW 2003, 2605, 2607 = BGH WM 2003, 1561, 1563; OLG Hamburg, Urteil v. 10.10.1985 - 6 U 90/85 = OLG Hamburg NJW 1986, 1691, 1691.

661 Erman/*Zetzsche*, § 765 Rn. 13; Jauernig/*Stadler*, Vor § 765 Rn. 12; Palandt/*Sprau*, Einf. v. § 765 Rn. 14; Staudinger/*Stürner*, § 768 Rn. 36. Eine Mindermeinung sieht in der fehlenden Akzessorietät das Kriterium dafür, dass es sich bei der Bürgschaft auf erstes Anfordern eher um eine Form der Garantie handelt: *Hadding*, Zum Rückforderungsanspruch bei einer „Bürgschaft auf erstes Anfordern", in: FS Welser, S. 263; *Larenz/Canaris*, SchuldR, II/2, § 64 IV 2; *Weth*, AcP 189 (1989), 303, 324, oder um einen Vertrag *sui generis*: *Kopp*, WM 2010, 640, 642, 646.

662 Bei der Bürgschaft auf erstes Anfordern handelt es sich nur um eine zulässige Lockerung der Akzessorietät: AnwaltKomm/*Beckmann*, § 768 Rn. 11; BeckOK BGB/*Rohe*, § 765 Rn. 116; MüKo/*Habersack*, § 767 Rn. 2, § 768 Rn. 5; Staudinger/*Stürner*, § 767 Rn. 8.

663 BGH, Urteil v. 2.5.1979 - VIII ZR 157/78 = BGHZ 74, 244–248 (Rz. 24) = BGH NJW 1979, 1500, 1501; Erman/*Zetzsche*, § 765 Rn. 19; Jauernig/*Stadler*, Vor § 765 Rn. 12; MüKo/*Habersack*, § 765 Rn. 106, 112; Palandt/*Sprau*, Einf. v. § 765 Rn. 14.

nach Ansicht der Rechtsprechung § 812 Abs. 1 S. 1 Alt. 1 BGB.[664] Der Rechtsgrund soll lediglich vorläufig bestanden haben.[665]

Die Durchsetzbarkeit der Einreden in diesem Prozess ist im Fall der Vermögenslosigkeit des Gläubigers[666] hingegen zumindest fraglich.[667] Um dieses Problem zu lösen, steht dem Bürgen die Einrede des (offensichtlichen) Rechtsmissbrauchs aus § 242 BGB zu.[668] Diese Einredemöglichkeit kann als Akzessorietätsüberbleibsel angesehen werden, welches sich lediglich auf offensichtliche Fälle bezieht.[669] Konkret handelt es sich um den *„dolo facit, qui petit quod statim*

---

664 OLG Hamm, Urteil v. 21.4.1994 – 21 U 215/93 = OLG Hamm, WM 1995, 745, 746; Staudinger/*Stürner*, Vorbem. zu §§ 765 ff. Rn. 24, 37; *Oettmeier*, Bürgschaften auf erstes Anfordern, S. 120; *Lorenz*, JuS 1999, 1145, 1152; *Wilhelm*, NJW 1999, 3519, 3522 ff. Nach anderer Ansicht soll sich der Rückforderungsanspruch direkt aus dem Vertrag ergeben. Dies kann durch ergänzende Vertragsauslegung (*Larenz/Canaris*, SchuldR, II/2, § 64 IV 2; *Eleftheriadis*, Die Bürgschaft auf erstes Anfordern, S. 152 f.) oder durch einfache Vertragsauslegung begründet (*Kopp*, Die Bürgschaft auf erstes Anfordern, S. 204; *Kopp*, WM 2010, 640, 641) oder direkt aus dem Sicherungsvertrag hergeleitet werden (*Hadding/Welter*, WM 2015, 1545, 1550).

665 OLG Hamm, Urteil v. 21.4.1994 – 21 U 215/93 = OLG Hamm, WM 1995, 745, 746; Staudinger/*Stürner*, Vorbem. zu §§ 765 ff. Rn. 24, 37; *Oettmeier*, Bürgschaften auf erstes Anfordern, S. 120; *Lorenz*, JuS 1999, 1145, 1152; *Wilhelm*, NJW 1999, 3519, 3524 f.

666 BGH, Urteil v. 24.11.1983 – IX ZR 2/83 = BGH NJW 1984, 923, 923; BGH, Urteil v. 4.7.2002 – IX ZR 97/99 = BGHZ 151, 236–245 (Rz. 21) = BGH NJW 2002, 3170, 3171 = BGH ZIP 2002, 1633, 1635; *Clemm*, BauR 1987, 123, 127. *Mertins* in: NJ 2012, 492, 493 stellt klar, dass dem Gläubiger in diesem Fall nur die Rechte aus einer normalen Bürgschaft zustehen.

667 *Horn*, NJW 1980, 2153, 2156. Gegen diesen Einwand wendet sich *Eleftheriadis* in Die Bürgschaft auf erstes Anfordern S. 118 sowie *Oettmeier* in Bürgschaften auf erstes Anfordern, S. 102 und *Clemm* in: BauR 1987, 123, 127 (gegen die Anwendbarkeit bei Auslandsbezug).

668 BGH, Urteil v. 10.2.2000 – IX ZR 397/98 = BGHZ 143, 381–388 (Rz. 16) = BGH NJW 2000, 1563, 1564 = BGH WM 2000, 715, 717; BGH, Urteil v. 8.3.2001 – IX ZR 236/00 = BGHZ 147, 99–108 (Rz. 7) = BGH NJW 2001, 1857, 1857; BGH, Urteil v. 5.3.2002 – XI ZR 113/01 = BGH WM 2002, 743, 744; BGH, Urteil v. 4.7.2002 – IX ZR 97/99 = BGHZ 151, 236–245 (Rz. 23) = BGH NJW 2002, 3170, 3172 = BGH ZIP 2002, 1633, 1635.

669 BGH, Urteil v. 8.3.2001 – IX ZR 236/00 = BGHZ 147, 99–108 (Rz. 12) = BGH NJW 2001, 1857, 1858 mit dem Verweis auf § 768; BeckOK BGB/*Rohe*, § 765 Rn. 112; Jauernig/*Stadler*, Vor § 765 Rn. 12; *Kopp*, Die Bürgschaft auf erstes Anfordern, S. 180.

redditurus est"-Einwand.[670] Danach handelt derjenige arglistig oder treuwidrig, der von einem anderen eine Leistung fordert, die er sofort wieder zurückgewähren müsste. Nach mittlerweile gefestigter Rechtsprechung kann der Bürge diesen Einwand geltend machen, wenn es „*offensichtlich oder liquide beweisbar*" ist, dass der materielle Bürgschaftsfall trotz Vorliegens des formellen Bürgschaftsfalles nicht vorliegt.[671] Dies bedeutet, dass der Bürge den Einwand nur geltend machen kann, wenn es offensichtlich keine tatsächlichen oder rechtlichen Streitfragen gibt.[672] Die Literatur betrachtet die beiden Kriterien nicht einhellig als kumulativ, sondern stellt teilweise ausschließlich auf die Offensichtlichkeit ab.[673] Die Beweislast ist im Rückforderungsprozess umgekehrt, d.h., sie unterscheidet sich nicht von einem gewöhnlichen Bürgschaftsstreit, da in der Zahlung

---

670 BGH, Urteil v. 8.3.2001 – IX ZR 236/00 = BGHZ 147, 99–108 (Rz. 11) = BGH NJW 2001, 1857, 1857; *Kopp*, Die Bürgschaft auf erstes Anfordern, S. 182.

671 Zunächst gehen das OLG Hamburg (Urteil v. 7.7.1983 – 6 U 26/83 = OLG Hamburg, VersR 1984, 170, 170) und der BGH (Urteil v. 31.1.1985 – IX ZR 66/84 = BGH NJW 1985, 1694, 1695) auf die Offensichtlichkeit ein, später übernimmt der BGH seine Rspr. zur Garantie auf erstes Anfordern: BGH, Urteil v. 24.11.1983 – IX ZR 2/83 = BGH NJW 1984, 923, 923 (geht nur auf die Offensichtlichkeit ein); BGH, Urteil v. 12.3.1984 – II ZR 198/82 = BGHZ 90, 287–294 (Rz. 19) = BGH NJW 1984, 2030, 2031; OLG Stuttgart, Urteil v. 20.9.2019 – 5 U 62/19 = BeckRS 2019, 33587. Für die Bürgschaft auf erstes Anfordern: BGH, Urteil v. 21.4.1988 – IX ZR 113/87 = BGH NJW 1988, 2610, 2610; BGH, Urteil v. 28.10.1993 – IX ZR 141/93 = BGH NJW 1994, 380, 381; BGH, Urteil v. 17.10.1996 – IX ZR 325/95 = BGH NJW 1997, 255, 256; BGH, Urteil v. 10.2.2000 – IX ZR 397/98 = BGHZ 143, 381–388 (Rz. 16) = BGH NJW 2000, 1563, 1564 = BGH WM 2000, 715, 717; BGH, Urteil v. 5.3.2002 – XI ZR 113/01 = BGH WM 2002, 743, 744; BGH, Urteil v. 3.4.2003 – IX ZR 287/99 = BGH NJW 2003, 2231, 2233; BGH, Urteil v. 24.10.2002 – IX ZR 355/00 = BGH NJW 2003, 352, 353, 354; LG Hamburg, Urteil v. 28.2.2017 – 317 O 194/16 = BeckRS 2017, 117355; Palandt/*Sprau*, Vor § 765 Rn. 14.

672 *Larenz/Canaris*, SchuldR, II/2, § 64 III 5a.

673 So bereits *Hickl* in BauR 1979, 463, 466 und *Horn* in NJW 1980, 2153, 2156, die das Kriterium der Garantie auf erstes Anfordern entnehmen. BGH, Urteil v. 14.12.1995 – IX ZR 57/95 = BGH NJW 1996, 717, 719; Jauernig/*Stadler*, Vor § 765 Rn. 12; *Bülow*, Recht der Kreditsicherheiten, Rn. 977; *Reinicke/Tiedtke*, Kreditsicherung, Rn. 360 ff.; *Kupisch*, WM 2002, 1626, 1631; *Weth*, AcP 189 (1989), 303, 325. *Kopp* in Die Bürgschaft auf erstes Anfordern, S. 183 ff. und in WM 2010, 640, 644 kritisiert das Begriffspaar und hält die liquide Beweisbarkeit für ein sinnentleertes Kriterium. Für die kumulative Anwendung: *Oettmeier*, Bürgschaften auf erstes Anfordern, S. 92 ff.

keine Anerkennung des Anspruchs liegt.[674] Sollte der Bürge den Aufwendungsersatzanspruch gegen den Hauptschuldner erfolgreich geltend machen, kann der Hauptschuldner einen eigenständigen Rückforderungsanspruch gegen den Gläubiger erheben.[675]

Die Klausel *„auf erstes Anfordern“*[676] ist i.d.R. überraschend und daher, formularmäßig vereinbart, gemäß § 305c Abs. 1 BGB nicht wirksamer Bestandteil des Bürgschaftsvertrags. Außerdem liegt eine unangemessene Benachteiligung vor, weshalb die Klausel, sollte sie Vertragsbestandteil geworden sein, gemäß § 307 Abs. 1 S. 1 BGB unwirksam ist.[677] Folglich kann diese Form der Bürgschaft im nicht unternehmerischen Geschäftsverkehr nur individuell vereinbart werden.[678] Formularmäßig vereinbart ist die Bürgschaft auf erstes Anfordern zudem auch regelmäßig gegenüber Kaufleuten unzulässig.[679]

---

674 BGH, Urteil v. 9.3.1989 – IX ZR 64/88 = BGH WM 1989, 709, 711; *Hövermann*, Handbuch der Beweislast, § 765 Rn. 19; *Reinicke/Tiedtke*, Kreditsicherung, Rn. 357; *Mertins*, NJ 2012, 492, 495.

675 BGH, Urteil v. 24.9.1998 – IX ZR 371/97 = BGHZ 139, 325–333 (Rz. 15, 26) = BGH NJW 1999, 55, 56 f. *Mertins*, NJ 2012, 492, 495.

676 Die Klausel muss zudem klar und eindeutig gefasst sein, was auch bei der Bezeichnung „einredefrei“ der Fall ist, BGH, Urteil v. 2.4.1998 – IX ZR 79/97 = BGH WM 1998, 1062, 1063. Des Weiteren muss eindeutig niedergelegt werden, unter welchen Voraussetzungen der Bürge in Anspruch genommen werden kann, BGH, Urteil v. 23.1.1997 – IX ZR 297/95 = BGH WM 1997, 656, 658.

677 LG Mainz, Urteil v. 25.2.1999 – 12 HK O 32/98 = LG Mainz WM 1999, 1081, 1082; Staudinger/*Stürner*, Vorbem. zu §§ 765 ff. Rn 25 mwN.

678 Erman/*Zetzsche*, § 765 Rn. 14; MüKo/*Habersack*, § 765 Rn. 64; Staudinger/*Stürner*, § 767 Rn. 7, wonach die Normen, die die Akzessorietät statuieren, nicht durch AGB abdingbar sind.

679 BGH, Urteil v. 18.4.2002 – VII ZR 192/01 = BGHZ 150, 299–305 (Rz. 28) = BGH NJW 2002, 2388; BGH, Urteil v. 4.7.2002 – VII ZR 502/99 = BGHZ 151, 229–236 (Rz. 16 ff.) = BGH NJW 2002, 3098; BGH, Beschluss v. 28.2.2008 – VII ZR 51/07 = BGH NJW-RR 2008, 830, 831; BeckOK BGB/*Rohe*, § 765 Rn. 109; Erman/*Zetzsche*, § 765 Rn. 14; *Karst*, NJW 2004, 2059, 2060; *Oepen* hingegen hält in NJW 2009, 1110, 1114 eine Differenzierung zwischen nationalem und internationalem Wirtschaftsverkehr für ratsam, da der Gläubiger im internationalen Wirtschaftsverkehr schutzwürdiger hinsichtlich des Versuchs, einen Prozess zu vermeiden, sei und sonst der Schutz des Bürgen durch die Vereinbarung ausländischen Rechts ins Gegenteil verkehrt würde. Denkbar ist eine Zulässigkeit nur gegenüber Kreditinstituten und Versicherungsgesellschaften sowie gegenüber Unternehmen, in denen derartige Bürgschaften üblich sind, wie in der Baubranche, BGH, Urteil v. 5.7.1990 – IX ZR 294/89 = BGH NJW-RR 1990, 1265, 1266; BGH, Urteil v. 2.4.1998 – IX ZR 79/97 = BGH NJW 1998, 2280, 2281; *Mertins*, NJ 2012, 492, 493; *Heyers*, JA 2012, 81, 85.

b) In Kolumbien

Die Figur der Bürgschaft auf erstes Anfordern ist in Kolumbien nicht verbreitet. Hierbei handelt es sich um die Kombination aus der selbstschuldnerischen Bürgschaft und einem weiteren Einredeverzicht. Aufgrund der großen Praxisrelevanz der selbstschuldnerischen Bürgschaft in Kolumbien ist davon auszugehen, dass es praktische Bestrebungen gab und gibt, die Durchsetzbarkeit der Forderung weiter zu vereinfachen. Das Sicherungsinteresse des Gläubigers dürfte auch in Kolumbien hoch sein. Fraglich ist, ob das Schutzinteresse des Bürgen hier zurücktritt. Dafür müsste es dem Bürgen möglich sein, auf weitere Einreden zu verzichten. Diese dienen allein dem Schutz des Bürgen, weshalb dieser grds. auf sie verzichten kann, Art. 15 CC. Bei einem solchen Verzicht würde es sich ferner lediglich um eine effizientere Haftung i.S.v. Art 2370 Abs. 2 CC handeln, wenn zugrunde gelegt wird, dass die Absicherung für eine Naturalverbindlichkeit lediglich eine effizientere Haftung darstellt und nicht eine Haftung zu schlechteren Bedingungen. Bemerkenswert ist indes, dass der *Código Civil* die (Un-)Zulässigkeit der Bürgschaft auf erstes Anfordern nicht erwähnt. Dies liegt möglicherweise daran, dass es sich um eine verhältnismäßig neue Erscheinung handelt, die sich durch die Rechtspraxis entwickelt hat.[680] Die Nichterwähnung spricht somit weder für noch gegen die Zulässigkeit dieses Rechtsinstituts. Zumindest theoretisch ist der individualvertragliche Einredeverzicht nicht ausgeschlossen.

Nicht wirksam wäre der Verzicht jedoch, wenn es sich bei ihm um eine sog. *cláusula abusiva* (missbräuchliche Klausel) handelte. Führt eine Partei *cláusulas abusivas* in den Vertrag ein, handelt sie nicht mehr im guten Glauben.[681] Im Regelfall werden missbräuchliche Vertragsklauseln im Rahmen eines Adhäsionsvertrages im Über-/Unterordnungsverhältnis von der Partei mit mehr vertraglicher Macht in den Vertrag eingeführt.[682] Dies ist allerdings keine

---

680 Zur schwindenden wirtschaftlichen Relevanz der Bürgschaft in Kolumbien siehe Abschnitt D. II. Diese mangelnde Relevanz kann dazu beigetragen haben, dass sich das Problem der Zulässigkeit des Einredeausschlusses in Kolumbien nicht gestellt hat.

681 *Rodriguez Yong*, Una aproximación a las cláusulas abusivas, pág. 36.

682 *Barrera Tapias*, Las obligaciones en el derecho moderno, pág. 39, 40; *Céspedes Solano*, Manual de Contratos Civiles, pág. 27; *Emiliani Román*, Curso Razonado de las Obligaciones, Tomo I, Primera Parte, pág. 128; *Ospina Fernández/Ospina Acosta*, Teoría general del contrato y del negocio jurídico, pág. 68; *Rodriguez Yong*, Una aproximación a las cláusulas abusivas, pág. 41, 42, 44; *Valencia Zea/Ortiz Monsalve*, Derecho Civil, Tomo III: De las obligaciones, pág. 61.

notwendige Voraussetzung, sodass Klauseln auch in diesem Sinne missbräuchlich sein können, wenn es sich für beide Parteien um einen Vertrag handelt, der dem *Código de Comercio* untersteht und beide Parteien wirtschaftlich betrachtet ähnlich mächtig sind.[683]

Kriterien einer missbräuchlichen Klausel sind nach Ansicht der *Corte Suprema de Justicia colombiana* die mangelnde Einflussnahmemöglichkeit einer Partei, der Verstoß gegen den guten Glauben und ein dadurch bedingtes größeres, ungerechtfertigtes Ungleichgewicht zwischen den Vertragsparteien.[684]

Der wirtschaftlich unterlegenen Partei stünde nach teilweise vertretener Meinung kein Verhandlungsspielraum offen, die Willenserklärung sei daher nicht komplett frei abgegeben worden.[685] Dagegen spricht jedoch, dass die wirtschaftlich betrachtet weniger mächtige Partei u.U. zwar nicht auf den Vertragsinhalt einwirken konnte, es ihr aber offenstand, nicht zu kontrahieren.[686] Daher ist die juristische Gleichheit entscheidend.[687] Der Vertrag wird zugunsten der Partei, die weniger Einflussnahmemöglichkeit auf den Vertrag hat, interpretiert, Art. 1624 Abs. 2 CC.[688]

Rechtsfolge der Verwendung einer missbräuchlichen Klausel ist die Unwirksamkeit, wenn dies aus einem speziellen Gesetz folgt, oder die absolute Nichtigkeit, welche die Rechtsfolge eines Verstoßes gegen Art. 95 der *Constitución Política* darstellt.[689] Derjenige, der das Recht missbraucht, muss für die daraus entstandenen Schäden aufkommen, Art. 830, 831 C. de C.[690] Diese Verantwortlichkeit

---

683 *Rodriguez Yong*, Una aproximación a las cláusulas abusivas, pág. 41, 48.

684 *Rodriguez Yong*, Una aproximación a las cláusulas abusivas, pág. 49, 52, 53; wobei sich diese Rechtsprechung an Art. 3 der Richtlinie 93/13 (vom 5. April 1993 über missbräuchliche Klauseln in Verbraucherverträgen) der EU orientiert.

685 *Barrera Tapias*, Las obligaciones en el derecho moderno, pág. 40; *Emiliani Román*, Curso Razonado de las Obligaciones, Tomo I, Primera Parte, pág. 86.

686 *Barrera Tapias*, Las obligaciones en el derecho moderno, pág. 40; *Céspedes Solano*, Manual de Contratos Civiles, pág. 27; *Emiliani Román*, Curso Razonado de las Obligaciones, Tomo I, Primera Parte, pág. 130 (mit Verweis auf *Colin* und *Capitant*); *Rodriguez Yong*, Una aproximación a las cláusulas abusivas, pág. 43.

687 *Emiliani Román*, Curso Razonado de las Obligaciones, Tomo I, Primera Parte, pág. 87.

688 *Ortiz Monsalve*, Manual de obligaciones civiles y mercantiles, pág. 86; *Rodriguez Yong*, Una aproximación a las cláusulas abusivas, pág. 46; *Uribe-Holguín*, De las obligaciones y del contrato en general, pág. 343.

689 *Rodriguez Yong*, Una aproximación a las cláusulas abusivas, pág. 67.

690 *Castro Ayala* und *Calonje Londoño* verweisen in Derecho de obligaciones (S. 96) auf den § 226 BGB und halten dessen Anwendung nach objektiven und vorhersehbaren Gesichtspunkten für besser.

geht auf Art. 95 Abs. 2 der *Constitución colombiana* zurück.[691] Der Rechtsmissbrauch setzt ein Gesetz oder einen Vertrag voraus, welcher das Ziel verfolgt, einer anderen Person Schaden zuzufügen.[692]

Im Regelfall betrifft diese Rechtsfolge nur die missbräuchliche Klausel und nicht den gesamten Vertrag.[693] Der Schutz der schwächeren Vertragspartei, des guten Glaubens an den Vertrag und des Vertragsgleichgewichts rechtfertigen den Eingriff in die Privatautonomie.[694]

Durch den Einredeausschluss entstünde ein größeres wirtschaftliches Ungleichgewicht, das den Bürgen einseitig benachteiligen würde. Ob dem Bürgen Einflussnahmemöglichkeiten zustanden, ist einzelfallabhängig.

Der Verstoß gegen den guten Glauben setze voraus, dass der Gläubiger gegen Art. 768 CC verstieße. Der gute Glaube wird als „das Bewusstsein, die Kontrolle über die Sache mit legitimen Mitteln erworben zu haben, frei von Betrug und anderen Fehlern" definiert. Darunter ist auch zu verstehen, dass der Vertrag ohne Betrug oder Irreführung ausgeführt werden muss.[695] Das Prinzip des guten Glaubens ist in Art. 83 der *Constitución colombiana* sowie in Art. 1603 CC und Art. 871 des C. de C. verankert.[696] Sofern die Parteien den guten Glauben bei der Ausführung der Verbindlichkeit nicht berücksichtigen, handelt es sich entweder um Arglist bei der Vertragsausführung oder um Betrug.[697] Die vertraglichen

---

691 *Rodriguez Yong*, Una aproximación a las cláusulas abusivas, pág. 31.

692 *Rodriguez Yong*, Una aproximación a las cláusulas abusivas, pág. 32, 33.

693 *Rodriguez Yong*, Una aproximación a las cláusulas abusivas, pág. 69 ff.

694 *Emiliani Román*, Curso Razonado de las Obligaciones, Tomo I, Primera Parte, pág. 130; *Emiliani Román*, Manual de obligaciones civiles, pág. 5; *Rodriguez Yong*, Una aproximación a las cláusulas abusivas, pág. 112; *Uribe-Holguín*, De las obligaciones y del contrato en general, pág. 343.

695 *Emiliani Román*, Curso Razonado de las Obligaciones, Tomo I, Primera Parte, pág. 286; *Emiliani Román*, Manual de obligaciones civiles, pág. 31; *Polanco Moreno*, Contratos, pág. 59, inciso 120; *Valencia Zea/Ortiz Monsalve*, Derecho Civil, Tomo I: parte general y personas, pág. 234; *Valencia Zea/Ortiz Monsalve*, Derecho Civil, Tomo III: De las obligaciones, pág. 159 (die *Karl Larenz* zitieren).

696 *Rodriguez Yong*, Una aproximación a las cláusulas abusivas, pág. 34; *Uribe Holguín*, De las obligaciones y del contrato en general, pág. 295; *Valencia Zea/Ortiz Monsalve*, Derecho Civil, Tomo III: De las obligaciones, pág. 159.

697 *Emiliani Román*, Curso Razonado de las Obligaciones, Tomo I, Primera Parte, pág. 286; *Uribe-Holguín*, De las obligaciones y del contrato en general, pág. 295; *Valencia Zea/Ortiz Monsalve*, Derecho Civil, Tomo I: parte general y personas, pág. 235.

Rechte gehen unter, so auch mögliche Schadensersatzansprüche.[698] Die guten Sitten sind abhängig von der Zeit, dem Ort und der Gesellschaft, orientieren sich aber an der christlichen Moral und den Zehn Geboten.[699] Die Verwendung einer Klausel, welche die Einreden ausschließen soll, stellt grds. keinen Betrug dar. Fraglich könnte allerdings sein, ob es irreführend wäre, das Sicherungsrecht in diesem Fall noch als Bürgschaft zu bezeichnen, da sowohl die Akzessorietät als auch die Subsidiarität Wesensmerkmale der Bürgschaft sind, die im Fall der Bürgschaft auf erstes Anfordern nicht unerheblich eingeschränkt werden. Dieselbe Diskussion fand in Deutschland statt.[700] Beide Positionen erscheinen gut vertretbar. So ist davon auszugehen, dass der komplette Einredeverzicht einen unzulässigen Durchbruch der Akzessorietät darstellt, mithin die Subsidiarität der Bürgschaft nicht mehr gewährleistet ist. Dem steht gegenüber, dass es sich lediglich um einen vorläufigen Verzicht auf die Einreden handelt. Dies führt jedoch dazu, dass dem Bürgen das Prozessrisiko aufgebürdet wird. Dieses Risiko wird dem gewöhnlichen Bürgen nicht aufgelastet. Es erscheint nach hier vertretener Ansicht besser, auf die Verkehrssitte abzustellen, d.h., ob es sich um eine Klausel handelt, mit welcher der Bürge rechnen musste, die also der Zeit und dem Ort des Vertragsschlusses entsprach. In Anbetracht der Tatsache, dass die Bürgschaft auf erstes Anfordern kein gängiges Institut in Kolumbien ist, kommt deren Vereinbarung nicht der üblichen Rechtspraxis und damit den Sitten gleich, die der Zeit und dem Ort entsprachen. Der Bürge musste folglich nicht mit dem Verzicht rechnen. Vor dem Hintergrund der zumindest eingeschränkten Akzessorietät und der gelockerten Subsidiarität sprechen daher die besseren Gründe dafür, dass es sich bei der Klausel um einen Verstoß gegen den guten Glauben handelt. Allein dieser Verstoß führt zur Unwirksamkeit der Klausel. In dieser Hinsicht ist der Vertrag unwirksam, da Voraussetzung für den Fortbestand des Vertrages die Einhaltung des guten Glaubens ist.[701] Irrelevant ist somit das Hinzutreten einer *cláusula abusiva*.

Die Bürgschaft auf erstes Anfordern kann deshalb nach hier vertretener Ansicht nicht rechtswirksam in Kolumbien entstehen. Das Spannungsverhältnis

---

698 *Emiliani Román,* Curso Razonado de las Obligaciones, Tomo I, Primera Parte, pág. 286.

699 *Emiliani Román,* Conferencias de obligganciones, pág. 65; *Emiliani Román,* Curso Razonado de las Obligaciones, Tomo I, Primera Parte, pág. 69; *Polanco Moreno,* Contratos, pág. 41, inciso 77.

700 Urspr: BGH, Urteil v. 05.07.1990 – IX ZR 294/89 = BGH NJW-RR 1990, 1265, 1267 f.; *Oepen,* NJW 2009, 1110, 1112.

701 *Polanco Moreno,* Contratos, pág. 27.

zwischen dem Sicherungsinteresse des Gläubigers und dem Schutzinteresse des Bürgen wird damit zugunsten des Schutzinteresses des Bürgen aufgelöst. Ein Vergleich der verschiedenen Regelungen entfällt mangels zu vergleichender Normen.

4. Beschränkte und unbeschränkte Bürgschaft

a) In Deutschland

aa) Globalbürgschaft

Im Falle einer Globalbürgschaft bezieht sich die Einstandspflicht des Bürgen auf alle bestehenden oder zukünftigen Forderungen aus einer Geschäftsverbindung. Als weitere Verbindlichkeiten kommen – abgesehen von anderen Hauptforderungen – Zinsen und Nebenforderungen in Betracht. Bei den Nebenkosten ist zwischen jenen aufseiten des Hauptschuldners und solchen auf der Seite des Bürgen zu unterscheiden. Letztere sind etwa Verzugszinsen und Kosten der außergerichtlichen oder gerichtlichen (§§ 91 ff., 788 ZPO) Rechtsverfolgung. Die Bürgschaft ist aufgrund dieser weitreichenden Haftung für den Bürgen mit hohen Risiken verbunden und formularmäßig vereinbart unwirksam, vgl. §§ 305c Abs. 1, 307 Abs. 1 S. 1 BGB.[702] Die Rechtsprechung dazu geht auf ein Urteil des IX. Zivilsenats vom 18.5.1995 zurück, welches sich mit einer Grundschuld befasste.[703] Der BGH sah in der formularmäßigen Vereinbarung, auch für zukünftige Forderungen einzustehen, trotz des § 765 Abs. 2 BGB einen Verstoß

---

702 MüKo/*Habersack*, § 765 Rn. 76 f.; Palandt/*Sprau*, § 765 Rn. 20; PWW/*Brödermann*, § 765 Rn. 17; *Bülow*, Recht der Kreditsicherheiten, Rn. 913. Die formularmäßige Vereinbarung führt auch zur Unwirksamkeit unter Kaufleuten, BGH, Urteil v. 24.9.1998 – IX ZR 425/97 = BGH NJW 1998, 3708, 3709. § 307 Abs. 1 entspricht § 9 Abs. 1 AGBG a.F.

703 BGH, Urteil v. 18.5.1995 – IX ZR 108/94 = BGHZ 130, 19–37 = BGH NJW 1995, 2553. Vor diesem Urteil maß der BGH die Wirksamkeit von Globalbürgschaften an der Voraussetzung der Bestimmbarkeit, vgl.die Grundsatzentscheidung: BGH, Urteil v. 10.10.1957 – VII ZR 419/56 = BGHZ 25, 318–321 – BGH NJW 1957, 1873. Sie konnte durch die Gesetzeskonformität zulässig sein, BGH, Urteil v. 6.12.1984 – IX ZR 115/83 = BGH WM 1985, 155, 156 f.; BGH, Urteil v. 7.11.1985 – IX ZR 40/85 = BGH WM 1986, 95, 96 f.; BGH, Urteil v. 4.6.1987 – IX ZR 31/86 = BGH WM 1987, 924, 925. Näheres in: *Benedict*, Die Bestimmtheit der „künftigen Forderung“ bei der Globalbürgschaft.

gegen das gesetzliche Leitbild des § 767 Abs. 1 S. 3 BGB[704] und damit gegen § 307 Abs. 2 Nr. 1 BGB (§ 9 Abs. 2 Nr. 1 AGBG a.F.).[705] Zudem ist die Klausel überraschend i.S.d. § 305c Abs. 1 BGB. Macht sich der Bürge hingegen keine Vorstellungen[706] über den Umfang der Hauptverbindlichkeit oder kennt er diese genau,[707] kann er nicht „überrascht“ i.S.d. § 305c Abs. 1 BGB über die Höhe der weiteren Verbindlichkeiten sein.[708]

Ferner ist die Erstreckung der Bürgschaft auf solche Verbindlichkeiten, die nicht „*Anlass*“ der Bürgschaft waren, nichtig (sog.

---

704 Danach soll der Bürge, der keine Einflussmöglichkeiten auf die Haftungsmasse hat, vor einer unübersehbaren Haftung geschützt werden; *Georgiades*, Die Höchstbetragsbürgschaft in der neueren Rechtsprechung, S. 36.

705 BGH, Urteil v. 18.5.1995 – IX ZR 108/94 = BGHZ 130, 19–37 (Rz. 27, 29 ff.) = BGH NJW 1995, 2553, 2556.

706 Zum alten Recht: BGH, Urteil v. 18.5.1995 – IX ZR 108/94 = BGHZ 130, 19–37 (Rz. 17) = BGH NJW 1995, 2553, 2555; BGH, Urteil v. 18.1.1996 – IX ZR 69/95 = BGHZ 132, 6–13 (Rz. 12) = BGH NJW 1996, 924, 924.

707 *Nobbe*, BKR 2002, 747, 753 f. Dies ist der Fall beim Alleingesellschafter oder Geschäftsführer, der für die Verbindlichkeiten seiner Gesellschaft bürgt. Ursprünglich wurde dies für die Grundschuld bei einer Besicherung ohne Anlass entschieden: BGH, Urteil v. 20.2.1987 – V ZR 249/85 = BGHZ 100, 82-86 (Rz. 18 f.) = BGH NJW 1987, 1885; und später für die Bürgschaft: BGH, Urteil v. 18.5.1995 – IX ZR 108/94 = BGHZ 130, 19–37 (Rz. 21) = BGH NJW 1995, 2553, 2555; BGH, Urteil v. 15.7.1999 – IX ZR 243/98 = BGHZ 142, 213–221 (Rz. 13 ff.) = BGH NJW 1999, 3195, 3195; BGH, Urteil v. 28.10.1999 – IX ZR 364/97 = BGHZ 143, 95–103 (Rz. 26) = BGH NJW 2000, 658, 660; BGH, Urteil v. 18.7.2002 – IX ZR 294/00 = BGHZ 151, 374–384 (Rz. 7) = BGH NJW 2002, 3167, 3168; BGH Urteil v. 9.12.2008 – XI ZR 588/07 = BGH NJW 2009, 437, 438. Kann der Bürge jedoch die spätere Erweiterung des Haftungsumfangs beeinflussen, bedarf er des Schutzes des § 767 Abs. 1 S. 3 BGB nicht, BGH, Urteil v. 18.1.1996 – IX ZR 69/95 = BGHZ 132, 6–13 (Rz. 14) = BGH NJW 1996, 924, 925 bzw. kann er dann nicht überrascht i.S.d. § 3 AGBG a.F. sein, BGH, Urteil v. 1.6.1994 – XI ZR 133/93 = BGHZ 126, 174–180 (Rz. 12) = BGH NJW 1994, 2145, 2145; BGH, Urteil v. 18.1.1996 – IX ZR 69/95 = BGHZ 132, 6–13 (Rz.14) = BGH NJW 1996, 924, 925. Der Grund liegt darin, dass der Bürge lediglich in Höhe des Betrages überrascht sein kann, der von dem ursprünglichen Anlass der Übernahme abweicht.

708 Das maßgebliche Urteil erging zur Haftung bei der Grundschuld: BGH, Urteil v. 23.5.2000 – XI ZR 214/99 = BGH NJW 2000, 2675; und wurde vom XI. Zivilsenat im Rahmen der Anlassrechtsprechung auf die Bürgschaft übertragen, BGH, Urteil v. 1.6.1994 – XI ZR 133/93 = BGHZ 126, 174–180 = BGH NJW 1994, 2145. Es war möglich, einen Rekurs auf § 9 AGBG vorzunehmen.

709 *Lorenz*, JuS 1999, 1145, 1147; *Kreft*, WM 1997, Sonderbeil. Nr. 5 zu Heft 35/1997 3, 9 f.; *Nobbe*, BKR 2002, 747, 747.

„Anlassrechtsprechung“[709]).[710] Verbürgt sich der Bürge für einen laufenden Kredit, ist seine Haftung somit auf die Höhe des Kreditlimits beschränkt.[711] Dagegen sah der BGH keinen Verstoß gegen das Bestimmtheitskriterium, wenn die Forderungen bei ihrer Entstehung individualisiert werden können, da genau bestimmt sei, für welche Forderungen der Bürge einstehen muss: alle.[712] Bezieht sich die Erstreckung der Verbindlichkeit bloß auf die gegenwärtigen Forderungen, kann die Nichtigkeit sich nicht aus einem Verstoß gegen § 767 Abs. 1 S. 3 BGB und § 307 Abs. 2 Nr. 1 BGB ergeben.[713] Stattdessen wird sie aus dem in § 307 Abs. 1 BGB explizit erwähnten Prinzip von Treu und Glauben hergeleitet und folgt letztlich aus einem Verstoß gegen das Transparenzgebot, § 307 Abs. 1 BGB.[714] Wurde die Globalbürgschaft individualvertraglich vereinbart, kann sie nach dem BGH wegen Sittenwidrigkeit gemäß § 138 Abs. 1 BGB nichtig sein.[715]

bb) Höchstbetragsbürgschaft

Um die potenziell ruinösen Folgen der Globalbürgschaft für den Bürgen einzudämmen, wird der Globalbürgschaftserklärung häufig ein Höchstbetrag beigefügt.[716] In diesem Fall kann der Bürge nur bis zur Höhe des Höchstbetrags in Anspruch genommen werden.[717] Die Vereinbarung eines Höchstbetrags ist jedoch weder notwendige Voraussetzung für die Wirksamkeit der Globalbürgschaft[718] noch Teil des Bestimmtheitsgrundsatzes i.S.v. § 766

---

710 BGH, Urteil v. 28.10.1999 – IX ZR 364/97 = BGHZ 143, 95–103 (Rz. 16) = BGH NJW 2000, 658, 659. Die Aufspaltung ist gemäß § 306 Abs. 1 BGB zulässig.

711 BGH, Urteil v. 18.5.1995 – IX ZR 108/94 = BGHZ 130, 19–37 (Rz. 20) = BGH NJW 1995, 2553, 2555; BGH, Urteil v. 13.11.1997 – IX ZR 289/96 = BGHZ 137, 153–161 (Rz. 16) = BGH NJW 1998, 450, 452 = BGH WM 1998, 67, 68 f.

712 BGH, Urteil v. 18.5.1995 – IX ZR 108/94 = BGHZ 130, 19–37 (Rz. 8) = BGH NJW 1995, 2553, 2553.

713 BGH, Urteil v. 28.10.1999 – IX ZR 364/97 = BGHZ 143, 95–103 (Rz. 16) = BGH NJW 2000, 658, 659; BGH, Urteil v. 26.10.2005 – VIII ZR 48/05 = BGHZ 165, 12–28 (Rz. 8) = BGH NJW 2006, 996, 997.

714 BGH, Urteil v. 28.10.1999 – IX ZR 364/97 = BGHZ 143, 95–103 (Rz. 20) = BGH NJW 2000, 658, 659; BGH, Urteil v. 26.10.2005 – VIII ZR 48/05 = BGHZ 165, 12–28 (Rz. 19, 21) = BGH NJW 2006, 996, 997.

715 Staudinger/*Stürner*, § 765 Rn. 53 f.

716 *Georgiades*, Die Höchstbetragsbürgschaft in der neueren Rechtsprechung, S. 18.

717 BGH, Urteil v. 7.3.1956 – IV ZR 271/55 = BGH WM 1956, 885, 889.

718 BGH, Urteil v. 7.11.1985 – IX ZR 40/85 = BGH NJW 1986, 928, 929; OLG Köln, Urteil v. 5.7.1989 – 2 U 197/88 = OLG Köln NJW-RR 1990, 439; *Bülow*, Recht der

BGB.[719] Allerdings gilt auch für die Höchstbetragsbürgschaft die Anlassrechtsprechung.[720] Fraglich ist indes, ob ein solcher Höchstbetrag den Haftungsumfang endgültig festlegt oder ob entstandene Zinsen und Nebenforderungen vielmehr auf den Höchstbetrag addiert werden. Nach stetiger Rechtsprechung und einhelliger Meinung in der Literatur haftet der Bürge für die Hauptverbindlichkeit samt Nebenpflichten maximal bis zur Höchstsumme.[721] Eine gegenteilige Absprache ist durch eine individualvertraglich ausdrücklich vereinbarte sog. Nebenleistungsklausel möglich.[722] Anders als bei der Teilbürgschaft haftet der Bürge dem Gläubiger für die gesamte Schuld, allerdings begrenzt durch den Höchstbetrag.[723] Mithin wird er nur frei, wenn der Hauptschuldner die gesamte Schuld tilgt. Im Gegensatz dazu haftet der Bürge bei einer Teilbürgschaft nur für einen bestimmten Teil der Hauptverbindlichkeit, wie z.Bsp. eine einzelne

---

Kreditsicherheiten, Rn. 952; *Lambsdorff/Skora*, Handbuch des Bürgschaftsrechts, Rn. 127; *Larenz/Canaris*, SchuldR, II/2, § 60 II 2.a.; a.A. BGH, Urteil v. 28.10.1999 – IX ZR 364/97 = BGH WM 2000, 64, 66; Staudinger/*Stürner*, Vorbem. §§ 765 ff. Rn. 53 und § 766 Rn. 27.

719 *Lambsdorff/Skora*, Handbuch des Bürgschaftsrechts, Rn. 127. Es sei hiernach klar, welche Forderungen eingeschlossen sind: alle vorhandenen. So auch: *Larenz/Canaris*, SchuldR, II/2, § 60 II 2.a.

720 BGH, Urteil v. 2.7.1998 – IX ZR 255/97 = BGH NJW 1998, 2815, 2816.

721 BGH, Urteil v. 2.2.1989 – IX ZR 99/88 = BGH NJW 1989, 1484, 1485; BGH, Urteil v. 18.7.2002 – IX ZR 294/00 = BGHZ 151, 374–384 (Rz. 21, 22) = BGH NJW 2002, 3167, 3169 = BGH WM 2002, 1836, 1837 f.; Staudinger/*Stürner*, Vorbem. zu §§ 765 ff. Rn. 43; *Lambsdorf/Skora*, Handbuch des Bürgschaftsrechts, Rn. 36; *Wittmann*, MDR 2010, 477, 478. Möglich ist jedoch, dass der Hauptschuldner gemäß §§ 366 Abs. 2, 367 Abs. 1 BGB zunächst auf den nicht gesicherten Teil seiner Schuld leistet und der Bürge daher länger haftet.

722 Jedoch nach Auffassung der Rechtsprechung nicht in AGB, da die Klausel „*überraschend*" sei und der AGB-Kontrolle nicht standhalte, § 3 AGBG a.F., § 305c I BGB nF. So BGH, Urteil v. 26.10.1977 – VIII ZR 197/75 = BGH WM 1978, 10; OLG Nürnberg, Urteil v. 20.6.1990 – 9 U 3650/89 = OLG Nürnberg NJW 1991, 232, 234; OLG Stuttgart, Urteil v. 24.7.1996 – 9 U 40/96 = OLG Stuttgart, ZIP 1996, 1508, 1510; *Lambsdorf/Skora*, Handbuch des Bürgschaftsrechts, Rn. 36.

723 Staudinger/*Stürner*, Vorbem. zu §§ 765 ff. Rn. 44; *Lambsdorf/Skora*, Handbuch des Bürgschaftsrechts, Rn. 35. Bei der Globalbürgschaft sichert die Höchstbetragsglobalbürgschaft somit den Grundbetrag der sich wandelnden Hauptschuld, BGH, Urteil v. 10.12.1975 – VIII 306/74 = BGH WM 1976, 108, 110; *Lambsdorff/Skora*, Handbuch des Bürgschaftsrechts, Rn. 37.

Rate.[724] Er wird schon dann aus der Haftung entlassen, wenn der Hauptschuldner auf diesen Teil leistet.[725] Die Vorschrift des § 767 Abs. 1 S. 2 BGB gilt in diesem Fall somit nur eingeschränkt. Der Rückgriffsanspruch unter Mitbürgen erfolgt bei einer Höchstbetragsbürgschaft *pro rata*.[726]

b) In Kolumbien

In Kolumbien ist zwischen einer summenmäßig begrenzten (*fianza limitada*) und einer summenmäßig unbegrenzten Bürgschaft (*fianza ilimitada*) zu unterscheiden. Diese Differenzierung kommt der deutschen Globalbürgschaft bzw. Höchstbetragsbürgschaft am nähesten.

Eine summenmäßig beschränkte Bürgschaft liegt vor, wenn der Bürge sich entweder für einen summenmäßig bestimmten Teil oder eine bestimmte Quote der Schuld verbürgt hat, Art. 2392 Abs. 3 CC.[727] Die Nebenkosten der Hauptschuld, wie etwa die Zinsen, die Kosten für die Geltendmachung der Schuld beim Hauptschuldner und die der Mahnung, beeinträchtigen die Einklassifizierung als summenmäßig beschränkte Bürgschaft nicht.[728] Zwar umfasst die Bürgschaft grds. nur das, worauf sie sich ausdrücklich bezieht, jedoch wird angenommen, dass auch die Nebenkosten von ihr erfasst sein sollen, Art. 2373 CC.[729] Allerdings kann die Bürgschaft auch auf die geschuldete Summe beschränkt werden.[730] Das generelle Erfordernis des ausdrücklichen Einverständnisses gemäß

---

724 Staudinger/*Stürner*, Vorbem. zu §§ 765 ff. Rn. 43; *Georgiades*, Die Höchstbetragsbürgschaft in der neueren Rechtsprechung, S. 18.

725 Staudinger/*Stürner*, Vorbem. zu §§ 765 ff. Rn. 43; *Georgiades*, Die Höchstbetragsbürgschaft in der neueren Rechtsprechung, S. 18.

726 OLG Köln, Urteil v. 8.3.1991 – 18 U 86/89 = OLG Köln, WM 1991, 1718, 1718; BGH, Urteil v. 11.12.1997 - IX ZR 274/96 = BGHZ 137, 292–297 (Rz. 19, 20) = BGH WM 1998, 235, 237.

727 *Arrubla Paucar*, El contrato de fianza, en: Estudios de derecho privado, Tomo I, Liber Amicorum en homenaje a César Gómez Estrada, pág. 44, 48; *Bonivento Fernández*, Los principales contratos civiles y comerciales, Tomo II, pág. 13; *Linares Vesga*, Introducción al estudio de los contratos: contratos civiles y comerciales, parte general y parte especial, pág. 192.

728 *Bonivento Fernández*, Los principales contratos civiles y comerciales, Tomo II, pág. 13.

729 *Barros Errazuriz*, Curso de Derecho Civil, pág. 434; *Ochoa González*, Contratos nominados civiles, pág. 253; *Hinestrosa*, Tratado de las Obligaciones, Concepto, estructura, vicisitudes, I, pág. 85; *Somarriva Undurraga*, Tratado de las cauciones, pág. 124; *Tarazona Caceres*, La fianza civil, pág. 33.

730 *Anzola*, Lecciones Elementares de Derecho Civil Colombiano, Curso Tercero de los contratos, pág. 364; *Tarazona Caceres*, La fianza civil, pág. 38.

Art. 2373 CC liegt darin begründet, dass die Bürgschaft regelmäßig unentgeltlich erbracht wird und der Bürge zumindest ausdrücklich sein Einverständnis in diese Privilegierung des Gläubigers bzw. des Hauptschuldners geben sollte.[731] Nach Art. 2373 CC a.E. zählen die ungewiss hohen Kosten, die zwischen den Gerichtskosten der ersten Aufforderung an den Hauptschuldner und der daraufhin an den Bürgen gerichteten Vorladung anfallen, nicht zu den Nebenkosten der Schuld. Die Kosten der Ladung des Hauptschuldners sind inkludiert, da sich der Hauptschuldner nach Zahlungsaufforderung in Verzug befindet.[732] Diese Aufforderung löst zudem erst die Zahlungspflicht des Bürgen aus.[733] Der Wortlaut des *Código Civil* ist nicht ganz eindeutig, was unter der Ladung an den Bürgen zu verstehen ist. Aus einem Vergleich mit den Gerichtskosten der Aufforderung an den Hauptschuldner kann jedoch geschlossen werden, dass unter „Ladung" an den Bürgen dessen Ladung vor Gericht gemeint sein muss. Diese Kosten sind aufgrund der Kalkulierbarkeit und Vorhersehbarkeit inbegriffen. Hingegen sind die Gerichtskosten, die zwischen der „Aufforderung" an den Hauptschuldner und der „Ladung" an den Bürgen entstehen, unkalkulierbar und daher nicht inkludiert.

Art. 2392 Abs. 3 CC gibt lediglich vor, dass eine summenmäßig begrenzte Bürgschaftsübernahme möglich ist. So besagt Art. 2392 Abs. 3 CC: „Der Bürge, der seine Verantwortlichkeit unmissverständlich auf eine Summe oder Quote beschränkt hat, ist nur bis zur Höhe dieser Summe oder Quote verpflichtet". Beispielsweise kann eine Bürgschaft für die Zahlung der Miete genannt werden, die gerade nicht die Absicherung der Zahlung weiterer Kosten umfassen soll.[734] Mithilfe eines Umkehrschlusses aus dem Wortlaut des Gesetzes (Art. 2392 Abs. 3 CC) kann allerdings gefolgert werden, dass es dem Bürgen auch möglich sein muss, sich unbeschränkt zu verbürgen.[735] Hierbei handelt es sich um eine unbeschränkte Bürgschaft, die sich auch auf alle akzessorischen

---

731 *Anzola*, Lecciones Elementares de Derecho Civil Colombiano, Curso Tercero de los contratos, pág. 366; *Barros Errazuriz*, Curso de Derecho Civil, pág. 434; *García Cuéllar,* De la fianza civil, pág. 17; *Pérez Vives*, Garantías civiles (Hipoteca, prenda y fianza), pág. 383; *Gómez-Blanes*, La Accesoriedad de la Fianza, en: Universitas, Revista de Derecho, pág. 15, 33.

732 *Muñoz Obando,* „La fianza", pág. 66.

733 *Muñoz Obando,* „La fianza", pág. 66.

734 *Pérez Vives*, Garantías civiles (Hipoteca, prenda y fianza), pág. 382.

735 *Bonivento Fernández*, Los principales contratos civiles y comerciales, Tomo II, pág. 13.

Nebenkosten bezieht.[736] Terminologisch ist es jedoch nicht ganz korrekt, von einer unbeschränkten Bürgschaft auszugehen, da die Bürgschaft immer auf den Umfang der Hauptschuld beschränkt ist.[737] Vielmehr liegt eine in Bezug auf die Nebenkosten unbeschränkte Bürgschaft vor.

Weiterhin ist klärungsbedürftig, ob auch zukünftige Forderungen des Gläubigers gegen den Hauptschuldner von dieser Sicherheit abgedeckt werden sollen. Für eine solche Auslegung spricht, dass nach dem Umkehrschluss aus dem Gesetzeswortlaut von Art. 2392 Abs. 3 CC eine summenmäßig unbeschränkte Haftung in Betracht kommt. In Art. 2392 Abs. 3 CC wird auch die Möglichkeit einer quotenmäßigen Haftung angesprochen. Mithin ist aus dem Gesetzeswortlaut lediglich zu schließen, dass der Bürge seine Haftung nicht nur der Quote nach beschränken kann, sondern auch summenmäßig. Eine summenmäßig unbeschränkte Haftung würde nach dieser Auslegung ebenfalls die Nebenkosten beinhalten, obgleich diese auch über dem Höchstbetrag liegen können.

Im *Código Civil* ist die Globalbürgschaft folglich nicht direkt kodifiziert. In einem Gerichtsurteil aus dem Jahr 1942 wird allerdings nebenbei erwähnt, dass der Bürge für jede Summe, die die abzusichernde Person verursacht, haften muss.[738] Diese Formulierung lässt auf eine summenmäßig unbeschränkte Bürgschaft, mithin eine Art der Globalbürgschaft, schließen. Andererseits soll die Haftungssumme keine zukünftigen Schulden beinhalten, was aus der restriktiven Auslegung der Bürgschaftserklärung folgt.[739] Gegen die Einbeziehung von zukünftigen Forderungen spricht darüber hinaus die Systematik des Gesetzes. Dieses erwähnt die Haftung für zukünftige Forderungen nicht explizit in diesem Zusammenhang, wenngleich die Haftung für zukünftige Forderungen nach Art. 2365 Abs. 2 CC möglich ist. Daher könnte es sich um ein bewusstes Schweigen handeln. Nach dem Grundgedanken des kolumbianischen Zivilrechts ist der altruistisch unentgeltlich handelnde Schuldner hingegen schützenswerter als die

---

736 *Arrubla Paucar*, El contrato de fianza, en: Estudios de derecho privado, Tomo I, Liber Amicorum en homenaje a César Gómez Estrada, pág. 44, 48; *Pérez Vives*, Garantías civiles (Hipoteca, prenda y fianza), pág. 382.

737 Casación, 9 junio 1926, t. XXXII, pág. 314; *Linares Vesga*, Introducción al estudio de los contratos: contratos civiles y comerciales, parte general y parte especial, pág. 192; *Pérez Vives*, Garantías civiles (Hipoteca, prenda y fianza), pág. 382; *Somarriva Undurraga*, Tratado de las cauciones, pág. 121.

738 Sentencia de Corte Suprema de Justicia – Sala de Casación Civil – 6 de Febrero de 1942 „*a responder* [...] *de cualquier suma ques u fiado causare*".

739 Sentencia de Corte Suprema de Justicia – Sala de Casación Civil – 6 de Febrero de 1942.

Parteien eines Rechtsgeschäftes, das im beidseitigen Interesse liegt.[740] Daraus folgt, dass eine summenmäßig unbegrenzte Haftung auch für zukünftige Forderungen nicht im Interesse des Gesetzgebers liegen kann. Nach hier vertretener Auffassung folgt aus dem Umkehrschluss aus Art. 2392 Abs. 3 CC lediglich die Möglichkeit einer Höchstbetragsbürgschaft, welche die Nebenkosten noch nicht inkludiert. Infolgedessen erscheint es vorzugswürdig, eine partielle und eine komplette Bürgschaft anzunehmen.[741]

c) Vergleich

Die deutsche Höchstbetragsbürgschaft entspricht in Teilen der kolumbianischen summenmäßig begrenzten Bürgschaft, der Teilbürgschaft und der Bürgschaft für eine bestimmte Quote. Eine summenmäßige Begrenzung der Schuld stellt den Regelfall dar. In beiden Rechtsordnungen wirft dies die Frage auf, ob Nebenkosten vom Höchstbetrag inbegriffen sein sollen, oder zusätzlich geltend gemacht werden können. In Deutschland ist anerkannt, dass der Bürge inklusive sämtlicher Nebenkosten maximal auf die vereinbarte Höchstsumme haftet. In Kolumbien stellt sich dasselbe Problem. Jedoch wird dieses nicht einheitlich gelöst. Grds. wird davon ausgegangen, dass die Bürgschaft auch die Nebenkosten umfassen soll. Weil deren Höhe bei Entstehung der Bürgschaftsverpflichtung aber ungewiss ist, erscheint es schlüssiger, wenn die Nebenkosten neben dem Höchstbetrag geltend gemacht werden können. Aus Gründen des Bürgenschutzes muss dies allerdings ausdrücklich im Vertrag vereinbart werden. In Deutschland und in Kolumbien beeinträchtigt die Einbeziehung der Nebenkosten dagegen nicht die Einordnung der Bürgschaft als Höchstbetragsbürgschaft oder summenmäßig begrenzte Bürgschaft.

In Deutschland gibt es eine umfassende Kasuistik zu Globalbürgschaften. Die dort behandelte Problematik der Bestimmtheit der Forderung, welcher mit der Anlassrechtsprechung begegnet wird, ist in Kolumbien nicht vorhanden. Die Möglichkeit ihrer Existenz in Kolumbien ergibt sich aus einem Umkehrschluss aus Art. 2392 Abs. 3 CC i.V.m. Art. 2365 Abs. 2 CC. Demnach ist eine summenmäßig unbeschränkte Haftung möglich. Zugleich kann auch für zukünftige Forderungen gebürgt werden. Die Kombination dieser beiden Artikel – der summenmäßig unbeschränkten Haftung und der Haftung auch für zukünftige Forderungen – würde den Bürgen indes nicht unerheblich belasten. Die

---

740 Siehe Abschnitt C. III. 3. c).

741 *Linares Vesga*, Introducción al estudio de los contratos: contratos civiles y comerciales, parte general y parte especial, pág. 192.

Globalbürgschaft findet in der kolumbianischen Literatur keine größere Erwähnung, wenngleich sie mit der summenmäßig nicht begrenzten Bürgschaft verglichen werden kann. Alle Nebenkosten der Hauptschuld werden bei dieser Form ebenfalls abgesichert.

Eine derartige Ausweitung der Bürgenhaftung kann somit nicht im Interesse des Gesetzgebers gelegen haben. Auch in Ermangelung von Rechtsprechung zugunsten des Bürgen wird hier davon ausgegangen, dass diese Variante der Bürgschaft in Kolumbien nicht anerkannt ist.

5. Zeitbürgschaft

a) In Deutschland

Bei der Zeitbürgschaft haftet der Bürge nur bis zum Ablauf eines festgelegten Datums, § 777 BGB. Dabei ist zwischen der echten und der unechten Zeitbürgschaft zu unterscheiden.

Gesetzlich geregelt ist der Fall der echten Zeitbürgschaft. Hier kann der Bürge nur vor Ablauf des Datums in Anspruch genommen werden. Danach entfällt die Haftung. Diese kann jedoch über den Termin hinaus bestehen, wenn der Gläubiger den Hauptschuldner unverzüglich in Anspruch zu nehmen versucht und dies dem Bürgen anzeigt.[742] Die Inanspruchnahme ist nur möglich, wenn die Hauptforderung fällig ist.[743]

Bei der unechten Zeitbürgschaft (sog. Kontokorrentbürgschaft) haftet der Bürge dagegen temporär unbegrenzt[744] für solche Ansprüche, die innerhalb der vereinbarten Zeitspanne entstehen.[745] Damit handelt es sich eher um eine umfängliche Anspruchsbeschränkung.

---

742 Der BGH hat 2004 einen Fall entschieden, in dem die Gläubigerin, eine Bank, eine Klausel, die die Anzeige der Inanspruchnahme bei Zeitablauf obsolet machen sollte, in die Vertragsurkunde aufgenommen hat. Die Klausel ist einerseits überraschend und zudem verstößt sie gegen § 307 Abs. 2 Nr. 1 BGB, BGH, Urteil v. 15.1.2004 – IX ZR 152/00 = BGH NJW 2004, 2232, 2234; OLG Köln, Urteil v. 20.5.1985 – 8 U 10/84 = OLG Köln WM 1986, 14, 15 f.; *Tiedtke*, NJW 2005, 2498, 2501.

743 BGH, Urteil v. 17.12.1987 – IX ZR 93/87 = BGH NJW 1988, 908, 909; *Kollrus*, MDR 2013, 1437, 1439; BuB/*Piekenbrock*, 4/1214.

744 Bis zum Eintritt der gesetzlichen Verjährung, §§ 194 ff. BGB.

745 BGH, Urteil v. 15.1.2004 – IX ZR 152/00 = BGH NJW 2004, 2233; MüKo/*Habersack*, § 777 Rn. 4; PWW/*Brödermann*, §777 Rn. 7; BuB/*Piekenbrock*, 4/1211; *Bülow*, Recht der Kreditsicherheiten, Rn. 1040.

Die Abgrenzung zwischen den beiden Instituten kann problematisch sein. Aufgrund der teilweise mehrdeutigen Auslegungsmöglichkeiten der Klausel „*Diese Bürgschaft ist befristet bis …*“ sollte schon im Vertrag eine genaue Abgrenzung erfolgen.[746] Der Gläubiger muss ggf. darlegen und beweisen, dass lediglich eine gegenständliche Befristung gewollt war.[747]

b) In Kolumbien

In Art. 2366 CC ist der Fall einer Zeitbürgschaft gesetzlich geregelt. Demnach kann die Bürgschaft ab oder bis zu einem bestimmten Tag gewährt werden. Weder aus der Formulierung noch aus der Stellung im Gesetz wird klar, ob hierbei eine Befristung im Sinne einer echten oder unechten Zeitbürgschaft vorliegt. Da die Vorschrift lediglich das Vorhandensein der Möglichkeit, eine befristete oder bedingte Bürgschaft zu stellen, klarstellen will, ist die Auslegung nach dem Telos der Vorschrift nur schwer möglich. Ein Vergleich mit Art. 2247 CC ergibt, dass der Verschuldensmaßstab begrenzt ist, wenn der Schuldner sich aus altruistischen Motiven unentgeltlich für andere verpflichtet. Daher ist nach hier vertretener Meinung diejenige Auslegung zu bevorzugen, die den Bürgen am effektivsten schützt. Einen solchen Schutz bietet die echte Zeitbürgschaft, bei welcher der Bürge nach Ablauf der Befristung nicht mehr in Anspruch genommen werden kann.

De lege feranda wäre es wünschenswert, wenn die Bürgschaft generell einer Frist unterliegen würde. So ist es eine unbillige einseitige Belastung, dass der Bürge für eine unbestimmte Zeit im Unklaren über seine finanziellen Möglichkeiten gelassen wird, ohne dass er im Regelfall ein eigenes Interesse verfolgt.[748] Art. 2394 Abs. 1 Nr. 4 CC normiert, dass der Bürge Ablösung vom Hauptschuldner verlangen kann, wenn seit der Gewährung der Bürgschaft mehr als zehn Jahre vergangen sind. Zwar bezweckt dieser Artikel den Schutz des Bürgen vor dieser Ungewissheit über einen langen Zeitraum, wird jedoch im nächsten Teilsatz wieder eingeschränkt, da der Schutz nicht gilt, wenn die Hauptverbindlichkeit für eine längere Zeitspanne eingegangen wurde.

---

746 *Kollrus*, MDR 2013, 1437, 1440; BuB/*Piekenbrock*, 4/1211.

747 BGH, Urteil v. 15.1.2004 – IX ZR 152/00 = BGH NJW 2004, 2233; PWW/*Brödermann*, §777 Rn. 20.

748 *Gómez-Blanes*, La Accesoriedad de la Fianza, en: Universitas, Revista de Derecho, pág. 15, 38.

c) Vergleich

Das Prinzip der Zeitbürgschaft ist beiden Rechtsordnungen bekannt. So verfügen sowohl das kolumbianische als auch das deutsche Recht über die gesetzliche Möglichkeit, die Bürgschaft zeitlich zu befristen. Nach hier vertretener Meinung handelt es sich bei den gesetzlich verankerten Typen der Bürgschaft in beiden Rechtsordnungen um echte Zeitbürgschaften.

Der Unterschied liegt darin, dass in Deutschland in § 777 Abs. 1 S. 1 BGB sehr klar definiert wird, wann eine sog. echte Zeitbürgschaft vorliegt und unter welchen Voraussetzungen der Bürge in Anspruch genommen werden kann. In Kolumbien fehlt hingegen eine solch detaillierte gesetzliche Definition. Dies ist ungewöhnlich, da der *Código Civil* im Verhältnis zum BGB in Bezug auf die Bürgschaft sehr viel umfangreicher ausformuliert ist. Aufgrund der mangelnden Ausformung kann nicht festgestellt werden, um welche Form es sich in Kolumbien handelt. Daher ist auf die allgemeinen Auslegungsmethoden zurückzugreifen, die allerdings auch nicht zu einem Ergebnis beizutragen vermögen. Aus dem allgemeinen kolumbianischen Rechtsgedanken des Schutzes derer, die sich unentgeltlich verpflichten, ist jedoch auf eine Zeitbürgschaft zu schließen.

Diese mangelnde Definition zeigt die Schwächen des *Código Civil* auf.

6. Mitbürgschaft

a) In Deutschland

Bei der Mitbürgschaft verbürgen sich mehrere Bürgen für die gleiche Schuld des Hauptschuldners gemeinschaftlich, § 427 BGB. Diese haften gemäß §§ 769, 421 S. 1 BGB auch ohne eine entsprechende Willenserklärung als Gesamtschuldner. Daraus folgt, dass es keiner Kenntnis voneinander bedarf. Nach Zahlung eines Mitbürgen an den Gläubiger findet unter den Bürgen ein Gesamtschuldnerausgleich statt. Der Bürge kann im Innenverhältnis Ausgleich verlangen, solange der Hauptschuldner ihn nicht befriedigt. Vorrangig ist jedoch die Befriedigung durch den Hauptschuldner.[749] Die Subsidiarität bleibt erhalten. Der Anspruch gegen die Mitbürgen ist akzessorisch zur übergegangenen Hauptforderung. Der Mitbürgenregress im Innenverhältnis findet bloß abzüglich des Anteils statt, den der jeweilige Bürge leisten muss, § 420 BGB.[750]

---

749 MüKo/*Habersack*, § 769 Rn. 1.

750 BGH, Urteil v. 21.2.1957 – VII ZR 216/56 = BGHZ 23, 361–365 (Rz. 44) = BGH NJW 1957, 747, 748; BGH, Urteil v. 17.3.1982 – VIII ZR 30/81 = BGH NJW 1982, 2306,

Festzustellen ist somit, dass innerhalb der Mitbürgschaft die gesamtschuldnerische Haftung sowohl gegenüber dem Gläubiger[751] als auch unter den Mitbürgen gilt.[752]

b) In Kolumbien

Auch die kolumbianische Rechtsordnung kennt das Institut der Mitbürgschaft, vgl. Art. 2392 Abs. 1 CC.[753]

Hierbei können sich mehrere Bürgen – entweder nach Quote oder gesamtschuldnerisch[754] – auf einer Stufe verbürgen.[755] Die Mitbürgschaft ist nicht mit der gesamtschuldnerischen Bürgschaft in Form der selbstschuldnerischen Bürgschaft zu verwechseln. Anders als bei Letzterer[756] stehen dem Mitbürgen die Einredemöglichkeiten eines gewöhnlichen Bürgen sowohl im Verhältnis zum Gläubiger als auch untereinander zu.

c) Vergleich

Die Regelungen zu Mitbürgschaft gleichen sich in beiden Rechtsordnungen. Insbesondere stehen dem Mitbürgen alle Einreden des gewöhnlichen Bürgen zu. Darüber hinaus kann er die weiteren Mitbürgen in Regress nehmen.

7. Nachbürgschaft

a) In Deutschland

Im Falle einer Nachbürgschaft haftet der sog. Nachbürge für die Vertragserfüllung des ersten sog. Hauptbürgen, wobei hier die Akzessorietät nicht nur zur

---

2306; BGH, Urteil v. 10.11.1983 – IX ZR 34/82 = BGH NJW 1984, 482, 482; BGH, Urteil v. 15.5.1986 – IX ZR 96/85 = BGH NJW 1986, 3131, 3132.

751 BGH, Urteil v. 14.7.1983 – IX ZR 40/82 = BGHZ 88, 185–191 (Rz. 10) = BGH NJW 1983, 2442, 2443; BGH, Urteil v. 15.5.1986 – IX ZR 96/85 = BGH NJW 1986, 3131, 3132; BGH, Urteil v. 4.6.1987 – IX ZR 31/86 = BGH NJW 1987, 3126, 3127.

752 BGH, Urteil v. 14.7.1983 – IX ZR 40/82 = BGHZ 88, 185–191 (Rz. 10) = BGH NJW 1983, 2442, 2443; BGH, Urteil v. 13.1.2000 – IX ZR 11/99 = BGH NJW 2000, 1034, 1035.

753 *Cardona Hernández*, Contratos civiles, pág. 262.

754 *Ochoa González*, Contratos nominados civiles, pág. 252.

755 *Ochoa González*, Contratos nominados civiles, pág. 252.

756 Siehe Abschnitt C. V. 2. b).

Hauptschuld, sondern auch zur Hauptbürgschaft besteht.[757] Der Haftungsfall tritt somit erst ein, wenn der Hauptbürge seiner Verpflichtung nicht nachkommt. Der Nachbürge haftet nicht gesamtschuldnerisch, sondern lediglich subsidiär. Bei Leistung geht die Forderung gegen den Hauptbürgen und damit auch gegen den Hauptschuldner auf ihn über.[758]

b) In Kolumbien

In Kolumbien ist es ebenso möglich, dass ein Bürge die Schuld eines anderen Bürgen absichert.[759] Unter dem Begriff der sog. Unterbürgschaft ist eine Bürgschaft für einen anderen Bürgen zu verstehen.[760] Der Unterbürge (*subfiador*) kann nur dann in Anspruch genommen, wenn sowohl der Hauptschuldner als auch der Bürge, für den er sich verbürgt hat, zahlungsunfähig sind, da der Unterbürge lediglich subsidiär haftet, Art. 2405 CC.[761]

c) Vergleich

Auch im Hinblick auf die Nachbürgschaft unterscheiden sich die deutsche und kolumbianische Rechtsordnung nicht. So haben die unterschiedlichen Rechtsordnungen gleiche Ergebnisse hervorgebracht.

---

757 BGH, Urteil v. 13.12.1978 – VIII ZR 266/77 = BGHZ 73, 94–99 (Rz. 16) = BGH NJW 1979, 415, 416; BeckOGK/*Madaus*, § 765 Rn. 354; MüKo/*Habersack*, § 765 Rn. 127; Staudinger/*Stürner*, Vorbem. zu §§ 765 ff. Rn. 59; *Bülow*, Recht der Kreditsicherheiten, Rn. 1031 f.

758 BGH, Urteil v. 13.12.1978 – VIII ZR 266/77 = BGHZ 73, 94–99 (Rz. 12, 16)= BGH NJW 1979, 415, 416; OLG Köln, Urteil v. 30.11.1994 – 2 U 151/92 = OLG Köln WM 1995, 1224, 1227 f.; BeckOGK/*Madaus*, § 765 Rn. 357; MüKo/*Habersack*, § 765 Rn. 127; *Tiedtke*, WM 1976, 174, 176.

759 *Ochoa González*, Contratos nominados civiles, pág. 253.

760 *Anzola*, Lecciones Elementares de Derecho Civil Colombiano, Curso Tercero de los contratos, pág. 376; *Barros Errazuriz*, Curso de Derecho Civil, pág. 441; *Cardona Hernández*, Contratos civiles, pág. 262; *Muñoz Obando*, „La fianza", pág. 24.

761 *Anzola*, Lecciones Elementares de Derecho Civil Colombiano, Curso Tercero de los contratos, pág. 376; *Barros Errazuriz*, Curso de Derecho Civil, pág. 441; *Bonivento Fernández*, Los principales contratos civiles y comerciales, Tomo II, pág. 24; *Muñoz Obando*, „La fianza", pág. 24.

8. Rückbürgschaft

a) In Deutschland

Der Rückbürge haftet gegenüber dem Hauptbürgen für die Rückgriffsansprüche gegen den Hauptschuldner.[762] Die Erstattung sowohl des inneren Ausgleichsanspruchs als auch des Regressanspruchs wird gesichert.[763] Begleicht nun der Rückbürge die Schuld, gehen die Innenforderung gemäß § 774 Abs. 1 S. 1 BGB und die Außenforderung nach §§ 412, 401 Abs. 1 BGB auf ihn über.[764] Dem Rückbürgen stehen die Einwendungen des Hauptschuldners sowie die Einrede der Vorausklage gegen den Bürgen zu.[765]

b) In Kolumbien

Das Prinzip der Rückbürgschaft ist dem *Código Civil* ebenfalls nicht fremd. Die *contrafianza* bzw. *garantía de fianza* entspricht der Rückbürgschaft. Diese Variante der Bürgschaft ist jedoch weder gesetzlich normiert noch wird sie in der Literatur ausführlich behandelt. Daher ist lediglich festzuhalten, dass es sich um eine Bürgschaftsform handelt, welche die Rückgriffsansprüche des Bürgen absichern soll.

9. Prozessbürgschaft

a) In Deutschland

Die Prozessbürgschaft ermöglicht als prozessuale Sicherheit die *„Abwendung oder Aufhebung der Zwangsvollstreckung [...] aus einem vorläufig vollstreckbaren Urteil“.* [766] Die Höhe und Art der Sicherheitsleistung wird gerichtlich festgelegt, § 108 Abs. 1 S. 1 ZPO. Bei der Prozessbürgschaft gilt der Grundsatz, dass Urteile lediglich zwischen den beteiligten Parteien (*inter partes*)[767] wirken, nur

---

762 BGH, Urteil v. 13.12.1978 – VIII ZR 266/77 = BGHZ 73, 94–99 (Rz. 12, 14) = BGH NJW 1979, 415, 416; BGH, Urteil v. 19.9.1985 – IX ZR 16/85 = BGHZ 95, 375–392 (Rz. 20) = BGH NJW 1986, 310; Staudinger/*Stürner*, Vorbem. zu §§ 765 ff. Rn. 62.

763 Staudinger/*Stürner*, Vorbem. zu §§ 765 ff. Rn. 62.

764 BuB/*Piekenbrock*, 4/1253b; *Larenz/Canaris*, SchuldR, II/2, § 60 V 4, MüKo/*Habersack*, § 765 Rn. 132.

765 BeckOGK/*Madaus*, § 765 Rn. 372; Staudinger/*Stürner*, Vorbem. zu §§ 765 ff. Rn. 63; *Bülow*, Recht der Kreditsicherheiten, Rn. 1031.

766 BuB/*Piekenbrock*, 4/1270a; *Grüneberg*, WM Sonderbeil. Nr. 3 zu Heft 43/2015, 2, 13.

767 Dies ergibt sich aus §§ 322, 325 ZPO und gilt nicht, wenn die Klage gegen den Hauptschuldner abgewiesen wurde.

eingeschränkt: Der Bürge muss die Rechtskraft des Urteils gegen sich gelten lassen.[768]

Die Prozessbürgschaft erlischt mit Eintritt der Rechtskraft, § 715 Abs. 1 S. 2 ZPO. Der allgemeine Gerichtsstand des Bürgen muss sich im Inland befinden, § 239 Abs. 1 BGB.

Im deutschen Strafrecht gleicht die gewöhnliche Kaution der Realsicherheit vor oder nach Verurteilungen.

b) In Kolumbien

In Kolumbien dient das Institut der sog. Gerichtsbürgschaft (*fianza judicial*) der Absicherung einer gerichtlichen Schuld. Die Justizbürgschaften werden einer oder beiden Prozessbeteiligten auferlegt, um den Fortgang des Verfahrens zu garantieren. Den Betrag der Bürgschaft legt der Richter auf Basis der Schadensschätzung fest.

Es gibt Prozessbürgschaften in strafrechtlichen, zivilrechtlichen, handelsrechtlichen, familienrechtlichen und verfassungsrechtlichen Streitigkeiten.

Bei der Strafbürgschaft kommt der Täter durch Stellung des Bürgen auf Kaution frei, erhält eine Bewährungsstrafe oder wird frühzeitig entlassen, wenn die höchste zu erwartende Strafe nicht mehr als fünf Jahre beträgt. Bei Verhängung einer Bewährungsstrafe soll die Bürgschaft garantieren, dass der Verurteilte sich nicht der Staatsgewalt entzieht, keine weiteren Delikte begeht und den entstandenen Schaden begleicht.

Das Pendant ist die zivile Gerichtsbürgschaft, bei der die Stellung des Bürgen den Eintritt möglicher Nachteile absichern soll. Diese kommt vor allem bei Unterhaltsstreitigkeiten oder Verwaltungstätigkeiten (präventiv) in Betracht. Vorsorgliche Prozessbürgschaften werden angeordnet, wenn die Prozesspartei keinen festen Wohnsitz hat und die Zahlung an die andere Prozesspartei oder einen Dritten bei möglicher Verurteilung daher nicht gesichert ist.

Andere Formen der Gerichtsbürgschaft stellen die Begrifflichkeiten *fianza de estar a derecho* und *dar fianza* dar. Die *fianza de estar a derecho* bezeichnet eine Bürgschaft in Bezug auf das Erscheinen eines Dritten vor Gericht.[769] Als *dar fianza* wird das Präsentieren von Personen oder Objekten vor Gericht bezeichnet, die für den Fall der Nichtleistung der Hauptverbindlichkeit haften.[770]

---

768 BGH, Urteil v. 19.3.1975 – VIII ZR 250/73 = BGH NJW 1975, 1119, 1121.

769 Diccionario de la Lengua Española, Real Academia Española, Stichwort „fianza".

770 Diccionario de la Lengua Española, Real Academia Española, Stichwort „fianza".

c) Vergleich

Die praktische Anwendbarkeit der Prozessbürgschaft ist in Deutschland auf wenige Fälle begrenzt, da es sich lediglich um eine Sicherheitsleistung für vorläufig vollstreckbare Urteile handelt. Dagegen kommt in Kolumbien Gerichtsbürgschaften ein breites Anwendungsfeld zu, weil sie in fast jedem Rechtsgebiet vorgesehen sind. Sie stellen dort eine allgemeine Sicherheitsleistung dar.

Neben den strafrechtlich geforderten Kautionen sind im deutschen Zivilrecht ebenfalls vorwiegend Realsicherheiten zu stellen. Die in Kolumbien weitverbreitete Möglichkeit der Absicherung mithilfe einer Personalsicherheit mag darauf zurückzuführen sein, dass vielen Kolumbianern nicht die finanziellen Mittel zur Verfügung stehen, eine Realsicherheit zu leisten, da sie entweder nicht über genügend Vermögen verfügen oder dieses bereits anderweitig belastet ist. Außerdem ermöglicht die Stellung einer Personalsicherheit es den beteiligten Personen, ohne direkte finanzielle Einbußen ihrem Alltag nachzugehen. Aufgrund der geringeren Sicherheit im Vergleich zu Realsicherheiten wird in Deutschland Realsicherheiten bei Gerichtsverfahren der Vorzug eingeräumt.

10. Ausfallbürgschaft

Die Ausfallbürgschaft ist lediglich in Deutschland eine weitere Variante der Bürgschaft. Sie stellt eine vom BGH anerkannte Form der Bürgschaft dar, bei der der Bürge erst eintreten muss, wenn der Gläubiger eine völlig oder teilweise erfolglose Zwangsvollstreckung gegen den Schuldner nachweisen kann. Die Ausfallbürgschaft ist in mehrfacher Hinsicht subsidiär ausgestaltet: Wurde eine Ausfallbürgschaft vereinbart, so muss der Gläubiger darlegen und ggf. beweisen, dass der Hauptschuldner ausgefallen ist. Zudem muss er sich um die Verwertung weiterer Sicherheiten bemühen, bevor er den Ausfallbürgen in Anspruch nehmen kann.[771] Es handelt sich somit um das Gegenteil der selbstschuldnerischen Bürgschaft. Sofern der Gläubiger die Inanspruchnahme des Hauptschuldners schuldhaft verzögert und er bei diesem hätte Befriedigung erlangen können, wird der Ausfallbürge frei.[772] Der gewöhnliche Bürge kann den Ausfallbürgen nicht in Regress

771 OLG Saarbrücken, Urteil v. 22.02.2018 – 4 U 52/16 = BeckRS 2018, 3021; BuB/*Piekenbrock*, 4/1248b; *Reinicke/Tiedtke*, Rn. 147; *Grüneberg*, WM Sonderbeil. Nr. 3 zu Heft 43/2015, 2, 13; *Fischer*, WM 2001, 1093, 1099.

772 OLG Hamm, Urteil v. 17.1.2012 – I-7 U 56/11 = OLG Hamm, GWR 2012, 276, 276; Staudinger/*Stürner*, Vorbem. zu §§ 765 ff. Rn. 41.

nehmen.[773] In Kolumbien gibt es kein Äquivalent.

Erstaunlicherweise ist aber für die deutsche Ausfallbürgschaft anerkannt, dass ein Gläubiger, der treuwidrig die Inanspruchnahme des Hauptschuldners vereitelt, nicht dazu berechtigt ist, den Bürgen in Anspruch zu nehmen. Dies ist in Kolumbien der normierte Normalfall für jede Bürgschaft, Art. 2381, 2382 CC. Die allgemeine kolumbianische Regel erscheint mithin vor dem Hintergrund der Subsidiarität der Bürgschaft sehr vorzugswürdig.

11. Hypothekenbürge

Des Weiteren gibt es in Kolumbien Bürgschaftsformen, für die in Deutschland kein Gegenmodell existiert. Dazu gehört u.a. die hypothekarische Bürgschaft.

Gemäß Art. 2454 Abs. 3 CC kann der Bürge zusätzlich zur Bürgschaft eine Hypothek zugunsten des Gläubigers stellen (*fianza hipotecaria*). Die beiden unterschiedlichen Sicherheiten unterliegen den jeweiligen Normen des sie regelnden Rechtsbereiches. Somit ergibt sich keine Besonderheit für die Behandlung der Bürgschaft, vgl. Art. 2454 Abs. 4 CC.[774] Der Vorteil für den Gläubiger folgt lediglich aus der Kombination der Sicherheiten.[775] So stehen dem Gläubiger die dinglichen Vorzugsrechte zu. Gleichzeitig ist er in der privilegierten Position, die eine *prenda general* ihm bietet.[776] In diesem Fall kann der Bürge im Rahmen der dinglichen Klage weder die Einrede der Vorausklage noch die

773 BGH, Urteil v. 15.5.1986 - IX ZR 96/85 = BGH WM 1986, 961, 962; BGH, Urteil v. 18.10.1978 - VIII ZR 278/77 = BGH NJW 1979, 646, 646; MüKo/*Habersack*, § 769 Rn. 3; *Grüneberg*, WM Sonderbeil. Nr. 3 zu Heft 43/2015, 2, 13.

774 Sentencia del Tribunal Superior del Distrito Judicial de Bogotá - Sala Civil - 3 de Septiembre de 2013, nº 110013103-021-2010-00773-01 = http://vlex.com/vid/-493858635; *Arrubla Paucar*, El contrato de fianza, en: Estudios de derecho privado, Tomo I, Liber Amicorum en homenaje a César Gómez Estrada, pág. 44, 50; *Pérez Vives*, Garantías civiles (Hipoteca, prenda y fianza), pág. 357.

775 Sentencia del Tribunal Superior del Distrito Judicial de Bogotá - Sala Civil - 3 de Septiembre de 2013, nº 110013103-021-2010-00773-01 = http://vlex.com/vid/-493858635; *Arrubla Paucar*, El contrato de fianza, en: Estudios de derecho privado, Tomo I, Liber Amicorum en homenaje a César Gómez Estrada, pág. 44, 50; *Lozada Bustos*, La fianza como garantía civil, pág. 36; *Pérez Vives*, Garantías civiles (Hipoteca, prenda y fianza), pág. 358; *Somarriva Undurraga*, Tratado de las cauciones, pág. 117.

776 Sentencia del Tribunal Superior del Distrito Judicial de Bogotá - Sala Civil - 3 de Septiembre de 2013, nº 110013103-021-2010-00773-01 = http://vlex.com/vid/-493858635.

Teilungseinrede erheben.[777] Anders ist dies, wenn die Hypothek die Bürgschaftsforderung und nicht die Zahlung der Hauptschuld absichert.[778]

12. Zusammenfassung

Trotz ihrer unterschiedlichen Geschichten haben beide Rechtsordnungen sehr ähnliche Bürgschaftsvarianten hervorgebracht. Daraus ist zu schließen, dass die Rechtswirklichkeit in beiden Ländern mit den gleichen Herausforderungen konfrontiert war.

Sowohl in Kolumbien als auch in Deutschland bestand dahin gehend ein praktisches Bedürfnis, die Durchsetzbarkeit der Bürgschaft in gewissen Fällen zu erleichtern, weshalb die Akzessorietät gelockert wurde. Infolgedessen ist in beiden Rechtsordnungen die selbstschuldnerische Bürgschaft entstanden. Zusätzlich hat sich in Deutschland die Bürgschaft auf erstes Anfordern entwickelt. Diese Bürgschaftsvariante stößt jedoch bis heute infolge der weitreichend gelockerten Akzessorietät auf Kritik.[779] So ist sie schwer mit den Charakteristika der Bürgschaft – Akzessorietät und Subsidiarität – vereinbar. Zudem tritt der Bürgenschutz stark in den Hintergrund. Die kolumbianische Rechtsordnung kennt diese Form der Bürgschaft dagegen nicht, was aus den eben genannten Gründen u.U. vorteilhafter für das Gesamtkonstrukt der Bürgschaft ist. Nach hier vertretener Ansicht ist davon auszugehen, dass der komplette Einredeverzicht in Kolumbien einen Verstoß gegen den guten Glauben darstellt und daher unwirksam ist. Allerdings ist anzumerken, dass die Bürgschaft auf erstes Anfordern in der Kreditpraxis häufig verlangt wird. Dies ließ sie in Deutschland zu einer praktisch besonders relevanten Sicherheit werden. Der schleichende Rückgang von Bürgschaftsfällen in Kolumbien kann möglicherweise mit der mangelnden sofortigen Durchsetzbarkeit der Gläubigeransprüche begründet werden, wenngleich hervorzuheben ist, dass das Spannungsfeld zwischen dem Sicherungsinteresse des Gläubigers und dem Schutzinteresse des Bürgen hier

---

777 Sentencia del Tribunal Superior del Distrito Judicial de Bogotá – Sala Civil – 3 de Septiembre de 2013, nº 110013103-021-2010-00773-01 = http://vlex.com/vid/-493858635; *Bonivento Fernández*, Los principales contratos civiles y comerciales, Tomo II, pág. 12; *Pérez Vives*, Garantías civiles (Hipoteca, prenda y fianza), pág. 376; *Somarriva Undurraga*, Tratado de las cauciones, pág. 118.

778 *Somarriva Undurraga*, Tratado de las cauciones, pág. 118.

779 BGH, Urteil v. 10.11.1998 – XI ZR 370/97 = BGHZ 140, 49–53 (Rz. 14) = BGH NJW 1999, 570, 571, so auch: *Weth* in AcP 189 (1989), 303, 325 und *Kopp* in WM 2010, 640, 641, die davon ausgehen, dass die Akzessorietät aufgehoben sei.

sehr einseitig zulasten des Bürgen ausgereizt wurde. Bei dieser Sicherheit handelt es sich, sofern die Regressmöglichkeiten nicht beachtet werden, um eine der Garantie ähnliche Sicherheit. Diese wiederum erfreut sich in Kolumbien größerer Beliebtheit.

Darüber hinaus ist es einem kolumbianischen Bürgen möglich, eine summenmäßig beschränkte und unbeschränkte Bürgschaft zu stellen. Ferner kann er seine Haftung zeitlich befristen. In Deutschland begegnet der Typus der summenmäßig unbeschränkten Bürgschaft mehreren Problemen und wurde ausführlich in den Instanzen geprüft. Eine solch umfassende Kasuistik fehlt in Kolumbien. Nicht zuletzt daraus kann geschlossen werden, dass es sich bei der summenmäßig unbegrenzten Bürgschaft lediglich um eine Bürgschaft handelt, die alle Nebenforderungen beinhaltet und nicht um eine Bürgschaft, die auch zukünftige Forderungen erfasst. In Deutschland wäre dies eine sog. Globalbürgschaft.

Außerdem sah sich das Gesetz mit der Möglichkeit einer Vielzahl von Bürgen konfrontiert, woraus sich differenzierte Formen der Sicherheitengebermehrheit gebildet haben. Dazu zählen die Mitbürgschaft, die Nachbürgschaft und die Rückbürgschaft.

Weitere Formen der Bürgschaft haben sich separat in den Ländern entwickelt und entsprechen unterschiedlichen praktischen Bedürfnissen. So ist das BIP in Kolumbien wesentlich niedriger als in Deutschland.[780] Daneben ist die allgemeine Vermögenssituation schlechter, weshalb Personalsicherheiten eher in kolumbianischen als in deutschen Gerichtsprozessen von Relevanz sind.

Schließlich ist die Kombination von Bürgschaft und Hypothek in einem Schuldner auch in der deutschen Rechtsordnung möglich, aber praktisch nicht bedeutsam. Durch die Bürgschaft hat der Gläubiger bereits Zugriff auf das gesamte Vermögen des Bürgen, wozu auch alle Immobilien gehören. Selbst wenn es sich um eine Bürgschaft mit erleichterter Durchsetzbarkeit handeln sollte, bedarf der Gläubiger daher keiner Hypothek zur erleichterten Durchsetzung seiner Ansprüche hinsichtlich der Immobilien.

---

780 Im Jahr 2020 betrug das BIP pro Kopf in Deutschland 46215,6 US-Dollar (Quelle Statista: https://de.statista.com/statistik/daten/studie/166224/umfrage/ranking der-20-laender-mit-dem-groessten-bruttoinlandsprodukt-pro-kopf/ (letzter Abruf 20.01.2022)). In Kolumbien betrug das BIP pro Kopf im gleichen Jahr lediglich 5390,02 US-Dollar (Quelle Statista: https://de.statista.com/statistik/daten/studie/320909/umfrage/bruttoinlandsprodukt-bip-pro-kopf-in-kolumbien/ (letzter Abruf 20.01.2022)).

VI. Die drei „Seiten" der Bürgschaft

Sowohl in Deutschland als auch in Kolumbien ist die Bürgschaft in drei Grundverhältnisse aufzuteilen. Zu differenzieren ist hierbei zwischen dem Verhältnis zwischen dem Hauptschuldner und dem Gläubiger, dem Gläubiger und dem Bürgen sowie dem Bürgen und dem Hauptschuldner.

1. Verhältnis zwischen dem Hauptschuldner und dem Gläubiger

a) In Deutschland

Inhaltlich verpflichtet sich der Hauptschuldner in dem Verhältnis zum Gläubiger zur Stellung einer Sicherheit. Diese Sicherheitenbeschaffungsabrede stellt den Rechtsgrund i.S.d. § 812 Abs. 1 BGB des Bürgschaftsvertrags dar.[781] Die Modalitäten der Inanspruchnahme richten sich nach dieser Abrede.[782] Ist diese Verpflichtung unwirksam oder deckt sie sich nicht mit dem Bürgschaftsvertrag, kann der Bürge dem Zahlungsverlangen des Gläubigers die Einrede des § 768 Abs. 1 S. 1 BGB entgegenhalten.[783] Fehler in den AGB der Sicherungsabrede ermöglichen nach Zahlung eine Direktkondiktion des Bürgen gemäß § 813 Abs. 1 BGB.[784] Der Bürgschaftsvertrag trägt die *causa* i.S.v. § 812 Abs. 1 S. 1 BGB jedoch in sich selbst, sodass ein Sicherungsvertrag grds. obsolet ist.[785] Dies privilegiert den Bürgen ungemein.[786] Das Verhältnis zwischen dem Bürgen und dem Gläubiger besteht dann nur in dem Bürgschaftsvertrag, ergo dem Außenverhältnis.[787]

Nur in den seltensten Fällen schreibt das Gesetz vor, dass der Hauptschuldner eine Sicherheit stellen muss.[788] Die Vorschrift des § 232 BGB stellt lediglich

---

781 *Larenz/Canaris*, SchchuldR, II/2, § 60 I 3 e; *Reinicke/Tiedtke*, Rn. 32; *Leitmeier*, NZBau 2009, 676, 677.

782 *Reinicke/Tiedtke*, Rn. 32; *Leitmeier*, NZBau 2009, 676, 677; *Thelen/Thelen*, ZIP 2018, 901, 902.

783 BGH, Urteil v. 20.4.1989 – IX ZR 212/88 = BGHZ 107, 210–214 (Rz. 12, 22) = BGH NJW 1989, 1853, 1853 f.; BGH, Urteil v. 10.2.2000 – IX ZR 397/98 = BGH WM 2000, 715, 717; *Thelen/Thelen*, ZIP 2018, 901, 902.

784 BGH, Urteil v. 24.10.2017 – XI ZR 600/16 = ZIP 2017, 2406, 2406 ff.; BGH, Urteil v. 24.10.2017 – XI ZR 326/15 = ZIP 2017, 2410, 2410 ff.

785 BGH, Urteil v. 10.2.2000 – IX ZR 397/98 = BGH WM 2000, 715, 717; *Larenz/Canaris*, SchuldR, II/2, § 60 I 3 e; *Thelen/Thelen*, ZIP 2018, 901, 902.

786 *Thelen/Thelen*, ZIP 2018, 901, 909.

787 *Bülow*, Recht der Kreditsicherheiten, Rn. 857; *Thelen/Thelen*, ZIP 2018, 901, 902.

788 §§ 257 S. 2, 632a Abs.4, 648a Abs. 2, 738 Abs. 1 S. 3, 775 Abs. 2, 843 Abs. 2, 1039 Abs. 1 S. 2, 1051, 1067 Abs. 2, 2128 BGB, § 31 FilmförderungsG. Die Stellung einer

fest, welche Formen der Sicherheit tauglich sind, wenn eine (Spezial-)Norm eine Sicherheitsleistung anordnet. Hervorzuheben ist, dass § 232 Abs. 2 BGB lediglich subsidiär die Stellung eines Bürgen als taugliche Sicherheitsleistung ansieht. § 239 BGB geht auf die Voraussetzungen ein, wann ein Bürge als tauglich gewertet werden kann. So muss der Bürge über ein ausreichendes Vermögen verfügen sowie seinen Sitz im Inland haben. Zudem muss die Einrede der Vorausklage ausgeschlossen worden sein.

b) In Kolumbien

Auch in Kolumbien kann sich der Hauptschuldner in diesem Verhältnis zur Stellung einer Sicherheit verpflichten.

Art. 2374 CC normiert, in welchen Fällen der Hauptschuldner verpflichtet ist, eine Bürgschaft zu stellen. Zum einen, wenn der Schuldner sich hierzu vertraglich verpflichtet hat (Nr. 1), zum anderen, wenn sich das Vermögen des Schuldners in Bezug auf die Gefährdung der Erfüllung seiner Verpflichtung verringert, wobei es sich hier noch nicht um eine Gefährdung i.S. einer Insolvenz handeln muss, sondern bereits eine wirtschaftlich starke Verschlechterung ausreichend ist (Nr. 2).[789] Letztlich ist der Schuldner ebenso verpflichtet, wenn er plant, das Staatsgebiet dauerhaft[790] zu verlassen und nicht genügend Vermögen zur Sicherung seiner Verpflichtungen hinterlässt (Nr. 3). Nr. 2 beruht auf der Überlegung, dass ein Gläubiger in Kenntnis der finanziellen Lage des Schuldners bewusst mit diesem kontrahiert hat und bei einer Verschlechterung dieser Lage die Stellung anderweitiger Sicherheiten verlangen kann.[791] Die privilegierte Stellung des

---

Sicherheit ist jedoch fakultativ, *Von Tuhr*, Derecho Civil – Teoría general del derecho civil alemán, Vol. III, pág. 201. Immer dann, wenn die Stellung einer Sicherheit nicht obligatorisch ist, könnte der Schuldner eine Gegenleistung verlangen, *Von Tuhr*, Derecho Civil – Teoría general del derecho civil alemán, Vol. III, pág. 202. Zu § 648a Abs. 1 BGB: BGH, Urteil v. 9.11.2000 – VII ZR 82/99 = BGHZ 146, 24–36 = BGH NJW 2001, 822; BGH, Urteil v. 22.1.2004 – VII ZR 183/02 = BGHZ 157, 335–345 = BGH NJW 2004, 1525, 1526; BGH, Urteil v. 11.5.2006 – VII ZR 146/04 = BGH WM 2006, 1335, 1335 ff.

789 *Bonivento Fernández*, Los principales contratos civiles y comerciales, Tomo II, pág. 10; *Ochoa González*, Contratos nominados civiles, pág. 253; *Pérez Vives*, Garantías civiles (Hipoteca, prenda y fianza), pág. 368.

790 *Ochoa González*, Contratos nominados civiles, pág. 253; *Pérez Vives*, Garantías civiles (Hipoteca, prenda y fianza), pág. 368.

791 *Tarazona Caceres*, La fianza civil, pág. 29.

Gläubigers soll hierdurch erhalten bleiben.[792] In Nr. 3 wird dem erhöhten Sicherungsbedürfnis des Gläubigers Rechnung getragen, da die Rechtsverfolgung in anderen Staaten problematisch sein kann.[793] Kommt der Hauptschuldner seiner Verpflichtung, einen Bürgen zu stellen, nicht nach, kann der Gläubiger ihn auf sofortige Zahlung verklagen, auch wenn die Schuld eigentlich noch nicht fällig war.[794] Außerdem kann das Gericht anordnen, dass Wertgegenstände des Hauptschuldners in ausreichender Menge sichergestellt werden.[795] Im Falle des Art. 2374 Nr. 2 und 3 CC erscheint es jedoch zu langwierig, einen Prozess i.S.d. Art. 678 C. de P. anzustreben. Stattdessen wäre es deutlich sinnvoller, eine Analogie zu Art. 1553 Nr. 2 CC zu ziehen und die Verlängerung einer bestehenden Bürgschaft anzuordnen.[796]

Anders als in Deutschland kann der Hauptschuldner auch aus zahlreichen gesetzlichen Vorschriften dazu verpflichtet sein, eine Bürgschaft zu stellen.[797] Art. 873 Abs. 1 C. de C. normiert einen Fall in dem der Hauptschuldner verpflichtet ist, eine Sicherheit zu stellen.[798] Dieser ähnelt dem Fall des Art. 2374 Nr. 2, 3 CC. Daneben sind auch Vormunde gemäß Art. 464 Abs. 1 CC verpflichtet, eine Sicherheit respektive Bürgschaft zu stellen, es sei denn, es liegt einer der Ausnahmefälle des Art. 465 CC vor. Dies ist entweder die Vormundschaft durch einen engen Familienangehörigen, bei dem das Gesetz davon ausgeht, dass es in seinem Interesse liegt, das Vermögen des Mündels zu schützen (Nr. 1), eine lediglich kurzfristige Vormundschaft (Nr. 2) oder eine Vormundschaft bzgl. eines speziellen Geschäftes (Nr. 3).[799] Die Aufnahme einer Hypothek zugunsten des Mündels gilt als Substitut, Art. 466 CC.[800] Dieser Artikel ist insofern *lex specialis* im Verhältnis zu Art. 2363 Abs. 2 CC.[801] Daraus folgt, dass

---

792 *Cadavid Gaviria*, Derecho Civil – Obligaciones, pág. 135.
793 *Tarazona Cacéres*, La fianza civil, pág. 30.
794 *Tarazona Cacéres*, La fianza civil, pág. 30.
795 *Pérez Vives*, Garantías civiles (Hipoteca, prenda y fianza), pág. 369.
796 *Pérez Vives*, Garantías civiles (Hipoteca, prenda y fianza), pág. 370.
797 *Ochoa González*, Contratos nominados civiles, pág. 253.
798 *Cadavid Gaviria*, Derecho Civil – Obligaciones, pág. 137.
799 *Ochoa González*, Contratos nominados civiles, pág. 253; *Tarazona Cacéres*, La fianza civil, pág. 30.
800 Dies steht im Einklang mit Art. 605 CC, nach dem derjenige, der eine Bürgschaft stellen muss, in Ermangelung eines Bürgen eine Hypothek stellen kann, sofern er über Grundeigentum verfügt, *Tarazona Cacéres*, La fianza civil, pág. 30.
801 *Tarazona Cacéres*, La fianza civil, pág. 30.

der Vormund die Bürgschaft nicht durch die Einräumung eines Pfandrechtes ersetzen kann.[802]

Im Falle der Anordnung durch Gesetz oder richterlichen Beschluss kann die Bürgschaft durch eine andere angemessene Sicherheit ersetzt werden, Art. 1630 Abs. 1 CC.[803]

c) Vergleich

Anders als in Deutschland ist der Hauptschuldner in Kolumbien gesetzlich dazu verpflichtet, in bestimmten Konstellationen einen Bürgen zu stellen. Dies sieht das deutsche Bürgschaftsrecht nicht vor. So ist der Hauptschuldner im Falle einer Verschlechterung seiner Vermögensverhältnisse in Deutschland nicht verpflichtet, eine Sicherheit zu leisten. Zudem ist nicht explizit geregelt, dass ein Hauptschuldner, der das Staatsgebiet verlassen möchte, eine Sicherheit zu leisten hat. Einmal mehr zeigt sich in dieser Regelung, dass das kolumbianische Bürgschaftsrecht sehr viel detailgetreuer ausgeformt wurde als das deutsche Bürgschaftsrecht. Es ist den Parteien in Deutschland jedoch unbenommen, vertraglich in diesen Fällen die Beibringung einer Sicherheit zu vereinbaren. Gerade für grenzüberschreitende Kreditgeschäfte erscheint die Voraussetzung des Inlandssitzes nicht zeitgemäß. Zwar ist es für den Gläubiger vorzugswürdig, das Recht des Heimatlandes anzuwenden, jedoch kann diese Bestrebung durch eine Rechtswahlvereinbarung sinnvoller durchgesetzt werden. Der Vollzug aus einem derartig erwirkten Urteil ist ebenfalls sichergestellt. Die Sicherheitsleistung bei einem drohenden Wegzug aus dem Staatsgebiet erscheint allerdings praktisch sehr wertvoll.

2. Der Bürgschaftsvertrag zwischen dem Bürgen und dem Gläubiger

Die Bürgenschuld entsteht in den meisten Fällen durch einen Vertrag zwischen dem Bürgen und dem Gläubiger des Hauptschuldners.[804] Er unterliegt sowohl

802 *Tarazona Caceres*, La fianza civil, pág. 30.

803 *Linares Vesga*, Introducción al estudio de los contratos: contratos civiles y comerciales, parte general y parte especial, pág. 191, *Ochoa González*, Contratos nominados civiles, pág. 253.

804 Ein Vertrag zwischen dem Hauptschuldner und dem Bürgen als Vertrag zugunsten Dritter (§ 328 BGB) ist jedoch auch möglich, so u.a. BGH, Urteil v. 3.5.1984 – IX ZR 37/83 = BGH NJW 1984, 2088, 2088; BGH, Urteil v. 12.7.2001 – IX ZR 358/00 = BGH NJW 2001, 3327, 3327; Jauernig/*Stadler*, § 765 Rn. 2; Palandt/*Sprau*, § 765

den allgemeinen als auch den speziellen Wirksamkeitsvoraussetzungen des Bürgschaftsrechts.

a) Von der Bürgschaft unabhängige Voraussetzungen der Entstehung des Anspruchs

aa) In Deutschland

In diesem Abschnitt werden das Zustandekommen und die Voraussetzungen des Bürgschaftsvertrags nach dem BGB sowie die Modifikationen durch die Rechtsprechung näher betrachtet.

(1) Angebot und Annahme

Der Bürgschaftsvertrag kommt nach den allgemeinen Regeln des BGB durch Angebot (auch Antrag genannt) und Annahme zustande, §§ 145 ff. BGB. Er ist wirksam entstanden, wenn die Parteien keine rechtshindernden Einwendungen erheben können. Bei dem Vertrag handelt es sich um ein Rechtsgeschäft, das aus inhaltlich korrespondierenden, mit Bezug aufeinander abgegebenen Willenserklärungen von mindestens zwei Personen besteht.[805] Eine Willenserklärung stellt eine private Willensäußerung dar, die auf die Erzielung einer Rechtsfolge gerichtet ist.[806] Während die zeitlich erste Willenserklärung als Antrag oder Angebot i.S.d. § 145 BGB bezeichnet wird, wird die zeitlich nachfolgende Willenserklärung Annahme genannt, vgl. § 146 BGB. Das Angebot i.S.v. § 145 BGB meint eine empfangsbedürftige Willenserklärung, durch die ein Vertragsschluss einem anderen so angetragen wird, dass nur von dessen Einverständnis das Zustandekommen des Vertrags abhängt.[807] Folglich muss es inhaltlich so

---

Rn. 3; PWW/*Brödermann*, §765 Rn. 2; *Grüneberg*; WM 2010, Sonderbeilage Nr. 2 zu Heft 43/2010, S. 3, 3.

805 Von den Verträgen müssen reine Gefälligkeiten unterschieden werden. Diesen kommt keine rechtliche Verbindlichkeit zu und sie betreffen die rein gesellschaftliche Ebene. Die Abgrenzung findet anhand des Rechtsbindungswillens statt. Kriterium der Auslegung ist der tatsächliche Wille der Parteien und, wenn dieser nicht feststellbar ist, der mutmaßliche Wille. Hierbei sind die Art des Geschäfts, seine rechtliche und wirtschaftliche Bedeutung sowie die mit dem Geschäft verbundenen Risiken zu berücksichtigen, BGH, Urteil v. 22.6.1956 – I ZR 198/54 = BGHZ 21, 102–112 (Rz. 12) = BGH NJW 1956, 1313, 1314; BGH, Urteil v. 17.5.1971 – VII ZR 146/69 = BGHZ 56, 204–214 (Rz. 18 f.) = BGH NJW 1971, 1404, 1405 f.; BGH, Urteil v. 23.7.2015 – III ZR 346/14 = BGH NJW 2015, 2880 Rn. 8 f.; MüKo/*Bachmann*, § 241 Rn. 165, 171.

806 *Weller/Benz/Thomale*, ZEuP 2017, 250, 255.

807 MüKo/*Busche*, § 145 Rn. 5.

bestimmt sein, dass die Annahme durch bloße Zustimmung möglich ist. Dafür müssen die wesentlichen Geschäftseigenschaften, die sog. *essentialia negotii*, enthalten sein.[808] Die Annahme ist eine grds.[809] empfangsbedürftige Willenserklärung, durch die der Antragsempfänger dem Antragenden sein Einverständnis mit dem angebotenen Vertragsschluss zu verstehen gibt.

Anschließend wird die Bürgschaftsurkunde bei Zweifeln hinsichtlich des Parteiwillens nach der normativen Auslegungsmethode ausgelegt (§§ 133, 157 BGB).[810]

(2) Innerer und äußerer Tatbestand der Willenserklärung

Die Rechtsfolge wird nicht durch den bloßen inneren Willen bewirkt, sondern vielmehr durch den nach außen getretenen Willen. Mithin besteht eine Willenserklärung aus einem inneren und einem äußeren Tatbestand. Dabei beinhaltet der innere Wille drei Elemente: den Handlungswillen, das Erklärungsbewusstsein und den Geschäftswillen.[811] Fraglich ist, was die Rechtsfolge einer auf einem Fehler innerhalb dieser drei Elemente beruhenden Erklärung ist. So könnte sie entweder überhaupt keine rechtliche Wirkung entfalten (sog. Willenstheorie) oder aber so gelten, als ob sie fehlerfrei zustande gekommen wäre (sog. Erklärungstheorie)[812]. Ferner könnte die Erklärung gelten, aber anfechtbar sein. Die verschiedenen Lösungsmöglichkeiten müssen eine ausbalancierte Wertung zwischen der Privatautonomie, dem Schutz des Erklärenden und dem Verkehrsschutz, also dem Schutz des Erklärungsempfängers, bieten. Der Gesetzgeber hat sich – in Abhängigkeit von dem Gewicht des Fehlers – für eine dreigeteilte Lösung entschieden. So sind Willenserklärungen nichtig, die zum

---

808 Darunter fallen der Vertragsgegenstand, die Vertragsparteien und der Vertragstyp.

809 Eine Ausnahme stellt § 151 BGB dar. Näheres in: MüKo/*Busche*, § 151 Rn. 4.

810 BGH, Urteil v. 13.10.1994 – IX ZR 25/94 = BGH WM 1994, 2233, 2235 = BGH NJW 1995, 43, 44; BGH, Urteil v. 30.3.1995 – IX ZR 98/94 = BGH WM 1995, 900, 901; *Reinic-ke/Tiedtke*, Rn. 67.

811 BeckOGK/*Rehberg*, § 116 Rn. 173 ff. Hervorzuheben ist, dass der Geschäftswille nicht einheitlich als notwendige Voraussetzung der Willenserklärung anerkannt ist, BeckOGK/*Rehberg*, § 116 Rn. 52 ff.

812 Bei Fehlen des Erklärungsbewusstseins soll die Willenserklärung gelten, wenn der Erklärende unter Anwendung der im Verkehr erforderlichen Sorgfalt davon hätte ausgehen müssen, dass sein Verhalten als Willenserklärung gedeutet wird (sog. Erklärungsfahrlässigkeit), BGH, Urteil v. 7.6.1984 – IX ZR 66/83 = BGHZ 91, 324–333 (Rz. 19) = BGH NJW 1984, 2279, 2279 ff.; BGH, Urteil v. 13.7.2005 – VIII ZR 255/04 = BGH NJW 2005, 2620, 2620 ff.

Schein, aus einem Scherz heraus oder mit einem geheimen Vorbehalt, den der Erklärungsempfänger kennt, abgegeben wurden, §§ 117, 118, 116 S. 2 BGB. Willenserklärungen, bei denen der eigentliche Wille und das tatsächlich Erklärte auseinanderfallen oder die von Fehlern bei der Willensbildung betroffen sind, sind lediglich anfechtbar, §§ 119 ff. BGB.[813] Alle anderen Willensmängel berühren die Gültigkeit der Willenserklärung hingegen überhaupt nicht.

Der äußere Tatbestand der Willenserklärung liegt in der Äußerung des Willens. Dies ist ausdrücklich, konkludent oder durch Schweigen möglich. Dem Schweigen misst das Gesetz allerdings nur in Ausnahmefällen eine Bedeutung bei.[814]

(3) Wirksamkeitshindernisse

Der Konsens setzt somit voraus, dass die zwei mit Bezug aufeinander abgegebenen privaten Willensäußerungen frei von Willensmängeln sind. Zudem dürfen keine anderen Wirksamkeitshindernisse bestehen. Rechtshindernde Einwendungen resultieren aus folgenden Mängeln: Fehler der Willenserklärung (§§ 116 ff. BGB), Formmängel (§ 125 BGB), mangelnde Geschäftsfähigkeit (§§ 105, 106 BGB), Sittenwidrigkeit (§ 138 BGB) und Verstöße gegen ein gesetzliches Verbot (§ 134 BGB). Sie verhindern, dass das Recht entsteht.

bb) In Kolumbien

Zur Durchsetzbarkeit eines Anspruchs muss auch in Kolumbien ein Vertrag mehrere Anforderungen erfüllen: Er muss rechtlich existent sein, wirksam entstanden sein und fortbestehen.[815]

Ein Vertrag ist existent, wenn alle essenziellen Voraussetzungen vorliegen.[816] Fehlt eine dieser Voraussetzungen, wird die Rechtsfolge als *no produce efectos*

---

813 Hierunter fallen auch die arglistige Täuschung oder die widerrechtliche Drohung gemäß § 123 BGB.

814 BeckOGK/*Möslein*, § 146 Rn. 34; MüKo/*Busche*, § 146 Rn. 2, § 147 Rn. 6. B; zum sog. beredten Schweigen *Möslein* in BeckOGK, § 146 Rn. 37 ff. mit dem Beispiel des kaufmännischen Bestätigungsschreibens, Rn. 43 ff.

815 *Arrubla Paucar*, El contrato de fianza, en: Estudios de derecho privado, Tomo I, Liber Amicorum en homenaje a César Gómez Estrada, pág. 44, 52; *Emiliani Román*, Manual de obligaciones civiles, pág. 11; *Polanco Moreno*, Contratos, pág. 27, 29; *Uribe-Holguín*, De las obligaciones y del contrato en general, pág. 278. In Deutschland orientiert sich der Prüfungsaufbau an den Punkten, ob ein Anspruch entstanden, nicht erloschen und durchsetzbar ist.

816 *Escobar Sanín*, Negocios civiles y comerciales, II, pág. 90 f.; *Ospina Fernández/Ospina Acosta*, Teoría general del contrato y del negocio jurídico, pág. 423.

(bewirkt keine Effekte), *se tendrá por no escrita* (gilt als nicht geschrieben), *es ineficaz* (ist unwirksam) oder *será inexistente* (ist inexistent) beschrieben.[817]

Die Existenz eines Vertrags setzt dessen Manifestation, einen gültigen Vertragsgegenstand (Art. 1517 ff. CC) und die Einhaltung der Form voraus.[818] Für die Wirksamkeit des Vertrages sind sowohl der Konsens[819] und die Geschäftsfähigkeit der Parteien als auch die Freiheit von Willensmängeln (Art. 1502 Nr. 2 CC) notwendig.[820]

Sofern im Vertrag nichts Anderes vereinbart wurde, handelt es sich beim Wohnsitz des Schuldners um den Leistungsort.[821] Dort muss auch die Bürgschaftszahlung erbracht werden.[822]

(1) Angebot und Annahme

Der *Código Civil* stellt keine Regeln zum Zustandekommen von Verträgen auf. Daher ist auf die Regeln des *Código de Comercio* zurückzugreifen.[823]

Die Quelle einer jeden Verbindlichkeit – und damit eines jeden Vertrages – ist der übereinstimmende, freie Wille zweier Parteien.[824] Die Willensübereinstimmung basiert auf einem reflektierten und geäußerten Bedürfnis. Eine Willensübereinstimmung setzt grds. voraus, dass beide Parteien sich frei und gleich begegnen.[825] Gemäß Art. 845 C. de C. muss das Angebot (*oferta o propuesta*) die wesentlichen Elemente des Rechtsgeschäfts enthalten und dem Adressaten

---

817 *Escobar Sanín,* Negocios civiles y comerciales, II, pág. 91.

818 *Barrera Tapias,* Las obligaciones en el derecho moderno, pág. 44.

819 Die treffendste Übersetzung wäre die Erklärung des Einverständnisses des Willens: *Emiliani Román,* Curso Razonado de las Obligaciones, Tomo I, Primera Parte, pág. 75; *Emiliani Román,* Manual de obligaciones civiles, pág. 12.

820 *Barrera Tapias,* Las obligaciones en el derecho moderno, pág. 109 c.

821 *Anzola,* Lecciones Elementares de Derecho Civil Colombiano, Curso Tercero de los contratos, pág. 361.

822 *Anzola,* Lecciones Elementares de Derecho Civil Colombiano, Curso Tercero de los contratos, pág. 361.

823 *Alessandri Rodríguez,* De los contratos, pág. 88; *Ospina Fernández/Ospina Acosta,* Teoría general del contrato y del negocio jurídico, pág. 145.

824 *Cardona Hernández,* Curso de Obligaciones, pág. 36; *Emiliani Román,* Conferencias de Obligaciones, S. 57; *Emiliani Román,* Curso Razonado de las Obligaciones, Tomo I, Primera Parte, pág. 166; *Rodriguez Yong,* Una aproximación a las cláusulas abusivas, pág. 24.

825 *Emiliani Román,* Curso Razonado de las Obligaciones, Tomo I, Primera Parte, pág. 86. Zur Problematik des Adhäsionsvertrages siehe Abschnitt C. III. 2. b) und C. V. 3. b).

mitgeteilt werden.[826] Unter essenziellen Vertragsinhalten werden die Informationen verstanden, die der Adressat des Angebotes benötigt, um den Vertrag mit einem Mal zu erfassen.[827] Die Annahme (*aceptación de la propuesta*) erfolgt, wenn der Adressat des Angebots diesem zustimmt, Art. 864 C. de C.[828] Die Willensäußerung muss nicht zwangsläufig verbal kommuniziert werden; sie kann auch durch Gesten oder Signale zum Ausdruck gebracht werden.[829] Dies geschieht, wenn sich die Partei dem Rechtsgeschäft entsprechend verhält, sich also beispielsweise eine Person als Erbe geriert, ohne die Erbschaft verbal angenommen zu haben, Art. 1298 CC.[830] Aus dem Schweigen kann grds. keine rechtliche Folge hergeleitet werden. Dies ist nur zulässig, wenn im Gesetz nicht eine ausdrückliche Willensäußerung vorgeschrieben wird.[831]

(2) Innerer und äußerer Tatbestand der Willenserklärung

Der Konsens muss deklariert oder manifestiert werden.[832] Strittig ist, auf welchen Bestandteil der Willenserklärung bei der Übereinkunft abgestellt wird. In Betracht kommt einerseits die Fokussierung auf die innere Willensrichtung oder andererseits auf den geäußerten Willen.

---

826 *Alessandri Rodríguez*, De los contratos, pág. 88; *Polanco Moreno*, Contratos, pág. 22; *Ospina Fernández/Ospina Acosta*, Teoría general del contrato y del negocio jurídico, pág. 146; *Valencia Zea/Ortiz Monsalve*, Derecho Civil, Tomo III: De las obligaciones, pág. 117.

827 *Alessandri Rodríguez*, De los contratos, pág. 88; *Polanco Moreno*, Contratos, pág. 22; *Valencia Zea/Ortiz Monsalve*, Derecho Civil, Tomo III: De las obligaciones, pág. 117.

828 *Polanco Moreno*, Contratos, pág. 22; *Valencia Zea/Ortiz Monsalve*, Derecho Civil, Tomo III: De las obligaciones, pág. 121.

829 *Alessandri Rodríguez*, De los contratos, pág. 91; *Emiliani Román*, Curso Razonado de las Obligaciones, Tomo I, Primera Parte, pág. 76; *Emiliani Román*, Manual de obligaciones civiles, pág. 5; *Valencia Zea/Ortiz Monsalve*, Derecho Civil, Tomo I: parte general y personas, pág. 550.

830 *Cardona Hernández*, Curso de Obligaciones, pág. 36; *Emiliani Román*, Curso Razonado de las Obligaciones, Tomo I, Primera Parte, pág. 77; *Valencia Zea/Ortiz Monsalve*, Derecho Civil, Tomo I: parte general y personas, pág. 551.

831 *Polanco Moreno*, Contratos, pág. 28; so z.Bsp. im Artikel 1694 CC, wonach bei der Schuldübernahme der neue Schuldner nicht die stillschweigende Zustimmung des Gläubigers anführen darf.

832 *Alessandri Rodríguez*, De los contratos, pág. 69; *Barrera Tapias*, Las obligaciones en el derecho moderno, pág. 44; *Cardona Hernández*, Curso de Obligaciones, pág. 36; *Emiliani Román*, Curso Razonado de las Obligaciones, Tomo I, Primera Parte, pág. 75, 78; *Emiliani Román*, Manual de obligaciones civiles, pág. 13.

Nach einer Ansicht ist der innere Wille der Vertragspartei entscheidend.[833] Wenn dieser – zumindest im Hinblick auf die *essentialia negotii* – nicht übereinstimmt, ist schon kein Vertrag zustande gekommen.[834] Die gegensätzliche Ansicht geht davon aus, dass der geäußerte Wille entscheidend ist, da nur so die umfassende Rechtssicherheit gewährleistet wäre.[835] Der *Código Civil* folgt der ersten Theorie. Dies beruht auf dem Prinzip, nach welchem das Gesetz dem Menschen dient, mithin dem Willen des Menschen Vorrang eingeräumt wird.[836] Der Vertrag ist relativ nichtig. Der Erklärende ist schadensersatzpflichtig.[837]

(3) Terminologie

Der *Código Civil* verwendet den Begriff *obligación* (Verbindlichkeit) zur Beschreibung der Bürgschaft; treffender wäre jedoch die Verwendung des Wortes *contrato* für Vertrag, da es sich zwangsläufig um einen Vertrag i.S.d. Art. 1495 S. 1 CC handelt.[838] Auch nach dem Willen der Gesetzgeber wie u.a. *Don Andrés Bello* sollte der Terminus *contrato* anstelle von *obligación* gebraucht werden.[839] Aus dem Vertrag ergeben sich letztlich die Verbindlichkeiten i.S.d. Art. 1494 CC.[840]

---

833 *Alessandri Rodríguez,* De los contratos, pág. 69; *Emiliani Román,* Curso Razonado de las Obligaciones, Tomo I, Primera Parte, pág. 81; *Uribe-Holguín,* De las obligaciones y del contrato en general, pág. 340.

834 *Alessandri Rodríguez,* De los contratos, pág. 69; *Emiliani Román,* Curso Razonado de las Obligaciones, Tomo I, Primera Parte, pág. 81; *Uribe-Holguín,* De las obligaciones y del contrato en general, pág. 340.

835 *Emiliani Román,* Curso Razonado de las Obligaciones, Tomo I, Primera Parte, pág. 81.

836 *Alessandri Rodríguez,* De los contratos, pág. 71; *Emiliani Román,* Curso Razonado de las Obligaciones, Tomo I, Primera Parte, pág. 81; *Uribe-Holguín,* De las obligaciones y del contrato en general, pág. 340.

837 *Alessandri Rodríguez,* De los contratos, pág. 71; *Emiliani Román,* Curso Razonado de las Obligaciones, Tomo I, Primera Parte, pág. 82.

838 *Anzola,* Lecciones Elementares de Derecho Civil Colombiano, Curso Tercero de los contratos, pág. 358; *Bonivento Fernández,* Los principales contratos civiles y comerciales, Tomo II, pág. 6; *Bordamalo Echeverry,* Teoría de la fianza comercial, pág. 9; *Gnecco de Quellar,* Conferencias de derecho civil (la fianza), pág. 3; *Gómez Estrada,* Civil Contratos, pág. 463; *Muñoz Obando,* „La fianza“, pág. 18; *Ochoa González,* Contratos nominados civiles, pág. 249; *Pinto Martinez,* Las garantías abstractas o a primera demanda en el ordenamiento jurídico colombiano, pág. 15; *Tarazona Cacéres,* La fianza civil, pág. 9, 17; *Valencia Zea,* Derecho Civil, Tomo IV – Contratos, pág. 429.

839 *Bonivento Fernández,* Los principales contratos civiles y comerciales, Tomo II, pág. 6.

840 *Castro Ayala/Calonje Londoño,* Derecho de obligaciones, pág. 111; *Ochoa González,* Contratos nominados civiles, pág. 249.

So definiert Art. 1495 CC den Vertrag wie folgt: „Vertrag oder Vereinbarung ist eine Handlung, durch die eine Partei sich gegenüber einer anderen verpflichtet, etwas zu geben, zu tun oder nicht zu tun.“ Nicht korrekt ist es, dass der Vertrag und die Vereinbarung gesetzlich in Art. 1495 S. 1 CC auf derselben Stufe stehen. Vielmehr handelt es sich bei der Vereinbarung um einen Überbegriff und bei dem Vertrag um eine Variante der Vereinbarung.[841] Ein Vertrag führt zu einer Verbindlichkeit.[842] Daher ist folgende Definition treffender: Ein Vertrag stellt eine bewusste Willensübereinkunft zwischen zwei oder mehreren Personen zur Begründung einer oder mehrerer Verpflichtungen dar, Art. 1495 S. 1 CC.[843] Der Vertrag ist Ausdruck der Privatautonomie.[844] Die autonome Willenserklärung eines Einzelnen ist somit die Quelle von Verträgen.[845]

Eine Verbindlichkeit im juristischen Sinne besteht aus der Beziehung von Rechtssubjekten zueinander, die durch die rechtliche Ordnung geschützt und durch juristische Normen geregelt ist.[846] Das Rechtssubjekt ist eine natürliche oder juristische Person.[847] Normen können die Beziehung zwischen

---

841 *Alessandri Rodríguez*, Derecho Civil – Teoría de las obligaciones, pág. 14; *Emiliani Román*, Curso Razonado de las Obligaciones, Tomo I, Primera Parte, pág. 84; *Polanco Moreno*, Contratos, pág. 16; *Ricardo Uribe-Holguín*, Teoría general de los contratos, Ediciones Rosarinas, pág. 1; *Valencia Zea/Ortiz Monsalve*, Derecho Civil, Tomo III: De las obligaciones, pág. 56.

842 *Castro Ayala/Calonje Londoño*, Derecho de obligaciones, pág. 111; *Céspedes Solano*, Manual de Contratos Civiles, pág. 22; *Valencia Zea/Ortiz Monsalve*, Derecho Civil, Tomo III: De las obligaciones, pág. 56.

843 *Alessandri Rodríguez*, De los contratos, pág. 66 c.; *Alessandri Rodríguez*, Derecho Civil – Teoría de las obligaciones, pág. 9; *Cardona Hernández*, Curso de Obligaciones, pág. 11; *Castro Ayala/Calonje Londoño*, Derecho de obligaciones, pág. 112 (ähnlich); *Emiliani Román*, Curso Razonado de las Obligaciones, Tomo I, Primera Parte, pág. 83, 85; *Polanco Moreno*, Contratos, pág. 16; *Ricardo Uribe-Holguín*, Teoría general de los contratos, Ediciones Rosarinas, pág. 1.

844 *Emiliani Román*, Manual de obligaciones civiles, pág. 4; *Hinestrosa*, Tratados de las obligaciones II: De las fuentes de las obligaciones: El negocio jurídico, Vol 1, pág. 50; *Ospina Fernández*, Régimen general de las obligaciones, pág. 39; *Valencia Zea/Ortiz Monsalve*, Derecho Civil, Tomo I: parte general y personas, pág. 670 ff.

845 *Emiliani Román*, Curso Razonado de las Obligaciones, Tomo I, Primera Parte, pág. 60, 281; *Pinto Martinez*, Las garantías abstractas o a primera demanda en el ordenamiento jurídico colombiano, pág. 57; *Valencia Zea/Ortiz Monsalve*, Derecho Civil, Tomo I: parte general y personas, pág. 669 c.

846 *Barrera Tapias/Hernández de León*, El Derecho de las Obligaciones, pág. 38.

847 *Barrera Tapias/Hernández de León*, El Derecho de las Obligaciones, pág. 33; *Castro Ayala/Calonje Londoño*, Derecho de obligaciones, pág. 70.

verschiedenen Rechtssubjekten oder zwischen einem Rechtssubjekt und einem Rechtsobjekt regeln.[848] Es gibt vier Quellen für Verbindlichkeiten: (Quasi-[849]) Verträge, (Quasi-)Delikte, Bereicherungen ohne Rechtsgrund sowie Gesetze.[850] Diese Quellen können auf den Vertrag und das Gesetz als verschiedene Quellen heruntergebrochen werden und die restlichen der o.g. Quellen unter diesen subsumiert werden.[851] Die heutige Definition für Verbindlichkeiten entspringt einer Kombination aus Art. 666 und Art. 1495 CC.[852] Während Art. 1494 CC[853] auf den Ursprung einer Rechtsbeziehung eingeht, bezieht sich Art. 1495 CC[854] auf den Vertrag.

---

848 *Alessandri Rodríguez*, Derecho Civil - Teoría de las obligaciones, pág. 6 f.; *Barrera Tapias/Hernández de León*, El Derecho de las Obligaciones, pág. 34.

849 Eine Definition für den Quasivertrag findet sich in Art. 2302 Abs. 2 CC. Sie lautet wie folgt: „Die Verpflichtungen, die ohne Konvention eingegangen werden, ergeben sich entweder aus dem Gesetz oder aus dem freiwilligen Handeln der Parteien. Diejenigen, die aus dem Gesetz geboren sind, finden darin ihren Ausdruck. Wenn die Tatsache, dass sie [die Verpflichtungen] entstanden sind, rechtmäßig ist, stellt dies einen Quasi-Vertrag dar. [...]“. Hierunter sollen auch einseitige Versprechen fallen.

850 Vgl. Art. 1437 Código Civil chileno und *Alessandri Rodríguez*, Derecho Civil - Teoría de las obligaciones, pág. 12; *Cardona Hernández*, Curso de Obligaciones, pág. 9; *Céspedes Solano*, Manual de Contratos Civiles., pág. 19; *Hinestrosa*, Tratados de las obligaciones II: De las fuentes de las obligaciones: El negocio jurídico, Vol 1, pág. 51, 65; *Valencia Zea/Ortiz Monsalve*, Derecho Civil, Tomo III: De las obligaciones, pág. 48.

851 *Alessandri Rodríguez*, Derecho Civil - Teoría de las obligaciones, pág. 13; *Barrera Tapias*, Las obligaciones en el derecho moderno, pág. 19; *Céspedes Solano*, Manual de Contratos Civiles, pág. 20; *Emiliani Román*, Manual de obligaciones civiles, pág. 4; *Ospina Fernández*, Régimen general de las obligaciones, pág. 39; *Uribe-Holguín*, De las obligaciones y del contrato en general, pág. 81.

852 *Barrera Tapias/Hernández de León*, El Derecho de las Obligaciones, pág. 37; *Cardona Hernández*, Curso de Obligaciones, pág. 9.

853 Zum *Código Civil chileno* hatte *A. Bello* schon im ersten Projekt geschrieben, dass die Verbindlichkeiten dem Gesetz, den freiwilligen Handlungen der Menschen, Testamenten oder Schenkungen, Verträgen oder der Annahme von Erbschaften entstammen, *Bello*, Obras completas de Andrés Bello, XIII, Código civil de la République de Chile, II, pág. 381, *Hinestrosa*, Tratados de las obligaciones II: De las fuentes de las obligaciones: El negocio jurídico, Vol 1, pág. 57.

854 In Art. 1438 Código cilvil chileno heißt es: „*Contrato es una convención por la qual...*“, was verdeutlicht, dass die beiden Begrifflichkeiten im Ursprungstext parallel verwendet werden, *Alessandri Rodríguez*, Derecho Civil - Teoría de las obligaciones, pág. 14; *Hinestrosa*, Tratados de las obligaciones II: De las fuentes de las obligaciones: El negocio jurídico, Vol 1, pág. 58. Bei der Konvention handelt es sich jedoch um einen Überbegriff, sodass ein Vertrag eine Konvention ist, die Verbindlichkeiten

Art. 1602 CC stellt klar, dass jeder rechtmäßig geschlossene Vertrag ein Gesetz zwischen den Parteien darstellt (auch hier gilt der Grundsatz *pacta sunt servanda* nur in einer anderen Ausdrucksweise), und dieser unwirksam werden kann, außer, wenn beide Vertragsparteien stimmen dem zu oder das Gesetz normiert dies.[855] Verträge wirken relativ, d.h. nur zwischen den Vertragsparteien.[856]

Bei reinen Gefälligkeiten fehlt es am Rechtsbindungswillen.[857] Eine nicht juristische, aber soziale Verbindlichkeit kann dadurch entstehen.[858]

(4) Willensmängel

Die Mängel, unter denen der Konsens leiden kann, sind Irrtum, Gewalt und Arglist, Art. 1508 CC.[859]

Strittig ist, ob der Irrtum die Willensübereinstimmung lediglich beeinträchtigt oder sie verhindert. So mache das Gesetz nach dem Verständnis von *Ricardo Uribe Holguín* im Einklang mit *Friedrich Carl von Savigny* und *Georges*

---

bewirkt (Art. 1496 CC). Vgl. auch: *Céspedes Solano*, Manual de Contratos Civiles, pág. 22; *Cuadra Folle*, La solidaridad, la fianza, la fianza solidaria y la codeuda solidaria. Algunas cuestiones y sus límites, en: Estudios sobre Garantías Reales y Personales, En homenaje a Manuel Somarriva Undurraga, pág. 144, 144; *Emiliani Román*, Manual de obligaciones civiles, pág. 5; *Valencia Zea/Ortiz Monsalve*, Derecho Civil, Tomo III: De las obligaciones, pág. 56.

855 *Barrera Tapias*, Las obligaciones en el derecho moderno, pág. 149; *Emiliani Román*, Curso Razonado de las Obligaciones, Tomo I, Primera Parte, pág. 63.

856 *Barrera Tapias*, Las obligaciones en el derecho moderno, pág. 172; *Cardona Hernández*, Curso de Obligaciones, pág. 38; *Emiliani Román*, Curso Razonado de las Obligaciones, Tomo I, Primera Parte, pág. 279, 380; *Emiliani Román*, Manual de obligaciones civiles, pág. 31; *Hinestrosa*, Tratados de las obligaciones II: De las fuentes de las obligaciones: El negocio jurídico, Vol 2, pág. 485; *Valencia Zea/Ortiz Monsalve*, Derecho Civil, Tomo III: De las obligaciones, pág. 128.

857 Bei den juristisch durchsetzbaren Verbindlichkeiten wird ein direktes konkretes Interesse, z.Bsp. an dem Erhalt der Ware, geschützt und nur indirekt ein abstraktes Interesse an der Erfüllung von Verträgen, wohingegen bei bloß moralischen oder sozialen Verpflichtungen direkt ein generelles Interesse an beispielsweise dem Erhalt der Familie als Einheit geschützt wird und nur indirekt ein konkretes Interesse verteidigt werden soll, *Barrera Tapias/Hernández de León*, El Derecho de las Obligaciones, pág. 41, 42; *Hinestrosa*, Tratado de las Obligaciones, Concepto, estructura, vicisitudes, I, pág. 56.

858 *Emiliani Román*, Curso Razonado de las Obligaciones, Tomo I, Primera Parte, pág. 89. Siehe Abschnitt C. III. 1. a) cc) für Deutschland und Abschnitt C. III. 1. a) bb) für Kolumbien.

859 *Emiliani Román*, Curso Razonado de las Obligaciones, Tomo I, Primera Parte, pág. 166.

Ripert deutlich, dass der Irrtum die Willensübereinkunft lediglich beeinträchtige.[860] Außerdem könne eine Erklärung, die durch den Irrtum schon gar nicht bestünde, keinen Irrtum beinhalten.[861] Andere Autoren, wie etwa *Robert-Joseph Pothier* und *Louis Josserand*, beharren hingegen darauf, dass eine mangelbehaftete Erklärung schon gar nicht erst zu einem Vertrag führen könne.[862] Demgegenüber besagt eine dritte Theorie, dass der Irrtum die Willensübereinstimmung zwar nicht beeinträchtige, aber der Vertrag durch den Mangel des Motivs/den Grund nicht existieren könne.[863] Letztere Ansicht ist sehr radikal. Sie führt zu Rechtsunsicherheiten und differenziert nicht hinsichtlich des Ausmaßes des Irrtums. Daher ist sie abzulehnen. Gegen *Robert-Joseph Pothiers* Theorie sprechen die gleichen Argumente. Zudem ist so die Vertragspartei, welche keinem Irrtum unterliegt, in keiner Weise geschützt, da ihr in Ermangelung eines Vertrages keine vertraglichen Ansprüche gegen die sich irrende Partei zustünden. Hier könnte sich eine Schadensersatzpflicht maximal aus der *culpa in contrahendo* ergeben. Aus diesen Gründen ist die erste Variante vorzugswürdig und eine irrtumsbehaftete Willenserklärung lediglich beeinträchtigt. Der Irrtum führt zur relativen Nichtigkeit der Willenserklärung.[864]

(5) Rechtmäßiger Vertragsgrund

Das Erfordernis eines rechtmäßigen Vertragsgegenstandes und -grundes (*un objeto lícito/una causa lícita*) ergibt sich aus Art. 1502 Abs. 1 Nr. 4 , 1524 Abs. 1 CC und entstammt dem französischen *Code Civil*.[865] Beinhaltet der Vertrag einen unzulässigen Grund, ist er durch die Illegalität moralisch unmöglich.[866]

---

860 *Cardona Hernández*, Curso de Obligaciones, pág. 50; *Emiliani Román*, Curso Razonado de las Obligaciones, Tomo I, Primera Parte, pág. 182.

861 *Cardona Hernández*, Curso de Obligaciones, pág. 50; *Emiliani Román*, Curso Razonado de las Obligaciones, Tomo I, Primera Parte, pág. 182.

862 *Emiliani Román*, Curso Razonado de las Obligaciones, Tomo I, Primera Parte, pág. 183.

863 *Emiliani Román*, Curso Razonado de las Obligaciones, Tomo I, Primera Parte, pág. 183.

864 *Bordamalo Echeverry*, Teoría de la fianza comercial, pág. 22; *Emiliani Román*, Curso Razonado de las Obligaciones, Tomo I, Primera Parte, pág. 167; *Emiliani Román*, Manual de obligaciones civiles, pág. 13; *Uribe-Holguín*, De las obligaciones y del contrato en general, pág. 285.

865 *Barrera Tapias*, Las obligaciones en el derecho moderno, pág. 100; *Valencia Zea/Ortiz Monsalve*, Derecho Civil, Tomo III: De las obligaciones, pág. 115.

866 *Emiliani Román*, Manual de obligaciones civiles, pág. 23.

Verträge mit einem unrechtmäßigen oder nicht vorhandenen Grund sind absolut nichtig[867] oder nach anderer Ansicht inexistent[868]. Der Wortlaut sowohl von Art. 1502 Abs. 1 Nr. 4 CC als auch von Art. 1524 Abs. 1 CC lässt auf die Inexistenz als Rechtsfolge schließen. So heißt es übersetzt: "Damit eine Person sich einer anderen Person gegenüber durch eine Handlung oder eine Willenserklärung verpflichten kann..." bzw. „Es kann keine Verbindlichkeit ohne einen echten und rechtmäßigen Grund geben...".

Der Grund oder das Motiv für den Vertragsschluss ergibt sich zumeist aus dem Vertrag. Im Rahmen der Bürgschaft stellt die Zahlung einer Geldsumme im Falle der Nichtleistung des Hauptschuldners das Vertragsobjekt dar.[869]

(6) Die Rechtsfolge einer mängelbehafteten Willenserklärung in Kolumbien

Wie oben bereits gezeigt, gibt es verschiedene Gründe, weshalb eine Willenserklärung als mängelbehaftet gelten kann. Die Rechtsfolge ist entweder die absolute oder die relative Nichtigkeit. Während ein absolut nichtiges Rechtsgeschäft *nulo absolutamente* ist, ist ein relativ nichtiges Rechtsgeschäft lediglich *anulable* (annullierbar).[870] Sowohl die relative als auch die absolute Nichtigkeit müssen von einem Richter festgestellt werden.[871] Hierbei wirkt die Feststellung rückwirkend (*ex tunc*).[872] Dies unterscheidet das nichtige Rechtsgeschäft vom nicht existenten Rechtsgeschäft.[873]

Die in einem rechtskräftigen Urteil ausgesprochene Nichtigkeit führt dazu, dass die Parteien so gestellt werden, als wenn die nichtige Handlung oder der nichtige Vertrag nicht existiert hätte, unbeschadet des Nichtigkeitsgrundes.[874]

Eine andere Bezeichnung der Rechtsfolge der Nichtigkeit ist *ningún valor* (keine Bedeutung) Art. 1664 CC, *no vale* (gilt nicht) Art. 1872 Abs. 1 CC oder auch *se tendrá por no escrita* (wird als nicht geschrieben betrachtet) Art. 1537 Abs. 3 CC.

867 *Cardona Hernández*, Curso de Obligaciones, pág. 81; *Emiliani Román*, Manual de obligaciones civiles, pág. 27.
868 *Barrera Tapias*, Las obligaciones en el derecho moderno, pág. 100.
869 *Lozada Bustos*, La fianza como garantía civil, pág. 54.
870 *Escobar Sanín*, Negocios civiles y comerciales, II, pág. 92.
871 *Escobar Sanín*, Negocios civiles y comerciales, II, pág. 92.
872 *Polanco Moreno*, Contratos, pág. 54, inciso 109.
873 *Escobar Sanín*, Negocios civiles y comerciales, II, pág. 92.
874 *Polanco Moreno*, Contratos, pág. 47, inciso 96.

Darüber hinaus kann zwischen der *nulidad absoluta* und der *nulidad relativa* (wie durch Arglist und Gewalt) unterschieden werden.[875] Bei Letzterer wirkt die Nichtigkeit nicht *ex lege*. Sie tritt nur im Falle der Anfechtung ein.

Es gibt partielle und generelle Verbote, welche die Wirksamkeit eines Vertrages beeinflussen können. Die generellen Verbote können absolut oder relativ sein.[876] Bei den partikulären Verboten handelt es sich nicht um eine Geschäftsunfähigkeit im eigentlichen Sinn, sondern um bloße Hinderungsgründe für generell geschäftsfähige Personen.[877]

(a) Absolute Nichtigkeit

Aus Art. 1741 CC geht hervor, dass die absolute Nichtigkeit die Ausnahme, die relative Nichtigkeit hingegen die Regel darstellt.[878]

Die Gründe, welche die absolute Nichtigkeit hervorrufen, sind in Art. 1741 CC normiert. Nichtig sind danach Verträge mit einem fehlenden oder illegalen Gegenstand/Vertragsgrund, solche mit mangelnden Vertragserfordernissen oder Formalitäten, die die Gesetze für die Wirksamkeit bestimmter Handlungen oder Verträge unter Berücksichtigung ihrer Art verlangt und solche, die am Vertragswillen scheitern.[879] Auch Handlungen absolut Geschäftsunfähiger führen zur absoluten Nichtigkeit, vgl. Art. 1741 S. 1 a.E. CC.[880]

Grds. besteht nach erklärter Nichtigkeit ein Anspruch auf Rückerstattung oder Aufwandsentschädigung. Eine Ausnahme gilt jedoch für Handlungen oder Verträge, die durch die Geschäftsunfähigkeit einer Vertragspartei nichtig sind. Hier kann die andere Vertragspartei keine Rückerstattung oder Aufwandsentschädigung für die im Vertrauen auf den Vertrag getätigten Ausgaben verlangen,

---

875 *Barros Errazuriz*, Curso de Derecho Civil, pág. 432; *Valencia Zea/Ortiz Monsalve*, Derecho Civil, Tomo I: parte general y personas, pág. 637.

876 *Polanco Moreno*, Contratos, pág. 29.

877 *Bordamalo Echeverry*, Teoría de la fianza comercial, pág. 27; *Emiliani Román*, Manual de obligaciones civiles, pág. 12; *Polanco Moreno*, Contratos, pág. 29; *Uribe-Holguín*, De las obligaciones y del contrato en general, pág. 279; *Valencia Zea/Ortiz Monsalve*, Derecho Civil, Tomo I: parte general y personas, pág. 636.

878 *Polanco Moreno*, Contratos, pág. 48, Abschn. 98.

879 *Emiliani Román*, Manual de obligaciones civiles, pág. 161; *Ospina Fernández/Ospina Acosta*, Teoría general del contrato y del negocio jurídico, pág. 440 c.; *Polanco Moreno*, Contratos, pág. 48, inciso 98; *Valencia Zea/Ortiz Monsalve*, Derecho Civil, Tomo I: parte general y personas, pág. 637.

880 *Emiliani Román*, Manual de obligaciones civiles, pág. 161; *Valencia Zea/Ortiz Monsalve*, Derecho Civil, Tomo I: parte general y personas, pág. 637.

es sei denn, sie beweist, dass der Geschäftsunfähige sich daran bereichert hat, Art. 1747 Abs. 1 CC. Eine Bereicherung liegt vor, wenn die Sache selbst oder der durch die Sache erworbene Gegenstand nützlich ist oder er im Besitz des Geschäftsunfähigen verbleiben soll, Art. 1747 Abs. 2 CC.

Jede andere Art von Mangel führt dagegen bloß zur relativen Nichtigkeit und verleiht das Recht auf Aufhebung bzw. Beendigung des Vertrages, Art. 1741 Abs. 3 CC.

(b) Relative Nichtigkeit

Gründe für die relative Nichtigkeit finden sich in Art. 1504 Abs. 3[881], 1741 Abs. 3, 1745 Abs. 1 CC.

Zudem betreffen Mängel der Willenserklärung, wie etwa Tatsachenirrtümer, Drohungen oder arglistige Täuschungen, nicht nur die vorvertragliche Verantwortlichkeit, sondern führen vielmehr zur relativen Nichtigkeit des Vertrages, Art. 1508, 1510, 1511, 1514, 1515 Abs. 1 CC.[882]

Ein relativ nichtiges Rechtsgeschäft ist zunächst lediglich anfechtbar, Art 1743 Abs. 1 CC. Nach Geltendmachung der relativen Nichtigkeit stellt das Rechtsgeschäft hingegen eine Naturalverbindlichkeit dar. Wurde der relative Nichtigkeitsgrund geheilt, liegt eine nicht anfechtbare Verbindlichkeit vor.[883] Eine Bestätigung durch die Parteien kann nach Art. 1743 Abs. 1 a.E. CC ein relativ nichtiges Rechtsgeschäft voll wirksam werden lassen.[884] Hierfür werden die Begriffe *ratificación* und *confirmación* teilweise synonym verwendet.[885] Die Bestätigung kann nur von der Person ausgehen, die sich auch auf die relative Nichtigkeit berufen darf, Art. 1755 CC. Diese Person muss voll geschäftsfähig sein, Art. 1756 CC. Weiterhin muss der Grund für die relative Nichtigkeit

---

881 Art. 1504 Abs. 3 CC wurde dahin gehend modifiziert, dass der Terminus „jüngere Erwachsene", die eine Altersgenehmigung benötigen, entfällt. Es wird folglich nur noch auf Minderjährige, die noch nicht das 18. Lebensjahr vollendet haben (Art. 34 CC i.V.m. ley 27 de 1977), abgestellt.

882 *Cardona Hernández*, Curso de Obligaciones, pág. 53; *Polanco Moreno*, Contratos, 26, 53, inciso 107.

883 *Navia Arroyo*, Las obligaciones naturales en el código de Bello, ursp. für Estudios en homenaje al profesor Dr. D. Alejandro Guzmán Brito, en: Revista de derech privado Externado 17 – 2009, pág. 5, 32.

884 *Ospina Fernández/Ospina Acosta*, Teoría general del contrato y del negocio jurídico, pág. 470; *Polanco Moreno*, Contratos, pág. 51, inciso 106.

885 *Ospina Fernández/Ospina Acosta*, Teoría general del contrato y del negocio jurídico, pág. 470 f.; *Polanco Moreno*, Contratos, pág. 57, 58, inciso 115.

behoben worden sein.[886] Indes ist es nicht notwendig, dass die Bestätigung des Rechtsgeschäftes alle Anforderungen des ursprünglichen Rechtsgeschäftes erfüllt, sondern nur diejenigen Anforderungen, die vorher unterblieben sind.[887]

Ferner ist eine stillschweigende Bestätigung möglich.[888] Hierbei handelt sich um die freiwillige Erfüllung der vertraglichen Verpflichtung, Art. 1754 CC.

Zusammengefasst ist also festzustellen, dass eine mängelbehaftete Willenserklärung relativ unwirksam ist. Darüber hinaus ist eine Willenserklärung, die schon den Willen zu handeln vermissen lässt, absolut nichtig.[889]

(c) Partikuläre Nichtigkeit

Schließlich wird die relative Nichtigkeit durch die Nichtbeachtung bestimmter Kontrahierungsverbote hervorgerufen, Art. 1504 Abs. 4 CC (sog. partikuläre Nichtigkeit). Diese bezieht sich darauf, dass bestimmten Personen bestimmte Handlungen durch das Gesetz verboten sind.[890] Hier ergibt sich die relative Nichtigkeit aus der „Qualität“ einer der Vertragsparteien i.S.v. Art. 1741 Abs. 1 CC. Zwar ist die betreffende Person grds. voll geschäftsfähig, aber die spezielle Handlung mit dem Objekt ist nichtig. So ist es einem Bevollmächtigten nicht möglich die Sachen zu kaufen, die er für den Mandanten verkaufen soll, Art. 2170 CC. Eine solche Handlung ist ohne die Erlaubnis des Mandanten relativ nichtig.[891] Zudem unterliegt ein Pfleger/Verwalter auch bestimmten Verboten, die zu einer relativen Nichtigkeit der Verträge führen können, Art. 491 Abs. 1 CC. Überdies ist der Verkauf aller Besitztümer untersagt, Art. 1867 Abs. 1 CC.

(d) Vergleich der Nichtigkeitsgründe

Die Dreiteilung der Nichtigkeitsgründe in absolute, relative und partikuläre ähnelt der Unterteilung in Geschäftsunfähigkeit und beschränkte Geschäftsfähigkeit sowie der Differenzierung zwischen absoluten und relativen Veräußerungsverboten, §§ 135 f. BGB, in Deutschland.[892]

---

886 *Polanco Moreno*, Contratos, pág. 58, inciso 116; *Valencia Zea/Ortiz Monsalve*, Derecho Civil, Tomo I: parte general y personas, pág. 644.

887 *Polanco Moreno*, Contratos, pág. 58, inciso 116.

888 *Valencia Zea/Ortiz Monsalve*, Derecho Civil, Tomo I: parte general y personas, pág. 645.

889 *Polanco Moreno*, Contratos, pág. 53, inciso 107.

890 *Ospina Fernández/Ospina Acosta*, Teoría general del contrato y del negocio jurídico, pág. 95; *Polanco Moreno*, Contratos, pág. 31.

891 *Polanco Moreno*, Contratos, pág. 52, inciso 107.

892 Ein Sonderfall stellt u.a. die relative Unwirksamkeit der Vormerkung dar, § 888 BGB.

Die relative Nichtigkeit, welche von der betroffenen Vertragspartei geltend gemacht werden muss, ist mit der schwebenden Unwirksamkeit zu vergleichen. Letztere bewirkt, dass das Geschäft bis zu seiner Genehmigung, d.h. nachträgliche Zustimmung (§ 184 Abs. 1 BGB), als vorläufig unwirksam gilt.[893] Dagegen ist ein relativ nichtiges Rechtsgeschäft zunächst wirksam und durchsetzbar und erst nach Erklärung der relativen Nichtigkeit lediglich eine Naturalverbindlichkeit. Jedoch führt eine Bestätigung – ähnlich wie die Genehmigung – zur vollen Wirksamkeit des Geschäftes.

Die partikuläre Nichtigkeit ist weder mit der Teilnichtigkeit i.S.d. § 139 BGB noch mit der Teilgeschäftsfähigkeit vergleichbar. Unter der deutschen Teilgeschäftsfähigkeit ist die Geschäftsfähigkeit grds. beschränkt Geschäftsfähiger für die in §§ 112, 113 BGB geregelten Rechtsgeschäfte zu verstehen. Stattdessen ähnelt die partikuläre Nichtigkeit einer relativen Verfügungsbeschränkung, die ebenfalls eine bestimmte Person(-engruppe) schützen soll und sich auf eine spezielle Handlung einer bestimmten Person mit einem speziellen Objekt bezieht. Das Veräußerungsverbot des Bevollmächtigten gleicht außerdem der deutschen Konstruktion des Insichgeschäfts i.S.v. § 181 BGB.

cc) Vergleich

Anders als in Deutschland setzt die Existenz des Rechtsgeschäfts in Kolumbien lediglich die Willensübereinkunft der Parteien und die Einhaltung der Formvorschriften voraus.

In Deutschland unterliegen die abgegebenen Willenserklärungen, welche zu dem Vertrag geführt haben, jede für sich einer Wirksamkeitsprüfung. Nur wenn diese ergibt, dass die Willenserklärungen nicht nichtig sind, ist der Anspruch entstanden. Dagegen bewirkt in Kolumbien bereits die Freiheit von Willensmängeln die Wirksamkeit der Willenserklärung. Dies entspricht in Deutschland der – üblicherweise angewandten – zweiten Stufe der Prüfung eines Vertrages, bei der untersucht wird, ob der Anspruch erloschen ist.

Beide Rechtsordnungen sehen ein Problem bei der Diskrepanz zwischen innerem und geäußertem Willen. Nach der deutschen Rechtslage gilt in diesem Fall – bis auf Ausnahmen – der geäußerte Wille aus Gründen des Verkehrsschutzes. Dem Schutz des Irrenden dienen die Anfechtungsmöglichkeiten. Demgegenüber gilt in Kolumbien die Willenstheorie. Diese räumt dem Willen

893 Ein Beispiel ist der Vertragsschluss eines Minderjährigen ohne Einwilligung der gesetzlichen Vertreter, der nachträglich genehmigt werden kann, § 108 Abs. 1 BGB. Zur schwebenden Unwirksamkeit siehe: MüKo/*Bayreuther*, § 184 Rn. 3.

des Erklärenden Priorität ein. Eine mangelbehaftete Willenserklärung ist relativ nichtig. Zum Schutz des Erklärungsempfängers macht der Erklärende sich aber u.U. schadensersatzpflichtig. Somit ist die Rechtsfolge der Schadensersatzpflicht den Rechtsordnungen gemein. In der kolumbianischen Schadensersatzpflicht des Erklärenden bei Divergenzen zwischen innerem und äußerem Willen liegt eine Ähnlichkeit zu § 122 BGB. Der Unterschied besteht indes darin, dass der Erklärende sich in Deutschland nur bei Vorliegen eines Anfechtungsgrundes von seiner Willenserklärung lösen kann, mithin der Erklärung vorerst Wirksamkeit beigemessen wird, vgl. § 142 Abs. 1 BGB. Erst bei erfolgreicher Anfechtung ist er zum Schadensersatz verpflichtet, vgl. § 122 Abs. 1 BGB. Im Gegensatz dazu ist der Erklärende in Kolumbien nicht an seine Willenserklärung gebunden, wenn diese nicht seinem Willen entspricht. Mithin muss ein Vertrag nicht erst angefochten werden, obgleich sich die betroffene Vertragspartei auch auf die relative Nichtigkeit berufen muss.

Darüber hinaus ist in Deutschland die Notwendigkeit eines legalen Vertragsgrundes und -motives nicht so eindeutig normiert wie in Kolumbien. Diese Voraussetzungen ergeben sich vielmehr aus den allgemeinen und speziellen Wirksamkeitsvoraussetzungen des Vertrages. In Kolumbien wird hingegen ausdrücklich verlangt, dass der Vertrag auf einem legalen Vertragsgrund sowie -motiv beruht, Art. 1741 Abs. 1 CC. Bei näherer Betrachtung ergibt sich, dass die illegalen Vertragsgründe den Nichtigkeitsgründen des BGB, wie z.Bsp. der Sittenwidrigkeit (§ 138 BGB), dem gesetzlichen Verbot (§ 134 BGB) oder der Regelung zu Verträgen über das Vermögen und den Nachlass (§ 311b Abs. 2, 3, 4 BGB), entsprechen. Rechtsfolge eines illegalen Grundes ist in Kolumbien die Nichtigkeit des Vertrages. In Deutschland ist die Rechtsfolge differenzierter, nämlich nach der jeweiligen Norm über die Unwirksamkeit des Rechtsgrundes, zu betrachten. Durch einen Anspruch aus Bereicherung ohne Rechtsgrund kann der Vertrag rückabgewickelt werden. Das in Kenntnis der Nichtschuld Geleistete kann außerdem in Deutschland gemäß § 814 BGB nicht zurückgefordert werden. Diese Regelung entspricht Art. 1525 CC.

Die beiden Definitionen des Vertrages stimmen insoweit überein, als dass mehr als eine Person Vertragspartei sein kann und eine Willensübereinkunft erforderlich ist. Weiterhin zeigt eine direkte Gegenüberstellung der beiden Vertragsdefinitionen, dass die deutsche Definition sehr viel detaillierter ist und einzelne Begriffe einer weiteren Definition bedürfen. Das kolumbianische Recht sieht indes eine Legaldefinition vor, die von der Literatur dahin gehend ausgelegt wurde, dass die *essentialia negotii* vorliegen müssen.

In Kolumbien unterscheidet Art. 1501 CC nach der Notwendigkeit verschiedener Vertragselemente. Danach wird zwischen Elementen, die dem Wesen des Vertrages entspringen, denen, die der Natur des Vertrages entsprechen, und denen, die rein zufällig sind, differenziert. Wesentlich sind solche Elemente, ohne die der Vertrag keine Wirkung entfalten würde, sowie diejenigen Elemente, ohne die sich der Vertrag in einem anderen Vertragstyp umwandeln würde.[894] Dazu zählen die Vertragsparteien, die etwaigen gesetzlich vorgeschriebenen Formvorschriften und die Bestandteile der Definition, sofern es sich um einen normierten, typischen Vertrag handelt.[895] Der Natur (*naturalia negotii*) entsprechen solche Elemente, die, ohne dem Vertragswesen zu entstammen, zu dem Vertrag gehören, ohne dass es einer besonderen Klausel bedarf.[896] Diese Vertragsbestandteile können weggelassen oder verändert werden, ohne dass der Vertrag seinem Wesen nach verändert wird.[897] Sollten die Vertragsparteien keine Regelung getroffen haben, gelten die gesetzlichen Regelungen.[898]

Als zufällig (*accidentalia negotii*) werden solche Elemente bezeichnet, die weder wesentlich sind noch natürlicherweise zum Vertrag gehören und daher durch spezielle Klauseln hinzugefügt werden müssen. Darunter fallen Nebenabsprachen, wie beispielsweise der Übergabeort der Sache.[899]

Eine solche Differenzierung ist dem kodifizierten deutschen Recht fremd. Allerdings ist auch in Deutschland zwischen den sog. *essentialia negotii*, die jedes Rechtsgeschäft zwingend beinhalten muss, um rechtswirksam zustande zu kommen, und den nicht zwingenden Nebenabreden, den sog. *accidentalia negotii*, zu unterscheiden. Zu den *essentialia negotii* zählen die Vertragsparteien, die Leistung und die Gegenleistung. Damit entsprechen die *essentialia negotii* in Deutschland den Vertragsinhalten, die auch in Kolumbien als wesentlich erachtet werden. Im Hinblick auf die Bürgschaft bedeutet dies, dass in der Bürgschaftsurkunde die Person des Gläubigers und Schuldners benannt sowie aufgrund der

---

894 *Castro Ayala/Calonje Londoño*, Derecho de obligaciones, pág. 121; *García Cuéllar*, De la fianza civil, pág. 22; *Ospina Fernández/Ospina Acosta*, Teoría general del contrato y del negocio jurídico, pág. 36.

895 *Polanco Moreno*, Contratos, pág. 21.

896 *García Cuéllar*, De la fianza civil, pág. 22; *Ospina Fernández/Ospina Acosta*, Teoría general del contrato y del negocio jurídico, pág. 36.

897 *García Cuéllar*, De la fianza civil, pág. 22; *Polanco Moreno*, Contratos, pág. 21; *Uribe-Holguín*, De las obligaciones y del contrato en general, pág. 328.

898 *Polanco Moreno*, Contratos, pág. 21; *Uribe-Holguín*, De las obligaciones y del contrato en general, pág. 328.

899 *Polanco Moreno*, Contratos, pág. 22; *Uribe-Holguín*, De las obligaciones y del contrato en general, pág. 328.

Akzessorietät die Person des Hauptschuldners und die Höhe der Bürgenschuld enthalten sein muss.

b) Tauglichkeit des Bürgen

aa) In Deutschland

In Deutschland muss der Bürge tauglich sein. Dies bedeutet, dass er geschäftsfähig sein muss. Unter Geschäftsfähigkeit ist die Fähigkeit zu verstehen, Rechtsgeschäfte selbst wirksam vorzunehmen. Regelmäßig ist jede volljährige Person, die das 18. Lebensjahr vollendet hat (§ 2 BGB), geschäftsfähig. Dies ergibt sich aus einem Umkehrschluss aus § 104 Nr. 1 BGB, wonach Minderjährige unter sieben Jahren und Personen, die sich (vorübergehend) in einem die freie Willensbildung ausschließenden Zustand befinden, geschäftsunfähig sind. Ihre Willenserklärungen sind nichtig, § 105 BGB. Minderjährige zwischen sieben und 18 Jahren sind hingegen beschränkt geschäftsfähig, §§ 106 ff. BGB. Rechtsgeschäfte, die eine beschränkt geschäftsfähige Person ohne Einwilligung ihres gesetzlichen Vertreters[900] geschlossen hat, sind bis zu ihrer Genehmigung schwebend unwirksam, vgl. § 108 Abs. 1 BGB. Bei dem Bürgen kann es sich um eine beschränkt geschäftsfähige Person handeln, sofern er die Einwilligung seiner gesetzlichen Vertreter eingeholt hat. Diese bedürfen wiederum der familiengerichtlichen Genehmigung zur Übernahme einer fremden Verbindlichkeit, §§ 1643 Abs. 1, 1822 Nr. 10 BGB. Auch der Hauptschuldner kann grds. lediglich beschränkt geschäftsfähig sein, sofern seine gesetzlichen Vertreter dem Geschäft zugestimmt haben. Gleiches gilt für den Gläubiger.

bb) In Kolumbien

Als *fiador* (Bürge) wird die natürliche oder juristische Person bezeichnet, welche die Bürgschaft unterschreibt und sich damit verpflichtet, die Verbindlichkeit einer anderen Person zu begleichen, wenn diese der Verpflichtung nicht nachkommt.[901] Bürge und Schuldner müssen personenverschieden sein.[902] Auch in Kolumbien muss der Bürge tauglich sein. Dies setzt auch hier grds. die Geschäftsfähigkeit aller beteiligten Personen voraus. Das Erfordernis der Geschäftsfähigkeit ergibt

900 Gemäß § 1629 BGB sind darunter generell die Eltern zu verstehen.

901 Diccionario de la Lengua Española, Real Academia Española, Stichwort „fianza“; *Leal Pérez, Hildebrando*, Diccionario Jurídico, Stichwort „fiador“, vgl. *Pérez Vives*, Garantías civiles (Hipoteca, prenda y fianza), pág. 388 (zu juristischen Personen als Bürgen).

902 Für Deutschland: BGH, Urteil v. 9.7.2001 – II ZR 228/99 = BGH WM 2001,1525, 1525. Für Kolumbien: *Galindo Cubides*, El seguro de Fianza, pág. 49.

sich aus Art. 2376 Abs. 1, 2368, 493 CC. Der Art. 2368 CC wiederholt lediglich die generelle Regel, dass ein wirksamer Vertragsschluss nur dann zustande kommen kann, wenn beide Vertragsparteien geschäftsfähig sind, wobei nach den allgemeinen Regeln davon auszugehen ist, dass jede Person eine Bürgschaft stellen kann, außer das Gesetz erklärt sie für geschäftsunfähig.[903]

Grds. stellt die Geschäftsfähigkeit die Regel dar, Art. 1503 CC. Die Unfähigkeit muss gesetzlich deklariert werden und stellt die Ausnahme dar.[904] Analogien zu Unfähigkeitsregelungen sind unzulässig.[905] Die volle Geschäftsfähigkeit wurde durch das ley 27 de 1977 von 21 Jahren auf 18 Jahre herabgesenkt.[906]

Art. 1504 CC stellt fest, dass Geistesgestörte, Unmündige und ursprünglich Taubstumme, die sich nicht schriftlich verständigen können,[907] nicht voll geschäftsfähig sind. Ihre Handlungen bewirken keine natürlichen Verbindlichkeiten.[908] Sie sind gemäß Art. 1741 S. 1 a.E. CC absolut unwirksam.[909]

Personen mit schwerwiegenden mentalen Problemen können vom Richter für unmündig erklärt werden.[910] Ein Rechtsgeschäft, das eine in ihrer geistigen

---

903 *Arrubla Paucar*, El contrato de fianza, en: Estudios de derecho privado, Tomo I, Liber Amicorum en homenaje a César Gómez Estrada, pág. 44, 53; *Bonivento Fernández*, Los principales contratos civiles y comerciales, Tomo II, pág. 8; *Céspedes Solano*, Manual de Contratos Civiles, pág. 143; *García Cuéllar*, De la fianza civil, pág. 64; *Ochoa González*, Contratos nominados civiles, pág. 252.

904 *Emiliani Román*, Manual de obligaciones civiles, pág. 11; *Polanco Moreno*, Contratos, pág. 29; *Uribe-Holguín*, De las obligaciones y del contrato en general, pág. 278, 279.

905 *Polanco Moreno*, Contratos, pág. 29.

906 „La Ley 27 de 1977, publicada en el Diario Oficial No. 34.902, de 4 de noviembre de 1977, estableció la mayoría de edad a los 18 años, El artículo 340 del Código Civil otorgaba la habilitación de edad a partir de los 18 años. En este sentido quedó derogada la habilitación de edad. "

907 Die Bezeichnungen sind diskriminierend. Sie entstammen jedoch der direkten Übersetzung. Das Gesetz 1306 aus dem Jahr 2009 behob diese Diskriminierung gehörloser Personen ohne Möglichkeit zur mündlichen Verständigung (sog. Taubstumme). Siehe Abschnitt C. VI. 2. b) bb).

908 *Barrera Tapias*, Las obligaciones en el derecho moderno, pág. 217; *Ospina Fernández/Ospina Acosta*, Teoría general del contrato y del negocio jurídico, pág. 89.

909 *Ospina Fernández/Ospina Acosta*, Teoría general del contrato y del negocio jurídico, pág. 89; *Valencia Zea/Ortiz Monsalve*, Derecho Civil, Tomo I: parte general y personas, pág. 592.

910 *Ospina Fernández/Ospina Acosta*, Teoría general del contrato y del negocio jurídico, pág. 90; *Valencia Zea/Ortiz Monsalve*, Derecho Civil, Tomo I: parte general y personas, pág. 592.

Tätigkeit gestörte Person geschlossen hat, ist abhängig vom Zeitpunkt der Deklaration der Störung nichtig, Art. 545, 553 CC. Nach Feststellung der geistigen Störung ist die Handlung nichtig. Vor der Deklaration kann sich die Person dagegen grds. wirksam verpflichten, es sei denn, die vorherige Geistesstörung wird bewiesen.[911] Gleiches gilt für eine kurzfristige geistige Störung, wie z.Bsp. Trunkenheit.[912]

Minderjährig sind Personen, die das 18. Lebensjahr noch nicht vollendet haben, Art. 34 CC i.V.m. ley 27 de 1977. Dabei wird zwischen Unmündigen (*menores impúberes*) und nicht volljährigen Erwachsenen (*mayor de edad*) unterschieden. Minderjährige vor ihrem siebten Geburtstag werden als Kinder (*infantes/niños*) bezeichnet, Art. 34 CC. Ihre Handlungen sind rechtlich betrachtet inexistent.[913] Unmündig sind Jungen, die noch nicht das 14. Lebensjahr vollendet haben und Mädchen, die noch nicht das zwölfte Lebensjahr vollendet haben, Art. 34 CC. Die Handlungen dieser Personen sind absolut nichtig.[914] Personen, die älter als 12 bzw. 14 Jahre und jünger als 18 sind, sind ebenfalls nicht voll geschäftsfähig. Ihre Handlungen sind relativ nichtig.[915] Nicht volljährigen Erwachsenen ist die Vornahme bestimmter familienrechtlicher Verträge gestattet.[916] Des Weiteren können ihre Handlungen unter vom Gesetz bestimmten Aspekten wirksam sein, Art. 1504 Abs. 3 CC. Dies ist der Fall, sofern der Minderjährige wirksam vertreten wurde.

Das Gesetz 1306 aus dem Jahr 2009 behob die Diskriminierung sog. taubstummer Personen, von denen früher ausgegangen wurde, dass sie nicht in der Lage sind, einen Willen zu besitzen, wenn sie sich nicht schriftlich ausdrücken können.[917] Somit sind gehörlose Menschen ohne mündliche

---

911 *Ospina Fernández/Ospina Acosta*, Teoría general del contrato y del negocio jurídico, pág. 90; *Polanco Moreno*, Contratos, pág. 30.

912 *Polanco Moreno*, Contratos, pág. 30.

913 *Ospina Fernández/Ospina Acosta*, Teoría general del contrato y del negocio jurídico, pág. 89; *Valencia Zea/Ortiz Monsalve*, Derecho Civil, Tomo I: parte general y personas, pág. 586.

914 *Castro Ayala/Calonje Londoño*, Derecho de obligaciones, pág. 124; *Ospina Fernández/Ospina Acosta*, Teoría general del contrato y del negocio jurídico, pág. 92; *Valencia Zea/Ortiz Monsalve*, Derecho Civil, Tomo I: parte general y personas, pág. 586.

915 *Castro Ayala/Calonje Londoño*, Derecho de obligaciones, pág. 124; *Valencia Zea/Ortiz Monsalve*, Derecho Civil, Tomo I: parte general y personas, pág. 586.

916 *Castro Ayala/Calonje Londoño*, Derecho de obligaciones, pág. 124; *Polanco Moreno*, Contratos, pág. 31.

917 *Polanco Moreno*, Contratos, pág. 27. Sog. taubstummen Personen ist es allerdings in jedem Fall untersagt, als Testamentszeuge zu fungieren, die Vormundschaft für eine

Verständigungsmöglichkeiten (ursprünglich taubstumm) heute nicht mehr den mental eingeschränkten Personen gleichgestellt.[918]

Hervorzuheben ist, dass der *Código Civil colombiano* diesbezüglich vom *Código Civil chileno* abweicht, obwohl er in weiten Teilen mit diesem übereinstimmt. Der *Código Civil chileno* spricht bestimmten Personen die Tauglichkeit, Bürge zu sein, ab. So ist in Art. 2342 CC vorgesehen, dass Personen des religiösen Lebens nicht fähig sind, eine Bürgschaft zu stellen. Dieses Verbot beruht auf dem alten spanischen Recht.[919] Ferner sind Minderjährige in Chile unter bestimmten Umständen taugliche Bürgen, Art. 254, 404 *Código Civil chileno*. In Kolumbien hingegen sind Minderjährige grds. keine tauglichen Bürgen. Selbst wenn ihnen eine Altersbefähigung für bestimmte Geschäfte zugesprochen wurde (Art. 294 CC) und sie damit für gewisse Geschäfte wie Volljährige behandelt werden, können sie gemäß Art. 339 CC keine Bürgen sein, da das Gesetz hier ausdrücklich die absolute Volljährigkeit fordert.[920] Eine dennoch eingegangene Bürgenverpflichtung wäre absolut nichtig.[921] Sofern ein Gerichtsbeschluss dies zulässt, können Mündel, die grds. nicht rechtsfähig sind, für ihre nächsten Angehörigen in Ausnahmefällen eine Bürgschaftsverpflichtung eingehen, Art. 493 CC.[922] Dieser Artikel ist insoweit im Verhältnis zu Art. 2368 CC *lex specialis*.[923] Ohne Gerichtsbeschluss ist die Bürgschaft, die zugunsten einer der genannten Personen eingegangen wurde, lediglich relativ nichtig.[924] Sofern die Bürgschaft aber für eine Person, die nicht zu dem genannten Personenkreis zählt, gestellt wurde, ist die Erklärung absolut nichtig.[925] Dies gilt nicht nur für

---

Person zu übernehmen oder Testamentsvollstrecker zu werden, Art. 1068 Nr. 5, 6, 7; 586 Nr. 1, 2; 1329 CC.

918 *Ospina Fernández/Ospina Acosta*, Teoría general del contrato y del negocio jurídico, pág. 91; *Valencia Zea/Ortiz Monsalve*, Derecho Civil, Tomo I: parte general y personas, pág. 597.

919 *García Cuéllar,* De la fianza civil, pág. 74; *Pérez Vives*, Garantías civiles (Hipoteca, prenda y fianza), pág. 386.

920 *García Cuéllar,* De la fianza civil, pág. 81; *Ojeda N.*, Apuntaciones sobre fianza, pág. 26; *Pérez Vives*, Garantías civiles (Hipoteca, prenda y fianza), pág. 387.

921 *García Cuéllar,* De la fianza civil, pág. 82.

922 *Céspedes Solano*, Manual de Contratos Civiles, pág. 143; *Tarazona Caceres*, La fianza civil, pág. 24. Zur Definition von „*pupilo*" siehe Art. 436 CC.

923 *Arteaga/Arteaga,* Curso de Derecho Civil – Contratos, pág. 135; *Gómez Estrada*, Civil Contratos, pág. 477; *Lozada Bustos*, La fianza como garantía civil, pág. 46.

924 *Arteaga/Arteaga,* Curso de Derecho Civil – Contratos, pág. 135.

925 *Arteaga/Arteaga,* Curso de Derecho Civil – Contratos, pág. 135.

minderjährige, sondern auch für volljährige Mündel, die unter Betreuung stehen, da sie nicht voll geschäftsfähig sind.[926] Strittig ist, ob Art. 493 CC analog auf die Fähigkeit des Familienvaters, im Namen seines Kindes zu bürgen, angewandt werden kann. Dafür spricht ein kolumbianisches Rechtssprichwort, welches besagt, dass bei einer gleichen tatsächlichen Situation auch die gleichen Rechtsbestimmungen angewandt werden müssen.[927] Dem ist jedoch entgegenzuhalten, dass es sich bei Art. 493 CC um eine Ausnahmeregel handelt, die restriktiv auszulegen und somit grds. analogiefeindlich ist.

Art. 2368 Nr. 3, 1504 Abs. 3 CC aF. hat es verheirateten Frauen ursprünglich untersagt, Bürgschaften zu stellen. Diese der Gleichberechtigung widersprechende Regel wurde durch die Emanzipation stärkende Gesetze (ley 28 de 1932 und 8a de 1959) entkräftet und schließlich durch das Dekret 2820 de 1974, Art. 66 modifiziert.[928] Bereits an dieser Stelle kann insoweit der Vergleich zu Deutschland gezogen werden. Erwägt wurde, im Entwurf des BGB eine Norm einzuführen, die es Frauen untersagt hätte, eine Bürgschaft einzugehen.[929] Diesen Erwägungen wurde letztendlich nicht stattgegeben.

Das Gesetz knüpft allerdings weitere Bedingungen an die Tauglichkeit des Bürgen. Nur angemessen vermögende, im Inland ansässige Bürgen sind tauglich, Art. 2376 Abs. 1 CC.[930] Es bedarf „mehr als genügend finanzieller Mittel“, da die Bürgschaft im Zweifelsfall auch die Nebenkosten absichert.[931] Unter „mehr als genügend finanzielle Mittel“ ist das Doppelte der zu sichernden Forderung zu verstehen.[932] In dieser Betrachtung werden nur Immobilien berücksichtigt. Der Fokus auf Immobilien erscheint jedoch nicht zeitgemäß, da heutzutage Immobilien nicht der gleiche Stellenwert beigemessen wird wie früher.[933] Die

926 *Tarazona Caceres*, La fianza civil, pág. 25.

927 „*Donde hay una misma situación de hecho, debe haber la misma disposición de derecho.*“ Tarazona Caceres, La fianza civil, pág. 24.

928 Vgl. *Arteaga/Arteaga*, Curso de Derecho Civil – Contratos, pág. 134; *Ochoa González*, Contratos nominados civiles, pág. 252; *Pérez Vives*, Garantías civiles (Hipoteca, prenda y fianza), pág. 386.

929 Motive II. S. 657 (Mugdan, II, S. 367), *Windscheid*, Lehrbuch des Pandektenrechts, § 476, S. 1082.

930 *Pérez Vives*, Garantías civiles (Hipoteca, prenda y fianza), pág. 372.

931 *Hinestrosa*, Tratado de las Obligaciones, Concepto, estructura, vicisitudes, I, pág. 85; *Tarazona Caceres*, La fianza civil, pág. 35.

932 *Ojeda N.*, Apuntaciones sobre fianza, pág. 33; *Tarazona Caceres*, La fianza civil, pág. 35.

933 *Bonivento Fernández*, Los principales contratos civiles y comerciales, Tomo II, pág. 11; *Ochoa González*, Contratos nominados civiles, pág. 252; *Somarriva Undurraga*, Tratado de las cauciones, pág. 134.

Einschränkung beruht auf der Prämisse, dass Vermögen, welches in Immobilien angelegt wurde, nicht so leicht verloren geht wie andere Vermögenswerte.[934]

Die Notwendigkeit des Inlandssitzes ergibt sich aus der Anwendbarkeit von kolumbianischem Recht.[935] Zudem obliegt es dem Gläubiger, über die Tauglichkeit des Bürgen zu befinden.[936] Art. 2376 Abs. 1 CC ist individualvertraglich abänderbar, außer es handelt sich um gesetzlich oder richterlich angeordnete Bürgschaften.[937] Dies führt zu einem effektiven Schutz für den Gläubiger.[938] Wer einen insolventen Bürgen stellt, verletzt seine vertraglichen Verpflichtungen und ist verpflichtet eine neue Bürgschaft zu stellen, Art. 2375 CC.[939] Dies gilt in jedem Fall, wenn der Hauptschuldner dazu verpflichtet ist, eine Bürgschaft zur weiteren Sicherung zu stellen, sei es durch das Gesetz, durch Richterspruch oder vertraglich, allerdings nicht, wenn der Gläubiger den Bürgen ausgesucht hat.[940] Dem Gläubiger steht sonst das Recht zu, sich vom Vertrag zu lösen, Art. 1553 Nr. 2 CC.[941]

Grds. steht es dem Bürgen frei, die Bedingungen festzulegen, zu denen er sich verpflichten will, außer es liegt eine gesetzlich oder richterlich angeordnete Bürgschaft vor.[942]

---

934 *García Cuéllar,* De la fianza civil, pág. 66.

935 *Anzola,* Lecciones Elementares de Derecho Civil Colombiano, Curso Tercero de los contratos, pág. 368; *Cadavid Gaviria,* Derecho Civil – Obligaciones, pág. 136.

936 *Ochoa González,* Contratos nominados civiles, pág. 252.

937 *Bonivento Fernández,* Los principales contratos civiles y comerciales, Tomo II, pág. 11; *Cardona Hernández,* Contratos civiles, pág. 263; *Pérez Vives,* Garantías civiles (Hipoteca, prenda y fianza), pág. 372.

938 Sentencia – S. de N. G. – 19 de Febrero 1942 = „G. J.", nº 1.981, pág. 896; *Contreras Restrepo/Tafur González/Castro Guerrero,* Código Civil Comentado, pág. 1479; *Ortega Torres,* Código Civil, pág. 1064.

939 Sentencia – S. de N. G. – 19 de Febrero 1942 = „G. J.", nº 1.981, pág. 896; *Anzola,* Lecciones Elementares de Derecho Civil Colombiano, Curso Tercero de los contratos, pág. 366; *Cadavid Gaviria,* Derecho Civil – Obligaciones, pág. 135; *Ochoa González,* Contratos nominados civiles, pág. 253; *Ortega Torres,* Código Civil, pág. 1064.

940 *Anzola,* Lecciones Elementares de Derecho Civil Colombiano, Curso Tercero de los contratos, pág. 366.

941 *Gómez Estrada,* Civil Contratos, pág. 498; *Valencia Zea,* Derecho Civil, Tomo IV – Contratos, pág. 443.

942 *Barros Errazuriz,* Curso de Derecho Civil, pág. 433.

cc) Vergleich

Beiden Rechtsordnungen ist gemein, dass es sich bei dem Bürgen grds. um eine geschäftsfähige Person handeln muss. Die Geschäftsfähigkeit ist sowohl in Deutschland als auch in Kolumbien der Regelfall, §§ 104 ff. BGB/Art. 1503 CC. Sie beginnt grds. ab Vollendung des 18. Lebensjahres.

Die Willenserklärungen von Kindern sind absolut nichtig. Das Alter der Mündigkeit divergiert für Mädchen und Jungen in Kolumbien, was nach deutschem Verständnis jeglicher Grundlage entbehrt und diskriminierend wirkt.[943] Die Handlungen nicht voll Geschäftsfähiger werden unterschiedlich bewertet. In Deutschland sind die Willenserklärungen nicht voll geschäftsfähiger Personen, sofern es sich nicht um Kinder handelt, deren Willenserklärung keinerlei Bedeutung beigemessen wird, schwebend unwirksam. In Kolumbien sind diese Willenserklärungen relativ nichtig.

Zu den nicht voll Geschäftsfähigen zählen in Kolumbien des Weiteren erwachsene Menschen, denen die Mündigkeit aberkannt wurde. Dieser Erklärung erscheint nach deutschem Verständnis schwierig, da dies einen erheblichen Grundrechtseingriff bewirkt.[944] Zwar gab es früher auch in Deutschland die Möglichkeit der Entmündigung von Personen, was aber durch das Rechtsinstitut der Betreuung abgeschafft wurde. Heute wird Personen, die aufgrund einer geistigen Störung als nicht geschäftsfähig gelten, ein Betreuer zur Seite gestellt, §§ 1896 ff. BGB. Vorausgesetzt ist der ausdrückliche Wille des zu Betreuenden, § 1896 Abs. 1a BGB. Außerdem wird bei körperlichen Behinderungen eine Betreuung nur auf Antrag des zu Betreuenden angeordnet, es sei denn, die körperlich behinderte Person kann ihren Willen nicht äußern.

Anders als in Deutschland muss es sich in Kolumbien bei allen Beteiligten des Bürgschaftsvertrages um Volljährige handeln. Auf der einen Seite dient dies dem Schutz Minderjähriger, die so nicht durch ihre gesetzlichen Vertreter in eine wirtschaftlich ungünstige Lage gebracht werden können. Auf der anderen Seite erscheint es wirtschaftlich nicht notwendig, Minderjährigen die Beteiligung an derartigen Geschäften gänzlich zu verweigern. Zu deren Schutz wurde in Deutschland bei der Vertretung von Minderjährigen im Bürgschaftsgeschäft ein Mittelweg beschritten. Danach bedürfen die gesetzlichen Vertreter der

---

943 Art. 3 Abs. 3 GG. Möglich erscheint, dass dieser Unterschied auf der ehemaligen früheren Ehemündigkeit von Frauen beruht, Art. 116 CC a.F., und noch nicht angeglichen wurde.

944 § 20 StGB geht von der Schuldunfähigkeit wegen seelischer Abartigkeit aus, was ebenfalls eine diskriminierende Formulierung ist.

Zustimmung des Familiengerichts (§§ 1643 Abs. 1, 1822 Nr. 10 BGB), was eine einseitige Bewertung der Lage durch die gesetzlichen Vertreter verhindert und so eine auch für den Minderjährigen sinnvolle Entscheidung gewährleistet. Dies erscheint zweckmäßig, wenngleich nach hier vertretener Ansicht wenige Fälle denkbar sind, in denen die Stellung einer Bürgschaft durch einen Minderjährigen gerechtfertigt erscheint. Die hohe Gewichtung des Minderjährigenschutzes in Kolumbien erfährt durch die Möglichkeit, dass Mündel eine Bürgschaft zugunsten eines eingeschränkten Personenkreises stellen können, eine Einschränkung. Die Übernahme einer Bürgschaft für eine Person, die zu dem Personenkreis des Art. 493 CC zählt, wäre in Deutschland gerade besonders zu missbilligen. Insbesondere in dieser Konstellation wird dem Bürgenschutz eine herausragende Bedeutung beigemessen. In Kolumbien hingegen verhilft die persönliche Nähe zwischen dem Mündel und dem Hauptschuldner der Bürgschaft gerade zu ihrer Existenz. Die Prämisse ist dort, dass es dem Mündel freistehen soll, Personen aus der Familie zu unterstützen. Allerdings ist hervorzuheben, dass die Aufzählung in Art. 493 CC kumulativ verstanden werden kann, sodass ein gewichtiger Grund für die Stellung einer Bürgschaft vorliegen muss. Es ist jedoch anzuzweifeln, dass hierdurch die möglichen Folgen der Bürgschaft für das Mündel abgemildert werden.

In beiden Rechtsordnungen löst die auf der Geschäftsunfähigkeit einer Vertragspartei beruhende Nichtigkeit keine Schadensersatzpflichten aus. Dies dient dem Schutz des Geschäftsunfähigen, der bei Vorliegen einer Schadensersatzpflicht praktisch umgangen würde. Diese Wertung kann der Vorschrift des § 179 Abs. 3 S. 2 BGB entnommen werden. In Deutschland erfolgt eine Rückabwicklung des Vertrages über das Bereicherungsrecht. Dabei ist zu beachten, dass bei Fällen mit Minderjährigen die Zweikondiktionentheorie gilt.[945] Danach muss der Minderjährige dem Vertragspartner den nicht geschuldeten Gegenstand herausgeben oder Wertersatz leisten, d.h., der ungerechtfertigte Vermögenszuwachs wird abgeschöpft. Mit der Anwendung von Art. 1747 Abs. 1 CC wird das gleiche Ziel erreicht, wenn der Minderjährige sich an dem Gegenstand bereichert hat.

Die Tauglichkeitsprüfung vermeidet die hoffnungslose Überschuldung des Bürgen in Kolumbien. Mit dem Erfordernis, dass der Bürge über ausreichende finanzielle Mittel verfügen muss, wird verhindert, dass er sich in eine Situation begibt, die seine finanzielle Leistungsfähigkeit übersteigt. Problematisch ist allein, ob die finanzielle Leistungsfähigkeit als Element der Tauglichkeit des

945 MüKo/*Schwab*, § 818 Rn. 302.

Bürgen auch hinreichend vor Abgabe der Bürgschaftserklärung überprüft wird. Um dem Gesetzeszweck zu entsprechen, müsste der Gläubiger die Tauglichkeit des Bürgen überprüfen. Dies könnte er etwa, indem er den Bürgen verpflichtet, seine finanziellen Verhältnisse offenzulegen. Sofern eine solche Offenlegungspflicht als zu weitreichend eingestuft werden sollte, könnte der Bürge jedenfalls zu einer Selbstauskunft verpflichtet werden, in der er bestätigen müsste, dass er über ausreichend finanzielle Möglichkeiten verfügt. Sollte er diese Erklärung wahrheitswidrig abgeben, wäre er nicht länger schützenswert.

c) Vertragsform

aa) In Deutschland

Grds. sind Rechtsgeschäfte in Deutschland als Ausprägung der Privatautonomie formlos wirksam. Jedoch ordnet das Gesetz in Einzelfällen die Formbedürftigkeit an oder eine solche wird rechtsgeschäftlich vereinbart, § 125 ff. BGB. Die Formbedürftigkeit hat eine Beweis-, Warn-, Schutz- und Beratungsfunktion inne. Bei der Bürgschaftserklärung handelt es sich um eine Erklärung, die der Schriftform bedarf, § 766 S. 1 BGB.

Die Einhaltung des Schriftformerfordernisses wird erst nach Auslegung des Vertrages überprüft.[946] Nach dem Parteiwillen muss daher zunächst ermittelt werden, ob eine Bürgschaft oder eine andere Personalsicherheit gewollt ist, §§ 133, 157 BGB. Der Grundsatz *falsa demonstratio non nocet*[947] gilt auch für formbedürftige Rechtsgeschäfte.[948] Die Begriffe „*Bürgschaft*“ und „*bürgen*“ müssen in der Erklärung nicht vorkommen, wenn ermittelt werden kann, dass eine Bürgschaft gewollt ist.[949] So reichen Umschreibungen wie „*wenn der Schuldner nicht zahlt, zahle ich*“[950] oder die Erklärung, für die Verbindlichkeit „*geradezustehen*“[951], aus.

---

946 BGH, Urteil v. 30.3.1995 – IX ZR 98/94 = BGH WM 1995, 900, 901.

947 „Eine falsche Bezeichnung schadet nicht“.

948 BGH, Urteil v. 23.3.1979 – V ZR 24/77 = BGHZ 74, 116–121 (Rz. 18) = BGH NJW 1979, 1350, 1351; BGH, Urteil v. 25.3.1983 – V ZR 268/81 = BGHZ 87, 150–156 (Rz. 15) = BGH NJW 1983, 1610, 1610; BGH, Urteil v. 2.2.1989 – IX ZR 99/88 = BGH NJW 1989, 1484, 1484.

949 RG, Urteil v. 27.10.1904 – VI 601/03 = RGZ 59, 217, 219; BGH, Urteil v. 2.2.1989 – IX ZR 99/88 = BGH NJW 1989, 1484, 1484; BGH, Urteil v. 9.7.2001 – II ZR 228/99 = BGH NJW 2002, 747, 748.

950 RG, Urteil v. 1.7.1909 – VI 300/08 = RG JW 1909, 459, 459 (Nr. 14).

951 OLG Hamm, Urteil v. 15.1.1988 – 20 U 195/87 = OLG Hamm WM 1988, 899, 899 mit Komm. *Bülow*, EWiR § 766 BGB 1/88, 889.

Die Schriftform, welche in § 126 Abs. 1 BGB geregelt ist, verlangt die eigenhändige Namensunterschrift des Ausstellers oder ein notariell beurkundetes Handzeichen in einer Urkunde.[952] Die Einhaltung der Schriftform für die Bürgschaftserklärung sowie für die den Bürgen benachteiligenden Nebenabreden[953] bedeutet, dass der Bürge seine Bürgschaftserklärung gemäß § 126 Abs. 1 BGB eigenhändig unterschreiben[954] und diese dem Gläubiger „*erteilen*"[955] muss.

---

952 Eine andere Form ist die Textform. Sie beinhaltet eine lesbare Erklärung auf einem dauerhaften Datenträger, in der die Person des Erklärenden genannt wird, § 126b S. 1 BGB. Die gesetzlich vorgeschriebene schriftliche Form kann durch die elektronische Form ersetzt werden, wenn sich aus dem Gesetz nicht ein Anderes ergibt, § 126 Abs. 3 BGB. Der Aussteller muss zu diesem Zweck der Erklärung seinen Namen zufügen und das elektronische Dokument mit einer qualifizierten Signatur versehen, § 126a Abs. 1 BGB. Die Erteilung der Bürgschaft in elektronischer Form ist ausgeschlossen, § 766 S. 2 BGB. Andere Formerfordernisse beinhalten die Hinzuziehung einer dritten Stelle wie die öffentliche Beglaubigung, die notarielle Beurkundung und die Abgabe bei einer Behörde.

953 RG, Urteil v. 29.12.1906 – VI 176/06 = RGZ 65, 46, 48 f.; RG, Urteil v. 16.9.1909 – VI 588/08 = RGZ 71, 415, 415; BGH, Urteil v. 28.11.1957 – VII 42/57 = BGHZ 26, 142–152 (150) = BGH NJW 1958, 217, 218.; BGH, Urteil v. 25.9.1968 – VIII ZR 164/66 = BGH NJW 1968, 2332, 2332; Erman/*Zetzsche*, §§ 766 Rn. 7; Jauernig/*Stadler*, § 766 Rn. 3; Palandt/*Sprau*, § 766 Rn. 3.

954 Die Unterschrift muss abschließenden Charakter haben und die Urkunde räumlich abschließen. Eine Oberschrift ist nicht zulässig, BGH, Urteil v. 20.11.1990 – XI ZR 107/89 = BGHZ 113, 48–54 (Rz. 15) = BGH NJW 1991, 487, 487.

955 Zunächst hat sich das Reichsgericht mit der Auslegung dieses Begriffes auseinandergesetzt und statuiert, dass eine Bürgschaftserklärung erteilt wird, wenn sie formwirksam, willentlich von dem Bürgen in Richtung des Gläubigers entäußert wurde, sodass dieser über die Urkunde verfügt, RG, Urteil v. 7.10.1926 – IV 167/26 = RG JW 1927, 38, 39; RG, Urteil v. 4.11.1929 – VIII 350/29 = RGZ 126, 121, 122. Dieser Ansicht hat sich der BGH angeschlossen: BGH, Urteil v. 18.3.1968 – VIII ZR 198/66 = BGH NJW 1968, 1131, 1132; BGH, Urteil v. 3.3.1976 – IX ZR 209/74 = BGH WM 1976, 422, 423; BGH, Urteil v. 30.11.1977 – VIII ZR 69/76 = BGH WM 1978, 266, 267; BGH, Urteil v. 28.2.1993 – IX ZR 259/91 = BGHZ 121, 224–236 (Rz. 33) = BGH NJW 1993, 1126, 1126 = BGH WM 1993, 496, 497. Der Gläubiger muss allerdings nicht dauerhaft im Besitz der Urkunde sein, BGH, Urteil v. 3.3.1976 – IX ZR 209/74 = BGH WM 1976, 422, 423; BGH, Urteil v. 30.11.1977 – VIII ZR 69/76 = BGH WM 1978, 266, 267; Erman/*Zetzsche*, § 766 Rn. 8; *Bülow*, Recht der Kreditsicherheiten, Rn. 894; *Reinicke/Tiedtke*, Rn. 84 ff. Die Übermittlung via Telefax genügt den Anforderungen nicht. Die Bürgschaft wurde nicht wirksam erteilt und ist daher gemäß § 125 S. 1 BGB nichtig, BGH, Urteil v. 28.1.1993 – IX ZR 259/91 = BGHZ 121, 224--236 (Rz. 34 ff.) = BGH WM 1993, 496, 498.

Die Bürgschaftsurkunde muss zumindest durch Auslegung (sog. Andeutungstheorie[956]) die *essentialia negotii* - den Verbürgungswillen[957]und die (bestimmbare)[958] Hauptschuld - enthalten.[959] Angaben sowohl zur Person des Hauptschuldners[960] als auch zur Person des Gläubigers[961] können auch außerhalb der Bürgschaftsurkunde enthalten sein.[962] Durch Annahme und

956 Dem Schriftformerfordernis entsprechen nur solche Umstände, die zumindest in der Urkunde angedeutet sind. Der Warnfunktion wurde mithin entsprochen, BGH, Urteil v. 28.11.1957 - VII 42/57 = BGHZ 26, 142–152 (146) = BGH NJW 1958, 217, 218; BGH, Urteil v. 28.1.1993 - IX ZR 259/91 = BGHZ 121, 224–236 (229) = BGH WM 1993, 496; BGH, Urteil v. 17.2.2000 - IX ZR 32/99 = BGH WM 2000, 886, 887; BGH, Urteil v. 5.7.2002 - V ZR 143/01 = BGH NJW 2002, 3164, 3165.

957 BGH, Urteil v. 28.11.1957 - VII 42/57 = BGHZ 26, 142–152 (146) = BGH NJW 1958, 217, 218; BGH, Urteil v. 12.3.1980 - VIII ZR 57/79 = BGHZ 76, 187–190 (Rz. 8) = BGH NJW 1980, 1459, 1459; BGH, Urteil v. 12.7.2001 - IX ZR 358/00 = BGH NJW 2001, 3327, 3328.

958 RG, Urteil v. 18.3.1904 - VII 489/03 = RGZ 57, 258, 261; RG, Urteil v. 27.10.1904 - VI 601/03 = RGZ 59, 217, 219; RG, Urteil v. 12.2.1906 - VI 343/05 = RGZ 62, 379, 382; RG, Urteil v. 13.2.1911 - VI 679/09 = RGZ 76, 195, 200; RG, Urteil v. 22.10.1934 - VI 250/34 = RGZ 145, 229, 232; BGH, Urteil v. 3.12.1992 - IX ZR 29/92 = BGH NJW 1993, 724, 725; BGH, Urteil v. 21.1.1993 - IX ZR 90/92 = BGH NJW 1993, 1261, 1262; BGH, Urteil v. 17.3.1994 - IX ZR 102/93 = BGH NJW 1994, 1656, 1656; BGH, Urteil v. 17.2.2000 - IX ZR 32/99 = BGH NJW 2000, 1569, 1570.

959 RG, Urteil v. 18.3.1904 - VII 489/03 = RGZ 57, 258, 261; RG, Urteil v. 27.10.1904 - VI 601/03 = RGZ 59, 217, 219; RG, Urteil v. 12.2.1906 - VI 343/05 = RGZ 62, 379, 382; RG, Urteil v. 3.5.1909 - VI 250/08 = RGZ 71, 113, 116; RG, Urteil v. 22.10.1934 - VI 250/34 = RGZ 145, 229, 232; BGH, Urteil v. 12.3.1980 - VIII ZR 57/79 = BGHZ 76, 187–190 (Rz. 8 ff.) = BGH NJW 1980, 1459, 1459; *Nobbe*, BKR 2002, 747, 747 f.

960 RG, Urteil v. 18.3.1904 - VII 489/03 = RGZ 57, 258, 261; RG, Urteil v. 27.10.1904 - VI 601/03 = RGZ 59, 217, 219; RG, Urteil v. 12.2.1906 - VI 343/05 = RGZ 62, 379, 382; RG, Urteil v. 13.2.1911 - VI 679/09 = RGZ 76, 195, 200; RG, Urteil v. 22.10.1934 - VI 250/34 = RGZ 145, 229, 232; BGH, Urteil v. 29.2.1996 - IX ZR 153/95 = BGHZ 132, 119–132 (Rz. 7) = BGH WM 1996, 762, 763 = BGH NJW 1996, 1467, 1468.

961 RG, Urteil v. 13.2.1911 - VI 679/09 = RGZ 76, 195, 200; RG, Urteil v. 22.10.1934 - VI 250/34 = RGZ 145, 229, 232; BGH, Urteil v. 29.2.1996 - IX ZR 153/95 = BGHZ 132, 119–132 (Rz. 7) = BGH WM 1996, 762, 763 = BGH NJW 1996, 1467, 1468; BGH, Urteil v. 12.7.2001 IX ZR 358/00 = BGH NJW 2001, 3327, 3328.

962 BGH, Urteil v. 16.4.1962 - VII ZR 194/60 = BGH NJW 1962, 1102, 1102; BGH, Urteil v. 3.12.1992 - IX ZR 29/92 = BGH NJW 1993, 724, 725 = BGH WM 1993, 239, 240; BGH, Urteil v. 21.1.1993 - IX ZR 90/92 = BGH NJW 1993, 1261, 1262; BGH, Urteil v. 17.2.2000 - IX ZR 32/99 = BGH NJW 2000, 1569, 1570; BGH, Urteil v. 12.7.2001 - IX ZR 358/00 = BGH NJW 2001, 3327, 3328; *Fischer*, WM 2001, 1049, 1050.

Aufbewahrung der Bürgschaftsurkunde nimmt der Gläubiger das Angebot des Schuldners (konkludent) an.[963] Es bedarf keiner ausdrücklichen Annahmeerklärung, § 151 S. 1 BGB.[964]

Ein etwaiger Formmangel kann *ex nunc* geheilt werden, wenn der Bürge die Bürgenschuld bewirkt, § 766 S. 3 BGB. Wenn der Bürge in Kenntnis des Formmangels die Bürgenschuld eingeht und unter Berufung auf den Formmangel der Verbindlichkeit nicht nachkommt, verstößt er u.U. gegen die Grundsätze von § 242 BGB in Form der Fallgruppe *venire contra factum proprium* (Zuwiderhandlung gegen das eigene frühere Verhalten).[965] Außerdem liegt ein Verstoß gegen Treu und Glauben vor, wenn der Bürge einwendet, dass die Bürgschaft formnichtig sei, wenn zwischen dem Hauptschuldner und dem Bürgen eine (wirtschaftlich) enge Beziehung besteht und der Hauptschuldner jahrelang den Kredit in Anspruch nimmt und der Bürge daraus Vorteile zieht.[966] Andernfalls ist die Bürgschaft gemäß § 125 S. 1 BGB nichtig. Es handelt sich um eine von Amts wegen zu beachtende Einwendung. Eine salvatorische Klausel kann die Vermutung der gesamten Nichtigkeit des Rechtsgeschäfts (§ 139 BGB) in ihr Gegenteil umkehren.[967]

Des Weiteren wird eine Ausnahme vom Grundsatz der Formbedürftigkeit im Handelsrecht gemacht, §§ 343, 350 HGB. Diese entspricht dem Zweck der Formbedürftigkeit, welcher im Schutz des geschäftsunerfahrenen Bürgen liegt. Kaufmännische Bürgen sind jedoch nicht schutzbedürftig. Die Warn- und Beweisfunktion tritt insoweit zurück.[968] Grund hierfür ist, dass ein Kaufmann[969]

---

963 BGH, Urteil v. 6.5.1997 – IX ZR 136/96 = BGH NJW 1997, 2233, 2233; LG Hamburg, Urteil v. 28.2.2017 – 317 O 194/16 = BeckRS 2017, 117355.

964 LG Hamburg, Urteil v. 28.2.2017 – 317 O 194/16 = BeckRS 2017, 117355.

965 RG, Urteil v. 22.1.1936 – VI 226/37 = RG JW 1938, 1023, 1023 f.; BGH, Urteil v. 28.11.1957 – VII 42/57 = BGHZ 26, 142–152 (151 f.) = BGH NJW 1958, 217, 219; BGH, Urteil v. 28.2.1993 – IX ZR 259/91 = BGHZ 121, 224–236 (Rz. 45) = BGH NJW 1993, 1126, 1128 = BGH WM 1993, 496, 499.

966 MüKo/*Habersack*, § 766 Rn. 31; *Lambsdorff/Skora*, Handbuch des Bürgschaftsrechts, Rn. 167; *Reinicke*, Rechtsfolgen formwidrig abgeschlossener Verträge, S. 33 ff.

967 BGH, Urteil v. 11.10.1995 – VIII ZR 25/94 = BGH WM 1996, 22, 24; *Reinicke/Tiedtke*, Rn. 106.

968 RG, Urteil v. 19.3.1902 – I 397/01 = RGZ 51, 110, 114; RG, Urteil v. 22.10.1934 – VI 250/34 = RGZ 145, 229, 233; BGH, Urteil v. 27.5.1957 – VII ZR 223/56 = BGHZ 24, 297–302 = BGH NJW 1957, 1275, 1276.

969 Besonders achtsam muss jedoch differenziert werden zwischen dem einzelnen Gesellschafter, dem die Kaufmannseigenschaft nicht zugesprochen werden kann, und dem

typischerweise geschäftserfahren ist und der Handelsverkehr die schnelle Abwicklung von Geschäften erfordert. Wird ein Schriftformerfordernis für Kaufleute vereinbart,[970] ist das Schriftformerfordernis jedoch nicht so umfangreich: Auch beweisbare Umstände außerhalb der Urkunde finden Beachtung.[971]

Die Verpflichtung zur Stellung eines Bürgen beispielsweise in AGB ist in Deutschland nicht möglich. Vielmehr bedarf es eines individuellen Vertrages.

Ein Problem stellt sich bei der Erteilung der Bürgschaft in Form einer Blankobürgschaft. Die Zulässigkeit der Blankobürgschaft stellt eine Ausnahme vom Grundsatz dar, dass die *essentialia negotii* bei Erteilung der Bürgschaftserklärung vorhanden sein müssen. Der Wirksamkeit der Blankobürgschaft steht es somit zunächst nicht entgegen, dass der Bürge seine Unterschrift auf einer sonst leeren Urkunde hinterlässt und sie dem Hauptschuldner zur Ausfüllung überlässt.[972]

Um dem Zweck des Formerfordernisses gerecht zu werden, muss die Vollmacht zur Ausfüllung der Bürgschaftsurkunde schriftlich erteilt werden.[973] Daneben müssen die *essentialia negotii* in der Ermächtigung enthalten sein. Das Erfordernis der Schriftlichkeit ergibt sich aus einer teleologischen Reduktion des § 167 Abs. 2 BGB.[974] Sie ist auf den Schutzzweck des § 766 S. 1 BGB

Rechtssubjekt, in dessen Namen die Gesellschaft betrieben wird, BGH, Urteil v. 28.2.1993 - IX ZR 259/91 = BGHZ 121, 224–236 = BGH NJW 1993, 1126, 1126 = BGH WM 1993, 496, 497. *Stöber* in Handelsrecht auf S. 108 in der Rn. 281 spricht sich gegen die Einbeziehung von persönlich haftenden Gesellschaftern aus.

970 Dies ist gemäß §§ 126, 127 BGB möglich, OLG Hamburg, Urteil v. 31.5.1995 - 4 U 26/95 = OLG Hamburg WM 1996, 523, 524.

971 BGH, Urteil v. 3.12.1992 - IX ZR 29/92 = BGH NJW 1993, 724, 725 = BGH WM 1993, 239, 240; *Reinicke/Tiedtke*, Rn. 108.

972 RG, Urteil v. 18.2.1904 - VI 172/03 = RGZ 57, 66, 69; RG, Urteil v. 7.12.1926 - IV 167/26 = RG JW 1927, 38, 39.

973 BGH, Urteil v. 29.2.1996 - IX ZR 153/95 = BGHZ 132, 119–132 (Rz. 11) = BGH NJW 1996, 1467, 1469 = BGH WM 1996, 762, 764 (als Urteil, welches die frühere Rechtsprechung änderte); BGH, Urteil v. 20.3.1997 - IX ZR 83/96 = BGH NJW 1997, 1779, 1780; BGH, Urteil v. 9.12.1998 - IV ZR 306/97 = BGHZ 140, 167–174 (Rz. 13, 20) = BGH NJW 1999, 950, 952; BGH, Urteil v. 16.12.1999 - IX ZR 36/98 = BGH NJW 2000, 1179, 1180; BGH, Urteil v. 27.5.2003 - IX ZR 283/99 = BGH NJW-RR 2004, 337, 337; *Bülow*, ZIP 1996, 1694, 1694.

974 Erman/*Zetzsche*, § 766 Rn. 2; MüKo/*Habersack*, § 766 Rn. 21 f.; Palandt/*Sprau*, § 766 Rn. 2; Staudinger/*Stürner*, § 766 Rn. 38.

zurückzuführen.[975] Ist der Hauptgläubiger gutgläubig hinsichtlich der ausgefüllten Bürgschaftserklärung und hat der Bürge den Rechtsschein zurechenbar veranlasst, ist die Bürgschaftsverpflichtung auch bei abredewidriger Ausfüllung analog § 172 Abs. 2 BGB wirksam.[976]

Formlos gültig sind gemäß Art. 11 Abs. 2, 3 EGBGB grenzübergreifende Bürgschaftsverträge, wenn sie in einem der Staaten die Formerfordernisse erfüllen.

bb) In Kolumbien

Das kolumbianische Recht sieht drei verschiedene Vertragsformen vor: den konsensuellen (*consensual*) Vertrag, den Realvertrag (*real*) [977] und den formbedürftigen (*solemne*) Vertrag.

Der Bürgschaftsvertrag wird zwischen dem Bürgen und dem Gläubiger (*acreedor*) als natürlicher oder juristischer Person oder einer Erbmasse (*herencia yacente*)[978] (Art. 2372 CC) geschlossen. Die Bürgschaft stellt einen schlicht konsensuellen Vertrag dar. Mithin bedarf er keiner Schriftform.[979]

---

975 Erman/*Zetzsche*, § 766 Rn. 2 (zur Vermeidung von Umgehungsgeschäften); MüKo/*Habersack*, § 766 Rn. 21 f.; Palandt/*Sprau*, § 766 Rn. 2; Staudinger/*Stürner*, § 766 Rn. 38.

976 BGH, Urteil v. 11.7.1963 - VII ZR 120/62 = BGHZ 40, 65–71 (Rz. 15, 17) = BGH NJW 1963, 1971, 1971; BGH, Urteil v. 25.11.1963 - II ZR 54/61 = BGHZ 40, 297–305 (Rz. 24) = BGH NJW 1964, 654, 656; BGH, Urteil v. 29.2.1996 - IX ZR 153/95 = BGHZ 132, 119–132 (Rz. 17) = BGH NJW 1996, 1467, 1469 = BGH WM 1996, 762, 764; *Canaris*, Die Vertrauenshaftung im deutschen Privatrecht, S. 60 ff.; *Reinicke/Tiedtke*, Rn. 86; a.A. *Reinicke/Tiedtke*, JZ 1984, 550, 552, die dem Blankettgeber die Anfechtungsmöglichkeit zusprechen.

977 Dieser ist im Rahmen dieser Abhandlung nicht von Bedeutung. Kurz anzumerken ist, dass es sich um einen Realvertrag handelt, wenn der Vertrag, um wirksam zu sein, der Übergabe bzw. Ablieferung der Sache bedarf, auf die er sich bezieht. Zum Realvertrag: *Escobar Sanín*, Negocios civiles y comerciales, II, pág. 66; *Polanco Moreno*, Contratos, pág. 19.

978 Dies ist insoweit ungewöhnlich, als dass die *herencia yacente* keine juristische Person darstellt und ihr daher eigentlich keine Rechtspersönlichkeit zukommt, *Gómez Estrada*, Civil Contratos, pág. 486.

979 *Arteaga/Arteaga*, Curso de Derecho Civil – Contratos, pág. 134; *Barros Errazuriz*, Curso de Derecho Civil, pág. 433; *Bonivento Fernández*, Los principales contratos civiles y comerciales, Tomo II, pág. 6; *Gaitán Martínez*, Fianza y obligación solidaria, en: Estudios sobre Garantías Reales y Personales, En homenaje a Manuel Somarriva Undurraga, pág. 102, 106; *Galindo Cubides*, El seguro de Fianza, pág. 48; *Gómez Estrada*, Civil Contratos, pág. 464; *Ochoa González*, Contratos nominados civiles, pág. 250; *Ortega Torres*, Código Civil, pág. 1057; *Pérez Vives*, Garantías civiles

Dies entspricht der generellen Formfreiheit in Kolumbien: Grds. sind Verträge ohne Einhaltung einer bestimmten Form gültig, Art. 1502 CC, 16 CC, es sei denn, das Gesetz bestimmt etwas Anderes.[980] Ein formloser Vertrag kommt allein durch die Willensübereinkunft der Parteien zustande, Art. 89 de la ley 153 de 1887, Art. 824 S. 2 C. de C. Dies liegt daran, dass es vorrangig um die Abbildung eines Willens geht.[981] Das geschriebene Gesetz soll lediglich zusätzlich zum Willensakt herangezogen werden, es sei denn, ihm kommt imperative Wirkung zu.[982]

Der Bürge muss sich ausdrücklich mit der Stellung der Bürgschaft einverstanden erklären (Art. 2373 CC), wohingegen die Erklärung des Gläubigers auch stillschweigend erfolgen kann.[983] Der Bürgschaftsvertrag kommt zwischen Gläubiger und Bürge zustande. Der Hauptschuldner muss nicht partizipieren, was sich bereits aus dem Wortlaut „*comprometiéndose para con el acreedor*“ (sich gegenüber dem Gläubiger verpflichten) (Art. 2361 Abs. 1 CC) ergibt.[984] Bürge und Gläubiger müssen jedoch nicht die Worte „*fianza*“ oder „*fianzar*“ verwenden, solange unmissverständlich klar wird, dass der Bürge subsidiär haften will.[985] Dieser Wille muss entweder in der schriftlichen Bürgschaftserklärung

---

(Hipoteca, prenda y fianza), pág. 364; *Salamanca*, Derecho civil: curso IV: contratos, pág. 286; *Tarazona Caceres*, La fianza civil, pág. 10; *Andrade*, La fianza solidaria y el beneficio de excusión, en: Revista Jurídica No. 25, Mayo 1911, pág. 2, 7. Dies gilt vorbehaltlich spezieller Sonderregeln, die für Bürgschaften ab einer bestimmten Höhe, die zugunsten des Staates vergeben werden, gelten, *Ortega Torres*, Código Civil, pág. 1059.

980 *Alessandri Rodríguez*, De los contratos, pág. 31; *Emiliani Román*, Curso Razonado de las Obligaciones, Tomo I, Primera Parte, pág. 61; *Polanco Moreno*, Contratos, pág. 19, 22, *Valencia Zea/Ortiz Monsalve*, Derecho Civil, Tomo I: parte general y personas, pág. 552.

981 *Emiliani Román*, Curso Razonado de las Obligaciones, Tomo I, Primera Parte, pág. 61.

982 *Emiliani Román*, Curso Razonado de las Obligaciones, Tomo I, Primera Parte, pág. 62.

983 *Arteaga/Arteaga*, Curso de Derecho Civil – Contratos, pág. 134; *Bonivento Fernández*, Los principales contratos civiles y comerciales, Tomo II, pág. 8; *García Cuéllar*, De la fianza civil, pág. 15; *Gómez Estrada*, Civil Contratos, pág. 467; *Pérez Vives*, Garantías civiles (Hipoteca, prenda y fianza), pág. 389; *Gómez-Blanes*, La Accesoriedad de la Fianza, en: Universitas, Revista de Derecho, pág. 15, 33.

984 Sentencia – S. de N. G. – 19 de Septiembre 1932 – „G. J.“, nº 1.892, pág. 116.

985 *Barros Errazuriz*, Curso de Derecho Civil, pág. 434; *Bonivento Fernández*, Los principales contratos civiles y comerciales, Tomo II, pág. 8; *Pérez Vives*, Garantías civiles (Hipoteca, prenda y fianza), pág. 389; *Tarazona Caceres*, La fianza civil, pág. 14; *Gómez-Blanes*, La Accesoriedad de la Fianza, en: Universitas, Revista de Derecho, pág. 15, 33.

zum Ausdruck kommen oder sich aus der Willenserklärung ergeben.[986] Er ist restriktiv auszulegen.[987]

Allerdings stellt sich auch in Kolumbien aus Beweisbedürfnissen das praktische Erfordernis der Schriftlichkeit.[988] So ist bei einer Bürgschaft für mehr als 500 COP der bloße Zeugenbeweis nicht zulässig.[989] Dies erscheint vor dem Hintergrund, dass 500 COP momentan 0,12 EUR entsprechen, sehr wenig.[990] Daraus folgt ferner, dass das Schriftformerfordernis praktisch immer gegeben ist. Das fehlende Schriftformerfordernis des CC ist bereits Anfang des vorigen Jahrhunderts negativ in Kolumbien angemerkt und die Regelung des deutschen BGB positiv hervorgehoben worden.[991] Um einen formbedürftigen Vertrag handelt es sich, wenn der Vertrag der Einhaltung bestimmter besonderer Formalitäten unterliegt (*contrato solemne*), sodass er ohne sie keine zivilrechtliche Wirkung entfaltet, Art. 1500 CC. Das Gesetz stellt insbesondere Formvorschriften auf, wenn die Natur des Vertrages oder der Status der kontrahierenden Parteien es erfordern, Art. 1740 Abs. 1, 1741 CC.

Die Formvorschriften dienen der Beweiserleichterung, sollen die Aussteller vor unüberlegten Handlungen schützen, dadurch ihrer Freiheit und Sicherheit nützen und es Dritten ermöglichen, Kenntnis von den sie betreffenden Rechtsakten zu erlangen.[992] Diese Zwecke gelten gleichermaßen für die Bürgschaft.

Varianten des Schriftformerfordernisses sind die öffentliche Beurkundung (*escritura pública*) und die einfache Schriftlichkeit (*escritura privado*).[993] Gesetzlich können allerdings auch weitere formelle Voraussetzungen vorgeschrieben

---

986 Sentencia de Corte Suprema de Justicia – Sala de Casación Civil – 6 de Febrero de 1942.

987 Sentencia de Corte Suprema de Justicia – Sala de Casación Civil – 6 de Febrero de 1942.

988 *Barrera Tapias/Hernández de León*, El Derecho de las Obligaciones, pág. 131.

989 Art. 92 siguientes de la ley 153 de 1887; *Céspedes Solano*, Manual de Contratos Civiles; pág. 142; *García Cuéllar,* De la fianza civil, pág. 18; *Gómez Estrada*, Civil Contratos, pág. 466; *Muñoz Obando,* „La fianza", pág. 22; *Salamanca*, Derecho civil: curso IV: contratos, pág. 286, 7; *Tarazona Cacéres,* La fianza civil, pág. 10; *Andrade*, La fianza solidaria y el beneficio de excusión, en: Revista Jurídica No. 25, Mayo 1911, pág. 2.

990 Umrechnungskurs vom 23.01.2021. 1,00 COP entspricht hiernach 0,00023 EUR.

991 *García Cuéllar,* De la fianza civil, pág. 19.

992 *Escobar Sanín,* Negocios civiles y comerciales, II, pág. 67; *Polanco Moreno*, Contratos, pág. 44, inciso 87.

993 *Escobar Sanín,* Negocios civiles y comerciales, II, pág. 67 ff.; *Valencia Zea/Ortiz Monsalve*, Derecho Civil, Tomo I: parte general y personas, pág. 553.

sein. Dazu zählen die Bewilligung, die Hinzuziehung von Zeugen oder die Eintragung/Registrierung des Rechtsaktes. Art. 826 C. de C. statuiert, dass, wenn nach dem Gesetz eine Handlung oder ein Vertrag schriftlich zu schließen ist, die private Urkunde mit der eigenhändigen Unterschrift der Unterzeichner genügt.

Fraglich ist überdies, wie die Nichteinhaltung der Formvorschriften rechtlich zu bewerten ist. Nach einer Ansicht könnte aus dem Zusammenspiel zwischen Art. 1500 und Art. 1760 Abs. 1 CC geschlossen werden, dass ein Vertrag, der die gesetzlich vorgeschriebenen Formalitäten nicht erfüllt, inexistent ist.[994] In diesem Fall beträfen die Formvorschriften die Substanz (*ad substantiam actus*).[995] Formvorschriften, die lediglich *ad probationem* vorgeschrieben sind, dienen lediglich der einfacheren Beweisbarkeit im Prozess.[996] Die Nichtexistenz eines Rechtsaktes ist gegeben, wenn ein essenzieller Vertragsbestandteil nicht vorliegt.[997] Ein nicht existenter Rechtsakt kann – im Gegensatz zu nichtigen oder unwirksamen Rechtsakten – nicht bestätigt werden oder sich in einen anderen Rechtsakt wandeln oder verjähren.[998] Eine andere Ansicht stellt gemäß Art. 1741 CC und Art. 899 Nr. 1 C. de C. darauf ab, dass die Rechtsfolge der fehlenden Formalität, die sich auf den Wert bestimmter Verträge bezieht oder auf deren Natur, die absolute Nichtigkeit des Vertrages ist.[999] Dies liegt auch daran, dass die Nichteinhaltung der Formvorschriften einen Gesetzesverstoß darstellt und dieser gemäß Art. 6 CC dazu führt, dass das Rechtsgeschäft nichtig ist.[1000] Gegen die Ansicht, dass die Nichteinhaltung der Formvorschriften die Nichtexistenz des Rechtsaktes zur Folge hat, spricht, dass Art. 1760 CC lediglich die Folge der Missachtung der öffentlichen Form beschreibt. Zudem normiert Art. 1500 CC nur, dass der Vertrag keine zivilrechtlichen Wirkungen entfaltet. Auch ein nichtiger Vertrag

---

994 *Céspedes Solano*, Manual de Contratos Civiles; pág. 27; *Emiliani Román*, Curso Razonado de las Obligaciones, Tomo I, Primera Parte, pág. 117.

995 *Castro Ayala/Calonje Londoño*, Derecho de obligaciones, pág. 115; *Emiliani Román*, Curso Razonado de las Obligaciones, Tomo I, Primera Parte, pág. 121; *Escobar Sanín*, Negocios civiles y comerciales, II, pág. 67 ff.

996 *Castro Ayala/Calonje Londoño*, Derecho de obligaciones, pág. 115; *Emiliani Román*, Curso Razonado de las Obligaciones, Tomo I, Primera Parte, pág. 120, 121.

997 *Polanco Moreno*, Contratos, pág. 46, inciso 93; *Uribe-Holguín*, De las obligaciones y del contrato en general, pág. 328.

998 *Polanco Moreno*, Contratos, pág. 46, inciso 95.

999 *Galindo Cubides*, El seguro de Fianza, pág. 53; *Uribe-Holguín*, De las obligaciones y del contrato en general, pág. 254.

1000 *Galindo Cubides*, El seguro de Fianza, pág. 53; *Uribe-Holguín*, De las obligaciones y del contrato en general, pág. 254.

hat keine Folgen. Des Weiteren ist die Nichtigkeit ausdrücklich in Art. 1741 CC und Art. 899 Nr. 1 C. de C. normiert.

Die Blankobürgschaft, sog. *título valor en blanco*,[1001] wird in Kolumbien nicht kontrovers diskutiert.

cc) Vergleich

Grundsätzlich gilt in beiden Rechtsordnungen die Formfreiheit als Ausprägung der Privatautonomie. In Deutschland wird lediglich zwischen formbedürftigen und formlosen Verträgen unterschieden, wohingegen in Kolumbien noch die Realverträge hinzukommen. Diese ähneln den dinglichen Verträgen in Deutschland.

Die Gründe für die Formbedürftigkeit sind in beiden Rechtsordnungen identisch. Die Rechtsfolge, die aus der Nichteinhaltung der Formbedürftigkeit folgt, ist in Deutschland gemäß § 125 BGB die Nichtigkeit des Rechtsgeschäfts. In Kolumbien ist die Rechtsfolge zwar nicht klar geregelt und in der Literatur werden verschiedene Ansichten vertreten, aber nach hier vertretener Meinung erscheint die Nichtigkeit plausibel.

Die Bürgschaftserklärung bedarf in Deutschland der Schriftform. Diese verfolgt vor allem eine Beweis- und Warnfunktion. In Kolumbien ist die Bürgschaft hingegen regelmäßig formlos gültig. Dies führt zu einer praktisch einfacheren Bürgschaftserteilung, da Formalitäten nicht eingehalten werden müssen. Allerdings wird dem Bürgenschutz dadurch nicht ausreichend Rechnung getragen. Eine praktische Beweisbedürftigkeit erfordert, dass in den meisten Fällen auch in Kolumbien der Bürgschaftsvertrag schriftlich geschlossen wird. Ein generelles Erfordernis der Formbedürftigkeit würde in Kolumbien dem Bürgenschutz dienen.

d) Einreden als möglicher Grund des Untergangs des Anspruchs

aa) In Deutschland

(1) Aus dem Verhältnis Bürge – Gläubiger

(a) Generelle Einredemöglichkeiten

Zunächst kann der Bürge nach allgemeinen Grundsätzen eigene Einwendungen und Einreden aus dem Verhältnis zwischen ihm und dem Gläubiger geltend

1001 Sentencia del Tribunal Superior del Distrito Judicial de Bogotá – Sala Civil – 3 de Septiembre de 2013, nº 110013103-021-2010-00773-01 = http://vlex.com/vid/-493858635.

machen. Diese betreffen die bereits dargestellten Mängel, an denen ein Vertrag leiden kann. Zudem kann der Bürge die Einrede der Vorausklage erheben. Wie oben bereits gezeigt[1002], kann er auf die Geltendmachung dieser Einrede jedoch auch verzichten.

(b) Sittenwidrigkeit

(aa) Grund der Schutzbedürftigkeit

Die relevanten Normen des BGB stehen im Spannungsfeld zwischen dem Schutzinteresse des Bürgen und dem Sicherungsinteresse des Gläubigers. Im Folgenden wird aufgezeigt, inwieweit die Rechtsprechung punktuell in dieses Spannungsfeld eingegriffen sowie weitere Voraussetzungen zum Schutz des Bürgen aufgestellt hat.

Die Stellung einer Bürgschaft ist meist altruistisch motiviert, da dem erheblichen finanziellen Risiko keine Chance auf wirtschaftliche Verbesserung gegenübersteht. Verbunden mit der Hoffnung, dass der Hauptschuldner selbst für seine Verbindlichkeiten aufkommt,[1003] wird der Bürge eher dazu geneigt sein, sich zu verbürgen, als die Summe direkt auszuzahlen.[1004] Weil Kreditinstitute ohne eine Sicherheit keinen Kredit vergeben und der Hauptschuldner i.d.R. stark auf die Vergabe angewiesen ist, sind die Machtverhältnisse innerhalb des Vertrags zwischen Bürge und Bank so unausgeglichen, dass der Bürge, der häufig als Familienangehöriger zur Verhinderung von Vermögensverschiebungen[1005] obligatorisch als Bürge haftbar gemacht wird, keinerlei Einfluss auf die Vertragsausgestaltung hat.[1006] Zudem hat das familiäre Umfeld oftmals keine Kenntnis von der wahren Kreditwürdigkeit des Hauptschuldners. Anders als im geschäftlichen Bereich wird der Bürge grds. auch emotional weniger bereit sein, sich

---

1002 Siehe Abschnitt C. V. 2. b).

1003 *Ernst*, Interzession, in: FS Seiler, 395, 405; *Medicus*, ZIP 1989, 817, 818; *Zöllner* in WM 2000, 1, 3 spricht davon, dass die Hoffnung bestünde, dass das Familienmitglied keine letztliche Zahlungspflicht träfe.

1004 *Ernst*, Interzession, in: FS Seiler, 395, 405.

1005 BVerfG Beschluss v. 19.10.1993 = BVerfGE 89, 214, 214 ff. = BVerfG NJW, 1994, 36, 36 ff.; zitiert aus der Stellungnahme des Bundesverbandes deutscher Banken, in dem es heißt, dass bei Angehörigenbürgschaften nicht die Vergrößerung der Haftungsmasse im Fokus stehe, sondern der Möglichkeit begegnet werden solle, dass der Hauptschuldner sein Vermögen auf Angehörige „*verschiebt*“. Durch die Bürgschaft wird der Hauptschuldner somit zu „*sorgfältigem Wirtschaften*“ veranlasst, *Herrmann*, DStR 1997, 1691, 1691 Anm. in Fn. 3.

1006 *Paek*, Der Bürgenschutz im Spannungsfeld zur Privatautonomie, S. 24.

diese Kenntnis zu verschaffen.[1007] Vielmehr befindet er sich in einer emotionalen Zwangslage, die ihn zur Abgabe der Bürgschaftserklärung verleitet. Dadurch gerät er in einen „*modernen Schuldturm*".[1008] Im Gegensatz zu Realsicherheiten haftet der Bürge mit seinem gesamten Vermögen. Dies lässt ihn einerseits im Verhältnis zu dinglichen Sicherungsgebern besonders schutzwürdig und andererseits die Personalsicherheit wirtschaftlich sehr interessant erscheinen.

(bb) Gesetzliche Schutzinstrumente

Die deutsche Legislative sah – anders als andere europäische Rechtsordnungen[1009] – keinen Grund, spezielle Bestimmungen zum Schutz des finanziell überforderten Bürgen in das BGB einzuführen.

Zwar greifen die allgemeinen gesetzlichen Regeln, wie etwa die Vorschriften über den Irrtum (§§ 119 ff. BGB), auch zugunsten des Bürgen. Allerdings kommt eine Anfechtung aufgrund von Täuschung oder Drohung (§ 123 BGB) ohne das Hinzutreten weiterer Umstände nicht in Betracht, da es i.d.R. an einer „*konkreten*" Willensbeeinträchtigung fehlt.[1010] Vielmehr liegt eine „*unterschwellige*" Beeinflussung bzw. eine „*emotionale Drucksituation*" vor.[1011] Der Bürge kann sich nicht in Form eines Eigenschaftsirrtums i.S.v. § 119 Abs. 2 BGB darauf berufen, er habe sich über die Kreditwürdigkeit des Hauptschuldners geirrt.[1012] Dieses Risiko ist dem Bürgschaftsvertrag immanent. Der Bürge kann

---

1007 *Ernst*, Interzession, in: FS Seiler, 395, 405.; *Paek*, Der Bürgenschutz im Spannungsfeld zur Privatautonomie, S. 46.

1008 *Krüger*, NJW 2009, 3408, 3409 in Fußnote 8 mit Bezug zu BGH, Urteil v. 14.11.2000 – XI ZR 248/99 = BGHZ 146, 37–49 = NJW 2001, 815 und *Bülow*, Recht der Kreditsicherheiten, Rn. 868.

1009 Hierzu: *Ernst*, Interzession, in: FS Seiler, 395, 398 ff.; *Habersack/Giglio*, WM 2001, 1100; *Tereszkiewicz*, ZEuP 2011, 851.

1010 *Beck*, Jura 2019, 244, 252.

1011 *Beck*, Jura 2019, 244, 252.

1012 Diese Kenntnis gehört in den Risikobereich des Bürgschaftsvertrags und ist deshalb nicht anfechtbar, RG, Urteil v. 03.8.1938 – VI 247/37 = RGZ, 158, 166, 170; BGH, Urteil v. 7.3.1956 – IV ZR 271/55 = BGH WM 1956, 885, 888; MüKo/*Habersack*, § 765 Rn. 39; *Musielak*, JA 2015, 161, 164. Sie lässt auch nicht die Geschäftsgrundlage entfallen, wenn der Hauptschuldner unerwartet leistungsunfähig wird, BGH, Urteil v. 2.12.1964 – VIII ZR 305/63 = BGH NJW 1965, 438, 438 = BGH WM 1965, 80; BGH, Urteil v. 22.10.1987 – IX ZR 267/86 = BGH NJW 1988, 3205, 3206. Eine Irrtumsanfechtung wegen einer Verwechslung des Rechtsvorgangs aufgrund fehlender Sprachkenntnisse ist hingegen möglich, BGH, Urteil v. 27.10.1994 – IX ZR 168/93 = BGH WM 1994, 2274, 2276.

den Bürgschaftsvertrag jedoch wegen arglistiger Täuschung (§ 123 Abs. 1 BGB) anfechten, wenn ihn der Hauptschuldner über seine Vermögensverhältnisse getäuscht hat. Dies ist allerdings lediglich erfolgreich, wenn der Gläubiger die Täuschung kannte oder kennen musste, § 123 Abs. 2 S. 1 BGB. Der Hauptschuldner ist nur dann nicht Dritter und die Täuschung dem Gläubiger daher zurechenbar, wenn er den Gläubiger in den Verhandlungen vertritt oder er dessen Sphäre angehörig ist (Lagertheorie).[1013]

Ferner ist die Geschäftsgrundlage gemäß § 313 BGB bei Veränderung der wirtschaftlichen Verhältnisse des Hauptschuldners nicht gestört.[1014] Der Bürge kann jedoch Befreiung von der Bürgschaft nach § 775 Abs. 1 BGB verlangen.

Speziell dem Bürgenschutz dienen *de lege lata* lediglich das Formerfordernis[1015] (§ 766 BGB) und das Einredesystem der §§ 768, 770, 771 BGB.[1016] Ob das für Privatbürgen zwingende Formerfordernis mit seiner bezweckten Warnfunktion dem Schutzbedürfnis des Bürgen in der heutigen Zeit, in der viele Menschen mehrseitige Verträge unterschreiben, ohne sie gelesen zu haben, noch genügt, kann bezweifelt werden.[1017] Das Einredesystem verhindert zwar die Durchsetzbarkeit des Bürgschaftsanspruchs, die Vorschriften sind jedoch vielfach dispositiv und werden in der Praxis häufig abbedungen.[1018] Die Subsidiarität der Bürgschaft[1019], welche ebenfalls dem Schutz des Bürgen dient, tritt zurück. Stattdessen tritt eine primäre Haftung des Bürgen in den Vordergrund.

Weiterhin kann sich der Bürge auf § 242 BGB stützen. Danach ist der Schuldner verpflichtet, die Leistung so zu erbringen, wie Treu und Glauben mit Rücksicht auf die Verkehrssitte es erfordern. Dies stellt ein allgemeines Rechtsprinzip dar, welches besagt, dass jeder bei der Ausübung seiner Rechte und der Erfüllung seiner Verbindlichkeiten auf die berechtigten Interessen des anderen Teils Rücksicht zu nehmen hat.[1020] Es gilt, wenn zwischen den Beteiligten eine rechtliche

---

1013 BGH, Urteil v. 8.2.1956 – IV ZR 282/55 = BGH NJW 1956, 705, 705 ff.

1014 BGH, Urteil v. 16.3.1983 – VIII ZR 347/81 = BGH NJW 1983, 1850; Staudinger/*Stürner*, § 765 Rn. 227. Voraussetzungen für die Störung der Geschäftsgrundlage sind: das Vorhandensein einer Geschäftsgrundlage, die nachträgliche Änderung von Umständen, die zur Geschäftsgrundlage des Vertrages geworden sind, die Gewichtigkeit dieser Änderungen und die Risikoverteilung zulasten des Vertragspartners.

1015 Siehe Abschnitt C. VI. 2. c) aa).

1016 Siehe Abschnitt C. VI. 2. d) aa).

1017 So auch: *Paek*, Der Bürgenschutz im Spannungsfeld zur Privatautonomie, S. 22, 45; *Zöllner*, WM 2000, 1, 3.

1018 *Zöllner*, WM 2000, 1, 2.

1019 Siehe Abschnitt C. III. 4.

1020 HK-BGB/*Schulze* § 242 Rn. 1, 12.

Sonderverbindung besteht.[1021] Vorrangig vor der richterlichen Beurteilung nach § 242 BGB ist indes die Auslegung nach §§ 133, 157 BGB.

(cc) Durch die Rechtsprechung etablierte Schutzinstrumente

Wie oben bereits beschrieben, dient es dem Schutz des Bürgen, die Bürgschaft von anderen Personalsicherheiten abzugrenzen.[1022]

Schon die Rechtsprechung des Reichsgerichts war bemüht, den Schutz des stark finanziell überforderten Bürgen zu verwirklichen. Jedoch bezog es hinsichtlich der finanziellen Überforderung bei Angehörigenbürgschaften zunächst keine klare Stellung.[1023] Der BGH hat erstmals im Jahre 1991 weitestgehend nach den heute geltenden Voraussetzungen eine Angehörigenbürgschaft für sittenwidrig erklärt.[1024] Auch einige Stimmen in der Literatur vertraten damals bereits die Auffassung, dass in ein stark unausgeglichenes Vertragsverhältnis zum Schutz des unterlegenen Teils und zur Aufrechterhaltung der Vertragsfreiheit nachträglich eingegriffen werden müsse.[1025]

Der IX. Senat ging hingegen ursprünglich davon aus, dass die Privatautonomie keinerlei richterliche Kontrolle der Angehörigenbürgschaften zulasse, und lehnte deshalb mehrere Klagen, die auf Anerkennung der Sittenwidrigkeit der

---

1021 *Larenz* SchuldR I § 10 II vor a); MüKoBGB/*Schubert*, § 242 Rn. 88 ff.; Palandt/*Grüneberg*, § 242 Rn. 5.

1022 So auch: *Jansen*, Die Bürgschaft in der europäischen Rechtstradition, S. 19. Zu den Kriterien, nach denen die Abgrenzung erfolgt, siehe Abschnitt C. IV. 3.

1023 HKK/*Haferkamp*, §§ 765–778 Rn. 111/§ 138 Rn. 6. Bemerkenswert ist jedoch das Urteil des OLG Dresden (OLG Dresden, Urteil v. 10.10.1910 - 4 O 30/10 = SeuffA 67 (1912) Nr. 1, S. 1), das dem Urteil des BVerfG aus dem Jahr 1993 sehr ähnlich ist, jedoch in der Rechtsprechung keine Beachtung gefunden hat. Zur Ausweitung des Schriftformerfordernisses: RG, Urteil v. 9.11.1911 – VI 602/10 = RGZ 77, 378, 379. Schon im Römischen Recht sollten Angehörige vor Interzessionen geschützt werden, *Ernst*, Interzession, in: FS Seiler, 395, 399.

1024 BGH, Urteil v. 22.1.1991 - XI ZR 111/90 = BGH NJW 1991, 923 = BGH NJW 1991, 923, 925 = BGH WM 1991, 313, 315; und später BGH, Urteil v. 24.11.1992 - XI ZR 98/92 = BGHZ 120, 272–280.

1025 *Großfeld/Lühn*, WM 1991, 2013, 2015 ff.; *Honsell*, JZ 1989, 495, 495 f.; *Köndgen*, NJW 1991, 2018, 2018 f.; *Reifner*, ZIP 1990, 427, 430 ff.; *Reinicke/Tiedtke*, ZIP 1989, 613, 615; *Wochner*, BB 1989, 1354, 1356 ff.; gegen den Eingriff: *Knütel*, ZIP 1991, 493, 497; *Mayer-Maly*, AcP 194 (1994), 105, 153; *Medicus*, ZIP 1989, 817, 819 ff.; *Westermann*, JZ 1989, 746, 747.

Bürgschaften gerichtet waren, ab.[1026] Vom Grundsatz *pacta sunt servanda* wurde indes nicht abgewichen. Die Vertragsfreiheit als Teil der verfassungsmäßig gesicherten Privatautonomie (Art. 2 Abs. 1 GG) gebiete, dass die sozialen Umstände, die zu einem Vertragsschluss geführt haben, die Wirksamkeit desselbigen nicht beeinträchtigten.[1027] Vielmehr könne mit der Annahme des mündigen Bürgers keine die Privatautonomie einschränkende Rechtsprechung einhergehen.[1028] Auch innerhalb der Literatur wurde diese Ansicht teilweise vertreten. Einer Person, die über wenig bis kein Vermögen verfüge oder wenig Bildung erhalten habe, könne die Mündigkeit nicht in der Art abgesprochen werden, dass die von ihr geschlossenen Verträge im Nachhinein durch Urteil für unwirksam erklärt würden.[1029] Bei Sicherheitengebern handele es sich zudem generell häufig um Familienangehörige, da von einer anderen Seite keine unentgeltliche Hilfe zu erwarten sei.

Zu einer einheitlichen Rechtsprechung führte der Beschluss des BVerfG[1030] aus dem Jahr 1993. Das Urteil des IX.

1026 BGH, Urteil v. 7.6.1988 – IX ZR 245/86 = BGH NJW 1988, 2599 (1. Entscheidung zur Angehörigenbürgschaft mit finanzieller Überforderung); BGH, Urteil v. 19.1.1989 – IX ZR 124/88 = BGHZ 106, 269–273 = BGH NJW 1989, 232–234; BGH, Urteil v. 28.2.1989 – IX ZR 130/88 = BGHZ 107, 92–104 (Rz. 19); BGH, Urteil v. 16.3.1989 – IX ZR 171/88 = BGH NJW 1989, 1605; BGH, Urteil v. 16.5.1991 – IX ZR 245/90 = BGH NJW 1991, 2015; BGH, Versäumnisurteil v. 16.1.1992 – IX ZR 113/91 = BGH NJW 1992, 896.

1027 BGH, Urteil v. 19.1.1989 – IX ZR 124/88 = BGHZ 106, 269–273 (Rz. 10); BGH, Urteil v. 28.2.1989 – IX ZR 130/88 = BGHZ 107, 92–104 (Rz. 19); BGH, Urteil v. 16.3.1989 – IX ZR 171/88 = BGH NJW 1989, 1605, 1606; BGH, Urteil v. 16.5.1991 – IX ZR 245/90 = BGH NJW 1991, 2015, 2016; BGH, Versäumnisurteil v. 16.1.1992 – IX ZR 113/91 = BGH NJW 1992, 896, 899.

1028 BGH, Urteil v. 16.5.1991 – IX ZR 245/90 = BGH NJW 1991, 2015, 2017; *Medicus*, ZIP 1989, 817, 819 ff.; *Westermann*, JZ 1989, 746, 747.

1029 *Schweitzer*, KTS 1991, 541; *Medicus*, Die Bedeutung von Erwartungen des Gläubigers beim Abschluß der Bürgschaft, in: FS Fikentscher, S. 265, 282.

1030 Der damals zu entscheidende Fall war wie folgt gelagert: Eine zum Vertragsschluss 21-jährige, einkommens- und vermögenslose Tochter verpflichtete sich als Bürgin für den Geschäftskredit ihres Vaters. Bei der Unterzeichnung des Bürgschaftsvordrucks bagatellisierte der Bankangestellte das eingegangene Risiko und meinte, er brauche die Unterschrift lediglich für die Akten. Zudem ging es um die Mutter zweier kleiner Kinder, die sich für den Kredit ihres Ehemannes verbürgt hat. BVerfG, Beschluss v. 19.10.1993 – 1 BvR 567/89 = BVerfGE 89, 214 = BVerfG NJW 1994, 36; bestätigt und fortgeführt in BVerfG, Beschluss v. 5.8.1994 – 1 BvR 1402/89 = BVerfG NJW 1994, 2749.

Senates[1031] wurde aufgehoben und zur erneuten Entscheidung zurückverwiesen. Das BVerG sah die Grundrechte der Klägerin aus dem in Artt. 1 Abs. 1, 2 Abs. 1 GG i.V.m. Art. 28 Abs. 1 GG verankerten Sozialstaatsprinzip durch das die Sittenwidrigkeit ablehnende Urteil des BGH verletzt. Die Privatautonomie könne als Teil von Art. 2 Abs. 1 GG nur dort uneingeschränkt gelten, wo die Vertragsparteien sich gleichwertig gegenüberstünden.[1032] Sei dies nicht der Fall, könne der überlegene Part seinem Gegenüber den Vertragsinhalt aufdiktieren.[1033] Der Gedanke des mündigen Bürgers bestünde in dieser Situation nicht mehr.[1034] Der Grundsatz *volonti non fit iniuria* (dem Einwilligenden geschieht kein Unrecht)[1035] gelte daher nur eingeschränkt, die Freiwilligkeit der Einwilligung bestehe nicht mehr.[1036] In einer solchen Situation sei eine nachträgliche Korrektur nicht nur möglich, sondern auch geboten: „*Handelt es sich jedoch um eine typisierbare Fallgestaltung, die eine strukturelle Unterlegenheit des einen Vertragsteils erkennen läßt, und sind die Folgen des Vertrages für den unterlegenen Vertragsteil ungewöhnlich belastend, so muß die Zivilrechtsordnung darauf reagieren und Korrekturen ermöglichen.*“[1037]

Dieses Urteil wurde von weiten Teilen der Literatur begrüßt.[1038] Dennoch wurde es auch von einigen Autoren kritisiert, indem sie auf die Problematik

1031 BGH, Urteil v. 16.3.1989 – IX ZR 171/88 = BGH NJW 1989, 1605.

1032 *Heyers*, JA 2012, 81, 82; *Schimansky*, WM 1995, 461, 462.

1033 *Heyers*, JA 2012, 81, 82; *Schimansky*, WM 1995, 461, 462.

1034 Dürig/Herzog/Scholz/*Di Fabio*, Bd. 1, Art. 2 Rn. 105 ff.; *Kühling*, WM 2002, 625, 625 ff. mit Betonung, dass die Grundrechte, wie seit dem *Lüth-Urteil* (BVerfG, Urteil v. 15.1.1958 – 1 BvR 400/57 = BVerfGE 7, 198 = BVerfG NJW 1958, 257) bekannt, über die Generalklauseln mittelbar auch für Private gelten.

1035 *Canaris*, Die Bedeutung der *iustitia distributiva* im deutschen Vertragsrecht, S. 46.

1036 *Canaris*, AcP 200 (2000), 273, 277.

1037 BVerfG, Beschluss v. 19.10.1993 – 1 BvR 567/89 = BVerfGE 89, 214 = BVerfG NJW 1994, 36, 38; 2749, 2750; fortgeführt in: BVerfG, Beschluss v. 2.5.1996 – 1 BvR 696/96 = BVerfG WM 1996, 948, 949. Dem Fall lag folgender Sachverhalt zugrunde: Der Vater erbat bei der Sparkasse die Verdoppelung seines Kreditrahmens. Zur Sicherheit verlangte die Sparkasse von der 21-jährigen, vermögenslosen und ungelernten Tochter eine selbstschuldnerische Höchstbetragsglobalbürgschaft. Die Tochter klagte auf Unwirksamkeit ihres Bürgschaftsversprechens.

1038 *Reinicke/Tiedtke*, Rn. 179; *Löwe*, ZIP 1993, 1759, 1759; *Groeschke*, BB 1994, 725, 726 ff.; *Grün*, WM 1994, 713, 713 ff.; *Honsell*, NJW 1994, 565, 565 f.; *Pape*, ZIP 1994, 515, 519; *Preis/Rolfs*, DB 1994, 261, 264; *Schimansky*, WM 1995, 461, 462 f.; *Westphalen*, MDR 1994, 5, 6 ff.; *Wiedemann*, JZ 1994, 411, 412; *Gernhuber*, JZ 1995, 1086, 1091 ff.; kritisch hingegen: *Adomeit*, NJW 1994, 2467, 2467 ff.; *Hesse/Kaufmann*, JZ 1995, 219, 220 ff.; *Zöllner*, AcP 196 (1996), 1, 2 ff.; generell für derartige Eingriffe

hinsichtlich der Anwendung von Generalklauseln verwiesen. Die normativen Begriffe des § 138 BGB gingen zulasten der Rechtssicherheit und damit der Verwendung der Bürgschaft. [1039] Außerdem stelle die Rechtsprechung eine zu beachtende Grenze der Privatautonomie dar und sei somit im Hinblick auf Art. 2 Abs. 1 GG (zumindest) problematisch.[1040] Weitere Kritik stammt u.a. von *Gunther Teubner*.[1041] Er wirft der Lösung des BVerfG vor, dass sie rein tatsächliche Probleme außer Acht lasse. In anderen Rechtsgebieten bestehe das Problem der familiären Verstrickung ebenfalls. So sehe beispielsweise § 52 Abs. 1 Strafprozessordnung (StPO) für Familienangehörige ein Zeugnisverweigerungsrecht vor. Die Vorschrift des § 41 Nrn. 1–3 Zivilprozessordnung (ZPO) regele den Ausschluss des durch familiäre Verbundenheit befangenen Richters. Durch diese Normen werde nicht nur das betroffene Familienmitglied geschützt, sondern auch die Familie als Gesamtheit, die so keine Eingriffe von außen tolerieren müsse, da deren Zusammenhalt dadurch geschwächt würde.[1042] Diese Normen würden gar keine Abwägung erfordern und keiner weiteren Ausformung durch Fallgruppen bedürfen.[1043]

Gegen diese Kritik ist die Absolutheit dieser Normen anzuführen. Zudem entspricht es ethischen Erfordernissen, dass Familienmitglieder sich in der Not finanziell aushelfen. Dies kann durch Stellung einer Bürgschaft geschehen. Sofern der Bürge durch die Bürgschaft nicht in eine finanzielle Zwangslage gebracht wird, ist dieses Rechtsinstitut sehr hilfreich. So ist es beispielsweise üblich, dass Eltern als Bürgen für die mietvertraglichen Pflichten ihres Kindes

---

des BVerfG: *Fischer/Ganter/Kirchhof*, Schutz des Bürgen, in: FS fünfzig Jahre BGH (2000), S. 33, 39; *Diederichsen*, AcP 198 (1998), 171, 208.

1039 *Kollrus*, MDR 2014, 1357, 1357; *Schweitzer*, KTS 1991, 541; zur Problematik der Verwendung von Generalklauseln schon die Motive I, S. 211. Generalklauseln sei das Missbrauchspotenzial inhärent. So wurden sie zur Zeit des Nationalsozialismus benutzt, um dem nationalsozialistischen Gedankengut Einzugsmöglichkeiten in das BGB zu ermöglichen (u.a. RG, Beschluss v. 13.3.1936 – V 184/35 = RGZ 150, 1, 6). Sie ermöglichen auf der anderen Seite eine größere Flexibilität und sind daher unverzichtbar in der abstrahierten Rechtsordnung.

1040 *Paek*, Der Bürgenschutz im Spannungsfeld zur Privatautonomie, S. 61.

1041 *Teubner*, Ein Fall von struktureller Korruption? in: Kritische Vierteljahresschrift für Gesetzgebung und Rechtswissenschaft 83 (2000), S. 388–404.

1042 *Teubner*, Ein Fall von struktureller Korruption? in: Kritische Vierteljahresschrift für Gesetzgebung und Rechtswissenschaft 83 (2000), S. 388, 399.

1043 *Teubner*, Ein Fall von struktureller Korruption? in: Kritische Vierteljahresschrift für Gesetzgebung und Rechtswissenschaft 83 (2000), S. 388, 399.

haften. Die Schaffung von Fallgruppen ermöglicht hier eine flexiblere Handhabung von Angehörigenbürgschaften.

Das Übermaßverbot, wonach staatliche Eingriffe in den Rechtskreis der Bürger nur dann rechtmäßig sind, wenn sie geeignet, erforderlich und verhältnismäßig sind, gelte auch für die „*Schaffung konkretisierender Unterregeln zu Generalklauseln*".[1044] Man müsse folglich vorwiegend auf weniger weitreichende Normen abstellen. Es bedürfe eines „*flexiblere[n] Sanktionssystem[s]*"[1045]. Dem sind nicht nur die bereits erwähnten Urteilsgründe des BVerfG entgegenzuhalten, sondern vielmehr auch das sog. „*Untermaßverbot*"[1046], wonach die Erfüllung der grundrechtlich gesicherten Schutzpflichten gesichert sein muss. Insoweit hat das BVerfG zur Ausformung von Fallgruppen aufgefordert.[1047]

1044 *Zöllner*, WM 2000, 1, 9.

1045 *Zöllner*, WM 2000, 1, 11.

1046 *Canaris*, AcP 184 (1984), 201, 228.

1047 *Dietrich*, WM 2000, 11, 13. Eine Konstellation ist die Bürgschaft durch sog. Nahbereichspersonen. Zunächst ging die Rechtsprechung in den Urteilen v. 5.1.1995 – IX ZR 85/94 = BGHZ 128, 230–240 (Rz. 8, 9) = BGH NJW 1995, 592, 593 und BGH v. 25.4.1996 – IX ZR 177/95 = BGHZ 132, 328–341 (Rz. 10, 11) = BGH WM 1996, 1124, 1126 = BGH NJW 1996, 2088, 2089 davon aus, dass ein berechtigtes Interesse der Bank bestehe und § 138 BGB daher ausscheide, aber die Geschäftsgrundlage (§ 313 BGB) entfalle, wenn die Wirtschaftsgemeinschaft zwischen Hauptschuldner und Bürge beendet wird und eine Vermögensverschiebung nicht vorgenommen wurde. Im Urteil v. 5.1.1995 – IX ZR 85/94 = BGHZ 128, 230–240 (Rz. 14) = BGH NJW 1995, 592, 593 und im Urteil v. 23.1.1997 – IX ZR 69/96 = BGHZ 134, 325–332 (Rz. 15, 24) = BGH WM 1997, 467, 469 = BGH NJW 1997, 1003, 1004 legte der BGH den Vertrag so aus, dass eine Inanspruchnahme des Bürgen ausgeschlossen ist, bis dieser durch Vermögensverschiebung zu Vermögen gekommen ist (sog. *pactum de non petendo* = Vereinbarung, etwas nicht einzuklagen, BuB/*Piekenbrock*, 4/1240b); kritisch dazu: *Müller-Feldhammer*, WM 2001, 65, 73; *Schanbacher*, WM 2001, 74, 75. Bei der Bürgschaftserklärung von Kindern (BGH, Urteil v. 10.10.1996 – IX ZR 333/95 = BGH NJW 1997, 52, 52 ff.) werden strengere Maßstäbe angesetzt und auch § 1618a BGB in Betracht gezogen, BGH, Urteil v. 24.2.1994 – IX ZR 227/93 = BGH NJW 1994, 1341, 1343; BGH, Urteil v. 24.2.1994 – IX ZR 93/93 = BGHZ 125, 206–218 (Rz. 24 ff.) = BGH WM 1994, 676, 679 = BGH NJW 1994, 1278, 1280. In Urteilen zur Sicherungsgesamtschuld (BGH, Urteil v. 5.11.1996 – XI ZR 274/95 = BGH NJW 1997, 257, 258 f.) wird das berechtigte Eigeninteresse verneint und daher § 138 BGB bejaht.

Das Urteil des BVerfG führte zu einer Neubewertung der gesetzlichen Strukturen, wobei für die Bewertung eines Sachverhaltes grds. auf den Zeitpunkt des Vertragsschlusses abzustellen ist.[1048]

Der IX. Senat übernahm erstmalig in den Entscheidungen vom 24.2.1994[1049] die Vorgaben des BVerfG. Zunächst stellte er jedoch auf einen Verstoß der Eltern gegen § 1618a BGB ab.[1050]

Ein „*auffällige[s] Missverhältnis*" i.S.d. § 138 Abs. 2 BGB kann bei der einseitig verpflichtenden Bürgschaft nicht bestehen,[1051] daher stützt sich die Rechtsprechung auf einen „*allgemein unausgewogenen Vertragsinhalt*[...]" und orientiert sich dabei an den Erfordernissen des § 138 Abs. 2 BGB.[1052] Die Bewertung erfolgt in Ermangelung eines vergleichbaren Marktpreises durch den Richter.[1053]

Für die Nichtigkeit nach § 138 Abs. 1 BGB im Falle der Bürgschaft bedarf es demnach zweier kumulativ vorliegender Voraussetzungen, damit ein Rechtsgeschäft wucherisch und somit nichtig ist: einer krassen finanziellen Überforderung sowie eines emotionalen Näheverhältnisses.

Bei Vorliegen dieser Voraussetzungen ist der Bürgschaftsvertrag nach ständiger Rechtsprechung unwirksam.[1054]

1048 BVerfG, Beschluss v. 9.5.1984 – 1 BvR 1279/83 = BVerfG NJW 1984, 2345, 2345; BGH, Urteil v. 8.4.1988 – V ZR 120/87 = BGH NJW 1988, 2362, 2363; Staudinger/*Sack/Fischinger*, § 138 Rn. 131; *Fischer*, WM 2001, 1049, 1058.

1049 BGH, Urteil v. 24.2.1994 – IX ZR 227/93 = BGH NJW 1994, 1341; BGH, Urteil v. 24.2.1994 – IX ZR 93/93 = BGHZ 125, 206–218 = BGH WM 1994, 676 = BGH NJW 1994, 1278.

1050 Kritisch hierzu: *Reinicke/Tiedtke* Rn. 180. Nach ihnen ist nicht das Verhalten der Eltern anstößig, sondern das des Gläubigers.

1051 BGH, Urteil v. 26.4.2001 – IX ZR 337/98 = BGH NJW 2001, 2466, 2467.

1052 BGH, Urteil v. 16.5.1991 – IX ZR 245/90 = BGH NJW 1991, 2015, 2017; *Naumann*, Sittenverstoß und Privatautonomie, S. 27; *Canaris*, AcP 200 (2000), 273, 296.

1053 *Naumann*, Sittenverstoß und Privatautonomie, S. 28.

1054 BGH, Urteil v. 24.2.1994 – 93/93 = BGHZ 125, 206–218 (Rz. 15 ff.) = BGH WM 1997, 676; BGH, Urteil v. 18.9.1997 – IX ZR 283/96 = BGHZ 136, 347–356 (Rz. 14) = BGH NJW 1997, 3372, 3373; BGH, Urteil v. 14.5.2002 – XI ZR 50/01 = BGHZ 151, 34–42 = BGH NJW 2002, 2228, 2228 ff.; BGH, Urteil v. 14.10.2003 – XI ZR 121/02 = BGHZ 156, 302–310 = BGH NJW 2004, 161; BGH, Urteil v. 24.11.2009 – XI ZR 332/08 = BGH WM 2010, 32, 33. Hingegen lag im BGH, Urteil v. 26.4.2001 – IX ZR 337/98 = BGH NJW 2001, 2466 kein krasses Missverhältnis vor.

(dd) Krasse finanzielle Überforderung

Die Sittenwidrigkeit bemisst sich am Grad des Missverhältnisses zwischen dem Verpflichtungsumfang und der finanziellen Leistungsfähigkeit. Eine krasse finanzielle Überforderung liegt nach ständiger Rechtsprechung[1055] zumindest dann vor, wenn der Bürge *„auf absehbare Zeit keine nennenswerten Tilgungsleistungen erbringen und nicht einmal die vertraglich vereinbarten Zinsen bezahlen"*[1056] kann. Die Berücksichtigung der Zinsen erscheint vor dem Hintergrund des § 367 Abs. 1 BGB schlüssig.[1057] Verfügt der Bürge hingegen über Grundeigentum, kann die Bürgschaft rechtmäßig sein, obwohl der Bürge aus seinem pfändbaren Einkommen[1058] nicht einmal die Zinsen zahlen kann.[1059] Dingliche Belastungen müssen jedoch berücksichtigt werden.[1060]

1055 BGH, Urteil v. 27.1.2000 – IX ZR 198/98 = BGH WM 2000, 410, 412: Abkehr von der 25-%-Rspr.; BGH, Urteil v. 14.11.2000 – XI ZR 248/99 = BGHZ 146, 37–49 (Rz. 22) = BGH WM 2001, 402, 402 ff. = BGH NJW 2001, 815 ff.; BGH, Urteil v. 13.11.2001 – XI ZR 82/01 = BGH NJW 2002, 746, 746; BGH, Urteil v. 14.5.2002 – XI ZR 50/01 = BGHZ 151, 34–42 (Rz. 12) = BGH NJW 2002, 2228, 2229; BGH, Urteil v. 14.10.2003 – XI ZR 121/02 = BGHZ 156, 302–310 (Rz. 8) = BGH NJW 2004, 161, 162; BGH, Urteil v. 16.6.2009 – XI ZR 539/07 = BGH NJW 2009, 2671, 2672.

1056 BGH, Urteil v. 14.11.2000 – XI ZR 248/99 = BGHZ 146, 37–49 (Rz. 21) = BGH WM 2001, 402, 402 ff. = BGH NJW 2001, 815 ff.; BGH, Vorlagebeschluss v. 29.6.1999 – XI ZR 10/98 = BGH NJW 1999, 2584, 2586.

1057 *Nobbe/Kirchhof*, BKR 2001, 5, 8; *Naumann*, Sittenverstoß und Privatautonomie, S. 39. Aus diesem Grund musste der IX. Senat seine frühere Rechtsprechung, die auf die Tilgung der Schuld i.H.v. 25 % innerhalb von fünf Jahren abstellte, ändern, BGH, Urteil v. 25.4.1996 – IX ZR 177/95 = BGHZ 132, 328–341 (Rz. 27) = BGH WM 1996, 1124, 1126 = BGH NJW 1996, 2088, 2091; BGH, Urteil v. 18.9.1997 – IX ZR 283/96 = BGHZ 136, 347–356 (Rz. 15) = BGH NJW 1997, 3372, 3373 = BGH WM 1997, 2117, 2118.

1058 Die Grenzen des pfändbaren Einkommens haben sich seit dem Urteil des BVerfG aus dem Jahr 1994 stark zugunsten des Bürgen verändert, § 850c ZPO. Pfändungsfrei ist mittlerweile nicht nur das Einkommen i.H.d. Existenzminimums, sondern ein darüber hinausgehender Betrag, um einen Anreiz zur Erwerbstätigkeit zu belassen, BT-Drucksache 14/6812, 8, 9. Aufgrund des Eingriffs in die Privatautonomie sollte weiterhin auf das Existenzminimum (der steuerliche Grundfreibetrag beträgt gemäß § 32a Abs. 1 S. 2 Nr. 1 EStG 9.744 €) abgestellt werden und nicht auf das erhöhte pfändungsfreie Einkommen, so auch: *Nitze/Grädler*, VuR 2012, 91, 96.

1059 BGH, Urteil v. 26.4.2001 – IX ZR 337/98 = BGH NJW 2001, 2466, 2467.

1060 BGH, Urteil v. 14.5.2002 – XI ZR 50/01 = BGHZ 151, 34–42 (Rz. 15) = BGH WM 2002, 1347, 1348 f. = BGH NJW 2002, 2228, 2229; BGH, Urteil v. 28.5.2002 – XI ZR 199/01 = BGH WM 2002, 1647, 148; BGH, Urteil v. 24.11.2009 – XI ZR 332/08 =

Die Prognose über die finanzielle Leistungsfähigkeit ist abstrakt. Es wird auf den *Ex-ante*-Zeitpunkt, also den des Vertragsschlusses, abgestellt.[1061] Fraglich ist mithin zum einen, ob der Kreditgeber im Zeitpunkt des Vertragsschlusses vom Eintritt der Bürgenhaftung und von einer krassen finanziellen Überforderung im Haftungsfall ausgehen musste.[1062] Bewertungserheblich im Hinblick auf die finanzielle Leistungsfähigkeit des Bürgen ist u.a.[1063] die Höhe seines pfändbaren Einkommens und Vermögens abzüglich der Verbindlichkeiten gegenüber Dritten[1064] sowie die Art der Bürgschaft.[1065] Hierbei ist die selbstschuldnerische

---

BGH WM 2010, 32, 33; BGH, Urteil v. 1.4.2014 - XI ZR 276/13 = BGH WM 2014, 989, 991.

1061 BGH, Urteil v. 9.11.1978 - VII ZR 54/77 = BGHZ 72, 308–316 (Rz. 24) = BGH NJW 1979, 365, 366; BGH, Urteil v. 24.11.1992 - XI ZR 98/92 = BGHZ 120, 272–280 (Rz. 13) = BGH NJW 1993, 322, 323; BGH, Urteil v. 24.2.1994 - IX ZR 93/93 = BGHZ 125, 206–218 (Rz. 11) = BGH WM 1994, 676, 679 = BGH NJW 1994, 1278, 1279, BGH, Urteil v. 4.12.2001 - XI ZR 56/01 = BGH WM 2002, 223 = BGH NJW 2002, 744, 745; BGH, Urteil v. 25.1.2005 - XI ZR 28/04 = BGH NJW 2005, 971, 972; Soergel/*Gröschler*, § 765 Rn. 26.

1062 BGH, Urteil v. 24.2.1994 - IX ZR 93/93 = BGHZ 125, 206–218 (Rz. 19) = BGH WM 1997, 676, 678 = BGH NJW 1994, 1278, 1279; BGH, Urteil v. 8.11.2001 - IX ZR 46/99 = BGH WM 2002, 919, 922; BGH, Urteil v. 14.5.2002 - XI ZR 50/01 = BGHZ 151, 34–42 = BGH NJW 2002, 2228, 2229; BGH, Urteil v. 11.2.2003 - XI ZR 214/01 = BGH BKR 2003, 288, 289; BGH, Urteil v. 24.11.2009 - XI ZR 332/08 = BGH WM 2010, 32, 33; BGH, Urteil v. 19.2.2013 - XI ZR 82/11 = BGH NJW 2013, 1534, 1534; BGH, Urteil v. 1.4.2014 - XI ZR 276/13 = BGH WM 2014, 989, 991; *Ernst*, Interzession, in: FS Seiler, 395, 409; *Naumann*, Sittenverstoß und Privatautonomie, S. 40.

1063 Früher wurde auch auf die Riskanz des abzusichernden Geschäfts (BGH, Urteil v. 24.2.1994 - IX ZR 93/93 = BGHZ 125, 206–218 (Rz. 32) = BGH WM 1997, 676, 678 = BGH NJW 1994, 1278, 1279) und die Bonität des Hauptschuldners abgestellt (BGH, Urteil v. 18.6.1996 - IX ZR 171/95 = BGH NJW 1996, 1274, 1275; BGH, Urteil v. 10.10.1996 - IX ZR 333/95 = BGH NJW 1997, 52, 53; BGH, Urteil v. 18.9.1997 - IX ZR 283/96 = BGHZ 136, 347–356 (Rz. 19) = BGH NJW 1997, 3372, 3373; BGH, Urteil v. 18.12.1997 - IX ZR 271/96 = BGHZ 137, 329–343 (Rz. 32) = BGH NJW 1998, 597, 600). Dafür auch *Groeschke* in BB 2001, 1540, 1540 ff. Abkehrendes Urteil: BGH, Urteil v. 27.1.2000 - IX ZR 198/98 = BGH WM 2000, 410.

1064 BGH, Urteil v. 23.1.1997 - IX ZR 69/96 = BGHZ 134, 325–332 (Rz. 25) = BGH WM 1997, 467, 468 = BGH NJW 1997, 1003, 1003; BGH, Urteil v. 8.10.1998 - IX ZR 257/97 = BGH NJW 1999, 58, 59; BGH, Urteil v. 27.1.2000 - IX ZR 198/98 = BGH NJW 2000, 1182, 1183; BGH, Urteil v. 25.1.2005 - XI ZR 28/04 = BGH NJW 2005, 971, 972; *Naumann*, Sittenverstoß und Privatautonomie, S. 41.

1065 Das die ehemalige Rspr. überholende Urteil: BGH, Urteil v. 27.1.2000 - IX ZR 198/98 = BGH NJW 2000, 1182, 1183; BGH, Urteil v. 14.11.2000 - XI ZR 248/99 =

Bürgschaft riskanter. Zum anderen muss die Bank die zukünftigen wirtschaftlichen Verhältnisse prognostizieren. Dies erfolgt anhand einer Bewertung der Qualifikationen des Bürgen und der Berücksichtigung (un-)günstiger finanzieller Entwicklungen.[1066]

Zu beachten ist, dass die Pfändungsfreigrenze, d.h. der unpfändbare Teil des Einkommens, vom bewertungserheblichen Einkommen abgezogen werden muss. Diese beträgt momentan gemäß § 850c ZPO 1178,59 € monatlich. Demnach ist nur das darüber hinaus gehende Einkommen bewertungserheblich.

Trotz der krassen finanziellen Überforderung kann der Sittenwidrigkeitsvorwurf entfallen, wenn der Bürge für die Bank vorhersehbar anderweitig vor dem finanziellen Ruin geschützt ist. Dies ist der Fall, wenn die Hauptschuld durch weitere Sicherheiten gesichert ist.[1067] Andere Sicherheiten begrenzen das Risiko der Bürgschaft allerdings nur insoweit, als dass *„rechtlich hinreichend gesichert"*[1068] ist, dass das Bürgschaftsrisiko den Bürgen nicht mehr finanziell überfordert.[1069]

Bindet der Gläubiger die Bürgenhaftung an einen potenziellen Vermögenszuwachs, wie etwa die Bedingung einer Erbschaft[1070] oder eines

BGHZ 146, 37–49 (Rz. 27) = BGH WM 2001, 402, 403 = BGH NJW 2001, 815, 816; dazu Schimansky/Bunte/Lwowski/*Pamp*, § 82 Rn. 104; *Naumann*, Sittenverstoß und Privatautonomie, S. 40.

1066 BGH, Urteil v. 25.4.1996 – IX ZR 177/95 = BGHZ 132, 328–341 (Rz. 22) = BGH WM 1996, 1124, 1126 = BGH NJW 1996, 2088, 2090. Relevant im Hinblick auf die Zurechenbarkeit und die damit einhergehende Bewertung der Sittenwidrigkeit sind lediglich *„vorhersehbare"* Umstände. Als ungünstige Entwicklung kommt die vorhersehbare Verschlechterung von Vermögenspositionen in Betracht; als günstige Entwicklung die vorhersehbare Enthaftung einer Immobilie, *Naumann*, Sittenverstoß und Privatautonomie, S. 44.

1067 BGH, Urteil v. 18.9.1997 – IX ZR 283/96 = BGHZ 136, 347–356 (Rz. 16, 17) = BGH NJW 1997, 3372, 3373; BGH, Urteil v. 8.10.1998 – IX ZR 257/97 = BGH NJW 1999, 58,59; *Naumann*, Sittenverstoß und Privatautonomie, S. 49; *Grüneberg*; WM 2010, Sonderbeilage Nr. 2 zu Heft 43/2010, S. 1, 6.

1068 BGH, Urteil v. 16.6.2009 – XI ZR 539/07 = BGH NJW 2009, 2671, 2671. Dies gilt jedoch nur, solange der Sicherheitenübergang nicht ausgeschlossen wurde.

1069 BGH, Urteil v. 15.11.2016 – XI ZR 32/16 = BGH NJW-RR 2017, 241, 243; *Krüger*, NJW 2009, 3408, 3410; *Nobbe/Kirchhof*, BKR 2001, 5, 10.

1070 BGH, Urteil v. 23.1.1997 – IX ZR 69/96 = BGHZ 134, 325–332 (Rz. 18) = BGH WM 1997, 467, 469 = BGH NJW 1997, 1003, 1004; BGH, Urteil v. 8.10.1998 – IX ZR 257/97 = BGH NJW 1999, 58, 58. Zur Bedingung gehört, dass der Bürge im Haftungsfall lediglich mit dem ererbten Vermögen und nicht mit seinem ursprünglichen Vermögen haften muss, *Reinicke/Tiedtke*, Rn. 200. Diese Bedingung verstößt nicht gegen § 311b Abs. 4 BGB, wenn der Bürge die Haftung lediglich ziffermäßig begrenzt oder

Lottogewinns, entfällt das potenzielle krasse Missverhältnis und damit ebenfalls der Sittenwidrigkeitsvorwurf.[1071]

(ee) Strukturelle Unterlegenheit

Diese Begrifflichkeit wurde vom Bürgschaftsbeschluss des BVerfG geprägt[1072] und benennt einen weiteren Umstand, der zur krassen finanziellen Überforderung hinzutreten muss.[1073] Der Abschluss eines wirtschaftlich riskanten Geschäfts allein liegt im Rahmen der grundgesetzlich garantierten Vertragsfreiheit.[1074] Der genannte Umstand stellt die strukturelle Unterlegenheit des Bürgen dar. Diese ist insbesondere gegeben, wenn es sich bei dem Bürgen um eine sog. Nahbereichsperson handelt, welche die Erklärung unter besonderem emotionalen Druck oder aufgrund einer emotionalen Bindung abgegeben hat. Mithin muss sich die Person in einer die Entscheidungs- und Willensfreiheit beeinträchtigenden Situation befunden haben.

So führte der BGH aus: „*Starke emotionale Zuneigung und darauf beruhendes persönliches Vertrauen einerseits, aber auch die Erkenntnis finanzieller Abhängigkeit vom Hauptschuldner und ein daraus herrührendes Gefühl eigener Unterlegenheit andererseits verführen leichter als in anderen zwischenmenschlichen Bereichen dazu, die mit einer Bürgschaft verbundenen Risiken zu übersehen oder falsch einzuschätzen.*“[1075] Die Entscheidung zur Stellung einer Bürgschaft werde in diesem

---

sich mit einem einzelnen Gegenstand verpflichtet, *Reinicke/Tiedtke*, Rn. 201 ff.; a.A. *Schanbacher*, WM 2001, 74, 76.

1071 BGH, Urteil v. 23.1.1997 IX ZR 69/96 = BGHZ 134, 325–332 (Rz. 18) = BGH WM 1997, 467, 469 = BGH NJW 1997, 1003, 1004; BGH, Urteil v. 8.10.1998 - IX ZR 257/97 = BGH NJW 1999, 58, 58; *Medicus*, EWiR § 138 BGB 5/97, 289, 289; *Medicus*, Die Bedeutung von Erwartungen des Gläubigers beim Abschluß der Bürgschaft, in: FS Fikentscher, S. 265, 281. *Tonner*, JuS 2000, 17, 21; *Abel*, Die Grenzen von Schuld und Haftung aus Bürgschaften zwischen Sittenwidrigkeitsrechtsprechung und insolvenzrechtlicher Restschuldbefreiung, S. 181.

1072 BVerfG, Beschluss v. 19.10.1993 - 1 BvR 567/89 = BVerfGE 89, 214 = BVerfG NJW 1994, 36, 38.

1073 BVerfG, Beschluss v. 19.10.1993 - 1 BvR 567/89 = BVerfGE 89, 214 = BVerfG NJW 1994, 36, 38; BeckOK BGB/*Rohe*, § 765 Rn. 47.

1074 BGH, Urteil v. 24.11.1992 - XI ZR 98/92 = BGHZ 120, 272–280 (Rz. 9, 11) - BGH NJW 1993, 322, 323; BGH, Urteil v. 24.2.1994 - IX ZR 93/93 = BGHZ 125, 206–218 (Rz. 12, 22) = BGH WM 1994, 676, 678 = BGH NJW 1994, 1278, 1280; BeckOK BGB/*Rohe*, § 765 Rn. 48; *Homann/Maas*, JuS 2011, 774, 774.

1075 BGH, Urteil v 18.12.1997 - IX ZR 271/96 = BGHZ 137, 329–343 (Rz. 14) = BGH NJW 1998, 597, 598. Gegen die von den Gerichten geschlossene Annahme, dass eine

Fall häufig nicht rational bewertet.[1076] Nur durch eine richterliche Korrektur könne die bezweckte Vertragsgerechtigkeit hergestellt werden. In mehreren Urteilen wurde das erforderliche konkrete[1077] emotionale Näheverhältnis definiert und ausgeweitet. So beschäftigten sich die Gerichte zunächst mit Eltern-Kind-Konstellationen[1078], dann mit Ehepartnern[1079] sowie Partnern einer nicht ehelichen Lebensgemeinschaft[1080], entfernteren Verwandten[1081], Verlobten[1082] und schließlich Geschwistern[1083]. Dabei ist das Merkmal der emotionalen Nähe

altruistische Entscheidung keine selbstständige sein soll, wendet sich *Zöllner* in WM 2000, 1, 5.

1076 Soergel/*Gröschler*, § 765 Rn. 23; *Ernst*, Interzession, in: FS Seiler, 395, 405; *Naumann*, Sittenverstoß und Privatautonomie, S. 6.

1077 Auf die Betrachtung des Näheverhältnisses im konkreten Fall, das außer bei Geschwistern vermutet wird, stellt *Naumann* in Sittenverstoß und Privatautonomie, S. 9–10 ab. Zur Vermutung: *Grüneberg*, WM Sonderbeil. Nr. 3 zu Heft 43/2015, 2, 5.

1078 BGH, Urteil v. 24.2.1994 – IX ZR 93/93 = BGHZ 125, 206–218 = BGH WM 1994, 676 ff. = BGH NJW 1994, 1278, 1278 ff.; BGH, Urteil v. 24.2.1994 – IX ZR 227/93 = BGH NJW 1994, 1341, 1341; BGH, Urteil v. 10.10.1996 – IX ZR 333/95 = BGH NJW 1997, 52; BGH, Urteil v. 26.4.2001- IX ZR 337/98 = BGH NJW 2001, 2466, 2467 = ZIP 2001, 1190, 1191; BGH, Urteil v. 24.11.2009 – XI ZR 332/08 = BGH WM 2010, 32, 33

1079 BGH, Urteil v. 26.4.1994 – XI ZR 184/93 = BGH NJW 1994, 1726, 1727; BGH, Urteil v. 18.1.1996 – IX ZR 171/95 = BGH NJW 1996, 1274, 1276; BGH, Urteil v. 8.10.1998 – IX ZR 257/97 = BGH NJW 1999, 58, 58 ff.; BGH, Urteil v. 25.1.2005 – XI ZR 28/04 = BGH NJW 2005, 971, 972. Die Bewertung der der Entscheidung zugrunde liegenden Motive – Schutz des altruistisch handelnden Bürgen – liegt ein Vergleich zum früheren Verbot der Bürgschaft durch Frauen nicht fern, vgl. Abschnitt C. II. und Abschnitt C. VI. 2. b) bb).

1080 BGH, Urteil v. 23.1.1997 – IX ZR 55/96 = BGH WM 1997, 465, 466 = BGH NJW 1997, 1005, 1005 f.; BGH, Urteil v. 18.9.1997 – IX ZR 283/96 = BGHZ 136, 347–356 (Rz. 11) = BGH NJW 1997, 3372, 3373 = BGH WM 1997, 2117, 2118; BGH, Urteil v. 27.1.2000 – IX ZR 198/98 = BGH NJW 2000, 1182, 1183; BGH, Urteil v. 1.4.2014 – XI ZR 276/13 – Rz. 21 = BGH WM 2014, 989.

1081 BGH, Urteil v. 15.4.1997 – IX ZR 112/96 = BGH NJW 1997, 3230, 3230 in der Entscheidung ging es um das Verhältnis Base – Vetter (Cousin und Cousine).

1082 BGH, Urteil v. 18.9.1997 – IX ZR 283/96 = BGHZ 136, 347–356 (Rz. 11) = BGH NJW 1997, 3372, 3373 ff. = BGH WM 1997, 2117, 2118ff.; Palandt/*Ellenberger*, § 138 Rn. 38.

1083 BGH, Urteil v 18.12.1997 – IX ZR 271/96 = BGHZ 137, 329–343 (Rz. 15 ff.) = BGH NJW 1998, 597, 598. Klargestellt wurde, dass eine den anderen Konstellationen vergleichbare enge persönliche Beziehung bestehen muss und gleichzeitig, dass diese nicht daran scheitert, dass es sich bei dem Hauptschuldner um eine juristische Person

und der finanziellen Überforderung allen Konstellationen gemein. Mittlerweile zählen auch enge Freunde zu dem Kreis geschützter Personen.[1084] Letztlich erweiterte der BGH seine Rechtsprechung auch auf das Verhältnis zwischen Arbeitgeber und Arbeitnehmer bei Stellung der Bürgschaft für das Unternehmen, wenngleich dies nicht auf der emotionalen Nähe in diesem Verhältnis, sondern auf weiteren erschwerenden Umständen des Einzelfalles beruht, wie u.a. der Angst um den Arbeitsplatz.[1085] Zur vom BGH berücksichtigten Fallgruppe wird diese Situation durch die Minderung der Willensfreiheit des Bürgen,[1086] denn privatautonome Entscheidungen setzen voraus, dass beide Vertragsparteien die Möglichkeit haben, ihre rechtlichen Verhältnisse nach freiem Willen durch Vertrag zu regeln.[1087] Auf Gesellschafterbürgschaften – darunter versteht man Gesellschafter, die für die Schulden „ihrer“ Gesellschaft bürgen – ist diese Rechtsprechung jedoch nicht übertragbar.[1088]

Die Notwendigkeit des Schutzes sog. Nahbereichspersonen ergibt sich bereits aus einer verfassungsrechtlichen Betrachtung. So genießt der Schutz der Familie

---

handelt. Voraussetzung ist in diesem Fall, dass die juristische Person von einer dem Bürgen nahestehenden Person mehrheitlich gehalten wird. Im Gegensatz zu den anderen Konstellationen wird unter Geschwistern jedoch keine Beweiserleichterung zugelassen, da diese gewöhnlich nicht voneinander abhängig seien, BGH, Beschluss v. 24.2.1999 – IX ZB 2/98 = BGH NJW 1999, 2372, 2373. Unverständlich ist, dass im Verhältnis zwischen Geschwistern keine Beweiserleichterung zugelassen wird, aber zwischen Cousins schon, so auch: *Nitze/Grädler*, VuR 2012, 91, 92.

1084 BGH, Urteil v. 14.10.2003 – XI ZR 121/02 = BGHZ 156, 302–310 (Rz. 17) = BGH NJW 2004, 161, 162.

1085 BGH, Urteil v. 18.9.1997 – IX ZR 283/96 = BGHZ 136, 347–356 (Rz. 11) = BGH NJW 1997, 3372, 3373 = BGH WM 1997, 2117, 2118 (dieser Fall kann jedoch nicht als Leitentscheidung angesehen werden, da die Arbeitnehmerin gleichzeitig die Lebenspartnerin des Arbeitgebers war); BAG, Urteil v. 27.4.2000 – 8 AZR 286/99 = BAG NJW 2000, 3299, 3300; BGH, Urteil v. 14.5.2002 – XI ZR 81/01 = BGH NJW 2002, 2230, 2231; BGH, Urteil v. 14.10.2003 – XI ZR 121/02 = BGHZ 156, 302–310 (Rz. 19) = BGH NJW 2004, 161, 162; BGH, Urteil v. 11.9.2018 – XI ZR 380/16 = BGH NJW 2018, 3637, 3639.

1086 *Naumann*, Sittenverstoß und Privatautonomie, S. 3.

1087 *Canaris*, AcP 200 (2000), 273, 277.

1088 BGH, Urteil v. 18.12.1997 – IX ZR 271/96 = BGHZ 137, 329–343 (Rz. 13, 20) = BGH DStR 1998, 1434, 1434 ff.; BGH (Dem Fall liegt jedoch eine zusätzliche familiäre Bindung zugrunde.), Urteil v. 10.12.2002 – XI ZR 82/02 = BGH BKR 2003, 155 f.; BGH, Urteil v. 15.1.2002 – XI ZR 98/01 = BGH NJW 2002, 956, 957; *Beck*, Jura 2019, 244, 252.

gemäß Art. 6 Abs. 1 GG einen besonderen Stellenwert, der auch bei der Betrachtung der Sittenwidrigkeit (§ 138 BGB) durch die mittelbare Drittwirkung von Grundrechten Beachtung finden muss, weil durch unbestimmte (ausfüllungsbedürftige) Rechtsbegriffe die Verfassung in das BGB „ausstrahlt".[1089]

Fraglich ist, ob die strukturelle Unterlegenheit nur im Verhältnis zu Kreditinstituten oder auch gegenüber anderen Kreditgebern bestehen kann. Die Sittenwidrigkeitsrechtsprechung gilt nicht nur für Kreditinstitute, sondern auch für andere gewerbliche oder berufliche Kreditgeber.[1090] Auf der einen Seite haben private Kreditgeber i.d.R. nicht die gleichen Kenntnisse von der finanziellen Situation des Bürgen, sodass ein Ungleichgewicht ausgeschlossen sein könnte.[1091] Demgegenüber steht wiederum das Motiv der Sittenwidrigkeitsrechtsprechung, den Bürgen vor existenzvernichtenden Verpflichtungen, die allein aufgrund von altruistischen Motiven übernommen wurden, zu schützen. Insoweit ist es unerheblich, wer den Kredit vergibt.[1092] Den privaten Kreditgeber treffen jedoch nicht die gleichen Erkundigungspflichten wie gewerbliche Kreditgeber, so z.Bsp. gemäß § 511 Abs. 2 BGB für Beratungsleistungen bei Immobiliar-Verbraucherdarlehensverträgen. Somit kann der private Kreditgeber dem Sittenwidrigkeitseinwand des Bürgen sein Nichtwissen u.U. entgegenhalten.[1093]

Bei Vorliegen der engen emotionalen Verbindung i.V.m. dem krassen Missverhältnis besteht ohne das Hinzutreten weiterer Umstände ein Sittenwidrigkeitsvorwurf.[1094]

1089 Zur Ausstrahlungswirkung: BVerfG, Beschluss des Ersten Senats v. 19.4.2005 – 1 BvR 1644/00, 188/03 = BVerfGE 112, 332–363 (358) = BVerfG NJW 2005, 1561, 1565; *Jarass*/Pieroth, GG, Art. 1, Rn. 52–57.

1090 BGH, Urteil v. 13.11.2001 – XI ZR 82/01 = BGH NJW 2002, 746, 747.

1091 BGH, Urteil v. 29.9.2004 – XII ZR 22/02 = BeckRS 2004, 12409; *Teubner* in: Ein Fall von struktureller Korruption? in: Kritische Vierteljahresschrift für Gesetzgebung und Rechtswissenschaft 83 (2000), S. 388, 389 und *Zöllner* in WM 2000, 1, 7 sehen jedoch kein Differenzierungskriterium, hielten die Differenzierung allerdings für sinnvoll. So auch: OLG Brandenburg, Beschluss v. 2.4.2007 – 3 W 37/06 = BGH WM 2007, 1021, 1022.

1092 *Teubner*, Ein Fall von struktureller Korruption? in: Kritische Vierteljahresschrift für Gesetzgebung und Rechtswissenschaft 83 (2000), S. 388, 389.

1093 *Kollrus*, MDR 2014, 1357, 1358.

1094 BGH, Urteil v. 26.4.1994 – XI ZR 184/93 = BGH NJW 1994, 1726, 1727; *Fischer/Ganter/Kirchhof*, Schutz des Bürgen, in: FS fünfzig Jahre BGH (2000), 33, 39.

(ff) Schutzwürdiges Eigeninteresse

Trotz Vorhandenseins aller Tatbestandsmerkmale kann die Inanspruchnahme durch die Bank gerechtfertigt sein. Banken haben gemäß Nr. 13 Abs. 1 AGB Banken[1095] nicht nur einen Anspruch auf Stellung einer Sicherheit. Vielmehr sind sie nach §§ 18 Abs. 1 S. 2, 25a Abs. 1 S. 3 Nr. 3 KWG i.V.m. BTO 1.2.1 Abs. 2 MaRisk sogar aufsichtsrechtlich gehalten, Sicherheiten für die Stellung eines Darlehens einzufordern. Dieses Sicherungsbedürfnis ist bei der Sittenwidrigkeitsprüfung zu berücksichtigen. Danach müssen die Interessen des Gläubigers an einer möglichst umfänglichen Sicherung mit jenen des Bürgen an einem geringen Haftungsrisiko in Einklang gebracht werden.[1096]

Nur wenn die Bank kein schützenswertes Eigeninteresse an der Sicherheit hat, mithin keinen legitimen Zweck verfolgt, kann die Bürgschaft sittenwidrig und damit gemäß § 138 Abs. 1 BGB nichtig sein. Das Eigeninteresse der Bank an der Bürgschaft ist zudem nur legitim, wenn der Bürge eine reale weitere Haftungsmasse bietet, die in einem angemessenen Verhältnis zum Umfang der Hauptschuld steht.[1097]

Darüber hinaus verfolgt die Bank nach mittlerweile gefestigter Rechtsprechung[1098] einen legitimen Zweck, wenn sie potenzielle Vermögensverschiebungen

---

1095 Eine ähnliche Regelung findet sich in Nr. 22 Abs. 1 der AGB der Sparkassen.

1096 *Naumann*, Sittenverstoß und Privatautonomie, S. 28.

1097 BGH, Urteil v. 26.4.1994 – XI ZR 184/93 = BGH NJW 1994, 1726, 1727; BGH, Urteil v. 27.1.2000 – IX ZR 198/98 = BGH NJW 2000, 1182, 1183; *Musielak*, JA 2015, 161, 169. Gegen die Annahme, dass es „*wirtschaftlich sinnlose*“ Bürgschaften gebe, wendet sich *Zöllner* in WM 2000, 1, 6 f. Die mangelnde Werthaltigkeit der Forderung könne an ihrem materiell rechtlichen Bestand nichts ändern, vielmehr bleibe dem Gläubiger die Hoffnung auf die Verbesserung der wirtschaftlichen Situation. Außerdem kann auch eine solche Bürgschaft Vermögensverschiebungen vermeiden.

1098 Zunächst wandte nur der IX. Senat dieses Kriterium an, der XI. Senat hingegen nicht, BGH, Urteil v. 22.1.1991 – XI ZR 111/90 = BGH NJW 1991, 923, 925 = BGH WM 1991, 313, 315 (mit Verweis darauf, dass § 826 BGB und eine Anfechtung genügend Schutz böten); BGH, Urteil v. 24.11.1992 – XI ZR 98/92 = BGHZ 120, 272–280 = BGH NJW 1993, 322, 324. Aufgrund der Uneinigkeit beantragte der XI. Senat jedoch eine Entscheidung des Großen Senats, Vorlageschluss v. 29.6.1999 – XI ZR 10/98 = BGH NJW 1999, 2584. Durch die Rücknahme der Revision erging keine Entscheidung. Die Zuständigkeiten innerhalb der Senate wurden im Folgenden jedoch umverteilt, sodass der den Ausschlussgrund ablehnende XI. Senat ausschließlich für Bürgschaften zuständig ist. So auch: *Nobbe/Kirchhof*, BKR 2001, 5, 5.

verhindern möchte.[1099] Dies resultiert daraus, dass Kreditgläubiger häufig einem nunmehr formal vermögenslosen Schuldner gegenüberstehen, dieser aber faktisch sein altes Vermögen weiterhin besitzt, nur dass eine Nahbereichsperson nun formal berechtigt ist. Die Vermögensverschiebung muss im Vertrag jedoch als Bedingung der Haftung aufgeführt sein[1100] und der Bürge darf lediglich i.H.d. Vermögensverschiebung haftbar sein.[1101] Außerdem wird vereinzelt vertreten, dass die Hereinnahme einer Angehörigenbürgschaft den Schuldner zu wirtschaftlich sorgfältigerem Verhalten veranlasse,[1102] was diese gerechtfertigt erscheinen lässt.

Des Weiteren muss die Bürgschaftsstellung für die Bank erforderlich sein. Dies ist der Fall, wenn die Höhe der Bürgschaft in einem angemessenen Verhältnis zur Höhe der Hauptschuld steht.[1103]

1099 Ursprüngliche Entscheidung: BGH, Urteil v. 5.1.1995 - IX ZR 85/94 = BGHZ 128, 230–240 (Rz. 21) = BGH NJW 1995, 592, 594; BGH, Urteil v. 25.4.1996 - IX ZR 177/95 = BGHZ 132, 328–341 = BGH WM 1996, 1124 = BGH NJW 1996, 2088; BGH, Urteil v. 23.1.1997 - IX ZR 69/96 = BGHZ 134, 325–332 (Rz. 18) = BGH WM 1997, 467, 469 = BGH NJW 1997, 1003, 1004; BGH, Versäumnisurteil v. 25.11.1999 - IX ZR 40/98 = BGH NJW 2000, 362, 363. Zur Entwicklung der Kreditpraxis HKK/*Haferkamp*, §§ 765–778 Rn. 113.

1100 In BGH, Urteil v. 11.3.1997 - XI ZR 50/96 = BGHZ 135, 66–74 (Rz. 13, 20) = BGH NJW 1997, 1773, 1775 wird ausgeführt, dass das generelle Berufen auf die Verhinderung einer Vermögensverlagerung nicht statthaft sei, BGH, Urteil v. 23.1.1997 - IX ZR 69/96 = BGHZ 134, 325–332 (Rz. 24, 27) = BGH WM 1997, 467, 469 = BGH NJW 1997, 1003, 1004; BGH, Versäumnisurteil v. 25.11.1999 - IX ZR 40/98 = BGH NJW 2000, 362, 363; *Medicus*, Die Bedeutung von Erwartungen des Gläubigers beim Abschluß der Bürgschaft, in: FS Fikentscher, S. 265, 281 In den letztgenannten Entscheidungen wird erst darauf abgestellt, dass eine Inanspruchnahme vor der Vermögensverschiebung rechtsmissbräuchlich sei.

1101 BGH, Urteil v. 8.10.1998 - IX ZR 257/97 = BGH WM 1998, 2327, 2329. In BGH, Urteil v. 14.5.2002 - XI ZR 50/01 = BGHZ 151, 34–42 (Rz. 18 (telos)) = BGH WM 2002, 1347, 1349 = BGH NJW 2002, 2228, 2229 und in BGH, Urteil v. 14.5.2002 - XI ZR 81/01 = BGH NJW 2002, 2230, 2231 wird erstmals eine ausdrückliche Haftungsbeschränkung gefordert.

1102 Stellungnahme des Bundesverbandes deutscher Banken, zitiert in BVerfG, Beschluss v. 19.10.1993 - 1 BvR 567/89 = BVerfGE 89, 214 = BVerfG NJW 1994, 36, 36; *Schnabl*, WM 2006, 706, 707.

1103 U.a. BGH, Urteil v. 18.9.1997 - IX ZR 283/96 = BGHZ 136, 347–356 (Rz. 13) = BGH NJW 1997, 3372, 3373.

(gg) Beweislastverteilung

Prozessrechtlich obliegt es grds. dem Bürgen, ihm günstige Umstände darzulegen und zu beweisen.[1104] Hierzu zählt das sittenwidrige Ausnutzen. Da es sich um ein subjektives Element handelt, würde der Nachweis dem Bürgen jedoch nur schwer gelingen. Die Bank ist allerdings dazu verpflichtet, die Bonität des Bürgen zu prüfen.[1105] Dies folgt aus der Dokumentationspflicht der Banken in ihren Kreditakten, § 25a Abs. 1 S. 5 Nr. 2 Kreditwesengesetz i.V.m. Art. 6 Mindestanforderungen an das Risikomanagement VO.[1106] Nur angemessen vermögende Bürgen sind tauglich, § 239 Abs. 1 BGB. Bemerken sie bei der Bonitätsprüfung die mangelnde Solvenz des Bürgen, besteht ein zurechenbarer Vorwurf. Kommt die Bank dieser Bonitätsüberprüfungspflicht nicht nach, hat sie ihre Sorgfaltspflicht verletzt. Hieraus ergibt sich die Zurechenbarkeit der Kenntnis oder grob fahrlässige Unkenntnis von der krassen finanziellen Überforderung des Bürgen.[1107]

Hinsichtlich der Beweisführung hinsichtlich der strukturellen Unterlegenheit findet eine Umkehr der objektiven Beweisführungslast statt, sodass zugunsten des Bürgen dem ersten Anschein nach (*prima facie*) vermutet wird, dass er bei Vorliegen des krassen finanziellen Missverhältnisses aus struktureller

---

1104 Sog. Rosenberg'sche Formel, vgl. BeckOK ArbR/*Gussen*, § 613a BGB Rn. 284 und BAG, Urteil v. 25.10.2007 – 8 AZR 917/06 = NZA-RR 2008, 367, 371.

1105 Dies kann beispielsweise durch eine Selbstauskunft des Bürgen geschehen (BGH, Urteil v. 27.1.2000 – IX ZR 198/98 = BGH NJW 2000, 1182, 1183), die die Bank sorgfältig überprüfen muss, wenn sie in einem bloß zeitlichen Zusammenhang abgegeben wurde: BGH, Urteil v. 24.3.1988 – III ZR 30/87 = BGHZ 104, 102–109 = BGH NJW 1988, 1659, 1661; BGH, Urteil v. 18.9.2001- IX ZR 183/00 = BGH NJW 2002, 1337, 1338; BGH, Urteil v. 1.4.2014 – XI ZR 276/13 = BGH WM 2014, 989, 992; BGH, Urteil v. 15.11.2016 – XI ZR 32/16 = BGH NJW-RR 2017, 241, 243. Auf der anderen Seite kann die Bank auf die Auskunft vertrauen, wenn der Bürge die Vollständigkeit und Richtigkeit versichert, OLG Köln, Beschluss v. 11.7.2002 – 13 U 56/02 = OLG Köln WM 2003, 2041; Soergel/*Gröschler*, § 765 Rn. 26; kritisch MüKo/*Habersack*, § 765 Rn. 26.

1106 *Kollrus*, MDR 2014, 1357, 1359. Für den Immobiliar-Verbraucherdarlehensvertrag folgt das aus § 511 Abs. 3 S. 2 BGB.

1107 BGH, Urteil v. 24.2.1994 – IX ZR 93/93 = BGHZ 125, 206–218 (Rz. 26) = BGH WM 1997, 676, 678 = BGH NJW 1994, 1278, 1279; BGH, Urteil v. 27.1.2000 – IX ZR 198/98 = BGH NJW 2000, 1182, 1184; *Fischer/Ganter/Kirchhof*, Schutz des Bürgen, in: FS fünfzig Jahre BGH (2000), 33, 37; *Naumann*, Sittenverstoß und Privatautonomie, S. 42; *Beck*, Jura 2019, 244, 249.

Unterlegenheit gehandelt und der Gläubiger dies ausgenutzt hat.[1108] Mittlerweile ist es unerheblich, ob es sich bei dem Bürgen um eine geschäftserfahrene und rechtskundige Person handelt und daher eine schwerer ausnutzbare Situation besteht, da auch rechtskundige Personen aus emotionaler Bindung unüberlegt Entscheidungen treffen können.[1109]

Der Bürgschaftsgläubiger kann die Vermutung widerlegen, indem er darlegt und bei Bestreiten beweist, dass der Bürge eigene unmittelbare Vorteile aus der abgesicherten Verbindlichkeit erlangt.[1110] Die den finanziell überforderten Bürgen schützende Rechtsprechung gilt lediglich für solche Personen, die zum Zeitpunkt der Bürgschaftserklärung nicht unmittelbar an der abzusichernden Forderung beteiligt sind, oder für Gesellschafterbürgschaften.[1111] Ebenfalls einer anderen Bewertung unterliegt der Sachverhalt, dass der Bürge (für die Bank

---

1108 BGH, Urteil v. 10.10.1996 - IX ZR 333/95 = BGH NJW 1997, 52, 53, 54; BGH, Urteil v. 18.9.1997 - IX ZR 283/96 = BGHZ 136, 347–356 (Rz. 13) = BGH NJW 1997, 3372, 3373 = BGH WM 1997, 2117, 2118; BGH, Versäumnisurteil v. 25.11.1999 - IX ZR 40/98 = BGH NJW 2000, 362, 363; BGH, Urteil v. 14.11.2000 - XI ZR 248/99 = BGHZ 146, 37–49 (Rz.3, 21) = BGH WM 2001, 402, 404 f. = BGH NJW 2001, 815, 817 f.; BGH, Urteil v. 4.12.2001 - XI ZR 56/01 = BGH WM 2002, 223 = BGH NJW 2002, 744, 745; BGH, Urteil v. 28.5.2002 - XI ZR 205/01 = BGH WM 2002, 1649, 1651; BGH, Urteil v. 14.10.2003 - XI ZR 121/02 = BGHZ 156, 302–310 (Rz. 16, 18) = BGH NJW 2004, 161, 162; BGH, Urteil v. 16.6.2009 - XI ZR 539/07 = BGH NJW 2009, 2671, 2672; BGH, Urteil v. 24.11.2009 - XI ZR 332/08 = BGH WM 2010, 32, 33; BGH, Urteil v. 19.2.2013 - XI ZR 82/11 = BGH NJW 2013, 1534, 1535; Palandt/*Ellenberger*, § 138 Rn. 38b („*krasse Überforderung*"); *Bülow*, Recht der Kreditsicherheiten, Rn. 886; *Hövermann*, Handbuch der Beweislast, § 765 Rn. 4a; *Naumann*, Sittenverstoß und Privatautonomie, S. 9; *Grüneberg*, WM Sonderbeil. Nr. 3 zu Heft 43/2015, 2, 5; *Krüger*, NJW 2009, 3408, 3409.

1109 BGH, Urteil v. 27.1.2000 - IX ZR 198/98 = BGH NJW 2000, 1182, 1184. Ursprünglich galt die Geschäftserfahrenheit als Ausschlussgrund der Sittenwidrigkeit: BGH, Beschluss v. 5.12.1996 - IX ZR 137/95 = BGH NJW 1997, 940, 941 (für einen praxiserfahrenen Jurastudenten).

1110 BGH, Urteil v. 14.11.2000 - XI ZR 248/99 = BGHZ 146, 37–49 (Rz. 29) = BGH WM 2001, 402, 404 f. = BGH NJW 2001, 815, 817 f.; *Hövermann*, Handbuch der Beweislast im Privatrecht, § 765 Rn. 7; *Wever*, FamRZ 2010, 237, 240.

1111 BGH, Urteil v. 18.9.2001 - IX ZR 183/00 = BGH NJW 2002, 1337, 1338; BGH, Beschluss v. 28.2.2002 - IX ZR 153/00 = BGH NJW-RR 2002, 1130, 1130; BGH, Urteil v. 28.5.2002 - XI ZR 199/01 = BGH NJW 2002, 2634, 2635. Dies gilt nicht für den Minderheitsgesellschafter, BGH, Urteil v. 10.12.2002 - XI ZR 82/02 = BGH NJW 2003, 967, 968; *Hövermann*, Handbuch der Beweislast, § 765 Rn. 7.

erkennbar) an dem Kredit partizipiert[1112] oder es seine eigene Schuld[1113] ist.[1114] Der Bürge müsste folglich wie ein Mitdarlehensnehmer erscheinen.[1115] Der Sittenwidrigkeitsvorwurf entfällt jedoch nur, sofern die Bank den Bürgen nicht unzulässig beeinflusst hat.[1116]

1112 Dies ist der Fall, wenn dem Bürgen durch den Kredit *unmittelbare* Vorteile erwachsen, wie eine Avalprovision für die Bürgschaftserklärung, oder wenn der Kredit auch dem eigenen Fortkommen in der gemeinsamen Firma dient. Nicht ausreichend ist hingegen ein potenzieller, ungewisser Vorteil in der Zukunft, etwa durch eine Erbschaft; Soergel/*Gröschler*, § 765 Rn. 29; *Naumann*, Sittenverstoß und Privatautonomie, S. 56. Nicht ausreichend ist außerdem ein bloß mittelbarer Vorteil wie ein bloßes Wohnrecht an dem zu erwerbenden Haus (BGH, Urteil v. 27.1.2000 - IX ZR 198/98 = BGH NJW 2000, 1182, 1184) oder eine potenziell höhere Unterhaltszahlung in der Zukunft (BGH, Urteil v. 14.11.2000 - XI ZR 248/99 = BGHZ 146, 37–49 (Rz. 22) = BGH WM 2001, 402, 405 = BGH NJW 2001, 815, 817). Ausreichend ist hingegen ein Kredit für den gemeinsamen Hausstand (BGH, Urteil v. 6.10.1998 - XI ZR 244/97 = BGH NJW 1999, 135, 135 = BGH WM 1998, 2366, 2367; BGH, Urteil v. 23.3.2004 - XI ZR 114/03 = BGH NJW-RR 2004, 924, 924) oder ein Kredit für den Erwerb eines Grundstücks, an dem Miteigentum begründet werden soll (BGH, Urteil v. 27.5.2003 - IX ZR 283/99 = BGH NJW-RR 2004, 337, 338; BGH, Urteil v. 15.11.2016 - XI ZR 32/16 = BGH NJW-RR 2017, 241, 243) oder auch die Bürgschaft für ein Unternehmen, an dem der Bürge beteiligt ist (BGH, Beschluss v. 17.4.1997 - IX ZR 135/96 = BGH NJW-RR 1997, 1199, 1199; BGH, Urteil v. 25.1.2005 - XI ZR 28/04 = BGH NJW 2005, 971, 973).

1113 Es muss sich nach materieller Betrachtung um eine fremde Schuld handeln, mithin muss es sich wirtschaftlich gesehen um eine andere Person, als die des Hauptschuldners, handeln. Dieses Erfordernis ergibt sich aus der Überlegung, dass dem potenziellen finanziellen Ruin wirtschaftlich kein Gegenwert gegenübersteht, wenn es sich bei dem Bürgen wirtschaftlich gesehen auch um den Hauptschuldner handelt, BGH, Urteil v. 24.2.1994 - IX ZR 93/93 = BGHZ 125, 206–218 (Rz. 16, 23) = BGH WM 1997, 676, 678 = BGH NJW 1994, 1278, 1279; *Naumann*, Sittenverstoß und Privatautonomie, S. 52.

1114 BGH, Urteil v. 24.11.1992 - XI ZR 98/92 = BGHZ 120, 272–280 (Rz. 19) = BGH NJW 1993, 322, 324; BGH, Urteil v. 6.10.1998 - XI ZR 244/97 = BGH NJW 1999, 135, 135; BGH, Urteil v. 14.11.2000 - XI ZR 248/99 = BGHZ 146, 37–49 (Rz. 29) = BGH WM 2001, 402, 405 = BGH NJW 2001, 815, 817; BGH, Urteil v. 27.5.2003 - IX ZR 283/99 = BGH NJW-RR 2004, 337, 338; *Naumann*, Sittenverstoß und Privatautonomie, S. 51 ff.; *Wever*, FamRZ 2010, 237, 240.

1115 BGH, Urteil v. 23.3.2004 - XI ZR 114/03 = BGH NJW-RR 2004, 924, 925; BGH, Urteil v. 25.1.2005 - XI ZR 28/04 = BGH NJW 2005, 971, 973.

1116 *Naumann*, Sittenverstoß und Privatautonomie, S. 53.

Diese Differenzierung erinnert an die Gesamtschuldnerschaft in Kolumbien. Gemäß Art. 1579 Abs. 2 CC haften die Gesamtschuldner, die von dem abzusichernden Geschäft unmittelbar betroffen sind, einander wie Gesamtschuldner. Diejenigen, die jedoch nicht von dem Geschäft unmittelbar betroffen sind, haften einander wie Bürgen. Auch hier wird der altruistisch handelnde Sicherheitengeber privilegiert.

(hh) Unzulässige Beeinflussung des Bürgen

Sofern es sich nicht um eine Nahbereichsperson handelt, die stark finanziell überfordert ist, bedarf es für die Annahme der Sittenwidrigkeit besonderer, erschwerender Umstände, die dem Kreditinstitut zurechenbar sind.[1117] Diese können auch ohne finanzielle Überforderung oder strukturelle Unterlegenheit vorliegen, wenn das Kreditinstitut die Entschließungsfreiheit des Bürgen unzulässig beeinflusst hat, etwa im Falle der Verharmlosung der Bürgschaftsübernahme oder des Ausübens emotionalen Drucks.[1118] Dies gilt auch, wenn der Gläubiger die emotionale Verbundenheit rücksichtslos ausgenutzt hat.[1119] Eine unzulässige Beeinflussung wurde bereits bei einem zeitlichen „*Überrumpeln*“[1120] sowie der Schaffung einer emotionalen Zwangslage durch den Gläubiger angenommen.[1121] Außerdem liegt eine unzulässige Beeinflussung vor, wenn

---

1117 BGH, Urteil v. 18.12.1997 – IX ZR 271/96 = BGHZ 137, 329–343 = BGH NJW 1998, 597, 598; BGH, Urteil v. 26.4.2001 – IX ZR 337/98 = BGH NJW 2001, 2466; 2467; *Grüneberg*, WM Sonderbeil. Nr. 3 zu Heft 43/2015, 2, 6; *Nobbe/Kirchhof*, BKR 2001, 5, 7.

1118 BGH, Urteil v. 24.11.1992 – XI ZR 98/92 = BGHZ 120, 272–280 (Rz. 17) = BGH NJW 1993, 322, 323; BGH, Urteil v. 24.2.1994 – IX ZR 227/93 = BGH NJW 1994, 1341, 1342; BGH, Urteil v. 11.3.1997 – XI ZR 50/96 = BGHZ 135, 66–74 (Rz. 10, 18) = BGH NJW 1997, 1773, 1775; BGH, Urteil v. 8.10.1998 – XI ZR 244/97 = BGH NJW 1999, 135, 136; BGH, Urteil v. 26.4.2001 – IX ZR 337/98 = BGH NJW 2001, 2466; 2467; BGH, Urteil v. 28.5.2002 – XI ZR 199/01 = BGH NJW 2002, 2634, 2636; BGH, Urteil v. 27.5.2003 – IX ZR 283/99 = BGH WM 2003, 1563, 1565; *Fellner*, MDR 2005, 368, 370.

1119 BGH, Urteil v. 14.10.2003 – XI ZR 121/02 = BGHZ 156, 302–310 (Rz. 16, 18) = BGH NJW 2004, 161, 162; BGH, Urteil v. 1.4.2014 – XI ZR 276/13 = BGH WM 2014, 989, 991; BGH, Urteil v. 15.11.2016 – XI ZR 32/16 = BGH NJW-RR 2017, 241, 242; BeckOK BGB/*Rohe*, § 765 Rn. 57.

1120 *Kollrus*, MDR 2014, 1357, 1363.

1121 *Kollrus*, MDR 2014, 1357, 1363. Zum Überrumpeln u.a. BGH, Urteil v. 10.1.1997 – IX ZR 250/95 = BGH NJW 1997, 1980, 1982. In dem Fall konfrontierte ein Bankangestellter die Ehefrau des Hauptschuldners bei einem routinemäßigen Bankbesuch

der Gläubiger einen Irrtum bzgl. der Risiken der Unterschrift hervorruft.[1122] Parallelen zum Anfechtungsgrund aus § 123 BGB bei Drohung und arglistiger Täuschung sind offensichtlich.[1123] Eine unzulässige Beeinflussung durch den Hauptschuldner liegt neben den o.g. Varianten ebenfalls in der Hervorrufung emotionalen Drucks, wie durch einen Appell an die eheliche Liebe und die finanzielle Not.[1124] Anders ist dies bei einem Eltern-Kind-Verhältnis, bei dem die bloße Bitte zur Übernahme einer Bürgschaft schon als unzulässige Einflussnahme qualifiziert wird.[1125] Das Eigeninteresse des Gläubigers an einer Sicherheit ist nicht schützenswert, wenn unzulässiger Druck oder eine Beeinflussung ausgeübt wurde.[1126]

Außerdem muss der Gläubiger bzgl. der objektiven Beweislastverteilung Kenntnis von der unzulässigen Beeinflussung gehabt haben und der Bürge muss ihm diese Kenntnis nachweisen, § 123 Abs. 2 S. 1 BGB i.V.m. der allgemeinen Beweislastverteilung. Die Bank hatte unproblematisch Kenntnis von der Beeinflussung, wenn sie selbst – durch ihre Mitarbeiter – auf den Bürgen eingewirkt hat. Im Falle der Beeinflussung durch Dritte kann die Bank grds. von der freien Entscheidung des Bürgen ausgehen, es sei denn, es sind besondere Indizien für eine Beeinflussung bekannt.[1127] Die Darlegungs- und Beweislast für die Kenntnis oder fahrlässige Unkenntnis des Gläubigers von den Umständen

zur Schaffung einer emotionalen Zwangslage. Im BGH, Urteil v. 2.11.1995 - IX ZR 222/94 = BGH NJW 1996, 513, 514 wies der Ehemann daraufhin, dass die Bank die Kündigung des Darlehens im Falle der Bürgschaftsverweigerung in Aussicht gestellt habe.

1122 So in BGH, Urteil v. 24.2.1994 - IX ZR 227/93 = BGH NJW 1994, 1341, 1343. Dieser Fall lag dem Beschluss des BVerfG zugrunde, in dem der Tochter mitgeteilt wurde, die Unterschrift sei lediglich für die Akten des Bankangestellten.

1123 So auch: *Naumann*, Sittenverstoß und Privatautonomie, S. 14.

1124 BGH, Urteil v. 2.11.1995 - IX ZR 222/94 = BGH NJW 1996, 513, 514.

1125 Die bloße Bitte kann schon dem Gedanken des § 1618a BGB widersprechen, wonach Eltern und Kinder einander lebenslang zu Rücksicht und Beistand verpflichtet sind. Je nach der Höhe des konkreten Haftungsrisikos ist die Bitte allein unzulässig und stellt einen Gesetzesversoß dar, BGH, Urteil v. 24.2.1994 - IX ZR 93/93 = BGHZ 125, 206–218 (Rz. 24) = BGH WM 1994, 676, 679 = BGH NJW 1994, 1278, 1280; BGH, Urteil v. 24.2.1994 - IX ZR 227/93 = BGH NJW 1994, 1341, 1342, 1343; BGH, Urteil v. 10.10.1996 - IX ZR 333/95 = BGH NJW 1997, 52, 53.

1126 BGH, Urteil v. 11.3.1997 - XI ZR 50/96 = BGHZ 135, 66–74 (Rz. 10, 18) = BGH NJW 1997, 1773, 1774.

1127 *Naumann*, Sittenverstoß und Privatautonomie, S. 80, 81.

der unzulässigen Beeinflussung durch Dritte, wie durch die Eltern, deren Bitte zur Stellung einer Bürgschaft schon gegen § 1618a BGB verstößt, liegt beim Bürgen.[1128]

(ii) Auswirkungen der Insolvenzordnung auf die Sittenwidrigkeitsrechtsprechung

Seit Inkrafttreten der §§ 286 ff. InsO gibt es vonseiten der Literatur vermehrt Kritik an der Sittenwidrigkeitsrechtsprechung des BGH.[1129] Der Ansatzpunkt, dass durch die Bürgschaft ein vererblicher „*moderner Schuldturm*"[1130] entstehen könne, gehe fehl, wenn durch §§ 286 ff. InsO eine Restschuldbefreiung möglich sei. Der BGH hat diese Auffassung jedoch mit seiner Entscheidung vom 16.6.2009[1131] abgelehnt und außergewöhnlich präzise den Auslegungskanon angewandt. Zur Begründung trug er u.a. das teleologische Argument vor, dass die beiden Normen unterschiedliche Zielrichtungen verfolgten, und daher andere Schutzgüter hätten.[1132] Die sittenwidrig beeinflusste Entscheidungsfreiheit des Bürgen sei durch eine mögliche Restschuldbefreiung nicht geschützt.[1133] Zudem setze das Insolvenzrecht nach der systematischen Auslegung eine wirksam entstandene Verbindlichkeit voraus, was bei einer gemäß § 138 BGB nichtigen Verbindlichkeit nicht gegeben sei.[1134] Historisch betrachtet habe sich die Bundesregierung im Gesetzgebungsprozess gegen die Ausweitung der Restschuldbefreiung auf finanzschwache Angehörige ausgesprochen[1135] und damit klar die allgemeinen zivilrechtlichen Normen anwendbar gelassen.[1136] Deshalb sei die

---

1128 Schimansky/Bunte/Lwowski/*Pamp*, § 82 Rn. 126.

1129 BeckOK BGB/*Rohe*, § 765 Rn. 51; MüKo/*Habersack*, § 765 Rn. 21 f.; *Aden*, NJW 1999, 3763, 3763; *Foerste*, JZ 2002, 562, 564; *Kapitza*, NZI 2004, 14, 16; *Medicus*, JuS 1999, 833, 837; *Müller*, KTS 2000, 57, 60; *Schnabel*, WM 2006, 706, 709 ff.; *Unger*, BKR 2005, 432, 436; *Zöllner*, WM 2000, 1, 5 f.

1130 *With/Nack*, ZRP 1984, 1, 1 ff.

1131 BGH, Urteil v. 16.6.2009 - XI ZR 539/07 = BGH NJW 2009, 2671.

1132 So auch: BGH, Urteil v. 16.6.2009 - XI ZR 539/07 = BGH NJW 2009, 2671, 2674; *Krüger*, NJW 2009, 3408, 3409; *Pape*, NJW 2010, 2928, 2931; *Sternal*, NZI 2010, 457, 463.

1133 *Schröder*, Die Lücken des deutschen Rechts im Bürgenschutz, S. 97.

1134 OLG Frankfurt a.M., Urteil v. 24.3.2004 - 23 U 65/03 = OLG Frankfurt NJW 2004, 2392, 2393; Schimansky/Bunte/Lwowski/*Pamp*, § 82 Rn. 110; *Berg*, ZInsO 2018, 2787, 2788.

1135 BT-Drucksache 12/2443, 267 f. zu § 250 II RegEInsO.

1136 BT-Drucksache 12/2443, 268; *Homann/Maas*, JuS 2011, 774, 779.

Sittenwidrigkeitsrechtsprechung durch die Möglichkeit der Restschuldbefreiung nicht obsolet geworden. Teile der Literatur stimmten dem weitestgehend zu.[1137]

Andere Teile der Literatur kritisieren den Ansatz des BGH jedoch dahin gehend, dass dieser mittlerweile zu sehr ausgedehnt werde und damit die Privatautonomie zu sehr einschränke.[1138] Zielführender solle eine Vertragsaufhebung aus *culpa in contrahendo* (§§ 241 Abs. 2, 311 Abs. 2 i.V.m. 280 Abs. 1 BGB) infolge vorvertraglicher Aufklärungspflichtverletzung sein. Dieser Ansatz ist insoweit problematisch, als dass es keine so weitreichenden Aufklärungspflichten des Gläubigers gibt und daher der bezweckte Schutz des Bürgen leerliefe.[1139] Andere sehen in der Restschuldbefreiung eine vorzugswürdigere Lösung, da kein Unterschied zwischen Personen bestehe, die nicht einmal die Zinsen tilgen könnten, und solchen, die dazu zwar in der Lage seien, aber die Hauptschuld nie abtragen werden können.[1140] Des Weiteren wird angeführt, dass § 138 BGB einem *„ständigen Wandel“* unterliege und die Privatautonomie durch die Restschuldbefreiung nicht mehr gefährdet sei.[1141]

Wieder Andere stellen darauf ab, die widerlegliche Vermutung des Ausnutzens aufzugeben und stattdessen die gewöhnliche Beweislastverteilung anzuwenden.[1142]

Vorzugswürdiger erscheint, dass die Restschuldbefreiung die außergewöhnliche Belastung des Bürgen zum Zeitpunkt des Vertragsschlusses nicht entfallen lässt, bis weitreichendere Aufklärungspflichten der Bürgschaftsgläubiger anerkannt werden.[1143]

Aufgrund dieser Betrachtung ist davon auszugehen, dass in Deutschland derweilen ein sehr umfangreicher Bürgenschutz entwickelt wurde.

Abschließend lässt sich feststellen, dass aus hier vertretener Sicht ein ausgewogenes Schutzkonstrukt zugunsten des Bürgen durch die Rechtsprechung besteht, welche auch die schützenswerten Belange der Kreditinstitute berücksichtigt.

1137 MüKo-InsO/*Stephan*, § 301 Rn. 6 (durch anderen Normzweck); *Bülow*, LMK 2009, 288123; *Krüger*, NJW 2009, 3408, 3409; *Reinicke/Tiedtke*, Rn. 211.

1138 MüKo/*Habersack*, § 765 Rn. 22; *Jansen*, Seriositätskontrollen existentiell belastender Versprechen, in: Störung der Willensbildung bei Vertragsschluss, 125, 147, *Habersack/Giglio*, WM 2001, 1000, 1003, 1005; *Medicus*, JuS 1999, 833, 835 f.; *Müller*, KTS 2000, 57, 60; *Wagner*, NJW 2005, 2956, 2958 f.

1139 So auch: *Jansen*, Die Bürgschaft in der europäischen Rechtstradition, S. 190.

1140 *Adam*, DZWiR 2013, 447, 449.

1141 *Unger*, BKR 2005, 432, 435.

1142 *Schnabl*, WM 2006, 706, 714.

1143 *Ernst*, Interzession, in: FS Seiler, 395, 428.

Darüber hinaus konnten sich die Kreditinstitute seit geraumer Zeit auf die geänderte Rechtsprechung einstellen und können diese daher in der Kreditpraxis berücksichtigen.

(2) Aus dem Verhältnis Schuldner – Gläubiger

Die Möglichkeit, Einreden des Hauptschuldners geltend zu machen, ist Folge des Akzessorietätsgrundsatzes. Der Bürge ist grds. dazu verpflichtet, offenkundige Einreden des Hauptschuldners zu erheben und diesen vor der Leistung an den Gläubiger anzuhören.[1144] Er muss somit gemäß § 768 Abs. 1 S. 1 BGB alle dilatorischen und peremptorischen Einreden des Hauptschuldners – mit Ausnahme der Einrede der Anfechtbarkeit und Aufrechenbarkeit, die gemäß § 770 BGB geltend gemacht werden können – gegen den Gläubiger geltend machen.[1145] Dies gilt jedoch nicht für eine Bürgschaft auf erstes Anfordern. Der formularmäßige Verzicht des Bürgen auf alle Einreden aus § 768 BGB ist gemäß § 307 Abs. 2 Nr. 1 BGB unwirksam.[1146] Zudem kann der Hauptschuldner, im Gegensatz zum Bürgen, rechtsgeschäftlich analog § 768 Abs. 2 BGB nicht auf Einreden oder Gestaltungsrechte gegen den Gläubiger verzichten.[1147] Diese Norm

---

1144 BGH, Urteil v. 19.9.1985 – IX ZR 16/85 = BGHZ 95, 375–392 (Rz. 52, 60) = BGH NJW 1986, 310, 313.

1145 Aus dem Innenverhältnis zwischen dem Bürgen und dem Hauptschuldner folgt, dass der Bürge verpflichtet ist, die Einrede geltend zu machen, außer es handelt sich um eine Bürgschaft auf erstes Anfordern oder um schwere Beweisbarkeit hinsichtlich der Einrede, BeckOK BGB/*Rohe*, § 765 Rn. 13; Staudinger/*Stürner*, § 765 Rn. 121.

1146 Unter Aufgabe der früheren Rechtsprechung: BGH, Beschluss v. 6.11.1963 – VIII ZR 160/62 = BGH WM 1963, 1302, 1303; BGH, Urteil v. 8.3.2001 – IX ZR 236/00 = BGHZ 147, 99–108 (Rz. 14) = BGH NJW 2001, 1857, 1858; BGH, Urteil 5.4.2001 – IX ZR 276/98 = BGH WM 2001, 1060, 1062; BGH, Urteil v. 3.4.2003 – IX ZR 287/99 = BGH NJW 2003, 2231, 2233; OLG Stuttgart, Urteil v. 7.3.1985 – 7 U 249/84 = OLG Stuttgart WM 1986, 736, 737; *Förster*, WM 2010, 1677, 1680; *Schmidt*, BauR 2011, 899, 902 f.; a.A. Staudinger/*Stürner*, § 768 Rn. 32.

1147 MüKo/*Habersack*, § 768 Rn. 1; Palandt/*Sprau*, § 768 Rn. 9 (wodurch der gerichtliche Verlust nicht eingeschränkt wird). Dem Verzicht steht ein Versäumnisurteil gegen den Hauptschuldner gleich. Auch dieses entfaltet dem Bürgen gegenüber keine Wirkung, da er durch sein Schweigen nicht schlechter gestellt werden darf als durch eine Verzichtserklärung, *Reinicke/Tiedtke*, Rn. 279; *Tiedtke*, JZ 2006, 940, 945. Fraglich ist, was für das Anerkenntnis gilt, welches die Verjährung gemäß § 212 Abs. 1 Nr. 1 BGB neu beginnen lässt. Die Lage ist auf der einen Seite vergleichbar mit dem Verzicht, der nicht zulasten des Bürgen wirkt, OLG Düsseldorf, Urteil v. 20.6.1975 – 22 U 51/75 = OLG Düsseldorf MDR 1975, 1019, 1019; MüKo/*Grothe*, § 208 Rn. 2; MüKo/*Habersack*, § 767 Rn. 16, § 768 Rn. 7, 14. Weiterhin soll es sich bei dem Anerkenntnis

stimmt mit dem Verbot der Fremddisposition überein, § 767 Abs. 1 S. 3 BGB. Allerdings steht es dem Hauptschuldner frei, auf die Anfechtungsmöglichkeit oder die Gewährleistungsrechte zu verzichten.[1148]

Die Anfechtung als subjektives Recht kann nur von dem Betroffenen geltend gemacht werden.[1149] § 770 Abs. 1 BGB bestimmt jedoch, dass der Bürge dem Gläubiger die Anfechtbarkeit der Hauptverbindlichkeit im Wege der Einrede entgegenhalten kann. Die Einrede der Anfechtbarkeit erweitert den Akzessorietätsgedanken, da auch die potenzielle fehlende spätere Durchsetzbarkeit der Hauptforderung eingewendet werden kann.[1150] Aufgrund dessen ist die Norm begrenzt dispositiv.[1151] Weiterhin erfasst § 770 Abs. 1 BGB analog die übrigen

---

um eine verbotene Fremddisposition handeln, *Reinicke/Tiedtke*, Rn. 282 f. Auf der anderen Seite stellt das OLG München im Urteil v. 19.1.2006 – 19 U 4232/05 = OLG München WM 2006, 684, 687 fest, dass der Hauptschuldner nicht auf eine bestehende Einrede verzichtet, sondern lediglich verhindert, dass eine Einrede zur Entstehung gelangt. Diese Erwägung trifft jedoch nicht zu, da das Anerkenntnis in dieser Hinsicht dem Versäumnisurteil entspricht, *Reinicke/Tiedtke*, Rn. 287. Des Weiteren handelt es sich auch nicht um eine von vornherein im Schuldverhältnis angelegte Verschlechterung, *Tiedtke/Holthusen*, WM 2007, 93, 94. Letztlich hat der BGH dies bestätigt, BGH, Urteil v. 18.9.2007 – XI ZR 447/06 = BGH WM 2007, 2230, 2231. Bestätigt der Hauptschuldner die ursprünglich nichtige Hauptschuld, handelt es sich um eine neue Verbindlichkeit, für die der Bürge nicht einstehen muss. Die durch ernsthafte Verhandlungen zwischen dem Hauptschuldner und dem Gläubiger begründete Verjährungshemmung ist hinsichtlich der Hauptschuld auch gegenüber dem Bürgen wirksam, BGH, Urteil v. 14.7.2009 – XI ZR 18/08 = BGH NJW-RR 2010, 975, 976 f.; BGH, Urteil v. 26.1.2010 – XI ZR 12/09 = BGH NJW-Spezial 2010, 173, 173; *Dingler*, BauR 2012, 1720, 1720.

1148 BGB-RGRK/*Mormann*, § 770 Rn. 1; *Reinicke/Tiedtke*, Rn. 299.

1149 2. Komm., Prot. II, S. 2508 f. (*Mugdan* II, S. 1021).

1150 *Kopp*, Die Bürgschaft auf erstes Anfordern, S. 66.

1151 BGH, Urteil v. 25.10.1979 – III ZR 182/77 = BGH NJW 1980, 445, 446; BGH, Urteil v. 30.3.1995 – IX ZR 98/94 = BGH NJW 1995, 1886, 1888; AnwaltKomm/*Beckmann*, § 770 Rn. 6 (individualvertraglich); BeckOK BGB/*Rohe*, § 770 Rn. 1, 4; Erman/*Zetzsche*, § 768 Rn. 9; HK-BGB/*Staudinger*, § 770 Rn. 2; MüKo/*Habersack*, § 770 Rn. 3; Palandt/*Sprau*, § 770 Rn. 1a; PWW/*Brödermann*, § 770 Rn. 4; Staudinger/*Stürner*, § 770 Rn. 16. So nach überwiegender Ansicht auch formularmäßig: BGH, Urteil v. 30.3.1995 – IX ZR 98/94 = BGH NJW 1995, 1886, 1888; BGH, Urteil v. 26.4.2001 – IX ZR 337/98 = BGH NJW 2001, 2466, 2468; BeckOK BGB/*Rohe*, § 770 Rn. 4 (eingeschränkt); HK-BGB/*Staudinger*, § 770 Rn. 2; Jauernig/*Stadler*, § 770 Rn. 3; Staudinger/*Stürner*, § 770 Rn. 17. *Förster* in WM 2010, 1677, 1680 verweist auf die ohnehin kurze Anfechtungsfrist und merkt an, dass dem Bürgen diese Möglichkeit daher selten offenstehen wird; a.A. Erman/*Zetzsche*, § 768 Rn. 10; *Reinicke/*

Gestaltungsrechte, wie Rücktritt, Minderung oder Widerruf.[1152] Eine entsprechende Anwendung ist möglich, da insoweit eine vergleichbare Interessenlage besteht, als die Situation des Bürgen im Falle eines noch nicht ausgeübten sonstigen Gestaltungsrechts der Lage des Bürgen im Falle eines noch nicht ausgeübten Anfechtungsrechts (§ 770 Abs. 1 BGB) gleicht.[1153] Andernfalls würden vom Hauptschuldner noch nicht ausgeübte Gestaltungsrechte die Zahlungspflicht des Bürgen nicht beeinflussen und dieser könnte die Gestaltungsrechte erst in einem potenziellen Rückforderungsprozess geltend machen.[1154] Hat sich der Bürge für eine Kaufpreisschuld verbürgt und ist die gelieferte Ware mangelhaft, hängt die Einrede des Käufers davon ab, ob es sich um einen behebbaren oder unbehebbaren Mangel handelt. Im ersten Fall steht dem Käufer die Einrede des nicht erfüllten Vertrags aus § 320 BGB zu. Diese kommt dem Bürgen über § 768 Abs. 1 BGB zugute. Demgegenüber kann der Käufer bei einem unbehebbaren Mangel ohne Fristsetzung vom Vertrag zurücktreten oder den Kaufpreis mindern. Der Bürge wird über § 767 BGB frei.

Sichert die Bürgschaft einen Werkvertrag ab, kann sich der Bürge über § 768 Abs. 1 BGB die Rechte des Hauptschuldners, also des Bestellers, aus § 320 BGB zunutze machen.

Weitere Einreden des Hauptschuldners können die fehlende Fälligkeit oder die Stundung der Hauptforderung sein. Sie können sich ebenfalls aus einer ungerechtfertigten Bereicherung oder unerlaubten Handlung ergeben. Ferner kommen Einreden nach § 273 und § 320 BGB sowie die Einwendungen aus § 242 BGB in Betracht.

Der Vorschrift des § 770 Abs. 2 BGB liegt der Gedanke zugrunde, dass der Gläubiger sich vorrangig anderweitig befriedigen soll (sog. Subsidiarität der Bürgenhaftung).[1155] Erfasst ist lediglich die Situation, dass der Gläubiger aufrechnen kann, nicht aber die, dass dieses Recht dem Hauptschuldner zusteht.

Tiedtke, Rn. 602 und zumindest kritisch: *Fischer/Ganter/Kirchhof*, Schutz des Bürgen, in: FS fünfzig Jahre BGH (2000), 33, 46.

1152 Nach h.M. BeckOK BGB/*Rohe*, § 770 Rn. 5; MüKo/*Habersack*, § 770 Rn. 6; Palandt/*Sprau*, § 770 Rn. 4; a.A. BeckOGK/*Madaus*, § 770 Rn. 8.

1153 1. Komm., s. Motive II, S. 663 (*Mugdan* II, S. 370); *Kopp*, Die Bürgschaft auf erstes Anfordern, S. 67.

1154 Erman/*Zetzsche*, § 770 Rn. 6, 7; Staudinger/*Stürner*, § 770 Rn. 1; *Reinicke/Tiedtke*, Rn. 297.

1155 BGH, Urteil v. 19.9.1985 – III ZR 214/83 = BGHZ 95, 350–361 (Rz. 47) = BGH NJW 1986, 43, 45; BGH, Urteil v. 16.1.2003 – IX ZR 171/00 = BGHZ 153, 293–302 (Rz. 18) = BGH NJW 2003, 1521, 1522.

Dieser Fall ist indes von § 770 Abs. 2 BGB analog erfasst.[1156] Der Bürge kann sich zudem auf ein Zurückbehaltungsrecht stützen, das er dem Gläubiger einredeweise gemäß §§ 768 Abs. 1 S. 1, 273 BGB entgegenhalten kann. § 770 Abs. 2 BGB ist formularmäßig nicht abdingbar.[1157]

Für Einwendungen des Hauptschuldners, die zum Erlöschen der Hauptschuld führen, gilt diese Vorschrift hingegen nicht. Vielmehr muss der Richter diese von Rechts wegen beachten. Daher ergibt sich das Nichtbestehen der Bürgschaft infolge der Einwendung aus § 765 Abs. 1 BGB oder aus § 767 Abs. 1 S. 1 BGB.[1158] Der Bürge kann nicht auf schuldnerbezogene Einwendungen verzichten, wenn diese den Umfang der Bürgschaft verändern, wie z.Bsp. der (teilweise) Erlass, § 397 Abs. 1 BGB. Ein solcher Verzicht kann aber — soweit er über die Bürgschaftsverpflichtung hinausgeht — gem. § 140 BGB in ein selbstständiges Schuldversprechen umgedeutet werden.[1159]

Soweit die schuldnerbezogenen Einreden bereits begründet sind, kann der Bürge individualvertraglich schriftlich auf sie verzichten, wie z.Bsp. auf die Einrede der Verjährung der Hauptschuld.[1160] Dies gilt auch für die Einrede der Aufrechenbarkeit oder Anfechtbarkeit. Hat der Hauptschuldner die Aufrechnung oder Anfechtung bereits erklärt, besteht die Bürgenschuld hingegen gar nicht mehr. Der Verzicht ist allerdings nur insoweit möglich, wie das Wesen der Bürgschaft nicht beeinträchtigt wird, was etwa bei einem Verzicht auf sämtliche Einreden der Fall wäre.[1161]

1156 BGH, Urteil v. 16.1.2003 - IX ZR 171/00 = BGHZ 153, 293–302 (Rz. 19) = BGH NJW 2003, 1521, 1523; *Bülow*, Recht der Kreditsicherheiten, Rn. 990 ff.; *Tiedtke*, JZ 2006, 940, 946; a.A. Palandt/*Sprau*, § 770 Rn. 3; *Larenz/Canaris*, SchuldR, II/2, § 60 III 3b.

1157 BGH, Urteil v. 16.1.2003 - IX ZR 171/00 = BGHZ 153, 293–302 (Rz. 18) = BGH NJW 2003, 1521, 1522; BGH, Urteil v. 24.10.2017 - XI ZR 362/15 = BGH NJW 2018, 458, 460; MüKo/*Habersack*, § 770 Rn. 3; *Fischer*, WM 1998, 1705, 1712; a.A. BGH, Urteil v. 19.9.1985 - III ZR 214/83 = BGHZ 95, 350–361 (Rz. 46) = BGH NJW 1986, 43, 45; OLG Düsseldorf, Beschluss v. 2.5.2017 - I-23 U 156/16 = BeckRS 2017, 146377; *Larenz/Canaris*, SchuldR, II/2, § 60 III 3b; *Fischer/Ganter/Kirchhof*, Schutz des Bürgen, in: FS fünfzig Jahre BGH (2000), 33, 46. Für die Bürgschaft auf erstes Anfordern gilt dies nicht, da bei dieser Form nicht endgültig auf die Einreden verzichtet wird, MüKo/*Habersack*, § 768 Rn. 5.

1158 BeckOK BGB/*Rohe*, § 768 Rn. 2.

1159 Reinicke/Tiedtke, Rn. 308.

1160 Staudinger/*Stürner*, § 768 Rn. 39; *Hohmann*, WM 2004, 757, 762.

1161 MüKo/*Habersack*, § 768 Rn. 5.

Die Hauptschuld und die Bürgschaft verjähren separat. [1162] Unabhängig von der Verjährung der Bürgschaftsforderung kann der Bürge sich auf die Verjährung der Hauptforderung berufen, § 768 Abs. 1 BGB.[1163] Da Prozesse lediglich *inter partes* wirken, ist zu beachten, dass ein Prozess gegen den Bürgen die Verjährung der Hauptforderung nicht hemmt. Daher sollte der Gläubiger einen parallelen Prozess gegen den Hauptschuldner führen, um die Verjährung zu hemmen.

Problematisch ist die Einrede der Verjährung der Hauptschuld, wenn der Hauptschuldner durch Vermögenslosigkeit nicht mehr existiert. Auf der einen Seite handelt es sich bei der Hauptschuld und der Bürgenforderung um zwei verschiedene Forderungen, die separat verjähren. Allerdings kann der Gläubiger die Verjährungshemmung mangels Beklagten nicht mehr erreichen.[1164] Die Bürgenschuld hat sich daher verselbstständigt.[1165] Die Akzessorietät wurde durchbrochen.[1166] Der Verjährungseintritt ist von dieser jedoch unabhängig. Die Einrede ist nicht zwangsläufig abhängig vom Bestand der Hauptforderung, sondern kann auch erhoben werden, um diese abzuwehren.[1167]

§ 776 BGB ist als rechtsvernichtende Einwendung ausgestaltet. Im Gegensatz zu Einreden sind Einwendungen von Amts wegen zu beachten. Wenn der

---

1162 BGH, Urteil v. 9.7.1998 - IX ZR 272/96 = BGHZ 139, 214–225 (Rz. 8) = BGH NJW 1998, 2972, 2973; BGH, Urteil v. 28.1.2003 - XI ZR 243/02 = BGH NJW 2003, 1250, 1251; OLG Frankfurt a.M., Urteil v. 21.2.2007 - 17 U 153/06 = OLG Frankfurt WM 2007, 1369, 1370; *Grüneberg*, WM Sonderbeil. Nr. 3 zu Heft 43/2015, 2, 11.

1163 Als rechtshemmende Einrede: BGH, Urteil v. 28.01.2003 - XI ZR 243/02 = BGH NJW 2003, 1250, 1251 f.; *Lange*, BKR 2017, 447, 448.

1164 *Peters*, NJW 2004, 1430, 1430 f.; *Tiedtke*, JZ 2006, 940, 942, die daher für ein Versagen der Einrede sind.

1165 BGH, Urteil v. 28.1.2003 - XI ZR 243/02 = BGH NJW 2003, 1250, 1251; *Lettl*, WM 2000, 1316, 1321; *Tiedtke*, JZ 2006, 940, 942.

1166 BGH, Urteil v. 28.1.2003 - XI ZR 243/02 = BGH NJW 2003, 1250, 1251, wonach lediglich die „*Abhängigkeit vom Bestand der Hauptforderung*" aufgehoben wird. A.A. *Klose* in WM 2009, 300, 301, der einen fiktiven Fortbestand der untergegangenen Hauptforderung befürwortet.

1167 BGH, Urteil v. 28.1.2003 - XI ZR 243/02 = BGH NJW 2003, 1250, 1251; *Tiedtke*, Verjährungseinrede des Bürgen nach § 768 BGB trotz des Wegfalls des Hauptschuldners und der gegen diesen gerichteten Forderung, in: FS Kollhosser, Bd. II, S. 741, 747; *Grüneberg*, WM Sonderbeil. Nr. 3 zu Heft 43/2015, 2, 11; *Hohmann*, WM 2004, 757, 761; *Lange*, BKR 2017, 447, 449; a.A. KG, Urteil v. 13.7.1998 - 22 U 2238-97 = NJW-RR 1999, 1206, 1207.

Gläubiger eine andere Sicherheit aufgibt, die sonst auf den Bürgen überginge,[1168] wird der Bürge in deren Höhe frei.[1169] Entlässt der Gläubiger einen Mitbürgen aus der Haftung, handelt es sich nicht um die Aufgabe einer Sicherheit, da sich die Aufgabe lediglich auf das Außenverhältnis bezieht.[1170] Der Innenausgleich nach §§ 774 Abs. 2, 426 BGB bleibt unberührt.[1171] Ein späterer Rückerwerb der Sicherheit führt nicht zum Wiederaufleben der Bürgschaft. Formularmäßig kann § 774 BGB nicht ausgeschlossen werden.[1172]

Einwendungen und Einreden aus dem Verhältnis zwischen dem Bürgen und dem Hauptschuldner kann der Bürge dem Gläubiger nicht entgegenhalten; sie wirken lediglich *inter partes.*[1173]

bb) In Kolumbien

Das Einredesystem ist auch in Kolumbien differenziert geregelt. Die Differenzierung zwischen Einwendungen und Einreden, wie sie aus dem deutschen Recht bekannt ist, findet in Kolumbien so nicht statt. Vielmehr wird lediglich von Einreden (*excepción de*) gesprochen. Da in Kolumbien der Terminus Einrede verwendet wird, soll dieser auch in dem hier behandelten kolumbianischen Teil, unabhängig von der Differenzierung in Deutschland, verwendet werden.

1168 Nicht nur die Aufgabe der normierten Sicherheiten hat das Freiwerden des Bürgen zur Folge. § 776 BGB wird analog auf andere Sicherheiten angewendet, wenn der Bürge ohne die Aufgabe Ausgleich hätte verlangen können, MüKo/*Habersack*, § 776 Rn. 5; PWW/*Brödermann*, § 776 Rn. 5.

1169 BGH, Urteil v. 4.6.2013 – XI ZR 505/11 = BGHZ 197, 335–346 (Rz. 8 ff.) = BGH NJW 2013, 2508 stellt klar, dass dies auch für nur vorübergehend aufgegebene Sicherheiten gilt. Zustimmend: *Müller*, WM 2014, 869, 869 ff.; kritisch: *Hoffmann*, JZ 2013, 1005 ff.

1170 BGH, Urteil v. 11.6.1992 – IX ZR 161/91 = BGH NJW 1992, 2286, 2287; BGH, Urteil v. 13.1.2000 – IX ZR 11/99 = BGH WM 2000, 408, 409; MüKo/*Habersack*, § 776 Rn. 5; *Fischer*, WM 2001, 1093, 1099; a.A. BGH, Urteil v. 6.4.2000 – IX ZR 2/98 = BGH NJW 2000, 2580, 2583.

1171 BGH, Urteil v. 11.6.1992 – IX ZR 161/91 = BGH NJW 1992, 2286, 2287; BGH, Urteil v. 13.1.2000 – IX ZR 11/99 = BGH NJW 2000, 1034, 1035. *Siegmund* in WM 2008, 2349 betrachtet diese gesetzliche Regelung kritisch, da das Risiko für die Banken, die häufig keine Kenntnis von weiteren Sicherheiten haben, immens sei.

1172 BGH, Urteil v. 2.3.2000 – IX ZR 328/98 = BGHZ 144, 52–58 (Rz. 41) = BGH NJW 2000, 1566, 1568 f.; BGH, Urteil v. 6.4.2000 – IX ZR 2/98 = BGH NJW 2000, 2580, 2583.

1173 BGH, Urteil v. 11.9.2018 – XI ZR 380/16 = BGH NJW 18, 3637, 3639; Palandt/*Sprau*, Einf. v. § 765 Rn. 5.

Dem Bürgen stehen alle realen Einreden, d.h. dingliche Einreden, gegen die Hauptschuld zu, die aus der Schuld hervorgehen, Art. 2380 Abs. 2 CC.[1174] Dingliche Einreden sind solche, die der Hauptverbindlichkeit inhärent sind.[1175] Aus diesem Grund zählen auch die Arglist und die Gewalt zu den realen Einreden.[1176] Inkludiert ist ebenfalls die Novation.[1177]

Die persönlichen Einreden des Schuldners, wie dessen Geschäftsunfähigkeit, die Zession oder der Pfändungsschutz, kann der Bürge dem Gläubiger nicht entgegenhalten, Art. 2380 Abs. 1 CC.[1178] Dies gilt unabhängig davon, ob es sich um

---

1174 *Arrubla Paucar*, El contrato de fianza, en: Estudios de derecho privado, Tomo I, Liber Amicorum en homenaje a César Gómez Estrada, pág. 44, 55; *Arteaga/Arteaga*, Curso de Derecho Civil – Contratos, pág. 136; *Barros Errazuriz*, Curso de Derecho Civil, pág. 443; *Bonivento Fernández*, Los principales contratos civiles y comerciales, Tomo II, pág. 15; *Salamanca*, Derecho civil: curso IV: contratos, pág. 293; *Tarazona Cacéres*, La fianza civil, pág. 40, 41. Dazu zählen die Nichtigkeit, der Schulderlass, der Vergleich und die Verjährung etc.

1175 *Bonivento Fernández*, Los principales contratos civiles y comerciales, Tomo II, pág. 15; *Lozada Bustos*, La fianza como garantía civil, pág. 80 f.; *Pérez Vives*, Garantías civiles (Hipoteca, prenda y fianza), pág. 425; *Salamanca*, Derecho civil: curso IV: contratos, pág. 293.

1176 *Bonivento Fernández*, Los principales contratos civiles y comerciales, Tomo II, pág. 15; *Ochoa González*, Contratos nominados civiles, pág. 254; *Pérez Vives*, Garantías civiles (Hipoteca, prenda y fianza), pág. 424; *Salamanca*, Derecho civil: curso IV: contratos, pág. 293.

1177 Bei der Fristverlängerung einer befristeten Bürgschaft handelt es sich nicht um eine Novation. Sie führt allerdings nicht dazu, dass der Bürge nach Ablauf der ursprünglichen Frist weiter verpflichtet ist. Vielmehr wird der Bürge frei, außer er erklärt sich ausdrücklich mit der Fristverlängerung einverstanden, Art. 1708 CC. Niemand kann gegen oder ohne den Willen des Bürgen dessen Schuld verschlimmern, *Anzola*, Lecciones Elementares de Derecho Civil Colombiano, Curso Tercero de los contratos, pág. 389; *Barros Errazuriz*, Curso de Derecho Civil, pág. 449, *Bordamalo Echeverry*, Teoría de la fianza comercial, pág. 77.

1178 *Anzola*, Lecciones Elementares de Derecho Civil Colombiano, Curso Tercero de los contratos, pág. 386, 387; *Arteaga/Arteaga*, Curso de Derecho Civil – Contratos, pág. 136; *Barros Errazuriz*, Curso de Derecho Civil, pág. 432, 443; *Bonivento Fernández*, Los principales contratos civiles y comerciales, Tomo II, pág. 15; *Céspedes Solano*, Manual de Contratos Civiles; pág. 147; *Ochoa González*, Contratos nominados civiles, pág. 254; *Ortega Torres*, Código Civil, pág. 1058; *Pérez Vives*, Garantías civiles (Hipoteca, prenda y fianza), pág. 425.

peremptorische oder dilatorische Einreden handelt.[1179] Dafür stehen ihm seine eigenen persönlichen Einreden zu.[1180]

(1) Einrede gegen die Hauptschuld

Der Bürge kann der Zahlungsaufforderung des Gläubigers sämtliche objektiven Einreden gegen die Hauptschuld entgegenhalten. Hierunter fallen u.a. alle Mängel, welche die wirksame Entstehung eines vertraglichen Anspruchs behindern, wie die absolute Nichtigkeit, die absolute Geschäftsunfähigkeit des Hauptschuldners,[1181] abgeurteilte Rechtshindernisse, Art. 2380 CC, oder die Einrede des nicht erfüllten Vertrages (*excepción de contrato no cumplido*), Art. 1609 CC. Bei der relativen Geschäftsunfähigkeit des Hauptschuldners handelt es sich um eine persönliche Einrede des Hauptschuldners, die der Bürge nicht erheben kann.[1182] Die relative Geschäftsunfähigkeit führt, wie oben bereits beschrieben, lediglich zum Entstehen einer natürlichen Verbindlichkeit.[1183] Diese wiederum kann mit einer Bürgschaft abgesichert werden. Der Bürge, der im Irrtum über die Geschäftsfähigkeit des Hauptschuldners war, kann diesen Irrtum nicht wirksam geltend machen, da es sich nicht um einen erheblichen Tatsachenirrtum handelt.[1184]

Ebenso wenig kann der Bürge sich auf einen Irrtum des Hauptschuldners berufen, da dies ebenfalls eine persönliche Einrede des Hauptschuldners darstellt, obgleich auch hier die Nichtigkeit Rechtsfolge der Einrede wäre.[1185] Dies unterstreicht, dass in Kolumbien der Arglist und der Gewalt eine größere Relevanz eingeräumt wird als dem Irrtum.

Das Problem um die Angehörigenbürgschaft ist kein exotisches Problem in der deutschen Rechtspraxis. Vielmehr sind, sofern die Parteien nicht kommerziell handeln, die Personalsicherheitengeber häufig Angehörige. In Kolumbien wird diese Problematik jedoch weder von der Rechtsprechung noch von der Literatur so detailliert behandelt wie in Deutschland. Dies kann auf die mangelnde

---

1179 *Anzola*, Lecciones Elementares de Derecho Civil Colombiano, Curso Tercero de los contratos, pág. 386.

1180 *Arteaga/Arteaga*, Curso de Derecho Civil – Contratos, pág. 136; *Ortega Torres*, Código Civil, pág. 1058.

1181 *Gómez Estrada*, Civil Contratos, pág. 508; *Muñoz Obando*, „La fianza“, pág. 21; *Pérez Vives*, Garantías civiles (Hipoteca, prenda y fianza), pág. 429.

1182 *Pérez Vives*, Garantías civiles (Hipoteca, prenda y fianza), pág. 429.

1183 Siehe Abschnitt C. III. 1. a) bb).

1184 *Muñoz Obando*, „La fianza“, pág. 30.

1185 *Pérez Vives*, Garantías civiles (Hipoteca, prenda y fianza), pág. 430.

rechtstatsächliche Relevanz der Bürgschaft in Kolumbien zurückgeführt werden. Dennoch soll an dieser Stelle auf eine mögliche Lösung der Problematik eingegangen werden. In Kolumbien gibt es keine Generalklausel, die § 138 BGB ähnelt. Vielmehr ist die *lesión enorme* punktuell für einige Rechtsgeschäfte normiert. So ist in den Art. 1946 ff. CC geregelt, dass der Verkauf von Dingen zu mehr als dem doppelten Wert Wucher darstellt. Das Gleiche gilt für die Hypothek, Art. 2455 Abs. 2 CC.[1186] Beide Normen sind jedoch im Falle der Bürgschaft nicht einschlägig, da der Bürge im Gegensatz zum Hypothekenschuldner nicht mit einer festgelegten Immobilie haftet, sondern mit seinem gesamten Vermögen. Die Vorschrift des§ 138 Abs. 2 BGB wird in kolumbianischen Lehrbüchern als positives Beispiel für die Reglementierung von Wucher genannt.[1187] In einem Vorschlag für die Neugestaltung des *Código Civil* ist ein Art. 88 *Código de Derecho privado* enthalten, der den Wucher abstrakt regeln sollte.[1188] Der Código de Derecho privado ist jedoch nie in Kraft getreten. Aus diesem Grund kann nicht auf diese Norm zur Reglementierung der Angehörigenbürgschaft zurückgegriffen werden.

Möglicherweise könnte der Bürge die Willenserklärung aufgrund eines Irrtums anfechten. Zwar ist dies nicht aufgrund eines Irrtums über die finanzielle Leistungsfähigkeit des Hauptschuldners möglich, diskutiert wird aber eine Anfechtung aufgrund einer ungerechtfertigten Drohung, Art. 1513 Abs. 1 CC. In Kolumbien wird zwar der Terminus *fuerza*, was mit Gewalt übersetzt werden kann, verwendet. Allerdings vergleicht *Lozada Bustos* die *fuerza* direkt mit der Drohung i.S.d. BGB.[1189] Daher scheint es sich in diesem Zusammenhang nicht um Gewalt, sondern um eine Drohung zu handeln. Der Grund für die Unwirksamkeit der Einwilligung, die durch Gewalt hervorgerufen wurde, ist die Angst der beeinflussten Person. Daher ist die Betrachtung der Konstellation in einem Abhängigkeitsverhältnis i.S.v. Art. 1513 Abs. 2 CC interessant. Hier schuldet eine Person einer anderen Person generell Gehorsam oder Respekt. Diese Annahme träfe zumindest im Eltern-Kind-Verhältnis zu. Eine Ausweitung auf weitere Formen der Angehörigenbürgschaften erscheint schon durch das mangelnde

---

1186 *Valencia Zea/Ortiz Monsalve*, Derecho Civil, Tomo I: parte general y personas, pág. 610 f.

1187 *Valencia Zea/Ortiz Monsalve*, Derecho Civil, Tomo I: parte general y personas, pág. 611 f.

1188 *Valencia Zea/Ortiz Monsalve*, Derecho Civil, Tomo I: parte general y personas, pág. 614.

1189 *Lozada Bustos*, La fianza como garantía civil, pág. 50.

Gehorsamserfordernis nicht einschlägig. Art. 1513 Abs. 2 CC stellt ferner klar, dass die latente Angst in einem Abhängigkeitsverhältnis nicht ausreicht, um die Wirksamkeit der Willenserklärung zu beeinträchtigen. So muss es sich um eine konkrete Beeinflussung handeln. Dies erscheint in Ausnahmefällen bei Angehörigenbürgschaften möglich, charakterisiert hingegen nicht die generelle Fallgruppe. Daher kann nur in Einzelfällen auf eine Anfechtung wegen Drohung zurückgegriffen werden.

Weiter könnte es sich um einen Verstoß gegen die guten Sitten handeln, woraus ebenfalls die Nichtigkeit des Rechtsgeschäftes resultieren würde, Art. 16 CC. Die guten Sitten sind abhängig von der Zeit, dem Ort und der Gesellschaft, orientieren sich aber an der christlichen Moral und den Zehn Geboten.[1190] Daraus folgt, dass Voraussetzung für den Fortbestand des Vertrages der gute Glaube, die Sorgfaltspflicht und die Achtsamkeit der Vertragsparteien in der Ausführung ihrer Verpflichtungen sind.[1191] Führt eine Partei sog. *cláusulas abusivas* in den Vertrag ein, handelt sie nicht mehr im guten Glauben.[1192] Wie oben bereits ausgeführt,[1193] sind die Kriterien einer missbräuchlichen Klausel die mangelnde Einflussnahmemöglichkeit einer Partei, der Verstoß gegen den guten Glauben und ein dadurch bedingtes größeres ungerechtfertigtes Ungleichgewicht zwischen den Vertragsparteien.[1194]

Der Vertrag wird zugunsten der Partei interpretiert, die wenig Einflussnahmemöglichkeit auf den Vertrag hat, Art. 1624 Abs. 2 CC.[1195]

Rechtsfolge der Verwendung einer missbräuchlichen Klausel ist die Unwirksamkeit oder Nichtigkeit des betreffenden Rechtsaktes.[1196]

Im Falle der Stellung einer Bürgschaft durch eine Nahbereichsperson ist grds. eher davon auszugehen, dass die Parteien sich in einem Über-/

1190 *Emiliani Román,* Conferencias de obligganciones, pág. 65; *Emiliani Román,* Curso Razonado de las Obligaciones, Tomo I, Primera Parte, pág. 69; *Polanco Moreno*, Contratos, pág. 41, inciso 77.

1191 *Polanco Moreno*, Contratos, pág. 27.

1192 *Rodriguez Yong*, Una aproximación a las cláusulas abusivas, pág. 36.

1193 Siehe Abschnitt C. V. 3. b).

1194 *Rodriguez Yong*, Una aproximación a las cláusulas abusivas, pág. 49, 52, 53; wobei sich diese Rechtsprechung an Art. 3 der Richtlinie 93/13 (vom 5. April 1993 über mißbräuchliche Klauseln in Verbraucherverträgen) der EU orientiert.

1195 *Ortiz Monsalve*, Manual de obligaciones civiles y mercantiles, pág. 86; *Rodriguez Yong*, Una aproximación a las cláusulas abusivas, pág. 46; *Uribe-Holguín*, De las obligaciones y del contrato en general, pág. 343.

1196 *Rodriguez Yong*, Una aproximación a las cláusulas abusivas, pág. 67.

Unterordnungsverhältnis gegenüberstanden und der Bürge wenig Einflussnahmemöglichkeiten auf den Vertrag hatte. Entscheidend sind jedoch die Umstände des Einzelfalles. Ob ein Verstoß gegen den guten Glauben gegeben sein könnte, ist abhängig von der Zeit und dem Ort des Vertragsschlusses und somit auch von der Üblichkeit der Verbürgung durch Nahbereichspersonen. Bei Bürgschaften im privaten Bereich ist davon auszugehen, dass sie in Kolumbien aus den gleichen Motiven wie in Deutschland gestellt werden. Daraus folgt, dass es sich häufig um Nahbereichspersonen handeln wird. Von der Üblichkeit ist folglich auszugehen. Gemäß Art. 493 CC ist es dem Mündel grds. erlaubt, Bürgschaften für Familienangehörige zu stellen. Daraus ist zu schließen, dass es im Gegensatz zur deutschen Rechtslage in Kolumbien durchaus üblich ist, dass sogar Minderjährige sich für Familienangehörige verbürgen. Demnach stellt es keinen Verstoß gegen den guten Glauben dar, wenn eine Nahbereichsperson sich verbürgt.

(2) Persönliche Einreden des Bürgen

(a) Einrede der Vorausklage

Die Einrede der Vorausklage (*beneficio de excusión*) steht dem Bürgen des Weiteren zu.[1197]

Gemäß Art. 2390 Abs. 2 CC kann der Gläubiger nicht gegen den Bürgen vorgehen, wenn dieser sich in der dort beschriebenen Weise verpflichtet hat.[1198] Danach erklärt der Bürge sich unmissverständlich nur zu einer Haftung bereit, wenn der Hauptschuldner nicht leisten kann und der Gläubiger nicht (mehr) über ausreichend finanzielle Mittel verfügt. Dies kann der Bürge der Zahlungsaufforderung des Gläubigers entgegenhalten.

Hat sich ein Bürge für einen Hauptschuldner verbürgt, der gesamtschuldnerisch mit anderen Schuldnern verpflichtet ist, kann der Bürge der Zahlungsaufforderung des Gläubigers die Einrede entgegenhalten, dass dieser zunächst nicht nur gegen den Hauptschuldner, für den sich der Bürge verbürgt hat, sondern gegen alle anderen Gesamtschuldner vorgehen muss, Art. 2387 CC. Dies beruht auf dem Gedanken, dass der Bürge nicht der wahre Schuldner der Forderung ist.[1199]

1197 Zu den Voraussetzungen und Wirkungen der Einrede der Vorausklage siehe Abschnitt C. V. 2. b).

1198 *Gómez Estrada*, Civil Contratos, pág. 514.

1199 *Gómez Estrada*, Civil Contratos, pág. 524.

(b) Teilungseinrede

Die peremptorische Teilungseinrede (*beneficio de división*) kann von einem Bürgen erhoben werden, wenn sich mehrere Bürgen gleicher Stufe für dieselbe Schuld verbürgt haben, ohne sich gesamtschuldnerisch verbürgt zu haben, Art. 2392 Abs. 1, 2393 CC.[1200] Diese Einrede entstammt dem Römischen Recht. Bereits zu dieser Zeit erschien es unangemessen, mehrere Schuldner für die volle Schuld einstehen zu lassen, sodass *Adriano* die Teilungseinrede einführte.[1201]

Im Zweifel gilt, dass die Bürgen derselben Schuld und desselben Schuldners zu gleichen Teilen haften, Art. 2392 Abs. 1, 2393 CC. Dies bezieht sich darauf, dass der betreffende Schuldner lediglich seine Quote zahlen muss.[1202] Die Teilungseinrede wirkt *ipso iure*, d.h., sie muss von Gesetzes wegen beachtet werden.[1203] Es handelt sich um eine *excepción perentoria*.[1204] Gemeint ist eine Einrede, die sich gegen die Basis des Anspruchs richtet. Die Insolvenz eines Bürgen wirkt sich nachteilig auf die anderen Bürgen aus, sofern dieser Bürge keinen Unterbürgen hat, Art. 2392 Abs. 2 CC.[1205] Zudem kann die Teilungseinrede nicht

---

1200 *Arrubla Paucar*, El contrato de fianza, en: Estudios de derecho privado, Tomo I, Liber Amicorum en homenaje a César Gómez Estrada, pág. 44, 57; *Barros Errazuriz*, Curso de Derecho Civil, pág. 442, 443; *Cardona Hernández*, Contratos civiles, pág. 266; *Lozada Bustos*, La fianza como garantía civil, pág. 76; *Manotas Sánchez*, Fianza civil solidaria, pág. 22; *Ochoa González*, Contratos nominados civiles, pág. 257; *Pérez Vives*, Garantías civiles (Hipoteca, prenda y fianza), pág. 417. Vgl. *Barros Errazuriz*, Curso de Derecho Civil, pág. 442; *Lozada Bustos*, La fianza como garantía civil, pág. 73; *Salamanca*, Derecho civil: curso IV: contratos, pág. 294; *Somarriva Undurraga*, Tratado de las cauciones, pág. 155; *Tarazona Cacéres*, La fianza civil, pág. 51.

1201 *Barros Errazuriz*, Curso de Derecho Civil, pág. 442; *Lozada Bustos*, La fianza como garantía civil, pág. 73; *Salamanca*, Derecho civil: curso IV: contratos, pág. 294; *Somarriva Undurraga*, Tratado de las cauciones, pág. 155; *Tarazona Cacéres*, La fianza civil, pág. 51.

1202 *Barros Errazuriz*, Curso de Derecho Civil, pág. 442; *Cardona Hernández*, Contratos civiles, pág. 266; *Ochoa González*, Contratos nominados civiles, pág. 257; *Tarazona Cacéres*, La fianza civil, pág. 51.

1203 *Barros Errazuriz*, Curso de Derecho Civil, pág. 442; *Pérez Vives*, Garantías civiles (Hipoteca, prenda y fianza), pág. 417.

1204 *Barros Errazuriz*, Curso de Derecho Civil, pág. 443; *Pérez Vives*, Garantías civiles (Hipoteca, prenda y fianza), pág. 417; *Somarriva Undurraga*, Tratado de las cauciones, pág. 155.

1205 *Anzola*, Lecciones Elementares de Derecho Civil Colombiano, Curso Tercero de los contratos, pág. 375; *Arrubla Paucar*, El contrato de fianza, en: Estudios de derecho privado, Tomo I, Liber Amicorum en homenaje a César Gómez Estrada, pág. 44, 57; *Barros Errazuriz*, Curso de Derecho Civil, pág. 443; *Cardona Hernández*, Contratos

geltend gemacht werden, wenn ein Bürge summenmäßig begrenzt haftet und diese Summe niedriger ist als die quotenmäßige Summe.[1206] Sofern ein Bürge die Teilungseinrede bereits geltend gemacht hat und seinen Anteil an der Schuld an den Gläubiger gezahlt hat, ist er nicht zu weiteren Zahlungen verpflichtet, wenn ein anderer Bürge, zeitlich gesehen, danach insolvent wird und sich die Quote der anderen Bürgen dadurch erhöht.[1207] Der Bürge wurde durch seine Zahlung bereits vorher frei.[1208] Jedem Bürgen steht es separat zu, die Einrede zu erheben oder nicht.[1209]

Haben sich die Bürgen gesamtschuldnerisch verbürgt, ist entscheidend, ob sie die gesamtschuldnerische Haftung nur unter sich abgesprochen haben oder diese mit dem Gläubiger vereinbart wurde. Art. 825 C. de C. gilt nicht für Mitbürgen, sodass auch bei einem handelsrechtlichen Zusammenhang nicht vermutet wird, dass sie gesamtschuldnerisch haften.[1210] Im Falle einer solchen internen Absprache können sie zwar nicht die Teilungseinrede, dafür aber die Einrede der Vorausklage erheben.[1211] Haben sie hingegen die gesamtschuldnerische Haftung mit dem Gläubiger vereinbart, können sie nicht die Einrede der Vorausklage, jedoch die Teilungseinrede geltend machen.[1212] Ist die Gesamtschuldnerschaft auch Teil der Vereinbarung mit dem Hauptschuldner, steht ihnen gar keine Einrede zu.[1213]

Sofern mehrere nicht gesamtschuldnerische Hauptschuldner derselben Schuld vorhanden sind, der Bürge sich aber nur für einen von ihnen verbürgt hat, steht er nur für dessen Quote an der Schuld ein.[1214] Haben sich die

---

civiles, pág. 266; *Ochoa González*, Contratos nominados civiles, pág. 257; *Pérez Vives*, Garantías civiles (Hipoteca, prenda y fianza), pág. 418; *Salamanca*, Derecho civil: curso IV: contratos, pág. 294; *Tarazona Cacéres*, La fianza civil, pág. 52.

1206 *Gómez Estrada*, Civil Contratos, pág. 531.

1207 *Anzola*, Lecciones Elementares de Derecho Civil Colombiano, Curso Tercero de los contratos, pág. 375; *Céspedes Solano*, Manual de Contratos Civiles; pág. 150.

1208 *Anzola*, Lecciones Elementares de Derecho Civil Colombiano, Curso Tercero de los contratos, pág. 375.

1209 *Anzola*, Lecciones Elementares de Derecho Civil Colombiano, Curso Tercero de los contratos, pág. 375.

1210 *Arrubla Paucar*, El contrato de fianza, en: Estudios de derecho privado, Tomo I, Liber Amicorum en homenaje a César Gómez Estrada, pág. 44, 62.

1211 *Gómez Estrada*, Civil Contratos, pág. 530; *Tarazona Cacéres*, La fianza civil, pág. 52.

1212 *Tarazona Cacéres*, La fianza civil, pág. 52.

1213 *Tarazona Cacéres*, La fianza civil, pág. 52.

1214 *Bordamalo Echeverry*, Teoría de la fianza comercial, pág. 44.

Hauptschuldner gesamtschuldnerisch verpflichtet, sichert der Bürge demgegenüber die gesamte Schuld ab.[1215]

Die Einrede der Vorausklage und die Teilungseinrede können gleichzeitig erhoben werden.[1216] Die Einrede der Vorausklage sollte allerdings aufgrund ihrer verzögernden Wirkung zeitlich gesehen vor der Teilungseinrede geltend gemacht werden.[1217]

(c) Einrede der Regressvereitelung

Der Regress des Bürgen ist der gesetzlich erwünschte Regelfall.[1218] Daher erscheint es konsequent, den Bürgen von seiner Schuld zu befreien, wenn und soweit der Gläubiger die Regressmöglichkeit vereitelt.[1219] Dies ist etwa der Fall, wenn der Gläubiger einen Mitbürgen aus seiner Verbindlichkeit befreit.[1220] Daneben kann sich der Bürge auf die fahrlässige Vorgehensweise des Gläubigers berufen.

Der Bürge wird *de lege lata* von seiner Schuld befreit, wenn er nicht in die Rechte des Gläubigers eintreten kann, Art. 2381, 2406 Nr. 2, 1666 CC.[1221] Dies bezieht sich nicht nur auf den Hauptschuldner, sondern auch auf alle anderen für die Hauptschuld gestellten Sicherheiten.[1222] Es handelt sich um eine Einrede (*excepción de subrogación*), die der Bürge bei Vereitelung der Regressmöglichkeiten erheben kann. Der Bürge beruft sich auf das Erlöschen der Bürgschaft infolge der Vereitelung der Rückgriffsmöglichkeiten. Die Bürgschaft erlischt jedoch nicht *ipso iure*, sondern durch Richterspruch.[1223]Je nach Grad des

1215 *Bordamalo Echeverry*, Teoría de la fianza comercial, pág. 44.

1216 *Anzola*, Lecciones Elementares de Derecho Civil Colombiano, Curso Tercero de los contratos, pág. 375; *Bordamalo Echeverry*, Teoría de la fianza comercial, pág. 44.

1217 *Anzola*, Lecciones Elementares de Derecho Civil Colombiano, Curso Tercero de los contratos, pág. 375.

1218 *Gómez Estrada*, Civil Contratos, pág. 510; *Ochoa González*, Contratos nominados civiles, pág. 255.

1219 *Gómez Estrada*, Civil Contratos, pág. 510; *Ochoa González*, Contratos nominados civiles, pág. 255.

1220 *Ochoa González*, Contratos nominados civiles, pág. 255.

1221 *Barros Errazuriz*, Curso de Derecho Civil, pág. 444; *Bonivento Fernández*, Los principales contratos civiles y comerciales, Tomo II, pág. 16, *Ortega Torres*, Código Civil, pág. 1065; *Pérez Vives*, Garantías civiles (Hipoteca, prenda y fianza), pág. 420, 453; *Tafur González*, Código Civil Anotado, pág. 752; *Valencia Zea,* Derecho Civil, Tomo IV – Contratos, pág. 449.

1222 *Valencia Zea,* Derecho Civil, Tomo IV – Contratos, pág. 449.

1223 *Pérez Vives*, Garantías civiles (Hipoteca, prenda y fianza), pág. 423.

Verlustes von Rückgriffsmöglichkeiten bewirkt die Einrede das teilweise oder gesamte Erlöschen der Bürgschaft.[1224]

Voraussetzung für eine erfolgreiche Erhebung der Einrede ist, dass die Rückgriffsmöglichkeit durch die Schuld des Gläubigers entfällt, der Gläubiger zum Zeitpunkt des Begründens der Bürgschaft über Klagemöglichkeiten verfügt hat, und dem Bürgen durch den Verlust ein Schaden entstanden ist.[1225] Der Gläubiger muss schuldhaft Güter, auf die der Bürge hätte zurückgreifen können, verloren haben. Diese Güter müssen zum Zeitpunkt der Begründung der Bürgschaft vorhanden gewesen sein und der Bürge hätte aus ihnen einen Vorteil ziehen können müssen.[1226] Das Schulderfordernis ergibt sich aus Art. 2406 CC und dem allgemeinen Verschuldensprinzip.[1227] Zudem muss eine reale Rückgriffsmöglichkeit zum Zeitpunkt der Begründung der Bürgschaft bestanden haben, da der Bürge sonst nicht mit einem Rückgriff rechnen durfte.[1228] Dies ist beispielsweise dann der Fall, wenn der Gläubiger eine Frist zur Eintreibung der Hauptschuld verstreichen lässt.[1229] Dies erscheint jedoch in sich unschlüssig, da der Forderungsübergang auf den Bürgen lediglich eine Folge der Zahlung durch den Bürgen ist und nicht eine Voraussetzung der Bürgschaft.[1230] Allerdings ist die Möglichkeit des Bürgen, den Hauptschuldner in Regress nehmen zu können, auch eine Grundlage des Bürgschaftsvertrages mit dem Gläubiger.[1231] Zudem entspricht es dem allgemeinen Rechtsverständnis, wenn die Bürgschaft erlischt, sobald der

---

1224 *Pérez Vives*, Garantías civiles (Hipoteca, prenda y fianza), pág. 424; *Somarriva Undurraga*, Tratado de las cauciones, pág. 162.

1225 *Pérez Vives*, Garantías civiles (Hipoteca, prenda y fianza), pág. 422; *Somarriva Undurraga*, Tratado de las cauciones, pág. 160 f.; *Valencia Zea*, Derecho Civil, Tomo IV – Contratos, pág. 449.

1226 *Gómez Estrada*, Civil Contratos, pág. 510 f.; *Lozada Bustos*, La fianza como garantía civil, pág. 79.

1227 *Escobar Sanín*, Negocios civiles y comerciales, II, pág. 390; *Pérez Vives*, Garantías civiles (Hipoteca, prenda y fianza), pág. 422.

1228 *Pérez Vives*, Garantías civiles (Hipoteca, prenda y fianza), pág. 422; *Somarriva Undurraga*, Tratado de las cauciones, pág. 161; *Valencia Zea*, Derecho Civil, Tomo IV – Contratos, pág. 449.

1229 *Céspedes Solano*, Manual de Contratos Civiles; pág. 143; *Tarazona Cacéres*, La fianza civil, pág. 149.

1230 *Contreras Restrepo/Tafur González/Castro Guerrero*, Código Civil Comentado, pág. 1480; *Tafur González*, Código Civil Anotado, pág. 752.

1231 *Anzola*, Lecciones Elementares de Derecho Civil Colombiano, Curso Tercero de los contratos, pág. 387; *Pérez Vives*, Garantías civiles (Hipoteca, prenda y fianza), pág. 420.

Gläubiger die Rückgriffsmöglichkeiten nicht für den Bürgen erhält.[1232] Es muss sich indes um Regressmöglichkeiten handeln, die bei Vertragsschluss mit dem Gläubiger bestanden und nicht solche, die erst später hinzugekommen sind, da Letztere nicht mehr Beweggrund für den Vertragsschluss gewesen sein konnten.[1233] Verliert der Gläubiger eine solche Rückgriffsmöglichkeit, führt dies nicht zum Erlöschen der Bürgschaft.[1234] Die Rückgriffsmöglichkeit muss lediglich bestehen. Sie muss nicht sinnvoll oder vielversprechend sein.[1235]

Gemäß Art. 2382 CC kann der Bürge die Zahlung außerdem verweigern, wenn der Gläubiger in Kenntnis einer drohenden Insolvenz des Hauptschuldners nicht rechtzeitig gegen diesen vorgegangen ist und sich dann beim Bürgen schadlos halten möchte.[1236] Dies nennt sich „*echar sobre el acreedor el peligro de la insolvencia del deudor*",[1237] was wörtlich soviel wie „die Gefahr der Insolvenz des Schuldners auf den Gläubiger verlegen" bedeutet.

Zum anderen besagt Art. 2390 Abs. 1 CC, dass der Bürge nicht haftet, wenn der Gläubiger in dem Verfahren gegen den Hauptschuldner nachlässig oder fahrlässig vorgeht und der Schuldner in der Zwischenzeit in Insolvenz gerät. Eine Haftung ist lediglich in der Höhe des Wertes möglich, welches das Vermögen übersteigt, was für das Verfahren gegen den Hauptschuldner angezeigt wurde.[1238]

Konträr zu der Einrede der Regressvereitelung, die der Regressmöglichkeit des Bürgen einen hohen Stellenwert einräumt, ist das Prinzip der Stellung einer Bürgschaft für eine Naturalverbindlichkeit. Ein Regress ist dann gerade nicht möglich.[1239]

1232 *Tarazona Caceres*, La fianza civil, pág. 71; *Gómez-Blanes*, La Accesoriedad de la Fianza, en: Universitas, Revista de Derecho, pág. 15, 39.

1233 *Anzola*, Lecciones Elementares de Derecho Civil Colombiano, Curso Tercero de los contratos, pág. 387; *Somarriva Undurraga*, Tratado de las cauciones, pág. 161.

1234 *Anzola*, Lecciones Elementares de Derecho Civil Colombiano, Curso Tercero de los contratos, pág. 387.

1235 *Anzola*, Lecciones Elementares de Derecho Civil Colombiano, Curso Tercero de los contratos, pág. 388.

1236 *Arteaga/Arteaga*, Curso de Derecho Civil – Contratos, pág. 138; *Ojeda N.*, Apuntaciones sobre fianza, pág. 39; *Salamanca*, Derecho civil: curso IV: contratos, pág. 292; *Tarazona Caceres*, La fianza civil, pág. 51.

1237 *Arteaga/Arteaga*, Curso de Derecho Civil – Contratos, pág. 138.

1238 *Anzola*, Lecciones Elementares de Derecho Civil Colombiano, Curso Tercero de los contratos, pág. 374; *Tarazona Caceres*, La fianza civil, pág. 51.

1239 Sie Abschnitt C. VI. 3. b) bb) (1).

(d) Einrede der Gegenklage

Der Bürge kann den Gläubiger auf vorherige Inanspruchnahme des Hauptschuldners verklagen (*beneficio de reconvención*).[1240] Kommt der Gläubiger dem nicht rechtzeitig nach und verliert der Hauptschuldner in der Zwischenzeit seine Güter, wird der Bürge frei.[1241]

cc) Vergleich

Festzustellen ist, dass die beiden Rechtsordnungen die Einredemöglichkeiten des Bürgen grds. unterschiedlich behandeln. So kann der Bürge in Deutschland dem Gläubiger alle Einwendungen und Einreden des Hauptschuldners gegen die Hauptschuld entgegenhalten. Dagegen steht dem Bürgen dieses Recht in Kolumbien nicht zu. Dort kann der Bürge sich lediglich auf alle objektiven Einreden des Hauptschuldners berufen. Die persönlichen Einreden des Hauptschuldners stehen ihm nicht zu. Diese Einschränkung ist konträr zu dem Akzessorietätsprinzip der Bürgschaft. Sofern aus den persönlichen Einreden des Hauptschuldners die Nichtigkeit des Rechtsgeschäftes folgt, müsste der Bürge diese entsprechend der Erlöschensakzessorietät ebenfalls erheben können. In Deutschland wird dies insbesondere dadurch deutlich, dass sich der Bürge gemäß § 770 Abs. 1 BGB auch auf die Anfechtbarkeit des Rechtsgeschäftes berufen kann, obwohl der Hauptschuldner das Rechtsgeschäft noch nicht angefochten hat. Allerdings ist zu beachten, dass Gewalt und Arglist beispielsweise zu den objektiven Einreden zählen, was die Auswirkungen der Restriktion auf lediglich nicht persönliche Einreden schmälert.

Dafür ist das kolumbianische System der persönlichen Einreden des Bürgen weit umfassender geregelt. In Deutschland kann der Bürge dem Zahlungsverlangen des Gläubigers lediglich die Einwendungen und Einreden, die sich aus Mängeln des Bürgschaftsvertrages ergeben, sowie die Einrede der Vorausklage entgegenhalten. In Kolumbien stehen dem Bürgen hingegen weit mehr persönliche Einredemöglichkeiten zu, so u.a. die Teilungseinrede, wonach sich der Bürge, der gemeinsam mit anderen Bürgen für dieselbe Schuld bürgt, darauf berufen kann, lediglich seine Quote an der Schuld tilgen zu müssen. Das deutsche Bürgschaftsrecht sieht eine Teilungseinrede nicht vor. Vielmehr orientiert es sich an der römischen Praxis der Gesamtschuldnerschaft zwischen mehreren

---

1240 *Cardona Hernández*, Contratos civiles, pág. 264; *Ochoa González*, Contratos nominados civiles, pág. 254.

1241 *Cardona Hernández*, Contratos civiles, pág. 264; *Ochoa González*, Contratos nominados civiles, pág. 254.

Bürgen.[1242] Daraus ergibt sich auch der in Deutschland übliche Mitbürgenregress. Vorteil der Teilungseinrede ist, dass der Bürge gar nicht erst mehr als seinen Anteil an der Schuld tilgen und somit den anderen Bürgen keinen unentgeltlichen Kredit gewähren muss, mithin deren Insolvenzrisiko nicht zu tragen verpflichtet ist. Nachteilig ist spiegelbildlich, dass der Gläubiger mehrere Prozesse gegen unterschiedliche Personen führen muss, um in Höhe der gesamten Schuld befriedigt zu werden. Dies könnte die Beliebtheit der Bürgschaft gemindert haben.

Weiterhin kann sich der Bürge seiner Zahlungsverpflichtung entziehen, indem er darlegt und im Bestreitensfall beweist, dass der Gläubiger seine Regressmöglichkeiten verringert hat. Verzichtet der Gläubiger in Deutschland auf andere Sicherheiten oder verzögert er den Prozess gegen den Hauptschuldner fahrlässig, kann der Bürge sich auf § 242 BGB berufen. Die Kodifikation der *excepción de subrogación* (Einrede durch Regressvereitelung) führt zu vermehrter Rechtssicherheit in Kolumbien. So ist die Geltendmachung der Einrede nicht abhängig von den variablen Voraussetzungen eines Auffangtatbestandes, sondern unterliegt vielmehr eigenen Anforderungen. Stattdessen kann sich der Bürge in Deutschland auf die Sittenwidrigkeit der Bürgschaft berufen, wenn die o.g. Voraussetzungen[1243] vorliegen. Die Kasuistik hierzu ist sehr umfang- und detailreich und führt zu einem weitreichenden Bürgenschutz. In Kolumbien ist es Nahbereichspersonen nach der hier vertretenen Ansicht nicht möglich, sich auf die Unwirksamkeit der Bürgschaft infolge ihrer finanziellen Überforderung und der persönlichen Beziehung zum Hauptschuldner zu berufen. Zum einen beruht dies darauf, dass das kolumbianische Recht Bürgschaften für Familienangehörige fördern möchte und für solche Konstellationen die notwendige Tauglichkeit des Bürgen, zu der grds. dessen Geschäftsfähigkeit zählt, insoweit erweitert, als dass diese nicht notwendig ist. Zum anderen mangelt es bereits an der Tauglichkeit eines Bürgen, wenn dieser durch die Bürgschaft finanziell überfordert ist. So muss der Bürge über das für die Bürgschaft doppelte Vermögen verfügen, um überhaupt als tauglich angesehen zu werden. Eine solche Tauglichkeitsprüfung verhindert die finanzielle Überforderung des Bürgen generell und dient insgesamt dem Schutz sowohl des Bürgen als auch des Gläubigers. Der Bürge gerät so nicht in einen „*Schuldturm*“ und der Gläubiger ist sich eines solventen Schuldners sicher.

1242 *Lozada Bustos*, La fianza como garantía civil, pág. 75.

1243 Siehe Abschnitt C. VI. 2. d) aa) (1) (b).

3. Verhältnis zwischen dem Bürgen und dem Hauptschuldner

a) In Deutschland

Das Verhältnis zwischen dem Bürgen und dem Hauptschuldner betrifft vorwiegend die Inanspruchnahme und den Rückgriff des Bürgen. Hierbei ist zwischen dem vom Hauptschuldner beauftragten Bürgen und dem nicht beauftragten Bürgen zu unterscheiden. Die Beauftragung kann entgeltlich oder unentgeltlich erfolgen. Wird die Bürgschaft im Deckungsverhältnis zwischen Bürgen und Hauptschuldner unentgeltlich, z.Bsp. für ein Familienmitglied, übernommen, handelt es sich um einen Auftrag gemäß §§ 662 ff. BGB. Wird sie hingegen entgeltlich übernommen, liegt zumeist eine entgeltliche Geschäftsbesorgung i.S.d. § 675 BGB vor. Die Entgeltlichkeit ist begründet in der Zahlung des Avalzinses.

Ist im Deckungsverhältnis kein Auftrag gegeben, ist dies ein Merkmal für eine Geschäftsbesorgung ohne Auftrag i.S.d. §§ 677 ff. BGB.

Das Deckungsverhältnis stellt jedoch in keinem Fall die *causa* für den Bürgschaftsvertrag dar.[1244] Dessen Wirksamkeit ist von der Wirksamkeit der Bürgschaft abstrakt zu bewerten.

Der Bürge ist weder verpflichtet, den Hauptschuldner vor der Zahlung anzuhören, noch einen Prozess zu riskieren.[1245]

aa) Ablösungsrecht

Die Vorschrift des § 775 BGB zählt mehrere Varianten auf, bei deren Vorliegen der Bürge von dem Hauptschuldner Befreiung von der Bürgenverbindlichkeit verlangen kann. Zweck des Befreiungsanspruches ist es, die Subsidiarität der Bürgschaft aufrechtzuerhalten. Ist der Regressanspruch nicht sicher durchsetzbar, soll der Bürge geschützt werden. Wenn im Einzelfall jedoch kein Regressanspruch entstünde, wie im Fall der Insolvenz des Hauptschuldners (§ 254 Abs, 2 S. 1 InsO) oder der schenkweise übernommenen Bürgschaft, steht dem Bürgen auch kein Befreiungsanspruch zu.[1246] Dieser Anspruch herrscht allerdings lediglich im Innenverhältnis zwischen Bürge und Hauptschuldner und berührt die Verpflichtung gegenüber dem Gläubiger nicht.[1247] Praktisch

---

1244 BeckOGK/*Madaus*, § 765 Rn. 19; *Bülow*, Recht der Kreditsicherheiten, Rn. 836.

1245 *Canaris*, Bankvertragsrecht, Rn. 2623.

1246 BeckOGK/*Madaus*, § 775 Rn. 4, 5; MüKo/Habersack, § 775 Rn. 2; *Reinicke/Tiedtke*, Rn. 437; ähnlich: BGH, Urteil v. 10.1.1968 – VIII ZR 164/65 = BeckRS 1968, 31182092.

1247 BeckOGK/*Madaus*, § 775 Rn. 4; *Bülow*, Recht der Kreditsicherheiten, Rn. 958.

bedeutet dies, dass der Hauptschuldner die Hauptforderung zurückzahlen oder neue Sicherheiten leisten müsste, was ihm jedoch aufgrund seiner schlechteren Vermögenslage in aller Regel nicht möglich sein wird.

bb) § 670 BGB, Aufwendungsersatz

Der beauftragte Bürge kann aus § 670 BGB (ggf. über § 675 Abs. 1 BGB) Ersatz seiner Aufwendungen verlangen. Dieser Anspruch ist dispositiv.[1248]

Zwischen dem Anspruch aus § 670 BGB und dem Anspruch aus dem Forderungsübergang besteht echte Anspruchskonkurrenz.[1249]

Der Bürge muss das Vorliegen der anspruchsbegründenden Voraussetzungen des Aufwendungsersatzanspruchs darlegen und ggf. beweisen. Der Anspruch aus übergegangenem Recht unterliegt dagegen einer anderen Beweislastverteilung. Hier muss der Hauptschuldner darlegen und ggf. beweisen, dass ihm aus dem Innenverhältnis eine Einwendung oder Einrede zusteht.[1250]

cc) Der Rückgriff des Bürgen

Der gesetzliche Forderungsübergang (§ 774 Abs. 1 S. 1 BGB) besagt, dass die Forderung des Gläubigers gegen den Hauptschuldner auf den Bürgen übergeht, sofern dieser die Forderung gegen den Hauptschuldner komplett erfüllt oder durch ein Erfüllungssurrogat vollständig befriedigt. [1251] Dies bedeutet, dass die geschuldete Leistung des Hauptschuldners endgültig geleistet wird. Daran fehlt es, wenn die Zahlung nur vorläufig erbracht wird.[1252] Der ehemalige Gläubiger scheidet als Legalzedent aus dem Schuldverhältnis aus. Die Legalzession (*cessio legis*) ermöglicht dem Bürgen einen erleichterten Regress im Vergleich zum Aufwendungsersatzanspruch, da der Bürge hinsichtlich des Bestehens der Forderung nicht beweisbelastet ist.[1253] Gemäß §§ 412, 401 Abs. 1 BGB gehen die

---

1248 MüKo/*Schäfer*, § 670 Rn. 3; Palandt/*Sprau*, § 670 Rn. 1.

1249 BGH, Urteil v. 24.10.2017 – XI ZR 362/15 = BGH NJW 2018, 458, 459; HK-BGB/*Staudinger*, § 774 Rn. 2; Jauernig/*Stadler*, § 774 Rn. 1; Langenbucher/*Hoffmann*, 2. Teil Finanzierung und Kreditsicherheiten, 29. Kapitel: Personalsicherheiten Rn. 8.

1250 RG, Urteil v. 23.5.1914 – VI 180/14 = RGZ 85, 72, 74; RG, Urteil v. 2.4.1921 – I 333/20 = RGZ 102, 52, 53; MüKo/*Habersack*, § 774 Rn. 18; Palandt/*Sprau*, § 774 Rn. 11; *Hövermann*, Handbuch der Beweislast, § 774 Rn. 1.

1251 Erman/*Zetzsche*, § 774 Rn. 2; MüKo/*Habersack*, § 774 Rn. 13; *Zeising* in WM 2010, 2204, 2204 ff. verdeutlicht, dass bei einer nicht kompletten Erfüllung dem Gläubigervorrang nicht entsprochen werden würde.

1252 Reinicke/Tiedtke, Rn. 360.

1253 MüKo/*Habersack*, § 774 Rn. 1, 4.

akzessorischen Sicherheiten ebenfalls kraft Gesetzes (*ipso iure*) auf den Bürgen über. Die nicht-akzessorischen Sicherheiten müssen hingegen rechtsgeschäftlich übertragen werden.[1254] Der Gläubiger verpflichtet sich in analoger Anwendung der §§ 774, 412, 401 BGB dazu, dem Bürgen die nichtakzessorischen Sicherheiten zu übertragen.[1255]

Ferner ist ein Regress des Bürgen in solchen Fällen, in denen der Hauptschuldner gesetzlich durch eine beschränkte Haftung geschützt ist, wie etwa durch § 1629a Abs. 1 S. 1 BGB, nur in beschränkter Höhe möglich. Die Haftungsbeschränkung soll gemäß § 1629a Abs. 3 jedoch nicht mithilfe der Einrede aus § 768 Abs. 1 S. 1 BGB Dritten zugutekommen.[1256]

Nach § 774 Abs. 1 S. 3 BGB kann der Hauptschuldner dem Bürgen die Einreden aus dem zwischen ihnen bestehenden Verhältnis entgegenhalten. So darf der Bürge die Leistung nur an den Gläubiger erbringen, wenn er die Leistung für erforderlich halten konnte (§ 670 BGB) oder der Bürge im Innenverhältnis zum Hauptschuldner zur Leistung verpflichtet war. § 774 Abs. 1 BGB ist dispositiv.[1257]

Darüber hinaus steht auch Mitbürgen untereinander ein Regressanspruch zu. Dieser entsteht grds. schon bei einer Teilzahlung durch einen Mitbürgen.[1258] Die Mitbürgen haften zu gleichen Teilen, es sei denn, etwas Anderes ist bestimmt oder ergibt sich aus der Natur der Sache, §§ 774 Abs. 2, 426 Abs. 1 BGB.

1254 RG, Urteil v. 8.12.1916 – II 307/16 = RGZ 89, 193, 195 f.; RG, Urteil v. 26.11.1917 – IV 308/17 = RGZ 91, 277, 279; BGH, Urteil v. 30.10.1984 – IX ZR 92/83 = BGHZ 92, 374–386 (Rz. 15) = BGH NJW 1985, 614, 615; BGH, Urteil v. 11.1.1990 – IX ZR 58/89 = BGHZ 110, 41–47 (Rz. 11) = BGH NJW 1990, 903, 903; BGH, Urteil v. 6.4.2000 – IX ZR 2/98 = BGH NJW 2000, 2580, 2583; MüKo/*Habersack*, § 774 Rn. 12.

1255 BGH, Urteil v. 30.10.1984 – IX ZR 92/83 = BGHZ 92, 374–386 (Rz. 15) = BGH NJW 1985, 614, 615; BGH, Urteil v. 11.1.1990 – IX ZR 58/89 = BGHZ 110, 41–47 (Rz. 11) = BGH NJW 1990, 903, 903.

1256 Begr. RegE BT-Drs. 13/5624, 13; MüKo/*Huber*, § 1629a Rn. 63.

1257 BGH, Urteil 5.4.2001 – IX ZR 276/98 = BGH WM 2001, 1060, 1064; Staudinger/*Stürner*, § 774 Rn. 25; für einen zeitweisen Aufschub: *Förster*, WM 2010, 1677, 1681; *Hogrefe*, VersR 2014, 1407, 1409.

1258 BGH, Urteil v. 21.2.1957 – VII ZR 216/56 = BGHZ 23, 361–365 (Rz. 44) = BGH NJW 1957, 747, 747. Der sofortige Ausgleich ist bei Vermögenslosigkeit des Hauptschuldners ausgeschlossen, da nicht gesichert ist, welcher der Mitbürgen vom Gläubiger für den Restbetrag in Anspruch genommen wird. Dies gilt auch bei Vermögenslosigkeit des zuerst zahlenden Mitbürgen, da er einen etwaig zu viel gezahlten Betrag nicht zurückzahlen kann, BGH, Urteil v. 17.3.1982 – VIII ZR 30/81 = BGHZ 83, 206–210 (Rz. 8) = BGH NJW 1982, 2306, 2306.

Wurde für die Bürgschaft eine weitere akzessorische Sicherheit bestellt und leistet der andere Sicherungsgeber zuerst, gehen die übrigen Sicherheiten auf ihn über. Die Rechtsfolge dieses Überganges ist umstritten. Nach einer Ansicht soll der Bürge, der einen vollen Ausgleich erhalten kann, nicht aber andere bevorzugt werden.[1259] Der Bürge verdiene eine privilegierte Stellung, da er mit seinem gesamten Vermögen hafte. Einen gesetzlichen Anhaltspunkt findet diese Ansicht in dem Privileg aus § 776 S. 1 BGB. Allerdings trifft diese Norm keine Aussage über das Innenverhältnis unter den verschiedenen Sicherungsgebern.[1260] Nach anderer Ansicht ist der Bürge dagegen nicht zu bevorzugen. Stattdessen soll ein gesamtschuldnerischer Ausgleich stattfinden.[1261] Die Begründung liegt in dem Verweis aus §§ 1143 Abs. 1 S. 2, 1225 S. 2 BGB auf § 774 BGB.[1262] Überzeugend erscheint die gesamtschuldnerische Haftung der Sicherungsgeber. Durch den Gesetzesverweis wird deutlich, dass das Gesetz den Verpfänder und den Bürgen als gleichwertig ansieht. Zudem erscheint die Privilegierung eines Sicherungsgebers nicht zweckmäßig.

Nach Tilgung der Schuld steht dem Bürgen ein Anspruch auf Rückgabe der Bürgschaftsurkunde zu, § 371 S. 1 BGB.[1263]

b) In Kolumbien

aa) Ablösungsrecht

Das Recht auf Ablösung (*derecho para obtener el relevo*), welches sich aus Art. 2394 CC ergibt und grds. vor Zahlung besteht, existiert zwischen dem Bürgen und dem Gläubiger nicht, da es lediglich das Verhältnis zwischen dem

1259 BGB-RGRK/*Kregel*, § 1225 Rn. 6; Staudinger/*Stürner*, § 774 Rn. 68;

1260 BGB-RGRK/*Mormann*, § 774 Rn. 8.

1261 BGH, Urteil v. 29.6.1989 – IX ZR 175/88 = BGHZ 108, 179- 187 (Rz. 18) = BGH NJW 1989, 2530, 2531; BGH, Urteil v. 24.9.1992 – IX ZR 195/91 = BGH NJW 1992, 3228, 3229; BGH, Urteil v. 9.12.2008 – XI ZR 588/07 = BGH NJW 2009, 437, 438; MüKo/*Habersack*, § 774, Rn. 33 ff.; *Weintraut*, Haftungsausgleich, S. 155 ff. *Schlechtriem*, Ausgleich zwischen mehreren Sicherern fremder Schuld, in: FS v. Caemmerer, S. 1013, 1038, 1046.

1262 *Larenz/Canarls*, SchuldR, II/2, § 60 IV 3a; MüKo/*Habersack*, § 774 Rn. 33; *Medicus/Petersen*, Bürgerliches Recht Rn. 941.

1263 BGH, Urteil v. 2.2.1989 – IX ZR 182/87 = BGH NJW 1989, 1482, 1483; BGH, Urteil v. 9.4.1992 – IX ZR 145/91 = BGH WM 1992, 1016, 1017 = BGH NJW-RR 1992, 1005, 1006; OLG Hamm, Urteil v. 1.10.1991 – 26 U 76/91 = OLG Hamm ZIP 1991, 1572, 1573; Palandt/*Grüneberg*, § 371 Rn. 4; *Reinicke/Tiedtke*, Kreditsicherung, Rn. 336.

Bürgen und dem Hauptschuldner betrifft.[1264] Der Gläubiger müsste dem Freiwerden zustimmen.[1265] Der Anspruch bezieht sich auf das Recht des Bürgen, vom Hauptschuldner die Ablösung von der Bürgschaft zu verlangen.[1266]

Grds. kann der Bürge den Hauptschuldner erst nach Zahlung in Regress nehmen. Art. 2394 CC normiert jedoch bestimmte Ausnahmefälle, in denen der Bürge schon vor Zahlung eine Absicherung vom Hauptschuldner verlangen kann.[1267] Dies ist in folgenden Fällen möglich:

Zunächst stellt Art. 2394 Nr. 1 CC klar, dass der Bürge eine Absicherung verlangen kann, wenn der Hauptschuldner leichtfertig verschwindet oder waghalsig sein Vermögen riskiert. Diese Regelung steht im Einklang mit Art. 1553 CC.[1268] Der Bürge übernimmt die subsidiäre Verpflichtung i.d.R. in der Annahme, dass der Hauptschuldner seiner Verpflichtung selbst nachkommt sowie in Kenntnis der Vermögenssituation des Hauptschuldners.[1269] Ändert sich diese Vermögenssituation nun schuldhaft, kann er eine zusätzliche Sicherheit verlangen.[1270]

Gemäß Art. 2394 Nr. 2 CC steht dem Bürgen das gleiche Recht zu, wenn der Hauptschuldner sich verpflichtet hat, die Entlastung der Bürgschaft innerhalb eines bestimmten Zeitraums zu erlangen, und diese Frist abgelaufen ist. Es handelt sich allerdings nicht um eine befristete Bürgschaft i.S.v. Art. 2366 CC.[1271] Der Hauptschuldner hat sich lediglich gegenüber dem Bürgen verpflichtet, diesen zu einem bestimmten Zeitpunkt von der Bürgschaft zu befreien.[1272] Wenn die Laufzeit abgelaufen ist oder die Bedingung erfüllt ist, welche die Hauptverpflichtung ganz oder teilweise sofort vollstreckbar werden lässt, kann der Bürge

---

1264 *Ochoa González*, Contratos nominados civiles, pág. 257; *Valencia Zea*, Derecho Civil, Tomo IV – Contratos, pág. 455.

1265 *Valencia Zea*, Derecho Civil, Tomo IV – Contratos, pág. 455.

1266 *Bonivento Fernández*, Los principales contratos civiles y comerciales, Tomo II, pág. 22; *Ochoa González*, Contratos nominados civiles, pág. 257.

1267 Die Absicherung kann durch eine zusätzliche Sicherheit oder durch Hinterlegung von Zahlungsmitteln geschehen, *Bordamalo Echeverry*, Teoría de la fianza comercial, pág. 49; *Tarazona Caceres*, La fianza civil, pág. 54. Es handelt sich dabei um eine der Disposition des Schuldners unterworfene Alternative i.S.d. Art. 1556 CC.

1268 *Valencia Zea*, Derecho Civil, Tomo IV – Contratos, pág. 455.

1269 *Tarazona Caceres*, La fianza civil, pág. 55.

1270 *Bordamalo Echeverry*, Teoría de la fianza comercial, pág. 50; *Tarazona Caceres*, La fianza civil, pág. 55.

1271 *Tarazona Caceres*, La fianza civil, pág. 55.

1272 *Bordamalo Echeverry*, Teoría de la fianza comercial, pág. 51; *Tarazona Caceres*, La fianza civil, pág. 55.

ebenfalls vorzeitig eine Absicherung verlangen, Art. 2394 Nr. 3 CC. Dies entspricht Art. 2382 CC. Zudem kann der Bürge eine Absicherung verlangen, wenn seit der Gewährung der Bürgschaft zehn Jahre[1273] vergangen sind, es sei denn, die Hauptverpflichtung ist für einen längeren Zeitraum eingegangen oder es handelt sich bei dem Bürgen um einen sog. Amtsträger, der beruflich eine Bürgschaft stellen musste, so wie etwa der Vormund.

Dies gilt gemäß Art. 2394 Nr. 5 CC auch bei der begründeten Befürchtung, dass der Hauptschuldner flieht und der sichernde Immobilienwert nicht für die Begleichung der Schulden genügt.

Die dem Bürgen hier eingeräumten Rechte erstrecken sich nicht auf denjenigen, der gegen den Willen des Schuldners gebürgt hat (Art. 2394 CC a.E.).

bb) Regress

Des Weiteren kann der Bürge nach Begleichung der Schuld vom Hauptschuldner Rückzahlung verlangen.[1274] Dabei stehen ihm mehrere Klagemöglichkeiten zur Verfügung: die Regressklage (*acción subrogatoria*) aus übergegangenem Recht nach Begleichung der Schuld in Erhebung in die Gläubigerstellung (Artt. 1666, 1668 Nr. 3, Nr. 5, 1670 Abs. 1 CC[1275]), die Rückerstattungsklage (*acción de reembolso*), welche auf der Bereicherung ohne Rechtsgrund beruht (Art. 2395 CC), sowie das Recht aus dem Auftragsverhältnis (Art. 2184 CC[1276]).[1277]

1273 Diese Frist scheint sehr lang. Sie wurde dem französischen *Code civil* entnommen, *Barros Errazuriz*, Curso de Derecho Civil, pág. 445.

1274 *Ochoa González*, Contratos nominados civiles, pág. 257.

1275 *Arrubla Paucar*, El contrato de fianza, en: Estudios de derecho privado, Tomo I, Liber Amicorum en homenaje a César Gómez Estrada, pág. 44, 61; *Ochoa González*, Contratos nominados civiles, pág. 257; *Salamanca*, Derecho civil: curso IV: contratos, pág. 296.

1276 *Arrubla Paucar*, El contrato de fianza, en: Estudios de derecho privado, Tomo I, Liber Amicorum en homenaje a César Gómez Estrada, pág. 44, 61; *Salamanca*, Derecho civil: curso IV: contratos, pág. 297.

1277 *Anzola*, Lecciones Elementares de Derecho Civil Colombiano, Curso Tercero de los contratos, pág. 380; *Barros Errazuriz*, Curso de Derecho Civil, pág. 445; *Bonivento Fernández*, Los principales contratos civiles y comerciales, Tomo II, pág. 22; *Ochoa González*, Contratos nominados civiles, pág. 258; *Salamanca*, Derecho civil: curso IV: contratos, pág. 296; *Tarazona Cacéres*, La fianza civil, pág. 57 f.

(1) Rückerstattungsklage (*acción de reembolso*)

Voraussetzung der erfolgreichen Geltendmachung der Rückerstattungsklage ist, dass der Bürge mit befreiender Wirkung an den Gläubiger geleistet hat und die Leistung zur Erfüllung führt, Art. 2400 Nr. 2, 3 CC.[1278] Zudem darf die Klagemöglichkeit nicht ausgeschlossen sein, Art. 2400 Nr. 1 CC.

Das Erfordernis der Durchsetzbarkeit des Anspruchs ist durch den Eintritt des Bürgen in die Rechtsposition des Gläubigers begründet. Wenn dieser allerdings schon keine Möglichkeit hatte, gerichtlich gegen den Hauptschuldner vorzugehen, kann der Bürge dies auch nicht aus übergegangenem Recht.[1279] Eine natürliche Verbindlichkeit kann nicht gerichtlich durchgesetzt werden, Art. 1527 CC.[1280] Sobald sie jedoch erfüllt wurde, kann der Gläubiger das Geleistete nicht wieder zurückfordern.[1281] Zu nennen ist hier u.a. der Fall, dass der Bürge auf eine verjährte Forderung leistet.[1282] Der Bürge kann indes aus dem Recht der ungerechtfertigten Bereicherung gegen den Hauptschuldner vorgehen.[1283]

Darüber hinaus kann der Bürge nur Regress nehmen, wenn der Hauptschuldner der Stellung der Bürgschaft zugestimmt oder die Zahlung des Bürgen zumindest zum Erlöschen der Verbindlichkeit gegenüber dem Gläubiger geführt hat. Diese Regelung stellt eine Ausnahme zu dem allgemeinen Grundsatz aus Art. 1632 CC dar, wonach derjenige, der gegen den Willen des Schuldners zahlt, diesen nicht in Regress nehmen kann.[1284] Die gleiche Ausnahmeregelung wie in Art. 2400 Nr. 2 CC (Regressmöglichkeit bei Zahlung mit erfüllender Wirkung trotz Verpflichtung gegen den Willen des Schuldners) findet sich für die Geschäftsführung ohne Auftrag in Art. 2309 Abs. 1 CC für einen Geschäftsführer, der gegen den Willen des Geschäftsherrn agiert, aber durch sein Handeln eine

---

1278 Dies muss nicht zwangsweise durch eine Zahlung geschehen, sondern kann auch bei einer Leistung an Erfüllung statt vorliegen, *Pérez Vives*, Garantías civiles (Hipoteca, prenda y fianza), pág. 437.

1279 *Cadavid Gaviria*, Derecho Civil – Obligaciones, pág. 28; *Somarriva Undurraga*, Tratado de las cauciones, pág. 176.

1280 *Emiliani Román*, Manual de obligaciones civiles, pág. 124; *Tarazona Caceres*, La fianza civil, pág. 60.

1281 *Emiliani Román*, Manual de obligaciones civiles, pág. 124; *Tarazona Caceres*, La fianza civil, pág. 60.

1282 *Pérez Vives*, Garantías civiles (Hipoteca, prenda y fianza), pág. 444.

1283 *Salamanca*, Derecho civil: curso IV: contratos, pág. 298.

1284 *Somarriva Undurraga*, Tratado de las cauciones, pág. 177; *Tarazona Caceres*, La fianza civil, pág. 60.

Schuld des Geschäftsherrn zum Erlöschen bringt. Auch er kann den Geschäftsherrn in Regress nehmen.[1285] Sonst läge eine Bereicherung ohne Rechtsgrund vor.[1286] Dem Bürgen steht kein Recht auf Ablösung zu, wenn die Zahlung nicht zu einem Erlöschen der Schuld geführt hat, mithin die Zahlung nicht wirksam war.[1287] In erster Linie muss die Schuld beim Gläubiger selbst beglichen werden, an zweiter Stelle stehen dessen gesetzliche Vertreter, Art. 1634 CC. Ist der Gläubiger insolvent oder wurde ihm die Verwaltung seiner Güter entzogen, erlischt die Schuld bei Zahlung an den Gläubiger nicht. Daher kann der Bürge den Hauptschuldner nicht in Regress nehmen, Art. 1636 Nr. 1 CC.[1288]

Hat der Bürge vor Fälligkeit gezahlt, muss er das Fälligkeitsdatum abwarten, bis er den Hauptschuldner in Regress nehmen kann.[1289]

Gemäß Art. 2395 CC kann der Bürge den Hauptschuldner in Regress für alle Kosten nehmen, die ihm bei der Erfüllung seiner Bürgenschuld tatsächlich[1290] entstanden sind. Dies beinhaltet die Zinsen und die Kosten der Zahlung sowie Schadensersatz für weitere Nachteile, die dem Bürgen durch die Zahlung entstanden sind, so z.Bsp., wenn er das Geld seinem Geschäftskonto entziehen musste und dadurch das Geschäft Nachteile erlitten hat.[1291] Den Rechtsgrund für diesen Regress stellt entweder der Auftrag zur Übernahme der Bürgschaft dar (Art. 2184 CC) oder eine Geschäftsbesorgung ohne Auftrag (*agencia oficiosa*). Somit kann auch ein Bürge, der in Unkenntnis des Hauptschuldners gebürgt hat, Regress nehmen.

1285 *García Cuéllar,* De la fianza civil, pág. 13; *Salamanca,* Derecho civil: curso IV: contratos, pág. 299; *Tarazona Cacéres,* La fianza civil, pág. 61.

1286 *Emiliani Román,* Manual de obligaciones civiles, pág. 142 f.; *Pérez Vives,* Garantías civiles (Hipoteca, prenda y fianza), pág. 438; *Tarazona Cacéres,* La fianza civil, pág. 61.

1287 *Arrubla Paucar,* El contrato de fianza, en: Estudios de derecho privado, Tomo I, Liber Amicorum en homenaje a César Gómez Estrada, pág. 44, 60; *Ochoa González,* Contratos nominados civiles, pág. 258; *Tarazona Cacéres,* La fianza civil, pág. 61.

1288 *Tarazona Cacéres,* La fianza civil, pág. 61.

1289 *Barros Errazuriz,* Curso de Derecho Civil, pág. 446; *Bonivento Fernández,* Los principales contratos civiles y comerciales, Tomo II, pág. 23; *Tarazona Cacéres,* La fianza civil, pág. 62.

1290 Laudo Arbitral del Tribunal de arbitraje – Cámara de Comercio de Bogotá – 15 de Febrero de 2001 = http://vlex.com/vid/-355230822.

1291 *Arteaga/Arteaga,* Curso de Derecho Civil – Contratos, pág. 139; *Bonivento Fernández,* Los principales contratos civiles y comerciales, Tomo II, pág. 22; *Gómez Estrada,* Civil Contratos, pág. 546; *Somarriva Undurraga,* Tratado de las cauciones, pág. 172; *Tarazona Cacéres,* La fianza civil, pág. 58.

Überdies kann der Bürge einer Schuldnermehrheit sämtliche Schuldner in Regress nehmen, wenn er sich für alle verbürgt hat. Hat er sich hingegen nur für einen bestimmten Schuldner verbürgt, kann er grds. nur diesen in Anspruch nehmen, Art. 2397 CC.

Bevor der Bürge die Schuld beim Gläubiger begleicht, muss er den Hauptschuldner darüber mündlich in Kenntnis setzen.[1292] Kommt er dieser Verpflichtung nicht nach, verletzt er seine vertraglichen Pflichten aus dem Auftrag.[1293] Er kann insoweit den Hauptschuldner nicht in Regress nehmen, weil diesem persönliche Einreden gegen den Gläubiger zustanden, Art. 2402 Abs. 1 CC. Des Weiteren dient die Information des Hauptschuldners über die geplante Zahlung der Absicherung eines Rückforderungsprozesses gegen den Gläubiger. Handelt es sich bei der Hauptschuld um eine natürliche Verbindlichkeit, kann das Geleistete nicht einfach zurückgefordert werden.[1294] Das Gesetz sieht bei einem Minderjährigenbezug einen Ausgleich über Art. 1747 Abs. 1 CC vor, wenn der Hauptschuldner durch die Leistung bereichert wurde.[1295] Im Fall der Doppelzahlung durch Hauptschuldner und Bürgen kann der Bürge, welcher nach dem Hauptschuldner gezahlt hat, diesen in Regress nehmen, wenn der Hauptschuldner ihn nicht über die bereits getätigte Zahlung in Kenntnis gesetzt hat, Art. 2401 CC.[1296] Diese Regelung geht nicht auf den eigentlichen Bürgenregress zurück, da die Schuld mit Zahlung durch den Hauptschuldner erloschen ist.[1297] Es gibt schlicht keine Position, in die der Bürge eintreten könnte.[1298] Vielmehr besteht dieses Recht aus dem Auftragsverhältnis heraus und wird mit dem guten Glauben des Bürgen begründet.[1299] Der Hauptschuldner kann wiederum beim Gläubiger Rückzahlung verlangen, weil dieser sich ungerechtfertigt bereichert

---

1292 *Anzola*, Lecciones Elementares de Derecho Civil Colombiano, Curso Tercero de los contratos, pág. 381, 382.

1293 *Anzola*, Lecciones Elementares de Derecho Civil Colombiano, Curso Tercero de los contratos, pág. 381; *Barros Errazuriz*, Curso de Derecho Civil, pág. 446; *Pérez Vives*, Garantías civiles (Hipoteca, prenda y fianza), pág. 438.

1294 *Pérez Vives*, Garantías civiles (Hipoteca, prenda y fianza), pág. 440.

1295 *Tobón*, Fianza, pág. 13.

1296 *Gómez Estrada*, Civil Contratos, pág. 550; *Ochoa González*, Contratos nominados civiles, pág. 258; *Pérez Vives*, Garantías civiles (Hipoteca, prenda y fianza), pág. 440.

1297 *Bordamalo Echeverry*, Teoría de la fianza comercial, pág. 62; *Gómez Estrada*, Civil Contratos, pág. 550.

1298 *Gómez Estrada*, Civil Contratos, pág. 550.

1299 *Bordamalo Echeverry*, Teoría de la fianza comercial, pág. 62.

hat.[1300] Hat der Hauptschuldner die zweite Zahlung in Unkenntnis der ersten Zahlung durch den Bürgen getätigt, kann der Bürge den Hauptschuldner nicht in Regress nehmen. Dafür kann er sich an den Gläubiger wenden, Art. 2402 Abs. 2 CC.[1301] Dies ist insbesondere vor dem Hintergrund erstaunlich, dass gerade die zweite Zahlung des Hauptschuldners an den Gläubiger die doppelte Zahlung begründet.[1302]

Gemäß Art 2399 CC kann der Bürge den Hauptschuldner nicht in Regress nehmen, wenn und soweit der Gläubiger dem Bürgen die Schuld erlassen hat, außer der Gläubiger hat dem Bürgen die Schuld mit der Intention, dass Letzterer weiterhin Regress nehmen kann, erlassen. Dies erscheint logisch, da sich der Bürge sonst ungerechtfertigt beim Hauptschuldner bereichern würde.[1303]

Der Rechtsgedanke der Rückerstattungsklage basiert auf der Bereicherung ohne Rechtsgrund.[1304] Voraussetzung der wirksamen Geltendmachung ist die erfüllende Leistung an den Gläubiger, eine dadurch beim Bürgen eingetretene Entreicherung sowie dass es sich nicht bloß um eine natürliche Verbindlichkeit handelt.[1305] Die Bereicherung ohne Rechtsgrund ist in den Art. 4 ff. des Gesetzes 153 aus dem Jahr 1987 geregelt und wurde durch viele Gerichtsurteile fortgebildet.[1306] Für die positive Feststellung einer ungerechtfertigten Bereicherung müssen demnach drei Voraussetzungen erfüllt sein: eine Bereicherung beim Angeklagten, eine Verarmung beim Kläger und das Fehlen eines Rechtsgrundes für die Bereicherung.[1307] Der Anspruch aus Bereicherung ohne Rechtsgrund ist

---

1300 *Arrubla Paucar*, El contrato de fianza, en: Estudios de derecho privado, Tomo I, Liber Amicorum en homenaje a César Gómez Estrada, pág. 44, 58; *Barros Errazuriz*, Curso de Derecho Civil, pág. 447; *Gómez Estrada*, Civil Contratos, pág. 550; *Ochoa González*, Contratos nominados civiles, pág. 258.

1301 *Arrubla Paucar*, El contrato de fianza, en: Estudios de derecho privado, Tomo I, Liber Amicorum en homenaje a César Gómez Estrada, pág. 44, 58; *Barros Errazuriz*, Curso de Derecho Civil, pág. 446, 447; *Tarazona Caceres*, La fianza civil, pág. 62.

1302 *Gómez Estrada*, Civil Contratos, pág. 551; *Somarriva Undurraga*, Tratado de las cauciones, pág. 139.

1303 *Bordamalo Echeverry*, Teoría de la fianza comercial, pág. 59.

1304 *Valencia Zea*, Derecho Civil, Tomo IV – Contratos, pág. 457.

1305 *Valencia Zea*, Derecho Civil, Tomo IV – Contratos, pág. 458.

1306 *Emiliani Román*, Curso razonado de las obligaciones, Tomo II, pág. 587 ff.; *Emiliani Román*, Manual de obligaciones civiles, pág. 82.

1307 *Emiliani Román*, Curso razonado de las obligaciones, Tomo II, pág. 587 ff.; *Emiliani Román*, Manual de obligaciones civiles, pág. 83. Näheres zur Bereicherung ohne Rechtsgrund: *Emiliani Román*, Manual de obligaciones civiles, pág. 79 c.

subsidiär, d.h., er kann nur erfolgreich geltend gemacht werden, wenn dem Kläger kein anderer Anspruch zusteht.[1308]

(2) Regressklage (*acción subrogatoria*)

Zudem steht dem Bürgen eine Klage aus abgetretenem Recht zu (sog. Klage des Forderungsübergangs/Abtretungsklage).[1309] Somit tritt er in das Recht des Hauptgläubigers ein, Art. 1668 Nr. 3 CC. Der Forderungsübergang (*subrogación*) führt zu einem Austausch des Gläubigers ohne Novation der Schuld.[1310] Voraussetzung der wirksamen Geltendmachung dieser Klage ist eine Leistung mit befreiender/erfüllender Wirkung an den Gläubiger sowie dass der Regress nicht wirksam ausgeschlossen wurde.[1311] Des Weiteren muss es sich um eine subsidiäre Verbindlichkeit gehandelt haben.[1312] Der Regress ist wirksam ausgeschlossen, wenn der Bürge den Hauptschuldner nicht über die Zahlung informiert und dieser ein weiteres Mal zahlt (Art. 2401 CC) sowie wenn der Bürge auf eine natürliche Schuld leistet.[1313] Die Regress- bzw. Abtretungsklage (*acción subrogatoria*) ist erfolgsversprechender, da dem Bürgen zusätzliche Sicherheiten zukommen. Allerdings kann der Bürge bei dieser Klageart nur auf die Höhe der Kosten klagen, die auch der Hauptgläubiger vom Bürgen hätte fordern können.[1314] Ein Bürge, der den Anspruch des Gläubigers befriedigt hat, kann mithilfe dieser Klage von jedem anderen Mitbürgen die Quote seiner Schuld verlangen, nicht jedoch die Begleichung der gesamten Schuld.[1315] Dadurch wird ein „Klagenkreisel“ (*circuito de acciones*) vermieden.[1316] Diese Regressmöglichkeit steht bei der Rückerstattungsklage (*acción de reembolso*) nicht zur Verfügung.[1317] Bei einer

---

1308 *Emiliani Román*, Manual de obligaciones civiles, pág. 89.

1309 Casación, 27 de Septiembre 1943, „G. J.“, nº 2.001, pág. 163.

1310 Casación, 27 de Noviembre 1935, „G. J.“, nº 1.907, pág. 393.

1311 *Pérez Vives*, Garantías civiles (Hipoteca, prenda y fianza), pág. 442.

1312 Casación, 10 de Diciembre 1930, „G. J.“, nº 1.874, pág. 376.

1313 *Pérez Vives*, Garantías civiles (Hipoteca, prenda y fianza), pág. 443.

1314 Casación, 27 de Noviembre 1935, „G. J.“, nº 1.907, pág. 393; *Gómez Estrada*, Civil Contratos, pág. 546; *Pérez Vives*, Garantías civiles (Hipoteca, prenda y fianza), pág. 443; *Somarriva Undurraga*, Tratado de las cauciones, pág. 184; *Valencia Zea*, Derecho Civil, Tomo IV – Contratos, pág. 459.

1315 *Pérez Vives*, Garantías civiles (Hipoteca, prenda y fianza), pág. 444; *Somarriva Undurraga*, Tratado de las cauciones, pág. 184.

1316 *Pérez Vives*, Garantías civiles (Hipoteca, prenda y fianza), pág. 448; *Somarriva Undurraga*, Tratado de las cauciones, pág. 187.

1317 *Pérez Vives*, Garantías civiles (Hipoteca, prenda y fianza), pág. 445; *Somarriva Undurraga*, Tratado de las cauciones, pág. 184.

Mehrheit von gesamtschuldnerischen Bürgen kann der gesamtschuldnerische Bürge, welcher die Schuld beglichen hat, auch die anderen gesamtschuldnerischen Bürgen in Regress nehmen.[1318] Mehrere Bürgen gleicher Stufe können gemäß Art. 2403 ff. CC einander für den nach der Quote zu viel gezahlten Betrag in Regress nehmen, sofern sie nicht die Teilungseinrede erhoben haben.[1319] Die in Anspruch genommenen Bürgen können dem Bürgen, der bereits geleistet hat, weder persönliche Einreden des Hauptschuldners entgegenhalten noch die Einreden des zahlenden Bürgen, dem sie zwar zustanden, der aber keinen Gebrauch von ihnen gemacht hat, Art. 2404 Abs. 2 CC.[1320]

Ursprung dieser Regelung ist Art. 1668 Nr. 3, 5 CC, nach dem der Forderungsübergang insbesondere zugunsten derjenigen, die eine fremde Schuld begleichen, und derjenigen, die eine Schuld begleichen, für die sie gesamtschuldnerisch haften, angeordnet wird.[1321] Es handelt sich um eine Abtretungsklage (*acción subrogatoria*).[1322] Das Gesetz unterscheidet insofern nicht zwischen gewöhnlichen und gesamtschuldnerischen Bürgen.[1323] Indes besteht ein Unterschied zwischen Bürgen, die nur mit dem Hauptschuldner gesamtschuldnerisch haften, und solchen Bürgen, die sich im Verhältnis zum Hauptschuldner und untereinander gesamtschuldnerisch verbürgt haben. Bei Ersteren erlischt die Hauptverbindlichkeit und der zahlende Bürge kann von den anderen Bürgen lediglich die Zahlung der Schuld in Höhe ihrer Quote verlangen.[1324] Letztere stehen anders, da in diesem Fall die Hauptverbindlichkeit nicht erlischt und der zahlende Bürge von den anderen die Zahlung der gesamten Schuld abzüglich seiner Quote verlangen kann.[1325]

Problematisch ist überdies der Fall, dass sich zwei Bürgen für die gleiche Schuld zweier unterschiedlicher Gesamtschuldner verbürgen und nicht die

---

1318 *Gómez Estrada*, Civil Contratos, pág. 540, 548.

1319 *Ochoa González*, Contratos nominados civiles, pág. 259; *Pérez Vives*, Garantías civiles (Hipoteca, prenda y fianza), pág. 447.

1320 *Barros Errazuriz*, Curso de Derecho Civil, pág. 448; *Bonivento Fernández*, Los principales contratos civiles y comerciales, Tomo II, pág. 24; *Bordamalo Echeverry*, Teoría de la fianza comercial, pág. 65; *Ochoa González*, Contratos nominados civiles, pág. 259.

1321 *Bordamalo Echeverry*, Teoría de la fianza comercial, pág. 64.

1322 *Pérez Vives*, Garantías civiles (Hipoteca, prenda y fianza), pág. 447.

1323 *Anzola*, Lecciones Elementares de Derecho Civil Colombiano, Curso Tercero de los contratos, pág. 383; *Tarazona Caceres*, La fianza civil, pág. 65.

1324 *Tarazona Caceres*, La fianza civil, pág. 65.

1325 *Tarazona Caceres*, La fianza civil, pág. 66.

Teilungseinrede erheben.[1326] Art. 2392 Abs. 1 CC greift aufgrund der Personenverschiedenheit der Schuldner grds. nicht. Auch hilft es dem leistenden Bürgen nicht weiter, in die Rechte des Gläubigers einzutreten, da sich diese nur gegen den Hauptschuldner richten.[1327] Das Rückgriffsrecht basiert somit lediglich auf dem Prinzip der Fairness[1328] oder dem Rechtsgedanken der Bereicherung ohne Rechtsgrund.[1329] Soweit ein Bürge, der sich nicht gesamtschuldnerisch verbürgt hat, mehr als das zahlt, wofür er sich verpflichtet hat, kann er die anderen Bürgen grds. in Regress nehmen.[1330] Art. 2403 CC normiert, dass der Bürge in diesem Fall in die Rechte des Gläubigers im Verhältnis zu den Mitbürgen eintritt.

Somit lässt sich feststellen, dass Gesamtschuldner rechtlich wie eine Person behandelt werden und daher eine Analogie zu Art. 2392 CC gezogen werden könnte.

(3) Auftragsverhältnis

Bei einem Auftragsverhältnis entstammt das Rückgriffsrecht den Art. 2396, 23 95, 2184 Abs. 1 Nr. 2 CC.[1331] Gemäß Art. 2395 CC ist ein Regress nach den allgemeinen Regeln möglich. Voraussetzung dafür ist, dass ein Auftragsverhältnis zwischen dem Bürgen und dem Hauptschuldner vorliegt.[1332] Der Rückgriff nach den speziellen Normen der Bürgschaft ist im Hinblick auf die zu ersetzenden Kosten umfassender.[1333] Im Rahmen der Rückerstattung nach den Normen des Auftrags kann der Bürge nur das ersetzt verlangen, was er für nützlich und notwendig erachten durfte.[1334]

Sind der Auftragsgeber und der Hauptschuldner nicht personenidentisch, stehen die Klagemöglichkeiten aus der Bürgschaft und dem Auftragsverhältnis in einem alternativen Verhältnis, da der Bürge/Auftragnehmer sich im Falle

1326 *Anzola*, Lecciones Elementares de Derecho Civil Colombiano, Curso Tercero de los contratos, pág. 384.

1327 *Anzola*, Lecciones Elementares de Derecho Civil Colombiano, Curso Tercero de los contratos, pág. 384.

1328 *Anzola*, Lecciones Elementares de Derecho Civil Colombiano, Curso Tercero de los contratos, pág. 384.

1329 *Pérez Vives*, Garantías civiles (Hipoteca, prenda y fianza), pág. 449.

1330 *Tarazona Cacéres*, La fianza civil, pág. 66.

1331 *García Cuéllar*, De la fianza civil, pág. 11; *Gómez Estrada*, Civil Contratos, pág. 548; *Valencia Zea*, Derecho Civil, Tomo IV – Contratos, pág. 460.

1332 *García Cuéllar*, De la fianza civil, pág. 12; *Gómez Estrada*, Civil Contratos, pág. 549.

1333 *García Cuéllar*, De la fianza civil, pág. 12; *Gómez Estrada*, Civil Contratos, pág. 549.

1334 *García Cuéllar*, De la fianza civil, pág. 13.

der erfolgreichen Geltendmachung beider Regressforderungen ungerechtfertigt bereichern würde.[1335]

(4) Vergleich der Regressmöglichkeiten untereinander

Fraglich ist, welche der Klagemöglichkeiten für den Bürgen am vorteilhaftesten ist.[1336] Die Rückerstattungsklage erfasst auch die Zinsen sowie die für die Zahlung angefallenen Kosten.[1337] Außerdem entsteht die Klagemöglichkeit zum Zeitpunkt der Zahlung neu, sodass sie im Verhältnis zur ursprünglichen Schuld einer neuen Frist unterliegt.[1338] Dagegen verschafft die Abtretungsklage dem Bürgen alle Privilegien des Gläubigers, wie etwa die zusätzlichen Sicherheiten des Art. 1670 Abs. 1 CC.[1339] Ferner kann sich die Regressklage auch gegen die anderen Gesamtschuldner oder Mitbürgen richten.[1340] Dies ist bei der Rückerstattungsklage nicht möglich.[1341] Letztere steht dem Bürgen nicht zu, wenn er sich gegen den Willen des Hauptschuldners verbürgt hat.[1342] Des Weiteren kann der Bürge sein Rückzahlungsverlangen nicht auf die Regressklage stützen, wenn es sich bei der Hauptverbindlichkeit um eine natürliche Verbindlichkeit handelt oder er den Hauptschuldner nicht über die Zahlung informiert und dieser daraufhin erneut zahlt.[1343] Sodann stützt sich die Klage auf die Bereicherung

1335 *Gómez Estrada*, Civil Contratos, pág. 549.

1336 *Cardona Hernández*, Contratos civiles, pág. 267; *Ochoa González*, Contratos nominados civiles, pág. 258; *Tarazona Caceres*, La fianza civil, pág. 64.

1337 *Anzola*, Lecciones Elementares de Derecho Civil Colombiano, Curso Tercero de los contratos, pág. 380; *Bonivento Fernández*, Los principales contratos civiles y comerciales, Tomo II, pág. 22; *Cardona Hernández*, Contratos civiles, pág. 267, *Hinestrosa*, Tratado de las Obligaciones, Concepto, estructura, vicisitudes, I, pág. 408; *Ochoa González*, Contratos nominados civiles, pág. 258; *Tarazona Caceres*, La fianza civil, pág. 58, 64.

1338 *Hinestrosa*, Tratado de las Obligaciones, Concepto, estructura, vicisitudes, I, pág. 409; *Tarazona Caceres*, La fianza civil, pág. 64.

1339 *Barros Errazuriz*, Curso de Derecho Civil, pág. 447; *Bonivento Fernández*, Los principales contratos civiles y comerciales, Tomo II, pág. 23; *Tarazona Caceres*, La fianza civil, pág. 64.

1340 *Bonivento Fernández*, Los principales contratos civiles y comerciales, Tomo II, pág. 23.

1341 *Arrubla Paucar*, El contrato de fianza, en: Estudios de derecho privado, Tomo I, Liber Amicorum en homenaje a César Gómez Estrada, pág. 44, 59.

1342 *Ochoa González*, Contratos nominados civiles, pág. 258.

1343 *Bonivento Fernández*, Los principales contratos civiles y comerciales, Tomo II, pág. 23.

ohne Rechtsgrund.[1344] Während die Rückerstattungsklage (*acción de reembolso*) innerhalb von zehn Jahren ab dem Zeitpunkt der Zahlung verjährt,[1345] beginnt für die Regressklage (*acción subrogatoria*) die Verjährungsfrist ab dem Zeitpunkt der Fälligkeit des Kredites.[1346]

Zahlt der Bürge gegen den ausdrücklichen Willen des Schuldners, kann er gemäß Art. 2400 S. 1 Nr. 2 CC nur nach den allgemeinen Regeln gegen den Hauptschuldner vorgehen, wenn die Schuld nicht durch die Zahlung erloschen ist. Diese allgemeinen Prinzipien sind in Art. 1632 CC und Art. 2308, 2309 CC normiert. In Art 2308 CC ist die Geschäftsführung ohne Auftrag geregelt. Gemäß Art. 1632 CC kann derjenige, der gegen den Willen des Schuldners eine fremde Schuld begleicht, keinen Regress nehmen. Nach Art. 2309 Abs. 1 CC kann jedoch jemand, der ein fremdes Geschäft gegen den Willen des Geschäftsherrn tätigt, sich beim Geschäftsherrn schadlos halten, sofern das Geschäft für diesen nützlich[1347] war.

c) Vergleich

Das Ablösungsrecht des Bürgen ist beiden Rechtsordnungen gemein. Dieses bezieht sich entweder auf die absolute Verschlechterung der finanziellen Situation des Bürgen oder auf eine interne Abrede zwischen dem Hauptschuldner und dem Bürgen. Dies setzt voraus, dass der Hauptschuldner den Bürgen beauftragt hat und die Bürgschaft nicht ohne dessen Einverständnis zwischen dem Gläubiger und Bürgen abgeschlossen wurde. Das deutsche Instrument des Ablösungsrechts entspricht zudem in Teilen der kolumbianischen Einrede der Regressvereitelung. Daher entfällt in Fällen der Deckungsgleichheit die Rechtsunsicherheit, welche sich aus dem Rückgriff auf § 242 BGB ergibt.

Eine weitere Gemeinsamkeit liegt in den verschiedenen, dem Bürgen zur Verfügung stehenden Rückgriffsmöglichkeiten. So kann ein Bürge sowohl aus einem etwaigen Auftragsverhältnis, aus allgemeinen Regeln als auch aus spezialgesetzlichen Regeln wählen.

1344 *Anzola*, Lecciones Elementares de Derecho Civil Colombiano, Curso Tercero de los contratos, pág. 380.

1345 *Arrubla Paucar*, El contrato de fianza, en: Estudios de derecho privado, Tomo I, Liber Amicorum en homenaje a César Gómez Estrada, pág. 44, 61.

1346 *Arrubla Paucar*, El contrato de fianza, en: Estudios de derecho privado, Tomo I, Liber Amicorum en homenaje a César Gómez Estrada, pág. 44, 61.

1347 Eine Definition von „nützlich" i.S.v. Art. 2309 Abs. 1 CC ist nicht vorhanden.

Zunächst ist die kolumbianische Rückerstattung an die gleichen Voraussetzungen wie der deutsche Regress geknüpft: Es muss sich um eine Leistung mit befreiender Wirkung an den Gläubiger gehandelt haben. Hierbei ist es irrelevant, ob der Hauptschuldner der Übernahme der Bürgschaft zugestimmt hat, weil allein die befreiende Wirkung ausschlaggebend ist. Da in Deutschland eine Bürgschaft für eine nicht durchsetzbare Hauptschuld schon nicht wirksam gestellt werden kann, erübrigt sich die Frage nach einem Regress. Jedoch erscheint es folgerichtig, dass der Bürge keinen Regress aus übergegangenem Recht nehmen kann, wenn der Gläubiger schon nicht gerichtlich gegen den Hauptschuldner vorgehen konnte. Allerdings spiegelt sich in dieser mangelnden Regressmöglichkeit wider, dass diesen Grundprinzipien der Bürgschaft nicht entsprochen wurde. Dies spricht, wie oben bereits beschrieben,[1348] gegen eine Bürgschaft für eine natürliche Verbindlichkeit. Dem Rückgriff über das Bereicherungsrecht kommt eine ausgleichende Wirkung zu.

Eine Besonderheit des kolumbianischen Rechts stellt die Benachrichtigung des Hauptschuldners vor Zahlung dar. Weil der Bürge dem Gläubiger nicht die persönlichen Einreden des Hauptschuldners entgegenhalten kann, soll der Hauptschuldner insoweit geschützt werden, als dass diesem die Einredemöglichkeiten erhalten bleiben. Der Bürge ist aber dazu verpflichtet, dem Zahlungsverlangen des Gläubigers Folge zu leisten, und ist unabhängig vom Vorliegen persönlicher Einreden des Hauptschuldners leistungspflichtig. Daher benachteiligt ihn diese Regelung ungebührlich. Berücksichtigt werden muss indes die Regressmöglichkeit des Art. 1747 CC für Fälle mit Minderjährigenbezug.

Beachtenswert ist, dass es in Kolumbien kein Pendant zur Problematik des Wettlaufs der Sicherungsgeber gibt. Zum einen bietet nur die Regressklage den Übergang weiterer Sicherheiten auf den Bürgen. Es könnte sich also auch hier die Frage stellen, ob der Bürge im Verhältnis zu anderen Sicherungsgebern zu privilegieren ist. Dem kolumbianischen Rückgriffsrecht ist allerdings inhärent, dass ein *circuito de acciones* vermieden werden soll und der Rückgriffsberechtigte somit nur in Höhe der Quote des Rückgriffspflichtigen Regress nehmen darf. Diese allgemeine Regel kann ihrem Sinn nach auf andere Sicherheitengeber übertragen werden, sodass es nicht zu einer Privilegierung einer bestimmten Sicherheitenform kommt.

Die allgemeinen Voraussetzungen der Regressklage gleichen denen der Rückerstattungsklage. Der Regress in das Vermögen der Mitbürgen ist nur über die Regressklage möglich. Den Mitbürgen stehen nicht alle Einredemöglichkeiten

1348 Siehe Abschnitt C. III. 1. a) bb)/cc).

zu. So können sie einem Bürgen, der die Schuld beim Gläubiger beglichen hat, nicht die Einreden entgegenhalten, die dem Bürgen zustanden, aber auf deren Geltendmachung er verzichtet hat. Dies erscheint ungerechtfertigt, da die Mitbürgen so benachteiligt werden. Der Verzicht des zahlenden Bürgen sollte nicht zulasten der anderen Bürgen gehen dürfen.

Zwar ist der Regress auf Grundlage des Auftragsverhältnisses nicht so umfangreich, jedoch bietet er dem Bürgen eine weitere Anspruchsgrundlage. Nachteilig ist zumindest in Deutschland die andere Beweislastverteilung, welche den Bürgen nicht privilegiert.

VII. Erlöschen der Bürgschaft

1. In Deutschland

Wichtigster Fall des Erlöschens ist die Erfüllung durch Leistung des Bürgen an den Gläubiger auf die Bürgenschuld, § 362 Abs. 1 BGB. Ebenso führt die Leistung des Hauptschuldners aufgrund der Akzessorietät zum Erlöschen der Bürgenschuld. Dann ist es dem Bürgen erlaubt, die Bürgschaftsurkunde zurückzufordern.[1349] Der Gläubiger ist zur Rückgabe der Urkunde verpflichtet. Auch wenn es sich um eine Leistung für einen Dritten i.S.v. § 267 Abs. 1 BGB handelt, erlischt die Hauptschuld, mithin die Bürgenschuld. In diesem Fall entsteht kein Regress- oder Aufwendungsersatzanspruch.[1350]

Neben der Erfüllung bewirken die Erfüllungssurrogate (Hinterlegung, § 372 BGB und Selbsthilfeverkauf, §§ 383 f. BGB) sowie die Aufrechnung (§§ 387 ff. BGB), die Kündigung, die Anfechtung (§ 142 Abs. 1 BGB), die Unmöglichkeit (§ 275 BGB) und die Einwendungen aus § 242 BGB das Erlöschen der Bürgschaft.[1351] Im Gegensatz zum Erlöschen durch eine einseitige

---

1349 OLG Schleswig, Urteil v. 10.11.2000 – 4 U 193/99 = OLG Schleswig MDR 2001, 26, 26.

1350 BGH, Urteil v. 26.9.1985 – IX ZR 180/84 = BGH NJW 1986, 251, 251; BGH, Urteil v. 14.1.1998 – XII ZR 103/96 = BGH WM 1998, 443, 444.

1351 PWW/*Brödermann*, § 767 Rn. 5; Erfüllungssurrogate: BGH, Urteil v. 24.11.1969 – VIII ZR 78/68 = BGH NJW 1970, 279, 279 (rechtskräftige Abweisung); Aufrechnung: BGH, Urteil v. 25.4.2002 – IX ZR 254/00 = BGH NJW 2002, 2867, 2869; Aufhebungsvertrag: BGH, Urteil v. 1.10.2002 – IX ZR 443/00 = BGH NJW 2003, 59, 60; Vergleich: BGH, Urteil v. 3.7.1952 – IV ZR 108/51 = BGHZ 6, 385–398 (Rz. 16, 17, 20) = BGH NJW 1952, 1049, 1050; Erlassvertrag: OLG Hamburg, Urteil v. 10.10.1985 – 6 U 90/85 = OLG Hamburg NJW 1986, 1691, 1692; BGH, Urteil v. 5.4.2001 – IX ZR 276/98 = BGH NJW 2001, 2327, 2329; Kündigung: BGH, Urteil

Erklärung erlischt die Leistungspflicht durch einen (verfügenden)[1352] Vertrag durch einen Vergleich (§ 779 Abs. 1 BGB), den Erlass (§ 397 Abs. 1 BGB) oder das negative Schuldanerkenntnis (§ 397 Abs. 2 BGB). Des Weiteren bringen die Novation und die Konfusion die Leistungspflicht zum Erlöschen. Ferner können die Parteien das Erlöschen durch einen Aufhebungsvertrag bewirken.[1353] Bei Übernahme der Bürgenverpflichtung unter einer auflösenden Bedingung (§ 158 Abs. 2 BGB) erlischt die Bürgschaft mit Bedingungseintritt.

Sichert die Bürgschaft mehrere Verbindlichkeiten des Hauptschuldners, also u.a. ein Dauerschuldverhältnis, kann der Bürge den Bürgschaftsvertrag für zukünftig entstehende Verbindlichkeiten kündigen, wenn ein wichtiger Grund i.S.d. § 314 BGB vorliegt.[1354] Das Kündigungsrecht kann sich im Einzelfall überdies aus § 242 BGB ergeben.[1355] Die Kündigungsfrist richtet sich nach § 488 Abs. 3 S. 2 BGB.[1356]

Darüber hinaus erlischt die Bürgschaft durch Fortfall des Sicherungszwecks, etwa wenn die Bürgschaft einzig der Vermeidung von Vermögensverschiebung zwischen Ehegatten dient und die Ehe nun gescheitert ist.[1357] Ist die Vermeidung einer Vermögensverschiebungen nicht der einzige Zweck, entfällt zwar nicht der Sicherungszweck, jedoch möglicherweise die Geschäftsgrundlage (§ 313 Abs. 1 BGB) infolge der Ehescheidung.[1358]

---

v. 14.7.1988 – IX ZR 115/87 = BGH NJW 1989, 27, 28; Anfechtung: BGH, Urteil v. 19.9.1985 – III ZR 214/83 = BGHZ 95, 350–361 (Rz. 33, 35) = BGH NJW 1986, 43, 45; Leistungsbefreiung: RG, Urteil v. 5.11.1931 – VIII 227/31 = RGZ 134, 126, 128. Bei der Novation geht die Bürgschaft unter, BGH, Urteil v. 30.9.1999 – IX ZR 287/98 = BGH NJW 99, 3708, 3709.

1352 BeckOK BGB/*Fischer*, § 779 Rn. 20; MüKoBGB/*Habersack*, § 779 Rn. 36; Palandt/*Sprau*, § 779 Rn. 2 (wenn sich auch aus der systematischen Stellung ergibt, dass es sich um einen schuldrechtlichen Vertrag handelt.).

1353 LG Stuttgart, Urteil v. 29.9.1981 – 25 O 131/81 = LG Stuttgart ZIP 1982, 308, 308.

1354 RG, Urteil v. 6.2.1911 – VI 74/10 = RG JW 1911, 447, 447; RG, Urteil v. 19.2.1914 – VI 577/13 = RG JW 1914, 470, 470; BGH, Urteil v. 4.7.1985 – IX ZR 135/84 = BGH NJW 1985, 3007, 3008; BGH, Urteil v. 22.5.1986 – IX ZR 108/85 = BGH NJW 1986, 2308, 2309.; BGH, Urteil v. 7.10.2002 – II ZR 74/00 = BGH NJW 2003, 61, 62.

1355 Z.Bsp. bei Beendigung der Gesellschafterstellung bei Absicherung einer Gesellschaftsverbindlichkeit (BGH, Urteil v. 10.6.1985 – III ZR 63/84 = BGH WM 1985, 1059, 1061) oder bei Ehescheidung bei Absicherung einer Verbindlichkeit des ehemaligen Ehegatten, BGH, Urteil v. 7.10.2002 – II ZR 74/00 = BGH NJW 2003, 61, 62.

1356 BuB/*Piekenbrock*, 4/1126.

1357 *Müller-Feldhammer*, WM 2001, 65, 67 f., 74.

1358 BGH, Urteil v. 5.1.1995 – IX ZR 85/94 = BGHZ 128, 230–240 (Rz. 15) = BGH NJW 1995, 592, 594. Die Anwendung von § 313 BGB schützt die vermögenslose

Das Bestehen der Bürgschaft wird nicht vom Tod des Bürgen oder des Hauptschuldners beeinträchtigt.[1359] Vielmehr greifen die Erbschaftsregelungen der Universalsukzession, § 1922 Abs. 1 BGB.

Der Bürgschaftsanspruch verjährt gemäß § 195 BGB in drei Jahren mit dem Ende des Jahres, in dem der Anspruch fällig wurde. Strittig ist, wann der Anspruch aus der Bürgschaft fällig wird: entweder, wenn der Sicherungsfall eingetreten ist, also mit der Fälligkeit der Hauptforderung, da der Gläubiger sonst den Verjährungsbeginn „*beliebig hinauszögern*" könnte[1360] oder wie regelmäßig nach Leistungsaufforderung.[1361] Die Inanspruchnahme des Bürgen ist hingegen keine Entstehungsvoraussetzung, da es sich nicht um einen verhaltenen Anspruch handelt.[1362] Vorzugswürdig erscheint es, auf die Fälligkeit der Hauptforderung abzustellen, um den Bürgen Sicherheit zu ermöglichen.

Ehefrau jedoch nicht hinreichend. Zielführender ist auch hier die Subsumtion unter § 138 BGB, sonst würden sich Eheleute u.U. zu einer Scheidung genötigt sehen, *Reinicke/Tiedtke*, NJW 1995, 1449, 1454. Ein vollkommener Schutz des Bürgen wird mithin nur über § 138 BGB erreicht.

1359 BuB/*Piekenbrock*, 4/1206. Ist der Gläubiger hingegen Erbe, erlischt die Bürgschaft durch Konfusion, Staudinger/*Stürner*, § 765 Rn. 257. Der Gläubiger muss den Erben des Bürgen jedoch auf die Bürgschaft hinweisen, bevor neue Forderungen begründet werden, wenn der Erbe die Bürgschaft hätte kündigen können. Diese Informationspflicht folgt aus § 242 BGB, BGH, Urteil v. 21.2.1957 – VII ZR 216/56 = BGH WM 1957, 517, 518; *Reinicke/Tiedtke*, Rn. 143.

1360 BGH, Urteil v. 18.12.2003 – IX ZR 9/03 = BGH, NJW-RR 2004, 1190, 1191; BGH, Urteil v. 29.1.2008 – XI ZR 160/07 = BGHZ 175, 161–172 (Rz. 24) = BGH NJW 2008, 1729, 1731; BGH, Urteil v. 8.12.2009 – XI ZR 181/08 = BGH NJW 2010, 1284, 1286; MüKo/*Habersack*, § 765 Rn. 89; Palandt/*Ellenberger* § 199 Rn. 3; Staudinger/*Stürner*, § 765 Rn. 274; *Reinicke/Tiedtke*, Kreditsicherung, Rn. 316; *Grüneberg*, WM Sonderbeil. Nr. 3 zu Heft 43/2015, 2, 9; *Hohmann*, WM 2004, 757, 760; *Lange*, BKR 2017, 447, 448.

1361 Staudinger/*Stürner*, § 765 Rn. 274a (einschränkend für die Praxis); *Gay*, NJW 2005, 2585, 2588. Nur so könne ein Gleichlauf mit anderen Ansprüchen, die auch ab Leistungsaufforderung fällig werden, hergestellt werden.

1362 *Grüneberg*, WM Sonderbeil. Nr. 3 zu Heft 43/2015, 2, 9; *Lange*, BKR 2017, 447, 448.

2. In Kolumbien

Die Bürgschaft kann entweder zusammen mit der Hauptverbindlichkeit erlöschen (akzessorisch) oder separat von dieser (direkt).[1363] Die korrekte Bezeichnung für das Erlöschen der Bürgschaft lautet *la fianza se extingue.*

a) Akzessorisches Erlöschen

Durch die Akzessorietät der Bürgschaft zur Hauptschuld erlischt die Bürgschaft automatisch in der Höhe, in der die Hauptschuld untergeht, Art. 2406 Nr. 3, 1726 Abs. 1 CC.[1364] In Art. 1625 CC sind die meisten Erlöschensgründe enumeriert: Zahlung des Hauptschuldners[1365] oder des Bürgen, Novation (d.h. durch den Wechsel des Hauptschuldners), Art. 1704 CC,[1366] Leistung an Erfüllung statt,[1367] Transaktion, Schulderlass (Art. 1712 CC),[1368] Aufrechnung (Art. 1714

1363 *Arrubla Paucar*, El contrato de fianza, en: Estudios de derecho privado, Tomo I, Liber Amicorum en homenaje a César Gómez Estrada, pág. 44, 62; *Barros Errazuriz*, Curso de Derecho Civil, pág. 431; *Bonivento Fernández*, Los principales contratos civiles y comerciales, Tomo II, pág. 24, *Ochoa González*, Contratos nominados civiles, pág. 259, *Pérez Vives*, Garantías civiles (Hipoteca, prenda y fianza), pág. 450; *Salamanca*, Derecho civil: curso IV: contratos, pág. 299; *Tarazona Cacéres*, La fianza civil, pág. 69.

1364 *Alessandri Rodríguez*, Derecho Civil – Teoría de las obligaciones, pág. 28; *Cardona Hernández*, Contratos civiles, pág. 268; *Gómez Estrada*, Civil Contratos, pág. 556; *Ochoa González*, Contratos nominados civiles, pág. 259; *Salamanca*, Derecho civil: curso IV: contratos, pág. 299; *Tarazona Cacéres*, La fianza civil, pág. 72.

1365 Eine weitere Ausnahme dazu bildet Art. 1630 Abs. 1 C.C., wonach jede Person für den Schuldner in dessen Namen zahlen kann, auch ohne sein Wissen oder gegen seinen Willen und sogar gegen den Willen des Gläubigers.

1366 *Somarriva Undurraga*, Tratado de las cauciones, pág. 121. Art. 1708 CC stellt klar, dass es sich bei einer Fristverlängerung nicht um eine Novation handelt, der Bürge aber dennoch durch sie von seiner Schuld befreit wird, *Bordamalo Echeverry*, Teoría de la fianza comercial, pág. 77; *Tarazona Cacéres*, La fianza civil, pág. 73; *Valencia Zea*, Derecho Civil, Tomo IV – Contratos, pág. 462.

1367 *Somarriva Undurraga*, Tratado de las cauciones, pág. 191.

1368 Der Schulderlass zugunsten des Hauptschuldners bringt die Bürgschaft zum Erlöschen. Hingegen bringt der Schulderlass zugunsten eines Bürgen nicht die Bürgschaften etwaiger Mitbürgen zum Erlöschen. Die Mitbürgen profitieren jedoch indirekt von ihr, indem die Höhe ihrer Schuld in der Höhe der erlassenen Schuld sinkt. Zum Ganzen: *Salamanca*, Derecho civil: curso IV: contratos, pág. 298; *Tarazona Cacéres*, La fianza civil, pág. 74.

CC),[1369] Konfusion (Art. 1725 CC), Verlust der geschuldeten Sache, Nichtigkeitserklärung, Widerruf, Eintritt der auflösenden Bedingung (Art. 1536 HS 2 CC)[1370] sowie Verjährung der Hauptforderung (Art. 2516 CC)[1371].[1372]

Letztere führt jedoch nicht automatisch zum Untergang der Bürgschaft, da es sich dann um eine Naturalverbindlichkeit handeln würde und solche ebenfalls durch eine Bürgschaft abgesichert werden können, Art. 1529 CC.[1373] Der Bürge kann sich in diesem Fall jedoch auf die Verjährung berufen, weil er alle objektiven Einreden des Hauptschuldners gegen die Hauptschuld ebenfalls geltend machen kann.[1374] Die Bürgschaft verjährt unabhängig von der Hauptforderung.[1375]

Zudem kann die Hauptschuld durch Leistung an Erfüllung statt, Ablauf der Frist, Widerruf oder Beendigung erlöschen.[1376] Ist die Hauptschuld nichtig, kann auch die Bürgschaft nicht bestehen.[1377] Ein mangelhafter Vertrag kann annulliert oder aufgehoben werden.[1378] Ein existierender und wirksamer bilateraler Vertrag kann hingegen lediglich aufgelöst werden.[1379]

1369 Problematisch könnte hier sein, ob die Aufrechnung durch den Bürgen auch die Hauptschuld zum Erlöschen bringt. Grundsätzlich folgt die Hauptschuld nicht dem Schicksal der akzessorischen Schuld, *Alessandri Rodríguez*, Derecho Civil – Teoría de las obligaciones, pág. 28, *Domínguez Águila*, El principio de lo accesorio y la prescripción de las acciones de garantía, en: Estudios sobre Garantías Reales y Personales, En homenaje a Manuel Somarriva Undurraga, pág. 39, 40; *Hinestrosa*, Tratado de las Obligaciones, Concepto, estructura, vicisitudes, I, pág. 84. Die Aufrechnung hat jedoch das Erlöschen der Forderung zur Folge, *Tarazona Cacéres*, La fianza civil, pág. 75.

1370 Gemäß Art 1544 CC sind bei Bedingungseintritt die Sachen zurückzugeben, die vorher empfangen wurden.

1371 S.N.G., 16 de Octubre 1930, „G. J.“, n° 1.874, pág. 410. Grundsätzlich ist es möglich, dass der Schuldner auf die Einrede der Verjährung verzichtet, Art. 2514 Abs. 1 CC. Der Bürge kann in diesem Fall bei einer Zahlungsaufforderung dem Gläubiger jedoch weiterhin die Einrede der Verjährung entgegenhalten, Art. 2516 CC.

1372 *Emiliani Román*, Manual de obligaciones civiles, pág. 139 f.; *Salamanca*, Derecho civil: curso IV: contratos, pág. 299; *Somarriva Undurraga*, Tratado de las cauciones, pág. 190, *Tarazona Cacéres*, La fianza civil, pág. 72.

1373 *Barrera Tapias/Hernández de León*, El Derecho de las Obligaciones, pág. 115.

1374 *Ochoa González*, Contratos nominados civiles, pág. 251.

1375 *Barrera Tapias/Hernández de León*, El Derecho de las Obligaciones, pág. 115.

1376 *Somarriva Undurraga*, Tratado de las cauciones, pág. 191; *Tarazona Cacéres*, La fianza civil, pág. 72.

1377 *Barros Errazuriz*, Curso de Derecho Civil, pág. 431.

1378 *Polanco Moreno*, Contratos, pág. 27.

1379 *Polanco Moreno*, Contratos, pág. 27.

Der Vertrag ist i.d.R. einseitig nicht widerruflich.[1380] Zur Aufhebung (*rescisión*) bedarf es derselben Voraussetzungen wie zur wirksamen Vertragsschließung: der Willensübereinkunft und eines legalen Grundes.[1381] Grds. sind die gewährten Leistungen zurückzugeben. Bei Sukzessivverträgen gilt die Vertragsauflösung erst für die Zukunft.[1382] Verträge, welche die Rechte Dritter betreffen oder familienrechtliche Verträge, wie etwa die Ehe oder Adoption, können nicht durch bloße Willensübereinkunft aufgehoben werden.[1383]

Für andere Verträge ist gesetzlich festgelegt, dass eine einseitige Lösung vom Vertrag möglich sein muss, so z.Bsp. für Arbeitsverträge.[1384]

Auch für den Richter ist der Vertrag wie ein Gesetz zwischen den Parteien zu behandeln. Mithin kann er den Vertrag nur aus gesetzlichen Gründen für nichtig erklären.[1385]

Wurde die Verjährungsfrist der Hauptschuld gehemmt, gilt diese Unterbrechung auch für die Verjährungsfrist der Bürgschaft.[1386] Dagegen spricht allerdings, dass die Bürgschaft und der abzusichernde Vertrag unterschiedliche Motive haben und daher auch mit einer unterschiedlichen Frist verjähren können.[1387]

1380 *Emiliani Román,* Curso Razonado de las Obligaciones, Tomo I, Primera Parte, pág. 280, 287; *Uribe-Holguín,* De las obligaciones y del contrato en general, pág. 254, 255.

1381 *Emiliani Román,* Curso Razonado de las Obligaciones, Tomo I, Primera Parte, pág. 287.

1382 *Emiliani Román,* Curso Razonado de las Obligaciones, Tomo I, Primera Parte, pág. 287.

1383 *Emiliani Román,* Curso Razonado de las Obligaciones, Tomo I, Primera Parte, pág. 288.

1384 *Emiliani Román,* Curso Razonado de las Obligaciones, Tomo I, Primera Parte, pág. 289.

1385 *Emiliani Román,* Curso Razonado de las Obligaciones, Tomo I, Primera Parte, pág. 293.

1386 *Domínguez Águila,* El principio de lo accesorio y la prescripción de las acciones de garantía, en: Estudios sobre Garantías Reales y Personales, En homenaje a Manuel Somarriva Undurraga, pág. 39, 55. Obwohl dies als strittig dargestellt wird, ist das Ergebnis aufgrund der Akzessorietät der Bürgschaft logisch konsequent.

1387 *Gaitán Martínez,* Fianza y obligación solidaria, en: Estudios sobre Garantías Reales y Personales, En homenaje a Manuel Somarriva Undurraga, pág. 102, 114; nur zu den unterschiedlichen Motiven: *Cuadra Folle,* La solidaridad, la fianza, la fianza solidaria y la codeuda solidaria. Algunas cuestiones y sus límites, en: Estudios sobre Garantías Reales y Personales, En homenaje a Manuel Somarriva Undurraga, pág. 144, 148.

b) Direktes Erlöschen

Zunächst erlischt die Bürgschaft durch die allgemeinen Erlöschensgründe.[1388]

Gemäß Art. 2406 Nr. 1, 2 CC erlischt die Bürgschaft ferner in folgenden Fällen separat von der Hauptschuld: Die teilweise oder komplette Befreiung von der Bürgschaft, welche der Gläubiger dem Bürgen gewährt, führt zum Erlöschen der Bürgschaft, Art. 2406 Nr. 1 CC. So führt auch der Verlust der Handlungsmöglichkeiten, die dem Gläubiger das Recht verleihen, sich schadlos zu halten, sofern dies durch seine Handlung oder seine Schuld geschieht (Nr. 2),[1389] zum Erlöschen. Und schließlich erlischt die Bürgschaft, wenn sie nur befristet eingegangen wurde oder unter einer Bedingung steht und diese Frist abläuft oder die Bedingung nicht eintritt, Art. 2366 i.V.m. Art. 2370 S.1 CC.[1390]

Art. 2408, 2406 CC regeln, dass die Bürgschaft ferner durch Konfusion erlischt. Dies gilt für die Konfusion von Gläubigern und Bürgen derselben Schuld und von Hauptschuldnern und Bürgen derselben Schuld.[1391] Bei Letzterer handelt es sich nicht um eine klassische Konfusion, da der Bürge nicht frei wird, sondern der Grad der Verbindlichkeit für ihn auf die Hauptverbindlichkeit ansteigt und ein Unterbürge des ehemaligen Bürgen zu einem normalen Bürgen aufsteigen würde.[1392] Andere Bürgen sind durch diese Art der Konfusion nicht

1388 Vgl. Abschnitt C. VI. 2. a) bb) (6) zur Hauptforderung.

1389 *Anzola*, Lecciones Elementares de Derecho Civil Colombiano, Curso Tercero de los contratos, pág. 387; *Bonivento Fernández*, Los principales contratos civiles y comerciales, Tomo II, pág. 15; *Cardona Hernández*, Contratos civiles, pág. 268; *Ochoa González*, Contratos nominados civiles, pág. 259; *Tarazona Cacéres*, La fianza civil, pág. 71.

1390 *Arrubla Paucar*, El contrato de fianza, en: Estudios de derecho privado, Tomo I, Liber Amicorum en homenaje a César Gómez Estrada, pág. 44, 63; *Pérez Vives*, Garantías civiles (Hipoteca, prenda y fianza), pág. 452.

1391 *Anzola*, Lecciones Elementares de Derecho Civil Colombiano, Curso Tercero de los contratos, pág. 390; *Bordamalo Echeverry*, Teoría de la fianza comercial, pág. 74; *Gómez Estrada*, Civil Contratos, pág. 558; *Ochoa González*, Contratos nominados civiles, pág. 259; *Cardona Hernández*, Contratos civiles, pág. 268, *Pérez Vives*, Garantías civiles (Hipoteca, prenda y fianza), pág. 452; *Salamanca*, Derecho civil: curso IV: contratos, pág. 301; *Tarazona Cacéres*, La fianza civil, pág. 71.

1392 *Bordamalo Echeverry*, Teoría de la fianza comercial, pág. 75; *Gómez Estrada*, Civil Contratos, pág. 558; *Muñoz Obando*, „La fianza", pág. 25; *Ochoa González*, Contratos nominados civiles, pág. 259; *Salamanca*, Derecho civil: curso IV: contratos, pág. 301; *Tarazona Cacéres*, La fianza civil, pág. 71.

begünstigt.[1393] Tritt die Konfusion ein, indem z.Bsp. der Gläubiger den Hauptschuldner beerbt, erlischt die Bürgschaft, Art. 1724 CC.[1394]

Wenn der Bürge die Erbeneinrede (*beneficio de inventario*) geltend macht, wird der Bürge nur in der Höhe, die die geerbte Summe übersteigt, frei, Art. 1304 CC.[1395]

Des Weiteren erlischt die Bürgschaft, wenn der Gläubiger auf sie verzichtet.[1396] In Art. 2407 CC ist geregelt, dass die Bürgschaft erlischt, wenn der Gläubiger freiwillig eine andere Sache als die geschuldete an Erfüllung statt annimmt.[1397] Der Gläubiger kann keine andere Sache annehmen und die Rechte gegen den Bürgen reservieren, da die Bürgschaft *de lege lata* erlischt.[1398] Diese Regelung ist damit zu begründen, dass der Bürge, hätte der Gläubiger keine andere Sache an Erfüllung statt angenommen und sich stattdessen beim Bürgen befriedigt, in der Sache hätte Regress nehmen können, diese aber in der Zwischenzeit untergegangen sein könnte.[1399] Ein weiterer Erklärungsansatz ist der, dass es sich um eine Art der Novation handelt.[1400] Die Bürgschaft erlischt nicht, wenn ein Dritter die Schuld begleicht, da in diesem Fall die Forderung auf den Dritten übergeht.[1401] Anstelle des Schuldners können seine Rechtsnachfolger[1402] oder auch Dritte, die nicht notwendigerweise selbst ein Interesse an der Begleichung der Schuld

---

1393 *Bordamalo Echeverry*, Teoría de la fianza comercial, pág. 76.

1394 *Anzola*, Lecciones Elementares de Derecho Civil Colombiano, Curso Tercero de los contratos, pág. 390; *Tarazona Cacéres*, La fianza civil, pág. 72.

1395 *Anzola*, Lecciones Elementares de Derecho Civil Colombiano, Curso Tercero de los contratos, pág. 390; *Tascón*, La fianza de saneamiento, en: Revista Jurídica No. 27–28, Agosto 1911, pág. 161, 163.

1396 *Ochoa González*, Contratos nominados civiles, pág. 259; *Pérez Vives*, Garantías civiles (Hipoteca, prenda y fianza), pág. 452; *Tarazona Cacéres*, La fianza civil, pág. 70.

1397 *Contreras Restrepo/Tafur González/Castro Guerrero*, Código Civil Comentado, pág. 1483; *Pérez Vives*, Garantías civiles (Hipoteca, prenda y fianza), pág. 451; *Somarriva Undurraga*, Tratado de las cauciones, pág. 191; *Tafur González*, Código Civil Anotado, pág. 756.

1398 *Anzola*, Lecciones Elementares de Derecho Civil Colombiano, Curso Tercero de los contratos, pág. 391.

1399 *Anzola*, Lecciones Elementares de Derecho Civil Colombiano, Curso Tercero de los contratos, pág. 391, *Somarriva Undurraga*, Tratado de las cauciones, pág. 191.

1400 *Pérez Vives*, Garantías civiles (Hipoteca, prenda y fianza), pág. 451; *Somarriva Undurraga*, Tratado de las cauciones, pág. 191, 197.

1401 *Anzola*, Lecciones Elementares de Derecho Civil Colombiano, Curso Tercero de los contratos, pág. 386.

1402 *Tarazona Cacéres*, La fianza civil, pág. 39.

haben, leisten.[1403] Problematisch ist es, wenn der Bürge sich nur für einen Teil der Schuld verbürgt hat und der Schuldner diese bloß teilweise begleicht. Fraglich ist, ob und in welcher Höhe der Gläubiger Zahlung vom Bürgen verlangen kann. Dem Willen des Gläubigers würde es entsprechen, wenn der Bürge den Teil der Schuld, welchen der Hauptschuldner nicht beglichen hat, absichert.[1404] Dieses Ergebnis geht mit dem Sicherungszweck der Bürgschaft konform.[1405]

Die Gesetzesstruktur ist darauf angelegt, die Ausgewogenheit zwischen den Vertragsparteien zu fördern. So hat ein Vertrag lediglich so lange Bestand, wie sich seine ökonomischen Grundlagen, die bei dessen Abschluss bestanden, nicht gravierend verändert haben.[1406] Bevor ein Richter einen Vertrag aufgrund der Veränderung der ökonomischen Grundlagen aufheben kann, muss das Vorhandensein von außergewöhnlichen Umständen von der Exekutive festgestellt werden.[1407] Allgemeinhin wird kein außergewöhnlicher Umstand angenommen, wenn es sich um den wirtschaftlichen Ruin einer Vertragspartei handelt. Dieser wird als weniger relevant als die Stabilität des Vertrages empfunden.[1408] Zur Annahme eines außergewöhnlichen Umstandes ist es notwendig, dass die Parteien diese Veränderung bei Vertragsschluss nicht berücksichtigen mussten, beide Parteien betroffen sind und die Feststellung der Veränderung der ökonomischen Grundlagen die einzige Möglichkeit darstellt, um das Vertrauen in den Vertrag und die Justiz aufrechtzuerhalten.[1409]

Der Vertrag bewirkt die Verantwortlichkeit, welche mit dem deutschen Vertretenmüssen im Falle der Nichtleistung vergleichbar ist.[1410] Die Verantwortlichkeit des Bürgen richtet sich nach Art. 2377 CC, welcher die allgemeine Regel des

---

1403 *Tarazona Caceres*, La fianza civil, pág. 39

1404 *Anzola*, Lecciones Elementares de Derecho Civil Colombiano, Curso Tercero de los contratos, pág. 386.

1405 *Anzola*, Lecciones Elementares de Derecho Civil Colombiano, Curso Tercero de los contratos, pág. 386.

1406 *Emiliani Román*, Curso Razonado de las Obligaciones, Tomo I, Primera Parte, pág. 289.

1407 *Emiliani Román*, Curso Razonado de las Obligaciones, Tomo I, Primera Parte, pág. 290.

1408 *Emiliani Román*, Curso Razonado de las Obligaciones, Tomo I, Primera Parte, pág. 290, 291.

1409 *Emiliani Román*, Curso Razonado de las Obligaciones, Tomo I, Primera Parte, pág. 292.

1410 *Emiliani Román*, Curso Razonado de las Obligaciones, Tomo I, Primera Parte, pág. 280.

Art. 1604 CC abändert.[1411] Diese orientiert sich an der Verantwortlichkeit des Beauftragten.[1412]

Die Bürgschaft verjährt gemeinsam mit der Hauptverbindlichkeit, Art. 2537 CC.[1413]

Speziell geregelt ist der Fall, dass die Schuld nicht nach Art. 1633 CC erlischt, wenn der Schuldner dem Gläubiger eine Sache, an der er kein Eigentum hat, übergibt. Folglich besteht die Schuld für den Bürgen fort.[1414]

3. Vergleich

In beiden Rechtsordnungen erlischt die Bürgschaft aufgrund des Akzessorietätsgrundsatzes mit Erlöschen der Hauptschuld. Diese erlischt zudem durch die Aufgabe von Sicherheiten.

Darüber hinaus erlischt die Bürgschaft sowohl in Kolumbien als auch in Deutschland separat, wenn der Gläubiger den Bürgen freistellt. Dagegen bewirkt die Verjährung der Hauptschuld nicht automatisch den Untergang der Bürgenschuld. Vielmehr muss sich der Bürge hierauf berufen.

Hervorzuheben ist die Trennung zwischen direktem und indirektem Erlöschen, welche dem kolumbianischen Recht immanent ist. Diese bewirkt ein vereinfachtes Verständnis des Akzessorietätsgedankens. Ferner besteht eine Parallele zwischen dem Bestand und dem Untergang des Vertrages nach Veränderungen der wirtschaftlichen Aspekte sowie der Störung der Geschäftsgrundlage (§ 313 Abs. 1 BGB). Ziel ist es, die unangemessene Benachteiligung einer Partei aufgrund einer Änderung von schwerwiegenden äußeren Umständen zu vermeiden.

1411 *Bonivento Fernández*, Los principales contratos civiles y comerciales, Tomo II, pág. 11; *Céspedes Solano*, Manual de Contratos Civiles; pág. 146; *Ojeda N.*, Apuntaciones sobre fianza, pág. 35.

1412 *Muñoz Obando*, „La fianza", pág. 80.

1413 *Pérez Vives*, Garantías civiles (Hipoteca, prenda y fianza), pág. 367, 428; *Pinto Martinez*, Las garantías abstractas o a primera demanda en el ordenamiento jurídico colombiano, pág. 17.

1414 *Bordamalo Echeverry*, Teoría de la fianza comercial, pág. 72.

D. Erste Auswertungen zum Wesen der Bürgschaft sowie zu ihrer wirtschaftlichen Relevanz im Vergleich zu anderen Sicherheiten

Die wirtschaftliche Relevanz der Bürgschaft ist stark abhängig von den Vor- und Nachteilen der Bürgschaft im Vergleich zu anderen Personalsicherheiten.

Im Verhältnis zur Bürgschaft unterliegen die anderen Personalsicherheiten weniger Einschränkungen. Je nach Betrachtungsweise, aus Sicht des Kreditinstituts respektive aus Sicht des Bürgen, können die verschiedenen Unwirksamkeitsgründe oder Einreden einen Nachteil oder Vorteil darstellen.

I. In Deutschland

Höhepunkt einer wirtschaftlich unsicheren Lage ist die Insolvenz des Schuldners. Die Werthaltigkeit der Bürgschaft ist abhängig von der „*Solvenz des Bürgen*".[1415] Anders als bei Realsicherheiten gilt der Prioritätsgrundsatz für die Bürgschaft nicht.[1416] Daraus folgt, dass der Gläubiger, der seine Forderung zuletzt geltend macht, das Nachsehen hat, wenn das Vermögen des Schuldners zur kompletten Erfüllung nicht mehr ausreicht.[1417] Die Befriedigung der Gläubiger ist dann nur noch aus der Insolvenzmasse möglich. Der Geldwert der Insolvenzmasse genügt jedoch meist nicht zur Befriedigung aller Gläubiger. Diese erhalten lediglich eine bestimmte Quote ihrer ursprünglichen Forderung. Daher bemisst sich der Wert einer Kreditsicherheit an ihrer Insolvenzfestigkeit,[1418] mithin an der Sicherheit der

---

1415 *Bülow*, Recht der Kreditsicherheiten, Rn. 1031; *Looschelders*, SchuldR BT, § 50 Rn. 3; *Medicus/Lorenz*, Schuldrecht BT II, § 50 Rn. 1.

1416 *Bülow*, Recht der Kreditsicherheiten, Rn. 850; *Heyers*, JA 2012, 81, 81. Der Prioritätsgrundsatz regelt bestimmte Vorzugsrechte in der Zwangsvollstreckung, §§ 804 Abs. 2 und 3, 829 ZPO. Wenn der Gläubiger einen Titel gegen den Bürgen erwirkt hat, kann er im Wege der Einzelzwangsvollstreckung auf dessen gesamtes Vermögen zugreifen.

1417 *Bülow*, Recht der Kreditsicherheiten, Rn. 850.

1418 *Bülow*, Recht der Kreditsicherheiten, Rn. 1; *Alessandri Rodríguez*, Derecho Civil – Teoría de las obligaciones, pág. 30; *Gaitán Martínez*, Fianza y obligación solidaria,

Zahlung.[1419]

Die Werthaltigkeit, und damit praktische Relevanz der Bürgschaft, ist durch die gleichen Unsicherheiten, aus denen sich das Absicherungsbedürfnis des Gläubigers ergibt, nicht so hoch wie bei einer Realsicherheit.[1420] Dies ist schon an der Kreditpraxis der Banken zu erkennen, welche regelmäßig die Einräumung einer Grundschuld fordern. Die gleiche Bewertung der Sicherheit findet sich in § 239 BGB wieder. Eine andere Beurteilung ergibt sich nur bei zweifelloser Solvenz des Bürgen, z.Bsp. bei einer Staatsbürgschaft oder einer Bankbürgschaft.[1421]

Der praktische Stellenwert der Bürgschaft ist in Deutschland in den letzten 20 Jahren gesunken, da die Banken bei der individuellen Risikoprüfung ihrer Kunden nicht alle Kreditsicherheiten als risikomindernd ansetzen dürfen und die Rechtsprechung – zumindest in Deutschland – variable Kreditsicherheiten zum Schutz des Kunden vor Übersicherung reglementiert hat.[1422] Das Bedürfnis nach Absicherung steigt indes gleichzeitig in Krisenzeiten stark an.

Das Absicherungsbedürfnis ist gleichsam nicht nur im Hinblick auf eine Insolvenz eines Geschäftspartners relevant, sondern vielmehr immer dann, wenn eine Partei in Vorleistung geht und daher für sie unklar ist, ob ihre Forderung gegen den Geschäftspartner erfüllt wird, also ein unvertretbares Ausfallrisiko besteht.[1423] Dies ist auch im (mittel- und langfristigen) Warenverkehr bedeutsam, folglich, wenn die Bonität des Schuldners – trotz Prüfung beispielsweise auch durch unvorhersehbare wirtschaftliche Entwicklungen – nicht gesichert ist.

---

en: Estudios sobre Garantías Reales y Personales, En homenaje a Manuel Somarriva Undurraga, pág. 102, 103; *Salamanca*, Derecho civil: curso IV: contratos, pág. 282; *Somarriva Undurraga*, Tratado de las cauciones, pág. 9.

1419 *Bülow*, Recht der Kreditsicherheiten, Rn. 1031; *Arrubla Paucar*, El contrato de fianza, en: Estudios de derecho privado, Tomo I, Liber Amicorum en homenaje a César Gómez Estrada, pág. 44, 45; *Gaitán Martínez*, Fianza y obligación solidaria, en: Estudios sobre Garantías Reales y Personales, En homenaje a Manuel Somarriva Undurraga, pág. 102, 103; *Pinto Martinez*, Las garantías abstractas o a primera demanda en el ordenamiento jurídico colombiano, pág. 1; *Somarriva Undurraga*, Tratado de las cauciones, pág. 9.

1420 *Paek*, Der Bürgenschutz im Spannungsfeld zur Privatautonomie, S. 44; *Salamanca*, Derecho civil: curso IV: contratos, pág. 282; *Somarriva Undurraga*, Tratado de las cauciones, pág. 10; *Valencia Zea*, Derecho Civil, Tomo IV – Contratos, pág. 440.

1421 *Looschelders*, SchuldR BT, § 50 Rn. 3; *Medicus/Lorenz*, Schuldrecht BT II, § 50 Rn. 1.

1422 *Obermüller*, NZI 2010, 201, 202, 206.

1423 http://www.daswirtschaftslexikon.com/d/kreditsicherheiten/kreditsicherheiten.htm (letzter Abruf: 26.01.2022).

Die Lieferung der Ware entspräche in diesem Fall der Gewährung eines Blankokredits.[1424] Das Misstrauen in die Erfüllung der vertraglichen Pflichten wird durch die Stellung einer Sicherheit gemindert. An die Stelle der primären Vertragserfüllung tritt im Falle des Ausfalls die Inanspruchnahme der Kreditsicherheit. Das Kreditrisiko wird mithin übertragen.[1425]

Die Rechtsprechung zur Sittenwidrigkeit der Bürgschaft und zu Globalbürgschaften hat dazu geführt, dass die Banken und Sparkassen ihre Bürgschaftsformulare immer wieder ändern mussten.[1426] Daraus folgt, dass es bis heute wenig Sicherheit bzgl. der Gültigkeit der bestehenden Bürgschaftsverträge gibt.[1427] Trotz dessen ist die Bürgschaft weiterhin eine bedeutende Kreditsicherheit in Deutschland.[1428] So handelte es sich um die hier am weitverbreitetsten Personalsicherheit.[1429] Eine Untersuchung aus dem Jahr 1979 ergab, dass Konsumentenratenkredite etwa in 92 % der Fälle abgesichert werden[1430] und davon in etwa 20 % der Fälle durch eine Bürgschaft.[1431] Zwar fehlen aktuellere Quellen,[1432] jedoch kann durch weitere zahlreiche Gerichtsurteile davon ausgegangen werden, dass der Bürgschaft auch heute noch eine erhebliche praktische Relevanz

1424 Praktikabel ist in dieser Situation ebenso die Vereinbarung eines Eigentumsvorbehaltes. *Zöllner* in WM 2000, 1, 3 weist darauf hin, dass im Endeffekt die Allgemeinheit das Ausfallrisiko trägt, wenn keine Kreditsicherheit bestellt wurde.

1425 *Zöllner*, WM 2000, 1, 3.

1426 *Schröter*, WM 2000, 16, 17; *Zöllner*, WM 2000, 1, 3 (in Bezug auf die Wahl der Bürgen).

1427 *Medicus*, Die Bedeutung von Erwartungen des Gläubigers beim Abschluß der Bürgschaft, in: FS Fikentscher, S. 265, 282; *Naumann*, Sittenverstoß und Privatautonomie, S. 85, 86; *Bales*, BKR 2004, 264, 269; *Foerste*, JZ 2002, 562, 564; *Homann/Maas*, JuS 2011, 774, 776; *Kapitza*, NZI 2004, 14, 16; *Obermüller*, NZI 2010, 201, 201; *Schweitzer*, KTS 1991, 541, 546; *Unger*, BKR 2005, 432, 436; *Zöllner*, WM 2000, 1, 3.

1428 *Bales*, BKR 2004, 264, 264.

1429 *Georgiades*, Die Höchstbetragsbürgschaft in der neueren Rechtsprechung, S. 17; *Larenz/Canaris*, SchuldR, II/2, § 60 I 2; *Medicus/Lorenz*, Schuldrecht BT II, § 50 Rn. 1; *Paek*, Der Bürgenschutz im Spannungsfeld zur Privatautonomie, S.29; *Reinicke/Tiedtke*, Rn. 1; *Bales*, BKR 2004, 264, 264.

1430 *Holzscheck/Hörmann/Daviter*, Die Praxis des Konsumentenkredits in der BRD, S. 230, wobei die häufigste Sicherheit die Gehaltsvorausabtretung ist.

1431 *Holzscheck/Hörmann/Daviter*, Die Praxis des Konsumentenkredits in der BRD, S. 231.

1432 Eine Erkundigung bei der Volksbank Kiel ergab, dass Bürgschaften am 31.12.2020 zu 389 Stück mit einem Volumen von 49 Mio. € im Bestand vertreten waren.

zukommt – obgleich diese Annahme nicht darauf gestützt werden kann, dass sich die Kreditvergabe in den letzten Jahren gehäuft hat.[1433] Dies zeigt, dass die Bürgschaft, wenn auch nicht im Vergleich zu Realsicherheiten, so doch im Vergleich zu anderen Personalsicherheiten weiterhin relevant ist.

II. In Kolumbien

Der Erfolg der Zwangsvollstreckung bzw. Vollstreckungsklage hängt auch in Kolumbien von der Solvenz des Schuldners ab.[1434] Ist dieser insolvent, ist lediglich eine Vollstreckung nach Quote[1435] in das restliche Vermögen möglich.[1436] Diese Quote reicht indes nicht immer zur vollständigen Befriedigung des Gläubigers. Daher ist diese Art der Garantie nicht so werthaltig wie Realsicherheiten.[1437] Durch die Vollstreckung in diese kann der Gläubiger meist komplett befriedigt werden.

Aufgrund der im Vergleich zu Realsicherheiten verminderte Werthaltigkeit von Personalsicherheiten spielt die Bürgschaft im kolumbianischen Rechtsverkehr kaum eine Rolle mehr.[1438] Dies liegt nicht nur an der unsicheren Werthaltigkeit, die Personalsicherheiten immanent ist, sondern auch an den zahlreichen, den Bürgen schützenden Vorschriften, wie etwa der Einrede der Vorausklage oder der Teilungseinrede.[1439] Dadurch wurde es für den Gläubiger zunehmend schwerer, sich bei dem Bürgen schadlos zu halten. Mithin wurde das Rechtsinstrument der Bürgschaft unattraktiver.[1440] Zudem mangelte es der Bürgschaft an der Alltagstauglichkeit im Finanzsystem.[1441] Die schwindende wirtschaftliche Relevanz bezieht sich nicht nur auf die Bürgschaft, sondern generell auf

---

1433 Anders: *Zöllner*, WM 2000, 1, 2.

1434 *Castro de Cifuentes*, Derecho de las Obligaciones, Tomo II, Vol. 1, pág. 453, 454.

1435 Sofern der Gläubiger keine Sicherheit erster Klasse besitzt, *Castro de Cifuentes*, Derecho de las Obligaciones, Tomo II, Vol. 1, pág. 453.

1436 *Castro de Cifuentes*, Derecho de las Obligaciones, Tomo II, Vol. 1, pág. 453.

1437 *Castro de Cifuentes*, Derecho de las Obligaciones, Tomo II, Vol. 1, pág. 454.

1438 *Barrera Tapias/Hernández de León*, El Derecho de las Obligaciones, pág. 131; *Castañeda de Manosalva*, El seguro de fianza de cumplimiento, pág. 11; *Pinto Martinez*, Las garantías abstractas o a primera demanda en el ordenamiento jurídico colombiano, prefacio pág. 2.

1439 *Barrera Tapias/Hernández de León*, El Derecho de las Obligaciones, pág. 132; *Ospina Fernández*, Régimen general de las obligaciones, pág. 242.

1440 *Barrera Tapias/Hernández de León*, El Derecho de las Obligaciones, pág. 132.

1441 *Barrera Tapias/Hernández de León*, El Derecho de las Obligaciones, pág. 132.

alle Formen der traditionellen akzessorischen Sicherheiten: die Bürgschaft, die Hypothek sowie das Pfandrecht.[1442]

In der Praxis haben sich im Laufe der Zeit mehrere neue Formen von abstrakten Sicherheiten, die aufs erste Anfordern zahlbar sind, entwickelt.[1443] Hierbei handelt es sich um atypische Verträge, die nicht gesetzlich normiert sind.[1444] Diesen Sicherheiten kommt gerade auch im internationalen Handel eine seit dem Zweiten Weltkrieg wachsende Bedeutung zu, da sie den praktischen Bedürfnissen näherkommen.[1445] Ferner bewirken diese auch eine Einsparung von Notar- und Gerichtskosten.[1446] Der Garant beispielsweise kann dem Gläubiger nur diejenigen Einwendungen und Einreden entgegenhalten, die sich aus der Garantie selbst ergeben.[1447] Des Weiteren sind solche Sicherheiten, die von Sicherungsgesellschaften vergeben werden, für den Gläubiger besonders wertvoll, als die Unternehmen, welche die Sicherheiten ausgeben, über ausreichend Rückstellungen verfügen müssen.[1448] Bei Bankgarantien handelt es sich deshalb um die für den Gläubiger sicherste Form einer Kaution, weil sie darüber hinaus auf erstes Anfordern ausgezahlt werden.[1449] Sie werden jedoch nur sehr

---

1442 *Castañeda de Manosalva*, El seguro de fianza de cumplimiento, pág. 11; *Pinto Martinez*, Las garantías abstractas o a primera demanda en el ordenamiento jurídico colombiano, prefacio pág. 2; *García Vásquez*, Garantías independientes y cartas de patrocinio: Las mejores alternativas para el comercio internacional, en: Revist@e - Mercatoria Volumen 5, No. 1 (2006), pág. 1, 1.

1443 *Pinto Martinez*, Las garantías abstractas o a primera demanda en el ordenamiento jurídico colombiano, prefacio pág. 2; *García Vásquez*, Garantías independientes y cartas de patrocinio: Las mejores alternativas para el comercio internacional, en: Revist@e - Mercatoria Volumen 5, No. 1 (2006), pág. 1, 1.

1444 *Arrubla Paucar*, Contratos mercantiles, pág. 15; *Céspedes Solano*, Manual de Contratos Civiles; pág. 27.

1445 *Bordamalo Echeverry*, Teoría de la fianza comercial, pág. 103; *Pinto Martinez*, Las garantías abstractas o a primera demanda en el ordenamiento jurídico colombiano, pág. 71.

1446 *Pinto Martinez*, Las garantías abstractas o a primera demanda en el ordenamiento jurídico colombiano, pág. 72.

1447 *García Vásquez*, Garantías independientes y cartas de patrocinio: Las mejores alternativas para el comercio internacional, en: Revist@e - Mercatoria Volumen 5, No. 1 (2006), pág. 1, 3.

1448 *García Vásquez*, Garantías independientes y cartas de patrocinio: Las mejores alternativas para el comercio internacional, en: Revist@e - Mercatoria Volumen 5, No. 1 (2006), pág. 1, 1.

1449 *Barrera Tapias/Hernández de León*, El Derecho de las Obligaciones, pág. 133; *Evaristo León*, Aplicabilidad de las garantías bancarias a primer requerimiento en el

restriktiv vergeben.[1450] Daneben sind sie für den Hauptschuldner wesentlich teurer als andere Sicherheiten.[1451]

In Kolumbien ist ferner die Gesamtschuldnerschaft eine sehr gefragte Sicherungsform. Die Nachteile aus Sicht des Bürgschaftsgläubigers stellen spiegelbildlich die Vorteile der Gesamtschuldnerschaft dar. Dem Gesamtschuldner steht weder die Einrede der Vorausklage noch eine Teilungseinrede zu. Deshalb ist die Gesamtschuldnerschaft die in Kolumbien beliebteste Personalsicherheit.[1452] Prozessrechtlich hängt der Erfolg einer Klage dennoch weiterhin an der Solvenz des Schuldners.[1453] Diese Nachteile sind zugleich ein Vorteil der in Kolumbien sehr beliebten Realsicherheiten.[1454]

Jede Personalsicherheit gibt dem Gläubiger das Recht in das bestehende sowie das zukünftige Vermögen des Schuldners zu vollstrecken, Art. 2488 CC. Das Vermögen des Schuldners entfaltet seinen Zweck als generelles Pfand (*prenda general*).[1455] Unabhängig von der Insolvenz des Hauptschuldners stellt die Zwangsvollstreckung das wichtigste dem Gläubiger zur Verfügung stehende Mittel bei

---

ordenamiento jurídico colombiano, en: Revista de Derecho Privado, No. 10, 2006, pág. 103, 115.

1450 *Barrera Tapias/Hernández de León*, El Derecho de las Obligaciones, pág. 133.

1451 *Barrera Tapias/Hernández de León*, El Derecho de las Obligaciones, pág. 133.

1452 *Alessandri Rodríguez*, Derecho Civil - Teoría de las obligaciones, pág. 30; *Barrera Tapias/Hernández de León*, El Derecho de las Obligaciones, pág. 132; *Ospina Fernández*, Régimen general de las obligaciones, pág. 242.

1453 *Barrera Tapias/Hernández de León*, El Derecho de las Obligaciones, pág. 132; *Pérez Vives/Tamayo Lombana*, Teoría general de las obligaciones, Volumen III, Parte segunda, Clasificación, efectos, transmisión y extinción de las obligaciones, pág. 242.

1454 *Barragán Arango*, El régimen de garantías en el ordenamiento jurídico colombiano y el análisis económico del derecho, en: Estudios de derecho privado, Tomo I, Liber Amicorum en homenaje a César Gómez Estrada, pág. 64, 67; *Barrera Tapias/Hernández de León*, El Derecho de las Obligaciones, pág. 132; *Salamanca*, Derecho civil: curso IV: contratos, pág. 282; *León-Robayo/González-Umbarila*, La prenda sin apoderamiento en Colombia: regulación comercial y garantías mobiliarias, en: Revista de Derecho, No. 44, Jul. 2015, pág. 82, 84.

1455 *Castro de Cifuentes*, Derecho de las Obligaciones, Tomo II, Vol. 1, pág. 450; *Gaitán Martínez*, Fianza y obligación solidaria, en: Estudios sobre Garantías Reales y Personales, En homenaje a Manuel Somarriva Undurraga, pág. 102, 103; *Ospina Fernández*, Régimen general de las obligaciones, pág. 156; *Pérez Vives/Tamayo Lombana*, Teoría general de las obligaciones, Volumen III, Parte segunda, Clasificación, efectos, transmisión y extinción de las obligaciones, pág. 241; *Salamanca*, Derecho civil: curso IV: contratos, pág. 281; *Somarriva Undurraga*, Tratado de las cauciones, pág. 8; *Valencia Zea*, Derecho Civil, Tomo IV - Contratos, pág. 425.

einer Nichtleistung auf eine bestehende Verbindlichkeit dar.[1456] Die Vollstreckungsklage ist ein Druckmittel gegen den Schuldner, damit dieser seiner Verbindlichkeit nachkommt.[1457] Um eine solche Klage erfolgreich zu erheben, muss es sich um eine klare, ausdrückliche und einklagbare Verbindlichkeit handeln, die dokumentiert wurde, Art. 488 C. de P.C. Dies ist damit zu begründen, dass nicht auf Feststellung, sondern auf Vollstreckung geklagt wird.[1458]

III. Zusammenfassung

Somit ist festzustellen, dass die praktische Relevanz der Bürgschaft im Verhältnis zu Realsicherheiten gering ist. Dies folgt allgemein aus der unsicheren Werthaltigkeit von Personalsicherheiten sowie speziell aus der erschwerten Anspruchsdurchsetzbarkeit bei der Bürgschaft. Diese ist entweder bereits durch die gesetzlichen, den Bürgen schützenden Einreden oder in Deutschland durch die Rechtsprechung erschwert. So wurde versucht, das Spannungsfeld zwischen dem Sicherungsinteresse des Gläubigers und dem Schutzinteresse des Bürgen in Balance zu bringen. Auf der einen Seite ist dies in Deutschland gelungen, indem für die Haftung des Bürgen weitere Voraussetzungen geschaffen wurden. Auf der anderen Seite ist die Relevanz der Bürgschaft u.a. dadurch rückläufig. Dies kann nicht Zweck des Bürgenschutzes gewesen sein, da die anderen nichtakzessorischen Personalsicherheiten in den zu vergleichenden Rechtsordnungen den Sicherheitengeber noch weniger schützen als akzessorische Sicherheiten. Das Ausweichen der Kreditinstitute auf diese – im Vergleich zur Rechtstradition der Bürgschaft neuen Formen von Sicherheiten – ist bedenklich. Ungeachtet dessen konnte sich die Bürgschaft zumindest bis vor 20 Jahren in Deutschland statistisch erwiesenermaßen gegenüber anderen Sicherheiten durchsetzen.

In Kolumbien haben andere Rechtsformen die Bürgschaft in der Praxis weitgehend abgelöst. Wirtschaftlich besonders relevant ist die Treuhand (*fiducia*). Die abnehmende praktische Relevanz der Bürgschaft spiegelt sich auch in der veralteten und wenig umfangreichen Literatur zur Bürgschaft wider. In mehreren Lehrbüchern oder Arbeiten, die zur Erreichung eines akademischen Grades führen, wurde bei anderen Sicherheiten wie dem Pfandrecht oder der Hypothek

1456 *Castro de Cifuentes*, Derecho de las Obligaciones, Tomo II, Vol. 1, pág. 450.

1457 *Castro de Cifuentes*, Derecho de las Obligaciones, Tomo II, Vol. 1, pág. 450. Die Klage richtet sich gegen den Schuldner und ist auf Vollstreckung in sein Vermögen gerichtet.

1458 *Castro de Cifuentes*, Derecho de las Obligaciones, Tomo II, Vol. 1, pág. 451.

die wichtige Rechtsprechung aufgelistet.[1459] Für die Bürgschaft fehlt eine solche Auflistung. Auch daraus kann geschlossen werden, dass ihre wirtschaftliche Relevanz nicht so herausragend ist wie die anderer Sicherheiten.

Die stärkere Präsenz in Deutschland mag an der kaum ausgeprägten Tauglichkeitsprüfung des Bürgen im Vergleich zu Kolumbien[1460] liegen. Diese Prüfung dient dem Bürgenschutz und hätte – konsequent durchgeführt – einige Gerichtsprozesse in Deutschland vermieden, weil es nicht zu einer solch hoffnungslosen Verschuldung des Bürgen hätte kommen können.

1459 *Bonivento Fernández*, Los principales contratos civiles y comerciales, Tomo II, pág. 48 c. für das Pfandrecht und pág. 90 c. für die Hypothek; *Linares Vesga*, Introducción al estudio de los contratos: contratos civiles y comerciales, parte general y parte especial, pág. 173 c. für die Hypothek und zur seguro de cumplimiento pág. 198 c.; *Pinto Martinez*, Las garantías abstractas o a primera demanda en el ordenamiento jurídico colombiano, pág. 7 c. für die Hypothek und pág. 12 c. für das Pfandrecht.

1460 Siehe Abschnitt C. VI. 2. b) bb).

E. Fazit

Gegenstand der Arbeit war die Darstellung und Bewertung des kolumbianischen sowie des deutschen Bürgschaftsrechts. Dabei wurde untersucht, welche der beiden Rechtsordnungen zielorientierter auf das Spannungsverhältnis zwischen dem Sicherungsinteresse des Gläubigers einerseits und dem Schutzinteresse des Bürgen andererseits eingeht. Sollte der Bürgenschutz im *Código Civil colombiano* u.U. besser als im BGB umgesetzt worden sein, könnte er insoweit für das deutsche Bürgschaftsrecht Vorbildfunktion haben und zur Auflösung dieses Spannungsverhältnisses beitragen.

Im Folgenden wird in chronologischer Reihenfolge der Arbeit auf die Gemeinsamkeiten und Unterschiede eingegangen.

Zunächst hat die Untersuchung sowohl eine gemeinsame, auf römischrechtlichen Grundlagen basierende Rechtstradition als auch daraus bedingte elementare Gemeinsamkeiten im heutigen Recht aufgezeigt. Zu nennen sind u.a. die Charakteristika der Bürgschaft und insbesondere auch der Akzessorietätsgedanke. Auf der anderen Seite hat die Untersuchung erhebliche Unterschiede zwischen der deutschen und der kolumbianischen Bürgschaft nachgewiesen.

Das kolumbianische Bürgschaftsrecht zeichnet sich durch eine insgesamt höhere Regelungsdichte aus, da es einige Grundsätze normiert, die im deutschen Recht nicht dem Gesetz, sondern der Rechtsprechung zu entnehmen sind. Infolgedessen ist die Bürgschaft in Deutschland stark von richterlich dominierten Grundsätzen, mithin von Rechtsprechungsänderungen betroffen. Daraus folgt eine erhöhte Komplexität vertraglicher Regelungen, welche wiederum die Kautelarjurisprudenz belastet. Ferner hat dies zu einer signifikanten Rechtsunsicherheit in der zivilrechtlichen Praxis geführt. Trotz dessen ist hervorzuheben, dass das Gesetz an sich durch die Verwendung von Generalklauseln und unbestimmten Rechtsbegriffen dem Wandel der Zeit weniger ausgeliefert ist als ein Gesetz mit detailliert, konkreten Normen.

Auffallend ist, dass die verschiedenen Rechtsordnungen sich gleichende Arten der Bürgschaft hervorgebracht haben. Diese sind jedoch vor allem in Deutschland nicht gesetzlich normiert, sondern haben sich aufgrund praktischer Bedürfnisse entwickelt. Diese Ähnlichkeit der Rechtsinstitute lässt wiederum auf vergleichbare praktische Bedürfnisse schließen, obwohl die sozialen Bedingungen bis heute unterschiedlich sind. Insoweit ist allerdings bemerkenswert, dass die in Deutschland häufigsten Formen der Bürgschaft – die Bürgschaft auf erstes Anfordern und die Globalbürgschaft – in Kolumbien weder im Gesetz noch in der Literatur erwähnt werden. Bereits aus dieser fehlenden Diskussion über die Zulässigkeit kann geschlossen werden, dass der Bürgschaft in Kolumbien keine so große praktische Relevanz wie in Deutschland beigemessen wird. Des Weiteren folgt aus den Grundsätzen des kolumbianischen Rechts, dass, wenngleich diese Formen gesetzlich zumindest ansatzweise Andeutung finden, sie den Prinzipien des kolumbianischen Bürgschaftsrechts widersprechen und somit nicht rechtswirksam zustande kommen könnten. Nach hier vertretener Auffassung basiert diese Annahme auf der mangelnden juristischen Übung und dem damit einhergehenden Verstoß gegen Treu und Glauben. Das Ergebnis dieser Prüfung legt ein vergleichsweise hohes Schutzniveau zugunsten eines Bürgen in Kolumbien nahe.

Eine weitere Gemeinsamkeit liegt in der inhaltlichen Ausgestaltung der Bürgschaft. Sie entspricht im Wesentlichen den Grundsätzen des deutschen Rechts. So sind sich die drei „Seiten" der Bürgschaft in den zu vergleichenden Rechtsordnungen sehr ähnlich.

Des Weiteren zeigen sich bei den Anforderungen an das wirksame Zustandekommen von Bürgschaftsverträgen grundlegende Gemeinsamkeiten. Der *Código Civil colombiano* stellt ebenfalls auf das Erfordernis von Angebot und Annahme ab und thematisiert in diesen die Problematik von Willensmängeln. Eine dem deutschen Recht fremde, gegensätzliche Normierung findet sich dagegen bei der besonderen Wirksamkeitsvoraussetzung des gültigen Vertragsgrundes und eines gültigen Vertragsmotives. Der Schutzstandard entspricht zudem im Hinblick auf die Vertragsform nicht dem deutschen Recht, da der Vertrag formlos zustande kommen kann. Durch den Wegfall des Formerfordernisses wird der auch in Kolumbien bekannten Warn- und Schutzfunktion ersatzlos nicht entsprochen. Ein nachvollziehbarer Grund für das fehlende gesetzliche Erfordernis der Schriftlichkeit ist nicht ersichtlich, da für lediglich formlos abgeschlossene Bürgschaftsverträge ohnehin vor Gericht ein erhöhtes Beweisbedürfnis besteht. Daher erscheint es folgerichtig, wenn das Bürgschaftsversprechen auch in Kolumbien dem Formzwang unterläge. Zu der gleichen Schlussfolgerung sind bereits namhafte kolumbianische Juristen gekommen.[1461]

Der Bürgenschutz ist indes bei der Tauglichkeitsprüfung des Bürgen erhöht. Zum einen sind nur ausreichend vermögende Bürgen tauglich i.S.d. kolumbianischen Bürgschaftsrechts; zum anderen wird auf die Geschäftsfähigkeit

1461 *Barrera Tapias/Hernández de León*, El Derecho de las Obligaciones, pág. 131; *García Cuéllar*, De la fianza civil, pág. 19.

abgestellt.[1462] Durch die erste Anforderung wird einerseits verhindert, dass sich vermögenslose Personen hoffnungslos verschulden, und andererseits dem Absicherungsbedürfnis des Gläubigers frühzeitig Rechnung getragen. Ferner vermindert die Tauglichkeitsprüfung das Risiko eines Gerichtsprozesses, der durch die Wertlosigkeit der Sicherheit bedingt ist. Dem Zweck ist nur entsprochen, wenn der Gläubiger die Tauglichkeit des Bürgen hinreichend vor Abgabe der Bürgschaftserklärung überprüft. Stellt der Bürge seine finanzielle Situation besser dar, als es den Tatsachen entspricht, ist er nicht mehr schutzwürdig. Die Notwendigkeit der Offenlegung der finanziellen Situation verhilft dem Gläubiger zu einer effektiveren Absicherung, da er die Nützlichkeit der Sicherung selbstständig bewerten kann. Auch eine Übersicherung könnte so vermieden werden. Überdies dient die Tauglichkeitsprüfung dem Schutz des Bürgen, da verhindert wird, dass er sich in eine Situation begibt, die seine finanzielle Leistungsfähigkeit übersteigt.

Eine solche Tauglichkeitsprüfung hat Vorbildfunktion für das BGB. Durch eine konsequente Anwendung könnte die Problematik der Angehörigenbürgschaften teilweise relativiert werden, indem eine krasse finanzielle Überforderung, d.h. eine Überschuldung, vermieden werden würde. Sollte die Offenlegungspflicht als zu weitreichend angesehen werden, könnte der Bürge jedenfalls zu einer Selbstauskunft verpflichtet werden, in der er bestätigen müsste, dass er über genügend finanzielle Möglichkeiten verfügt. Sollte er diese Erklärung wahrheitswidrig abgeben, wäre er nicht länger schützenswert.

Die Tauglichkeitsprüfung bezieht sich jedoch nicht auf die Problematik der emotionalen Zwangslage, welche in Deutschland ausführlich behandelt wird. Zwar wird auch im kolumbianischen Recht festgestellt, dass ein Bürge geschäftsfähig sein muss. Allerdings ist spezialgesetzlich normiert, dass Mündel unter bestimmten Bedingungen eine Bürgschaft stellen können. Im Gegensatz zu der in Deutschland etablierten Rechtsprechung der Sittenwidrigkeit von Bürgschaften sog. Nahbereichspersonen geht das kolumbianische Recht *de lege lata* von der Möglichkeit aus, dass Mündel für Verwandte bürgen können. Dies widerspricht in Deutschland den Prinzipien des Minderjährigen- und Bürgenschutzes. Gründe für diese Ausnahmeregelung sind nicht ersichtlich. Vielmehr riskiert sie die finanzielle Zukunft eines Minderjährigen ohne Erhalt einer Gegenleistung. Mithin scheint es auch in Kolumbien keinen besonderen Schutz des dem Hauptschuldner emotional nahestehenden Bürgen zu geben, im Gegenteil: Sie werden als taugliche Bürgen angesehen. Indes basiert auch in Deutschland die

---

1462 Sie Abschnitt C. VI. 2. b) bb).

Sittenwidrigkeitsrechtsprechung auf einer Kumulation von Gründen, die den Bürgen besonders schutzwürdig erscheinen lassen: der finanziellen Überforderung sowie der strukturellen Unterlegenheit. Nur Erstere könnte mithilfe der Tauglichkeitsprüfung vorhersehbar geregelt werden.

Das Einredesystem ist in Kolumbien differenziert zu bewerten. Im Rahmen der eigenen Einreden des Bürgen ist das Schutzniveau verhältnismäßig hoch. Neben der ebenso in Deutschland anerkannten Einrede der Vorausklage stehen diesem die Einrede der Regressvereitelung, die Einrede der Gegenklage sowie die Teilungseinrede zu. Letztere ist lediglich bei Bürgschaften mit mehreren Bürgen relevant und existiert in Deutschland bewusst nicht, um den Gläubiger davor zu schützen, verschiedene Gerichtsprozesse führen zu müssen. Jedoch erhöht die Teilungseinrede den Schutz des Bürgen, indem sie ihn von der Notwendigkeit des Mitbürgenregresses befreit. Die Einrede der Regressvereitelung ist in Deutschland zumindest indirekt vorhanden. So wird ein ähnliches Ergebnis erzielt, wenn der Bürge sich bei Regressvereitelung auf die Vorschrift des § 242 BGB beruft. Die Kodifikation der Einrede der Regressvereitelung führt allerdings zu einer größeren Rechtssicherheit, da ein Rückgriff auf die Generalklauseln wie Treu und Glauben stets zu einer gewissen Unsicherheit führt. Ferner erscheint es konsequent, das Rückgriffsrecht des Bürgen als elementaren Vertragsbestandteil der Bürgschaft anzusehen, bei dessen Vereitelung der Bürge frei wird.

Im Rahmen der Geltendmachung der Einreden des Hauptschuldners ist das Schutzniveau demgegenüber geringer. Insoweit ist nachteilig, dass der *Código Civil colombiano* dem Bürgen nur die dinglichen Einreden des Hauptschuldners zuerkennt. Die persönlichen Einreden des Hauptschuldners kann er hingegen nicht geltend machen. Dies erscheint vor dem Hintergrund des Akzessorietätserfordernisses nicht nachvollziehbar.

Im Hinblick auf die Rückgriffsmöglichkeiten des Bürgen besteht ein weiterer, gravierender Unterschied zwischen der kolumbianischen und der deutschen Bürgschaft: Während in Kolumbien auch Naturalverbindlichkeiten mit einer Bürgschaft abgesichert werden können, ist dies in Deutschland nicht möglich, da eine durchsetzbare Hauptverbindlichkeit Wirksamkeitsvoraussetzung ist. Der Grund für die Unzulässigkeit von Bürgschaften für Naturalverbindlichkeiten in Deutschland wird insbesondere bei der mangelnden Regressmöglichkeit deutlich. So ist der Regress beim Hauptschuldner in Kolumbien ausgeschlossen, wenn die Hauptverbindlichkeit lediglich einen natürlichen Charakter hatte. Die Regressmöglichkeit ist dem Bürgschaftsrecht jedoch immanent. Ein bereits gesetzlich vorgesehener Ausschluss bei Übernahme der Bürgschaft widerspricht diesem Grundprinzip und benachteiligt den Bürgen ungebührlich.

Diesbezüglich verhilft die deutsche Unzulässigkeit dem Bürgen zu einem höheren Schutzniveau und einem dem Gesetzeszweck entsprechenden Interessenausgleich. Weiterhin ist bemerkenswert, dass der *Código Civil colombiano* lediglich einen Rückgriff in Höhe der Quote des Rückgriffspflichtigen vorsieht. Dadurch wird ein Wettlauf der Sicherungsgeber vermieden.

Ferner ähneln sich die Erlöschensgründe der Bürgschaft in Deutschland und Kolumbien. Die klare Unterscheidung zwischen direktem und akzessorischem Erlöschen in Kolumbien ist positiv zu bewerten.

Letztlich liegt ein weiterer Unterschied in der wirtschaftlichen Relevanz der Bürgschaft. Die Bürgschaft in Kolumbien ist eine wenig verwendete Sicherungsform. Vielmehr werden solche Rechtsinstitute genutzt, die den aktuellen, praktischen Bedürfnissen entsprechen. Aufgrund der hohen Sicherheit und einfachen Praktikabilität sind Realsicherheiten, wie u.a. die *fiduzia inmobiliaria* (Treuhand), praktisch relevanter. Die am häufigsten verwendete Personalsicherheit stellt die Gesamtschuldnerschaft dar. In Deutschland ist dagegen die wirtschaftliche Relevanz der Bürgschaft ungebrochen, obwohl abstrakten Sicherheiten, wie vor allem der Garantie, auch hier eine hohe praktische Relevanz beigemessen wird. Die Rechtsprechung war und ist stets gefordert, ein ausbalanciertes Konstrukt zwischen dem Absicherungsinteresse des Gläubigers und dem Schutzinteresse des Bürgen zu etablieren.

Abschließend kann festgestellt werden, dass die beiden Rechtsordnungen zwar viele Gemeinsamkeiten aufweisen, jedoch in einigen Punkten stark divergieren. Die Einschränkungen der Vertragsfreiheit, welche der Bürgschaft in Deutschland immanent sind, dienen vorwiegend dem Bürgenschutz. So wurde mithilfe einer umfangreichen Kasuistik versucht, das Spannungsverhältnis zwischen dem Sicherungsinteresse des Gläubigers und dem Schutzbedürfnis des Bürgen auszugleichen. Dies ist der Rechtsprechung durch mehrere bahnbrechende Urteile, welche die uferlose Inanspruchnahme des Bürgen erschwert haben, gelungen. Der *Código Civil colombiano* weist hingegen mehrere dem Schutzinteresse des Bürgen entsprechende Normen auf. Trotzdem ist der kolumbianische Bürgenschutz nicht allumfassend und in anderen Bereichen unausgereift. Insbesondere ist in Kolumbien keine vergleichbare Kasuistik vorhanden. Deswegen besteht das Bürgschaftsrecht größtenteils unverändert seit Inkrafttreten des *Código Civil colombiano* fort. Eine Angleichung an aktuelle Bedürfnisse hat nicht stattgefunden. Trotz der ähnlichen Problematiken in den zu vergleichenden Rechtsordnungen existieren somit unterschiedliche und teilweise konträre Schutzansätze.

Anhang

I. Normen des *Código Civil colombiano*

Art. 6 Sanción y nulidad	La sanción legal no es sólo la pena sino también la recompensa; es el bien o el mal que se deriva como consecuencia del cumplimiento de sus mandatos o de la transgresión de sus prohibiciones. En materia civil son nulos los actos ejecutados contra expresa prohibición de la ley, si en ella misma no se dispone otra cosa. Esta nulidad, así como la validez y firmeza de los que se arreglan a la ley, constituyen suficientes penas y recompensas, aparte de las que se estipulan en los contratos.	Die gesetzliche Sanktion ist nicht nur die Strafe, sondern auch die Belohnung; sie ist das Gute oder das Böse, welche als Folge der Erfüllung ihrer Mandate oder der Übertretung ihrer Verbote entsteht. In Zivilsachen sind die Rechtsakte, die gegen ein ausdrückliches gesetzliches Verbot verstoßen, nichtig, wenn in ihnen nicht etwas Anderes geregelt wird. Diese Nichtigkeit sowie die Gültigkeit und Beständigkeit derer, die sich an das Gesetz halten, stellen ausreichende Strafen und Belohnungen dar, abgesehen von jenen, die in den Verträgen vorgesehen sind.
Art. 8 Fuerza de la costumbre	La costumbre en ningún caso tiene fuerza contra la ley. [...]	In keinem Fall kann der Brauch entgegen dem Gesetz Anwendung finden. [...]
Art. 9 Ignorancia de la ley	La ignorancia de las leyes no sirve de excusa.	Die Unkenntnis der Gesetze dient nicht als Entschuldigung.

Art. 14 De las leyes que declaran el sentido de otras leyes	Las leyes que se limitan a declarar el sentido de otras leyes, se entenderán incorporadas en éstas; pero no afectarán en manera alguna los efectos de las sentencias ejecutoriadas en el tiempo intermedio.	Gesetze, die lediglich die Bedeutung anderer Gesetze erklären, gelten als in diese Gesetze inkorporiert; betreffen aber in keiner Weise die Wirkung von Urteilen, die in der Zwischenzeit ergangen sind.
Art. 15 Renunciabilidad de los derechos	Podrán renunciarse los derechos conferidos por las leyes, con tal que sólo miren al interés individual del renunciante, y que no esté prohibida la renuncia.	Auf die gesetzlich eingeräumten Rechte kann verzichtet werden, sofern sie ausschließlich im individuellen Interesse des Verzichtenden liegen und der Verzicht nicht verboten ist.
Art. 16 Derogatoria normativa por convenio	No podrán derogarse por convenios particulares las leyes en cuya observancia están interesados el orden y las buenas costumbres.	Individuelle Vereinbarungen können nicht von Gesetzen abweichen, deren Einhaltung im Interesse der Ordnung und der guten Sitten liegt.
Art. 17 Fuerza de las sentencias judiciales	Las sentencias judiciales no tienen fuerza obligatoria sino respecto de las causas en que fueron pronunciadas. [...]	Gerichtsentscheidungen sind nicht bindend, außer in den Fällen, für die sie erlassen wurden. [...]
Art. 27 Interpretación gramatical	Cuando el sentido de la ley sea claro, no se desatenderá su tenor literal a pretexto de consultar su espíritu. Pero bien se puede, para interpretar una expresión oscura de la ley, recurrir a su intención o espíritu, claramente manifestados en ella misma o en la historia fidedigna de su establecimiento.	Wenn die Bedeutung des Gesetzes klar ist, wird sein wörtlicher Tenor nicht unter dem Vorwand, seinen Sinn zu erforschen, außer Acht gelassen. Aber man kann durchaus, um einen unklaren Ausdruck des Gesetzes zu interpretieren, auf seine Absicht oder seinen Sinn zurückgreifen, der klar in sich selbst oder in der verlässlichen Geschichte seiner Entstehung manifestiert ist.

Art. 28 Significado de las palabras	Las palabras de la ley se entenderán en su sentido natural y obvio, según el uso general de las mismas palabras; pero cuando el legislador las haya definido expresamente para ciertas materias, se les dará en éstas su significado legal.	Die Worte des Gesetzes werden in ihrem natürlichen und offensichtlichen Sinn verstanden, entsprechend dem allgemeinen Gebrauch der gleichen Worte; aber wenn der Gesetzgeber sie für bestimmte Angelegenheiten ausdrücklich definiert hat, wird ihnen darin ihre rechtliche Bedeutung gegeben.
Art. 30 Interpretación por contexto	El contexto de la ley servirá para ilustrar el sentido de cada una de sus partes, de manera que haya entre todas ellas la debida correspondencia y armonía.	Der Kontext des Gesetzes wird dazu dienen, die Bedeutung jedes seiner Teile zu veranschaulichen, sodass es eine angemessene Übereinstimmung und Harmonie zwischen ihnen allen gibt.
	Los pasajes oscuros de una ley pueden ser ilustrados por medio de otras leyes, particularmente si versan sobre el mismo asunto.	Die unklaren Passagen eines Gesetzes können durch andere Gesetze veranschaulicht werden, insbesondere, wenn sie sich auf das gleiche Thema beziehen.
Art. 34 Palabras relacionadas con la edad	Llámase infante o niño, todo el que no ha cumplido siete años; impúber, el varón que no ha cumplido catorce años y la mujer que no ha cumplido doce; adulto, el que ha dejado de ser impúber; mayor de edad, o simplemente mayor, el que ha cumplido veintiún* años, y menor de edad, o simplemente menor, el que no ha llegado a cumplirlos.	Als Kind wird jeder bezeichnet, der noch nicht das Alter von sieben Jahren erreicht hat; als unmündig wird der Junge, der noch nicht das vierzehnte Lebensjahr beendet, und das Mädchen, das noch nicht das zwölfte Lebensjahr erreicht hat, bezeichnet; als erwachsen die Person, die aufgehört hat, unmündig zu sein; als volljährig, derjenige, der

		einundzwanzig Lebensjahre* erreicht hat, und als minderjährig, derjenige, der noch nicht das Alter [von einundzwanzig Jahren] erreicht hat.
	* La Ley 27 de 1977 [...] estableció la mayoría de edad a los 18 años [...].	* Das Gesetz 27 aus dem Jahr 1977 […] legte das Alter der Volljährigkeit auf 18 Jahre fest […].
Art. 63 Culpa y dolo	La ley distingue tres especies de culpa o descuido.	Das Gesetz unterscheidet drei Arten von Verschulden oder Fahrlässigkeit.
	Culpa grave, negligencia grave, culpa lata, es la que consiste en no manejar los negocios ajenos con aquel cuidado que aun las personas negligentes o de poca prudencia suelen emplear en sus negocios propios. Esta culpa en materias civiles equivale al dolo.	Das grobe Verschulden, die grobe Fahrlässigkeit, die weite Schuld besteht darin, die Geschäfte anderer nicht mit der Sorgfalt zu behandeln, die selbst nachlässige oder wenig vorsichtige Menschen gewöhnlich in ihren eigenen Geschäften beachten. Diesem Verschulden steht in Zivilsachen der Vorsatz gleich.
	Culpa leve, descuido leve, descuido ligero, es la falta de aquella diligencia y cuidado que los hombres emplean ordinariamente en sus negocios propios. Culpa o descuido, sin otra calificación, significa culpa o descuido leve. Esta especie de culpa se opone a la diligencia o cuidado ordinario o mediano.	Leichtes Verschulden, geringfügige oder leichte Fahrlässigkeit bzw. Unachtsamkeit ist der Mangel an jener Gewissenhaftigkeit und Sorgfalt, die Menschen normalerweise in ihren eigenen Geschäften anwenden. Verschulden oder Fahrlässigkeit bedeutet leichtes Verschulden oder Unachtsamkeit, wenn keine weiteren Bezeichnungen hinzukommen. Diese Art der Schuld steht

		gewöhnlicher oder durchschnittlicher Gewissenhaftigkeit oder Sorgfalt entgegen.
	El que debe administrar un negocio como un buen padre de familia, es responsable de esta especie de culpa.	Derjenige, der ein Unternehmen wie ein guter Familienvater führen muss, ist für diese Art von Verschulden verantwortlich.
	Culpa o descuido levísimo es la falta de aquella esmerada diligencia que un hombre juicioso emplea en la administración de sus negocios importantes. Esta especie de culpa se opone a la suma diligencia o cuidado.	Leichtestes Verschulden oder Fahrlässigkeit ist das Fehlen jener sorgsamer Gewissenhaftigkeit, die ein vernünftiger Mensch bei der Verwaltung seiner wichtigen Geschäfte anwendet. Dieser Art von Schuld steht äußerste Sorgfalt oder Vorsicht entgegen.
	El dolo consiste en la intención positiva de inferir injuria a la persona o propiedad de otro.	Vorsatz besteht in der positiven Absicht einer anderen Person oder dem Eigentum einer anderen Person, Unrecht zuzufügen.
Art. 65 Cauciones	Caución significa generalmente cualquiera obligación que se contrae para la seguridad de otra obligación propia o ajena. Son especies de caución la fianza, la hipoteca y la prenda.	Kaution bedeutet generell jede Verbindlichkeit, die zur Sicherheit einer anderen eigenen oder fremden Verbindlichkeit eingegangen wird. Arten der Kaution sind die Bürgschaft, die Hypothek und das Pfandrecht.
Art. 85 Domicilio contractual	Se podrá en un contrato establecer, de común acuerdo, un domicilio civil especial para los actos judiciales o extrajudiciales a que diere lugar el mismo contrato.	Man kann in einem Vertrag im gegenseitigen Einvernehmen einen besonderen zivilrechtlichen Wohnsitz für gerichtliche oder außergerichtliche Handlungen, die aus demselben Vertrag resultieren, festlegen.

Art. 104	Cada uno de los poseedores provisorios prestarán caución de conservación y restitución, y hará suyos los respectivos frutos e intereses.	Jeder der vorläufigen Besitzer hat für die Erhaltung und Rückgabe Sicherheit zu leisten und wird die jeweiligen Früchte und Zinsen besitzen.
Art. 109 Reglas de la rescisión	En la rescisión del derecho de posesión definitiva se observarán las reglas que siguen: […]	Bei der Beendigung des endgültigen Besitzrechtes müssen folgende Regeln beachtet werden: […]
	4a.) En virtud de este beneficio se recobrarán los bienes en el estado en que se hallaren, subsistiendo las enajenaciones, las hipotecas y demás derechos reales, constituidos legalmente en ellos.	4a.) Durch diese Einrede werden die Güter in den Zustand zurückversetzt, in dem sie sich befanden; Veräußerungen, Hypotheken und andere dingliche Rechte, die an ihnen rechtlich begründet sind, bestehen fort.
Art. 294 C.C. Peculio profesional	El hijo de familia se mirará como emancipado y habilitado de edad para la administración y goce de su peculio profesional o industrial.	Das Kind der Familie gilt als mündig und altersqualifiziert für die Verwaltung und den Genuss seines beruflichen oder industriellen Sondergutes.
Art. 309 C.C. Capacidad testamentaria del hijo	El hijo de familia no necesita de la autorización paterna para disponer de sus bienes por acto testamentario que haya de tener efecto después de su muerte.	Das Kind der Familie benötigt keine elterliche Erlaubnis, um über seinen Besitz testamentarisch mit Wirkung nach seinem Tod zu verfügen.
Art. 339	La habilitación de la edad es un privilegio concedido a un menor para que pueda ejecutar	Die Altersfreigabe ist ein Privileg, das einem Minderjährigen gewährt wird, damit er alle

	todos los actos y contraer todas las obligaciones de que son capaces los mayores de veintiún años, excepto aquellos actos u obligaciones de que una ley expresa le declare incapaz.	Handlungen vornehmen und alle Verbindlichkeiten eingehen kann, zu denen diejenigen, die über einundzwanzig Jahre alt sind, fähig sind, mit Ausnahme jener Handlungen oder Verpflichtungen, zu denen sie durch ein ausdrückliches Gesetz für untauglich erklärt werden.
Art. 436 Pupilos	Los individuos sujetos a tutela o curaduría se llaman pupilos.	Die Individuen, die unter einer Vormundschaft oder einer Pflegschaft stehen, werden Mündel genannt.
Art. 464 Requisito de prestar caución	Para discernir la tutela o curaduría será necesario que preceda el otorgamiento de la fianza o caución a que el tutor o curador esté obligado.	Um die Vormundschaft oder Pflegschaft wahrnehmen zu können, ist es notwendig, dass die Erteilung einer Bürgschaft oder Kaution vorausgeht, zu der der Vormund oder Pfleger verpflichtet ist.
	Ni se le dará la administración de los bienes sin que preceda inventario solemne.	Ebenso wenig wird ihm die Verwaltung der Waren ohne vorherige förmliche Bestandsaufnahme übertragen.
Art. 465 Excepciones	Son obligados a prestar fianza todos los tutores o curadores exceptuados solamente:	Alle Vormunde und Pfleger sind verpflichtet, eine Kaution zu hinterlegen, ausgenommen sind lediglich:
	1.) El cónyuge y los ascendientes y descendientes legítimos.	1.) Der Ehepartner und die Vorfahren und legitimen Nachkommen.
	2.) Los interinos, llamados por poco tiempo a servir el cargo.	2.) Interims, die nur eine kurze Zeit ernannt wurden, das Amt ausführen.

	3.) Los que se dan para un negocio particular sin administración de bienes.	3.) Diejenigen, die für ein bestimmtes Unternehmen ohne Vermögensverwaltung eingeteilt werden.
Art. 466 Caución hipotecaria	En lugar de la fianza prevenida en el artículo anterior, podrá prestarse hipoteca suficiente.	Anstelle der im vorherigen Artikel vorgesehenen Bürgschaft kann eine ausreichende Hypothek aufgenommen werden.
Art. 491 Prohibición de donaciones	Es prohibida la donación de bienes raíces del pupilo, aun con previo decreto judicial.	Es ist verboten, die Liegenschaft des Mündels zu verschenken, nicht einmal mit einem früheren Gerichtsbeschluss.
	Solo con previo decreto judicial podrán hacerse donaciones en dinero u otros bienes muebles del pupilo; y no las autorizará el juez sino por causa grave, como la de socorrer a un consanguíneo necesitado, contribuir a un objeto de beneficencia pública u otro semejante; y con tal que sean proporcionadas a las facultades del pupilo, y que por ellas no sufran un menoscabo notable los capitales productivos.	Geldspenden oder andere bewegliche Güter des Mündels können nur mit einem vorherigen Gerichtsbeschluss erfolgen; und der Richter genehmigt sie nicht, außer aus wichtigen Gründen, wie zum Beispiel um einen bedürftigen Blutsverwandten zu helfen, zu einem Anliegen der öffentlichen Wohltätigkeit oder einem anderen ähnlichen Anliegen beizutragen; unter der Voraussetzung, dass sie im Verhältnis zu den Möglichkeiten des Mündels stehen und das Kapital durch sie nicht erheblich beeinträchtigt wird.
	Los gastos de poco valor para objetos de caridad, o de lícita recreación, no están sujetos a la precedente prohibición.	Geringfügige Ausgaben für Anliegen der Wohltätigkeit oder der rechtmäßigen Erholung unterliegen nicht dem vorgenannten Verbot.

Art. 493 Pupilo como fiador	El pupilo es incapaz de ser obligado como fiador sin previo decreto judicial, que solo autorizará esta fianza a favor de un cónyuge, de un ascendiente o descendiente legítimo o natural, y por causa urgente y grave.	Das Mündel ist unfähig, als Bürge ohne vorherigen Gerichtsbeschluss verpflichtet zu werden; in diesem wird die Bürgschaft nur zugunsten eines Ehepartners, eines Vorfahren, eines legitimen oder natürlichen Nachkommen sowie aus dringenden und schwerwiegenden Gründen genehmigt.
Art. 526 Solicitud y designación de curador	El menor adulto que careciere de curador debe pedirlo al juez o prefecto, designando la persona que lo sea.	Der minderjährige Erwachsene [d.h. Personen über 18 und unter 21 Jahren], dem ein Pfleger fehlt, muss den Richter oder Präfekten anrufen und die Person benennen, die dies sein soll.
	Si no lo pidiere el menor, podrán hacerlo los parientes; pero la designación de la persona corresponderá siempre al menor, o al juez o prefecto en subsidio.	Wenn der Minderjährige niemanden benennt, können die Angehörigen dies tun; aber die Ernennung der Person wird immer dem Minderjährigeninteresse, dem des Richters oder Präfekten entsprechen.
	El juez o prefecto, oyendo al defensor de menores, aceptará la persona designada por el menor, si fuere idónea.	Der Richter oder Präfekt, der den Verteidiger der Minderjährigen anhört, akzeptiert die von dem Minderjährigen genannte Person, falls sie geeignet ist.
Atr. 545 Curador del demente	El adulto que se halle en estado habitual de imbecilidad o idiotismo, de demencia o de locura	Der Erwachsene, der sich in einem dauernden Zustand der Schwachsinnigkeit oder Idiotie,

	furiosa, será privado de la administración de sus bienes, aunque tenga intervalos lúcidos.	des Wahnsinns oder der Verrücktheit befindet, wird der Verwaltung seines Vermögens enthoben, auch wenn er luzide Intervalle hat.
Art. 553 Actos y contratos del interdicto por demencia	Los actos y contratos del demente, posteriores al decreto de interdicción, serán nulos; aunque se alegue haberse ejecutado o celebrado en un intervalo lúcido. Y por el contrario, los actos y contratos ejecutados o celebrados sin previa interdicción, serán válidos; amenos de probarse que el que los ejecutó o celebró estaba entonces demente.	Die Handlungen und Verträge von Geisteskranken sind nach dem Erlass des Verbots null und nichtig, selbst wenn behauptet wird, dass sie in einem luziden Intervall ausgeführt wurden. Andererseits sind Handlungen und Verträge, die ohne ein vorheriges Verbot ausgeführt oder abgeschlossen werden, gültig; es sei denn, es wird bewiesen, dass derjenige, der sie ausgeführt oder abgeschlossen hat, zu diesem Zeitpunkt geisteskrank war.
Art. 560	Cesará la curaduría cuando el sordomudo se haya hecho capaz de entender y de ser entendido por escrito, si él mismo lo solicitare, y tuviere suficiente inteligencia para la administración de sus bienes; sobre lo cual tomará el juez o prefecto los informes competentes.	Auf Ersuchen des Taubstummen erlischt die Pflegschaft, sofern der Taubstumme in der Lage ist, [zu lesen und zu schreiben (wortwörtlich: schriftlich zu verstehen und verstanden zu werden)], und über ausreichende Intelligenz für die Verwaltung seines Vermögens verfügt; hierüber nimmt der Richter oder Präfekt die fachkundigen Berichte entgegen.

Art. 605 Ausencia de fiadores	No se admitirá como excusa el no hallar fiadores, si el que la alega tiene bienes raíces; en este caso será obligado a constituir hipoteca sobre ellos hasta la cantidad que se estime suficiente para responder de su administración.	Die Entschuldigung, keine Bürgen zu finden, wird nicht zugelassen, wenn derjenige, der sie vorbringt, ein Grundstück besitzt; in diesem Fall ist er verpflichtet, eine Hypothek bis zu dem Betrag zu begründen, der für die Verwaltung als ausreichend erachtet wird.
Art. 665 Derecho real	Derecho real es el que tenemos sobre una cosa sin especto a determinada persona.	Das dingliche Recht ist dasjenige, das [jemand (wortwörtlich: wir)] ohne Rücksicht auf eine bestimmte Person über eine Sache [hat (wortwörtlich: haben)].
	Son derechos reales el de dominio, el de herencia, los de usufructo, uso o habitación, los de servidumbres activas, el de prenda y el de hipoteca. De estos derechos nacen las acciones reales.	Dingliche Rechte sind Eigentum, Erbschaft, Nutznießung, Nutzung oder Wohnen, aktive Dienstbarkeiten, Verpfändungen und Hypotheken. Aus diesen Rechten entstehen die dinglichen Ansprüche.
Art. 666 Derechos personales o créditos	Derechos personales o créditos son los que sólo pueden reclamarse de ciertas personas que, por un hecho suyo o la sola disposición de la ley, han contraído las obligaciones correlativas; como el que tiene el prestamista contra su deud or por el dinero prestado, o el hijo contra el padre por alimentos. De estos derechos nacen las acciones personales.	Personalsicherheiten oder Forderungen sind Rechte, die nur von bestimmten Personen geltend gemacht werden können, die durch eine eigene Tat oder eine Rechtsvorschrift entsprechende Verbindlichkeit eingegangen sind; wie zum Beispiel die, die der Darlehensgeber gegen seinen Schuldner bzgl. des verliehenen Geldes hat oder die des Kindes gegen den Vater bzgl. Unterhaltes. Aus diesen Rechten erwachsen persönliche Ansprüche.

Art. 768	La buena fe es la conciencia de haberse adquirido el dominio de la cosa por medios legítimos exentos de fraudes y de todo otro vicio.	Guter Glaube ist das Bewusstsein, den Besitz an der Sache mit legitimen Mitteln erworben zu haben, frei von Betrug und anderen Fehlern.
Art. 769 Presunción de buena fe	La buena fe se presume, excepto en los casos en que la ley establece la presunción contraria.	Der gute Glaube wird vermutet, außer in den Fällen, in denen das Gesetz die gegenteilige Annahme vorsieht.
	En todos los otros, la mala fe deberá probarse.	In allen anderen Fällen muss der böse Glaube nachgewiesen werden.
Art. 834 Caución e inventario solemne	El usufructuario no podrá tener la cosa fructuaria sin haber prestado caución suficiente de conservación y restitución, y sin previo inventario solemne a su costa, como el de los curadores de bienes. […]	Der Nießbrauchberechtigte kann nicht über die mit einem Nießbrauch belastete Sache verfügen, ohne ausreichende Sicherheit für ihre Erhaltung und Rückgabe geleistet zu haben, und ohne eine förmliche Inventur auf eigene Kosten, wie die der Vermögensverwalter. […]
Art. 988 Querella por amenaza de ruina	[…] Si el daño que se teme del edificio no fuere grave, bastará que el querellado rinda caución de resarcir todo perjuicio que por el mal estado del edificio sobrevenga.	[…] Ist der befürchtete Gebäudeschaden nicht gravierend, so genügt es, wenn der Antragsgegner eine Sicherheit leistet, um jeden Schaden zu ersetzen, der durch den schlechten Zustand des Gebäudes entstehen kann.
Art. 1033 Acción de indignidad y terceros de buena fe	La acción de indignidad no pasa contra terceros de buena fe.	Die Klage aufgrund von Unwürdigkeit kann sich nicht gegen gutgläubige Dritte richten.

Art. 1116 Error en el nombre o calidad del asignatorio	El error en el nombre o calidad del asignatario no vicia la disposición, si no hubiere duda acerca de la persona.	Der Irrtum über den Namen oder die Qualität des Empfängers beeinträchtigt die Verfügung nicht, wenn es keine Zweifel bzgl. der Person gab.
Art. 1117 Error en las asignaciones y disposiciones captatorias	La asignación que pareciere motivada por un error de hecho, de manera que sea claro que sin este error no hubiera tenido lugar, se tendrá por no escrita.	Die Zuwendung, die auf einem Tatsachenirrtum zu beruhen scheint, gilt als nicht schriftlich erteilt, wenn klar ist, dass sie ohne den Irrtum nicht getroffen worden wäre.
	Las disposiciones captatorias no valdrán. Se entenderán por tales aquéllas en que el testador asigna alguna parte de sus bienes a condición que el asignatario le deje por testamento alguna parte de los suyos.	Die erschlichenen Dispositionen sind ungültig. Darunter sind diejenigen zu verstehen, in denen der Erblasser einen Teil seines Vermögens unter der Bedingung zuweist, dass der Empfänger ihm testamentarisch einen Teil seines Vermögens hinterlässt.
Art. 1290 Repudio presunto	El asignatario constituido en mora de declarar si acepta o repudia, se entenderá que repudia.	Der Empfänger, der im Verzug mit der Abgabe der Annahme- oder Ablehnungserklärung ist, wird so verstanden, dass er ablehnt.
Art. 1298 Aceptación de la herencia	La aceptación de una herencia puede ser expresa o tácita. Es expresa cuando se toma el título de heredero; y es tácita cuando el heredero ejecuta un acto que supone necesariamente su intención de aceptar, y que no hubiera tenido derecho de ejecutar sino en su calidad de heredero.	Die Annahme einer Erbschaft kann ausdrücklich oder implizit erfolgen. Sie ist ausdrücklich, wenn der Titel des Erben angenommen wird; und sie ist stillschweigend, wenn der Erbe eine Handlung vornimmt, die notwendigerweise seine Annahmeabsicht impliziert und zu deren Ausführung er nicht das Recht gehabt hätte, außer in seiner Erbeneigenschaft.

Art. 1304 Definición de beneficio de inventario	El beneficio de inventario consiste en no hacer a los herederos que aceptan, responsables de las obligaciones hereditarias o testamentarias, sino hasta concurrencia del valor total de los bienes, que han heredado.	Die Erbeneinrede besteht darin, dass die annehmenden Erben nicht für die erblichen oder testamentarischen Verbindlichkeiten verantwortlich sind, außer bis zur Höhe des Gesamtwertes des ererbten Vermögens.
Art. 1338 Resposabilidad solidaria de los albacea	Siendo muchos los albaceas, todos son solidariamente responsables, a menos que el testador los haya exonerado de la solidaridad, o que el mismotestador o el juez hayan dividido sus atribuciones, y cada uno se ciña a las que le incumban.	Gibt es viele Testamentsvollstrecker, haften sie alle gesamtschuldnerisch, es sei denn, der Erblasser hat sie von der gesamtschuldnerischen Haftung befreit oder der Erblasser oder der Richter hat ihre Befugnisse aufgeteilt, und jeder Einzelne ist an die ihm übertragenen Befugnisse gebunden.
Art. 1340 Actuación conjunta de albaceas por atribuciones comunes	Habiendo dos o más albaceas, con atribuciones comunes, todos ellos obrarán de consuno, de la misma manera que se previene para los tutores en el artículo 502.	Gibt es zwei oder mehr Testamentsvollstrecker mit gemeinsamen Befugnissen, so handeln sie gemeinsam in der gleichen Weise, wie es in Artikel 502 für Vormunde vorgesehen ist.
	El juez dirimirá las discordias que puedan ocurrir entre ellos.	Der Richter schlichtet Unstimmigkeiten, die zwischen ihnen entstehen.
	El testador podrá autorizarlos para obrar separadamente, pero por esta sola autorización no se entenderá que los exonera de su responsabilidad solidaria.	Der Erblasser kann sie ermächtigen, getrennt zu handeln, aber diese Ermächtigung allein ist nicht so zu verstehen, dass sie von ihrer gesamtschuldnerischen Haftung befreit werden.

Art. 1349 Caución exigida por el albacea	Si no hubiere de hacerse inmediatamente el pago de especies legadas, y se temiere fundadamente que se pierdan o deterioren por negligencia de los obligados a darlas, el albacea a quien incumba hacer cumplir los legados, podrá exigirles caución.	Wenn die Auszahlung von vermachten Gegenständen nicht sofort erfolgen soll und die begründete Befürchtung besteht, dass sie durch Nachlässigkeit der Verpflichteten abhandenkommen oder verschlechtert werden, kann der Testamentsvollstrecker, dem die Erfüllung der Vermächtnisse obliegt, von diesen eine Sicherheitsleistung verlangen.
Art. 1372 Caución del albacea fiduciario	El albacea fiduciario podrá ser obligado, a instancias de un albacea general o de un heredero, o del curador de la herencia yacente, y con algún justo motivo, a dejar en depósito, o a afianzar la cuarta parte de lo que por razón del encargo se le entregue, para responder con esta suma a la acción de reforma o a las deudas hereditarias, en los casos prevenidos por la ley. […]	Der Treuhänder kann verpflichtet sein, auf Verlangen eines Testamentsvollstreckers oder eines Erben oder des Vermögensverwalters der Erbmasse und bei Vorliegen eines berechtigten Grundes eine Sicherheit zu hinterlegen oder ein Viertel dessen, was ihm aufgrund des Auftrages übergeben wurde, zu sichern, um mit dieser Summe auf die Reformansprüche oder die Erbschaftsschulden in den vom Gesetz vorgesehenen Fällen zu reagieren. […]
Art. 1494 Fuente de las obligaciones	Las obligaciones nacen, ya del concurso real de las voluntades de dos o más personas, como en	Verbindlichkeiten ergeben sich entweder aus der tatsächlichen Willensübereinstimmung von

	los contratos o convenciones; ya de un hecho voluntario de la persona que se obliga, como en la aceptación de una herencia o legado y en todos los cuasicontratos; ya a consecuencia de un hecho que ha inferido injuria o daño a otra persona, como en los delitos; ya por disposición de la ley, como entre los padres y los hijos de familia.	zwei oder mehr Personen, wie in Verträgen oder Konventionen, oder aus einer freiwilligen Handlung einer Person, die sich verpflichtet, wie in der Annahme einer Erbschaft oder eines Vermächtnisses, und in allen Quasiverträgen oder als Folge einer Tat, die einer anderen Person Unrecht oder Schaden zugefügt hat, wie in Delikten; oder durch gesetzliche Bestimmungen, wie zwischen den Eltern und den Kindern der Familie.
Art. 1495 Definición de contrato o convención	Contrato o convención es un acto por el cual una parte se obliga para con otra a dar, hacer o no hacer alguna cosa. Cada parte puede ser de una o de muchas personas.	Vertrag oder Vereinbarung ist eine Handlung, durch die eine Partei sich gegenüber einer anderen verpflichtet, etwas zu geben, zu tun oder nicht zu tun. Jede Partei kann aus einer oder mehreren Personen bestehen.
Art. 1496 Contrato unilateral y bilateral	El contrato es unilateral cuando una de las partes se obliga para con otra que no contrae obligación alguna; y bilateral, cuando las partes contratantes se obligan recíprocamente.	Ein Vertrag ist einseitig, wenn eine der Parteien sich einer anderen gegenüber verpflichtet, die aber keine Verpflichtung eingeht; und bilateral, wenn die Vertragsparteien sich gegenseitig verpflichten.
Art. 1497 Contrato gratuito y oneroso	El contrato es gratuito o de beneficencia cuando sólo tiene por objeto la utilidad de una de	Der Vertrag ist unentgeltlich oder wohltätig, wenn sein Zweck nur dem Nutzen einer

	las partes, sufriendo la otra el gravamen; y oneroso, cuando tiene por objeto la utilidad de ambos contratantes, gravándose cada uno a beneficio del otro.	der Parteien dient, während die andere die Belastung erleidet; und entgeltlich, wenn sein Zweck dem Nutzen beider Vertragsparteien dient, wobei jede zum Nutzen der anderen belastet wird.
Art. 1498 Contrato conmutativo y aleatorio	El contrato oneroso es conmutativo, cuando cada una de las partes se obliga a dar o hacer una cosa que se mira como equivalente a lo que la otra parte debe dar o hacer a su vez; y si el equivalente consiste en una contingencia incierta de ganancia o pérdida, se llama aleatorio.	Der entgeltliche Vertrag ist gegenseitig, wenn jede der Parteien sich verpflichtet, eine Sache zu geben oder etwas zu tun, das als gleichwertig mit dem angesehen wird, was die andere Partei ihrerseits geben oder tun muss; wenn das Äquivalent eine ungewisse Gewinn- oder Verlustbedingung darstellt, wird der [Vertrag] zufällig genannt.
Art. 1499 Contrato principal y accesorio	El contrato es principal cuando subsiste por sí mismo sin necesidad de otra convención, y accesorio, cuando tiene por objeto asegurar el cumplimiento de una obligación principal, de manera que no pueda subsistir sin ella.	Der Vertrag gilt als eigenständig, wenn er für sich allein besteht, ohne dass ein anderes Übereinkommen erforderlich ist, und als akzessorisch, wenn er die Erfüllung einer Hauptverbindlichkeit sicherstellen soll, sodass er ohne ihn nicht bestehen kann.
Art. 1500 Contrato real, solemne y consensual	El contrato es real cuando, para que sea perfecto, es necesaria la tradición de la cosa a que se refiere; es solemne cuando está	Es handelt sich um einen Realvertrag, wenn der Vertrag, um wirksam zu sein, die Übergabe der Sache, auf die er sich

	sujeto a la observancia de ciertas formalidades especiales, de manera que sin ellas no produce ningún efecto civil; y es consensual cuando se perfecciona por el solo consentimiento.	bezieht, erfordert; er ist formbedürftig, wenn er der Einhaltung bestimmter besonderer Formalitäten unterliegt, in der Art, dass er ohne sie keine zivilrechtliche Wirkung entfaltet; und konsensual, wenn er allein durch die Willensübereinkunft vervollkommnet wird.
Art. 1501	Se distinguen en cada contrato las cosas que son de su esencia, las que son de su naturaleza, y las puramente accidentales. Son de la esencia de un contrato aquellas cosas sin las cuales, o no produce efecto alguno, o degeneran en otro contrato diferente; son de la naturaleza de un contrato las que no siendo esenciales en él, se entienden pertenecerle, sin necesidad de una cláusula especial; y son accidentales a un contrato aquellas que ni esencial ni naturalmente le pertenecen, y que se le agregan por medio de cláusulas especiales.	In jedem Vertrag werden die Dinge unterschieden, die dessen Wesen entspringen, solche, die der Natur entsprechen, und die, die rein zufällig sind. Wesentlich für einen Vertrag sind solche, ohne die er [der Vertrag] keine Wirkung entfaltet oder sich in einen anderen Vertrag verwandeln würde; der Natur des Vertrages entsprechen solche, die, ohne dem Wesen zu entsprechen, zu ihm gehören, ohne dass es einer besonderen Klausel bedarf; und solche sind zufällig für einen Vertrag, die weder wesentlich noch natürlich zu ihm gehören, und die durch spezielle Klauseln hinzugefügt werden müssen.
Art. 1502 Requisitos para obligarse	Para que una persona se obligue a otra por un acto o declaración de voluntad, es necesario:	Damit eine Person sich einer anderen Person gegenüber durch eine Handlung oder eine

		Willenserklärung verpflichten kann, ist es notwendig:
	1.) que sea legalmente capaz.	1.) dass sie rechtsfähig ist.
	2.) que consienta en dicho acto o declaración y su consentimiento no adolezca de vicio.	2.) dass sie der entsprechenden Handlung oder Erklärung zustimmt und ihre Zustimmung nicht unter einem Mangel leidet.
	3.) que recaiga sobre un objeto lícito.	3.) dass sie sich auf einen rechtmäßigen Gegenstand bezieht.
	4.) que tenga una causa lícita.	4.) dass sie einen rechtmäßigen Grund hat.
	La capacidad legal de una persona consiste en poderse obligar por sí misma, sin el ministerio o la autorización de otra.	Die Rechtsfähigkeit einer Person besteht darin, dass sie sich selbst ohne die Erlaubnis des Ministeriums oder einer anderen Person binden kann.
Art. 1503 Presunción de capacidad	Toda persona es legalmente capaz, excepto aquéllas que la ley declara incapaces.	Jede Person ist geschäftsfähig, außer diejenigen, die das Gesetz für unfähig erklärt.
Art. 1504 Incapacidad absoluta y relativa	Son absolutamente incapaces los dementes, los impúberes y sordomudos, que no pueden darse a entender por escrito.	Geistesgestörte, Unmündige und Taubstumme, die sich nicht schriftlich verständlich machen können, sind absolut geschäftsunfähig.
	Sus actos no producen ni aún obligaciones naturales, y no admiten caución.	Ihre Handlungen führen nicht einmal zu natürlichen Verpflichtungen, und sie stellen keine Kaution.
	Son también incapaces los menores adultos que no han obtenido habilitación de edad* y los disipadores que se hallen	Geschäftsunfähig sind auch die jüngeren Erwachsenen, die keine Altersgenehmigung* erhalten haben, und

bajo interdicción. Pero la incapacidad de estas personas no es absoluta y sus actos pueden tener valor en ciertas circunstancias y bajo ciertos respectos determinados por las leyes.	die Verschwendungssüchtigen, deren Handlungen unter einem Verbot stehen. Aber die Unfähigkeit dieser Personen ist nicht absolut, ihre Handlungen können in bestimmten Fällen und unter bestimmten, vom Gesetz bestimmten Aspekten, wirksam sein.
Además de estás incapacidades hay otras particulares que consisten en la prohibición que la ley ha impuesto a ciertas personas para ejecutar ciertos actos.	Zusätzlich zu diesen Unfähigkeiten gibt es noch weitere partikuläre, die in dem Verbot bestehen, das das Gesetz bestimmten Personen bei der Vornahme bestimmter Handlungen auferlegt hat.
* La Ley 27 de 1977, publicada en el Diario Oficial No. 34.902, de 4 de noviembre de 1977, estableció la mayoría de edad a los 18 años, El art ículo 340 del Código Civil otorgaba la habilitación de edad a partir de los 18 años. En este sentido quedó derogada la habilitación de edad.	* Das Gesetz 27 aus dem Jahr 1977, das in dem Diario Oficial No. 34.902, vom 4. November 1977 veröffentlicht wurde, etablierte die Volljährigkeit auf 18 Jahre. Der Art. 340 CC erteilt die Altersgenehmigung ab 18 Jahren. In diesem Sinn ist die Altersgenehmigung aufgehoben.
Texto original del Código Civil: INCISO 3°. Son también incapaces los menores adultos, que no han obtenido habilitación de edad; los disipadores que se hallan bajo interdicción de administrar lo suyo; las mujeres casadas, y las personas jurídicas. Pero la incapacidad de estas	Originaltext des Código Civil: Absatz 3: Geschäftsunfähig sind auch die jüngeren Erwachsenen, die keine Altersgenehmigung* erhalten haben und die Verschwendungssüchtigen, deren Handlungen unter einem Verbot stehen, das Ihrige zu verwalten;

	cuatro clases de personas no es absoluta, y sus actos pueden tener valor en ciertas circunstancias y bajo ciertos respectos determinados por las leyes.	verheiratete Frauen und juristische Personen. Aber die Unfähigkeit dieser vier Personenklassen ist nicht absolut, ihre Handlungen können in bestimmten Fällen und unter bestimmten, vom Gesetz bestimmten Aspekten wirksam sein.
Art. 1505 Efectos de la representación	Lo que una persona ejecuta a nombre de otra, estando facultada por ella o por la ley para representarla, produce respecto del representado iguales efectos que si hubiese contratado él mismo.	Das, was eine Person im Namen einer anderen Person ausführt, die von dieser oder vom Gesetz ermächtigt wurde, sie zu repräsentieren, bewirkt für den Vertretenen die gleichen Folgen, als wenn er selbst gehandelt hätte.
Art. 1506 Estipulación por otro	Cualquiera puede estipular a favor de una tercera persona, aunque no tenga derecho para representarla; pero sólo esta tercera persona podrá demandar lo estipulado; y mientras no intervenga su aceptación expresa o tácita, es revocable el contrato por la sola voluntad de las partes que concurrieron a él.	Jeder kann zugunsten eines Dritten handeln, auch wenn er nicht berechtigt ist, ihn zu vertreten; aber nur dieser Dritte kann verlangen, was vereinbart wurde; und solange seine ausdrückliche oder stillschweigende Zustimmung nicht greift, kann der Vertrag durch den alleinigen Willen der Parteien, die darin zugestimmt haben, widerrufen werden.
	Constituyen aceptación tácita los actos que solo hubieran podido ejecutarse en virtud del contrato.	Stillschweigende Zustimmung stellen Handlungen dar, die nur aufgrund des Vertrages hätten durchgeführt werden können.

Art. 1507 Promesa por otro	Siempre que uno que los contratantes se compromete a que por una tercera persona, de quien no es legítimo representante, ha de darse, hacerse o no hacerse alguna cosa, esta tercera persona no contraerá obligación alguna, sino en virtud de su ratificación; y si ella no ratifica, el otro contratante tendrá acción de perjuicios contra el que hizo la promesa.	Immer, wenn sich ein Vertragspartner verpflichtet, dass von einem Dritten, dessen legitimer Vertreter er nicht ist, etwas gegeben, getan oder nicht getan werden muss, so geht dieser Dritte keine Verpflichtung ein, außer er stimmt dem zu; und wenn er nicht zustimmt, hat der andere Vertragspartner Schadenersatzansprüche gegen denjenigen, der das Versprechen abgegeben hat.
Art. 1508 Vicios del consentimiento	Los vicios de que puede adolecer el consentimiento, son error, fuerza y dolo.	Die Mängel, unter denen die Willenserklärung leiden kann, sind Irrtum, Gewalt und Arglist.
Art. 1509 Error sobre un punto de derecho	El error sobre un punto de derecho no vicia el consentimiento.	Der Rechtsirrtum beeinträchtigt die Willenserklärung nicht.
Art. 1510 Error de hecho sobre la especie del acto o el objeto	El error de hecho vicia el consentimiento cuando recae sobre la especie de acto o contrato que se ejecuta o celebra, como si una de las partes entendiese empréstito y la otra donación; o sobre la identidad de la cosa específica de que se trata, como si en el contrato de venta el vendedor	Der Tatsachenirrtum beeinträchtigt die Willenserklärung, wenn er sich auf die Art der Handlung oder des Vertrages, der ausgeführt oder abgeschlossen wird, bezieht, so wenn eine der Parteien Kreditaufnahme und die andere Schenkung versteht, oder

	entendiese vender cierta cosa determinada, y el comprador entendiese comprar otra.	wenn er sich auf die Identität der betreffenden spezifischen Sache bezieht, als ob der Verkäufer im Kaufvertrag verstanden hätte, eine bestimmte Sache zu verkaufen, und der Käufer den Kauf einer anderen verstanden hätte.
Art. 1511 Error de hecho sobre la calidad del objeto	El error de hecho vicia asimismo el consentimiento cuando la sustancia o calidad esencial del objeto sobre que versa el acto o contrato, es diversa de lo que se cree; como si por alguna de las partes se supone que el objeto es una barra de plata, y realmente es una masa de algún otro metal semejante.	Der Tatsachenirrtum beeinträchtigt die Willenserklärung auch, wenn sich die Substanz oder wesentliche Qualität des Objekts, auf das sich die Handlung oder der Vertrag bezieht, von dem unterscheidet, was angenommen wird; als wenn das Objekt von einer der Parteien als Silberbarren angesehen wird, aber tatsächlich eine Masse aus einem anderen ähnlichen Metall ist.
	El error acerca de otra cualquiera calidad de la cosa no vicia el consentimiento de los que contratan, sino cuando esa calidad es el principal motivo de una de ellas para contratar, y este motivo ha sido conocido de la otra parte.	Der Fehler über jede andere Qualität der Sache beeinträchtigt nicht die Willensübereinkunft der Vertragsparteien, außer wenn diese Qualität das Hauptmotiv einer der Parteien für den Vertragsschluss ist und dieses Motiv der anderen Partei bekannt ist.
Art. 1512 Error sobre la persona	El error acerca de la persona con quien se tiene intención de contratar, no vicia el	Der Irrtum über die Person, mit der der Vertrag abgeschlossen werden soll,

	consentimiento, salvo que la. consideración de esta persona sea la causa principal del contrato	beeinflusst nicht die Willenserklärung, außer die Identität der Person war das Hauptmotiv, den Vertrag abschließen zu wollen.
	Pero en este caso la persona con quien erradamente se ha contratado tendrá derecho a ser indemnizada de los perjuicios en que de buena fe haya incurrido por la nulidad del contrato.	Aber in diesem Fall hat die Person, mit der fälschlicherweise ein Vertrag geschlossen wurde, das Recht, sich schadlos für die Nachteile zu halten, die sie im gutem Glauben [auf den Bestand des Vertrages] durch die Nichtigkeit des Vertrages erlitten hat.
Art. 1513 Fuerza	La fuerza no vicia el consentimiento sino cuando es capaz de producir una impresión fuerte en una persona de sano juicio, tomando en cuenta su edad, sexo y condición. Se mira como una fuerza de este género todo acto que infunde a una persona un justo temor de verse expuesta ella, su consorte o alguno de sus ascendientes o descendientes a un mal irreparable y grave.	Gewalt beeinträchtigt nicht die Willenserklärung, außer wenn sie in der Lage ist, einen starken Eindruck bei einer Person mit gesundem Urteilsvermögen zu hinterlassen, wobei Alter, Geschlecht und Zustand berücksichtigt werden. Eine solche Gewalt liegt in jeder Handlung, die bei einer Person die berechtigte Angst hervorruft, dass sie, ihr Ehepartner oder einer ihrer Vorfahren oder Nachkommen einem irreparablen und schwerwiegenden Übel ausgesetzt wird.
	El temor reverencial, esto es, el solo temor de desagradar a las personas a quienes se debe sumisión y respeto, no basta para viciar el consentimiento.	Die ehrfurchtsvolle Angst, d.h. die bloße Angst, Menschen zu verärgern, denen Unterwürfigkeit und Respekt geschuldet wird, reicht nicht aus, um die Willenserklärung zu beeinträchtigen.

Art. 1514 Persona que ejerce la fuerza	Para que la fuerza vicie el consentimiento no es necesario que la ejerza aquél que es beneficiado por ella; basta que se haya empleado la fuerza por cualquiera persona con el objeto de obtener el consentimiento.	Damit die Gewalt die Willenserklärung ungültig werden lässt, ist es nicht notwendig, dass derjenige, der von ihr profitiert, sie ausübt; es reicht, dass die Gewalt von irgendeiner Person mit dem Ziel, die Willenserklärung zu beeinflussen, ausgeübt wird.
Art. 1515 Dolo	El dolo no vicia el consentimiento sino cuando es obra de una de las partes, y cuando además aparece claramente que sin él no hubiera contratado.	Die Arglist beeinträchtigt nicht die Willenserklärung, außer wenn sie von einer der Parteien ausgeübt wird und es des Weiteren offensichtlich ist, dass es ohne sie nicht zum Vertragsschluss gekommen wäre.
	En los demás casos el dolo da lugar solamente a la acción de perjuicios contra la persona o personas que lo han fraguado o que se han aprovechado de él; contra las primeras por el total valor de los perjuicios y contra las segundas hasta concurrencia del provecho que han reportado del dolo.	In den weiteren Fällen berechtigt die Arglist lediglich zu Schadenersatzansprüchen gegen die Person oder die Personen, die sie ausgeübt oder sie ausgenutzt haben; gegen die Ersteren zum Gesamtwert des Schadens und gegen die Letzteren bis zur Höhe des Nutzens, den sie aus der Arglist gezogen haben.
Art. 1516 Presunción de dolo	El dolo no se presume sino en los casos especialmente previsto por la ley. En los demás debe probarse.	Die Arglist wird nicht vermutet, außer in gesetzlich normierten Fällen. In den anderen Fällen muss sie bewiesen werden.

Art. 1517 Objeto de la declaración de voluntad	Toda declaración de voluntad debe tener por objeto una o más cosas, que se trata de dar, hacer o no hacer. El mero uso de la cosa o su tenencia puede ser objeto de la declaración.	Jede Willenserklärung muss ein oder mehrere Dinge zum Gegenstand haben, die vom Geben, Tun oder Nichtstun handeln. Gegenstand der Erklärung kann die bloße Verwendung der Sache oder ihr Besitz sein.
Art. 1518 Requisitos de los objetos de las obligaciones	No sólo las cosas que existen pueden ser objeto de una declaración de voluntad, sino las que se espera que existan; pero es menester que las unas y las otras sean comerciales y que estén determinadas, a lo menos, en cuanto a su género.	Nicht nur Dinge, die existieren, können Gegenstand einer Willenserklärung sein, sondern auch solche, die voraussichtlich existieren werden; aber sowohl die einen als auch die anderen müssen kommerziell und zumindest ihrer Gattung nach bestimmbar sein.
	La cantidad puede ser incierta con tal que el acto o contrato fije reglas o contenga datos que sirvan para determinarla.	Die Menge kann ungewiss sein, sofern die Handlung oder der Vertrag Regeln oder Daten zu ihrer Bestimmung festlegt.
	Si el objeto es un hecho, es necesario que sea física y moralmente posible. Es físicamente imposible el que es contrario a la naturaleza, y moralmente imposible el prohibido por las leyes, o contrario a las buenas costumbres o al orden público.	Wenn der Vertragsgegenstand in einer Handlung liegt, muss diese physisch und moralisch möglich sein. Es ist physisch unmöglich, was der Natur widerspricht, und moralisch unmöglich, was gesetzlich verboten ist oder gegen die guten Sitten oder die öffentliche Ordnung verstößt.

Art. 1519 Objeto ilícito	Hay un objeto ilícito en todo lo que contraviene al derecho público de la nación. Así, la promesa de someterse en la república a una jurisdicción no reconocida por las leyes de ella, es nula por el vicio del objeto.	In allem, was gegen das öffentliche Recht der Nation verstößt, steckt ein illegaler Gegenstand. So ist das Versprechen, sich in der Republik einer Gerichtsbarkeit zu unterwerfen, die nicht durch die Gesetze der Republik anerkannt ist, wegen des Fehlers des Objekts null und nichtig.
Art. 1520 Convenciones en materia sucesoral	El derecho de suceder por causa de muerte a una persona viva no puede ser objeto de una donación o contrato, aún cuando intervenga el consentimiento de la misma persona. [...]	Das Recht, eine lebende Person zu beerben, kann nicht Gegenstand einer Zuwendung oder eines Vertrages sein, auch wenn es mit Zustimmung derselben Person geschieht. [...]
Art. 1521 Enajenaciones con objeto ilícito	Hay un objeto ilícito en la enajenación:	Ein illegaler Vertragsgegenstand liegt in der Veräußerung:
	1.) De las cosas que no están en el comercio.	1.) Von Dingen, die nicht dem Handel unterliegen.
	2.) De los derechos o privilegios que no pueden transferirse a otra persona.	2.) Von Rechten oder Privilegien, die nicht auf eine andere Person übertragen werden können.
	3.) De las cosas embargadas por decreto judicial, a menos que el juez lo autorice o el acreedor consienta en ello.	3.) Von durch Gerichtsbeschluss beschlagnahmten Sachen, es sei denn, der Richter erlaubt die Veräußerung oder der Gläubiger stimmt ihr zu.
Art. 1523 Objeto ilicíto por contrato prohibido	Hay así mismo objeto ilícito en todo contrato prohibido por las leyes.	Ein illegaler Gegenstand liegt auch in jedem Vertrag, der gesetzlich verboten ist.

Art. 1524 Causa de las obligaciones	No puede haber obligación sin una causa real y lícita; pero no es necesario expresarla. La pura liberalidad o beneficencia es causa suficiente.	Es kann keine Verbindlichkeit ohne einen echten und rechtmäßigen Grund geben, aber es ist nicht notwendig, ihn auszudrücken. Die reine Großzügigkeit oder Wohltätigkeit ist ein ausreichender Grund.
	Se entiende por causa el motivo que induce al acto o contrato; y por causa ilícita la prohibida por la ley, o contraria a las buenas costumbres o al orden público.	Ein Grund ist das Motiv, das die Handlung oder den Vertrag induziert, und ein illegaler Grund ist ein solcher, der gesetzlich verboten ist oder gegen die guten Sitten oder die öffentliche Ordnung verstößt.
	Así, la promesa de dar algo en pago de una deuda que no existe, carece de causa; y la promesa de dar algo en recompensa de un crimen o de un hecho inmoral, tiene una causa ilícita.	So entbehrt das Versprechen, etwas in Zahlung für eine Schuld zu geben, die nicht existiert, eines Grundes; und das Versprechen, etwas als Vergütung für ein Verbrechen oder eine unmoralische Tat zu geben, hat einen illegalen Grund.
Art. 1525 Acción de repetición por objeto o causa ilícita	No podrá repetirse lo que se haya dado o pagado por un objeto o causa ilícita a sabiendas.	Es kann nicht zurückgefordert werden, was wissentlich auf einen rechtswidrigen Vertragsgegenstand oder Grund gegeben oder bezahlt wurde.
Art. 1526 Invalidez legal	Los actos o contratos que la ley declara inválidos, no dejarán de serlo por las cláusulas que en ellos se introduzcan y en que se renuncie a la acción de nulidad.	Die Handlungen oder Verträge, die das Gesetz für ungültig erklärt, hören nicht aufgrund der darin enthaltenen Klauseln, in denen auf die Nichtigkeitsklage verzichtet wird, auf, ungültig zu sein.

Art. 1527 Definición de obligaciones civiles y naturales	Las obligaciones son civiles o meramente naturales. Civiles son aquellas que dan derecho para exigir su cumplimiento.	Die Verpflichtungen sind entweder zivilrechtlich oder rein natürlich. Zivilrechtliche [Verbindlichkeiten] sind solche, die das Recht beinhalten, die Erfüllung einzufordern.
	Naturales las que no confieren derecho para exigir su cumplimiento, pero que cumplidas autorizan para retener lo que se ha dado o pagado, en razón de ellas. [...]	Natürliche Verpflichtungen sind solche, die nicht das Recht verleihen, die Erfüllung einzufordern, aber nach Erfüllung berechtigen, das, was aufgrund dessen gegeben oder bezahlt wurde, zurückzubehalten. [...]
Art. 1529 Garantías de obligaciones naturales	Las fianzas, hipotecas, prendas y cláusulas penales constituidas en terceros para seguridad de estas obligaciones, valdrán.	Bürgschaften, Hypotheken, Pfandrechte und Strafklauseln, die von Dritten zur Sicherung dieser Verpflichtungen geleistet werden, sind gültig.
Art. 1536 Condición suspensiva y resolutoria	La condición se llama suspensiva si, mientras no se cumple, suspende la adquisición de un derecho; y resolutoria, cuando por su cumplimiento se extingue un derecho.	Die Bedingung wird als aufschiebend bezeichnet, wenn, sofern sie nicht erfüllt wird, der Rechterwerb aufgeschoben wird; und als auflösend, wenn durch ihre Erfüllung ein Recht erlischt.
Art. 1537 Condición fallida	[...] La condición resolutoria que es imposible por su naturaleza, o ininteligible, o inductiva a un hecho ilegal o inmoral, se tendrá por no escrita.	[...] Die auflösende Bedingung, die ihrer Natur nach unmöglich oder unverständlich ist oder zu einer rechtswidrigen oder sittenwidrigen Handlung verleitet, gilt als ungeschrieben.

Art. 1543 Existencia de la cosa prometida bajo condición	Si antes del cumplimiento de la condición la cosa prometida perece sin culpa del deudor, se extingue la obligación; y si por culpa del deudor, el deudor es obligado al precio y a la indemnización de perjuicios.	Geht die versprochene Sache ohne Verschulden des Schuldners vor Erfüllung der Bedingung unter, erlischt die Verpflichtung; bei Verschulden des Schuldners ist dieser zur Zahlung des Preises und zum Schadenersatz verpflichtet.
	Si la cosa existe al tiempo de cumplirse la condición, se debe en el estado en que se encuentre, aprovechándose el acreedor de los aumentos o mejoras que hayan recibido la cosa, sin estar obligado a dar más por ella, y sufriendo su deterioro o disminución, sin derecho alguno a que se le rebaje el precio; salvo que el deterioro o disminución proceda de culpa del deudor; en cuyo caso el acreedor podrá pedir o que se rescinda el contrato, o que se le entregue la cosa, y además de lo uno o lo otro, tendrá derecho a indemnización de perjuicios.	Wenn die Sache zum Zeitpunkt der Erfüllung der Bedingung vorhanden ist, ist sie in dem Zustand geschuldet, in dem sie sich befindet, der Gläubiger kann die von der Sache erhaltenen Mehrungen oder Verbesserungen ausnutzen, ohne verpflichtet zu sein, mehr dafür zu zahlen. [Er] trägt das Risiko ihrer Verschlechterung oder Verminderung, ohne das Recht, den Preis herabsetzen zu können; es sei denn, die Verschlechterung oder Verminderung basiert auf dem Verschulden des Schuldners; in diesem Fall kann der Gläubiger bitten, von dem Vertrag zurückzutreten oder dass man ihm die Sache übergibt, und zusätzlich zu dem einen oder anderen hat er Anspruch auf Schadenersatz.
	Todo lo que destruye la aptitud de la cosa para el objeto a que según su naturaleza o según la	Alles, was die Eignung der Sache für den Vertragszweck zerstört, zu dem sie nach ihrer

	convención se destina, se entiende destruir la cosa.	Natur oder nach der Übereinkunft bestimmt ist, wird als die Zerstörung der Sache verstanden.
Art. 1544 Cumplimiento de la condición resolutoria	Cumplida la condición resolutoria, deberá restituirse lo que se hubiere recibido bajo tal condición, a menos que ésta haya sido puesta en favor del acreedor exclusivamente, en cuyo caso podrá éste, si quiere, renunciarla; pero será obligado a declarar su determinación, si el deudor lo exigiere.	Nach Erfüllung der auflösenden Bedingung ist das, was unter dieser Bedingung erhalten wurde, zurückzuerstatten, es sei denn, es wurde ausschließlich zugunsten des Gläubigers gewährt; in diesem Fall kann dieser, wenn er es wünscht, darauf verzichten; er ist jedoch verpflichtet, seine Entscheidung mitzuteilen, wenn der Schuldner dies verlangt.
Art. 1545 Efectos de la condición resolutoria respecto a frutos	Verificada una condición resolutoria no se deberán los frutos percibidos en el tiempo intermedio, salvo que la ley, el testador, el donante o los contratantes, según los varios casos, hayan dispuesto lo contrario.	Nach Feststellung einer auflösenden Bedingung sind die in der Zwischenzeit erhaltenen Früchte nicht zurückzuerstatten, es sei denn, das Gesetz, der Erblasser, der Spender oder die Vertragsparteien haben nach [Maßgabe der] verschiedenen Fälle etwas Anderes beschlossen.
Art. 1546 Condición resolutoria tácita	En los contratos bilaterales va envuelta la condición resolutoria en caso de no cumplirse por uno de los contratantes lo pactado.	Bilateralen Verträgen ist die auflösende Bedingung der Nichtleistung einer Vertragspartei immanent.

	Pero en tal caso podrá el otro contratante pedir a su arbitrio, o la resolución o el cumplimiento del contrato con indemnización de perjuicios.	Aber in diesem Fall kann die andere Vertragspartei nach eigenem Ermessen die Kündigung oder Erfüllung des Vertrages mit Schadenersatz verlangen.
Art. 1547 Enajenación de muebles debidos a plazo o bajo condición	Si el que debe una cosa mueble a plazo, o bajo condición suspensiva o resolutoria, la enajena, no habrá derecho de reivindicarla contra terceros poseedores de buena fe.	Wenn jemand, der eine bewegliche Sache befristet oder unter einer aufschiebenden/auflösenden Bedingung schuldet, sie veräußert, gibt es kein Recht, sie von einem gutgläubigen dritten Besitzer zurückzufordern.
Art. 1548 Enajenación o gravamen de inmuebles debidos bajo condición	Si el que debe un inmueble bajo condición lo enajena, o lo grava con hipoteca o servidumbre, no podrá resolverse la enajenación o gravamen, sino cuando la condición constaba en el título respectivo, inscrito u otorgado por escritura pública.	Wenn jemand, der eine unbewegliche Sache schuldet, die unter einer Bedingung steht, sie veräußert oder durch eine Hypothek oder eine Dienstbarkeit belastet, kann diese Veräußerung oder Belastung nicht aufgelöst werden, außer die Bedingung wurde im jeweiligen Titel angegeben oder durch öffentliche Urkunde gewährt.
Art. 1553 Exigibilidad de la obligación antes del plazo	El pago de la obligación no puede exigirse antes de expirar el plazo, si no es:	Die Zahlung der Verbindlichkeit kann nicht vor Ablauf der Frist verlangt werden, außer:
	1.) Al deudor constituido en quiebra o que se halla en notoria insolvencia.	1.) der Schuldner befindet sich im Konkurs oder in offenkundiger Insolvenz.

	2.) Al deudor cuyas cauciones, por hecho o culpa suya, se han extinguido o han disminuido considerablemente de valor. Pero en este caso el deudor podrá reclamar el beneficio del plazo, renovando o mejorando las cauciones.	2.) die Sicherheiten eines Schuldners sind durch seine Tat oder sein Verschulden erloschen oder haben sich erheblich im Wert gemindert. In diesem Fall kann der Schuldner jedoch die volle Laufzeit durch Erneuerung oder Verbesserung der Sicherheiten in Anspruch nehmen.
Art. 1554 Renuncia del plazo por el deudor	El deudor puede renunciar el plazo, a menos que el testador haya dispuesto o las partes estipulado lo contrario, o que la anticipación del pago acarree al acreedor un perjuicio que por medio del plazo se propuso manifiestamente evitar. [...]	Der Schuldner kann auf die Frist verzichten, es sei denn, der Erblasser oder die Parteien haben etwas Anderes vereinbart oder die Zahlungsvorwegnahme verursacht dem Gläubiger einen Schaden, der offensichtlich bei Einhaltung der Frist vermieden werden kann. [...]
Art. 1556 Definición de obligación alternativa	Obligación alternativa es aquella por la cual se deben varias cosas, de tal manera que la ejecución de una de ellas exonera de la ejecución de las otras.	Eine alternative Verpflichtung ist diejenige, bei der mehrere Dinge in der Art geschuldet werden, dass die Erfüllung einer von ihnen von der Erfüllung der anderen befreit.
Art. 1568 Definición de obligaciones solidarias	En general cuando se ha contraído por muchas personas o para con muchas la obligación de una cosa divisible, cada uno	Im Allgemeinen, wenn mehrere Personen sich für eine teilbare Schuld verpflichten oder jemand sich für mehrere

	de los deudores, en el primer caso, es obligado solamente a su parte o cuota en la deuda, y cada uno de los acreedores, en el segundo, sólo tiene derecho para demandar su parte o cuota en el crédito.	Personen verpflichtet, ist jeder der Schuldner im ersten Fall nur zu seinem Teil oder seiner Quote an der Schuld verpflichtet, und jeder der Gläubiger im zweiten Fall nur berechtigt, seinen Teil oder seine Quote an der Forderung zu verlangen.
	Pero en virtud de la convención, del testamento o de la ley puede exigirse cada uno de los deudores o por cada uno de los acreedores el total de la deuda, y entonces la obligación es solidaria o in solidum.	Aber aufgrund von Konvention, des Testaments oder Gesetzes kann jeder Schuldner die gesamte Schuld begleichen oder jeder Gläubiger die gesamte Schuld verlangen, dann ist die Verpflichtung gesamtschuldnerisch/solidarisch.
	La solidaridad debe ser expresamente declarada en todos los casos en que no la establece la ley.	Die Gesamtschuldnerschaft ist in allen Fällen ausdrücklich zu erklären, in denen sie nicht gesetzlich vorgeschrieben ist.
Art. 1569 Identidad de la cosa debida	La cosa que se debe solidariamente por muchos o a muchos, ha de ser una misma, aunque se deba de diversos modos; por ejemplo, pura y simplemente respecto de unos, bajo condición o a plazo respecto de otros.	Die Sache, die gesamtschuldnerisch von oder an mehreren geschuldet wird, muss ein und dieselbe sein, auch wenn sie auf unterschiedliche Weise geschuldet wird, zum Beispiel schlicht und einfach bei einigen, bedingt oder befristet bei anderen.
Art. 1570 Solidaridad activa	El deudor puede hacer el pago a cualquiera de los acreedores solidarios que elija, a menos que haya sido demandado por uno	Der Schuldner kann an einen von ihm gewählten Gesamtgläubiger Zahlungen leisten, es sei denn, er wurde von einem

	de ellos, pues entonces deberá hacer el pago al demandante.	von ihnen verklagt, dann muss er an den Kläger Zahlungen leisten.
	La condonación de la deuda, la compensación, la novación que intervenga entre el deudor y uno cualquiera de los acreedores solidarios, extingue la deuda con respecto a los otros, de la misma manera que el pago lo haría; con tal que uno de estos no haya demandado ya al deudor.	Durch Schuldenerlass, Aufrechnung, Novation, die zwischen dem Schuldner und einem beliebigen der Gesamtgläubiger erfolgt, erlischt die Schuld auch gegenüber den anderen in der gleichen Weise, wie es die Zahlung getan hätte; vorausgesetzt, dass einer von ihnen den Schuldner nicht bereits verklagt hat.
Art. 1571 Solidaridad pasiva	El acreedor podrá dirigirse contra todos los deudores solidarios conjuntamente, o contra cualquiera de ellos a su arbitrio, sin que por éste pueda oponérsele el beneficio de división.	Der Gläubiger ist in der Lage, gegen alle Gesamtschuldner gemeinsam oder gegen jeden von ihnen nach seinem Willen vorzugehen, ohne dass ihm von diesem die Teilungseinrede entgegengehalten werden kann.
Art. 1572 Demanda contra deudor solidario	La demanda intentada por el acreedor contra algunos de los deudores solidarios, no extingue la obligación solidaria de ninguno de ellos, sino en la parte que hubiere sido satisfecha por el demandado.	Die Klage des Gläubigers gegen einige der Mitschuldner führt nicht zum Erlöschen der gesamtschuldnerischen Verpflichtung, außer in dem Teil, der vom Beklagten erfüllt wurde.
Art. 1573 Renuncia de la solidadridad por el acreedor	El acreedor puede renunciar expresa o tácitamente la solidaridad respecto de unos de los deudores solidarios o respecto de todos.	Der Gläubiger kann ausdrücklich oder stillschweigend auf die gesamtschuldnerische Haftung eines Mitschuldners oder aller Mitschuldner verzichten.

	La renuncia tácitamente en favor de uno de ellos, cuando la ha exigido o reconocido el pago de su parte o cuota de la deuda, expresándolo así en la demanda o en la carta de pago, sin la reserva especial de la solidaridad, o sin la reserva general de sus derechos.	Der stillschweigende Verzicht gilt zugunsten eines [Gesamtschuldners], wenn er die Zahlung seines Teils oder Anteils an der Schuld verlangt oder anerkannt hat, was er in der Klage oder im Zahlungsbrief ohne die Besonderheit der Gesamtschuldnerschaft oder ohne die allgemeine Reserve seiner Rechte zum Ausdruck bringt.
	Pero esta renuncia expresa o tácita no extingue la acción solidaria del acreedor contra los otros deudores, por toda la parte del crédito que no haya sido cubierta por el deudor a cuyo beneficio se renunció la solidaridad.	Aber dieser ausdrückliche oder stillschweigende Verzicht führt nicht zum Erlöschen der gesamtschuldnerischen Klage des Gläubigers gegen die anderen Schuldner für den gesamten Teil der Forderung, der nicht durch den Schuldner, zu dessen Gunsten auf die Gesamtschuldnerschaft verzichtet wurde, gedeckt ist.
	Se renuncia la solidaridad respecto de todos los deudores solidarios, cuando el acreedor consciente en la división de la deuda.	Auf gesamtschuldnerische Haftung wird bei allen Gesamtschuldnern verzichtet, wenn der Gläubiger der Teilung der Schuld zustimmt.
Art. 1576 Novación de obligaciones solidarias	La renovación entre el acreedor y uno cualquiera de los deudores solidarios, liberta a los otros, a menos que éstos accedan a la obligación nuevamente constituida.	Die Novation zwischen dem Gläubiger und einem der Gesamtschuldner befreit die anderen, es sei denn, sie stimmen der neu gebildeten Verpflichtung zu.

Art. 1578 Destrucción de la cosa debida solidariamente	Si la cosa perece por culpa o durante la mora de uno de los deudores solidarios, todos ellos quedan obligados solidariamente al precio, salvo la acción de los codeudores contra el culpable o moroso. Pero la acción de perjuicios a que diere lugar la culpa o mora, no podrá intentarla el acreedor sino contra el deudor culpable o moroso.	Wenn die Sache durch Verschulden oder während des Verzuges einer der Gesamtschuldner untergeht, bleiben alle an die gesamtschuldnerschaftliche Zahlungsverpflichtung gebunden; hinzu tritt der Anspruch der Mitschuldner gegen den Schuldigen oder Verspäteten. Aber die Schadensersatzansprüche, die durch das Verschulden oder die Verspätung veranlasst werden, kann der Gläubiger allein gegen den schuldigen oder säumigen Schuldner richten.
Art. 1579 Subrogación de deudor solidario	El deudor solidario que ha pagado la deuda o la ha extinguido por alguno de los medios equivalentes al pago, queda subrogado en la acción del acreedor con todos sus privilegios y seguridades, pero limitada respecto de cada uno de los codeudores a la parte o cuota que tenga este codeudor en la deuda.	Der Gesamtschuldner, der die Schuld beglichen oder mit einem der Zahlung gleichwertigen Mittel getilgt hat, wird in die Lage des Gläubigers mit all seinen Privilegien und Zusicherungen eintreten, jedoch in Bezug auf jeden der Mitschuldner auf den Teil oder Anteil beschränkt, den dieser Mitschuldner an der Schuld hat.
	Si el negocio para el cual ha sido contraída la obligación solidaria, concernía solamente a alguno o algunos de los deudores solidarios, serán estos responsables entre sí, según las partes o cuotas que le correspondan en la deuda, y los otros codeudores serán considerados como fiadores.	Betraf das Geschäft, für das die Gesamtschuld eingegangen wurde, nur einen Gesamtschuldner oder einen Teil der Gesamtschuldner, haften diese einander nach ihrem Anteil oder ihrer Quote an der Schuld, und die anderen Mitschuldner gelten als Bürgen.

	La parte o cuota del codeudor insolvente se reparte entre todos los otros a prorrata de las suyas, comprendidos aún aquellos a quienes el acreedor haya exonerado de la solidaridad.	Der Teil oder die Quote des zahlungsunfähigen Mitschuldners wird im Verhältnis zu ihren Anteilen auf alle anderen verteilt, einschließlich derjenigen, die der Gläubiger von der Mithaftung befreit hat.
Art. 1580 Responsabilidad de los herederos de deudores solidarios	Los herederos de cada uno de los deudores solidarios son, entre todos, obligados al total de la deuda; pero cada heredero será solamente responsable de aquella cuota de la deuda que corresponda a su porción hereditaria.	Die Erben der einzelnen Gesamtschuldner sind gemeinsam zur Begleichung der gesamten Schuld verpflichtet; jeder Erbe haftet jedoch nur für den Teil der Schuld, der seinem Erbteil entspricht.
Art. 1592 Definición de cláusula penal	La cláusula penal es aquella en que una persona, para asegurar el cumplimiento de una obligación, se sujeta a una pena que consiste en dar o hacer algo en caso de no ejecutar o retardar la obligación principal.	Bei der Strafklausel handelt es sich um eine Klausel, bei der eine Person, um die Einhaltung einer Verpflichtung sicherzustellen, sich einer Strafe unterwirft, die darin besteht, bei Nichterfüllung oder Verzögerung der Hauptverpflichtung etwas zu geben oder zu tun.
Art. 1593 Nulidad y validez de la cláusula penal	La nulidad de la obligación principal acarrea la de la cláusula penal, pero la nulidad de ésta no acarrea la de la obligación principal.	Die Nichtigkeit der Hauptverpflichtung verursacht die der Strafklausel, aber die Ungültigkeit der Strafklausel verursacht nicht die der Hauptverpflichtung.

Con todo, cuando uno promete por otra persona, imponiéndose una pena para el caso de no cumplirse por esta lo prometido, valdrá la pena, aunque la obligación principal no tenga efecto por falta de consentimiento de dicha persona.

Wenn man jedoch für eine andere Person ein Versprechen abgibt und eine Strafe für die Nichterfüllung dieses Versprechens verhängt wird, wird die Strafe bestehen bleiben, auch wenn die Hauptverpflichtung aufgrund des Mangels der Zustimmung dieser Person keine Wirkung entfaltet.

Lo mismo sucederá cuando uno estipula con otro a favor de un tercero, y la persona con quien se estipula se sujeta a una pena para el caso de no cumplir lo prometido.

Dasselbe gilt, wenn einer mit einem anderen zugunsten eines Dritten etwas vereinbart, und die Person, mit der kontrahiert wird, unterwirft sich einer Strafe für den Fall der Nichtleistung.

Art. 1601
Cláusula penal enorme

Cuando por el pacto principal, una de las partes se obligó a pagar una cantidad determinada, como equivalente a lo que por la otra parte debe prestarse, y la pena consiste asimismo en el pago de una cantidad determinada, podrá pedirse que se rebaje de la segunda todo lo que exceda al duplo de la primera, incluyéndose ésta en él.

Wenn sich eine der Parteien durch die Hauptvereinbarung verpflichtet hat, einen bestimmten Betrag zu zahlen als Äquivalent für das, was die andere Partei zu gewähren hat, und die Strafe auch in der Zahlung eines bestimmten Betrags besteht, kann verlangt werden, dass der zweite Betrag um das, was das Doppelte des ersten [Betrages] übersteigt, herabgesetzt wird, wobei Letztere in die Strafe einbezogen wird.

La disposición anterior no se aplica al mutuo ni a las obligaciones de valor inapreciable o indeterminado.

Die obige Bestimmung gilt weder für das Darlehen noch für Verbindlichkeiten von geringfügigem oder unbestimmtem Wert.

	En el primero se podrá rebajar la pena en lo que exceda al máximum del interés que es permitido estipular. En las segundas se deja a la prudencia del juez moderarla, cuando atendidas las circunstancias pareciere enorme.	Im ersten [Fall] kann die Strafe auf das, was den maximal zulässigen Zinsbetrag übersteigt, reduziert werden. Bei zweiterem Fall ist es der Einschätzung des Richters überlassen, sie zu ermäßigen, wenn sie unter den gegebenen Umständen enorm erscheint.
Art. 1602 Los contratos son ley para las partes	Todo contrato legalmente celebrado es una ley para los contratantes, y no puede ser invalidado sino por su consentimiento mutuo o por causas legales.	Jeder rechtsgültig abgeschlossene Vertrag ist ein Gesetz für die Vertragsparteien und kann nur mit deren beidseitiger Zustimmung oder aus rechtlichen Gründen aufgehoben werden.
Art. 1603 Ejecución de buena fe	Los contratos deben ejecutarse de buena fe, y por consiguiente obligan no solo a lo que en ellos se expresa, sino a todas las cosas que emanan precisamente de la naturaleza de la obligación, o que por ley pertenecen a ella.	Verträge müssen in gutem Glauben ausgeführt werden und verpflichten daher nicht nur zu dem, was in ihnen zum Ausdruck kommt, sondern zu allem, was sich genau aus der Art der Verbindlichkeit ergibt oder was gesetzlich zu ihr gehört.
Art. 1604 Responsabilidad del deudor	El deudor no es responsable sino de la culpa lata en los contratos que por su naturaleza solo son útiles al acreedor; es responsable de la leve en los contratos que se hacen para beneficio recíproco de las partes; y de la levísima en los contratos en que el deudor es el único que reporta beneficio.	Der Schuldner ist bei Verträgen, die ihrer Natur nach nur dem Gläubiger nützen, nicht verantwortlich, außer es handelt sich um grobes Verschulden; er haftet für die leichte Fahrlässigkeit bei Verträgen, die zum gegenseitigen Nutzen der Parteien abgeschlossen werden; und für die sehr leichte Fahrlässigkeit bei Verträgen, bei denen der Schuldner der einzige Begünstigte ist.

	El deudor no es responsable del caso fortuito, a menos que se haya constituido en mora (siendo el caso fortuito de aquellos que no hubieran dañado a la cosa debida, si hubiese sido entregado al acreedor), o que el caso fortuito haya sobrevenido por su culpa.	Der Schuldner haftet nicht für Zufall, es sei denn, er befindet sich im Verzug (d.h. die Sache wäre nicht beschädigt worden, wenn sie dem Gläubiger übergeben worden wäre), oder das zufällige Ereignis ist durch sein Verschulden entstanden.
	La prueba de la diligencia o cuidado incumbe al que ha debido emplearlo; la prueba del caso fortuito al que lo alega.	Der Nachweis der Einhaltung der Sorgfalt obliegt der Verantwortung der Person, die sie hätte anwenden sollen; der Beweis des Zufalls [liegt in der Verantwortung der Person], die ihn behauptet.
	Todo lo cual, sinembargo, se entiende sin perjuicio de las disposiciones especiales de las leyes, y de las estipulaciones expresas de las partes.	All dies gilt jedoch unbeschadet der besonderen Bestimmungen der Gesetze und der ausdrücklichen Bestimmungen der Parteien.
Art. 1606 Obligación de conservar la cosa	La obligación de conservar la cosa exige que se emplee en su custodia el debido cuidado.	Die Verpflichtung, die Sache zu erhalten, erfordert, die Einhaltung der geschuldeten Sorgfalt.
Art. 1607 Riesgos en la deuda de cuerpo cierto	El riesgo del cuerpo cierto cuya entrega se deba, es siempre a cargo del acreedor; salvo que el deudor se constituya en mora de efectuarla, o que se haya comprometido a entregar una misma cosa a dos o más personas por obligaciones distintas; en cualquiera de estos casos será a cargo del deudor el riesgo de la cosa hasta su entrega.	Das Risiko [des Untergangs] einer bestimmten Sache, deren Lieferung geschuldet ist, trägt immer der Gläubiger; es sei denn, der Schuldner kommt in Verzug oder hat sich verpflichtet, dieselbe Sache an zwei oder mehrere Personen für verschiedene Verpflichtungen zu liefern; in jedem dieser Fälle trägt der Schuldner das Risiko [des Untergangs] der Sache bis zur Lieferung.

Art. 1609 Mora en los contratos bilaterales	En los contratos bilaterales ninguno de los contratantes está en mora dejando de cumplir lo pactado, mientras el otro no lo cumpla por su parte, o no se allana a cumplirlo en la forma y tiempo debidos.	Im Rahmen von bilateralen Verträgen kommt keine Vertragspartei in Verzug, wenn die andere Vertragspartei nicht ihren Teil erfüllt hat oder sich nicht anschickt, die Leistung in der geschuldeten Form und zu der geschuldeten Zeit zu erfüllen.
Art. 1613 Indemnización de perjuicios	La indemnización de perjuicios comprende el daño emergente y lucro cesante, ya provenga de no haberse cumplido la obligación, o de haberse cumplido imperfectamente, o de haberse retardado el cumplimiento.	Der Schadensersatz beinhalten Folgeschäden und den entgangenen Gewinn, sei es aus Nichtleistung, mangelhafter Leistung oder verspäteter Leistung.
	Exceptúanse los casos en que la ley la limita expresamente al daño emergente.	Ausgenommen sind Fälle, in denen das Gesetz ihn [den Schadensersatz] ausdrücklich auf Folgeschäden beschränkt.
Art. 1614	Entiéndese por daño emergente el perjuicio o la pérdida que proviene de no haberse cumplido la obligación o de haberse cumplido imperfectamente, o de haberse retardado su cumplimiento; y por lucro cesante, la ganancia o provecho que deja de reportarse a consecuencia de no haberse cumplido la obligación, o cumplido imperfectamente, o retardado su cumplimiento.	Unter Folgeschaden wird der Schaden oder Verlust verstanden, der sich daraus ergibt, dass die Verpflichtung nicht oder nicht richtig erfüllt wurde oder die Erfüllung verzögert wurde; und unter entgangenem Gewinn wird der Gewinn oder Nutzen verstanden, der nicht mehr erzielt wird, weil die Verpflichtung nicht oder nicht richtig erfüllt oder ihre Erfüllung verzögert wurde.
Art. 1615 Causación de perjuicios	Se debe la indemnización de perjuicios desde que el deudor se ha constituido en mora,	Der Schadensersatz wird geschuldet, sobald der Schuldner sich in Verzug befindet

	o, si la obligación es de no hacer, desde el momento de la contravención.	oder, wenn die Verpflichtung in einem Unterlassen liegt, ab dem Zeitpunkt der Zuwiderhandlung.
Art. 1616 Responsabilidad del deudor en la causación de perjuicios	Si no se puede imputar dolo al deudor, solo es responsable de los perjuicios que se previeron o pudieron preverse al tiempo del contrato; pero si hay dolo, es responsable de todos los perjuicios que fueron consecuencia inmediata o directa de no haberse cumplido la obligación o de haberse demorado su cumplimiento.	Wenn dem Schuldner kein Vorsatz vorgeworfen werden kann, haftet er nur für Schäden, die zum Zeitpunkt des Vertrages vorhersehbar waren oder hätten vorhersehbar sein können; bei Vorsatz haftet er jedoch für alle Schäden, die eine unmittelbare oder direkte Folge der Nichterfüllung der Verpflichtung oder der verspäteten Erfüllung der Verpflichtung sind.
	La mora producida por fuerza mayor o caso fortuito, no da lugar a indemnización de perjuicios.	Der Verzug aufgrund höherer Gewalt oder eines zufälligen Ereignisses führt nicht zu einer Schadenersatzverpflichtung.
	Las estipulaciones de los contratantes podrán modificar estas reglas.	Die Bestimmungen der Vertragsparteien können diese Regeln ändern.
Art. 1618 Prevalencia de la intención	Conocida claramente la intención de los contratantes, debe estarse a ella más que a lo literal de las palabras.	Sofern die Intention der Vertragsparteien bekannt ist, kommt ihr eine größere Bedeutung als den Worten des Vertrages zu.
Art. 1622 Interpretaciones sistemática, por comparación y por aplicación práctica	Las cláusulas de un contrato se interpretarán unas por otras, dándosele a cada una el sentido que mejor convenga al contrato en su totalidad.	Die Klauseln eines Vertrages sind nacheinander auszulegen, wobei jede den Sinn erhält, der am besten zu dem Vertrag als Ganzem passt.

	Podrán también interpretarse por las de otro contrato entre las mismas partes y sobre la misma materia.	Sie können auch anhand der [Klauseln] eines anderen Vertrages zwischen denselben Parteien und über denselben Gegenstand ausgelegt werden.
	O por la aplicación práctica que hayan hecho de ellas ambas partes, o una de las partes con aprobación de la otra parte.	Oder anhand ihrer praktischen Anwendung durch beide Parteien oder durch eine der Parteien mit Zustimmung der anderen Seite.
Art. 1624 Interpretación a favor del deudor	No pudiendo aplicarse ninguna de las reglas precedentes de interpretación, se interpretarán las cláusulas ambiguas a favor del deudor.	Bei nicht möglicher Anwendung der vorgenannten Auslegungsregeln sind mehrdeutige Klauseln zugunsten des Schuldners auszulegen.
	Pero las cláusulas ambiguas que hayan sido extendidas o dictadas por una de las partes, sea acreedora o deudora, se interpretarán contra ella, siempre que la ambigüedad provenga de la falta de una explicación que haya debido darse por ella.	Aber mehrdeutige Klauseln, die von einer der Parteien, ob Gläubiger oder Schuldner, verbreitet oder diktiert wurden, sind gegen diesen auszulegen, sofern die Unklarheit aus dem Fehlen einer Erklärung resultiert, die von ihr hätte gegeben werden müssen.
Art. 1625 Modos de extinción	Toda obligación puede extinguirse por una convención en que las partes interesadas, siendo capaces de disponer libremente de lo suyo, consientan en darla por nula.	Jede Verpflichtung kann durch ein Übereinkommen aufgehoben werden, in dem die betroffenen Parteien, die frei über ihre eigenen [Verbindlichkeiten] verfügen können, vereinbaren, sie für null und nichtig zu erklären.
	Las obligaciones se extinguen además en todo o en parte:	Die Verpflichtungen erlöschen des Weiteren vollständig oder teilweise:

	1.) Por la solución o pago efectivo.	1.) Durch die Erfüllung oder die effektive Zahlung.
	2.) Por la novación.	2.) Durch die Novation.
	3.) Por la transacción.	3.) Durch den Vergleich.
	4.) Por la remisión.	4.) Durch den Schulderlass.
	5.) Por la compensación.	5.) Durch die Aufrechnung.
	6.) Por la confusión.	6.) Durch die Konfusion.
	7.) Por la pérdida de la cosa que se debe.	7.) Durch den Verlust der Sache, die geschuldet ist.
	8.) Por la declaración de nulidad o por la rescisión.	8.) Durch die Nichtigkeitserklärung oder durch den Widerruf.
	9.) Por el evento de la condición resolutoria.	9.) Bei Vorliegen der auflösenden Bedingung.
	10.) Por la prescripción.	10.) Durch die Verjährung.
	De la transacción y la prescripción se tratará al fin de este libro; de la condición resolutoria se ha tratado en el título De las obligaciones condicionales.	Der Vergleich und die Verjährung werden am Ende dieses Buches behandelt; die auflösende Bedingung wurde im Titel „Bedingte Verpflichtungen" behandelt.
Art. 1630 Pago por terceros	Puede pagar por el deudor cualquiera persona a nombre de él, aún sin su conocimiento o contra su voluntad, y aún a pesar del acreedor.	Jede Person kann für den Schuldner in dessen Namen bezahlen, auch ohne sein Wissen oder gegen seinen Willen und sogar ungeachtet des Gläubigers.
	Pero si la obligación es de hacer, y si para la obra de que se trata se ha tomado en consideración la aptitud o talento del deudor, no podrá ejecutarse la obra por otra persona contra la voluntad del acreedor.	Aber wenn die Verpflichtung in einem Tun besteht und wenn für die betreffende Arbeit die Eignung oder das Talent des Schuldners berücksichtigt wurde, kann die Arbeit nicht von einer anderen Person gegen den Willen des Gläubigers ausgeführt werden.

Art. 1632 Pago contra la voluntad del deudor	El que paga contra la voluntad del deudor, no tiene derecho para que el deudor le reembolse lo pagado; a no ser que el acreedor le ceda voluntariamente su acción.	Der, der gegen den Willen des Schuldners zahlt, hat kein Recht, dass der Schuldner ihm das Geleistete zurückerstattet; es sei denn, der Gläubiger tritt seinen Anspruch freiwillig an ihn ab.
Art. 1633 Pago de transferencia de propiedad	El pago en que se debe transferir la propiedad, no es válido, sino en cuanto el que paga es dueño de la cosa pagada o la paga con el consentimiento del dueño. Tampoco es válido el pago en que se debe transferir la propiedad, sino en cuanto el que paga tiene facultad de enajenar.	Die Zahlung, mit der das Eigentum übertragen werden soll, ist nicht gültig, außer wenn der Zahlende Eigentümer des zu zahlenden Gutes ist oder es mit Zustimmung des Eigentümers bezahlt. Auch die Zahlung, mit der das Eigentum übertragen werden soll, ist nicht gültig, es sei denn, der Zahler kann über das Eigentum verfügen.
	Sin embargo, cuando la cosa pagada es fungible, y el acreedor la ha consumido de buena fe, se valida el pago, aunque haya sido hecho por el que no era dueño o no tuvo facultad de enajenar.	Wenn die bezahlte Sache jedoch vertretbar ist und der Gläubiger sie in gutem Glauben verbraucht hat, ist die Zahlung gültig, auch wenn sie von einer Person geleistet wurde, die nicht Eigentümer war oder nicht die Befugnis hatte, sie zu veräußern.
Art. 1634 Persona a quien se paga	Para que el pago sea válido, debe hacerse o al acreedor mismo (bajo cuyo nombre se entienden todos los que le hayan sucedido	Damit die Zahlung gültig ist, muss sie entweder an den Gläubiger selbst (unter dessen Namen alle diejenigen

	en el crédito aún a título singular), o a la persona que la ley o el juez autoricen a recibir por él, o a la persona diputada por el acreedor para el cobro.	verstanden werden, die in die Forderung oder auch nur in den Einzeltitel gefolgt sind) oder an die Person, die das Gesetz oder der Richter ermächtigt, für ihn zu empfangen, oder an die Person, die vom Gläubiger für den Einzug bevollmächtigt wird, geleistet werden.
	El pago hecho de buena fe a la persona que estaba entonces en posesión del crédito, es válido, aunque después aparezca que el crédito no le pertenecía.	Die in gutem Glauben an die Person, die im Besitz der Forderung war, geleistete Zahlung ist gültig, auch wenn sich später herausstellt, dass die Forderung ihr nicht gehörte.
Art. 1636 Nulidad del pago	El pago hecho al acreedor es nulo en los casos siguientes:	Die an den Gläubiger geleistete Zahlung ist in den folgenden Fällen nichtig:
	1.) Si el acreedor no tiene la administración de sus bienes; salvo en cuanto se probare que la cosa pagada se ha empleado en provecho del acreedor, y en cuanto este provecho se justifique con arreglo al artículo 1747.	1.) Wenn der Gläubiger nicht über sein Vermögenverwaltungsrecht verfügt; es sei denn, es wird nachgewiesen, dass die gezahlte Sache zugunsten des Gläubigers verwendet wurde, und sobald dieser Nutzen gemäß Artikel 1747 gerechtfertigt ist.
	2.) Si por el juez se ha embargado la deuda o mandado retener el pago.	2.) Wenn der Richter die Forderung gepfändet oder die Einbehaltung der Zahlung angeordnet hat.
	3.) Si se paga al deudor insolvente en fraude de los acreedores a cuyo favor se ha abierto concurso.	3.) Wenn an den insolventen Schuldner in betrügerischer Absicht zuungunsten der Gläubiger, zu deren Gunsten

		ein Insolvenzverfahren eröffnet wurde, geleistet wird.
Art. 1648 Pago de especie o cuerpo cierto	Si la deuda es de un cuerpo cierto, debe el acreedor recibirlo en el estado en que se halle; a menos que se haya deteriorado y que los deterioros provengan del hecho o culpa del deudor, o de las personas por quienes éste es responsable; o a menos que los deterioros hayan sobrevenido después que el deudor se ha constituido en mora, y no provengan de un caso fortuito a que la cosa hubiese estado igualmente expuesta en poder del acreedor.	Wenn die Schuld eine bestimmte Sache darstellt, muss der Gläubiger sie in dem Zustand erhalten, in dem sie sich befindet; es sei denn, sie hat sich verschlechtert und die Verschlechterungen beruhen auf der Tat oder dem Verschulden des Schuldners oder der Personen, für die er verantwortlich ist; und es sei denn, die Verschlechterungen sind eingetreten, nachdem der Schuldner in Verzug geraten ist, und sie stammen nicht aus einem zufälligen Ereignis, dem die Sache ebenfalls im Besitz des Gläubigers ausgesetzt gewesen wäre.
	En cualquiera de estas dos suposiciones se puede pedir por el acreedor la rescisión del contrato y la indemnización de perjuicios; pero si el acreedor prefiere llevarse la especie o si el deterioro no pareciere de importancia, se concederá solamente la indemnización de perjuicios.	In beiden Fällen kann der Gläubiger die Beendigung des Vertrages und die Zahlung von Schadenersatz verlangen; wenn der Gläubiger jedoch lieber die Sache nimmt oder wenn die Verschlechterung nicht wesentlich erscheint, wird nur Schadenersatz gewährt.
	Si el deterioro ha sobrevenido antes de constituirse el deudor	Wenn die Verschlechterung eingetreten ist, bevor der

	en mora, pero no por hecho o culpa suya, sino de otra persona por quien no es responsable, es válido el pago de la cosa en el estado en que se encuentre; pero el acreedor podrá exigir que se le ceda la acción que tenga su deudor contra el tercero, autor del daño.	Schuldner in Verzug geriet, aber nicht aus dessen Verschulden, sondern [aus dem Verschulden] einer anderen Person, für die er nicht verantwortlich ist, ist die Lieferung der Sache in dem Zustand, in dem sie sich befindet, gültig; der Gläubiger kann jedoch die Abtretung des Anspruchs verlangen, der seinem Schuldner gegen den Dritten, den Urheber des Schadens, zusteht.
Art. 1649 Pago total y parcial	El deudor no puede obligar al acreedor a que reciba por partes lo que se le deba, salvo el caso de convención contraria; y sin perjuicio de lo que dispongan las leyes en casos especiales.	Der Schuldner kann den Gläubiger nicht zur Annahme von Teilleistungen des Geschuldeten verpflichten, sofern nichts Anderes vereinbart wurde; und unbeschadet dessen, was Gesetze in besonderen Fällen vorsehen.
	El pago total de la deuda comprende el de los intereses e indemnizaciones que se deban.	Die Gesamtzahlung der Schuld umfasst die Zahlung der fälligen Zinsen und des geschuldeten Schadensersatzes.
Art. 1664 Retiro de la consignación	Mientras la consignación no haya sido aceptada por el acreedor, o el pago declarado suficiente por sentencia que tenga la fuerza de cosa juzgada, puede el deudor retirar la	Solange die Hinterlegung nicht vom Gläubiger angenommen oder die Zahlung durch ein rechtskräftiges Urteil für ausreichend erklärt worden ist, kann der Schuldner die

	consignación; y retirada, se mirará como de ningún valor ni efecto respecto del consignante de sus codeudores y fiadores.	Hinterlegung zurücknehmen; und zurückgenommen hat sie keine Bedeutung und ist wirkungslos in Bezug auf den Hinterleger und seine Mitschuldner und Bürgen.
Art. 1666 Definición de pago por subrogación	La subrogación es la transmisión de los derechos del acreedor a un tercero, que le paga.	Der Forderungsübergang ist die Übertragung der Rechte des Gläubigers auf einen Dritten, der ihn bezahlt.
Art. 1667 Fuentes de la subrogación	Se subroga un tercero en los derechos del acreedor, o en virtud de la ley o en virtud de una convención del acreedor.	Eine dritte Partei tritt in die Rechte des Gläubigers ein, entweder nach dem Gesetz oder nach einem Abkommen des Gläubigers.
Art. 1668 Subrogación legal	Se efectúa la subrogación por el ministerio de la ley, y aún contra la voluntad del acreedor, en todos los casos señalados por las leyes y especialmente a beneficio: […] 3.) Del que paga una deuda a que se halla obligado solidaria o subsidiariamente. […] 5.) Del que paga una deuda ajena, consintiéndolo expresa o tácitamente el deudor. […]	Angeordnet wird der Forderungsübergang vom Justizministerium sogar gegen den Willen des Gläubigers in allen gesetzlich vorgesehenen Fällen und insbesondere zugunsten: […] 3.) Desjenigen, der eine Schuld begleicht, für die er gesamtschuldnerisch oder subsidiär haftet. […] 5.) Desjenigen, der eine fremde Schuld mit der ausdrücklichen oder stillschweigenden Zustimmung des Schuldners begleicht. […]

Art. 1670 Efectos de la subrogación	La subrogación, tanto legal como convencional, traspasa al nuevo acreedor todos los derechos, acciones y privilegios, prendas e hipotecas del antiguo, así contra el deudor principal, como contra cualesquiera terceros, obligados solidaria y subsidiariamente a la deuda.	Der rechtliche und vertragliche Forderungsübergang überträgt alle Rechte, Ansprüche und Privilegien, Pfandrechte sowie Hypotheken des Altgläubigers gegen den Hauptschuldner und gegen Dritte, die gesamtschuldnerisch und subsidiär für die Schuld haften, auf den neuen Gläubiger.
	Si el acreedor ha sido solamente pagado en parte, podrá ejercer sus derechos relativamente a lo que se le reste debiendo, con preferencia al que solo ha pagado una parte del crédito.	Wenn der Gläubiger nur teilweise befriedigt wurde, kann er seine Rechte im Verhältnis zu dem, was ihm geschuldet wird, ausüben, und zwar gegenüber demjenigen, der nur einen Teil der Forderung bezahlt hat.
Art. 1677 Bienes incluidos en la cesión	La cesión comprenderá todos los bienes, derechos y acciones del deudor, excepto los no embargables.	Die Abtretung umfasst alle Vermögenswerte, Rechte und Ansprüche des Schuldners, mit Ausnahme derer, die nicht pfändbar sind.
	No son embargables: 1.) No es embargable el salario mínimo legal o convencional.	Nicht pfändbar sind: 1.) Der gesetzliche oder konventionelle Mindestlohn ist nicht pfändbar.
	El lecho del deudor, el de su mujer, los de los hijos que viven con él y a sus expensas, y la ropa necesaria para el abrigo de todas estas personas. [...]	Das Bett des Schuldners, das seiner Frau, das seiner mit ihm lebenden Kinder und die für die Unterbringung all dieser Personen notwendige Kleidung. […]

Art. 1694 La simple sustitución de deudor no constituye novación	La sustitución de un nuevo deudor a otro no produce novación, si el acreedor no expresa su voluntad de dar por libre al primitivo deudor. A falta de esta expresión se entenderá que el tercero es solamente diputado por el deudor para hacer el pago, o que dicho tercero se obliga con él solidaria o subsidiariamente, según parezca deducirse del tenor o espíritu del acto.	Die Ersetzung eines neuen Schuldners durch einen anderen führt nicht zur Novation, wenn der Gläubiger seinen Willen, den ursprünglichen Schuldner freizugeben, nicht zum Ausdruck bringt. Fehlt dieser Ausdruck, so ist davon auszugehen, dass der Dritte nur der Vertreter des Schuldners für die Zahlung ist oder dass der genannte Dritte sich mit ihm gesamtschuldnerisch oder subsidiär verpflichtet, wie es sich aus dem Tenor oder dem Sinn der Handlung ableiten lässt.
Art. 1704 Liberación de codeudores por novación	La novación liberta a los codeudores solidarios o subsidiarios que no han accedido a ella.	Die Novation befreit die gesamtschuldnerischen oder subsidiären Mitschuldner, die ihr nicht zugestimmt haben.
Art. 1708 La ampliación del plazo no constituye novación	La mera ampliación del plazo de una deuda no constituye novación; pero pone fin a la responsabilidad de los fiadores y extingue las prendas e hipotecas constituidas sobre otros bienes que los del deudor; salvo	Die bloße Verlängerung der Laufzeit einer Schuld stellt keine Novation dar; sie beendet jedoch die Haftung der Bürgen und führt zum Erlöschen von Verpfändungen und Hypotheken, die

	que los fiadores o los dueños de las cosas empeñadas o hipotecadas accedan expresamente a la ampliación.	auf anderen Vermögenswerten als denen des Schuldners begründet sind, es sei denn, die Bürgen oder die Eigentümer der verpfändeten oder mit Hypothek belasteten Sachen stimmen ausdrücklich der Verlängerung zu.
Art. 1712 Remisión voluntaria	La remisión que procede de mera liberalidad, está en todo sujeta a las reglas de la donación entre vivos y necesita de insinuación en los casos en que la donación entre vivos la necesita.	Der Erlass, der von der bloßen Großzügigkeit ausgeht, unterliegt in allem den Regeln der Schenkung unter Lebenden und bedarf der Voraussetzungen, wie die Schenkung unter Lebenden sie erfordert.
Art. 1714 Compensación	Cuando dos personas son deudoras una de otra, se opera entre ellas una compensación que extingue ambas deudas, del modo y en los casos que van a explicarse.	Wenn zwei Personen sich gegenseitig etwas schulden, wird zwischen ihnen ein Ausgleich betrieben, der beide Schulden tilgt, und zwar auf die Art und Weise und in den Fällen, die noch erläutert werden.
Art. 1725 Efectos de la confusión respecto a la obligación principal y la fianza	La confusión que extingue la obligación principal extingue la fianza; pero la confusión que extingue la fianza, no extingue la obligación principal.	Die Konfusion, die die Hauptpflicht zum Erlöschen bringt, bringt auch die Bürgschaft zum Erlöschen; aber die Konfusion, die die Bürgschaft zum Erlöschen bringt, bringt nicht die Hauptpflicht zum Erlöschen.
Art. 1726 Confusión parcial	Si el concurso de las dos calidades se verifica solamente en una parte de la deuda, no hay lugar	Wenn die Zusammenkunft der beiden Qualitäten nur in einem Teil der Schulden

	a la confusión ni se extingue la deuda, sino en esa parte.	vorliegt, gibt es keinen Raum für die Konfusion, und die Schulden sind auch nicht getilgt, außer in diesem Teil.
Art. 1727 Confunsión en las obligaciones solidarias	Si hay confusión entre uno de varios deudores solidarios y el acreedor, podrá el primero repetir contra cada uno de sus codeudores por la parte o cuota que respectivamente les corresponda en la deuda. Si por el contrario, hay confusión entre uno de varios acreedores solidarios y el deudor, será obligado el primero a cada uno de sus coacreedores por la parte o cuota que respectivamente les corresponda en el crédito.	Kommt es zu einer Konfusion zwischen einem von mehreren gesamtschuldnerischen Schuldnern und dem Gläubiger, so kann der Erstgenannte gegen jeden seiner Mitschuldner i.H.v. dessen Teil oder dessen Quote an der Schuld vorgehen. Kommt es hingegen zu einer Konfusion zwischen einem von mehreren Gesamtgläubigern und dem Schuldner, so ist Ersterer jedem seiner Mitgläubiger für seinen jeweiligen Anteil bzw. seine Quote an der Forderung verpflichtet.
Art. 1729 Perdida de la cosa debida	Cuando el cuerpo cierto que se debe perece, o porque se destruye, o porque deja de estar en el comercio, o porque desaparece y se ignora si existe, se extingue la obligación; salvas empero las excepciones de los artículos subsiguientes.	Wenn der bestimmte geschuldete Gegenstand untergeht, zerstört wird, nicht mehr im Handel ist oder verschwindet und keine Kenntnis mehr über ihn herrscht, erlischt die Verpflichtung; außer jedoch im Fall der nachfolgenden Artikel.
Art. 1730 Presunción de culpa del deudor	Siempre que la cosa perece en poder del deudor, se presume que ha sido por hecho o por culpa suya.	Immer wenn die Sache im Besitz des Schuldners untergeht, wird angenommen, dass es durch seine Tat oder Schuld geschehen ist.

Art. 1731 Perdida por culpa del deudor o durante la mora	Si el cuerpo cierto perece por culpa o durante la mora del deudor, la obligación de este subsiste, pero varia de objeto; el deudor es obligado al precio de la cosa y a indemnizar al acreedor.	Wenn die betreffende Sache durch Verschulden [des Schuldners] oder während des Schuldnerverzugs untergeht, besteht die Verpflichtung des Schuldners fort, aber der (Vertrags-)Gegenstand ist verschieden; der Schuldner ist verpflichtet, den Preis der Sache zu zahlen und den Gläubiger zu entschädigen.
	Sin embargo, si el deudor está en mora, y el cuerpo cierto que se debe perece por caso fortuito, que habría sobrevenido igualmente a dicho cuerpo, en poder del acreedor, sólo se deberá la indemnización de los perjuicios de la mora. Pero si el caso fortuito pudo no haber sucedido igualmente en poder del acreedor, se debe el precio de la cosa, y los perjuicios de la mora.	Befindet sich der Schuldner jedoch in Verzug und die geschuldete Sache geht zufällig unter, was auch im Besitz des Gläubigers passiert wäre, ist nur der Ersatz des Verzugsschadens zu leisten. Aber wenn das zufällige Ereignis nicht gleichermaßen im Besitz des Gläubigers hätte eintreten können, ist der Preis der Sache fällig und der Verzugsschaden.
Art. 1732 Responsabilidad por caso fortuito	Si el deudor se ha constituido responsable de todo caso fortuito, o de alguno en particular, se observara lo pactado.	Wenn der Schuldner sich vertraglich für jede Art von Zufall oder für eine bestimmte Art [von Zufall] verantwortlich gezeichnet hat, gilt das Vereinbarte.
Art 1733 Prueba del caso fortuito	El deudor es obligado a probar el caso fortuito que alega.	Der Schuldner ist verpflichtet, den Zufall zu beweisen, auf den er sich beruft.
	Si estando en mora pretende que el cuerpo cierto habría perecido igualmente en poder del acreedor, será también obligado a probarlo.	Sofern er im Verzug war und vorgibt, die Sache wäre gleichfalls im Besitz des Gläubigers untergegangen, muss er dies ebenfalls beweisen.

Art. 1736 Derechos del acreedor de la cosa perdida por acción de un tercero	Aunque por haber perecido la cosa se extinga la obligación del deudor, podrá exigir el acreedor que se le cedan los derechos o acciones que tenga el deudor contra aquéllos por cuyo hecho o culpa haya perecido la cosa	Obwohl die Verbindlichkeit des Schuldners durch den Untergang der Sache erlischt, kann der Gläubiger die Abtretung der Rechte und Ansprüche verlangen, die dem Schuldner gegen einen Dritten, der den Untergang zu verschulden hat, zustehen.
Art. 1737 Responsabilidad del deudor de cosa perdida por sus hechos voluntarios	Si la cosa debida se destruye por un hecho voluntario del deudor, que inculpablemente ignoraba la obligación, se deberá solamente el precio sin otra indemnización de perjuicios.	Wenn die geschuldete Sache mutwillig vom Schuldner zerstört wird, dieser aber in nicht schuldhafter Unkenntnis der Verbindlichkeit handelt, schuldet er dem Gläubiger lediglich den Preis und keinen weiteren Schadensersatz.
Art. 1738 Responsabilidad del deudor por los actos de personas a su cargo	En el hecho o culpa del deudor se comprende el hecho o culpa de las personas por quienes fuere responsable.	Die Tat oder das Verschulden des Schuldners schließt die Tat oder Verschulden der Personen ein, für die er verantwortlich ist.
Art. 1739 Perdida de la cosa durante la mora del acreedor	La destrucción de la cosa en poder del deudor, después que ha sido ofrecida al acreedor, y durante el retardo de éste en recibirla, no hace responsable al deudor sino por culpa grave o dolo.	Für die Vernichtung der im Besitz des Schuldners befindlichen Sache, nachdem sie dem Gläubiger angeboten wurde, und während dessen Annahmeverzögerung ist der Schuldner nicht verantwortlich, außer es handelte sich um grobes Verschulden oder Vorsatz.
Art. 1740 Concepto y clases de nulidad	Es nulo todo acto o contrato a que falta alguno de los requisitos que la ley prescribe para el valor del mismo acto o contrato.	Jede Handlung oder jeder Vertrag ist null und nichtig, wenn eine der Anforderungen, die das Gesetz für die

	según su especie y la calidad o estado de las partes	Wirksamkeit der gleichen Handlung oder des gleichen Vertrages nach ihrer Art vorschreibt, fehlt oder die Qualität oder der Zustand der Parteien für den Vertrag fehlt.
	La nulidad puede ser absoluta o relativa.	Die Nichtigkeit kann absolut oder relativ sein.
Art. 1741 Nulidad absoluta y relativa	La nulidad producida por un objeto o causa ilícita, y la nulidad producida por la omisión de algún requisito o formalidad que las leyes prescriben para el valor de ciertos actos o contratos en consideración a la naturaleza de ellos, y no a la calidad o estado de las personas que los ejecutan o acuerdan, son nulidades absolutas.	Die Nichtigkeit, die durch einen illegalen Gegenstand oder einen illegalen Vertragsgrund hervorgerufen wird, und die Nichtigkeit, die durch das Weglassen eines Erfordernisses oder einer Formalität hervorgerufen wird, die die Gesetze für die Wirksamkeit bestimmter Handlungen oder Verträge unter Berücksichtigung ihrer Art – und nicht der Qualität oder des Zustands der Personen, die sie ausführen oder sich darauf einigen – vorschreiben, sind absolute Nichtigkeitsgründe.
	Hay así mismo nulidad absoluta en los actos y contratos de personas absolutamente incapaces.	Auch die Handlungen und Verträge von absolut geschäftsunfähigen Personen führen zur absoluten Nichtigkeit.
	Cualquiera otra especie de vicio produce nulidad relativa, y da derecho a la rescisión del acto o contrato.	Jede andere Art von Mangel führt zur relativen Nichtigkeit und gibt das Recht auf Beendigung der Handlung oder des Vertrages.

Art. 1742 Obligación de declarar la nulidad absoluta	La nulidad absoluta puede y debe ser declarada por el juez, aún sin petición de parte, cuando aparezca de manifiesto en el acto o contrato; puede alegarse por todo el que tenga interés en ello; puede así mismo pedirse su declaración por el Ministerio Público en el interés de la moral o de la ley. Cuando no es generada por objeto o causa ilícitos, puede sanearse por la ratificación de las partes y en todo caso por prescripción extraordinaria.	Die absolute Nichtigkeit kann und muss vom Richter auch ohne Antrag einer Partei erklärt werden, wenn sie offensichtlich in der Handlung oder im Vertrag erscheint; sie kann von jedem behauptet werden, der ein Interesse daran hat; ihre Erklärung kann auch von der Staatsanwaltschaft im Interesse der Moral oder des Gesetzes verlangt werden. Wenn sie nicht durch einen illegalen Vertragsgegenstand oder Vertragsgrund verursacht wird, kann sie durch die Bestätigung der Parteien und in jedem Fall durch außerordentliche Vorschriften geheilt werden.
Art. 1743 Abs. 1 Declaración de nulidad relativa	La nulidad relativa no puede ser declarada por el juez o prefecto sino a pedimento de parte; ni puede pedirse su declaración por el Ministerio Público en el solo interés de la ley; ni puede alegarse sino por aquéllos en cuyo beneficio la han establecido las leyes, o por sus herederos o cesionarios; y puede sanearse por el lapso de tiempo o por ratificación de las partes. […]	Die relative Nichtigkeit kann weder vom Richter oder Präfekten erklärt werden, außer aufgrund eines Antrags einer Partei; noch darf ihre Erklärung von der Staatsanwaltschaft im bloßen Interesse des Gesetzes verlangt werden; noch darf sie vorgebracht werden, außer von denen, zu deren Schutz sie das Gesetz normiert hat, oder von ihren Erben oder Rechtsnachfolgern; und sie kann durch Verjährung oder durch Ratifizierung durch die Parteien geheilt werden. […]

Art. 1744 Contrato realizado por dolo de un incapaz	Si de parte del incapaz ha habido dolo para inducir al acto o contrato, ni él ni sus herederos o cesionarios podrán alegar nulidad.	Wenn der Geschäftsunfähige arglistig handelte, um den Rechtsakt oder Vertrag zu veranlassen, können weder er noch seine Erben oder Rechtsnachfolger sich auf die Nichtigkeit berufen.
Art. 1745 Actos y contratos de incapaces	Los actos y contratos de los incapaces, en que no se ha faltado a las formalidades y requisitos necesarios, no podrán declararse nulos ni rescindirse, sino por las causas en que gozarían de este beneficio las personas que administran libremente sus bienes.	Die Handlungen und Verträge der Geschäftsunfähigen, bei denen die notwendigen [diesbezüglichen] Formalitäten und Anforderungen nicht fehlen, können nicht für nichtig erklärt oder aufgehoben werden, es sei denn, es handelt sich um die Gründe, aus denen die Personen, die ihr Eigentum frei verwalten, diese in Anspruch nehmen würden.
	Las corporaciones de derecho público y las personas jurídicas son asimiladas en cuanto a la nulidad de sus actos o contratos a las personas que están bajo tutela o curaduría.	Körperschaften des öffentlichen Rechts und juristische Personen werden in Bezug auf die Nichtigkeit ihrer Handlungen oder Verträge den Personen unter Vormundschaft oder Pflegschaft gleichgestellt.
Art. 1746 Efectos de la declaratoria de nulidad	La nulidad pronunciada en sentencia que tiene la fuerza de cosa juzgada, da a las partes derecho para ser restituidas al mismo estado en que se hallarían si no hubiese existido el acto o contrato nulo; sin perjuicio de lo prevenido sobre el objeto o causa ilícita.	Die in einem rechtskräftigen Urteil ausgesprochene Nichtigkeit gibt den Parteien das Recht, in den gleichen Zustand zurückversetzt zu werden, in dem sie sich befunden hätten, wenn die nichtige Handlung oder der nichtige Vertrag nicht existiert hätte, unbeschadet der Bestimmungen über den rechtswidrigen Gegenstand oder Grund.

	En las restituciones mutuas que hayan de hacerse los contratantes en virtud de este pronunciamiento, será cada cual responsable de la pérdida de las especies o de su deterioro, de los intereses y frutos, y del abono de las mejoras necesarias, útiles o voluptuarias, tomándose en consideración los casos fortuitos, y la posesión de buena fe o mala fe de las partes; todo ello según las reglas generales y sin perjuicio de lo dispuesto en el siguiente artículo.	Bei den gegenseitigen Rückerstattungen, die von den Vertragsparteien aufgrund dieser Erklärung zu leisten sind, ist jede Vertragspartei für den Verlust von Dingen oder deren Verschlechterung, von Zinsen und Früchten sowie für die Zahlung notwendiger, nützlicher oder freiwilliger Verbesserungen unter Berücksichtigung unvorhergesehener Umstände und des gut- oder bösgläubigen Besitzes der Vertragsparteien verantwortlich; all dies in Übereinstimmung mit den allgemeinen Regeln und unbeschadet der Bestimmungen des folgenden Artikels.
Art. 1747 Restituciones por nulidad de contratos con incapaces	Si se declara nulo el contrato celebrado con una persona incapaz sin los requisitos que la ley exige, el que contrató con ella no puede pedir restitución o reembolso de lo que gasto o pago en virtud del contrato, sino en cuanto probare haberse hecho más rica con ello la persona incapaz.	Wenn ein Vertrag, der von einer geschäftsunfähigen Person ohne Berücksichtigung der vom Gesetz vorgesehenen Voraussetzungen geschlossen wurde, für nichtig erklärt wird, kann derjenige, der den Vertrag mit ihm geschlossen hat, keine Rückerstattung oder Aufwendungsersatz für das verlangen, was er in Bezug auf den Vertrag ausgegeben oder bezahlt hat, außer er beweist, dass der Geschäftsunfähige sich dadurch bereichert hat.

	Se entenderá haberse hecho esta más rica, en cuanto las cosas pagadas o las adquiridas por medio de ellas le hubieren sido necesarias; o en cuanto las cosas pagadas o las adquiridas por medio de ellas, que no le hubieren sido necesarias, subsistan y se quisiere retenerlas.	Es ist davon auszugehen, dass er sich bereichert hat, wenn die durch sie bezahlten oder durch sie erworbenen Dinge notwendig waren oder wenn die bezahlten oder durch sie erworbenen Dinge nicht notwendig waren, aber fortbestehen und gewünscht wird, sie zu behalten.
Art. 1748 Nulidad judicial en relación con terceros poseedores	La nulidad judicialmente pronunciada da acción reivindicatoria contra terceros poseedores, sin perjuicio de las excepciones legales.	Die gerichtlich festgestellte Nichtigkeit verhilft zu einem Herausgabeanspruch gegen dritte Besitzer. Dies gilt unbeschadet der gesetzlichen Ausnahmen.
Art. 1749 Efectos relativos de la nulidad	Cuando dos o más personas han contratado con un tercero, la nulidad declarada a favor de una de ellas no aprovechara a las otras.	Wenn zwei oder mehrere Personen mit einem Dritten Verträge abgeschlossen haben, kommt die zugunsten eines von ihnen erklärte Nichtigkeit den anderen nicht zugute.
Art. 1750 Plazos para interponer la acción rescisión	El plazo para pedir la rescisión durara cuatro años. Este cuatrienio se contará, en el caso de violencia, desde el día en que ésta hubiere cesado; en el caso de error o de dolo, desde el día de la celebración del acto o contrato.	Die Frist für die Bitte um Auflösung beträgt vier Jahre. Im Falle von Gewalt läuft diese vierjährige Frist von dem Tag an, an dem die Gewalt beendet wurde; im Falle von Irrtum oder Arglist von dem Tag an, an dem die Handlung oder der Vertrag abgeschlossen wurde.

	Cuando la nulidad proviene de una incapacidad legal, se contara el cuatrienio desde el día en que haya cesado esta incapacidad.	Wenn die Nichtigkeit aus einer Rechtsunfähigkeit entsteht, so wird die Vierjahresfrist ab dem Tag gezählt, an dem diese Unfähigkeit erloschen ist.
	[...]	[...]
	Todo lo cual se entiende en los casos en que las leyes especiales no hubieren designado otro plazo.	All dies gilt für den Fall, dass Sondergesetze keine andere Frist bestimmt haben.
Art. 1751 Plazo de la acción rescisoria de herederos	Los herederos mayores de edad gozaran del cuatrienio entero si no hubiere principiado a correr; y gozaran del residuo, en caso contrario. A los herederos menores empieza a correr el cuatrienio o su residuo desde que hubieren llegado a edad mayor.	Den erwachsenen Erben kommt der gesamte Vierjahreszeitraum zugute, wenn er [der Verjährungszeitraum] noch nicht begonnen hat; anderenfalls kommen sie in den Genuss des verbleibenden Zeitraums. Die Vierjahresfrist oder die restliche Frist beginnt bei den minderjährigen Erben zu laufen, sobald sie das Erwachsenenalter erreicht haben.
	Pero en este caso no se podrá pedir la declaración de nulidad, pasados treinta años desde la celebración del acto o contrato.	In diesem Fall kann jedoch die Nichtigkeitserklärung nicht länger als dreißig Jahre nach dem Abschluss der Handlung oder des Vertrages verlangt werden.
Art. 1753 Solemnidades de la ratificación expresa	Para que la ratificación expresa sea valida, deberá hacerse con las solemnidades a que por la ley está sujeto el acto o contrato que se ratifica.	Damit die ausdrückliche Bestätigung wirksam ist, müssen die vom Gesetz für die Handlung oder den Vertrag vorgeschriebenen Formalitäten eingehalten werden.

Art. 1754 Ratificación tácita	La ratificación tácita es la ejecución voluntaria de la obligación contratada.	Die stillschweigende Bestätigung ist die freiwillige Erfüllung der vertraglichen Verbindlichkeiten.
Art. 1755 Requisito de validez de la ratificación	Ni la ratificación expresa ni la tácita serán validas si no emanan de la parte o partes que tienen derecho de alegar la nulidad.	Weder die ausdrückliche noch die stillschweigende Bestätigung sind wirksam, wenn sie nicht von der Partei oder den Parteien ausgehen, die sich auf die Nichtigkeit berufen dürfen.
Art. 1756 Capacidad para ratificar	No vale la ratificación expresa o tácita del que no es capaz de contratar.	Die ausdrückliche oder stillschweigende Bestätigung von dem, der nicht fähig ist, Verträge abzuschließen, ist nicht gültig.
Art. 1757 Persona con la carga de la prueba	Incumbe probar las obligaciones o su extinción al que alega aquéllas o ésta.	Demjenigen, der sich auf sie beruft, obliegt es, die Verbindlichkeiten oder ihr Erlöschen zu beweisen.
Art. 1760 Necesariedad de la prueba por instrumento público	La falta de instrumento público no puede suplirse por otra prueba en los actos y contratos en que la ley requiere esa solemnidad; y se mirarán como no ejecutados o celebrados aún cuando en ellos se prometa reducirlos a instrumento público, dentro de cierto plazo, bajo una cláusula penal; esta cláusula no tendrá efecto alguno.	Das Fehlen einer öffentlichen Urkunde kann nicht durch einen anderen Beweis in Handlungen und Verträgen ersetzt werden, in denen das Gesetz eine solche Formalität vorschreibt; und sie gelten als nicht ausgeführt oder abgeschlossen, auch wenn in ihnen versprochen wird, sie innerhalb eines bestimmten Zeitraums in einer öffentlichen Urkunde unter [Androhung] einer Strafklausel nachzuholen; diese Klausel hat keinerlei Wirkung.

Fuera de los casos indicados en este artículo, el instrumento defectuoso por incompetencia del funcionario o por otra falta en la forma, valdrá como instrumento privado si estuviere firmado por las partes.

Abgesehen von den in diesem Artikel genannten Fällen, gilt eine Urkunde, die aufgrund der Unfähigkeit des Beamten oder eines anderen Formfehlers fehlerhaft ist, als private Urkunde, wenn sie von den Parteien unterzeichnet wurde.

Art. 1777
Capitulaciones del menor hábil

El menor hábil para contraer matrimonio podrá hacer en las capitulaciones matrimoniales, con aprobación de la persona o personas cuyo consentimiento le haya sido necesario para el matrimonio, todas las estipulaciones de que sería capaz si fuese mayor; menos las que tengan por objeto renunciar los gananciales, o enajenar bienes raíces, o gravarlos con hipotecas o servidumbres. Para las estipulaciones de estas clases será siempre necesario que la justicia autorice al menor. El que se halla bajo curaduría por otra causa que la menor edad, necesitará de la autorización de su curador para las capitulaciones matrimoniales, y en lo demás estará sujeto a las mismas reglas que el menor.

Der Minderjährige, der in der Lage ist, eine Ehe einzugehen, kann in Eheverträgen mit Zustimmung der Person(en), dessen/deren Zustimmung für die Ehe erforderlich war(en), alle Bestimmungen treffen, zu denen er fähig wäre, wenn er volljährig wäre, mit Ausnahme derjenigen, die dazu bestimmt sind, auf Gewinne zu verzichten, Grundstücke zu veräußern oder sie mit Hypotheken oder Dienstbarkeiten zu belasten. Für solche Vereinbarungen ist es immer notwendig, dass die Justiz den Minderjährigen ermächtigt. Derjenige, der aus anderen Gründen als der Minderjährigkeit unter Pflegschaft steht, bedarf der Erlaubnis seines Pflegers für die Eheverträge, und im Übrigen unterliegt er den gleichen Regeln wie der Minderjährige.

	No se podrá pactar que la sociedad conyugal tenga principio antes o después de contraerse el matrimonio; toda estipulación en contrario es nula.	Es kann nicht vereinbart werden, dass die eheliche Gemeinschaft einen Anfang vor oder nach der Eheschließung hat; jede anderslautende Bestimmung ist nichtig.
Art. 1859 Arras de retractación	Si se vende con arras, esto es, dando una cosa en prenda de la celebración o ejecución del contrato, se entiende que cada uno de los contratantes podrá retractarse; el que ha dado las arras, perdiéndoles, y el que las ha recibido, restituyéndolas dobladas.	Wenn der Vertrag mit einer Anzahlung eingegangen wird, d.h. durch eine Verpfändung bei Vertragsabschluss oder bei Vertragsausführung, wird davon ausgegangen, dass jede der Vertragsparteien zurücktreten kann; derjenige, der die Anzahlung geleistet hat, verliert sie [bei seinem Rücktrittsverlangen], und derjenige, der sie erhalten hat, gibt sie doppelt zurück [wenn er zurücktreten will].
Art. 1867 Venta de universalidades	Es nula la venta de todos los bienes presentes o futuros o de unos y otros, ya se venda el total o una cuota; pero será válida la venta de todas las especies, géneros y cantidades que se designen por escritura pública, aunque se extienda a cuanto el vendedor posea o espere adquirir, con tal que no comprenda objetos ilícitos.	Der Verkauf aller gegenwärtigen oder zukünftigen Vermögenswerte oder des einen oder anderen ist null und nichtig, unabhängig davon, ob die Gesamtmenge oder eine Quote verkauft wird; aber der Verkauf aller Arten, Gattungen und Mengen, die durch öffentliche Urkunde bestimmt sind, ist gültig, auch wenn er sich auf das erstreckt, was der Verkäufer besitzt oder zu erwerben erwartet, sofern er keine illegalen Gegenstände umfasst.

	Las cosas no comprendidas en esta designación se entenderá que no lo son en la venta; toda estipulación contraria es nula.	Dinge, die nicht unter diese Bezeichnung fallen, gelten als nicht durch den Verkauf abgedeckt; jede anderslautende Bestimmung ist nichtig.
Art. 1870 Venta de cosa inexistente	La venta de una cosa que al tiempo de perfeccionarse el contrato se supone existente y no existe, no produce efecto alguno. Si faltaba una parte considerable de ella al tiempo de perfeccionarse el contrato, podrá el comprador, a su arbitrio, desistir del contrato, o darlo por subsistente, abonando el precio a justa tasación.	Der Verkauf einer Sache, von deren Existenz zum Zeitpunkt der Vertragserfüllung ausgegangen wird, die aber nicht existiert, hat keine Wirkung. Fehlte ein erheblicher Teil davon zum Zeitpunkt des Vertragsabschlusses, kann der Käufer nach seiner Wahl vom Vertrag zurücktreten oder ihn als bestehend betrachten und den Preis nach einer fairen Bewertung zahlen.
	El que vendió a sabiendas lo que en el todo o en una parte considerable no existía, resarcirá los perjuicios al comprador de buena fe.	Derjenige, der wissentlich verkauft hat, was ganz oder zu wesentlichen Teilen nicht existierte, ersetzt dem gutgläubigen Käufer die Schäden.
Art. 1872 Compra de cosa propia	La compra de cosa propia no vale; el comprador tendrá derecho a que se le restituya lo que hubiere dado por ella. [...]	Der Kauf einer eigenen Sache ist nicht gültig; der Käufer hat Anspruch auf Rückerstattung dessen, was er dafür gegeben hat. [...]
Art. 1916 Saneamiento de vicios conocidos por el vendedor	Si se ha estipulado que el vendedor no estuviere obligado al saneamiento por los vicios ocultos de la cosa, estará sin embargo obligado a sanear aquéllos de que tuvo conocimiento y de que no dio noticia al comprador.	Wurde vertraglich festgelegt, dass der Verkäufer nicht zur Beseitigung der verborgenen Mängel der Sache verpflichtet ist, ist dieser dennoch verpflichtet, die Mängel zu beheben, von denen er Kenntnis hatte und über die er den Käufer nicht informiert hat.

Art. 1946 Rescisión por lesión enorme	El contrato de compraventa podrá rescindirse por lesión enorme.	Der Kaufvertrag kann aufgrund einer massiven Verletzung (*laesio enormis*) rückgängig gemacht werden.
Art. 1947 Concepto de lesión enorme	El vendedor sufre lesión enorme cuando el precio que recibe es inferior a la mitad del justo precio de la cosa que vende; y el comprador a su vez sufre lesión enorme, cuando el justo precio de la cosa que compra es inferior a la mitad del precio que paga por ella.	Der Verkäufer erleidet eine massive Verletzung, wenn der Preis, den er erhält, weniger als die Hälfte des fairen Preises der Sache, die er verkauft, darstellt; und der Käufer seinerseits erleidet eine massive Verletzung, wenn der faire Preis der Sache, die er kauft, weniger als die Hälfte des Preises beträgt, den er dafür bezahlt.
	El justo precio se refiere al tiempo del contrato.	Der faire Preis bezieht sich auf den Zeitpunkt des Vertragsabschlusses.
Art. 1953 No afectación de los derechos reales constituidos sobre la cosa objeto de restitución	El comprador que se halle en el caso de restituir la cosa, deberá previamente purificarla de las hipotecas u otros derechos reales que haya constituido en ella.	Der Käufer, der sich in dem Zustand befindet, die Sache zurückzugeben, muss diese zuvor von den Hypotheken oder anderen Realsicherheiten, die er an ihr begründet hat, befreien.
Art. 1954 Prescripción de la acción rescisoria	La acción rescisoria por lesión enorme expira en cuatro años, contados desde la fecha de contrato.	Der Aufhebungsanspruch wegen massiver Verletzung verjährt in vier Jahren ab dem Zeitpunkt des Vertragsschlusses gerechnet.
Art. 1964 Derechos que comprende la cesión	La cesión de un crédito comprende sus fianzas, privilegios e hipotecas; pero no traspasa las excepciones personales del cedente.	Die Abtretung einer Forderung umfasst ihre Bürgschaften, Privilegien und Hypotheken; überträgt aber nicht die persönlichen Einreden des Abtretenden.

Art. 2151 Presunción de aceptación del mandato	Las personas que por su profesión u oficio se encargan de negocios ajenos, están obligadas a declarar lo más pronto posible si aceptan o no el encargo que una persona ausente les hace; y transcurrido un término razonable, su silencio se mirará como aceptación.	Personen, die sich durch ihren Beruf oder ihr Unternehmen mit fremden Geschäften befassen, sind verpflichtet, schnellstmöglich zu erklären, ob sie den ihnen von einer abwesenden Person erteilten Auftrag annehmen oder nicht; und wenn eine angemessene Zeit verstrichen ist, gilt ihr Schweigen als Annahme.
Art. 2170 Prohibiciones al mandatario respecto a la compraventa	No podrá el mandatario por sí ni por interpuesta persona, comprar las cosas que el mandante le ha ordenado vender, ni vender de lo suyo al mandante lo que éste le ha ordenado comprar, si no fuere con aprobación expresa del mandante.	Der Beauftragte kann weder allein noch durch eine zwischengeschaltete Person die Dinge kaufen, die der Auftraggeber ihm aufgetragen hat zu verkaufen, noch das, was er ihm aufgetragen hat zu kaufen, aus seinem eigenen Besitz an den Auftraggeber verkaufen, außer mit ausdrücklicher Zustimmung des Auftraggebers.
Art. 2184 Obligaciones generales	El mandante es obligado: 1.) A proveer al mandatario de lo necesario para la ejecución del mandato. 2.) A reembolsarle los gastos razonables causados por la ejecución del mandato. 3.) A pagarle la remuneración estipulada o usual. 4.) A pagarle las anticipaciones de dinero con los intereses corrientes.	Der Auftraggeber ist verpflichtet: 1.) Dem Auftragnehmer das Notwendige für die Ausführung des Mandats zur Verfügung zu stellen. 2.) Ihm die angemessenen Kosten für die Ausführung des Auftrags zu erstatten. 3.) Ihm die vereinbarte oder übliche Vergütung zu zahlen. 4.) Ihm das Geld vorauszuzahlen, einschließlich der anfallenden Zinsen.

	5.) A indemnizarle de las pérdidas en que haya incurrido sin culpa, o por causa del mandato.	5.) Ihm den Schaden zu ersetzen, der ihm ohne eigenes Verschulden oder aufgrund des Mandats entstanden ist.
	No podrá el mandante disculparse de cumplir estas obligaciones, alegando que el negocio encomendado al mandatario no ha tenido buen éxito o que pudo desempeñarse a menos costo; salvo que le pruebe culpa.	Der Auftraggeber kann sich der Erfüllung dieser Verpflichtungen nicht entziehen, indem er behauptet, dass das dem Auftragnehmer anvertraute Geschäft nicht erfolgreich war oder dass es zu niedrigeren Kosten hätte durchgeführt werden können, es sei denn, er beweist ihm ein Verschulden.
Art. 2199	En general, todas las veces que el mandato expira por una causa ignorada del mandatario, lo que éste haya hecho en ejecución del mandato será valido, y dará derecho a terceros de buena fe, contra el mandante.	Grds. gilt, dass immer, wenn der Auftrag im Unwissen des Beauftragten abläuft, das, was er zur Ausführung des Auftrags getan hat, gültig bleibt und gutgläubigen Dritten das Recht gibt, gegen den Auftraggeber vorzugehen.
	Quedará así mismo obligado el mandante, como si subsistiera el mandato, a lo que el mandatario, sabedor de la causa que lo haya hecho expirar, hubiere pactado con terceros de buena fe; pero tendrá derecho a que el mandatario le indemnice.	Genauso bleibt der Auftraggeber gutgläubigen Dritten gegenüber so, als ob der Auftrag fortbestünde, zu dem verpflichtet, was der [bösgläubige] Beauftragte, d.h. der, der die Ursache kennt, aus der das Erlöschen hervorgegangen ist, mit Ihnen vereinbart hat; aber er hat das Recht, sich von dem Beauftragten entschädigen zu lassen.

	Cuando el hecho que ha dado causa a la expiración del mandato, hubiere sido notificado al público por periódicos o carteles, y en todos los casos en que no pareciere probable la ignorancia del tercero, podrá el juez en su prudencia, absolver al mandante.	Wenn die Tatsache, dass der Auftrag abgelaufen ist, durch Zeitungen oder Plakate der Öffentlichkeit angezeigt wurde, und in allen Fällen, in denen die Unkenntnis des Dritten nicht wahrscheinlich ist, kann der Richter in seiner Besonnenheit den Auftraggeber von seiner Verpflichtung entbinden.
Art. 2200 Definición y perfeccionamiento del comodato o préstamo de uso	El comodato o préstamo de uso es un contrato en que la una de las partes entrega a la otra gratuitamente una especie mueble o raíz, para que haga uso de ella, y con cargo de restituir la misma especie después de terminar el uso.	Die Leihe oder die Nutzungsleihe ist ein Vertrag, bei dem eine Partei der anderen Partei unentgeltlich einen spezifischen Gegenstand oder eine Immobilie zur Nutzung überlässt, mit der Auflage, denselben Gegenstand oder dieselbe Immobilie nach Beendigung der Nutzung zurückzugeben.
	Este contrato no se perfecciona sino por la tradición de la cosa.	Dieser Vertrag kommt nicht ohne die Übergabe der Sache zustande.
Art. 2203 Responsabilidad del comodatario en el cuidado de la cosa	El comodatario es obligado a emplear el mayor cuidado en la conservación de la cosa, y responde hasta de la culpa levísima.	Der Ausleihende ist verpflichtet, bei dem Erhalt der Sache die größte Sorgfalt walten zu lassen, und haftet schon für leichteste Schuld.
	Es, por tanto, responsable de todo deterioro que no provenga de la naturaleza o del uso legítimo de la cosa; y si este deterioro es tal, que la cosa no sea ya	Er ist daher für jede Verschlechterung verantwortlich, die nicht von der Natur oder von der rechtmäßigen Verwendung der Sache herrührt;

susceptible de emplearse en su uso ordinario, podrá el comodante exigir el precio anterior de la cosa, abandonando su propiedad al comodatario.

und wenn diese Verschlechterung so ist, dass die Sache nicht mehr in ihrer gewöhnlichen Verwendung verwendet werden kann, kann der Verleiher den vorherigen Preis der Sache verlangen und sein Eigentum an der Ware dem Ausleihenden überlassen.

Pero no es responsable de caso fortuito, si no es:

Aber er ist nicht für Zufall verantwortlich, außer:

1.) Cuando ha empleado la cosa en un uso indebido, o ha demorado su restitución, a menos de aparecer o probarse que el deterioro o pérdida por el caso fortuito habría sobrevenido igualmente sin el uso ilegítimo o la mora.

1.) Wenn er die Sache unsachgemäß benutzt oder ihre Rückgabe verzögert hat, es sei denn, es scheint oder wird nachgewiesen, dass die Verschlechterung oder der Verlust durch das zufällige Ereignis auch ohne die unrechtmäßige Verwendung oder den Verzug eingetreten wäre.

2.) Cuando el caso fortuito ha sobrevenido por culpa suya, aunque levísima.

2.) Wenn das zufällige Ereignis durch sein – wenn auch nur geringfügiges – Verschulden eingetreten ist.

3.) Cuando en la alternativa de salvar de un accidente la cosa prestada o la suya, ha preferido deliberadamente la suya.

3.) Wenn er bei einem Unfall vor der Alternative stand, das Geliehene oder sein Eigentum zu retten und bewusst sein Eigentum bevorzugt hat.

4.) Cuando expresamente se ha hecho responsable de casos fortuitos.

4.) Wenn er ausdrücklich die Verantwortung für Zufall übernommen hat.

Art. 2221 Definición de mutuo prestamo de consumo	El mutuo o préstamo de consumo es un contrato en que una de las partes entrega a la otra cierta cantidad de cosas fungibles con cargo de restituir otras tantas del mismo género y calidad.	Das Darlehen oder der Verbraucherkredit ist ein Vertrag, bei dem eine der Parteien der anderen eine bestimmte Menge an vertretbaren Dingen überlässt mit der Verpflichtung, andere Dinge derselben Art und Qualität zurückzuerstatten.
Art. 2224 Prestamo de dinero	Si se ha prestado dinero, sólo se debe la suma numérica enunciada en el contrato.	Wenn Geld verliehen wurde, wird nur die im Vertrag angegebene numerische Summe geschuldet.
	Podrá darse una clase de moneda por otra, aún a pesar del mutuante, siempre que las dos sumas se ajusten a la relación establecida por la ley entre las dos clases de moneda; […].	Eine Art von Währung kann für eine andere gegeben werden, auch unter Wahrung der Gegenseitigkeit, vorausgesetzt, dass die beiden Beträge dem gesetzlich festgelegten Verhältnis zwischen den beiden Währungsarten entsprechen; […].
	Lo dicho en este artículo se entiende sin perjuicio de convención contraria.	Dieser Artikel gilt unbeschadet gegenteiliger Normen.
Art. 2247 Responsabilidad del depositario	Las partes podrán estipular que el depositario responda de toda especie de culpa.	Die Parteien können festlegen, dass der Verwahrer sich für jede Art von Schuld zu verantworten hat.
	A falta de estipulación responderá solamente de la culpa grave.	In Ermangelung einer solchen Bestimmung haftet er nur für grobes Verschulden.
	Pero será responsable de la leve en los casos siguientes:	Er haftet jedoch für leichtes Verschulden in den folgenden Fällen:

	1.) Si se ha ofrecido espontáneamente o ha pretendido se le prefiera a otra persona para depositario. 2.) Si tiene algún interés personal en el depósito, sea porque se le permita usar de él en ciertos casos, sea porque se le conceda remuneración.	1.) Wenn er sich spontan angeboten oder vorgegeben hat, eine andere Person als Verwahrer zu bevorzugen. 2.) Wenn er ein persönliches Interesse am Gegenstand der Verwahrung hat, entweder, weil er ihn in bestimmten Fällen benutzen darf oder weil er bezahlt wird.
Art. 2283 Acciones de los juegos de fuerza o destreza corporal	El juego y la apuesta no producen acción, sino solamente excepción. El que gana no puede exigir el pago. Pero si el que pierde, paga, no puede repetir lo pagado, a menos que se haya ganado con dolo.	Glücksspiel und Wetten erzeugen keine Ansprüche, abgesehen von Ausnahmefällen. Der Gewinner kann keine Zahlung verlangen. Aber wenn der, der verliert, zahlt, kann er die Zahlung nicht zurückfordern, es sei denn, sie wurde durch Betrug gewonnen.
Art. 2302 Definición de cuasicontrato	Las obligaciones que se contraen sin convención, nacen o de la ley o del hecho voluntario de las partes. Las que nacen de la ley se expresan en ella.	Die Verpflichtungen, die ohne Konvention eingegangen werden, ergeben sich entweder aus dem Gesetz oder aus dem freiwilligen Handeln der Parteien. Diejenigen, die sich aus dem Gesetz ergeben, finden darin ihren Ausdruck.
	Si el hecho de que nacen es lícito, constituye un cuasicontrato.	Wenn die Tatsache, dass sie [die Verpflichtungen] entstanden sind, rechtmäßig ist, stellt sie einen Quasi-Vertrag dar.
	Si el hecho es ilícito, y cometido con intención de dañar, constituye un delito.	Wenn die Handlung rechtswidrig ist und in der Absicht begangen wird, Schaden anzurichten, stellt sie ein Delikt dar.

	Si el hecho es culpable, pero cometido sin intención de dañar, constituye un cuasidelito o culpa.	Wenn die Handlung schuldhaft, aber ohne Schadensabsicht begangen wird, stellt sie eine Quasidelikt oder Schuld dar.
Art. 2308 Obligaciones del interesado	Si el negocio ha sido bien administrado, cumplirá el interesado las obligaciones que el gerente ha contraído en la gestión, y le reembolsará las expensas útiles o necesarias.	Wenn das Geschäft gut geführt wurde, wird der Betroffene die Verpflichtungen, die der Geschäftsführer in der Geschäftsführung übernommen hat, erfüllen und ihm die nützlichen oder notwendigen Ausgaben erstatten.
	El interesado no es obligado a pagar salario alguno al gerente.	Der Betroffene ist nicht verpflichtet, dem Geschäftsführer ein Gehalt zu zahlen.
	Si el negocio ha sido mal administrado, el gerente es responsable de los perjuicios.	Wenn das Geschäft schlecht geführt wurde, ist der Geschäftsführer für Schäden haftbar.
Art. 2309 Efectos de la agencia oficiosa contra la voluntad del interesado	El que administra un negocio ajeno contra la expresa prohibición del interesado no tiene demanda contra él, sino en cuanto esa gestión le hubiere sido efectivamente útil, y existiere la utilidad al tiempo de la demanda, por ejemplo, si de la gestión ha resultado la extinción de una deuda que, sin ella, hubiere debido pagar el interesado.	Derjenige, der ein fremdes Geschäft gegen das ausdrückliche Verbot des Betroffenen führt, hat keine Klagemöglichkeit gegen ihn, es sei denn, diese Geschäftsführung war für ihn effektiv nützlich und die Nützlichkeit existiert zum Zeitpunkt der Klage weiterhin, zum Beispiel wenn die Geschäftsführung zum Erlöschen einer Schuld geführt hat, die ohne sie vom Betroffenen hätte bezahlt werden müssen.

	El juez, sin embargo, concederá en este caso al interesado el plazo que pida para el pago de la demanda, y que por las circunstancias del demandado parezca equitativo.	In diesem Fall räumt das Gericht dem Betroffenen jedoch die Frist ein, die er zur Zahlung der Forderung verlangt und die nach den Umständen des Beklagten angemessen erscheint.
Art. 2315 Pago por error de derecho de obligación si fundamento	Se podrá repetir aún lo que se ha pagado por error de derecho, cuando el pago no tenía por fundamento ni aún una obligación puramente natural.	Das, was rechtsirrtümlich gezahlt wurde, kann zurückgefordert werden, wenn die Zahlung nicht auf einer rein natürlichen Verbindlichkeit beruht.
Art. 2347 Responsabilidad por el hecho propio y de las personas a cargo	Toda persona es responsable, no sólo de sus propias acciones para el efecto de indemnizar el daño sino del hecho de aquellos que estuvieren a su cuidado.	Jeder ist im Rahmen des Schadensersatzes nicht nur für seine eigenen Handlungen verantwortlich, sondern auch für die Taten, derer, die sich in seiner Obhut befinden.
	Así, los padres son responsables solidariamente del hecho de los hijos menores que habiten en la misma casa.	Somit haften die Eltern gesamtschuldnerisch für die Taten der minderjährigen Kinder, die im selben Haus leben.
	Así, el tutor o curador es responsable de la conducta del pupilo que vive bajo su dependencia y cuidado.	So ist der Vormund oder Pfleger für das Verhalten des Mündels, das abhängig von ihm in seiner Obhut lebt, verantwortlich.
	Así, los directores de colegios y escuelas responden del hecho de los discípulos mientras están bajo su cuidado, y los artesanos y empresarios del hecho de sus aprendices, o dependientes, en el mismo caso.	So sind die Leiter von Schulen und Hochschulen für die Taten der Schüler, während sie sich in ihrer Obhut befinden, und die Handwerker und Unternehmer für die Taten ihrer Schüler oder Abhängigen im gleichen Fall verantwortlich.

	Pero cesará la responsabilidad de tales personas, si con la autoridad y el cuidado que su respectiva calidad les confiere y prescribe, no hubieren podido impedir el hecho.	Die Verantwortung dieser Personen erlischt jedoch, wenn sie mit der Autorität und Sorgfalt, die ihnen ihre jeweilige Stellung verleiht und vorschreibt, diese Tat nicht hätten verhindern können.
Art. 2349 Daños causados por los trabajadores	Los amos responderán del daño causado por sus criados o sirvientes, con ocasión de servicio prestado por éstos a aquéllos; pero no responderán si se probare o apareciere que en tal ocasión los criados o sirvientes se han comportado de un modo impropio, que los amos no tenían medio de prever o impedir empleando el cuidado ordinario y la autoridad competente; en este caso recaerá toda responsabilidad del daño sobre dichos criados o sirvientes	Die Dienstherren haften für Schäden, die von ihren Dienern oder Bediensteten anlässlich ihrer Tätigkeit verursacht werden; sie haften jedoch nicht, wenn nachgewiesen wird oder sich herausstellt, dass sich die Diener oder Bediensteten bei dieser Gelegenheit unangemessen verhalten haben, was die Dienstherren nicht vorhersehen oder durch die Anwendung der gewöhnlichen Sorgfalt und der sachkundigen Autorität nicht hätten verhindern können; in diesem Fall wird jede Haftung für den Schaden von diesen Dienern oder Bediensteten getragen.
De la constitución y requisitos de la fianza		
Art. 2361 Concepto de fianza Conc.: Arts. -[1463]	La fianza es una obligación accesoria, en virtud de la cual una o más personas responden de una obligación ajena,	Die Bürgschaft ist eine akzessorische Verbindlichkeit, durch die eine oder mehrere Personen für die Verpflichtung

1463 Die Verweise auf andere Artikel sind verschiedenen Kommentierungen der Bürgschaft entnommen und soll dem verknüpfen Normenverständnis dienen.

	comprometiéndose para con el acreedor a cumplirla en todo o parte, si el deudor principal no la cumple.	eines Dritten haften und sich gegenüber dem Gläubiger verpflichten, sie vollständig oder teilweise zu erfüllen, wenn der Hauptschuldner ihr nicht nachkommt.
	La fianza puede constituirse no sólo a favor del deudor principal, sino de otro fiador.	Die Bürgschaft kann nicht nur zugunsten des Hauptschuldners, sondern auch zugunsten eines anderen Bürgen eingegangen werden.
Art. 2362 Fianza convencional, legal y judicial Conc.: Arts. 104, 465, 605, 834 y 1354	La fianza puede ser convencional, legal o judicial.	Die Bürgschaft kann konventionell, legal oder gerichtlich sein.
	La primera es constituida por contrato, la segunda es ordenada por la ley, la tercera por decreto de juez.	Die erste basiert auf einem Vertrag, die zweite ist gesetzlich angeordnet, die dritte basiert auf einem Richterurteil.
	La fianza legal y la judicial se sujetan a las mismas reglas que la convencional, salvo en cuanto la ley que la exige o el Código Judicial dispongan otra cosa.	Die gesetzlich angeordnete und die gerichtlich beschlossene Bürgschaft unterliegen den gleichen Regeln wie die konventionelle Bürgschaft, es sei denn, das Gesetz, das sie verlangt, oder die Zivilprozessordnung sehen etwas Anderes vor.
Art. 2363 Sustitución de la fianza Conc.: Arts. 466 y 605	El obligado a rendir una fianza no puede sustituir a ella una hipoteca o prenda, o recíprocamente, contra la voluntad del acreedor.	Derjenige, der verpflichtet ist, eine Bürgschaft zu stellen, kann diese nicht gegen den Willen des Gläubigers durch eine Hypothek oder ein Pfandrecht ersetzen.

	Si la fianza es exigida por la ley o decreto de juez, puede sustituir a ella una prenda o hipoteca suficiente.	Wenn die Bürgschaft gesetzlich oder gerichtlich angeordnet wurde, kann sie durch die Einräumung einer ausreichenden Hypothek oder eines ausreichenden Pfandrechts ersetzt werden.
Art. 2364 Fianza de obligaciones civiles o naturales Conc.: Arts. 1504, 1527 a 1529	La obligación a que accede la fianza puede ser civil o natural.	Die Verbindlichkeit, auf die sich die Bürgschaft bezieht, kann zivilrechtlich oder natürlich sein.
Art. 2365 Obligaciones afianzables Conc.: Arts. 2199	Puede afianzarse no sólo una obligación pura y simple, sino condicional y a plazo.	Nicht nur eine schlichte und einfache Verbindlichkeit kann abgesichert werden, sondern auch eine bedingte und befristete.
	Podrá también afianzarse una obligación futura; y en este caso podrá el fiador retractarse mientras la obligación principal no exista, quedando, con todo, responsable al acreedor y a terceros de buena fe, como el mandante en el caso del artículo 2199.	Für eine zukünftige Verpflichtung kann auch gebürgt werden; und in diesem Fall kann der Bürge zurücktreten, solange die Hauptverbindlichkeit nicht besteht, aber er bleibt dem Gläubiger und gutgläubigen Dritten wie der Auftraggeber im Falle von Artikel 2199 haftbar.
Art. 2366 Terminos de la fianza Conc.: Arts. 1536	La fianza puede otorgarse hasta o desde cierto día o bajo condición suspensiva o resolutoria.	Die Bürgschaft kann bis zu einem bestimmten Tag oder von einem bestimmten Tag an oder unter einer aufschiebenden oder auflösenden Bedingung gewährt werden.

Art. 2367 Fianza remuneratoria Conc.: Arts. –	El fiador puede estipular con el deudor una remuneración pecuniaria por el servicio que le presta.	Der Bürge kann mit dem Schuldner eine finanzielle Entschädigung für seine Dienste vereinbaren.
Art. 2368 Fiadores incapaces Conc.: Arts. 493 y 1504	No pueden ser fiadores los incapaces de ejercer sus derechos.	Bürge kann nicht sein, wer nicht fähig ist, seine Rechte auszuüben.
Art. 2369 Limitaciones y facultades del fiador Conc.: Arts. –	El fiador no puede obligarse a más de lo que debe el deudor principal pero puede obligarse a menos.	Der Bürge kann sich nicht zu mehr als dem, was der Hauptschuldner schuldet, verpflichten, er kann sich aber zu weniger verpflichten.
	Puede obligarse a pagar una suma de dinero en lugar de otra cosa de valor igual o mayor.	Er kann sich zur Zahlung eines Geldbetrags anstelle von einer gleich- oder höherwertigen Sache verpflichten.
	Afianzando un hecho ajeno se afianza sólo la indemnización en que el hecho por su inejecución se resuelva.	Wenn eine fremde Handlung abgesichert wird, ist das Einzige, das garantiert wird, die Entschädigung im Falle der Nichterfüllung.
	La obligación de pagar una cosa que no sea dinero en lugar de otra cosa, o de una suma de dinero, no constituye fianza.	Die Verpflichtung, eine Sache, die kein Geld ist, anstelle einer anderen Sache oder einer Geldsumme zu zahlen, stellt keine Bürgschaft dar.
Art. 2370 Otras limitaciones Conc.: Arts. –	El fiador no puede obligarse en términos más gravosos que el principal deudor, no sólo con respecto a la cuantía sino al tiempo, al lugar, a la condición o al modo del pago, o a la pena	Dass der Bürge sich nicht belastender verpflichten kann als der Hauptschuldner, gilt nicht nur in Bezug auf den Betrag, sondern auch [in Bezug auf] Zeitpunkt, Ort,

	impuesta por la inejecución del contrato a que exceda la fianza, pero puede obligarse en términos menos gravosos.	Betrag, sondern auch [in Bezug auf] Zeitpunkt, Ort, Bedingung oder Zahlungsweise oder die Strafe, die für die Nichterfüllung des Vertrages auferlegt wurde; er kann sich aber zu weniger belastenden Bedingungen verpflichten.
	Podrá, sin embargo, obligarse de un modo más eficaz, por ejemplo, con una hipoteca, aún cuando la obligación principal no la tenga.	Er kann sich jedoch effektiver, zum Beispiel durch eine Hypothek, verpflichten, auch wenn die Hauptverbindlichkeit dies nicht vorsieht.
	La fianza que excede bajo cualquiera de los respectos indicados en el inciso primero, deberá reducirse a los términos de la obligación principal.	Die Bürgschaft, die eine der in Absatz eins genannten Gesichtspunkte übersteigt, ist auf die Bedingungen der Hauptverpflichtung zu reduzieren.
	En caso de duda se aceptará la interpretación más favorable a la conformidad de las dos obligaciones principal y accesoria.	Im Zweifelsfall ist die Auslegung anzunehmen, die für die Übereinstimmung der Haupt- und der Nebenverbindlichkeit am günstigsten ist.
Art. 2371 Fianza sin la voluntad del deudor Conc.: Arts. 1631, 1632	Se puede afianzar sin orden y aún sin noticia, y contra la voluntad del principal deudor.	Die Bürgschaft kann ohne Anweisung und sogar ohne Kenntnis und gegen den Willen des Hauptschuldners abgeschlossen werden.
Art. 2372 Fianza de persona jurídica y herencia yacente Conc.: Arts. 633, 1297	Se puede afianzar a una persona jurídica y a la herencia yacente.	Eine Bürgschaft kann zugunsten einer juristischen Person und einer Erbmasse eingegangen werden.

Art. 2373 Alcance de la fianza Conc.: Art. 1553	La fianza no se presume, ni debe extenderse a más que el tenor de lo expreso; pero se supone comprender todos los accesorios de la deuda, como los intereses, las costas judiciales del primer requerimiento hecho al principal deudor, las de la intimación que en consecuencia se hiciera al fiador, y todas las posteriores a esta intimación; pero no las causadas en el tiempo intermedio entre el primer requerimiento y la intimación antedicha.	Die Bürgschaft darf sich weder auf mehr als die ausgedrückte Schuld beziehen noch erstrecken; sie umfasst jedoch alle Nebenkosten der Schuld, wie Zinsen, die Gerichtskosten der ersten Aufforderung an den Hauptschuldner, die Kosten der Ladung, die folglich an den Bürgen gerichtet wurde, und alle, die nach dieser Ladung erfolgt sind; nicht jedoch diejenigen, die in der Zeit zwischen der ersten Aufforderung und der vorgenannten Ladung verursacht wurden.
Art. 2374 Obligación de prestar fianza Conc.: Arts. 1553, y 1882	Es obligado a prestar fianza a petición del acreedor:	Verpflichtet, auf Verlangen des Gläubigers Sicherheiten zu stellen, ist:
	1.) El deudor que lo haya estipulado.	1.) Der Schuldner, der sich vertraglich dazu verpflichtet hat.
	2.) El deudor cuyas facultades disminuyan en términos de poner en peligro manifiesto el cumplimiento de su obligación.	2.) Der Schuldner, dessen Vermögen sich so weit verringert hat, dass die Erfüllung seiner Verbindlichkeiten deutlich gefährdet ist.
	3.) El deudor de quien haya motivo de temer que se ausente del territorio, con ánimo de establecerse en otra parte, mientras no deje bienes suficientes para la seguridad de sus obligaciones.	3.) Der Schuldner, von dem mit Grund zu befürchten ist, dass er das Staatsgebiet mit der Absicht, sich an einem anderen Ort niederzulassen, verlassen wird, solange er nicht genügend Vermögen zur Sicherung seiner Verpflichtungen hinterlässt.

Art. 2375 Insolvencia sobreviniente del fiador Conc.: Art. 1553 2451	Siempre que el fiador dado por el deudor cayere en insolvencia, será obligado el deudor a prestar nueva fianza.	Bei Zahlungsunfähigkeit des vom Schuldner angegebenen Bürgen ist der Schuldner immer verpflichtet, eine neue Bürgschaft zu stellen.
Art. 2376 Requisitos del fiador y suficiencia de los bienes Conc.: Arts. 2003, 2026	El obligado a prestar fianza debe dar un fiador capaz de obligarse como tal; que tenga bienes más que suficientes para hacerla efectiva, y que esté domiciliado o elija domicilio en algún Estado o territorio de la Unión.	Die zur Stellung einer Bürgschaft verpflichtete Person muss einen Bürgen stellen, der sich als solcher verpflichten kann, der über mehr als genügend Vermögenswerte verfügt, um effektiv eine [Bürgschaft] zu stellen, und der seinen Wohnsitz in einem Staat oder Gebiet der Union hat oder einen solchen wählt.
	Para calificar la suficiencia de los bienes sólo se tomarán en cuenta los inmuebles, excepto en materia comercial, o cuando la deuda afianzada es módica.	Um die Angemessenheit des Vermögens zu beurteilen, werden nur Immobilien berücksichtigt, außer in Handelssachen oder wenn die zu sichernde Schuld gering ist.
	Pero no se tomarán en cuenta los inmuebles embargados o litigiosos, o que no existan en el territorio, o que se hallen sujetos a hipotecas gravosas o a condiciones resolutorias.	Nicht berücksichtigt werden jedoch Immobilien, die beschlagnahmt oder streitbefangen sind, die sich nicht innerhalb des Territoriums befinden, die belastenden Hypotheken oder auflösenden Bedingungen unterliegen.
	Si el deudor estuviere encargado de deudas que pongan en peligro aún los inmuebles no hipotecados a ellas, tampoco se contará con éstos.	Wenn der Schuldner für Schulden verantwortlich ist, die auch die nicht verpfändeten Immobilien gefährden, werden auch diese nicht berücksichtigt.

Art. 2377 Responsabilidad del fiador Conc.: Arts. 63, 1604	El fiador es responsable hasta de la culpa leve, en todas las prestaciones a que fuere obligado.	Der Bürge haftet bis zum leichten Verschulden für alle Leistungen, zu denen er verpflichtet war.
Art. 2378 Transmisibilidad de la fianza Conc.: Arts. –	Los derechos y obligaciones de los fiadores son transmisibles a sus herederos.	Die Rechte und Pflichten der Bürgen gehen auf seine Erben über.
De los efectos de la fianza entre el acreedor y el fiador		
Art. 2379 Pago de la deuda por el fiador Conc.: Arts. 1554, 2229 y 2398	El fiador podrá hacer el pago de la deuda aún antes de ser reconvenido por el acreedor, en todos los casos en que pudiera hacerlo el deudor principal.	Der Bürge kann die Zahlung der Schuld noch vor der Aufforderung durch den Gläubiger vornehmen, und zwar in allen Fällen, in denen der Hauptschuldner dies tun könnte.
Art. 2380 Excepciones del fiador Conc.: Arts. 1504, 1577, 1682, 1684, 1685, 1964, 2404 y 2516	El fiador puede oponer al acreedor cualesquiera excepciones reales, como las de dolo, violencia o cosa juzgada; pero no las personales del deudor, como su incapacidad de obligarse, cesión de bienes, o el derecho que tenga de no ser privado de lo necesario para subsistir.	Der Bürge kann dem Gläubiger gegenüber alle tatsächlichen Einreden, wie zum Beispiel Arglist, Gewalt oder rechtskräftige Maßnahmen, entgegenhalten, nicht aber die persönlichen Einreden des Schuldners, wie zum Beispiel seine Geschäftsunfähigkeit, die Abtretung von Vermögen oder das Recht, dass ihm nicht das für seinen Lebensunterhalt Notwendige entzogen werden darf.
	Son excepciones reales las inherentes a la obligación principal.	Tatsächliche Einreden sind diejenigen, die der Hauptverpflichtung innewohnen.

Art. 2381 Derechos de rebaja del fiador por imposibilidad de subrogación de acciones Conc.: Arts. 1708, 2390 y 2406 No. 2	Cuando el acreedor ha puesto al fiador en el caso de no poder subrogarse en sus acciones contra el deudor principal, o contra los otros fiadores, el fiador tendrá derecho para que se le rebaje de la demanda del acreedor todo lo que dicho fiador hubiera podido obtener del deudor principal o de los otros fiadores por medio de la subrogación legal.	Hat der Gläubiger den Bürgen in die Situation gebracht, dass er nicht in die Rechte gegen den Hauptschuldner oder gegen die anderen Bürgen eintreten kann, hat der Bürge das Recht, dass die Forderung des Gläubigers sich um all das herabsetzt, was dieser Bürge vom Hauptschuldner oder den anderen Bürgen im Wege des Rechtsübergangs hätte erhalten können.
Art. 2382 Requerimiento del acreedor por el fiador Conc.: Arts. –	Aunque el fiador no sea reconvenido, podrá requerir al acreedor, desde que sea exigible la deuda, para que proceda contra el deudor principal; y si el acreedor después de este requerimiento, lo retardare, no será responsable el fiador por la insolvencia del deudor principal, sobrevenida durante el retardo.	Selbst wenn der Bürge nicht in Anspruch genommen wurde, kann er vom Gläubiger verlangen, dass er gegen den Hauptschuldner vorgeht, sobald die Forderung fällig ist; und wenn der Gläubiger nach dieser Aufforderung zögert, haftet der Bürge nicht für die Insolvenz des Hauptschuldners, die während der Verzögerung eintritt.
Art. 2383 Beneficio de excusión Conc.: Arts. –	El fiador reconvenido goza del beneficio de excusión, en virtud del cual podrá exigir que antes de proceder contra él se persiga la deuda en los bienes de deudor principal, y en las hipotecas o prendas prestadas por éste para la seguridad de la misma deuda.	Der in Anspruch genommene Bürge profitiert von der Einrede der Vorausklage, kraft derer er verlangen kann, dass, bevor gegen ihn vorgegangen wird, die Begleichung der Schuld in dem Vermögen des Hauptschuldners und in den von ihm zur Sicherung derselben Schuld gestellten Hypotheken oder Pfandrechten angestrebt wird.

Art. 2384 Requisitos del beneficio de excusión Conc.: Arts. 1504, 1527 y 1568 C. de P.C. Art. 511	Para gozar del beneficio de excusión son necesarias las condiciones siguientes:	Um von der Einrede der Vorausklage zu profitieren, müssen folgende Voraussetzungen vorliegen:
	1.) Que no se haya renunciado expresamente.	1.) Dass sie nicht ausdrücklich ausgeschlossen wurde.
	2.) Que el fiador no se haya obligado como deudor solidario.	2.) Dass der Bürge sich nicht als Gesamtschuldner verbürgt hat.
	3.) Que la obligación principal produzca acción.	3.) Dass die Hauptverbindlichkeit klagbar ist.
	4.) Que la fianza no haya sido ordenada por el juez.	4.) Dass die Bürgschaft nicht von einem Richter angeordnet wurde.
	5.) Que se oponga el beneficio luego que sea requerido el fiador; salvo que el deudor, al tiempo del requerimiento, no tenga bienes y después los adquiera.	5.) Dass der Bürge die Einrede erhebt, sobald er in Anspruch genommen wurde, es sei denn, der Schuldner hat zum Zeitpunkt der Aufforderung kein Vermögen und erwirbt es später.
	6.) Que se señalen al acreedor los bienes del deudor principal.	6.) Dass das Vermögen des Hauptschuldners dem Gläubiger anzugeben ist.
Art. 2385 Bienes excluidos de la excusión Conc.: Arts. 76, 1536	No se tomarán en cuenta para la excusión:	Bei der Einrede nicht berücksichtigt werden:
	1.) Los bienes existentes fuera del territorio o del domicilio del deudor.	1.) Vermögenswerte, die außerhalb des Territoriums oder des Wohnsitzes des Schuldners vorhanden sind.
	2.) Los bienes embargados o litigiosos, o los créditos de dudoso o difícil cobro.	2.) Beschlagnahmte oder streitbefangene Vermögenswerte oder die Forderungen mit zweifelhafter oder schwieriger Deckung.

	3.) Los bienes cuyo dominio está sujeto a una condición resolutoria.	3.) Vermögenswerte, deren Besitz einer auflösenden Bedingung unterliegt.
	4.) Los bienes hipotecados a favor de deudas preferentes en la parte que pareciere necesaria para el pago completo de éstas.	4.) Mit einer Hypothek für Schulden erster Klasse belastete Vermögenswerte in der Höhe, die für die vollständige Bezahlung dieser Forderungen notwendig erscheint.
	Por la renuncia del fiador principal no se entenderá que renuncia el subfiador.	Der Verzicht des Hauptbürgen ist nicht als Verzicht des Unterbürgen zu verstehen.
Art. 2386 Derecho al anticipo de los costos de la excusión	El acreedor tendrá derecho para que el fiador le anticipe los costos de la excusión.	Der Gläubiger hat Anspruch darauf, dass der Bürge ihm die Kosten der Einrede vorleistet.
Conc.: Arts. –	El juez, en caso necesario, fijará la cuantía de la anticipación, y nombrará la persona en cuyo poder se consigne, que podrá ser el acreedor mismo.	Der Richter legt erforderlichenfalls die Höhe des Vorschusses fest und benennt die Person, in deren Herrschaft sie hinterlegt wird; dies kann der Gläubiger selbst sein.
	Si el fiador prefiere hacer la excusión por sí mismo, dentro de un plazo razonable, será oído.	Zieht der Bürge es vor, die Einrede innerhalb einer angemessenen Frist selbst vorzunehmen, wird er angehört.
Art. 2387 Beneneficio de excusión en deudas solidarias Conc.: Arts. –	Cuando varios deudores principales se han obligado solidariamente, y uno de ellos ha dado fianza, el fiador reconvenido tendrá derecho no sólo para que se haga la excusión en los bienes de este deudor, sino de sus codeudores.	Wenn mehrere Hauptschuldner sich gesamtschuldnerisch verpflichtet haben und einer von ihnen eine Bürgschaft gestellt hat, so hat der in Anspruch genommene Bürge nicht nur das Recht, die Einrede bezüglich des Vermögens dieses Schuldners, sondern auch [des Vermögens] seiner Mitschuldner, zu erheben.

Art. 2388 Oposición del beneficio de excusión	El beneficio de excusión no puede oponerse sino una sola vez.	Die Einrede der Vorausklage kann nicht mehr als einmal erhoben werden.
Conc.: Art. 511 C. de P. C.	Si la excusión de los bienes designados una vez por el fiador, no produjere efecto, o no bastare, no podrá señalar otros; salvo que hayan sido posteriormente adquiridos por el deudor principal.	Wenn die Einrede in Bezug auf das einmal vom Bürgen benannte Vermögen keine Wirkung hat oder es nicht ausreicht, kann er kein anderes Vermögen benennen; außer es wurde nachträglich vom Hauptschuldner erworben.
Art. 2389 Obligación de aceptar pago parcial con bienes excutidos Conc.: Arts. –	Si los bienes excutidos no produjeren más que un pago parcial de la deuda, será sin embargo el acreedor obligado a aceptarlo, y no podrá reconvenir al fiador sino por la parte insoluta.	Wenn das benannte Vermögen nicht mehr als eine Teilzahlung der Schuld bewirkt, ist der Gläubiger dennoch verpflichtet, es anzunehmen, und kann nicht auf den Bürgen zurückgreifen, außer für den nicht geleisteten Teil.
Art. 2390 Responsabilidad del fiador por omisión o negligencia del acreedor Conc.: Arts. –	Si el acreedor es omiso o negligente en la excusión, y el deudor cae entretanto en insolvencia, no será responsable el fiador sino en lo que exceda al valor de los bienes que para la excusión hubiere señalado.	Wenn der Gläubiger in dem Verfahren gegen den Hauptschuldner nachlässig oder fahrlässig ist und der Schuldner in der Zwischenzeit in Insolvenz gerät, haftet der Bürge nicht, außer für das, was die Höhe des Wertes des Vermögens übersteigt, das für das Verfahren gegen den Hauptschuldner angezeigt wurde.
	Si el fiador, expresa e inequívocamente, no se hubiere obligado a pagar sino lo que el acreedor no pudiere obtener del deudor, se entenderá que el acreedor es obligado a la excusión, y no	Wenn der Bürge sich ausdrücklich und unmissverständlich nicht zur Zahlung von mehr als dem, was der Gläubiger nicht vom Schuldner erhalten kann, verpflichtet

	será responsible el fiador de la insolvencia del deudor, concurriendo las circunstancias siguientes:	hatte, gilt als vereinbart, dass der Gläubiger zum Verfahren gegen den Hauptschuldner verpflichtet ist und der Bürge unter den folgenden Umständen nicht für die Insolvenz des Schuldners verantwortlich ist:
	1.) Que el acreedor haya tenido medios suficientes para hacerse pagar.	1.) Der Gläubiger verfügt über ausreichende Mittel, um ihn zur Zahlung zu bewegen.
	2.) Que haya sido negligente en servirse de ellos.	2.) Er hat in fahrlässiger Weise von ihnen keinen Gebrauch gemacht.
Art. 2391 Beneficio de excusión del subfiador Conc.: Arts. 2361, 2405	El subfiador goza del beneficio de excusión, tanto respecto del fiador como del deudor principal.	Der Unterbürge profitiert von der Einrede der Vorausklage in Bezug auf den Hauptbürgen und den Hauptschuldner.
Art. 2392 Pluralidad de fiadores y beneficio de división Conc.: Arts. 1568 y 2405	Si hubiere dos o más fiadores de una misma deuda que no se hayan obligado solidariamente al pago, se entenderá dividida la deuda entre ellos, por partes iguales, y no podrá el acreedor exigir a ninguno sino la cuota que le quepa.	Sofern es zwei oder mehr Bürgen für die gleiche Schuld gibt, die sich aber nicht gesamtschuldnerisch zur Zahlung verbürgt haben, ist anzunehmen, dass die Schuld zu gleichen Teilen zwischen ihnen aufgeteilt wird und der Gläubiger von keinem von ihnen mehr als die Quote ihrer Schuld verlangen kann.
	La insolvencia de un fiador gravará a los otros; pero no se mirará como insolvente aquel cuyo subfiador no lo está.	Die Insolvenz des einen Bürgen belastet die anderen; aber ein Bürge gilt nicht als insolvent, wenn dessen Unterbürge es nicht ist.

	El fiador que inequívocamente haya limitado su responsabilidad a una suma o cuota determinada, no será responsable sino hasta concurrencia de dicha suma o cuota.	Der Bürge, der seine Verantwortlichkeit unmissverständlich auf eine bestimmte Summe oder Quote beschränkt hat, ist nur bis zur Höhe dieser Summe oder Quote verantwortlich.
Art. 2393 Procedencia del beneficio de división Conc.: Arts. –	La división prevenida en el artículo anterior tendrá lugar entre los fiadores de un mismo deudor, y por una misma deuda, aunque se hayan rendido separadamente las fianzas.	Die im vorstehenden Artikel vorgesehene Aufteilung erfolgt zwischen den Bürgen desselben Schuldners und für dieselbe Schuld, auch wenn die Bürgschaften separat erbracht wurden.
De los efectos de la fianza entre el fiador y el deudor		
Art. 2394 Derechos del fiador Conc.: Arts. 65, 1632, 2371 y 2374; C. de P. C. 442 427 Nr. 2,4	El fiador tendrá derecho para que el deudor principal le obtenga el relevo, o le caucione las resultas de la fianza, o consigne medios de pago en los casos siguientes:	Der Bürge hat in den folgenden Fällen das Recht, vom Hauptschuldner Ablösung zu verlangen, oder dass er ihm die Folgen der Bürgschaft absichert oder er ihm Zahlungsmittel hinterlegt:
	1.) Cuando el deudor principal disipa o aventura temerariamente sus bienes.	1.) Wenn der Hauptschuldner verschwindet oder waghalsig sein Vermögen riskiert.
	2.) Cuando el deudor principal se obligó a obtenerle el relevo de la fianza dentro de cierto plazo, y se ha vencido este plazo.	2.) Wenn der Hauptschuldner sich verpflichtet hat, die Ablösung von der Bürgschaft innerhalb einer bestimmten Frist zu erteilen, und diese Frist abgelaufen ist.

	3.) Cuando se ha vencido el plazo o cumplido la condición que hace inmediatamente exigible la obligación principal en todo o parte.	3.) Wenn die Frist abgelaufen oder die Bedingung erfüllt ist, die die Hauptverpflichtung vollständig oder teilweise sofort vollstreckbar macht.
	4.) Si hubieren transcurrido diez años desde el otorgamiento de la fianza; a menos que la obligación principal se haya contraído por un tiempo determinado más largo, o sea de aquellas que no están sujetas a extinguirse en tiempo determinado, como la de los tutores y curadores, la del usufructuario, la de la renta vitalicia, la de los empleados en la recaudación o administración de rentas públicas.	4.) Wenn seit der Gewährung der Bürgschaft zehn Jahre vergangen sind, es sei denn, die Hauptverpflichtung ist für einen längeren Zeitraum eingegangen worden oder sie gehört zu denjenigen [Verpflichtungen], die in einem bestimmten Zeitraum nicht vom Erlöschen bedroht sind, wie die der Vormunde und Pfleger, die des Nutznießers, die der Leibrente, die der Mitarbeiter bei dem Betrieb oder der Verwaltung öffentlicher Einnahmen.
	5.) Si hay temor fundado de que el deudor principal se fugue, no dejando bienes raíces suficientes para el pago de la deuda.	5.) Wenn es eine begründete Befürchtung gibt, dass der Hauptschuldner flieht und nicht genügend Immobilien für die Begleichung der Schulden hinterlässt.
	Los derechos aquí concedidos al fiador no se extienden al que afianzó contra la voluntad del deudor.	Die dem Bürgen hier eingeräumten Rechte erstrecken sich nicht auf denjenigen, der gegen den Willen des Schuldners gebürgt hat.
Art. 2395 Acciones de reembolso e indemnización del fiador contra el deudor	El fiador tendrá acción contra el deudor principal, para el reembolso de lo que haya pagado por él, con intereses y gastos, aunque la fianza haya sido ignorada del deudor.	Dem Bürgen steht eine Klage gegen den Hauptschuldner auf Erstattung dessen zu, was er für ihn bezahlt hat, inklusive Zinsen und Kosten, auch wenn die Bürgschaft dem Schuldner nicht bekannt war.

Conc.: Arts. 1617 Nr. 3, 1668 Nr. 3, 1613, 1631, 2235, 2308, 2309	Tendrá también derecho a indemnización de perjuicios, según las reglas generales. Pero no podrá pedir el reembolso de gastos inconsiderados, ni de los que haya sufrido antes de notificar al deudor principal la demanda intentada contra dicho fiador.	Er hat auch Anspruch auf Schadenersatz nach den allgemeinen Regeln. Er kann jedoch weder die Erstattung unbedachter Ausgaben noch derjenigen verlangen, die er erlitten hat, bevor er dem Hauptschuldner die versuchte Forderungsgeltendmachung gegen ihn angezeigt hat.
Art. 2396 Fianza por mandato Conc.: Arts. 2184	Cuando la fianza se ha otorgado por encargo de un tercero, el fiador que ha pagado tendrá acción contra el mandante; sin perjuicio de la que le competa contra el principal deudor.	Wurde die Bürgschaft im Auftrag eines Dritten gewährt, so kann der Bürge, der gezahlt hat, gegen den Auftraggeber vorgehen; dies gilt unbeschadet dessen, was ihm gegenüber dem Hauptschuldner zusteht.
Art. 2397 Acciones del fiador frente a pluralidad de deudores solidarios Conc.: Arts. 1571 y 1668	Si hubiere muchos deudores principales y solidarios, el que los ha afianzado a todos podrá demandar a cada uno de ellos el total de la deuda, en los términos del artículo 2395; pero el fiador particular de uno de ellos solo contra el podrá repetir por el todo; y no tendrá contra los otros sino las acciones que le correspondan, como subrogado en las del deudor a quien ha afianzado.	Wenn es viele Haupt- und Gesamtschuldner gab, kann derjenige, der für alle gebürgt hat, von jedem die gesamte Schuld im Sinne von Artikel 2395 fordern; aber der spezielle Bürge eines Schuldners kann nur von dem einen [Schuldner] das Ganze zurückfordern; er kann nicht gegen die anderen vorgehen, mit Ausnahme der Ansprüche, die er dadurch erhält, dass sie vom Schuldner, für den er gebürgt hat, auf ihn übergehen.
Art. 2398 Pago anticipado de la obligación	El fiador que pagó antes de expirar el plazo de la obligación principal no podrá reconvenir	Der Bürge, der vor Fristablauf der Hauptverbindlichkeit gezahlt hat, kann nicht gegen

principal Conc.: Arts. 1709 y 2379	al deudor, sino después de expirado el plazo.	den Hauptschuldner vorgehen, außer nach Fristablauf.
Art. 2399 Condonación de la deuda Conc.: Arts. – 1711 a 1713	El fiador, a quien el acreedor ha condonado la deuda en todo o parte, no podrá repetir contra el deudor por la cantidad condonada, a menos que el acreedor le haya cedido su acción al efecto.	Der Bürge, dem der Gläubiger die Schuld vollständig oder teilweise erlassen hat, darf in Höhe des erlassenen Betrages nicht bei dem Schuldner Regress nehmen, es sei denn, der Gläubiger hat seinen Anspruch zu diesem Zweck aufgegeben.
Art. 2400 Excepción a las acciones de reembolso e indemnización Art. 1527, 1632 y 2309	Las acciones concedidas por el artículo 2395, no tendrán lugar en los casos siguientes: 1.) Cuando la obligación del principal deudor es puramente natural, y no se ha valido por la ratificación o por el lapso de tiempo. 2.) Cuando el fiador se obligó contra la voluntad del deudor principal; salvo en cuanto se haya extinguido la deuda, y sin perjuicio del derecho del fiador para repetir contra quien hubiere lugar, según las reglas generales. 3.) Cuando por no haber sido válido el pago del fiador, no ha quedado extinguida la deuda.	Die in Art. 2395 C.C. gewährten Ansprüche finden in den folgenden Fällen nicht statt: 1.) Wenn die Verpflichtung des Hauptschuldners rein natürlich ist und nicht durch Bestätigung oder Verjährung geheilt wurde. 2.) Wenn der Bürge sich gegen den Willen des Hauptschuldners verpflichtet hat; es sei denn, sie [die Zahlung des Bürgen] hat die Schuld zum Erlöschen gebracht, und unbeschadet des Rechts des Bürgen, nach den allgemeinen Regeln gegen denjenigen, den sie betrafen, vorzugehen. 3.) Wenn die Zahlung des Bürgen nicht gültig war, hat sie die Schuld nicht zum Erlöschen gebracht.

Art. 2401 Pago sin aviso al fiador Conc.: Art. 2313	El deudor que pagó sin avisar al fiador, será responsable para con éste de lo que, ignorando la extinción de la deuda, pagare de nuevo; pero tendrá acción contra el acreedor por el pago indebido.	Der Schuldner, der, ohne den Bürgen in Kenntnis zu setzen, gezahlt hat, haftet gegenüber dem Bürgen dafür, was dieser in Unkenntnis des Erlöschens der Schuld erneut zahlt; er kann aber den Gläubiger wegen nicht geschuldeter Zahlung in Anspruch nehmen.
Art. 2402 Pago sin aviso al deudor Conc.: Arts. –	Si el fiador pagó sin haberlo avisado al deudor, podrá éste oponerle todas las excepciones de que el mismo deudor hubiera podido servirse contra el acreedor al tiempo del pago.	Wenn der Bürge, ohne den Schuldner benachrichtigt zu haben, gezahlt hat, kann der Schuldner ihm alle Einreden entgegenhalten, die derselbe Schuldner zum Zeitpunkt der Zahlung gegen den Gläubiger hätte geltend machen können.
	Si el deudor, ignorando por la falta de aviso la extinción de la deuda, le pagare de nuevo, no tendrá el fiador recurso alguno contra él, pero podrá intentar contra el acreedor la acción del deudor por el pago indebido.	Zahlt der Schuldner, der vom Erlöschen der Schuld mangels Benachrichtigung nichts weiß, erneut, so hat der Bürge keinen Rückgriffsanspruch gegen ihn; er kann aber gegen den Gläubiger den Anspruch des Schuldners wegen nicht geschuldeter Zahlung geltend machen.
De los efectos de la fianza entre los cofiadores		
Art. 2403 Subrogación en favor del fiador Conc.: Arts. 1668	El fiador que paga más de lo que proporcionalmente le corresponde, es subrogado por el exceso en los derechos del acreedor contra los cofiadores.	Auf den Bürgen, der mehr zahlt als das, wozu er proportional gesehen verpflichtet ist, gehen für den zu viel gezahlten Teil die Rechte des Gläubigers gegen die Mitbürgen über.

Art. 2404 Improcedencia de la oposición de excepciones personales	Los cofiadores no podrán oponer al que ha pagado, las excepciones puramente personales del deudor principal.	Die Mitbürgen können demjenigen, der gezahlt hat, nicht die persönlichen Einreden des Hauptschuldners entgegenhalten.
Conc.: Arts. 2380	Tampoco podrán oponer al cofiador que ha pagado, las excepciones puramente personales que correspondían a éste contra el acreedor, y de que no quiso valerse.	Sie können dem Bürgen, der gezahlt hat, ebenfalls nicht die persönlichen Einreden gegen den Gläubiger, die ihm zustanden, die er aber nicht nutzen wollte, entgegenhalten.
Art. 2405 Responsabilidad del subfiador por insolvencia del fiador Conc.: Arts. 2391 y 2392	El subfiador, en caso de insolvencia del fiador por quien se obligó, es responsable de las obligaciones de éste para con los otros fiadores.	Der Unterbürge ist im Fall der Insolvenz des Bürgen, für den er sich verbürgt hat, mit den anderen Bürgen für dessen Verbindlichkeiten verantwortlich.
De la extinción de la fianza		
Art. 2406 Causales de extinción de la fianza Conc.: Arts. 1576, 1704, 1708 y 2381	La fianza se extingue en todo o parte, por los mismos medios que las otras obligaciones, según las reglas generales, y además:	Die Bürgschaft erlischt vollständig oder teilweise aus den gleichen Gründen wie andere Verbindlichkeiten nach den allgemeinen Regeln und zusätzlich:
	1.) Por el relevo de la fianza en todo o parte, concedido por el acreedor al fiador.	1.) Durch den vollständigen oder teilweisen Erlass der Bürgschaft durch den Gläubiger zugunsten des Bürgen.
	2.) En cuanto el acreedor por hecho o culpa suya ha perdido las acciones en que el fiador tenía el derecho de subrogarse.	2.) Sobald der Gläubiger durch seine Tat oder sein Verschulden die Ansprüche, die dem Bürgen eine Regressmöglichkeit eingeräumt hätten, verloren hat.

	3.) Por la extinción de la obligación principal en todo o parte.	3.) Durch das vollständige oder das teilweise Erlöschen der Hauptverbindlichkeit.
Art. 2407 Extinción por pago con objeto distinto al debido Conc.: Arts. 1894	Si el acreedor acepta voluntariamente del deudor principal, en descargo de la deuda, un objeto distinto del que este deudor estaba obligado a darle en pago, queda irrevocablemente extinguida la fianza, aunque después sobrevenga evicción del objeto.	Nimmt der Gläubiger vom Hauptschuldner in Erfüllung der Schuld freiwillig einen anderen Gegenstand an als den, zu dessen Leistung der Schuldner verpflichtet war, so erlischt die Bürgschaft unwiderruflich, auch wenn die Eviktion des Gegenstands später eintritt.
Art. 2408 Extinción por confusión de calidades Conc.: Arts. 1724 y 2431	Se extingue la fianza por la confusión de las calidades de acreedor y fiador, o de deudor y fiador; pero en este segundo caso la obligación del subfiador subsistirá.	Die Bürgschaft erlischt durch die Konfusion der Gläubiger- und Bürgenstellung oder der Schuldner- und Bürgenstellung, aber in diesem zweiten Fall besteht die Verbindlichkeit des Unterbürgen weiterhin.
Art. 2409 Definición del empeño o prenda	Por el contrato de empeño o prenda se entrega una cosa mueble a un acreedor para la seguridad de su crédito.	Durch die Verpfändung oder das Pfand wird einem Gläubiger eine bewegliche Sache zur Sicherung seiner Forderung übergeben.
	La cosa entregada se llama prenda.	Der gelieferte Gegenstand wird als Pfand bezeichnet.
	El acreedor que la tiene se llama acreedor prendario.	Der Gläubiger, der ihn [den Gegenstand] hat, wird als Pfandgläubiger bezeichnet.
Art. 2426 Retención de la prenda por	Satisfecho el crédito en todas sus partes deberá restituir la prenda.	Ist die Forderung in allen ihren Teilen befriedigt, muss das Pfand zurückgegeben werden.

créditos distintos al que dio lugar a ella	Pero podrá el acreedor retenerla si tuviere contra el mismo deudor otros créditos, con tal que reúnan los requisitos siguientes:	Der Gläubiger kann es jedoch zurückbehalten, wenn er andere Forderungen gegen denselben Schuldner hat, solange sie die folgenden Voraussetzungen erfüllen:
	1.) Que sean ciertos y líquidos.	1.) Sie müssen sicher und liquide sein.
	2.) Que se hayan contraído después que la obligación para la cual se ha constituido la prenda.	2.) Sie müssen nach der Verbindlichkeit, für die das Pfand vereinbart wurde, erlangt worden sein.
	3.) Que se hayan hecho exigibles antes del pago de la obligación anterior.	3.) Sie sind vor Zahlung der bisherigen Verpflichtung fällig geworden.
Art. 2432 Definición de hipoteca	La hipoteca es un derecho de prenda constituido sobre inmuebles que no dejan por eso de permanecer en poder del deudor.	Die Hypothek ist ein Pfandrecht, das sich auf Immobilien bezieht, welche dadurch nicht aufhören, im Besitz des Schuldners zu bleiben.
Art. 2454 Fianza hipotecaria	El que hipoteca un inmueble suyo por una deuda ajena, no se entenderá obligado personalmente si no se hubiere estipulado.	Wer sein Eigentum für eine fremde Schuld mit einer Hypothek belastet, gilt nicht als persönlich verpflichtet, wenn es nicht vereinbart wurde.
	Sea que se haya obligado personalmente, o no, se le aplicará la regla del artículo precedente.	Unabhängig davon, ob er sich persönlich verpflichtet hat oder nicht, gilt für ihn die Regel des vorstehenden Artikels.
	La fianza se llama hipotecaria cuando el fiador se obliga con hipoteca.	Die Bürgschaft wird als hypothekarisch bezeichnet, wenn der Bürge sich mit einer Hypothek verpflichtet.

	La fianza hipotecaria está sujeta en cuanto a la acción personal a las reglas de la simple fianza.	Die hypothekarische Bürgschaft unterliegt in Bezug auf die persönlichen Ansprüche den Regeln der einfachen Bürgschaft.
Art. 2455 Limitación de la hipoteca	La hipoteca podrá limitarse a una determinada suma, con tal que así se exprese inequívocamente, pero no se extenderá en ningún caso a más del duplo del importe conocido o presunto, de la obligación principal, aunque así se haya estipulado.	Die Hypothek kann auf einen bestimmten Betrag begrenzt werden, sofern dies unmissverständlich zum Ausdruck gebracht wird; sie darf sich jedoch in keinem Fall auf mehr als das Doppelte des bekannten oder vermeintlichen Betrags der Hauptverpflichtung erstrecken, selbst wenn dies vereinbart wurde.
	El deudor tendrá derecho para que se reduzca la hipoteca a dicho importe […].	Der Schuldner hat das Recht, dass die Hypothek auf diesen Betrag herabgesetzt wird […].
Art. 2457 Extinción de la hipoteca	La hipoteca se extingue junto con la obligación principal.	Die Hypothek erlischt gemeinsam mit der Hauptverbindlichkeit.
	Se extingue, asimismo, por la resolución del derecho del que la constituyó, o por el evento de la condición resolutoria, según las reglas legales. Se extingue, además, por la llegada del día hasta el cual fue constituida.	Sie erlischt nach den gesetzlichen Bestimmungen ebenso durch die Auflösung des Rechts, für das sie begründet wurde, oder durch den Eintritt der auflösenden Bedingung. Des Weiteren erlischt sie mit dem Beginn des Tages, bis zu welchem sie bestehen sollte.
	Y por la cancelación que el acreedor acordare por escritura pública, […].	Und durch die Kündigung, der der Gläubiger durch öffentliche Urkunde zustimmt, […].

Art. 2458 Definición de anticresis	La anticresis es un contrato por el que se entrega al acreedor una finca raíz para que se pague con sus frutos.	Das Nutzungspfand ist ein Vertrag, durch welchen dem Gläubiger ein Grundstück zur Verfügung gestellt wird, damit dieses mit seinen Früchten zahlt.
Art. 2488 Persecución universal de bienes	Toda obligación personal da al acreedor el derecho de perseguir su ejecución sobre todos los bienes raíces o muebles del deudor, sean presente o futuros, exceptuándose solamente los no embargables designados en el artículo 1677.	Jede Personalsicherheit gibt dem Gläubiger das Recht, in alle gegenwärtigen oder zukünftigen Grundstücke und Gegenstände des Schuldners zu vollstrecken, mit Ausnahme derjenigen, die nicht der Pfändung unterliegen, wie in Artikel 1677 vorgesehen.
Art. 2493 Causas de la preferencia	Las causas de preferencia son solamente el privilegio y la hipoteca. Estas causas de preferencia son inherentes a los créditos, para cuya seguridad se han establecido, y pasan con ellos a todas las personas que los adquieren por cesión, subrogación o de otra manera.	Präferenzgründe sind nur das Vorrecht und die Hypothek. Diese Präferenzgründe sind den Forderungen inhärent, für deren Sicherheit sie begründet wurden, und gehen mit ihnen auf alle Personen über, die sie durch Zession, Forderungsübergang oder auf andere Weise erwerben.
Art. 2495 Créditos de primera clase	La primera clase de crédito comprende los que nacen de las causas que en seguida se enumeran: 1.) Las costas judiciales que se causen en el interés general de los acreedores. 2.) Las expensas funerales necesarias del deudor difunto.	Die erste Klasse von Forderungen umfasst solche, die sich aus den nachfolgend aufgeführten Gründen ergeben: 1.) Den Gerichtskosten, die im allgemeinen Interesse der Gläubiger anfallen. 2.) Den notwendigen Bestattungskosten des verstorbenen Schuldners.

3.) Los gastos de la enfermedad de que haya fallecido el deudor. Si la enfermedad hubiere durado más de seis meses, fijará el juez, según las circunstancias, la cantidad hasta la cual se extienda la preferencia.	3.) Den Kosten der Krankheit, an der der Schuldner gestorben ist. Hat die Krankheit mehr als sechs Monate gedauert, so legt der Richter nach den Umständen den Betrag fest bis die Präferenz ausgeweitet wird.
4.) Los salarios, sueldos y todas las prestaciones provenientes de contrato de trabajo.	4.) Den Löhnen, Gehältern und allen Leistungen aus Arbeitsverträgen.
5.) Los artículos necesarios de subsistencia, suministrados al deudor y a su familia durante los últimos tres meses. El juez, a petición de los acreedores, tendrá la facultad de tasar este cargo si le pareciere exagerado. Los créditos por alimentos en favor de menores pertenecen a los créditos de primera clase y se regulan por las normas del presente capitulo y, en lo allí no previsto, por las del Código Civil y de Procedimiento Civil.	5.) Den existenznotwendigen Gegenständen, die dem Schuldner und seiner Familie in den letzten drei Monaten zur Verfügung gestellt wurden. Der Richter hat auf Antrag der Gläubiger die Möglichkeit, diese Posten einzuschätzen, wenn sie übertrieben erscheinen. Die Forderungen für den Unterhalt zugunsten von Minderjährigen gehören zu den erstklassigen Forderungen und werden durch die Regeln dieses Kapitels und, soweit darin keine Regelung vorgesehen ist, durch die Normen des Bürgerlichen Gesetzbuches und der Zivilprozessordnung geregelt.
6.) Lo créditos del fisco y los de las municipalidades por impuestos fiscales o municipales devengados.	6.) Forderungen des Finanzministeriums und der Kommunen für angefallene Steuern.

Art. 2497 Créditos de segunda clase	A la segunda clase de créditos pertenecen los de las personas que en seguida se enumeran: [...] 3.) El acreedor prendario sobre la prenda.	Zur zweiten Klasse der Forderungen gehören die der unten aufgeführten Personen: […] 3.) Der Pfandgläubiger bezüglich des Pfandes.
Art. 2499 Créditos de tercera clase	La tercera clase de créditos comprende los hipotecarios. [...]	Die dritte Klasse von Forderungen umfasst die Hypotheken. […]
Art. 2500 Extensiones de los créditos de primera clase a fincas hipotecadas	Los créditos de la primera clase no se extenderán a las fincas hipotecadas, sino en el caso de no poderse cubrir en su totalidad con los otros bienes del deudor. [...]	Forderungen der ersten Klasse dehnen sich nicht auf hypothekarisch belastete Immobilien aus, außer sie können in ihrer Gesamtheit nicht mit den anderen Vermögenswerten des Schuldners gedeckt werden. [...]
Art. 2514 Renuncia expresa y tácita de la prescripción	La prescripción puede ser renunciada expresa o tácitamente; pero sólo después de cumplida. Renúnciase tácitamente, cuando el que puede alegarla manifiesta por un hecho suyo que reconoce el derecho del dueño o del acreedor; por ejemplo, cuando cumplidas las condiciones legales de la prescripción, el poseedor de la cosa la toma en arriendo, o el que debe dinero paga intereses o pide plazos.	Auf die Verjährung kann ausdrücklich oder stillschweigend verzichtet werden, jedoch erst nach deren Beginn. Es wird stillschweigend verzichtet, wenn derjenige, der sich auf sie berufen kann, durch eine manifestierte Handlung das Recht des Eigentümers oder des Gläubigers anerkennt; zum Beispiel, wenn die gesetzlichen Voraussetzungen der Verjährung erfüllt sind, der Besitzer der Sache sie zur Miete nimmt oder derjenige, der Geld schuldet, Zinsen zahlt oder nach Fristen fragt.

Art. 2516 Oposición de prescripción por parte del fiador	El fiador podrá oponer al acreedor la prescripción renunciada por el principal deudor.	Der Bürge kann dem Gläubiger die Verjährung, auf die der Hauptschuldner verzichtet hat, entgegenhalten.
Art. 2537 Prescripción de la acción hipotecaria y de obligaciones accesoria	La acción hipotecaria y las demás que proceden de una obligación accesoria, prescriben junto con la obligación a que acceden.	Ansprüche aus Hypotheken und andere Ansprüche, die sich aus einer akzessorischen Verbindlichkeit ergeben, verjähren zusammen mit der Verbindlichkeit, die sie absichern.
Art. 2538 Extinción de la acción por prescripción adquisitiva	Toda acción por la cual se reclama un derecho se extingue por la prescripción adquisitiva del mismo derecho.	Jeder Anspruch, bei dem ein Recht geltend gemacht wird, erlischt durch die Ersitzung des gleichen Rechts.
Art. 2540 Efectos de la interrupción respecto a codeudores y coacreedores	La interrupción que obra a favor de uno o varios coacreedores, no aprovecha a los otros, ni la que obra en perjuicio de uno o varios codeudores, perjudica a los otros, a menos que haya solidaridad, y no se haya esta renunciado en los términos del artículo 1573, o que la obligación sea indivisible.	Weder die Unterbrechung, die zugunsten eines oder mehrerer Mitgläubiger wirkt, nützt den anderen, noch benachteiligt die [Unterbrechung], die zum Nachteil eines oder mehrerer Mitschuldner wirkt, die anderen, außer bei der Gesamtschuldnerschaft, wenn nicht gemäß den Bedingungen von Artikel 1573 darauf verzichtet wurde, oder es sich um eine unteilbare Verbindlichkeit handelt.

II. Normen des *Código de Comercio colombiano*

Art. 3 C. de C. Autoridad de la costumbre mercantil costumbre local costumbre general	La costumbre mercantil tendrá la misma autoridad que la ley comercial, siempre que no la contraríe manifiesta o tácitamente y que los hechos constitutivos de la misma sean públicos, uniformes y reiterados en el lugar donde hayan de cumplirse las prestaciones o surgido las relaciones que deban regularse por ella.	Der Handelsbrauch hat immer die gleiche Stellung wie das Handelsrecht, sofern er ihm nicht offenkundig oder stillschweigend widerspricht und die Tatsachen, aus denen er besteht, öffentlich bekannt und einheitlich sind sowie an dem Ort, an dem die Leistungen zu erbringen sind oder die durch ihn zu regelnden Beziehungen entstanden sind, wiederholt werden.
	En defecto de costumbre local se tendrá en cuenta la general del país, siempre que reúna los requisitos exigidos en el inciso anterior.	Fehlt der örtliche Brauch, so wird der allgemeine Brauch des Landes berücksichtigt, sofern er den in Absatz eins genannten Anforderungen entspricht.
Art. 5 C. de C. Aplicación de la costumbre mercantil	Las costumbres mercantiles servirán, además, para determinar el sentido de las palabras o frases técnicas del comercio y para interpretar los actos y convenios mercantiles.	Handelsbräuche dienen auch dazu, die Bedeutung technischer Wörter oder Sätze im Handel zu bestimmen und kaufmännische Handlungen und Vereinbarungen zu interpretieren.
Art. 8 C. de C. Prueba de costumbre mercantil extranjera acreditación	La prueba de la existencia de una costumbre mercantil extranjera, y de su vigencia, se acreditará por certificación del respectivo consul colombiano	Der Nachweis des Bestehens und der Gültigkeit eines ausländischen Handelsbrauchs ist durch eine Bescheinigung des jeweiligen kolumbianischen

	o, en su defecto, del de una nación amiga. Dichos funcionarios para expedir el certificado solicitarán constancia a la cámara de comercio local o de la entidad que hiciere sus veces y, a falta de una y otra, a dos abogados del lugar, de reconocida honorabilidad, especialistas en derecho comercial.	Konsuls oder, in Ermangelung dessen, des Konsuls einer befreundeten Nation zu erbringen. Für die Ausstellung der Bescheinigung verlangen die genannten Beamten eine Bescheinigung der örtlichen Handelskammer oder der an ihrer Stelle handelnden Einrichtung und, falls weder die eine noch die andere vorhanden ist, von zwei örtlichen Anwälten mit anerkanntem Ruf, die auf Handelsrecht spezialisiert sind.
Art. 10 C. de C. Comerciantes – concepto – calidad	Son comerciantes las personas que profesionalmente se ocupan en alguna de las actividades que la ley considera mercantiles. La calidad de comerciante se adquiere aunque la actividad mercantil se ejerza por medio de apoderado, intermediario o interpuesta persona.	Kaufleute sind Personen, die sich beruflich mit einer der Aktivitäten beschäftigen, die das Gesetz als kommerziell betrachtet. Der Status des Kaufmanns wird auch dann erworben, wenn die gewerbliche Tätigkeit durch einen Bevollmächtigten, Vermittler oder eine vermittelnde Person ausgeübt wird.
Art. 11 C. de C. Aplicación de las normas comerciales a operaciones mercantiles de no comerciantes	Las personas que ejecuten ocasionalmente operaciones mercantiles no se considerarán comerciantes, pero estarán sujetas a las normas comerciales en cuanto a dichas operaciones.	Personen, die gelegentlich Handelsgeschäfte tätigen, gelten nicht als Kaufleute, aber unterliegen für solche Geschäfte den geltenden Handelsbestimmungen.

Art. 625 C. de C. Eficacia de la obligación cambiaria	Toda obligación cambiaria deriva su eficacia de una firma puesta en un título-valor y de su entrega con la intención de hacerlo negociable conforme a la ley de su circulación.	Jede Wechselverpflichtung erhält ihre Wirksamkeit durch eine auf einem Wertpapier abgegebene Unterschrift und durch dessen Übergabe mit der Absicht, sie nach den für ihren Umlauf geltenden Rechtsvorschriften handelbar zu machen.
	Cuando el título se halle en poder de persona distinta del suscriptor se presumirá tal entrega.	Befindet sich die Urkunde im Besitz einer anderen Person als des Zeichners, wird eine solche Übergabe vermutet.
Art. 632 C. de C. Suscripción de un título-valor por dos o más personas en el mismo grado – obligaciones y derechos	Cuando dos o más personas suscriban un título-valor, en un mismo grado, como giradores, otorgantes, aceptantes, endosantes, avalistas, se obligará solidariamente. [...]	Wenn zwei oder mehr Personen dasselbe Wertpapier als Schuldner der gleichen Stufe absichern wie Trassanten, Aussteller, Akzeptanten, Endossanten oder Wechselbürgen, haften sie gesamtschuldnerisch. […]
Art. 633 C. de C. Garantía mediante aval	Mediante el aval se garantiza, en todo o en parte, el pago de un título-valor.	Mittels des Avals wird die vollständige oder teilweise Zahlung eines Wertpapieres garantiert.
Art. 634 C. de C. Otorgamiento de aval	El aval podrá constar en el título mismo o en hoja adherida a él. Podrá, también, otorgarse por escrito separado en que se identifique plen amente el título cuyo pago total o parcial se garantiza. Se expresará con la formula por "aval" u otra equivalente y deberá llevar la firma de quien lo presta.	Der Aval kann im Titel selbst oder auf einem beigefügten Blatt Papier angegeben werden. Er kann auch in einem separaten Dokument ausgestellt werden, in dem der Titel, für den die vollständige oder teilweise Zahlung garantiert ist, vollständig angegeben ist. Er wird durch den Begriff „Aval" oder ein anderes Äquivalent ausgedrückt und trägt die Unterschrift von dem, der sie leistet.

	La sola firma puesta en el título, cuando no se le pueda atribuir otra significación se tendrá como firma de ava lista. Cuando el aval se otorgue en documento separado del título, la negociación de éste implicará la transferencia de la garantía que surge de aquél.	Die bloße Unterschrift auf dem Titel, wenn ihr keine andere Bedeutung beigemessen werden kann, gilt als Unterschrift eines Wechselbürgen. Wenn der Aval in einem vom Wertpapier getrennten Dokument gewährt wird, impliziert die Verhandlung darüber die Übertragung der sich daraus ergebenden Garantie.
Art. 635 C. de C. Monto de a garantía del aval	A falta de mención de cantidad, el aval garantiza el importe total del título.	Fehlt eine Angabe des Betrages, garantiert der Aval den Gesamtbetrag des Wertpapieres.
Art. 636 C. de C. Obligaciones del avalista	El avalista quedará obligado en los términos que corresponderían formalmente al avalado y su obligación será válida aún cuando la de este último no lo sea.	Der Wechselbürge bleibt an die Bedingungen gebunden, die dem Abgesicherten formell entsprächen, und seine Verpflichtung ist auch dann wirksam, wenn die [Verpflichtung] des Letzteren es nicht ist.
Art. 637 C. de C. Indicación de la persona que se esta avalando	En el aval debe indicarse la persona avalada. A falta de indicación quedarán garantizadas las obligaciones de todas las partes en el título.	Im Aval muss der Wechselbürgschaftsnehmer angegeben werden. Fehlt ein Hinweis, werden die Verbindlichkeiten aller Parteien im Titel garantiert.
Art. 638 C. de C. Derechos adquiridos por el avalista que paga el título	El avalista que pague adquiere los derechos derivados del título-valor contra la persona garantizada y contra los que sean responsables respecto de esta última por virtud del título.	Der zahlende Wechselbürge erwirbt die aus dem Wertpapier abgeleiteten Rechte gegen die abzusichernde Person und gegen diejenigen, die für den Letzten aufgrund des Titels verantwortlich sind.
Art. 671 C. de C. Contenido de la letra de cambio	Además de los dispuesto en el artículo 621, la letra de cambio deberá contener:	Zusätzlich zu den Bestimmungen des Artikels 621 muss der Wechsel enthalten:

	1.) La orden incondicional de pagar una suma determinada de dinero; 2.) El nombre del girado; 3.) La forma del vencimiento, y 4.) La indicación de ser pagadera a la orden o al portador.	1.) Die bedingungslose Anweisung zur Zahlung eines bestimmten Geldbetrages; 2.) Den Namen des Bezogenen; 3.) Das Datum der Fälligkeit und 4.) Einen Hinweis darauf, dass auf Anweisung an den Inhaber zu leisten ist.
Art. 822 C. de C.	Los principios que gobiernan la formación de los actos y contratos y las obligaciones de derecho civil, sus efectos, interpretación, modo de extinguirse, anularse o rescindirse, serán aplicables a las obligaciones y negocios jurídicos mercantiles, a menos que la ley establezca otra cosa.	Die Grundsätze, die die Begründung von Rechtsgeschäften, Verträgen und zivilrechtlichen Verbindlichkeiten, deren Auswirkungen, Auslegung, Art des Erlöschens, Aufhebung oder Kündigung betreffen, gelten für handelsrechtliche Verbindlichkeiten und Geschäfte, sofern das Gesetz nichts Anderes bestimmt.
Art. 824 C. de C. Formalidades para obligarse	Los comerciantes podrán expresar su voluntad de contratar u obligarse verbalmente, por escrito o por cualquier modo inequívoco. Cuando una norma legal exija determinada solemnidad como requisito esencial del negocio jurídico, este no se formará mientras no se llene tal solemnidad.	Die Kaufleute können ihren Willen zu kontrahieren und sich (vertraglich) zu verpflichten verbal, schriftlich oder durch jede andere unmissverständliche Art ausdrücken. Wenn eine gesetzliche Norm eine Formalität als essenzielle Voraussetzung des Rechtsgeschäfts vorschreibt, kommt dieses nicht zustande, wenn die Formvorschrift nicht erfüllt wird.
Art. 825 C. de C. Presunción de solidaridad	En los negocios mercantiles, cuando fueren varios los deudores se presumirá que se han obligado solidariamente.	Im Rahmen von Handelsgeschäften wird bei einer Mehrheit von Schuldnern angenommen, dass diese sich gesamtschuldnerisch verpflichtet haben.

Art. 826 C. de C.	Cuando la ley exija que un acto o contrato conste por escrito bastará el instrumento privado con las firmas autógrafas de los suscriptores. Por firma se entiende la expresión del nombre del suscriptor o de alguno de los elementos que la integren o de un signo o símbolo empleado como medio de identificación personal. […]	Wenn das Gesetz verlangt, dass eine Handlung oder ein Vertrag schriftlich erfolgen muss, genügt die private Urkunde mit der eigenhändigen Unterschrift der Unterzeichner. Unter der Unterzeichnung wird die Bezeichnung des Namens des Unterzeichners oder eines der ihn auszeichnenden Elemente oder eines Zeichens oder Symbols, das als Mittel zur persönlichen Identifizierung verwendet wird, verstanden. […]
Art. 830 C. de C. Abuso del derecho indemnización de perjuicios	El que abuse de sus derechos estará obligado a indemnizar los perjuicios que cause.	Derjenige, der seine Rechte missbraucht, ist verpflichtet, die Schäden zu begleichen, die er verursacht.
Art. 831 C. de C. Enriquecimiento sin causa justa	Nadie podrá enriquecerse sin justa causa a expensas de otro.	Keiner darf sich ohne legitimen Grund auf Kosten anderer bereichern.
Art. 845 C. de C. Definición	La oferta o propuesta, esto es, el proyecto de negocio jurídico que una persona formule a otra, deberá contener los elementos esenciales del negocio y ser comunicada al destinatario. Se entenderá que la propuesta ha sido comunicada cuando se utilice cualquier medio adecuado para hacerla conocer del destinatario.	Das Angebot oder der Antrag, d.h. der Vorschlag eines Rechtsgeschäfts, den eine Person einer anderen unterbreitet, muss die wesentlichen Elemente des Geschäfts enthalten und dem Adressaten mitgeteilt werden. Das Angebot gilt als übermittelt, wenn irgendein geeignetes Mittel eingesetzt wird, um es dem Adressaten bekanntzumachen.

Art. 846 C. de C. Irrevocabilidad	La propuesta será irrevocable. De consiguiente, una vez comunicada, no podrá retractarse el proponente, so pena de indemnizar los perjuicios que con su revocación cause al destinatario.	Das Angebot ist unwiderruflich. Folglich kann der Antragsteller nach erfolgter Mitteilung das Angebot nicht mehr zurückziehen, und zwar unter Androhung des Ersatzes des Schadens, der dem Adressaten durch seinen Widerruf entstanden ist.
	La propuesta conserva su fuerza obligatoria aunque el proponente muera o llegue a ser incapaz en el tiempo medio entre la expedición de la oferta y su aceptación, salvo que de la naturaleza de la oferta o de la voluntad del proponente se deduzca la intención contraria.	Der Vorschlag bleibt auch dann rechtsverbindlich, wenn der Antragende in der Zeit zwischen der Absendung des Angebots und seiner Annahme stirbt oder geschäftsunfähig wird, es sei denn, aus der Art des Angebots oder dem Willen des Antragenden ergibt sich eine andere Absicht.
Art. 847 C. de C. Oferta escrita de mercancías	Las ofertas de mercaderías, con indicación del precio, dirigidas a personas no determinadas, en circulares, prospectos o cualquiera otra especie similar de propaganda escrita, no serán obligatorias para el que las haga. Dirigidas a personas determ inadas y acompañadas de una nota que no tenga las características de una circular, serán obligatorias si en ella no se hace salvedad alguna.	Warenangebote mit Preisangabe, die in Rundschreiben, Prospekten oder einer anderen ähnlichen Form der schriftlichen Werbung an nicht näher bezeichnete Personen gerichtet sind, sind für diejenigen, die sie machen, nicht bindend. An bestimmte Personen gerichtete und mit einem Vermerk versehene Angebote, die keine Merkmale eines Rundschreibens aufweisen, sind verbindlich, wenn sich in ihnen kein Vorbehalt befindet.

Art. 848 C. de C. Exhibición de mercancías y oferta pública	Las ofertas que hagan los comerciantes en las vitrinas mostradores y demás dependencias de sus establecimientos con indicación del precio y de las mercaderías ofrecidas, serán obligatorias mientras tales mercaderías estén expuestas al público. También lo será la oferta pública de uno o más géneros determinados o de un cuerpo cierto, por un precio fijo, hasta el día siguiente al del anuncio.	Angebote, die von Kaufleuten in Ausstellungsvitrinen und anderen Räumlichkeiten ihrer Niederlassung unter Angabe des Preises und der angebotenen Waren gemacht werden, sind verbindlich, solange diese Waren der Öffentlichkeit zugänglich sind. Auch ein öffentliches Angebot einer oder mehrerer bestimmter Waren oder eines bestimmten Gegenstandes zu einem Festpreis ist bis zum Tag nach der Bekanntgabe verbindlich.
Art. 851 C. de C. Oferta por escrito	Cuando la propuesta se haga por escrito deberá ser aceptada o rechazada dentro de los seis días siguientes a la fecha que tenga la propuesta, si el destinatario reside en el mismo lugar del proponente; si reside en lugar distinto, a dicho término se sumará el de la distancia.	Wenn das Angebot schriftlich erfolgte, muss es innerhalb von sechs Tagen, die dem Datum folgen, das das Angebot hat, angenommen oder abgelehnt werden, wenn der Adressat am gleichen Ort wie der Antragsteller wohnt; wenn der Adressat an einem anderen Ort wohnt, wird dieser Frist ein Distanzzuschlag hinzugefügt.
Art. 852 C. de C. Término de la distancia	El termino de la distancia se calculará según el medio de comunicación empleado por el proponente.	Der Distanzzuschlag berechnet sich nach dem Kommunikationsmittel, das der Antragsteller benutzt.
Art. 854 C. de C. Aceptación tácita	La aceptación tácita, manifestada por un hecho inequívoco de ejecución del contrato propuesto, producirá los mismos efectos que la expresa, siempre que el proponente tenga conocimiento de tal hecho dentro de los términos indicados en los artículos 850 a 853, según el caso.	Die stillschweigende Annahme manifestiert sich in einer eindeutigen Handlung zur Vollziehung des vorgeschlagenen Vertrages und bewirkt die gleichen Effekte wie die ausdrückliche Annahme, sofern der Antragsteller Kenntnis von dieser Handlung innerhalb der Fristen der Art. 850 bis 853 erlangt.

Art. 858 C. de C. Cumplimiento de condiciones por varias personas	Si las condiciones de la oferta se cumplen separadamente por varias personas, sólo tendrá derecho a la prestación ofrecida aquella de quien el oferente primero reciba aviso de su cumplimiento.	Werden die Bedingungen des Angebots von mehreren Personen getrennt erfüllt, so hat nur die Person Anspruch auf die angebotene Leistung, von der der Anbieter zuerst die Mitteilung über die Erfüllung der Bedingungen des Angebots erhält.
	En caso de igualdad en el tiempo, el oferente decidirá en favor de quien haya cumplido mejor las condiciones de la oferta, pudiendo partir la prestación, si ésta es divisible.	Bei zeitlicher Gleichheit entscheidet der Anbieter zugunsten desjenigen, der die Bedingungen des Angebots am besten erfüllt hat; die Leistung kann aufgeteilt werden, wenn sie teilbar ist.
	Si las condiciones son cumplidas por varias personas en colaboración, la prestación se dividirá entre ellas, si su objeto es divisible; en caso contrario, se seguirán las reglas del Código Civil sobre las obligaciones indivisibles.	Wenn die Bedingungen von mehreren Personen in Zusammenarbeit erfüllt werden, wird die Leistung unter ihnen aufgeteilt, wenn ihr Gegenstand teilbar ist; andernfalls sind die Regeln des Código Civil über unteilbare Verbindlichkeiten zu befolgen.
Art, 862 C. de C. Pacto de preferencia	El pacto de preferencia, o sea aquel por el cual una de las partes se obliga a preferir a la otra para la conclusión de un contrato posterior, sobre determinadas cosas, por un precio fijo o por el que ofrezca un tercero, en determinadas condiciones o en las mismas que dicho tercero proponga, será obligatorio. El pacto de preferencia no podrá estipularse por un término superior a un año.	Die Präferenzvereinbarung, d.h. die Vereinbarung, durch die sich eine der Parteien verpflichtet, die andere für den Abschluss eines Folgevertrages über bestimmte Dinge, zu einem Festpreis oder für den von einem Dritten angebotenen Preis unter bestimmten Bedingungen oder unter den gleichen Bedingungen, die der Dritte vorschlägt, zu bevorzugen, ist bindend. Die Präferenzvereinbarung darf nicht für eine Laufzeit von mehr als einem Jahr geschlossen werden.

	Si la preferencia se concede en favor de quien esté ejecutando a virtud de contrato una explotación económica determinada, el anterior plazo se contará a partir de la expiración del término del contrato en ejecución.	Wenn der Vorteil zugunsten einer Person, die im Rahmen eines Vertrags eine bestimmte wirtschaftliche Nutzung durchführt, gewährt wird, so beginnt die vorgenannte Frist mit dem Ablauf der Laufzeit des Vertrags über die Erfüllung.
	Todo plazo superior a un año quedará reducido, de derecho, al máximo legal.	Jeder Zeitraum von mehr als einem Jahr wird von Rechts wegen auf das gesetzliche Maximum verkürzt.
Art. 863 C. de C. Buena fe en etapa precontractual	Las partes deberán proceder de buena fe exenta de culpa en el período precontractual, so pena de indemnizar los perjuicios que se causen.	Die Parteien müssen unter Androhung der Pflicht zum Ersatz des verursachten Schadens mit gutem Glauben ohne Schuld im vorvertraglichen Bereich vorgehen.
Art. 864 C. de C. Definición	El contrato es un acuerdo de dos o más partes para constituir, regular o extinguir entre ellas una relación jurídica patrimonial, y salvo estipul ación en contrario, se entenderá celebrado en el lugar de residencia del proponente y en el momento en que éste reciba la aceptación de la propuesta.	Der Vertrag ist eine Vereinbarung zwischen zwei oder mehr Parteien, um ein vermögensrechtliches Verhältnis zwischen ihnen zu begründen, zu regeln oder zu beenden, und sofern nichts Anderes vereinbart ist, gilt er als am Wohnort des Antragstellers und zu dem Zeitpunkt geschlossen, zu dem dieser die Annahme des Antrags erhält.
	Se presumirá que el oferente ha recibido la aceptación cuando el destinatario pruebe la remisión de ella dentro de los términos fijados por los artículos 850 y 851.	Es wird davon ausgegangen, dass der Anbieter die Annahmeerklärung empfangen hat, wenn der Angebotsempfänger beweist, dass er ihre Abgabe innerhalb der in den Artikeln 850 und 851 festgelegten Fristen veranlasst hat.

Art. 866 C. de C. Arras	Cuando los contratos se celebren con arras, esto es, dando una cosa en prenda de su celebración o de su ejecución, se entenderá que cada uno de los contratantes podrá retractarse, perdiendo las arras el que las haya dado, o restituyéndolas dobladas el que las haya recibido.	Wenn die Verträge mit einer Anzahlung eingegangen werden, d.h. mittels einer Verpfändung bei Vertragsabschluss oder bei Vertragsausführung, wird davon ausgegangen, dass jede der Vertragsparteien zurücktreten kann; derjenige, der die Anzahlung geleistet hat, verliert sie [bei seinem Rücktrittsverlangen], und derjenige, der sie erhalten hat, gibt sie doppelt zurück [wenn er zurücktreten will].
	Celebrado el contrato prometido o ejecutada la prestación objeto del mismo, no será posible la retractación y las arras deberán imputarse a la prestación debida o restituirse, si fuere el caso.	Sobald der Vertrag abgeschlossen oder die vertragsgegenständliche Leistung erbracht ist, ist kein Rücktritt mehr möglich und die Anzahlung muss auf die geschuldete Leistung angerechnet oder zurückgezahlt werden, wenn dies der Fall ist.
Art. 871 C. de C. Principio de buena fe	Los contratos deberán celebrarse y ejecutarse de buena fe y, en consecuencia, obligarán no sólo a lo pactado expresamente en ellos, sino a todo lo que corresponda a la naturaleza de los mismos, según la ley, la costumbre o la equidad natural.	Verträge müssen nach Treu und Glauben abgeschlossen und ausgeführt werden und verpflichten somit nicht nur zu dem, was in ihnen ausdrücklich vereinbart ist, sondern zu allem, was ihrer Natur [der Verträge] gemäß dem Gesetz, der Gewohnheit oder natürlicher Billigkeit entspricht.
Art. 873 C. de C. Caución	El acreedor de una obligación a término, que sea expresa, clara y líquida, tendrá derecho	Der Gläubiger einer befristeten Verbindlichkeit, die ausdrücklich, klar und liquide ist, hat

	a exigir caución suficiente para garantizar su cumplimiento, cuando el deudor huya de su domicilio, disipe sus bienes o los aventure temerariamente, o se halle en estado de insolvencia notoria.	das Recht, eine ausreichende Sicherheit zu verlangen, um die Erfüllung [der Verbindlichkeit] zu gewährleisten, wenn der Schuldner von seinem Wohnort flieht, sein Vermögen vernichtet oder es rücksichtslose gefährdet oder sich in einem Zustand der notorischen Zahlungsunfähigkeit befindet.
	Vencido el plazo que el juez señale al deudor para constituir la caución de que trata el inciso anterior, sin que la haya prestado, la respectiva obligación será inmediatamente exigible.	Ist die dem Schuldner vom Richter gesetzte Frist zur Leistung der im vorstehenden Absatz genannten Sicherheit abgelaufen, ohne dass dieser eine solche [Sicherheit] geleistet hat, wird die entsprechende Verbindlichkeit sofort fällig.
	En los contratos de ejecución continuada o sucesiva, la obligación sólo será exigible en proporción a la contraprestación cumplida, sin perjuicio de que la caución cubra el total de la obligación.	Bei Verträgen über eine fortlaufende oder sukzessive Erfüllung ist die Verpflichtung nur im Verhältnis zur erfüllten Gegenleistung einklagbar, unbeschadet der Tatsache, dass die Sicherheit die gesamte Verpflichtung abdeckt.
Art 898 C. de C. Ratificación expresa e inexistencia	La ratificación expresa de las partes dando cumplimiento a las solemnidades pertinentes perfeccionará el acto inexistente en la fecha de tal ratificación, sin perjuicio de terceros de buena fe exenta de culpa.	Die ausdrückliche Bestätigung durch die Parteien in Übereinstimmung mit den einschlägigen Formalitäten heilt das nicht existente Rechtsgeschäft ab dem Zeitpunkt der Bestätigung, vorbehaltlich gutgläubiger Dritter, die kein Verschulden trifft.

	Será inexistente el negocio jurídico cuando se haya celebrado sin las solemnidades sustanciales que la ley exija para su formación, en razón del acto o contrato y cuando falte alguno de sus elementos esenciales.	Ein Rechtsgeschäft ist nicht existent, wenn es ohne die vom Gesetz für seine Entstehung vorgeschriebenen wesentlichen Formalitäten in Bezug auf die Handlung oder den Vertrag abgeschlossen wurde und wenn eines seiner wesentlichen Elemente fehlt.
Art. 899 C. de C. Nulidad absoluta	Será nulo absolutamente el negocio jurídico en los siguientes casos:	Das Rechtsgeschäft ist in folgenden Fällen absolut nichtig:
	1.) Cuando contraría una norma imperativa, salvo que la ley disponga otra cosa;	1.) Wenn es gegen eine zwingende Norm verstößt, sofern das Gesetz nicht etwas Anderes vorschreibt.
	2.) Cuando tenga {causa u objeto ilícitos}, y	2.) Wenn es einen illegalen Grund oder Gegenstand hat, und
	3.) Cuando se haya celebrado por persona absolutamente incapaz.	3.) Wenn es von einer absolut geschäftsunfähigen Person abgeschlossen wurde.
Art. 912 C. de C. Ejercicio de la facultad de probar	Mas si el comprador recibe la cosa para probarla o gustarla, y dentro de los tres días siguientes a su recibo no da noticia de su rechazo al vendedor, se entenderá que queda perfeccionado el contrato.	Erhält der Käufer die Sache jedoch zur Probe oder zum Probieren und teilt er dem Verkäufer nicht innerhalb von drei Tagen nach Erhalt seine Ablehnung mit, gilt der Vertrag als geschlossen.
Art. 1036 C. de C. Características del contrato	El seguro es un contrato solemne, bilateral, oneroso, aleatorio y de ejecución sucesiva.	Die Versicherung ist ein förmlicher, bilateraler, entgeltlicher, aleatorischer Vertrag mit sukzessiver Ausführung.
	El contrato de seguros se perfecciona desde el momento en que el asegurador suscribe la póliza.	Der Versicherungsvertrag ist von dem Zeitpunkt an wirksam, an dem der Versicherer die Police abschließt.

Art. 1054 C. de C. Definición de riesgo	Denominase riesgo el suceso incierto que no depende exclusivamente de la voluntad del tomador, del asegurado o del beneficiario, y cuya realización da origen a la obligación del asegurador. Los hechos ciertos, salvo la muerte, y los físicamente imposibles, no constituyen riesgos y son, por lo tanto, extraños al contrato de seguro. Tampoco constituye riesgo la incertidumbre subjetiva respecto de determinado hecho que haya tenido o no cumplimiento.	Ein Risiko ist ein ungewisses Ereignis, das nicht ausschließlich vom Willen des Versicherungsnehmers, des Versicherten oder des Begünstigten abhängt und dessen Realisierung die Verpflichtung des Versicherers begründet. Sichere Tatsachen, mit Ausnahme des Todes, und solche, die physisch unmöglich sind, stellen keine Risiken dar und sind daher dem Versicherungsvertrag fremd. Auch die subjektive Unsicherheit über ein bestimmtes Ereignis, das erfüllt ist oder nicht erfüllt wurde, stellt kein Risiko dar.
Art. 1055 C. de C. Riesgos inasegurables	El dolo, la culpa grave y los actos meramente potestativos del tomador, asegurado o beneficiario son inasegurables. Cualquier estipulación en contrario no producirá efecto alguno, tampoco lo producirá la que tenga por objeto amparar al asegurado contra las sanciones de carácter penal o policivo.	Arglist, grobes Verschulden und bloße Wahlhandlungen des Versicherungsnehmers, Versicherten oder Begünstigten können nicht versichert werden. Anderslautende Klauseln haben keine Wirkung, ebenso wenig wie Bestimmungen, die den Versicherten vor strafrechtlichen oder polizeilichen Sanktionen schützen sollen.
Art. 1061 C. de C. Definición de garantía	Se entenderá por garantía la promesa en virtud de la cual el asegurado se obliga a hacer o no determinada cosa, o a cumplir determinada exigencia, o mediante la cual afirma o niega la existencia de determinada situación de hecho.	Unter Garantie versteht man ein Versprechen, durch das sich der Versprechende verpflichtet, eine bestimmte Sache zu tun oder zu unterlassen oder ein bestimmtes Bedürfnis zu erfüllen, oder ein Versprechen, in dem er das Bestehen einer bestimmten Sachlage bejaht oder verneint.

	La garantía deberá constar en la póliza o en los documentos accesorios a ella. Podrá expresarse en cualquier forma que indique la intención inequívoca de otorgarla.	Die Garantie muss in der Police oder in ihren Begleitdokumenten angegeben werden. Sie kann in jeder Form ausgedrückt werden, die die eindeutige Absicht erkennen lässt, sie zu gewähren.
	La garantía, sea o no sustancial respecto del riesgo, deberá cumplirse estrictamente. En caso contrario, el contrato será anulable.	Die Garantie muss strikt erfüllt werden, unabhängig davon, ob sie im Hinblick auf das Risiko wesentlich ist oder nicht. Andernfalls ist der Vertrag anfechtbar. Bezieht sich die Garantie auf ein
	Cuando la garantía se refiere a un hecho posterior a la celebración del contrato, el asegurador podrá darlo por terminado desde el momento de la infracción.	Ereignis, das nach dem Vertragsabschluss eintritt, kann der Versicherer sie ab dem Zeitpunkt des Vertragsbruchs kündigen.
Art. 1071 C. de C. Revocación	El contrato de seguro podrá ser revocado unilateralmente por los contratantes. […]	Der Versicherungsvertrag kann von den Vertragsparteien einseitig widerrufen werden. […]
Art. 1204 C. de C. Prenda con tenencia	El contrato de prenda con tenencia se perfeccionará por el acuerdo de las partes; pero el acreedor no tendrá el privilegio que nace del gravamen, sino a partir de la entrega que de la cosa dada en prenda se haga a él o a un tercero designado por las partes.	Der besitzlose Pfandvertrag wird durch Vereinbarung der Parteien gültig; der Gläubiger hat das Vorrecht, das sich aus dem Pfand ergibt, jedoch erst ab der Lieferung der als Pfand gegebenen Sache an ihn oder an einen von den Parteien bestimmten Dritten.
	Si al acreedor no se le entregare la cosa, podrá solicitarla judicialmente.	Wird die Sache dem Gläubiger nicht ausgehändigt, kann er sie gerichtlich beantragen.

	Gravada una cosa con prenda no podrá pignorarse nuevamente, mientras subsista el primer gravamen. Pero podrá hacerse extensiva la prenda a otras obligaciones entre las mismas partes.	Eine verpfändete Sache kann nicht erneut verpfändet werden, solange die erste Belastung fortbesteht. Das Pfand kann jedoch auf andere Verbindlichkeiten zwischen denselben Parteien ausgedehnt werden.
Art. 1207 C. de C. Prenda sin tenencia	Salvo las excepciones legales, podrá gravarse con prenda conservando el deudor la tenencia de la cosa, toda clase de muebles necesarios para una explotación económica y destinados a ella o que sean resultado de la misma explotación.	Abgesehen von den gesetzlichen Ausnahmen können alle Arten von Mobilien mit einem besitzlosen Pfand belastet werden, wenn diese für die wirtschaftliche Verwertung notwendig und bestimmt sind oder aus derselben Verwertung resultieren.
	Toda prenda sin tenencia del acreedor se regirá por la ley mercantil.	Jedes Pfand ohne Besitz des Gläubigers unterliegt dem Handelsrecht.
Art. 1570 C. de C. Hipoteca de embarcaciones mayores y menores - prenda	Podrán hipotecarse las embarcaciones mayores y las menores dedicadas a pesquería, a investigación científica o a recreo. Las demás podrán gravarse con prenda.	Größere Schiffe sowie kleinere, die der Fischerei, der wissenschaftlichen Forschung oder der Freizeitgestaltung dienen, können mit einer Hypothek belastet werden. Die anderen können mit einem Pfand belastet werden.

III. Normen des *Código de Procedimiento Civil colombiano*

Art. 442 C. de P.	A la demanda en que se pida la nulidad de un matrimonio civil, deberá acompañarse la prueba de éste.	Die Klage, in der die Nichtigkeit [serklärung] einer zivilrechtlichen Ehe erbeten wird, muss von deren Beweis begleitet werden.
	La intervención de los padres o guardadores de los cónyuges, sólo procederá cuando el respectivo consorte fuere incapaz.	Das Einschreiten der Eltern oder Erziehungsberechtigten der Ehegatten erfolgt nur, wenn der jeweilige Ehegatte geschäftsunfähig ist.
	El agente del Ministerio Público intervendrá únicamente cuando existan hijos menores, y en defensa de éstos tendrá las mismas facultades de las partes; para este efecto se le notificará el auto admisorio de la demanda.	Der Beauftragte der Staatsanwaltschaft wird nur dann tätig, wenn minderjährige Kinder vorhanden sind; zum Schutz dieser hat er die gleichen Befugnisse wie die Parteien; zu diesem Zweck wird ihm der Beschluss über die Zulassung der Klage zugestellt.
	Desde la presentación de la demanda y en el curso del proceso, de oficio o a petición de cualquiera de las partes, el juez deberá regular la obligación alimentaria de los cónyuges entre sí y en relación con los hijos comunes, sin perjuicio del acuerdo a que llegaren aquéllas. Para el cobro de estos alimentos se aplicará lo dispuesto en el numeral 2 del artículo 448.	Ab dem Zeitpunkt der Klageerhebung und während des Prozesses hat der Richter von Amts wegen oder auf Antrag einer der Parteien die Unterhaltspflicht der Ehegatten untereinander und gegenüber ihren Kindern zu regeln, unbeschadet der von den Parteien getroffenen Vereinbarung. Für die Zahlung dieses Unterhalts gelten die Bestimmungen des Artikels 448 Nummer 2.
	A este proceso se aplicará lo dispuesto en la letra e), del numeral 1. del artículo 444.	Für dieses Verfahren gelten die Bestimmungen des Artikels 444 Nummer 1 Buchstabe e.

Art. 488 C. de P. Títulos ejecutivos	Pueden demandarse ejecutivamente las obligaciones expresas, claras y exigibles que consten en documentos que provengan del deudor o de su causante y constituyan plena prueba contra él, o las que emanen de una sentencia de condena proferida por juez o tribunal de cualquier jurisdicción, o de otra providencia judicial que tenga fuerza ejecutiva conforme a la ley […].	Es können ausdrückliche, klare und durchsetzbare Verpflichtungen vollstreckt werden, die aus Dokumenten bestehen, die vom Schuldner oder seinem Geschädigten stammen und vollständigen Beweis gegen ihn darstellen oder solche, die aus einem Strafurteil von einem Richter oder Gericht jeglicher Gerichtsbarkeit oder einer anderen gerichtlichen Anordnung hervorgehen, die nach dem Gesetz durchsetzbar ist […].
	La confesión hecha en el curso de un proceso no constituye título ejecutivo, pero sí la que conste en el interrogatorio previsto en el artículo 294.	Ein im Laufe des Verfahrens abgegebenes Geständnis stellt keinen vollstreckbaren Titel dar, wohl aber jenes, das in der von Artikel 294 vorgesehenen Befragung besteht.
Art. 678 C. de P. Clases, cuantia y oportunidad para cónstituirlas	Las cauciones que ordena prestar este Código pueden ser en dinero, reales, bancarias u otorgadas por compañías de seguros o entidades de crédito legalmente autorizadas para esta clase de operaciones. Si el juez considera necesario un dictamen de peritos para fijar la cuantía de la caución, podrá decretarlo y las expensas serán de cargo de quien deba prestarla. […]	Die Kautionen, die von diesem Gesetz angeordnet werden, können durch Bargeld, dingliche [Sicherheiten] und Bankensicherheiten geleistet werden oder von Versicherungsgesellschaften oder Kreditinstituten, die für diese Art von Geschäften rechtlich zugelassen sind, erteilt werden. Hält der Richter einen Sachverständigenbericht für notwendig, um den Betrag der Kaution festzulegen, kann er ihn veranlassen und die Kosten gehen zulasten desjenigen, der sie bewirken muss. […]

IV. Übrige Gesetze

Art. 1 ley 95 de 1890	Se llama fuerza mayor o caso fortuito, el imprevisto a que no es posible resistir, como un naufragio, un terremoto, el apresamiento de enemigos, los autos de autoridad ejercidos por un funcionario publico. etc.	Als höhere Gewalt oder Zufall wird das unvorhergesehene Ereignis bezeichnet, bei dem es nicht möglich ist, zu widerstehen, wie bei einem Schiffbruch, einem Erdbeben, der Festnahme durch Feinde oder den Handlungen, die von einem Beamten ausgeführt werden etc.
Art. 4 ley 153/ 1887	Los principios de derecho natural y las reglas de jurisprudencia servirán para ilustrar la Constitución en casos dudosos. La doctrina constitucional es, á su vez, norma para interpretar las leyes.	Die Prinzipien des natürlichen Rechts und die Regeln der Rechtsprechung dienen dazu, die Verfassung in zweifelhaften Fällen zu veranschaulichen. Die Verfassungslehre wiederum ist die Norm für die Auslegung von Gesetzen.
Art. 13 ley 153/ 1887	La costumbre, siendo general y conforme con la moral cristiana, constituye derecho, á falta de legislación positiva.	Der Brauch, der allgemein und im Einklang mit der christlichen Moral steht, stellt Recht dar, wenn es keine positive Gesetzgebung gibt.
Art. 89 ley 153/ 1887	La promesa de celebrar un contrato no produce obligación alguna, salvo que concurran las circunstancias siguientes:	Das Versprechen einen Vertrag einzugehen, führt nicht zu einer Verpflichtung, außer die folgenden Umstände liegen vor:
	1.) Que la promesa conste por escrito;	1.) Das Versprechen wurde schriftlich festgehalten.
	2.) Que el contrato a que la promesa se refiere no sea de aquellos que las leyes declaran ineficaces por no concurrir los requisitos que establece el artículo 1511 del Código Civil;	2.) Der Vertrag, auf den sich das Versprechen bezieht, handelt nicht von etwas, das das Gesetz für unwirksam erklärt, um nicht mit den Anforderungen des Art. 1511 CC zu konkurrieren.

	3a.) Que la promesa contenga un plazo ó condición que fije la época en que ha de celebrarse el contrato;	3a.) Das Versprechen enthält eine Frist oder Bedingung, die die Zeit, in der der Vertrag geschlossen werden kann, festlegt.
	4a.) Que se determine de tal suerte el contrato, que para perfeccionarlo sólo falte la tradición de la cosa ó las formalidades legales.	4a.) Der Vertrag ist so bestimmt, dass für seine Vervollkommnung nur noch die Übergabe der Sache oder die gesetzlichen Formalitäten fehlen.
	Los términos de un contrato prometido, sólo se aplicarán a la materia sobre que se ha contratado.	Die Voraussetzungen für einen versprochenen Vertrag gelten nur für den Gegenstand, über den er geschlossen wurde.
Art. 92 ley 153/ 1887	Al que demanda una cosa de más de quinientos pesos de valor no se le admitirá la prueba de testigos aunque limite á ese valor la demanda. Tampoco es admisib le la prueba de testigos en las demandas de menos de quinientos pesos cuando se declara que lo que se demanda es parte ó resto de un crédito que debió ser consignado por escrito y no lo fue.	Demjenigen, der eine Sache von mehr als fünfhundert Pesos Wert verlangt, wird der Beweis der Zeugen nicht zugestanden, auch wenn er die Forderung auf diesen Wert beschränkt. Ebenfalls nicht zulässig ist der Zeugenbeweis bei Klagen von weniger als fünfhundert Pesos, wenn erklärt wird, dass das, was gefordert wird, Teil oder der Rest einer Forderung ist, der schriftlich hätte erhoben werden müssen und es nicht wurde.
Art. 93 ley 153/ 1887	Exceptúanse de lo dispuesto en los artículos precedentes los casos en que haya un principio de prueba por escrito, es decir, un acto escrito del demandado ó de su representante, que haga verosímil el hecho litigioso.	Ausgenommen von den Bestimmungen der vorangehenden Artikel sind die Fälle, in denen das Prinzip des schriftlichen Nachweises gilt, d.h. ein schriftliches Dokument des Beklagten oder seines Vertreters, das die umstrittene Tatsache glaubwürdig macht.

	Así, un pagaré de más de quinientos pesos en que se ha comprado una cosa que ha de entregarse al deudor, no hará plena prueba de la deuda porque no certifica la entrega; pero es un principio de prueba para que por medio de testigos se supla esta circunstancia.	So wird ein Schuldschein von mehr als fünfhundert Pesos, mit dem eine Sache gekauft wurde, die dem Schuldner geliefert werden muss, keinen vollständigen Nachweis der Schuld erbringen, weil er die Lieferung nicht bescheinigt; es ist jedoch ein Beweisprinzip, sodass durch Zeugen dieser Umstand ersetzt wird.
	Exceptúanse también los casos en que haya sido imposible obtener una prueba escrita y los demás expresamente exceptuados por la ley.	Ausgenommen sind auch Fälle, in denen es nicht möglich war, einen schriftlichen Nachweis zu erhalten, und andere [Fälle], die ausdrücklich vom Gesetz ausgenommen sind.
Art. 25 No. 19 Ley 80/1993	El contratista prestará garantía única que avalará el cumplimiento de las obligaciones surgidas del contrato, la cual se mantendrá vigente durante su vida y liquidación y se ajustará a los límites, existencia y extensión del riesgo amparado. Igualmente, los proponentes prestarán garantía de seriedad de los ofrecimientos hechos.	Der Auftragnehmer hat für die Erfüllung der Verpflichtungen aus dem Vertrag eine Garantie zu stellen, die während der Laufzeit und Abwicklung des Vertrages in Kraft bleibt und den Grenzen, dem Bestand und dem Umfang des gedeckten Risikos entspricht. Ebenso werden die Bieter eine Garantie für die Seriosität der abgegebenen Angebote abgeben.
	Las garantías consistirán en pólizas expedidas por compañías de seguros legalmente autorizadas para funcionar en Colombia o en garantías bancarias.	Die Garantien bestehen aus Policen, die von in Kolumbien gesetzlich zugelassenen Versicherungsgesellschaften ausgestellt wurden, oder aus Bankgarantien.

	La garantía se entenderá vigente hasta la liquidación del contrato garantizado y la prolongación de sus efectos y, tratándose de pólizas, no expirará por falta de pago de la prima o por revocatoria unilateral.	Die Garantie gilt als in Kraft bis zur Abwicklung des garantierten Vertrages und der Verlängerung seiner Wirkungen, und erlischt nicht durch Nichtzahlung der Prämie oder einseitigen Widerruf.
	Las garantías no serán obligatorias en los contratos de empréstito, interadministrativos y en los de seguros. Las entidades estatales podrán exonerar a las organizaciones cooperativas nacionales de trabajo asociado legalmente constituidas del otorgamiento de garantías en los contratos que celebren con ellas, siempre y cuando el objeto, cuantía y modalidad de los mismos, así como las caract erísticas específicas de la organización de que se trate, lo justifiquen. La decisión en este sentido se adoptará mediante resolución motivada.	Garantien sind in Darlehens-, Verwaltungs- und Versicherungsverträgen nicht obligatorisch. Staatliche Stellen können rechtmäßig gegründete nationale genossenschaftliche Arbeitnehmerorganisationen von der Übernahme von Garantien in den mit ihnen geschlossenen Verträgen befreien, sofern dies durch Zweck, Höhe und Form der Garantien sowie durch die besonderen Merkmale der betreffenden Organisation gerechtfertigt ist. Die Entscheidung hierüber erfolgt durch einen begründeten Beschluss.
Art. 4 Constitución Política de Colombia	La Constitución es norma de normas. En todo caso de incompatibilidad entre la Constitución y la ley u otra norma jurídica, se aplicarán las disposiciones constitucionales.	Die Verfassung ist die Norm der Normen. In jedem Fall der Unvereinbarkeit der Verfassung mit dem Gesetz oder einer anderen Rechtsvorschrift gelten die Verfassungsbestimmungen.

	Es deber de los nacionales y de los extranjeros en Colombia acatar la Constitución y las leyes, y respetar y obedecer a las autoridades.	Es ist die Pflicht von In- und Ausländern in Kolumbien, sich an die Verfassung und die Gesetze zu halten und die Obrigkeit zu respektieren und ihr zu gehorchen.
Art. 83 Constitución Política de Colombia	Las actuaciones de los particulares y de las autoridades públicas deberán ceñirse a los postulados de la buena fe, la cual se presumirá en todas las gestiones que aquellos adelanten ante éstas.	Die Handlungen von Einzelpersonen und Behörden müssen den Grundsätzen von Treu und Glauben entsprechen, welche bei allen Geschäften, die sie unternehmen, vorausgesetzt werden.
Art. 95 Constitución Política de Colombia	La calidad de colombiano enaltece a todos los miembros de la comunidad nacional. Todos están en el deber de engrandecerla y dignificarla. El ejercicio de los derechos y libertades reconocidos en esta Constitución implica responsabilidades. Toda persona está obligada a cumplir la Constitución y las leyes. Son deberes de la persona y del ciudadano: 1. Respetar los derechos ajenos y no abusar de los propios; […]	Die Eigenschaft als Kolumbianer kommt allen Mitgliedern der nationalen Gemeinschaft zu. Alle sind in der Pflicht, ihr zu Größe zu verhelfen und sie zu würdigen. Die Ausübung der in dieser Verfassung anerkannten Rechte und Freiheiten beinhaltet Verpflichtungen. Jeder ist verpflichtet, sich an die Verfassung und die Gesetze zu halten. Das sind die Pflichten der Person und des Bürgers: 1. Die Rechte anderer zu respektieren und die eigenen nicht zu missbrauchen; […]
Art. 174 Constitución Política de Colombia	Corresponde al Senado conocer de las acusaciones que formule la Cámara de Representantes contra el Presidente de la República o quien haga sus veces; contra los Magistrados de la Corte Suprema de Justicia, del Consejo de Estado	Der Senat ist zuständig für die Anhörung der Vorwürfe des Repräsentantenhauses gegen den Präsidenten der Republik oder gegen denjenigen, der an seiner Stelle handelt; gegen die Richter des Obersten Gerichtshofes, des Staatsrates und des

	y de la Corte Constitucional, los miembros del Consejo Superior de la Judicatura y el Fiscal General de la Nación, aunque hubieren cesado en el ejercicio de sus cargos. En este caso, conocerá por hechos u omisiones ocurridos en el desempeño de los mismos.	Verfassungsgerichts, die Mitglieder des Obersten Rates der Justiz und den Generalstaatsanwalt der Nation, auch wenn sie aus dem Amt ausgeschieden sind. In diesem Fall wird er über Handlungen oder Unterlassungen, die bei der Erfüllung dieser Aufgaben aufgetreten sind, informiert.
Art. 235 Constitución Política de Colombia	Son atribuciones de la Corte Suprema de Justicia: 1.) Actuar como tribunal de casación. 2.) Juzgar al Presidente de la República o a quien haga sus veces y a los altos funcionarios de que trata el artículo 174, por cualquier hecho punible que se les impute, conforme al artículo 175 numerales 2 y 3. […]	Dies sind Befugnisse des Obersten Gerichtshofs: 1.) Als Kassationsgericht zu fungieren. 2.) Den Präsidenten der Republik oder die an seiner Stelle handelnde Person und die in Artikel 174 genannten hohen Beamten für jede ihnen zur Last gelegte strafbare Handlung nach Artikel 175 Absätze 2 und 3 zu verurteilen. […]
Art. 2 ley 225 de 1938	El seguro de que trata el artículo anterior tendrá por objeto garantizar el correcto manejo de fondos o valores de cualquier clase que se confíen a los empleados públicos o a los particulares, en favor de las entidades o personas ante las cuales sean responsables; y podrá extenderse también al pago de impuestos, tasas y derechos y al cumplimiento de obligaciones que emanen de leyes o de contratos.	Die Versicherung, von der der vorgenannte Artikel handelt, hat den Zweck, die ordnungsgemäße Verwaltung von Geldern oder Wertpapieren jeder Art zu gewährleisten, die öffentlichen Bediensteten oder Einzelpersonen zugunsten der Unternehmen oder Personen, für die sie verantwortlich sind, anvertraut werden; und sie kann sich auch auf die Zahlung von Steuern, Abgaben und Rechten sowie die Erfüllung von Verpflichtungen, die aus Gesetzen oder Verträgen hervorgehen, erstrecken.

Schriftenverzeichnis

I. Deutsches Literaturverzeichnis

Abel, Paul Die Grenzen von Schuld und Haftung aus Bürgschaften zwischen Sittenwidrigkeitsrechtsprechung und insolvenzrechtlicher Restschuldbefreiung, Köln 2002.

Adam, Roman F. 20 Jahre Bürgschaftsentscheidung des Bundesverfassungsgerichts, DZWiR 2013, 447–449.

Aden, Menno Bürgschaft vermögensloser Nahbereichspersonen versus insolvenzbedingte Restschuldbefreiung – Von einer überflüssigen Vorlage, NJW 1999, 3763–3764.

Adomeit, Klaus Die gestörte Vertragsparität – ein Trugbild, NJW 1994, 2467–2469.

Bales, Klaus Die Bürgschaft als Kreditsicherheit – Ein Beitrag aus Sicht der Kreditpraxis, BKR 2004, 264–270.

Bamberger, Heinz Georg/Roth, Herbert (Hrsg.) Beck'scher Online-Kommentar BGB

- Band 3, §§705–1017, PartGG, ProdHaftG, ErbbauRG, WEG, 58. Edition München, Stand: 01.08.2021 (zitiert: BeckOK BGB/*Bearbeiter*, §).

Baumgärtel, Gottfried (Begr.)/Laumen, Hans-Willi/Prütting, Hanns (Hrsg.) Handbuch der Beweislast,

- Bürgerliches Gesetzbuch, §§ 1–811, 4. Auflage, Köln 2019 (zitiert: *Bearbeiter*, Handbuch der Beweislast, §).

Beck, Marcel Die Rechtsprechung zur Wirksamkeit von Bürgschaften naher Angehöriger und deren Übertragbarkeit auf weitere besondere Nähesituationen, Jura 2019, 244–252.

Benedict, Claudia Die Bestimmtheit der „künftigen Forderung" bei der Globalbürgschaft, Berlin 2006.

Berg, Joshua Niclas Revision der Rechtsprechung zu sittenwidrigen Nahbereichsbürgschaften anlässlich des Richtlinienvorschlags COM(2016) 723 final, ZInsO 2018, 2787–2790.

Beyerle, Franz Der Ursprung der Bürgschaft: Ein Deutungsversuch vom germanischen Rechte her, in: Savigny-Stiftung für Rechtsgeschichte Band XLVII, Böhlau 1927, S. 567–645 (zitiert: *Beyerle*, Der Ursprung der Bürgschaft, S.).

Bucher, Eugen Zu Europa gehört auch Lateinamerika!, ZEuP 2004, 515–547.

Bülow, Peter Anmerkung zum Urteil OLG Hamm, Urteil v. 15.1.1988 – 20 U 195/87 (WM 1988, 899), EWiR § 766 BGB 1/88, 889–890.

Ders. Blankobürgschaft und Rechtsscheinzurechnung – Eine Besprechung des Urteils des Bundesgerichtshofs vom 29. Februar 1996, ZIP 1996, 1694–1697.

Ders. Anmerkung zum Urteil BGH, Urteil v. 16.6.2009 – XI ZR 539/07, LMK 2009, 288123.

Ders. Recht der Kreditsicherheiten Untertitel: Sachen und Rechte, Personen, 9. Auflage, Heidelberg 2017.

Brockhaus Konversationslexikon

- Band VII, Fosiari-Gilboa, 14. Auflage, Leipzig 1898.

Canaris, Claus-Wilhelm Die Vertrauenshaftung im deutschen Privatrecht, Münchener Universitätsschriften, Reihe der Juristischen Fakultät, Band 16, Reprint München 1981, urspr. 1971.

Ders. Bankvertragsrecht, 2. Auflage, Berlin 1981.

Ders. Grundrechte und Privatrecht, AcP 184 (1984), 201–246.

Ders. Die Bedeutung der *iustitia distributiva* im deutschen Vertragsrecht: aktualisierte und stark erweiterte Fassung des Vortrags vom 2. Juli 1993, München 1997.

Ders. Wandlung des Schuldvertragsrechts – Tendenzen zu seiner „Materialisierung“, AcP 200 (2000), 273–364.

Clemm, Nils Die Stellung des Gewährleistungsbürgen, insbesondere bei der Bürgschaft „auf erstes Anfordern“, BauR 1987, 123–131.

Das Bürgerliche Gesetzbuch mit besonderer Berücksichtigung der Rechtsprechung des Reichsgerichts und des Bundesgerichtshofes, Kommentar

- Band II, 4. Teil, §§ 631–811 BGB, 12. Auflage, Berlin/New York 1978, hrsg. v. Mitgliedern des Bundesgerichtshofes
- Band III, 3. Teil, §§ 1204–1296 BGB; WEG 12. Auflage, Berlin/New York 1996, hrsg. v. Mitgliedern des Bundesgerichtshofes (zitiert: BGB-RGRK/*Bearbeiter*).

Dauner-Lieb, Barbara/Langen, Werner in Verbindung mit dem Deutschen Anwaltverein (Hrsg.) BGB Schuldrecht

- Band 2/3: §§ 662–853, 4. Auflage, Baden-Baden 2021 (zitiert: AnwaltKomm/*Bearbeiter*, §).

Diederichsen, Uwe Das Bundesverfassungsgericht als oberstes Zivilgericht – ein Lehrstück der juristischen Methodenlehre, AcP 198 (1998), 171–260.

Dietrich, Thomas Bundesverfassungsgericht und Bürgschaftsrecht, WM 2000, 11–14.

Dingler, Andreas Bürgschaft, Hauptschuld, Verhandlung – was wird wie gehemmt?, BauR 2012, 1720–1722.

Dreismann, Stephan Bürgenschutz durch Gläubigerdiligenz? – Zu den Nebenpflichten des Bürgschaftsgläubigers gegenüber dem Bürgen, Berlin 2001 (zitiert: *Dreismann*, Bürgenschutz durch Gläubigerdiligenz?, S.).

Eleftheriadis, Nikolaos Die Bürgschaft auf erstes Anfordern, München, Univ. Dissertation 1999, Berlin 2001.

Ernst, Wolfgang Interzession – Vom Verbot der Fraueninterzession über die Sittenwidrigkeit von Angehörigenbürgschaften zum Schutz des Verbrauchers als Interzedent, in: Rechtsgeschichte und Privatrechtsdogmatik, Hans Hermann Seiler zum 24. Dezember 1999, hrsg. v. Zimmermann, R. i.V.m. Knütel, R. und Meincke, J., Heidelberg 1999, S. 395–430 (zitiert: *Ernst*, Interzession, in: FS Seiler, S.).

Fellner, Christoph Bankkredit – Sittenwidrigkeit und Verwirkung bei der Bürgschaft, MDR 2005, 368–371.

Fielenbach, Martin Zur Haftung des Bürgen für Bereicherungsverbindlichkeiten, WM 2011, 2349–2352.

Fischer, Gero Aktuelle Rechtsprechung des Bundesgerichtshofs zur Bürgschaft und zum Schuldbeitritt - Teil I, WM 1998, 1705–1714.

Ders. Die Bürgschaft zwischen Dogmatik, Verbraucherschutz und Praxis, WM 2000, 14–16.

Ders. Aktuelle höchstrichterliche Rechtsprechung zur Bürgschaft und zum Schuldbeitritt - Teil I, WM 2001, 1049–1060.

Ders. Aktuelle höchstrichterliche Rechtsprechung zur Bürgschaft und zum Schuldbeitritt - Teil II, WM 2001, 1093–1100.

Ders. Schutz vor missbräuchlicher Nutzung der Bürgschaft auf erstes Anfordern, WM 2005, 528–536.

Fischer, Gero/Ganter, Hans Gerhard/Kirchhof, Hans-Peter Schutz des Bürgen, in: Festschrift aus Anlass des fünfzigjährigen Bestehens von Bundesgerichtshof, Bundesanwaltschaft und Rechtsanwaltschaft beim Bundesgerichtshof, hrsg. v. K. Geiß, K. Nehm, H. Brandner, H. Hagen, Köln/Berlin/Bonn/München 2000, S. 33–47 (zitiert: *Fischer/Ganter/Kirchhof*, Schutz des Bürgen, in: FS fünfzig Jahre BGH (2000), S.).

Flessner, Axel Fakultatives Kollisionsrecht, RabelsZ (34) 1970, 547–584.

Foerste, Ulrich Anmerkung zum Urteil des BGH v. 4.12.2001 – XI ZR 56/01, JZ 2002, 562–564.

Förster, Christian Problematische Bürgschaftsverpflichtungen in Allgemeinen Geschäftsbedingungen, WM 2010, 1677–1684.

Gay, Barbara Der Beginn der Verjährungsfrist bei Bürgschaftsforderungen, NJW 2005, 2585–2588.

Georgiades, Georgios Die Höchstbetragsbürgschaft in der neueren Rechtsprechung, Athen 2000.

Gernhuber, Joachim Ruinöse Bürgschaften als Folge familiärer Verbundenheit, JZ 1995, 1086–1096.

Goethe, Johann Wolfgang von Zwischen Weimar und Jena (hrsg. v. Schäfer-Weiss, Dorothea), Frankfurt 1999.

Groeschke, Peer Die Haftung einkommensschwacher und vermögensloser Bürgen – Schein oder Sein einer Kreditsicherheit?, BB 1994, 725–728.

Ders. Überschießende Nichtigkeitssanktion in der Rechtsprechung des BGH zur Bürgenhaftung, BB 2001, 1540–1543.

Großfeld, Bernhard/Lühn/Susanne Die Bürgschaft junger Bürgen für ihre Eltern, WM 1991, 2013–2019.

Gruber, Urs Peter Methoden des internationalen Einheitsrechts, Tübingen 2004.

Grün, Beate Die Generalklauseln als Schutzinstrument der Privatautonomie am Beispiel der Kreditmithaftung von vermögenslosen nahen Angehörigen – Zugleich eine Besprechung von BVerfG WM 1993, 2199 sowie BGH WM 1994, 676 und 680, WM 1994, 713–724.

Grüneberg, Christian Aktuelle höchstrichterliche Rechtsprechung zur Bürgschaft, WM 2010, Sonderbeilage Nr. 2 zu Heft 43/2010, 1–27.

Ders. Aktuelle höchstrichterliche Rechtsprechung zur Bürgschaft, WM 2015, Sonderbeilage Nr. 3 zu Heft 43/2015, 2–16.

Gsell, Beate/Krüger, Wolfgang/Lorenz, Stephan/Reymann, Stephan (Hrsg.) Beck-online Großkommentar zum Zivilrecht – BGB, München, Stand: 01.09.2021 (zitiert: BeckOGK/*Bearbeiter*).

Habersack, Mathias/Giglio, Francesco Sittenwidrigkeit der Bürgschaft wegen krasser finanzieller Überforderung des Bürgen? – Eine rechtsvergleichende und europarechtliche Skizze, WM 2001, 1100–1106.

Hadding, Walther Gutachten und Vorschläge zur Überarbeitung des Schuldrechts – Sonderdruck des Gutachtens – Bürgschaft und Garantie – Welche Weiterentwicklungen des Bürgschaftsrechts sind wegen der tatsächlichen und rechtlichen Veränderungen dieses Gebietes angezeigt? – Empfiehlt es sich, den Garantievertrag neben der Bürgschaft als besonderes Schuldverhältnis im BGB zu regeln?, Köln 1983 (zitiert.: *Hadding*, BMJ-Gutachten).

Ders. Vorüberlegungen zu einem Allgemeinen Teil des Rechts der Kreditsicherheiten (Mainz), in: Aktuelle Probleme des Unternehmensrechts, in: Festschrift Gerhard Frotz zum 65. Geburtstag, Wien 1993, S. 495–506 (zitiert: *Hadding*,

Vorüberlegungen zu einem Allgemeinen Teil des Rechts der Kreditsicherheiten, in: FS Frotz, S.).

Ders. Zum Rückforderungsanspruch bei einer „Bürgschaft auf erstes Anfordern", in: Festschrift Rudolf Welser zum 65. Geburtstag, Wien 2004, S. 253–267 (zitiert: *Hadding*, Zum Rückforderungsanspruch bei einer „Bürgschaft auf erstes Anfordern", in: FS Welser, S.).

Hadding, Walther/Welter, Reinhard Zur schuldrechtlichen Qualifizierung bei einer „Bürgschaft auf erstes Anfordern" – Herrn Univ.-Professor Dr. Franz Häuser, vormals Rektor der Universität Leipzig, zum 14. August 2015, WM 2015, 1545–1552.

Häublein, Martin/Hoffmann-Theinert, Martin (Hrsg.) Beck'scher Online-Kommentar zum HGB, 34. Edition, Stand: 15.10.2021 (zitiert: BeckOK HGB/*Bearbeiter*).

Hellner, Thorwald/Steuer, Stephan (Begr.) Höche, Thorsten/Piekenbrock, Andreas/Siegmann, Matthias (Hrsg.) Bankrecht und Bankpraxis, Stand: 144. Lieferung 02.20 (zitiert: BuB/*Bearbeiter*, Teil/Rn.).

Herrmann, Claus Absicherung gegen Vermögensverschiebungen durch Bürgschaft, DStR 1997, 1691–1695.

Hesse, Hans Albrecht/Kauffmann, Peter Die Schutzpflicht in der Privatrechtsprechung, JZ 1995, 219–223.

Heyers, Johannes Wertungsjuristische Grundlagen der Bürgschaft – von einem liberalen zu einem sozialen Vertragsmodell, JA 2012, 81–88.

Hickl, Manfred Die Bürgschaft auf „erstes Anfordern" zur Ablösung eines Gewährleistungseinbehalts, BauR 1979, 463–466.

Hilbk, Merle „Ein bisschen wie Deutschland", https://www.zeit.de/2000/09/Ein_bisschen_wie_Deutschland.

Hoffmann, Jan Felix Anmerkung zum Urteil des BGH vom 04.06.2013 (XI ZR 505/11, JZ 2013, 1002) – Zur schadensersatzrechtlichen Ordnungsfunktion des § 776 BGB, JZ 2013, 1005–1008.

Hogrefe, Holger Rückforderungsansprüche bei ungerechtfertigter oder rechtsmissbräuchlicher Inanspruchnahme eines Avals, VersR 2014, 1407–1431.

Hohmann, Jörg Verjährung und Kreditsicherung, WM 2004, 757–766.

Holzscheck, Knut/Hörmann, Günter/Daviter, Jürgen Praxis des Konsumentenkredits – eine empirische Untersuchung zur Rechtssoziologie und Ökonomie des Konsumentenkredits, Rechtstatsachenforschung: Herausgegeben vom Bundesministerium der Justiz, Bundesanzeiger 1982 (zitiert: *Holzscheck/Hörmann/Daviter*, Die Praxis des Konsumentenkredits in der BRD).

Homann, Carsten/Maas, Jörg Sittenwidrige Nahbereichsbürgschaften und Restschuldbefreiung, JuS 2011, 774–779.

Honsell, Heinrich Anmerkungen zum BGH Urteil v. 19.1.1989 – IX ZR 124/88, JZ 1989, 495–496.

Ders. Bürgschaft und Mithaftung einkommens- und vermögensloser Familienmitglieder, NJW 1994, 565–566.

Horn, Norbert Bürgschaften und Garantien zur Zahlung auf erstes Anfordern, NJW 1980, 2153–2159.

Horn, Norbert Bürgschaften und Garantien – Aktuelle Rechtsfragen der Bank-, Unternehmens- und Außenwirtschaftspraxis, RWS-Skript 94, 6. Auflage, Köln 1995.

Jakobs, Horst Heinrich/Schubert, Werner (Hrsg.) Die Beratung des Bürgerlichen Gesetzbuchs in systematischer Zusammenstellung der unveröffentlichten Quellen

- Recht der Schuldverhältnisse III – §§ 652–853, Berlin/New York 1983 (zitiert: Jakobs/Schubert/*Bearbeiter*, §).

Jansen, Nils Seriositätskontrollen existentiell belastender Versprechen, in: Störung der Willensbildung bei Vertragsschluss, hrsg. v. Reinhard Zimmermann, Tübingen 2007, S. 125–162.

Jansen, Trygve Die Bürgschaft in der europäischen Rechtstradition – Eine historische Analyse des deutschen Bürgschaftsrechts und dessen Berücksichtigung im Draft Common Frame of Reference, Berlin 2016 (zitiert: *Jansen*, Die Bürgschaft in der europäischen Rechtstradition, S.).

Jarass, Hans D./Kment, Martin Grundgesetz für die Bundesrepublik Deutschland – Kommentar, 16. Auflage, München 2020.

Kapitza, Mathias Neue, alte Bürgenhaftung? – Auswirkungen der Restschuldbefreiung, NZI 2004, 14–17.

Karst, Thomas Die Bürgschaft auf erstes Anfordern im Fadenkreuz des BGH, NJW 2004, 2059–2061.

Kaser, Max/Knütel, Rolf/Lohsse, Sebastian Römisches Privatrecht – Ein Studienbuch, 22. Auflage, München 2021.

Kehrberger, Roman Der Rückgewähranspruch bei nichtakzessorischen Kreditsicherheiten, JuS 2016, 776–781.

Kischel, Uwe Rechtsvergleichung, München 2015.

Klose, Andreas Die Bürgschaft bei Wegfall des Hauptschuldners, WM 2009, 300–304, Potsdam.

Knütel, Rolf Befreite Ehefrau?, ZIP 1991, 493–499.

Koch, Jens Die Patronatserklärung, Witten/Tübingen 2005.

Köbler, Gerhard Deutsche Rechtsgeschichte – Ein systematischer Grundriss, 6. Auflage, München 2005 (zitiert: *Köbler*, Deutsche Rechtsgeschichte, S.).

Köndgen, Johannes Anmerkung zum Urteil des BGH, Urteil v. 16.5.1991 – IX ZR 245/90, NJW 1991, 2018–2019.

Kötz, Heinz Abschied von der Rechtskreislehre?, ZEuP 1998, 493–505.

Kollrus, Harald Bürgschaft – Rechtliche Risiken bei Vereinbarungen zu zeitlichen Befristungen, MDR 2013, 1437–1440.

Ders. Die Sittenwidrigkeit von Angehörigenbürgschaften – Aktuelle Rechtsprechung und konkrete Handlungsempfehlungen, MDR 2014, 1357–1363.

Kopp, Fridtjof Die Bürgschaft auf erstes Anfordern – Grenzen vertraglicher Beschränkungen der bürgschaftsrechtlichen Akzessorietät, Schriften zum Zivilrecht Band 17, Münster 2008 (zitiert: *Kopp*, Die Bürgschaft auf erstes Anfordern, S.).

Ders. Offensichtlichkeit des Rechtsmissbrauchs und „liquide Beweisbarkeit" bei der Bürgschaft auf erstes Anfordern, WM 2010, 640–647.

Kreft, Gerhart Die Rechtsprechung des Bundesgerichtshofes zur Bürgschaft (Fortsetzung von WM 1988, 241), WM 1997, Sonderbeilage Nr.5 zu Heft 35, S. 3–68.

Krüger, Ulrich Sittenwidrige Mithaftung: Der Schlussstein in der Rechtsprechung des BGH, NJW 2009, 3408–3410.

Kübel, Franz Philipp von Die Vorentwürfe der Redaktoren zum BGB

- Recht der Schuldverhältnisse, Teil 3 – Besonderer Teil II, Berlin/New York 1980 (zitiert: *Kübel*, Die Vorentwürfe der Redaktoren zum BGB, S.).

Kühling, Jürgen Bürgschaft und Grundrechte, WM 2002, 625–627.

Kulke, Ulrich Der finanziell krass überforderte Bürge – Anmerkung zu BGH ZIP 2000, 351, ZIP 2000, 952–962.

Kupisch, Berthold Bona fides und Bürgschaft auf erstes Anfordern – Zu einer Entscheidung aus der jüngsten Rechtsprechung des BGH zum Rechtsmissbrauch, WM 2002, 1626–1632.

Lambsdorff, Hans Georg/Skora, Bernd Handbuch des Bürgschaftsrechts, Frankfurt a.M./München 1994.

Lange, Frank-Holger Bürgschaft und Verjährung, BKR 2017, 447–450.

Langenbucher, Katja/Bliesener, Dirk H./Spindler, Gerald (Hrsg.) Bankrechts-Kommentar, 3. Auflage, München 2020 (zitiert: Langenbucher/*Bearbeiter*).

Larenz, Karl/Canaris, Claus-Wilhelm Lehrbuch des Schuldrechts

- Zweiter Band, Besonderer Teil, 2. Halbband, 13. Auflage, München 1994 (zitiert: *Larenz/Canaris*, SchuldR, II/2 §).

Leitmeier, Lorenz Rechtsgründe der Bürgschaft, NZBau 2009, 676–679.

Lettl, Tobias Akzessorietät contra Sicherungszweck – Rechtsfragen bei der Gestaltung von Bürgschaftserklärungen, WM 2000, 1316–1326.

Löwe, Walter Bürgen in Sippenhaft dürfen aufatmen, ZIP 1993, 1759–1759.

Looschelders, Dirk Schuldrecht: Besonderer Teil, 16. Auflage, München 2021.

Ders. Schuldrecht: Allgemeiner Teil, 18. Auflage, München 2020.

Lorenz, Stephan Innenverhältnis und Leistungsbeziehungen bei der Bürgschaft, JuS 1999, 1145–1153.

Lwowski, Hans-Jürgen Das Recht der Kreditsicherung (begründet von Scholz, Hellmut), 10. Auflage, Berlin 2018.

Maier, Arne Die Bedeutung des Vertragswortlauts für die Übertragbarkeit der Rechtsprechung zur sittenwidrigen Angehörigenbürgschaft bei krasser finanzieller Überforderung auf Fälle vertraglicher Mitverpflichtung, WM 2009, 1971–1975.

Maier-Reimer, Georg/Etzbach, Peter Die Patronatserklärung, NJW 2011, 1110–1117.

Maunz, Theodor/Dürig, Günter (Begr.), Herzog, Roman/Scholz, Rupert/Herdegen, Matthias/Klein, Hans H. (Hrsg.) Kommentar zum Grundgesetz

- Band 1, Art 1–5 GG, Kommentar, Loseblattsammlung, München, Stand: 94. EL Januar 2021 (zitiert: Dürig/Herzog/Scholz/*Bearbeiter*, Art.).

Mayer-Maly, Theo Was leisten die guten Sitten?, AcP 194 (1994), 105–176.

Medicus, Dieter Leistungsfähigkeit und Rechtsgeschäft, ZIP 1989, 817–824.

Ders. Anmerkung zum Urteil BGH-, Urteil v. 23.1.1997 – IX ZR 69/96 (ZIP 1997, 406), EWiR § 138 BGB 5/97, 289-290.

Ders. Die Bedeutung von Erwartungen des Gläubigers beim Abschluß der Bürgschaft, in: Festschrift für Wolfgang Fikentscher zum 70. Geburtstag, hrsg. v. B. Großfeld, R. Sack, T. Möllers, J. Drexl, A. Heinemann, Tübingen 1998, S. 265–282 (zitiert: *Medicus*, Die Bedeutung von Erwartungen des Gläubigers beim Abschluß der Bürgschaft, in: FS Fikentscher, S.).

Ders. Entwicklung im Bürgschaftsrecht und Verfahren für die Bürgschaft als Mittel der Kreditsicherung?, JuS 1999, 833–839.

Medicus, Dieter/Lorenz, Stephan Schuldrecht II – Besonderer Teil – Ein Studienbuch, 18. Auflage, München 2018 (zitiert: *Medicus/Lorenz*, Schuldrecht BT II, §).

Medicus, Dieter/Petersen, Jens Bürgerliches Recht – Eine nach Anspruchsgrundlagen geordnete Darstellung zur Examensvorbereitung, 27. Auflage, München 2019.

Mertins, Wolfgang Die Bürgschaft auf erstes Anfordern, NJ 2012, 492–497.

Meyer-Pritzl, Rudolf Die Entwicklung vom Bürgerlichen Recht zum Weltbürgerlichen Recht aus rechtshistorischer Perspektive, in: Festschrift für Michael Martinek zum 70. Geburtstag, hrsg. v. Sebastian Omlor, München 2020, S. 503–515 (zitiert: *Meyer-Pritzl*, Die Entwicklung vom Bürgerlichen Recht zum Weltbürgerlichen Recht aus rechtshistorischer Perspektive, in FS Michael Martinek, S.).

Michalski, Lutz Die Patronatserklärung, WM 1994, 1229–1240.

Ders. Bürgschaft auf erstes Anfordern, ZBB 1994, 289–303.

Müller, Gerd Zur Anwendung von § 776 BGB bei einer vom Gläubiger nur vorübergehend freigegebenen „weiteren" Sicherheit, WM 2014, 869–877.

Müller, Hans-Friedrich Restschuldbefreiung und materielles Recht, KTS 2000, 57–69.

Müller-Feldhammer, Ralf Grundlagenstörung und Vertragskorrektur im Bürgschaftsrecht, WM 2001, 65–74.

Mugdan, Benno Die gesamten Materialien zum Bürgerlichen Gesetzbuch für das Deutsche Reich

- Band 2: Recht der Schuldverhältnisse, Berlin 1899 (Neudruck 1979) (zitiert: *Mugdan*, II, S.).

Musielak, Hans-Joachim Bürgschaft, JA 2015, 161–169.

Naumann, Jochen Sittenverstoß und Privatautonomie – Die dogmatische Struktur der höchstrichterlichen Entscheidungen zu den Angehörigenbürgschaften und Globalzessionen, Baden-Baden 2003 (zitiert: *Naumann*, Sittenverstoß und Privatautonomie, S.).

Neumayer, Karl H. Fremdes Recht aus Büchern, Fremde Rechtswirklichkeit und die funktionelle Dimension in den Methoden der Rechtsvergleichung, RabelsZ (34) 1970, 411–426.

Nitze, Konstantin/Grädler, Thomas Die Sittenwidrigkeit von Angehörigenbürgschaften trotz Restschuldbefreiung, VuR 2012, 91–97.

Nobbe, Gerd Die Sicherungszweckerklärung bei Bürgschaft und Mithaftung in der Rechtsprechung des Bundesgerichtshofs, BKR 2002, 747–758.

Nobbe, Gerd/Kirchhof, Hans-Peter Bürgschaften und Mithaftungsübernahmen finanziell überforderter Personen, BKR 2001, 5–15.

Obermüller, Manfred Die Kreditklemme und der Niedergang der Kreditsicherheiten, NZI 2010, 201–207.

Oepen, Klaus Auf erstes Anfordern versprochene Bürgschaften und Garantien, NJW 2009, 1110–1115.

Oettmeier, Andrea Bürgschaften auf erstes Anfordern, in: Rechtswissenschaftliche Forschung und Entwicklung Band 514, München 1996 (zitiert: *Oettmeier*, Bürgschaften auf erstes Anfordern, S.).

Paek, Kyoung-Il Der Bürgenschutz im Spannungsfeld zur Privatautonomie – Eine Untersuchung zur Anwendbarkeit des Verbraucherrechts auf Bürgschaftsverträge, Hamburg 2006 (zitiert: *Paek*, Der Bürgenschutz im Spannungsfeld zur Privatautonomie, S.).

Palandt, Otto (Begr.) Palandt – Bürgerliches Gesetzbuch, 80. Auflage, München 2021 (zitiert: Palandt/*Bearbeiter*).

Pape, Gerhard Die neue Bürgschaftsrechtsprechung – Abschied vom „Schuldturm"? – Bemerkungen zu den Entscheidungen des Bundesverfassungsgerichts vom 19.10.1993, ZIP 1993, 1775 und des Bundesgerichtshofes vom 24.2.1994, ZIP 1994, 515–520.

Ders. Entwicklung des Verbraucherinsolvenzverfahrens im Jahre 2009, NJW 2010, 2928–2933.

Peters, Frank Der Bürge und die Einrede der Verjährung der Hauptschuld, NJW 2004, 1430–1431.

Pioch, Christian Einstweilige Verfügung gegen die Inanspruchnahme einer Bürgschaft auf erstes Anfordern, JuS 2018, 438–441.

Planitz, Hans Deutsches Privatrecht, 3. Auflage, Wien 1948.

Preis, Ulrich/Rolfs, Christian Gestörte Vertragsparität und richterliche Inhaltskontrolle – Anmerkung zum Beschluss des BVerfG vom 19.10.1993, DB 1994, 261–268.

Prütting, Hans/Wegen, Gerhard/Weinreich, Gerd (Hrsg.) Bürgerliches Gesetzbuch Kommentar, 16. Auflage, Hürth 2021 (zitiert: PWW/*Bearbeiter*).

Rauchhaupt, Friedrich Wilhelm von Vergleich und Angleichbarkeit der Rechte Süd- und Mittelamerikas, RabelsZ 1955, 121–143.

Reifner, Udo Die Mithaftung der Ehefrau im Bankkredit – Bürgschaft und Gesamtschuld im Kreditsicherungsrecht, ZIP 1990, 427–438.

Reinicke, Dietrich Rechtsfolgen formwidrig abgeschlossener Verträge, Bad Homburg vor der Höhe u.a. 1969.

Reinicke, Dietrich/Tiedtke, Klaus Die Haftung des Blankettgebers aus dem abredewidrig ausgefüllten Blankett im bürgerlichen Recht – Zum BGH-Urteil vom 12. Januar 1984 – IX ZR 83/82, JZ 1984, 550–554.

Dies. Zur Sittenwidrigkeit hoher Verpflichtungen vermögens- und einkommensschwacher Bürgen, ZIP 1989, 613–619.

Dies. Bürgschaft und Wegfall der Geschäftsgrundlage, NJW 1995, 1449–1454.

Dies. Kreditsicherung durch Schuldbeitritt, Bürgschaft, Patronatserklärung, Garantie, Sicherungsübereignung, Sicherungsabtretung, Eigentumsvorbehalt, Pool-Vereinbarungen, Pfandrecht an beweglichen Sachen und Rechten, Hypothek und Grundschuld, 5. Auflage, Luchterhand 2006 (zitiert: *Reinicke/Tiedtke*, Kreditsicherung).

Dies. Bürgschaftsrecht, 3. Auflage, München 2008 (zitiert: *Reinicke/Tiedtke*, Rn.).

Rheinstein, Max Einführung in die Rechtsvergleichung, München 1974.

Rolfs, Christian/Giesen, Richard/Kreikebohm, Ralf/Meßling, Miriam/Udsching, Peter (Hrsg.) Beck'scher Online-Kommentar Arbeitsrecht, 61. Edition, Stand: 01.09.2021 (zitiert: BeckOK ArbR/*Bearbeiter*).

Roquette, Andreas/Giesen, Katrin Die Zulässigkeit aufschiebend bedingter Bürgschaftserklärungen, NZBau 2003, 297–298.

Säcker, Franz Jürgen (Hrsg.) Münchener Kommentar zum Bürgerlichen Gesetzbuch

- Band 1., Allgemeiner Teil, §§ 1–240 BGB, AllgPersönlR, ProstG, AGG, 8. Auflage, München 2018
- Band 2., Schuldrecht – Allgemeiner Teil I, §§ 241–310, 8. Auflage, München 2019
- Band 3., Schuldrecht – Allgemeiner Teil II, §§ 311–432, 8. Auflage, München 2019
- Band 7., Schuldrecht – Besonderer Teil IV, §§ 705–853 BGB, Partnerschaftsgesellschaftsgesetz, Produkthaftungsgesetz, 8. Auflage, München 2020
- Band 10., Familienrecht II, §§ 1589–1921, SGB VIII, 8. Auflage, München 2020 (zitiert: MüKo/*Bearbeiter*).

Schanbacher, Dietmar Bürgschaft und Erbschaft – Zur Sittenwidrigkeit von Bürgschaften finanziell überforderter Personen, WM 2001, 74–76.

Schiller, Friedrich Die Bürgschaft (Ballade), veröffentlicht in: Musenalmanach 1799, S. 176.

Schimansky, Herbert Bankvertragsrecht und Privatautonomie, WM 1995, 461–462.

Ders. Aktuelle Rechtsprechung des BGH zur krassen finanziellen Überforderung von Mithaftenden bei der Kreditgewährung, WM 2002, 2437–2442.

Schimansky, Herbert/Bunte, Hermann-Josef/Lwowski, Hans-Jürgen (Hrsg.) Bankrechts-Handbuch

- Band I, 5. Auflage, München 2017 (zitiert: Schimansky/Bunte/Lwowski/*Bearbeiter*, §).

Schlechtriem, Peter Ausgleich zwischen mehreren Sicherern fremder Schuld, in: Festschrift für Ernst von Caemmerer zum 70. Geburtstag, hrsg. v. Ficker,

H., König, D., Kreuzer, K., Leser, H., Bieberstein, W. v., Schlechtriem, P., Tübingen 1978, S. 1013–1047 (zitiert: *Schlechtriem*, Ausgleich zwischen mehreren Sicherern fremder Schuld, in: FS Caemmerer, S.).

Schmidt, Christoph Die sogenannte Akzessorietät der Bürgschaft – Ein Beitrag zur Lehre vom Rechtsgrund beim Verpflichtungsgeschäft, Berlin 2001 (zitiert: *Schmidt*, Die sogenannte Akzessorietät der Bürgschaft, S.).

Schmidt, Jörg Offenkundiger Rechtsmissbrauch bei formularmäßigem Verzicht auf Einreden in der Sicherungsklausel? (zugleich Besprechung des Beschlusses des OLG Hamburg vom 15.10.2010 – 9 W 65/10), BauR 2011, 899–906.

Schmidt, Michael Die Bankbürgschaft als Mietsicherheit, WM 2011, 2345–2349.

Schmoeckel, Mathias/Rückert, Joachim/Zimmermann, Reinhard (Hrsg.) Historisch-kritischer Kommentar zum BGB

- Band I, Allgemeiner Teil, §§ 1–240, Tübingen 2003
- Band III, Schuldrecht: Besonderer Teil, §§ 433–853, 2. Teilband: §§ 657–853, Tübingen 2013 (zitiert als HKK/*Bearbeiter*).

Schmoeckel, Mathias/Stolte, Stefan Examinatorium Rechtsgeschichte, Köln 2008.

Schnabl, Daniel Kehrtwende der Rechtsprechung zu sittenwidrigen Bürgschaftsverträgen?, WM 2006, 706–714.

Schnitzer, Adolf F. Vergleichende Rechtslehre, Bd. 1, 2. Auflage, Basel 1961.

Schröder, Holger Die Lücken des deutschen Rechts im Bürgenschutz, Baden-Baden 2008.

Schröder, Jan Die „harte Patronatserklärung – verschleierte Bürgschaft/Garantie oder eigenständiger Kreditsicherungstyp?, ZGR 1982, 552–566.

Schröter, Jürgen Auswirkungen der geänderten Bürgschaftsrechtsprechung auf die Kreditpraxis, WM 2000, 16–19.

Schulze, Reiner (Hrsg./Schriftleitung) Bürgerliches Gesetzbuch, Handkommentar, 11. Auflage, Baden-Baden 2021 (zitiert: HK-BGB/*Bearbeiter*).

Schweitzer, Ursula Bürgschaften von vermögenslosen Familienangehörigen, KTS 1991, 541–547.

Siegmund, Doreen Ausgleichspflicht zwischen Banken als Mitbürgen gemäß § 769 BGB bei Entlassung einzelner Mitbürgen aus ihren Bürgschaften – Risiko der Haftung trotz Entlassung?, WM 2008, 2349–2355.

Soergel, Hans Theodor Kommentar zum Bürgerlichen Gesetzbuch mit Einführungsgesetz und Nebengesetzen

- Band 11/2: Schuldrecht 9/2 (§§ 759–779), 13. Auflage, Stuttgart 2016. (zitiert: Soergel/*Bearbeiter*, §).

Staudinger, Julius von Kommentar zum Bürgerlichen Gesetzbuch

- Einleitung zum BGB und Erstes Buch: Allgemeiner Teil (§§1–14), VerschG, Neubearbeitung Berlin 2018

- Buch 1, Allgemeiner Teil, §§ 134–138; ProstG, Neubearbeitung Berlin 2017

- Zweites Buch: Bürgschaft (§§765–778), Neubearbeitung Berlin 2020 (zitiert: Staudinger/*Bearbeiter*).

Sternal, Werner Die Rechtsprechung zum Verbraucherinsolvenz- und Restschuldbefreiungsverfahren im Jahr 2009, NZI 2010, 457–466.

Stöber, Michael Handelsrecht, Stuttgart 2020.

Stürner, Rolf (Hrsg.), Bürgerliches Gesetzbuch mit Rom-I-, Rom-II-, Rom-III-VO, EG-UntVO/HUntProt und EuErbVO, 18. Auflage, München 2021 (zitiert: Jauernig/*Bearbeiter*).

Stürner, Rolf/Eidenmüller, Horst/Schoppmeyer, Heinrich (Hrsg.), Münchener Kommentar zur Insolvenzordnung

- Band 3, §§ 217–359 InsO (mit Art. 103a-110 EGInsO), Insolvenzsteuerrecht, 4. Auflage, München 2020 (zitiert: MüKo-InsO/*Bearbeiter*).

Teubner, Gunther Ein Fall von struktureller Korruption?, in: Kritische Vierteljahresschrift für Gesetzgebung und Rechtswissenschaft 83 (2000), S. 388–404.

Tereszkiewicz, Piotr Schutz des Angehörigenbürgen durch Aufklärung und Beratung im Entwurf des Gemeinsamen Referenzrahmens (Draft Common Frame of Reference) – Grundsatzlösungen und offene Anwendungsfragen, ZEuP 2011, 851, 873.

Tiedtke, Klaus Die Regreßansprüche des Nachbürgen, WM 1976, 174–179.

Ders. Verjährungseinrede des Bürgen nach § 768 BGB trotz Wegfalls des Hauptschuldners und der gegen diesen gerichteten Forderung, in: Recht und Risiko – Festschrift für Helmut Kollhosser, Bd. II Zivilrecht, hrsg. v. Bork, R./Hoeren, T./Pohlmann, P., Karlsruhe 2004, S. 741–755 (zitiert: *Tiedtke*, Verjährungseinrede des Bürgen nach § 768 BGB trotz Wegfalls des Hauptschuldners und der gegen diesen gerichteten Forderung, in: FS Kollhosser, Bd. II, S.).

Ders. Die Rechtsprechung des BGH auf dem Gebiet des Bürgschaftsrechts seit 2003, NJW 2005, 2498–2505.

Ders. Aus dem Hauptschuldverhältnis abgeleitete und eigene Einreden des Bürgen, JZ 2006, 940–949.

Tiedtke, Klaus/Holthusen, Christoph Auswirkungen eines Anerkenntnisses der Hauptschuld durch den Hauptschuldner auf die Haftung des Bürgen – zugleich eine Besprechung der Entscheidung des OLG München vom 19.1.2006 = WM 2006, 684, WM 2007, 93–100.

Thelen, Martin Konstantin/Thelen, Werner Unsichere Sicherheit – AGB-Kontrollen und Direktkonditionen bei der Bürgschaft, ZIP 2018, 901, 909.

Tonner, Martin Rezension zur Entscheidung des BGH v. 8.10.1998 – IX ZR 257/98, JuS 2000, 17–22.

Unger, Dagmar Die Sittenwidrigkeitsrechtsprechung des BGH bei „Angehörigenbürgschaften" unter besonderer Berücksichtigung der Möglichkeit der Restschuldbefreiung – gleichzeitig Anmerkung zu OLG Frankfurt a.M., Urt. v. 24.3.2004 – 23 U 65/03, BKR 2005, 432–436.

Wagner, Stephan Die Sittenwidrigkeit von Angehörigenbürgschaften nach Einführung der Restschuldbefreiung und Kodifizierung der c.i.c., NJW 2005, 2956–2959.

Weller, Marc-Philippe/Benz, Nina/Thomale, Chris Rechtsgeschäftsähnliche Parteiautonomie, ZEuP 2017, 250–282.

Weintraut, Michael Der Haftungsausgleich zwischen Grundschuldner und Bürgen, Gießen 1993 (zitiert: *Weintraut*, Haftungsausgleich, S.).

Westermann, Harm Peter Anmerkung zum Urteil v. 16.3.1989 – III ZR 37/88, JZ 1989, 746–747.

Ders. Die Bürgschaft (I), Jura 1991, 449–454.

Westermann, Harm Peter/Grunewald, Barbara/Maier-Reimer, Georg (Hrsg.) Erman, Bürgerliches Gesetzbuch

- Band I, §§ 1–778 mit AGG, 16. Auflage, Köln 2020 (zitiert: Erman/*Bearbeiter*, §).

Westphalen, Friedrich Graf von Das Recht des Stärkeren und seine grundgesetzliche Beschränkung, MDR 1994, 5–8.

Weth, Stephan Bürgschaft und Garantie auf erstes Anfordern, AcP 189 (1989), 303–341.

Wever, Reinhardt Die Entwicklung der Rechtsprechung zur Vermögensauseinandersetzung der Ehegatten außerhalb des Güterrechts, FamRZ 2010, 237–249.

Wieacker, Franz Privatrechtsgeschichte der Neuzeit – unter besonderer Berücksichtigung der deutschen Entwicklung, 2. Auflage, Göttingen 1967.

Wiedemann, Herbert Anmerkung zum Beschluss des BVerfG, Beschluss v. 19.10.1993 – 1 BvR 567 u. 1044/89, JZ 411–413.

Wilhelm, Jan Die Kondiktion der Zahlung des Bürgen oder Garanten „auf erstes Anfordern" im Vergleich zur Zession, NJW 1999, 3519–3526.

Windscheid, Bernhard Lehrbuch des Pandektenrechts (fortgeführt von *Hipp, Theodor)*

- Zweiter Band, 9. Auflage unter vergleichender Darstellung des deutschen bürgerlichen Rechts bearbeitet, Frankfurt a.M. 1906 (zitiert: *Windscheid*, Lehrbuch des Pandektenrechts, §).

With, Hans de/Nack, Armin Der Moderne Schuldturm, ZRP 1984, 1–3.

Wittmann, Ralf-Thomas Aktuelle Rechtsprechung zu den Auswirkungen der Erweiterung der Hauptschuld auf die Bürgschaftsschuld, MDR 2010, 477–481.

Wochner, Manfred Die neue Schuldknechtschaft, BB 1989, 1354–1358.

Zeising, Jörg Cessio legis und Gläubigerschutz bei Regress des Bürgen, WM 2010, 2204–2214.

Zöllner, Wolfgang Regelungsspielräume im Schuldvertragsrecht – Bemerkungen zur Grundrechtsanwendung im Privatrecht und zu den sogenannten Ungleichgewichtslagen, AcP 196 (1996), 1–36.

Ders. Die Bürgschaft des Nichtunternehmers, WM 2000, 1–11.

Zweigert, Konrad/Kötz, Hein Einführung in die Rechtsvergleichung auf dem Gebiet des Privatrechts, 3. Auflage, Tübingen 1996.

II. Fremdsprachiges Literaturverzeichnis

Aedo Barrera, Cristián Las garantías del acreedor frente al incumplimiento. Especial referencia a la boleta bancaria de garantía, in: Revista Chilena de Derecho, Mayo-Agosto 2008, Vol. 35, No. 2, S. 293–308.

Alessandri Rodríguez, Arturo Derecho Civil – Teoría de las obligaciones, Santiago de Chile 1936.

Ders. De la responsabilidad extra-contractual en el derecho civil chileno (Título 35 del libro IV del Código Civil), Santiago de Chile 1983

- Tomo II, 2. Auflage.

Ders. De los contratos, Chile 2011.

Alessandri Rodríguez, Arturo/Somarriva Undurraga, Manuel/Vodanivic H., Antonio Tratado de los derechos reales – Bienes, Santiago de Chile 2001

- Tomo I, Neudruck der 6. Auflage
- Tomo II, Neudruck der 6. Auflage.

Andrade, José J. La fianza solidaria y el beneficio de excusión, in: Revista Jurídica No. 25, Mayo 1911, S. 2–24.

Angarita Gómez, Jorge Derecho Civil Tomo I – Parte General y Personas, Bogotá 1980.

Anzola, Nicasio Lecciones Elementares de Derecho Civil Colombiano, Curso Tercero de los Contratos, Bogotá 1918.

Arminjon, Pierre/Nolde, Boris/Wolff, Martin Traité de Droit Comparé Tome I, Paris 1950.

Arrubla Paucar, Jaime Alberto El contrato de fianza, in: Estudios de derecho privado, Tomo I, Liber Amicorum en homenaje a César Gómez Estrada, Bogotá 2009, S. 44–63.

Ders. Contratos mercantiles: contratos atípicos, 8. Auflage, Bogotá 2015 (zitiert: *Arrubla Paucar*, Contratos mercantiles, pág.).

Arteaga, Jaime/Arteaga C., Jesús M. Curso de Derecho Civil – Contratos, Bogotá 1980.

Avella, Ramón Ignacio Fianza solidaria, in: Revista Jurídica, Mayo 1934, No. 233, S. 329–337.

Barragán Arango, Luis Alfredo El régimen de garantías en el ordenamiento jurídico colombiano y el análisis económico del derecho, in: Estudios de derecho privado, Tomo I, Liber Amicorumen homenaje a César Gómez Estrada, Bogotá 2009, S. 64–91.

Barrera Tapias, Carlos Darío Las obligaciones en el derecho moderno: las fuentes, el acto jurídico, 2. Auflage, Bogotá 2004.

Barrera Tapias, Carlos Darío/Hernández de León, Andrés El derecho de las Obligaciones: concepto, clasificación, transmisión y extinción, Bogotá 2012 (zitiert: *Barrera Tapias/Hernández de León*, El Derecho de las Obligaciones, pág.).

Barros Errazuriz, Alfredo Curso de Derecho Civil, Tomo III – Trata de los contratos y demás fuentes de las obligaciones, 4. Auflage, Santiago de Chile 1932 (zitiert: *Barros Errazuriz*, Curso de Derecho Civil, pág.).

Bello, Andrés Obras completas de Andrés Bello, XIII, Código civil de la Républica de Chile, II, (hrgsg. v. Ministerio de Educación), Caracas 1955.

Bohórquez Botero, Luis Fernando/Bohórquez Botero, Jorge Iván Diccionario jurídico colombiano, Tomo II: F-O, 14. Auflage, Kolumbien 2015.

Bonivento Fernández, José Alejandro Los principales contratos civiles y comerciales: tomo II, 8. Auflage, Bogotá 2009.

Bordamalo Echeverry, Gemma Teoría de la fianza comercial, Tesis de Grado, Bogotá 1983.

Botero Morales, Bernardo El seguro y la fianza. Naturaleza jurídica de las garantías de cumplimiento, in: Escritos sobre riesgos y seguros, Bogotá 2012, S. 443–463.

Cabanzo, Ana Maria El seguro de cumplimiento, Madrid 1994.

Caceido, Camilo Standby Letters of Credit´s Applicable Law in the Colombian Legal System.

Cadavid Gaviria, León Darío Derecho Civil – Obligaciones, Bogotá 2000.

Cardona Hernández, Guillermo Contratos civiles, 3. Auflage, Bogotá 2001.

Ders. Curso de obligaciones, Bogotá 2001.

Castañeda de Manosalva, Ilma El seguro de fianza de cumplimiento, Kolumbien 1974.

Castro Ayala, José Guillermo/Calonje Londoño, Nattaly Ximena Derecho de obligaciones, Aproximación a la praxis y a la constitunalización, Bogotá 2015.

Castro de Cifuentes, Marcela Derecho de las Obligaciones, Tomo II, Bogotá 2010

- Volumen 1
- Volumen 2.

Céspedes Solano, Diego León Manual de Contratos Civiles, Calí 2002.

Contreras Restrepo, Gustavo/Tafur González, Álvaro (Hrsg.) Código Civil Comentado, 27. Auflage, Bogotá 2016.

Cuadra Folle, Reinaldo La solidaridad, la fianza solidaria y la codeuda solidaria. Algunas cuestiones y sus límites, in: Estudios sobre Garantías Reales y Personales, En homenaje a Manuel Somarriva Undurraga, Bogotá 2009, S. 144–155.

Diccionario de la Lengua Española, 23. Auflage, Spanien 2014.

Domínguez Águila, Ramón El principio de lo accesorio y la prescripción de las acciones de garantía, in: Estudios sobre Garantías Reales y Personales, En homenaje a Manuel Somarriva Undurraga, Bogotá 2009, S. 39–65.

Emiliani Román, Raimundo Conferencias de obligaciones – Fuentes voluntarias de las obligaciones, Bogotá 1980 (zitiert: *Emiliani Román,* Conferencias de obligaciones, pág.).

Ders. Efectos, Modalidades y Extinción de las Obligaciones, Bogotá 1999.

Ders. Curso razonado de las obligaciones, Bogotá 2001

- Tomo I – Primera Parte, La obligación civil y sus fuentes voluntarias
- Tomo II – Segunda y Tercera Parte, Fuentes involuntarias, y efectos, modalidades y extinción de las obligaciones.

Ders. Manual de obligaciones civiles, Bogotá 2004.

Escobar Sanín, Gabriel Negocios civiles y comerciales, II – Teoría general de los contratos, 1. Auflage, Kolumbien 1994.

Escobar Riffo, Francisco Sintesis del derecho civil – Tomo primero: De la parte general y de los sujetos del derecho, Santiago de Chile 1958 (zitiert: *Escobar Riffo*, Sintesis del Derecho Civil, Tomo I, pág.).

Evaristo León, César Aplicabilidad de las garantías bancarias a primer requerimiento en el ordenamiento jurídico colombiano, in: Revista de Derecho Privado no. 10, 2006, S. 103–121.

Friedmann, Lawrence M. Legal Culture and Social Development, in: Law & Society Review, Vol. 4, No. 1 (Aug., 1969), pp. 29–44 abrufbar unter: https://www.jstor.org/stable/3052760?seq=2#metadata_info_tab_contents.

Gaitán Martínez, José Alberto El aval, in: Estudios Socio-Jurídicos, Vol. 7, No. 1 (2005), S. 225–234

Ders. Fianza y obligación solidaria, in: Estudios sobre Garantías Reales y Personales, En homenaje a Manuel Somarriva Undurraga, S. 102–127, Bogotá 2009.

Galindo Cubides, Hernando El seguro de Fianza (Póliza de Cumplimiento), in: Seguros, Temas esenciales, 3. Aufl., Bogotá 2016, S. 175–180.

Ders. El seguro de fianza: garantía única de cumplimiento, 2. Auflage, Bogotá 2011 (zitiert: *Galindo Cubides*, El seguro de fianza, pág.).

Galindo Romero, Laura Evolución del Código Civil Colombiano, abrufbar unter: https://de.scribd.com/doc/47687729/Historia-del-codigo-civil-colombiano.

García Cuéllar, Tomás De la fianza civil, Doktorarbeit, Bogotá 1922.

García Vásquez, Diego Fernando Garantías independientes y cartas de patrocino: Las mejores alternativas para el comercio internacional, in: Revist@e – Mercatoria, Volumen 5, Número 1 (2006), S. 1–15.

Gnecco de Quellar, M. Conferencias de derecho civil (la fianza), Kolumbien 1980.

Gómez-Blanes, Pablo La accesoriedad de la fianza – The guarantee's depence of the underlying credit, in: Universitas – Revista de Derecho – No. 118, Enero-Junio 2009, S. 15–59 (zitiert: *Gómez-Blanes*, La Accesoriedad de la Fianza, en: Universitas, Revista de Derecho, pág.).

Gómez Estrada, Cesar Civil Contratos, Tomo IV, Bogotá 1976.

Ders. De los principales contratos civiles: compraventa, permuta, cesión de derechos, arrendamiento, obra o empresa, mandato, hipoteca, 4. Auflage, Bogotá 2008 (zitiert: *Gómez Estrada*, De los principales contratos civiles, pág.).

Herrera Tapias, Beliña/Alfaro Patron, David El nuevo derecho de garantías en el derecho colombiano y en el derecho comparado, in: Justicia Juris, Enero-Junio 2011; S. 93–106, Colombia 2011.

Dies. El nuevo derecho de garantías, in: Justicia, No. 22, S. 124–141, Colombia 2012.

Hinestrosa, Fernando Tratado de las obligaciones, Concepto, estructura, vicisitudes I, 1. Auflage, Bogotá 2002.

Ders. Tratados de las obligaciones II: de las fuentes de las obligaciones: El negocio jurídico, Bogotá 2015

- Vol. 1
- Vol. 2.

Leal Pérez, Hildebrando Diccionario jurídico, 8. Auflage, Bogotá 2010.

Ders. (Hrsg.) „Código de Comercio“ Comentado, 19. Auflage, Bogotá 2011.

Ders. (Hrsg.) Código de Comercio Anotado, 34. Auflage, Bogotá 2016.

Ders. Títulos Valores – Partes general, especial, procedimental y prática, 17. Auflage, Bogotá 2016.

León-Robayo, Édgar Iván/González-Umbarila, Edgar Giovanni La prenda sin apoderamiento en Colombia: regulación comercial y garantías mobiliarias, in: Revista de Derecho, No. 44, Jul. 2015, S. 82–110.

Linares Vesga, Jesús Ángel Introducción al estudio de los contratos: contratos civiles y comerciales, parte general y parte especial, 2. Auflage, Bogotá 2014.

Lowenwarter, Victor Derecho civil alemán comparado – Con las caracteristicas del derecho comercial, 2. Auflage, Santiago de Chile 1943 (zitiert: *Löwenwarter*, Derecho civil alemán comparado, pág.).

Lozada Bustos, Edgard La fianza como garantía civil, Bogotá 1992.

Manotas Sánchez, Francisco de P. Fianza civil solidaria, Doktorarbeit, 2. Auflage, Bogotá 1909.

Morral Soldevila, Ramón El seguro de crédito, Madrid 2002.

Muñoz Obando, Camilo „La fianza", Bogotá 1967.

Navia Arroyo, Felipe Las obligaciones naturales en el código de Bello, urspr. für: Estudios en homenaje al profesor Dr. D. Alejandro Guzmán Brito, Bogotá 2009 in: Revista de derecho privado Externado 17 – 2009, S. 5–44.

Narváez Bonnet, Jorge Eduardo Régimen vigente de la garantía única en la contratación estatal en Colombia, in: RIS, Bogotá (Colombia), 40(23) Enero-Junio de 2014, S. 79–130.

Ochoa González, Guillermo Contratos nominados civiles, 1. Auflage, Medellín 1988.

Ojeda N., Artura Apuntaciones sobre fianza, Doktorarbeit, Bogotá 1908.

Ortega Torres, Jorge Código Civil Con notas, concordanicas, jurisprudencia de la Corte Suprema y normas legales completarias, 18. Auflage, Bogotá 1986 (zitiert: *Ortega Torres,* Código Civil, pág.).

Ortiz Monsalve, Álvaro Manual de obligaciones civiles y mercantiles, 5. Auflage, Bogotá 2010.

Ospina Fernández, Guillermo Régimen general de las obligaciones, 8. Auflage 2005 (Nachdruck 2016), Bogotá 2016.

Ospina Fernández, Guillermo/Ospina Acosta, Eduardo Teoría general del contrato y del negocio jurídico, 7. Auflage 2005 (2. Nachdruck 2014), Bogotá.

Ordóñez Ordóñez, Andrés Efectividad de la garantía única de cumplimiento de contratos estatales, constituida a través de póliza de seguro de cumplimiento, in: Revista de Derecho Privado, No. 19, 2010, S. 135–177.

Oviedo Alibán, Jorge Una vez más sobre la aplicación de las normas civiles a las obligaciones y contratos mercantiles, in: Revista de Derecho Privado, No. 25, Julio-Diciembre de 2013, S. 81–107.

Palacio Sánchez, Fernando Derecho de Seguros, in: Seguros, Temas esenciales, 2. Aufl., Bogotá 2005.

Pérez Rueda, Christian Eduardo El amparo de anticipo en el seguro de cumplimiento entre particulares, in: RIS, Bogotá (Colombia), 37(21) Julio-Diciembre de 2012, S. 191–212.

Pérez Vives, Alvaro Garantías civiles (Hipoteca, prenda y fianza), 2. Auflage (3. Nachdruck), Bogotá 1999.

Pérez Vives, Alvaro/Tamayo Lombana, Alberto Teoría general de las obligaciones

- Volumen III, Parte segunda: Clasificación, efectos, transmisión y extinción de las obligaciones, 4. Auflage, Bogotá 2012.

Pinto Martinez, Claudia Mildred Las garantías abstractas o a primera demanda en el ordenamiento jurídico colombiano, Bogotá 1999.

Polanco Moreno, Luis Jahir Contratos, Primera edición, Calí 2003.

Rodríguez Grillo, Luisa E. Perspectivas de los seguros de crédito y caución en algunos países latinoamericanos, in: Revista Ibero-Latinoamericana de Seguros, No. 18, Septiembre 2002, S. 221–244.

Rodriguez Yong, Camilio Andrés Una aproximación a las cláusulas abusivas, Bogotá 2013.

Salamanca, Hernán Derecho civil: curso IV: contratos, 5. Auflage, Bogotá 1979.

Sarmiento Garcia, Manuel Guillermo La teoría del riesgo y la responsibilidad civil, in: Estudios de derecho privado, En Homenaje al Externado en su Centenario, Bogotá 1986.

Somarriva Undurraga, Manuel Tratado de las cauciones, Santiago de Chile 1980.

Sueiro, Enrique Comunicar confianza sin fianza, in: Revista de Antiguos Alumnos del IEEM, Febrero 2011, S. 16–17.

Sulza, Adrián Estructura general de la tarifa en el ramo de fianzas, in: Asociación Panamericana de Fianzas VI Seminario de fianzas, S. 155–163, Cartagena 1988.

Tafur González, Álvaro (Hrsg.) Código Civil Anotado, 35. Auflage, Bogotá 2016.

Tapia Rodríguez, Mauricio Noción de garantía, in: Estudios sobre Garantías Reales y Personales, En homenaje a Manuel Somarriva Undurraga, S. 18–26, Bogotá 2009.

Tarazona Cacéres, Saúl La fianza civil, Doktorarbeit, Bogotá 1942.

Tascón, Tulio Enrique La fianza de saneamiento, in: Revista jurídica, No. 27–28, Agosto 1911, S. 161–164.

Tobón, Lázaro Fianza, Doktorarbeit, Medellín 1911.

Tuhr von, Andreas Derecho Civil – Teoría general del derecho civil alemán, Volumen III, Los hechos jurídicos – El negocio jurídico, Buenos Aires 1948 (zitiert: *Von Tuhr*, Derecho Civil – Teoria general del derecho civil alemán, Vol. III, pág.).

Uribe-Holguín, Ricardo Cincuenta breves ensayos sobre obligaciones y contratos, 2. Auflage, Bogotá 1979.

Ders. De las obligaciones y del contrato en general, 1. Auflage, Bogotá 1980.

Valencia Zea, Arturo Derecho Civil, Tomo IV – Contratos, Bogotá 1961.

Valencia Zea, Arturo/Ortiz Monsalve, Álvaro Derecho Civil

- Tomo I: parte general y personas, 17. Auflage, Bogotá 2011
- Tomo III: De las obligaciones, Neudruck der 10. Auflage, Bogotá 2015.

Varón Palomino, Juan Carlos Contrato de prenda, in: Estudios Socio-Jurídicos, Vol. 7, No. 1 (2005), S. 249–265.

Zappalá Sastoque, Francesco A propósito del origen del Código Civil colombiano, in: Aproximaciones a la historia del derecho en colombia, Bogotá 2014, S. 60–83.

Zornosa Prieto, Hilda Esperanza Comentarios a la garantía única de cumplimiento y al régimen de los intermediarios de seguros en las nuevas normas sobre contratación estatal, in: Escritos sobre riesgos y seguros, Bogotá 2012, S. 495–525.

www.ingramcontent.com/pod-product-compliance
Ingram Content Group UK Ltd.
Pitfield, Milton Keynes, MK11 3LW, UK
UKHW021828290926
8980IPUK00004B/327

9 783631 874639

Die betriebsverfassungsrechtliche Stellung der Leiharbeitnehmer im Entleiherbetrieb

Schriften zum deutschen und europäischen Recht der Arbeit und der Sozialen Sicherheit

Herausgegeben von
Stefan Greiner, Gregor Thüsing und Raimund Waltermann

Band 17

PL ACADEMIC RESEARCH